복 있는 사람

오직 여호와의 율법을 즐거워하여 그 율법을 주야로 묵상하는 자로다.
저는 시냇가에 심은 나무가 시절을 좇아 과실을 맺으며 그 잎사귀가 마르지 아니함 같으니
그 행사가 다 형통하리로다.(시편 1:2-3)

『토머스 슈라이너 히브리서 주석』은 좋은 주석서가 갖추어야 할 조건들을 두루 갖춘 역작이다. 어려운 구절들을 깔끔하게 설명하고, 본문의 의미와 흐름을 알 수 있게 도우며, 본문 속의 주요 주제들에 대해 선명한 해설을 제공한다. 더 나아가 오늘 우리의 신앙을 위해 히브리서가 갖는 신학적 함의에 대해서도 충분한 관심을 기울인다. 저자의 명확하고 균형 잡힌 해설은 그와 생각을 달리하는 대목에서조차 매우 유익하게 읽힌다. 이 책은 많은 이들이 어렵다고 느끼는 히브리서 말씀을 정확하게 이해하고 그 말씀을 우리 삶에 뿌리내리기를 소망하는 이들에게 최선의 선택이 될 것이다.

권연경 숭실대학교 기독교학과 신약학 교수

히브리서는 신약성경 중에서도 신학적 깊이가 매우 심오하고 오묘한 책으로 알려져 있다. 토머스 슈라이너는 탁월한 바울 신학자로 이미 의미 있는 공헌을 하였다. 명저 『BECNT 로마서』 외에도 여러 권의 주석과 성경신학에 대한 방대한 저술을 하였다. 그는 주석과 성경신학을 통합하는 밝은 혜안을 가지고 있는데, 이 책에도 고스란히 배어 있다. 『토머스 슈라이너 히브리서 주석』은 분석적이며 통합적이다. 슈라이너는 대가의 섬세한 필치로 한 구절 한 구절 세밀하게 분석하며 설명한다. 또한 거기서 멈추지 않고, 히브리서의 주요 주제들을 성경신학적으로 통합하여 히브리서 전체를 균형 있게 보도록 독자들을 안내한다. 이러한 접근 방법은 지나치게 세분화되어 있는 현대 성경학계에 반드시 요청되는 일이다. 게할더스 보스는 성경신학은 이성주의적 비평주의를 대적하는 유용한 해독제를 제공한다고 강조하였다. 이 점에 있어서 슈라이너는 앞으로 주석가들이 나아가야 할 방향을 올바로 제시하였다. 더욱이, 슈라이너는 탁월한 학자이면서 동시에 설교자의 따뜻한 마음을 가지고 독자들이 쉽게 이해할 수 있도록 명쾌하게 풀어 나간다. 이 책이 한국교회의 강단을 더욱 풍성하게 하는 데 크게 도움이 될 것으로 확신한다.

김추성 합동신학대학원대학교 신약학 교수

『토머스 슈라이너 히브리서 주석』은 히브리서 연구자와 설교자들에게 또 하나의 보석과 같은 자료다. 든든한 성경신학적 기반 위에서 히브리서 본문 전체를 충실하게 주석하였다. 또한 성경적·신학적 주제 분석으로 히브리서의 핵심 메시지를 명쾌하게 제시한다. 무엇보다 특유의 통찰력으로 어려운 내용을 쉽고 간결하게 설명한 대가의 역작이기에, 히브리서에 대한 복음주의적 주석서와 참고도서를 찾는 이들에게 가장 먼저 추천하고 싶은 책이다.

김현광 한국성서대학교 신약학 교수

『토머스 슈라이너 히브리서 주석』은 히브리서의 저자, 장르 등의 불명료성에 함몰되지 않고 성경신학의 주제를 정조준하여 본문의 심오한 신학적 차원을 탐색한 수작이다. 멜기세덱이라는 인물만큼이나 생경한 전개를 보여주는 히브리서가 철저히 그리스도를 지향하고 있음을 간파한 토머스 슈라이너는, 박해의 공격 앞에서도 그리스도를 떠나지 말라는 권고와 함께 그리스도와의 연합이 히브리서의 중핵임을 강조한다. 기독론의 백미로 꼽히는 히브리서를 충실하게 읽어 낸 본 주석서의 출간은 유사 그리스도인이 증가하여 복음의 본질이 퇴색되어 가는 우리 시대를 향한 은총의 단비임에 틀림없다. 설교자와 성경연구자들이 반드시 읽어야 할 필독서로 추천한다.

윤철원 서울신학대학교 신학대학원 신약학 교수

히브리서는 신약성경 중에서 요한계시록과 더불어 가장 난해한 책으로 평가된다. 구약의 제사 제도와 언약과 같은 개념을 전제로 예수의 죽음을 설명하기에, 성경 전체에 대한 전반적 지식이 없는 독자는 히브리서를 읽으며 어려움을 느낄 수밖에 없다. 그런 의미에서 이번에 출간된 『토머스 슈라이너 히브리서 주석』은 이러한 필요를 충족시켜 주는 친절한 안내서다. 저자는 이 책에서 히브리서의 중심 메시지를 일목요연하게 설명하고, 자칫 독자들이 나무만 보고 숲을 보지 못하는 우를 범하지 않도록 하기 위해 성경신학의 큰 그림 속에서 히브리서 본문이 가지는 의미를 명쾌하게 풀어낸다. 이 책을 통해 많은 독자들이 예수 그리스도 안에서 하나님께서 베푸신 큰 은혜를 경험하게 되리라 확신하며 기쁜 마음으로 추천한다.

이풍인 총신대학교 신학대학원 신약학 교수

가을과 함께 반가운 소식이 들린다. 토머스 슈라이너의 주석이 한국 독자들을 심방한다고 한다. 두 가지 이유로 환영하지 않을 수 없다. 우선, 히브리서이기 때문이다. 오늘날 한국교회 강단은 복음의 균형감각을 잃어버렸다. 할 수만 있다면 "그때 그 권면의 말씀"이 오늘 우리들의 이곳저곳에서 잘 선포되었으면 하는 마음 간절하다. 다음으로, 성경신학적 주석이기 때문이다. 유니송과 같은 단조로운 소리의 볼륨을 잠시 내리고 교향곡적 울림 가운데 성경 전체의 장엄하고도 황홀한 하모니에 푹 빠져 보고 싶은 목회자와 신학생과 성도라면, 『토머스 슈라이너 히브리서 주석』의 강가로 나아가 성경신학적 세례를 받기 바란다. 히브리서가 다시 읽혀지는 희락의 옷을 입게 될 것이다. 성경을 새롭게 읽고 싶은 희락의 안경을 쓰게 될 것이다. 교파와 교단을 넘어, 한국교회 강단의 나무와 숲이 성경신학적 단풍으로 하나둘 물들어 간다면 참 좋겠다.

허주 아신대학교 신약학 교수

기독교 주석서라면, 마땅히 하나님의 백성들이 든든히 세워져 가도록 도와야 한다. 토머스 슈라이너의 히브리서 주석이 바로 그런 책이다. 슈라이너는 성경본문과 이차 문헌들을 자세히 살핀 후, 그것에 근거하여 세심하고 능숙한 솜씨로 신약성경에서 가장 중요한 신학적 저작들 가운데 하나인 히브리서로 독자들을 안내한다. 목회자뿐 아니라 성경을 진지하게 연구하는 일반 독자들은 본서에 담긴 슈라이너의 주석 작업과 수고를 통해 큰 유익을 얻을 것이다. 더욱 중요한 것은, 슈라이너의 주석을 통해 독자들은 예수 그리스도의 인격과 사역의 영광에 대한 깊고도 영속적인 깨달음을 얻는다는 사실이다. 여기에 무엇을 더 바라겠는가?

마크 S. 기그닐리엇 비슨 신학교 신학 교수

슈라이너는 간명하고도 꼼꼼한 주석과 주제에 따른 성경신학적 통찰력의 균형을 유지하는 가운데, 전체 정경과 관련된 히브리서의 가장 중요한 주제들을 강조하면서 히브리서를 관통하는 사고의 흐름을 추적한다. 성경신학적 주제들에 대한 풍성한 논의와 더불어 히브리서 본문에 대해 집중적으로 다루는 부분들은 진지한 학자들과 맞을 뿐 아니라, 목회자와 신학생들도 용이하게 접근할 수 있다. 읽는 것이 즐겁게 느껴질 정도로 슈라이너의 글은 간명하다. 본 주석서는 주석적이고 신학적인 감각이 한데 어우러진 탁월한 모범을 제공한다.

대리언 라켓 바이올라 대학교 성경신학 교수

현대 교회는 교리적 빈혈에 시달리고 있다. 교리를 강조하는 주석설교와 같은 강력한 처방만이 유일한 치료책이다. 그러나 정작 이런 현대교회를 위한 치료책으로 기독교 신앙의 위대한 교리를 강조하는 주석서는 드물다. 그런 의미에서 이 주석서는 아주 이례적이다. 슈라이너는 히브리서를 한 절 한 절 정밀하게 풀어 간다. 그런 다음 전체 히브리서의 신학을 종합하면서 어떻게 히브리서의 신학이 성경 전체가 말하는 신학과 어우러지는지를 보여준다. 본 주석서를 통해 목회자들은 보다 성경적인 신학을 구축하고 히브리서의 풍성한 신학을 회중들에게 설명할 수 있을 것이다.

찰스 퀄츠 사우스이스턴 뱁티스트 신학교 성경신학 및 신약학 교수

많은 사람들이 성경에서 가장 난해한 책들 가운데 하나로 여기는 책이 히브리서다. 이번에 출간된 『토머스 슈라이너 히브리서 주석』은 목사와 성도들 모두가 신약성경 본문에 담긴 근본적이고 중요한 신학적 강조점과 영적인 도전들을 바르게 인식하도록 도울 것이다. 독자들은 신약성경 가운데 시종일관 가장 목양적인 저작 가운데 하나를 구성하고 있는 신학적이고 주석적인 전승들에 대한 이해를 더하게 될 것이다. 또한 소수의 무리로 살아갈 때 받는 압력에 굴복하려는 위험에 처한 신자들을 다시 소생시키는 전략들을 습득하도록 도전을 받을 것이다. 본 주석서는 확장일로에 있는 히브리서 주석 연구에 또 하나의 가치 있는 기여를 할 것이다.

에크하르트 슈나벨 고든 콘웰 신학교 신약학 석좌교수

Evangelical Biblical Theology Commentary 시리즈

토머스 슈라이너 **히브리서 주석**

Hebrews

Evangelical Biblical Theology Commentary

Thomas R. Schreiner

HEBREWS

토머스 슈라이너 히브리서 주석

EVANGELICAL
BIBLICAL THEOLOGY
COMMENTARY

복 있는 사람

토머스 R. 슈라이너 지음

장호준 옮김

토머스 슈라이너 히브리서 주석

2016년 11월 9일 초판 1쇄 발행
2025년 10월 31일 초판 4쇄 발행

지은이 토머스 R. 슈라이너
옮긴이 장호준
펴낸이 박종현

(주) 복 있는 사람
주소 서울특별시 마포구 연남동 246-21(성미산로23길 26-6)
전화 02-723-7183(편집), 7734(영업·마케팅)
팩스 02-723-7184
이메일 hismessage@naver.com
등록 1998년 1월 19일 제1-2280호

ISBN 978-89-6360-198-4 03230

Hebrews
Evangelical Biblical Theology Commentary
by Thomas R. Schreiner

일러두기

1. 이 책의 성경 본문은 『개역개정』을 따랐다.

2. 본문 주석은 개요Outline–본문Scripture–문맥Context–주석Exegesis–성경신학적 적용Bridge 순으로 구성되어 있다.

3. 이 책 후반부에 수록된 '성경적·신학적 주제들'을 언급한 경우, 본문에서 '§'로 표기했다.

들어가며

히브리서 주석

성경적·신학적 주제들

편집자 서문

최근 몇 년 동안 성경신학은 괄목할 만한 재도약을 이루었다. 1970년에 브레버드 차일즈Brevard Childs가 『성경신학의 위기』*Biblical Theology in Crisis*를 저술했지만, 성경신학 운동의 소멸에 대한 차일즈의 성급한 탄식이 있은 후 성경 자체의 신학에 대한 연구는 오히려 점점 활기를 띠었다. 그 중 복음주의 진영만큼 이 말을 실감할 수 있는 곳도 없다. 성경의 무오와 영감에 헌신하는 복음주의자들이야말로 성경의 통일된 메시지를 연구하기 위한 가장 완벽한 조건을 갖추었다고 할 수 있다. 동시에 D. A. 카슨Carson의 정확한 지적처럼, 성경신학자들이 직면한 가장 큰 도전은 성경에 분명히 드러난 다양성을 어떻게 다루느냐 하는 것과, 어떻게 성경의 통일성과 다양성을 손상시키지 않으면서 이 둘 사이의 긴장을 유지해 갈 것인가 하는 것이다.[1]

성경신학이란 무엇인가? 조직신학과 같이 성경신학과 관련된 다른 분야들과는 어떻게 다른가? 누구든 성경신학에 의미 있는 기여를 하기 위해서는 이 두 가지 중요한 질문에 반드시 대답을 해야 한다. 첫 번째 질문과 관련한 가장 기본적인 대답으로 성경신학은 본질적으로 **성경이 말하는 신학**the theology of the Bible, 다시 말해 성경에 있는 다양한 책들을 기록한 각각의 저자들을 통해 **당시의 역사적 배경에서 저자들 자신의 방식**

1 D. A. Carson, "New Testament Theology", in *Dictionary of the Later New Testament and Its Developments*, ed. Ralph P. Martin and Peter H. Davids(Downers Grove, IL: InterVarsity, 1998), 810.

대로 표현된 신학이다. 성경신학은 **성경의 저자들이 보여주는 해석의 관점**을 이해하고 수용하려는 시도다. 한 걸음 더 나아가, 성경신학은 성경 전체가 말하는 신학을 과제로 하는 신학, 다시 말해 **성경 전체의 신학** whole-Bible theology이다. 이런 이유에서 성경신학은 단순히 현대 학문의 한 분야가 아니다. 후대에 기록된 구약성경이 앞서 기록된 구약성경의 부분들을 사용하고 신약성경이 구약성경을 사용하는 데서 성경신학의 뿌리를 찾을 수 있다.

이처럼 성경신학은 **구약성경이 앞서 기록된 구약성경 본문을 사용하는 것**(가령 예레미야가 신명기를 사용하고 이사야가 모세오경을 사용하는 것과 같은)에 대한 면밀한 연구를 포함한다. 성경신학은 또한 개별 구절들은 물론 넓게는 기독론적이거나 구원론적인 주제들과 관련하여 **신약성경이 구약성경을 사용하는 것**에 대한 연구도 포함한다. 성경신학은 **책별**로 할 수도 있고 **성경의 중심 주제들**을 더듬어 가는 방식으로 할 수도 있다. 혹은 성경 전체를 아우르는 **거대담론**metanarrative의 틀, 다시 말해 **구원** 혹은 **구속사**를 중심축으로 하여 창세기부터 요한계시록까지 전개되는 성경의 이야기, 창조로부터 시작해 새 창조에 이르기까지 하나님께서 인류와 자기 백성인 이스라엘과 교회를 다루시는 이야기 속에서 성경의 개별 저자들이 기여하는 바를 확인하려고 할 수도 있다.

이렇게 성경 자체가 말하는 신학을 추구함에 있어서 우리는 **교회사**의 선진들이 일구어 놓은 연구를 통해 도움을 받을 수 있다. 교부시대에서 시작해 성경해석의 역사 전체에 걸쳐서 이루어진 해석자들의 노력을 연구하는 것도 유익하겠지만, 1787년 독일의 알트도르프 대학에서 취임연설로 행한 특강을 통해 현대 성경신학 분야의 시작을 알린 J. P. 개블러Gabler 이후 계속된 학자들의 연구를 통해서도 유익을 얻을 수 있다. 개블러가 행한 연설의 제목은 '교의신학과 성경신학의 바른 구분과 각 신학의 목적에 대한 바른 정의에 관하여'다.[2] 복음주의 내에서 개블러의 프로그램에 완전히 공감하는 경우는 거의 드물겠지만, 교의신학(조직신학을 말한다)과 성경신학 간의 올바른 구분은 두 학문에 힘쓰는 연구자들, 특히 성경신학자들이 계속해서 판단해야 할 중요한 문제다. 앞에서 이미 성경신학을 성경 전체가 말하는 신학, 곧 성경의 다양한 책들이 말하는 신학을 **각각의 역사적 배경에서 각 저자의 표현 방식대로** 묘사하는 신학으로 정의했다. 그에 반해 조직신학은 보다 논제 지향적이고 조직신학을 하는 당대의 상황을 설명하는 데 초점을 맞춘다. 성경신학과 조직신학의 관계를 해석할 수 있는 다른 방식들이 있기는 하지만, 각 학문 분야의 목적을 이루기 위해서는 이론의 여지가 있기는 해도 이 두 신학 분야에 대한 바른 구분을 유지하는 것이 여전히 필수불가결하다.

본 주석Evangelical Biblical Theology Commentary은 신구약에 걸쳐서 성경이 말하는 신학을 상당한 깊이를 가지고 탐구하고자 하는 야심찬 프로젝트다. 이 프로젝트에 참여한 저자들 모두가 성경의 무오와 영감을 단언한다. 하지만 그럼에도 불구하고 신학적 배경과 관점은 각 저자에 따라 다양하다. 하나같이 성경을 무오하고 영감된 하나님의 말씀으로 보고, 궁극적으로 하나님은 스스로 한분이시라는 사실에 뿌리박은 성경의 근본적인 통일성을 믿는 저자들은, 각자가 담당한 책들이 어떻게 성경 전체가 말하는 신학에 기여하는지를 탐구한다. 주석서마다 그 자체로 독립된 단권으로 기술되었지만, 각각의 책들은 또한 그 자체로 보다 큰 전체 시리즈를 구성한다. 역사적 배경과 문학적 구조를 포함하여, 주석서마

2 원래의 라틴어 제목은 *Oratio de iusto discrimine theologiae biblicae et dogmaticae regundisque recte utriusque finibus*이다.

다 해당 성경의 서론적인 문제들에 대한 논의를 제공한다. 또한 관련된 구절들마다 간명한 주석의 형태로 석의적釋義的 해석을 달았다. 본 시리즈가 취하는 성경신학적 접근은 본격적인 본문 주석에 들어가서도 내용을 제공하고 역할을 한다. 각 주석자들은 일련의 전후참조를 제공함으로써 본문 주석과 그것이 반영하는 성경신학 간의 논의가 이루어지도록 한다.

무엇보다 본 시리즈를 구성하는 각각의 주석서의 주요한 공헌은, 성경의 각 책들에 담긴 가장 중요한 주제들을 전체로서의 정경과 관련해서 면밀하게 논의하는 것이다. 이런 구성을 통해 본 시리즈의 저자들은 성경의 보다 큰 구원 역사적 거대담론의 전후관계 속에서 자신이 연구하는 책이 이루는 주된 신학적인 기여에 초점을 맞추는 동시에, 그 책과 관련된 역사적이고 문학적인 특징에 대한 바른 평가에 기초해 성경신학을 해석해 나간다. 이런 큰 틀 안에서 각 저자들은 개별적으로 자신이 연구하는 책에 가장 적합하다고 여겨지는 방식으로 특정한 자료의 중심 주제들을 검토할 여지가 있을 것이다. 성경의 어떤 책들의 경우, 본문을 석의적으로 주석하기에 앞서 이런 신학적인 주제들을 먼저 설명하는 것이 가장 효과적일 수 있다. 또한 먼저 본문을 주석한 후에 신학적 주제들을 설명하는 것이 더 나은 책들도 있다. 이처럼 각 저자가 재량껏 자신이 다루는 성경본문에 가장 부합하는 방식으로 이 부분에 대한 순서를 정할 수 있기 때문에, 성경적·신학적 주제들에 대한 논의가 석의적 주석보다 선행할 수도 있고 그렇지 않을 수도 있다. 더욱이 이 부분을 구성하는 방식과 관련해서는, 성경에서 자신이 담당한 책들을 숙고한 저자가 독자들이 본문을 이해하는 데 가장 도움이 될 것이라 여기는 방식을 따라 탄력적으로 결정할 수 있다.

이러한 구성이 성경신학에 가치 있는 기여를 할 수 있지만, 다른 주석 시리즈들 역시 성경이 말하는 신학을 개관하려고 하는 것은 마찬가지다. 그렇다면 본 시리즈가 갖는 차별성은 무엇인가? 그것은 바로 본 시리즈가 **기독교 복음 선포**Christian proclamation**를 지향한다**는 것이다. 따라서 **본 시리즈를 구성하는 저작들은 학문적인 주석서를 넘어, 성경신학을 그리스도인의 실제 삶과 이어 주고 교회의 삶과 연결시키려고 한다**. 우리의 바람은 북미는 물론 전 세계적으로 성경의 소중한 진리를 자신의 회중에게 설교하고 가르치도록 하나님으로부터 목회로 부르심을 받은 사람들을 구비시키는 것이다.

본 시리즈를 구성하는 40권의 책이 마침내 완성되고 목회로 부르심을 받은 사람들이 성경 66권에 관한 각각의 주석서를 자세히 살피는 가운데, 성경 정경의 다양성 안에 있는 통일성을 깨닫게 되기를 기대하고 기도한다. 본 시리즈에 참여한 각 저자와 편집자들이 한가지로 열망하는 바는, 본 시리즈를 통해 그리스도의 이름이 존귀하게 되고, 주의 이름을 부르는 자마다 성령의 조명 아래서 구원을 얻어 성부 하나님과 그분의 아들 주 예수 그리스도께 영광이 돌아가고, 그분의 교회가 유익을 얻도록 성경을 통해 자기를 계시하신 삼위 하나님이 영광을 받으시는 것이다. 오직 하나님께만 영광을!

감사의 말

이 책의 책임 편집자인 래이 클렌데넌에게 감사한다. 그는 수년 동안 우정을 이어 오면서 본 주석서를 집필하도록 도움과 지원을 아끼지 않았다. 내 지도 아래 박사과정을 밟고 있는 두 학생에게도 큰 도움을 받았다. 수많은 책들을 확인하고 스캔해 주었을 뿐 아니라 다수의 논문들을 나에게 보내 준 매트 맥마인즈 덕분에 많은 시간을 아낄 수 있었다. 오브리 시퀘이라는 본 주석서의 초고를 꼼꼼하게 읽으면서 오류를 바로잡고 다양한 제안들을 해주었다. 그중 많은 제안들이 이런저런 방식으로 본 주석서에 반영되었다. 오브리는 또한 인내과 끈기를 가지고 내 참고 문헌 목록과 주제별 색인을 정리해 주었다. 나를 위해 너무나도 너그러운 마음으로 기꺼이 이런 수고를 감당해 준 이 두 학생들의 사랑에 이루 말로 할 수 없는 감사를 느낀다. 또한 데시 알렉산더에게도 감사한다. 본 주석서에 대한 그의 예리한 논평들 덕분에 더욱 날카롭게 사고하고 상당한 오류들을 바로잡을 수 있었다. 끝으로, 크리스 코원에게도 감사한다. 히브리서에 대한 그의 저작은 많은 생산적인 방식으로 내 사고를 자극하고 격려하였다. 크리스가 여러 가지로 수고해 준 덕분에 본서가 지금과 같은 모습을 갖추게 되었다. 이 점에서 그에게 감사를 표한다.

본서를 위해 연구하고 집필하도록 지원을 아끼지 않은 서던 뱁티스트 신학교Southern Baptist Theological Seminary에도 감사드린다. 안식년을 보내면서 본서의 초고를 마칠 수 있었는데, 안식년을 가질 수 있도록 지원해 준 서던 뱁티스트 신학교와 서던 뱁티스트 교회 지체들에게 감사드린다. 특별히 서던 뱁티스트 신학교 총장인 알버트 말러와 부총장인 랜디 스틴슨, 그리고 신학교 학장인 그렉 윌스이 보여준 격려와 지원에 감사드린다.

약어표

AB	Anchor Bible
ABD	*Anchor Bible Dictionary*. Edited by D. N. Freedman. 6 vols. New York, 1992
ALGHJ	Arbeiten zur Literatur Geschicte des hellenistischen Judentums
AnBib	Analecta biblica
AUSS	*Andrews University Seminary Studies*
BASOR	*Bulletin of the American Schools of Oriental Research*
BBR	*Bulletin of Biblical Research*
BDAG	Bauer, W., F. W. Danker, W. R. Arndt, and F. W Gingrich. *Greek-English Lexicon of the New Testament and Other Early Christian Literature*. 3rd ed. Chicago, 2000
Bib	*Biblica*
BJRL	*Bulletin of the John Rylands University Library of Manchester*
BSac	*Bibliotheca sacra*
BTB	*Biblical Theology Bulletin*
BZNW	Beihefte zur Zeitschrift fur die neutestamentliche Wissenschaft
CBQ	*Catholic Biblical Quarterly*
CBQMS	*Catholic Biblical Quarterly Monograph Series*
CBR	*Currents in Biblical Research*
ch(s).	chapter(s)
CTJ	*Calvin Theological Journal*
CurBS	*Currents in Research: Biblical Studies*
EB	Echter Bibel
EDNT	*Exegetical Dictionary of the New Testament*. Edited by H. Balz, G. Schneider. ET. Grand Rapids, 1990-1993
ESV	English Standard Version
EvQ	*Evangelical Quarterly*
ExpT	*Expository Times*
GTJ	*Grace Theological Journal*
HCSB	Holman Christian Standard Bible
Hist. eccl.	*Eusebius, Historia ecclesiastica*
HBM	Hebrew Bible Monographs

HTR	*Harvard Theological Review*
ICC	International Critical Commentary
JBL	*Journal of Biblical Literature*
JBMW	*Journal for Biblical Manhood and Womanhood*
JETS	*Journal of the Evangelical Theological Society*
JSJ	*Journal for the Study of Judaism in the Persian, Hellenistic, and Roman Periods*
JSNT	*Journal for the Study of the New Testament*
JSNTSup	Journal for the Study of the New Testament: Supplement Series
JTS	*Journal of Theological Studies*
KEK	Kritisch-exegetischer Kommentar uber das Neue Testament (Meyer-Kommentar)
LHBOTS	Library of Hebrew Bible/Old Testament Studies
LN	Louw, Johannes P., and Eugene A. Nida. Greek-English Lexicon of the New Testament Based on Semantic Domains. 2nd ed. New York, 1989
LNTS	Library of New Testament Studies
NABPRDS	National Association of Baptist Professors of Religion Dissertation Series
NA[28]	*Novum Testamentum Graece*. Edited by B. Aland, K. Aland, J. Karavidopoulos, C. M. Martini, and B. M. Metzger. 28th rev. ed. Stuttgart: Deutsche Bibelgesellschaft, 2012
NAC	New American Commentary
NACSBT	New American Commentary Studies in Bible and Theology
NET	New English Translation
NICNT	New International Commentary on the New Testament
NIGTC	New International Greek Testament Commentary
NIV	New International Version
NIVAC	NIV Application Commentary
NovT	*Novum Testamentum*
NovTSup	Novum Testamentum Supplement Series
NRSV	New Revised Standard Version
NT	New Testament
NTL	New Testament Library
NTS	New Testament Studies
OPTAT	*Occasional Papers of Translation and Textlinguistics*
OT	Old Testament
PNTC	Pillar New Testament Commentary
PRSt	*Perspectives in Religious Studies*
ResQ	*Restoration Quarterly*
RTR	Reformed Theological Review
SBJT	*Southern Baptist Journal of Theology*

SBLDS	Society of Biblical Literature Dissertation Series
SBLMS	Society for Biblical Literature Monograph Series
SBT	Studies in Biblical Theology
SNTSMS	Society for New Testament Studies Monograph Series
SP	Sacra pagina
SPhilo	*Studia philonica*
STDJ	*Studies in the Texts of the Desert of Judah*
StudNeot	Studia neotestamentica
SubBi	Subsidia biblica
SuppNovT	Supplements to Novum Testamentum
TDNT	*Theological Dictionary of the New Testament*. Edited by G. Kittel and G. Friedrich. Translated by G. W. Bromiley. 10 vols. Grand Rapids, 1964-1976
Th	Theodotion (테오도티온, 2세기에 구약성경을 헬라어로 번역한 사람)
Thayer	*Thayer's Greek English Lexicon of the New Testament*
TNTC	Tyndale New Testament Commentary
TrinJ	*Trinity Journal*
TynBul	*Tyndale Bulletin*
WBC	Word Biblical Commentary
WTJ	*Westminster Theological Journal*
WUNT	Wissenschaftliche Untersuchungen zum Neuen Testament
ZNW	*Zeitschrift fur die neutestamentliche Wissenschaft und die Kunde der alteren Kirche*

들어가며

예수께서 십자가 위에서 하신 "다 이루었다"요 19:30는 말씀이 히브리서의 신학을 잘 표현한다. 본 주석서를 통해 나는 히브리서에 담긴 성경신학에 초점을 맞추려고 한다. 특별히 신학적 구조와 주제들을 고찰하는 본 주석의 앞부분과 뒷부분에서 성경신학에 대한 이런 강조를 찾아볼 수 있을 것이다. 앞부분에서는 히브리서 전체를 엮고 있는 네 가지 다른 구조들을 살필 것이다. (1)약속과 성취; (2)종말론; (3)예표론; (4)공간적 지향성(히브리서에 나타난 하늘과 땅의 관계로 묘사될 수 있다). 히브리서 각 장에 대한 주해를 마친 후 히브리서에 담긴 일부 주요한 신학적 주제를 논하는 것을 끝으로 본 주석서를 마무리할 것이다.[1]

대부분의 현대 주석서들은 서론으로 상당한 분량을 할애한 후에, 한 장 한 장, 한 절 한 절 집중적으로 본문을 주해해 간다. 그에 비해 본 주석서는 상대적으로 간결하고 그렇게까지 전문적이지는 않다. 수많은 주석서들이 보급된 오늘날과 같은 시대에 새로 나오는 주석은 기존의 주석서와 차별되는 고유한 접근법을 취해야 한다. 히브리서를 상당히 자세히 살피는 탁월한 주석서들이 많다. 그중에 많은 주석서들이 히브리서의 의미를 분명히 이해할 요량으로 유대교와 헬레니즘 시대의 문서와 히브리서 본문을 비교하는 등의 유용한 기능을 제공한다. 이런 접근을 통해 독자는 히브리서 기자 당시의 문화 세계로 뛰어든다. 반면에, 당시의 다양한 전통들을 세심하게 살피느라 정작 이 서신이 말하고 있는 요지를 놓치기 십상이다. 동시에, 독자에게 제공되는 수많은 온갖

1 본 주석서의 제약상 히브리서 해석의 역사를 깊이 다루지는 못한다. 이 분야에 대한 입문으로 다음을 참조하라. Jon C. Laansma and Daniel J. Trier, eds., *Christology, Hermeneutics, and Hebrews: Profiles from the History of Interpretation*, LNTS(London: T&T Clark, 2012); E. M. Heen and P. W. D. Krey, eds., *Hebrews*, Ancient Christian Commentary on Scripture(Downers Grove, IL: InterVarsity, 2005).

정보를 어렵사리 따라가느라 히브리서 기자가 말하는 신학이 무엇인지 알면서도 정작 그것에는 귀를 기울이지 못하게 될 수도 있다. 히브리서의 신학을 탐구하는 이 주석서가 유익한 것으로 드러나기를 바란다. 본 주석서를 준비하면서 많은 학자들의 도움을 받았다. 특별히 히브리서를 면밀히 다루는 심도 있는 주석서와 이 서신을 연구한 논문들이 도움이 되었다. 객관적인 입장에서 글을 쓰는 사람은 없다. 그렇기 때문에 시작부터 분명히 밝힐 것이 있다. 나는 성경을 살아 있고 권위 있는 하나님의 말씀으로 믿는 복음주의 그리스도인의 한 사람으로 이 글을 쓴다.

I. 저자

히브리서의 원저자 문제는 지금까지도 계속해서 그리스도인들의 관심을 끄는 아주 흥미로운 이슈다. 알렉산드리아의 클레멘트Clement, 약 주후 150-215는 바울이 히브리어로 이 서신을 썼고, 그 후에 누가가 헬라어로 번역한 것으로 생각했다.[2] 오리겐Origen, 약 주후 185-253년은 히브리서가 가르치는 사상은 바울 사도의 것이 맞지만, 다른 누군가가 바울이 가르치고 말한 것들을 받아 적은 후 서신으로 정리했을 것이라고 했다.[3] 오리겐은 항간에 누가나 로마의 감독 클레멘트의 저작설이 있음을 언급하기는 하지만, 히브리서의 저자가 누구인지는 명시적으로 밝히지 않는다. 대부분의 학자들은 오리겐이 "히브리서 저자가 누구인지는 하나님만이 아신다"고 적은 것을 들어 그가 히브리서의 원저자 문제에 대해서만큼

2 Eusebius, *Hist. eccl.* 6.14.1.

3 Eusebius, *Hist. eccl.* 6.25.13.

은 불가지론적 입장이었다고 믿는다.[4] 하지만 데이비드 앨런 블랙David Alan Black은 오리겐은 히브리서의 저자가 바울이 맞지만 그가 말한 것을 누군가가 받아 적은 것으로 믿었다고 주장한다.[5] 하지만 오리겐에 대한 블랙의 이런 해석은 거부되어야 한다. 오리겐이 이 서신을 누가 썼는지 말할 때 그것은 단지 그것을 받아 적은 필사자가 아닌 저자를 가리켜 한 말이라는 사실이 드러났다.[6] 그렇기 때문에 오리겐이 바울을 저자로 믿었다는 견해는 설득력이 없다. 하지만 시간이 흐르면서 바울이 히브리서의 원저자라는 생각이 받아들여지기 시작했고, 마침내 3세기에 이르러 동방교회는 바울을 히브리서의 원저자로 받아들였다.[7]

히브리서 원저자와 관련하여 서방교회는 상황이 달랐다. 터툴리안Tertullian, 약 주후 155-220년은 바나바가 이 서신의 저자라고 했다. 초기 몇 세기 동안 서방교회가 바울을 히브리서의 원저자로 보지 않았음을 보여주는 대목이다. 바나바를 히브리서의 원저자로 여기는 것이 흥미로운 것은 바나바가[8] 레위인이었다는 사실에서 기인한다.행 4:36 히브리서에서 보이는 제사와 관련된 것들에 대한 지식과 관심을 이해할 수 있는 부분이라 하겠다. 결국 4세기에 이르러 제롬Jerome과 어거스틴Augustine의 영향으로 서방교회에서도 바울 저작설을 받아들이게 되었다.[9] 종교개혁 때

4 유세비우스의 말을 내가 번역한 것이다. *Hist. eccl*. 6.25.14.

5 David Alan Black, "Who Wrote Hebrews? The Internal and External Evidence Reexamined", *Faith and Mission* 18(2001): 3-26. 참조. David Alan Black, *The Authorship of Hebrews: The Case for Paul*(Gonzales, FL: Energion, 2013).

6 참조. David L. Allen, *Hebrews*, NAC(Nashville: B&H, 2010), 32.

7 참조. Harold W. Attridge, *The Epistle to the Hebrews*, Hermeneia(Philadelphia: Fortress, 1989), 1-2, n7. 예. 유세비우스는 히브리서가 처음에 히브리어로 기록된 뒤 로마의 클레멘트가 헬라어로 번역했다고 생각하면서도 이 서신을 바울의 저작으로 받아들였다(*Hist. eccl*. 3.3.5 and 3.38.2-3).

8 Attridge, *Hebrews*, 3.

까지는 교회의 견해로서 바울의 저작설이 지배적이었다. 에라스무스Erasmus는 바울의 저작설이 내키지 않았지만 부차적인 문제이기 때문에 교회의 권위에 순복할 것이라고 했다.[10] 루터는 바울 저작설을 부인했다. 히브리서 2:3을 볼 때 히브리서는 바울의 저작일 수 없다고 믿었다. 히브리서의 원저자와 관련하여 루터는 색다르면서도 아주 재기 넘치는 추측을 했다. 아볼로를 히브리서의 원저자로 주장한 것이다.[11] 알렉산드리아풍의 아름다운 문체로 기록된 히브리서는 알렉산드리아 출신으로 변론에 능했던 아볼로와 잘 맞아떨어진다는 것이다.행 18:24 칼빈 역시 히브리서 2:3을 근거로 바울의 저작이 아니라는 데 동의한다. 그러면서 그는 누가나 로마의 감독 클레멘트가 썼을 것이라고 말한다.[12]

지금까지도 학자들은 계속해서 브리스길라, 실라, 에바브라, 유다, 아리스티온과 같은 많은 인물들을 히브리서의 원저자로 제안한다.[13] 최근

9 제롬과 어거스틴의 견해에 대해서는 다음을 참조하라. Philip Edgecumbe Hughes, *A Commentary on the Epistle to the Hebrews*(Grand Rapids, MI: Eerdmans, 1977), 21-22.

10 히브리서에 대한 에라스무스의 언급은 다음을 참조하라. 같은 책, 23.

11 거스리는 아볼로가 히브리서의 원저자라는 증거를 훌륭하게 요약한다. 또한 아볼로 저작설을 지지한 사람들(잔Zhan, 렌스키Lenski, 몬테피오리Montefiore)을 역사적으로 개관한다. 거스리는 이 문제와 관련하여 독단적인 태도를 취하지는 않으면서도 아볼로를 히브리서의 원저자로 제안한다. George H. Guthrie, "The Case for Apollos as the Author of Hebrews", *Faith and Mission* 18(2001): 41-56. 루터의 견해가 발전된 것을 보려면 다음을 참조하라. Hughes, *Hebrews*, 23; Attridge, *Hebrews*, 4. 아볼로를 지지하는 견해에 대해서는 다음을 참조하라. Ceslas Spicq, *L'Épître aux Hébreux*, 2nd ed., 2 vols., EB(Paris: Gabalda, 1953), 1:197-219.

12 참조. John Calvin, *Commentaries on the Epistle of Paul the Apostle to the Hebrews*, trans. J. Owen(repr.; Grand Rapids, MI: Baker, 2005), 54, 358. 주석의 제목에도 불구하고(분명히 칼빈이 붙인 제목이 아닐 것이다) 칼빈은 2:3과 13:23을 주석하면서 바울 저작설을 분명하게 거부한다.

13 아돌프 폰 하르낙은 브리스길라 저작설을 옹호했다(Adolf von Harnack, "Probabilia über die Addresse und den Verfasser des Hebräerbriefes", ZNW 1[1900]: 16-41). 실라 저작설은 토머스 휴잇을 참조하라. Thomas Hewitt, *The Epistle to the Hebrews*, TNTC(Grand Rapids, MI:

몇 년 동안 데이비드 앨런David Allen은 누가 저작설을 강하게 옹호하는 제안을 했고,[14] 데이비드 앨런 블랙 역시 바울 저작설을 상당히 설득력 있게 옹호했다.[15]

고대와 현대를 막론한 이런 시도들에도 불구하고 바울 저작설을 옹호할 수가 없는 것이 첫째로, 열세 편의 바울 서신들을 보면 하나같이 저자의 이름을 밝히고 있지만 히브리서만큼은 그렇지 않다. 그렇기 때문에 히브리서의 바울 저작설에 의구심을 가질 수밖에 없다. 둘째, 문체에 근거한 주장 역시 크게 신뢰할 수 없는 것이, 바울이 쓴 저작들 자체가 너무나 제한적이다. 히브리서가 기록된 세련된 헬라어 문체 역시 바울 서신들의 문체와는 부합하지 않는다. 셋째, 히브리서 2:3에서 히브리서 저자는 주로부터 직접 구원의 복음을 들은 자들과 자신을 구분한다. 반대로 바울은 예수 그리스도의 사도로서 자신의 권위를 반복해서 강조하고 다른 사도와 목격자들의 권위 아래 자신을 두기를 거부한다. 이 마지막 이유가 특별히 히브리서의 바울 저작설을 배제하도록 한다.

일단 바울 저작설이 배제되면 가능성 있는 다른 많은 후보자들을 생각하게 된다. 데이비드 앨런은 흥미롭게도 누가를 원저자로 주장한다. 하지만 그의 이런 주장은 누가 저작설의 가능성을 보여준 것일 뿐 그것을 분명히 증명하지는 못한다. 언어학적인 증거 역시 결정적인 것이 못된다. 히브리서와 사도행전 간의 차이점들 역시 누가 저작설에 의구심을 불러일으킨다.[16] 바나바 역시 매력적인 선택이 될 수 있다. 그가 레위

Eerdmans, 1960), 26-32. 에바브라 저작설은 로버트 주잇을 참조하라. Robert Jewett, *Letter to Pilgrims: A Commentary on the Epistle to the Hebrews*(New York: Pilgrim, 1981), 7-9.

14 Allen, *Hebrews*, 29-61. David L. Allen, *Lukan Authorship of Hebrews*(Nashville: B&H, 2010).

15 참조. 주 5.

16 커크릴이 이것을 잘 설명한다. Lee Cockerill, *The Epistle to the Hebrews*, NICNT(Grand

인인 데다가 히브리서에서 레위인들과 관련된 모든 일에 대한 관심을 볼 수 있기 때문이다. 유사하게, 아볼로가 원저자일 것이라고 한 루터의 추측 역시 흥미를 끈다. 아볼로의 유창한 웅변력과 히브리서의 세련된 문체 사이에 부합하는 부분이 있는 데다가, 알렉산드리아 출신이라는 점도 이 서신의 성격과 잘 맞는다. 많은 학자들이 히브리서와 플라톤적 사고Platonic/Philonic thought 사이의 유사점을 인정할 뿐 아니라 알렉산드리아는 이런 사고가 융성했던 중심지였다. 하지만 히브리서의 원저자를 특정하는 증거로는 빈약하다는 사실을 인정하지 않을 수 없다. 굉장히 설득력이 있고 그럴듯한 주장들이 없는 것이 아니지만, 그럼에도 불구하고 히브리서의 원저자와 관련된 모든 이론은 추측에 불과하다. 실제로 누가 히브리서를 기록했는지 우리는 모른다. 히브리서 저작에 관한 어떤 이론도 결정적인 동의를 얻지는 못하고 있고 거기에는 타당한 이유가 있다. 이 문제에 대한 해답은 역사적 지식의 영역 밖에 있기 때문이다. 히브리서 원저자에 대한 오리겐의 말은 여전히 사실이다. "오직 하나님만이 아신다." 그러므로 본 주석서에서 히브리서의 저자를 가리킬 때는 그냥 "저자/기자"the author 라고만 할 것이다. 또한 본 서신의 명칭을 주어로 하는 "히브리서는 말한다"와 같은 표현도 사용할 것이다.

II. 저작 연대

신약 문서들의 저작 연대를 추정하는 것이 얼마나 어려운지는 익히 알려진 바다. 히브리서 역시 예외가 아니다. 이 서신에는 어떤 연대도 언급되지 않고 있으며 특정한 연대를 추정할 만한 역사적인 연급도 찾아

Rapids, MI: Eerdmans, 2012), 9.

볼 수 없다. 히브리서가 기록될 당시 디모데가 아직 생존해 있는 것으로 보아13:23 이 서신이 1세기에 기록되었다는 것을 알 수 있다. 저자가 제2세대 그리스도인들2:3과 디모데13:23를 언급하는 것은 물론 몇몇 기독교 지도자들의 죽음을 언급하는 것으로 볼 때 30년대나 40년대는 아니다. 더욱이 5:12은 수신자들이 오랫동안 그리스도인으로 지냈다는 것을 암시한다. 이 서신이 기록된 가장 이른 연대로 보통 60년대를 이야기한다.

주후 70년 이후 수십 년 사이에 기록된 것으로 말하는 사람들이 있기는 하지만, 연대를 주후 70년보다 이른 60년대로 추정하는 데는 이유가 있다.[17] 이 서신에서 저자는 성막과 성막에서 행해진 의식들을 자주 언급한다. 실제로 저자는 이 서신을 기록할 당시에도 여전히 성전이 자리하고 있었음을 가리키기라도 하는 것처럼 현재시제를 사용해 제의 방식을 묘사한다. 하지만 이와 달리 성전이 훼파된 지(주후 70년) 상당한 시간이 흐른 뒤에 기록된(주후 96년) 제1클레멘트서 역시 성전을 가리켜 말할 때 현재시제를 사용한다.[18] 그렇기 때문에 시제를 근거로 한 주장이 결정적인 증거는 아니지만, 그럼에도 불구하고 성막을 언급하는 대목은 이 서신의 기록 연대를 계산할 때 여전히 중요한 의미를 갖는다. 히브리서의 가장 핵심적인 주장 가운데 하나는, 예수의 희생 제사야말로 가장 결정적이고 최종적이기 때문에 옛 언약의 제사들은 이전 시대에 속하는 것들이라는 것이다.[19] 주후 70년에 일어난 성전 파괴는

17 예. Donald A. Hagner, *The New Testament: A Historical and Theological Introduction*(Grand Rapids, MI: Baker, 2012), 651-52.

18 제1클레멘트서의 저작 연대는 확실하지 않다. 아이젠바움Pamela M. Eisenbaum은 1세기 후반이나 2세기 초를 제안한다. 참조. Pamela M. Eisenbaum, "Locating Hebrews Within the Literary Landscape of Christian Origins", in *Hebrews: Contemporary Methods—New Insights*, ed. G. Gelardini(Leiden: Brill, 2005), 224-31.

성전 제사들이 더 이상 유효하지 않게 되었다는 사실을 결론적으로 나타내는 것이다(예수의 예언과 부합한다. 참조. 마 24장). 그렇다면 히브리서 기자가 성전 파괴를 기록하지 않았을 리가 없다. 이런 사실은 성전 파괴가 있기 전인 60년대에 이 서신을 기록했음을 시사한다. 증거가 부족하기 때문에 이보다 더 구체적으로 연대를 설정하는 것은 불가능하다.

초기 연대를 가리키는 또 다른 주장 역시 제1클레멘트서와 관련이 있다. 대부분의 학자들은 제1클레멘트서의 저작 연대를 약 주후 96년으로 잡는다. 그리고 클레멘트서에 히브리서가 인용된 것이 분명하다.[예. 36:1-6] 앞에서 언급한 것처럼, 제1클레멘트서의 저작 연대 역시 확실한 것이 아니기 때문에 이런 사실이 히브리서의 저작 연대와 관련된 결정적인 주장이라고는 할 수 없다.[20] 그러나 만약 제1클레멘트서가 주후 96년에 기록되었다면 히브리서는 전승의 한 부분이 될 만큼 오랫동안 회람되었을 것이고, 그렇다면 이는 나에게 주후 70년 이전을 의미한다.[21]

III. 수신지와 수신자들

히브리서는 누구에게 보낸 편지인가? 흔히들 히브리서는 유대인 공동

19 히브리서 기자가 모세오경의 성막에 대한 진술을 문자 그대로 묘사하는 것으로 봐서, 기자가 가리켜 말하는 것은 기자 당시의 성전 예배라기보다는 성막의 제의들일 것이다.

20 참조. William L. Lane, *Hebrews 1-8*, WBC(Dallas: Word, 1991), lxiii-lx; Attridge, *Hebrews*, 7-8.

21 참조. Luke Timothy Johnson, *Hebrews: A Commentary*, NTL(Louisville: Westminster/John Knox, 2006), 38-40; Barnabas Lindars, *The Theology of the Letter to the Hebrews*, New Testament Theology(Cambridge: Cambridge University Press, 1991), 20-21; Peter T. O'Brien, *The Letter to the Hebrews*, PNTC(Grand Rapids, MI: Eerdmans, 2010), 15-20; Paul Ellingworth, *The Epistle to the Hebrews: A Commentary on the Greek Text*, NIGTC(Grand Rapids, MI: Eerdmans, 1993), 33; Lane, *Hebrews 1-8*, lxvi.

체에 보낸 편지라고 생각되어 왔다. 서신의 내용으로 볼 때, 독자들이 아마도 핍박을 피하기 위해서 혹은 사죄에 대한 확신을 얻고자 유대교에서 비롯된 제사 제도로 다시 돌이키려고 했을 것이기 때문이다.[22] 물론 유대교 제의와 관습으로 이끌렸다는 사실이 꼭 유대인 독자들을 가리키는 것은 아니다. 회당에 하나님을 경외하는 자들이 있었다는 사실과 유대교로 개종했던 이방인 개종자들의 존재는 이방인들 역시 유대교로 이끌렸음을 가리킨다. 히브리서의 독자들은 아마도 유대인과 이방인이 혼재하는 공동체였을 것이다.[23] 그럼에도 불구하고 나는 히브리서가 유대인 그리스도인들에게 쓴 편지라는 지배적인 의견을 따른다.[24] '히브리인들에게'라는 이 책의 제목은 이 서신이 다름 아닌 유대인 독자들을 위한 것이었다는 사실을 말해 준다는 것이 오래 전해 오는 해석이다. 퀘스터Craig R. Koester는 이 제목이 2세기 말에 붙여진 것이기 때문에 이 서신의 수신자를 결정하는 데 별 가치가 없다고 말한다.[25] 물론 이 서신

22 이런 이해를 지지하는 최근 논의는 다음을 참조하라. Susan Haber, "From Priestly Torah to Christ Cultus: The Re-Vision of Covenant and Cult in Hebrews", *JSNT* 28(2005): 105-24. 참조. Lindars, *The Theology of Hebrews*, 11. 린다스는 히브리서 수신자들이 세례받기 전에 지은 죄들을 용서받은 것에 대한 확신이 없어서 양심과 씨름하고 있었다고 주장한다(14, 59, 86). 셀비는 히브리서가 말하는 양심이란 "하나님과의 참된 교제를 효과적으로 누리지 못하도록 하는 장벽인 양심의 가책으로 귀결되는 개인의 죄악됨과 죄책에 대한 내면의 인식"을 의미한다고 지적했다. 예수의 희생이 우월한 것은 이런 양심을 진실로 깨끗하게 하기 때문이다. 참조. Gary S. Selby, "The Meaning and Function of συνeιδησις in Hebrews 9 and 10", *ResQ* 28(1985-86): 153.

23 George Guthrie, *Hebrews*, NIVAC(Grand Rapids, MI: Zondervan, 1998), 20; David deSilva, *Perseverance in Gratitude: A Socio-Rhetorical Commentary on the Epistle to the Hebrews*(Grand Rapids, MI: Eerdmans, 2000), 2-7.

24 O'Brien, *Hebrews*, 11-13; Hagner, *Introduction*, 646-48. 대부분의 주석가들이 이 견해를 지지한다. 당시의 상황을 이해하는 데 도움이 되는 요약은 다음을 참조하라. Scott D. Mackie, *Eschatology and Exhortation in the Epistle to the Hebrews*, WUNT 2/223(Tübingen: Mohr Siebeck, 2007), 9-17.

에 붙여진 제목이 수신자가 누구인지에 대한 문제를 해결하지는 않는다. 하지만 이 편지가 유대인 그리스도인들을 위해 기록된 것이라는 것이 고대로부터 전해 오는 증거다. 이런 사실은 적어도 수신자에 대한 지배적인 견해가 이 편지의 가장 초기 해석자들에게까지 거슬러 올라감을 보여준다. 결국 이 편지가 유대인보다는 이방인들을 수신자로 기록되었다거나 혹은 유대인과 이방인 모두를 수신자로 기록되었다는 사실을 배제할 수는 없다.[26] 그럼에도 이 서신의 제목과 내용을 통해서 볼 때, 이 책이 유대교로 돌이키려는 유대인 독자들을 향해 기록되었을 가능성이 더 크다고 하겠다.[27] 다행히도 수신자가 누구인지에 따라 이 서

25 Koester, *Hebrews*, 46, 171-73.

26 이방인 수신자를 지지하는 견해에 대해서는 다음을 참조하라. James A. Moffat, *A Critical and Exegetical Commentary on the Epistle to the Hebrews*, ICC(New York: Scribner's, 1924), xv-xvii.

27 메어슨은 이런 이해를 강력하게 도전한다(Eric F. Mason, "The Epistle[Not Necessarily] to the 'Hebrews': A Call to Renunciation of Judaism or Encouragement to Christian Commitment?" *PRSt* 37[2010]: 7-20). 독자들에게 유대교로 돌이키지 말라는 저자의 명시적인 언급이 없다는 그의 말은 옳다. 메어슨은 그리스도께 헌신하고 배도를 피하라고 요청하는 것이 이 서신의 중심 주제라는 사실을 제시한다. 그렇기 때문에 여기서 제공하는 히브리서 해석은 유대인 그리스도인을 수신자로 한다는 사실에 의존하지 않는다. 하지만 메어슨이 보여주는 사려 깊은 신중함에도 불구하고, 여전히 이 책은 사죄를 얻기 위해 유대교 의식으로 돌이키려고 미혹받는 사람들을 향해 말하는 것처럼 보인다. 이 책이 경고하는 배도는 유대교 제사 의식과 관련된 특정한 모양을 띠고 있다. 히브리서 저자가 독자들을 격려하고 가르치기 위해 비교대조법을 사용한다고 메어슨은 말한다. 물론 그 말이 맞다. 하지만 비교하는 **내용**과 구약 제의에 대한 세밀한 관심은, 저자가 구약의 제사 의식들을 통해 사죄를 발견하려는 시험에 빠진 독자들에게 말하기 위해 비교대조법을 사용한다는 사실을 보여준다. 덧붙이자면, 저자는 자신이 주장하는 바를 위해 구약의 제사 의식이나 유대교를 폄훼하는 것이 아니라 오히려 구원을 역사적으로 주장한다. 구약의 제의는 하나님이 명하시고 제정하신 것이다. 하지만 히브리서에 따르면, 구약의 제의를 위한 때는 이미 지나갔다. 이제 그리스도께서 오셨기 때문에 독자들이 옛 언약으로 돌이켜서는 안 된다. 이전의 규례들이 효력을 발휘하던 장소와 때가 있었지만, 새로운 시대에서는 더 이상 적용될 수 없다. 그럼에도 불구하고 옛 언약을 부정하지는 않는다. 저자가

신의 해석이 달라지지 않는다. 유대인을 수신자로 하든 이방인을 수신자로 하든, 이 서신이 뜻하는 바는 근본적으로 동일하다. 또한 그렇기 때문에 여기서 제공되는 해석과 성경신학 역시 수신자들이 누구냐에 따라 달라지지 않는다.

히브리서의 수신자가 유대인 그리스도인이라면, 어느 지역에 사는 그리스도인들을 말하는가? 예루살렘인가? 팔레스타인인가? 알렉산드리아인가? 아니면 로마인가? 이 지역들 중에 하나일 가능성이 크다. 이 외에도 학자들은 사마리아, 안디옥, 고린도, 구브로, 에베소, 비시디아, 본도 등을 제안한다.[28] 심지어 쿰란 공동체까지도 거론이 된다. 하지만 수신지가 이처럼 구체적일 가능성은 많지 않아 보인다. 이 서신에는 쿰란 공동체와의 연계 가능성을 보여주는 어떤 분명한 증거도 없을뿐더러, 쿰란 공동체에 그리스도인들이 있었다는 증거도 없다.[29]

수신자들이 살았던 지역을 결정하는 중요한 실마리는 이 서신 자체에 있다. 저자가 "이달리야에서 온 자들도 너희에게 문안하느니라"고 편지를 마무리하기 때문이다.13:24 물론 저자가 이달리야에서 편지를 쓰고, 그곳에 함께 있던 자들이 수신자들에게 문안했을 수도 있다. 하지만 저자가 이달리야에 있는 자들에게참조. 행 18:2 편지한 것으로 보는 것이 더 개연성이 있어 보인다. 다시 말해 저자가 로마에 거하는 유대인 그리스

옛 언약이 새 언약을 통해 성취된다고 믿기 때문이다.

28 가능한 수신지로 제안된 도시들에 대해서는 다음을 참조하라. Attridge, *Hebrews*, 10. 앨런은 이 서신이 시리아의 안디옥으로 이주한 회심한 제사장들에게 보낸 것이라 주장한다(*Hebrews*, 61-74; 참조. Spicq, *L'Épître aux Hébreux*, 1:221-31).

29 쿰란 문서들과 히브리서가 전혀 관계가 없다는 말은 아니다. 히브리서와 쿰란 유적에서 발견된 글들 사이에는 흥미로운 유사점들이 있다. 참조. Eric F. Mason, "Hebrews and the Dead Sea Scrolls: Some Points of Comparison", *PRSt* 37(2010): 457-79. 메어슨은 우주론과 메시아 사상과 멜기세덱의 개념에서 유사점을 찾는다.

도인들에게 편지했고, 저자와 함께 있던 이달리아에서 온 자들이 이 편지를 통해 로마로 안부를 전한 것이다.[30] 로마를 수신지로 하는 주장은 제1클레멘트서와도 부합한다. 로마에서 제1클레멘트서를 보낼 때, 클레멘트는 이미 히브리서의 내용을 알고 있었던 것이다. 히브리서가 로마로 보내진 서신이라면, 클레멘트가 히브리서의 내용을 알고 있었다는 말이 일리가 있다. 게다가, 만약 바울이 히브리서 저자가 아니라는 보편적으로 받아들여지는 견해를 따를 경우, 서방교회가 동방교회가 한 것처럼 그렇게 일찍 바울 저작설을 받아들인 것은 아니라는 말이 된다. 히브리서가 로마에 사는 그리스도인들에게 보낸 편지라면, 그들은 이 편지의 저자에 대한 보다 정확한 역사적 기억을 가지고 있었을 것이다.

다른 한편으로, 칼 모서Carl Mosser는 히브리서가 예루살렘에 사는 유대인 그리스도인들에게 쓴 편지라는 설득력 있고 일리가 있는 주장을 한다.[31] 히브리서에서 저자가 성막에 대해 언급하는 내용들은 당시의 성전에 적용된다고 그는 주장한다.[32] 이 서신은 라합이 여리고 도성을 떠나 하나님의 백성과 하나가 된 것처럼, 예루살렘이라는 도성을 떠나도록 유대인 그리스도인들을 설득하기 위해 쓰였다는 것이다.11:31 본 주석서의 성격상 모서가 주장하는 바를 충분히 살피기에는 지면이 부족하다. 모서는 예루살렘이 이 서신의 수신지였을 수 있다는 사실을 분명히 보여준다. 하지만 오늘날 학자들은 히브리서의 수신지에 대한 이런 주장을 너무 성급히 거부한다. 나는 여전히 로마가 이 서신의 수신지라고

30 참조. Lane, Hebrews 1-8, lviii-lx; Ellingworth, Hebrews, 29; O'Brien, *Hebrews*, 9.

31 Carl Mosser, "No Lasting City: Rome, Jerusalem and the Place of Hebrews in the History of Earliest 'Christianity'"(Ph.D. diss., St. Andrews University, 2004).

32 같은 책, 194-206.

생각한다. 그렇다고 본 주석서에서 제시하는 해석이 로마를 수신지로 하는 가설에 의존된 것은 아니다. 이 서신에 대한 나의 해석은 예루살렘을 수신지로 하는 경우와도 대부분 잘 들어맞는다. 모서의 저작은 역사적 재구성의 경우 많은 부분에서 확실성을 담보하기가 어렵다는 사실을 일깨워준다.

히브리서를 통해 우리는 수신자들이 처음 믿음을 갖고 나서 신자로서 핍박을 당했지만[10:32-34] [33] 아직 순교에까지 이른 것은 아님을 알 수 있다.[12:4] 아마 핍박을 피하고자 유대교로 다시 돌이키려는 유혹을 받았을 것이다. 유대교는 당시 로마 법 치하에서 합법적인 종교였기 때문에 로마 제국의 통치권 아래서 보호받을 수 있었다.[34] 히브리서가 로마를 수신지로 한 편지가 맞다면, 아마도 네로가 그리스도인들을 박해하여 많은 이들을 죽음으로 내몰기 전이었을 것이다. 히브리서 저자는 그리스도께 신실하게 남아 있으라는 권면의 말로 장차 닥칠 일을 대비해 독자들을 준비시킨다. 하지만 그럼에도 불구하고 지금까지 말한 로마 수신지를 가정한 이런 설정은 확증할 수 없는 가설에 불과하다. 우리는 저자가 기록한 **내용**은 알지만 **무슨 이유로 왜** 그런 내용을 그렇게 기록했는지는 모른다.

33 참조. Bruce W. Winter, "Suffering with the Saviour: The Reality, the Reasons and the Reward", *in The Perfect Savior: Key Themes in Hebrews*, ed. J. Griffiths(Nottingham: InterVarsity, 2012), 147-67. 레인William L. Lane은 이 핍박이 주후 49년에 있었던 클라우디오의 로마 추방령을 가리킨다고 생각한다(*Hebrews 1-8*, lxiv-lxvi). 이런 제안이 흥미롭기는 하지만 지나치게 구체적이다.

34 참조. Winter, "Suffering with the Saviour", 147-67. 여기서 윈터는 히브리서를 받아 본 독자들의 삶에서 발휘되는 로마 제국 권위의 역할을 지나치게 강조하고 있다.

IV. 장르와 구조

히브리서는 유려한 문체와 구조를 가진 서신이다. 글의 특성만 놓고 보면 문학적인 시론을 떠오르게 할 정도다. 특히 인사말을 통해 저자와 수신자를 알 수 있는 전형적인 편지글의 형식을 취하지 않는다는 점에서 더더욱 그렇다. 그러나 전형적인 편지의 형식으로 마무리되는(기원, 소식, 인사, 은혜 기원) 13장에서 이 글이 편지글인 것이 분명히 드러난다. 13장은 원래 이 서신의 일부가 아니었다고 주장하는 학자들이 있다. 하지만 이런 견해는 역사적 호기심에서 비롯된 것이다. 13장이 말하는 주제들이 전체 히브리서의 흐름과 같은 맥락으로 드러나기 때문이다.[35] 이 서신 전체에 걸쳐 있는 경고를 발하는 구절들을 볼 때, 히브리서를 시론이라 칭하는 것은 적합하지 않다. 실제적이고 긴급한 어조의 이런 경고들을 가리켜 시론이라 부르기는 어렵다. 실제로, 히브리서 기자는 자신이 하는 말을 "권면의 말"이라 부른다.λόγου τῆς παρακλήσεως, 13:22 비시디아 안디옥에서 행한 바울의 설교에도 같은 표현이 등장한다.행 13:15 그렇다면 히브리서는 편지 형식을 한 설교요 권면이다.[36] 기자는 독자들에게 믿음에 견고하여 끝까지 견디라고 긴박하게 촉구한다. 이 서신이 회중 앞에서 낭독되었을 것을 생각하고 이 편지가 갖는 구술적 성격에 주의를 기울여야 한다.[37] 이 서신이 갖는 구술적 성격은 특별히 다음 두 가지 특징을 통해 확

35 특히 다음을 참조하라. Floyd V. Filson, *"Yesterday": A Study of Hebrews in the Light of Chapter 13*, SBT 2/4.(Naperville, IL: Allenson, 1967) 이런 이해에 대한 최근의 반론은 다음을 참조하라. A. J. M. Wedderburn, "The 'Letter' to the Hebrews and Its Thirteenth Chapter", *NTS* 50(2004): 390-405.

36 참조. Lane, *Hebrews 1-8*, lxix-lxxv; Cockerill, *Hebrews*, 13-16. 참조. L. Johnson, *Hebrews*, 10. 이에 대한 반론에 대해서는 모서를 참조하라. Mosser, "No Lasting City", 210-39.

37 스티브 스탠리Steve Stanley가 그것을 말한다. "The Structure of Hebrews from Three

고히 드러난다.[38] (1)이 서신 전반에 걸쳐 발견되는 말하고 듣는 것에 대한 강조; (2)주해와 권면의 교차 배열. 항상 권면이 먼저 온다. 오브라이언Peter T. O'Brien이 말하는 바와 같다. "기자는 능숙한 솜씨로 지금 자신이 지금 회중들 앞에 서서 그들에게 설교하고 있는 듯한 인상을 갖도록 한다."[39]

지금까지 많은 학자들이 신약성경의 서신들이 헬라 수사법을 따르고 있는지를 살폈다. 히브리서도 예외가 아니다.[40] 예를 들어 아트리지,Harold W. Attridge 존슨,L. Johnson 쾨스터가 쓴 주석서들은 헬라 수사법의 원리를 사용해 히브리서의 구조를 풀어 가는 입장을 취한다.[41] 물론 히브리서 기자가 헬라 수사법에 능한 교육을 아주 잘 받은 사람인 것은 분명하다. 이 서신에서 보이는 수사적 기교와 글이 가진 수사법적 특징들

Perspectives", *TynBul* 45(1994): 248-50; Lane, *Hebrews 1-8*, lxxv; Cockerill, *Hebrews*, 11.

38 참조. O'Brien, *Hebrews*, 20-22. R. T. 프랑스France는 이 서신이 갖는 구술적이고 설교적 성격을 바로 보는 것은 물론, 히브리서에 있는 일곱 개의 서로 다른 주해들까지 식별한다("The Writer of Hebrews as a Biblical Expositor", *TynBul* 47[1996]: 245-76).

39 O'Brien, *Hebrews*, 21.

40 오브라이언의 히브리서 주석에서 이런 연구를 간략히 정리한 것을 볼 수 있다. *Hebrews*, 24-27. 또한 다음을 참조하라. Michael W. Martin and Jason A. Whitlark, "The Encomiastic Topics of Syncrisis as the Key to the Structure and Argument of Hebrews", *NTS* 35(1989): 382-406, 같은 저자, "Choosing What Is Advantageous: The Relationship Between Epideicitic and Deliberative Syncrisis in Hebrews", *NTS* 58(2012): 379-400; T. H. Olbricht, "Hebrews as Amplification", in *Rhetoric and the New Testament: Essays from the 1992 Heidelberg Conference*, ed. S. E. Porter and T. H. Olbricht, JSNTSup 90(Sheffield: Sheffield Academic, 1993), 375-87; Duane F. Watson, "Rhetorical Criticism of Hebrews and the Catholic Epistles Since 1978", *CurBS* 5(1997): 175-207, esp. 181-87; Barnabas Lindars, "The Rhetorical Structure of Hebrews", *NTS* 35(1989): 382-406. 참조. Timothy W. Seid, "Synkrisis in Hebrews 7: The Rhetorical Structure and Strategy", in *The Rhetorical Interpretation of Scripture: Essays from the 1996 Malibu Conference*, ed. S. E. Porter and D. L. Stamps, JSNTSupS 180(Sheffield: Sheffield Academic, 1999), 322-47. 보다 균형 잡힌 접근을 위해서는 드실바David A. DeSilva를 참조하라. *Perseverance in Gratitude*, 39-58.

41 참조. Koester, *Hebrews*, 84-86; Johnson, *Hebrews*, 12-15.

에도 불구하고, 히브리서 기자가 헬라어 교본들에서 발견되는 수사법을 따른다는 증거는 없다.[42]

학자들은 또한 히브리서의 구조를 면밀하게 조사했다. 하지만 이런 연구들이 제시하는 다양한 구조들 역시 여기서 다 다루지는 못한다.[43] 내용별로 이 서신을 구분하는 개요들이 많다. 하지만 이런 접근법으로 인해 이 서신에 담긴 문학적 실마리를 놓치고 여기에 담긴 권면들의 중심성을 평가절하하는 경우가 종종 있다. 이런 개요들로 인해 사람들은 히브리서가 조직신학의 한 부분이라는 인상을 받게 되는데, 이는 잘못된 것이다. 히브리서는 당시의 특정한 상황을 다루고 있는 서신이기 때문이다. 이 같은 내용에 따른 접근법에 현저하게 결여된 것들이 바노에,Albert Vanhoye [44] 나우크,Wolfgang Nauck [45] 웨스트폴,Cynthia Long Westfall [46] 널리,Linda

42 Guthrie, *Structure of Hebrews*, 32-33; Lane, *Hebrews 1-8*, lxxv-lxxx; O'Brien, *Hebrews*, 26-27.

43 히브리서에 대한 유익한 개관과 제안에 대해서는 다음을 참조하라. Barry C. Joslin, "Can Hebrews Be Structured? An Assessment of Eight Approaches", *CBR* 6(2007): 99-129. 참조. Rodney J. Decker, "The Intentional Structure of Hebrews", *The Journal of Ministry and Theology* 4(2000): 80-105; David J. MacLeod, "The Literary Structure of the Book of Hebrews", *BSac* 146(1989): 185-97; Stanley, "The Structure of Hebrews", 245-71.

44 참조. Albert Vanhoye, *La structure littéraire de l'épître aux Hébreux*, StudNeot 1, 2nd ed.(Paris: Desclée de Brouwer, 1976); 같은 저자, *Structure and Message of the Epistle to the Hebrews*, SubBi 12(Rome: Pontifical Biblical Institute, 1989), 18-44. 참조. David Alan Black, "The Problem of the Literary Structure of Hebrews: An Evaluation and Proposal", *GTJ* 7(1986): 163-77. 블랙David Alan Black은 바노에의 공헌에 초점을 맞춘다.

45 Wolfgang Nauck, "Zum Aufbau des Hebräerbriefes", in *Judentum-Urchristentum-Kirche: Festschrift für Joachim Jeremias*, ed. W. Eltester(Berlin: Alfred Töpelmann, 1960), 199-206.

46 Cynthia Long Westfall, *A Discourse Analysis of the Letter to the Hebrews: The Relationship Between Form and Meaning*, LNTS 297.(London: T&T Clark, 2005)

Lloyd Neeley[47] 거스리George H. Guthrie[48]의 저작들이 보여주는 히브리서의 구조에 대한 면밀한 연구를 통해 보완되었다. 누구라도 문학적 접근법이 이런 문제를 해결할 수 있을 것이라 생각한다면, 앞에서 언급한 학자들이 제안한 구조 분석은 그렇지 않다는 것을 보여준다. 의견의 다양성과 서로 다른 개요들을 통해 이 서신의 개요가 전적으로 객관적인 문제일 수 없다는 사실이 명백히 드러난다. 전체 문제가 쉽게 해결될 수 없는 굉장히 복잡한 것이기 때문에 본서의 지면이 허락하는 것보다 훨씬 더 많은 논의가 필요하다.

바노에의 저작은 함축성이 있고 대단히 체계적이지만, 거의 모든 학자가 설득력이 충분치 않다고 결론 내렸다.[49] 바노에는 면밀한 분석을 통해 장래 학자들의 연구를 위한 길을 닦아 놓았다. 바노에는 이 서신의 구조를 이해하는 데 도움이 되는 주제의 선언(예. 1:4의 "천사들"은 이어지는 절들로 이끌어들이는 단어다), 어떤 부분의 경계를 정해 주는 북엔드 구조와 같은 장치들,수미상관, inclusion 고리 단어들(6:20과 7:1의 멜기세덱과 같은; 고리단어들hook words이란 나란히 자리한 두 문단의 마지막과 시작 부분에 각각 삽입되어 이 두 문단을 이어 주는 역할을 하는 단어나 표현을 가리키는 고대의 수사적 장치다—옮긴이. 참조. DLNTD, 452), 특징적인 단어들characteristic terms, 강조를 위해 특정한 부분에서 반복적으로 사용되는 단어—옮긴이, 문학적 장르의 전이(주해에서 권면으로), 교차대구법chiasms; 참조. 5:1-10 주석과 같은 문학적 특징들을 자세히 살폈다. 히브리서 구조에 대한 거스리의 저작이 학자들에게 가장 설

47 Linda Lloyd Neeley, "A Discourse Analysis of Hebrews", *OPTAT* 3-4(1987): 1-146.

48 George H. Guthrie, *The Structure of Hebrews: A Text-Linguistic Analysis*, NovTSup 73(Leiden: Brill, 1994).

49 바노에의 견해에 대한 비판은 오브라이언을 참조하라. *Hebrews*, 27-29; Guthrie, *Structure of Hebrews*, 34-35, 79.

득력 있게 다가가는 것처럼 보인다.[50] 어쨌든, 이 서신의 구조와 개요를 결정하기 위해서는 문학적 특징과 내용을 모두 고려해야 한다. 본서에서 나는 이 서신을 보다 선택적으로 접근하기 때문에 주관적인 것은 어쩔 수가 없다. 나는 이 서신의 내용과 수사학적 비평과 담화 분석을 고려해서 개요를 잡았다. 지면이 부족한 관계로 여기서 구체적으로 제안된 것들을 일일이 변호하기는 어렵지만, 히브리서의 메시지를 이해하는 데 도움이 되는 것으로 드러나기를 바란다.

V. 목적

히브리서를 읽는 독자들은 이 서신의 메시지와 문체가 독특하다는 것을 금방 알아차릴 것이다. 우리가 읽는 신약성경의 다른 어느 책과도 다르기 때문이다. 성경의 다른 책들과 모순된다는 말이 아니다. 히브리서는 바울 신학에도 잘 부합한다. 그럼에도 히브리서가 연주하는 신학은 조와 음정이 다르다. 이 서신의 신학적 메시지를 고려할 때는 이 서신을 쓰게 된 근본 목적을 파악하는 것이 중요하다. 멜기세덱, 천사들, 하늘과 땅의 대조와 같은 주제들에 현혹되고 압도되는 바람에 이 서신을 기록하게 된 이유를 보지 못할 수 있다. 기자는 자신이 가진 신학적 현란함이나, 옛 언약과 새 언약 간의 관계에 대한 이해나, 레위적이고 멜기세덱적인 제사장직에 대한 지식이나, 옛 언약과 새 언약의 희생 제사들에 대한 해박한 이해로 우리를 감탄시키려고 하지 않는다. 오히려 기자가 이 편지를 쓴 실제적인 이유가 있다. 이 서신 전반에 스며있는

50 예. Lane, *Hebrews 1-8*, lxxx-xcviii; O'Brien, *Hebrews*, 29-34; Joslin, "Can Hebrews Be Structured?"

경고하는 구절들을 잘 보면 그 이유가 분명히 드러난다. 이 서신에 배치된 경고하는 구절들의 정확한 경계를 두고서 여전히 논란이 계속되고 있지만, 여기서 내 관심사는 이런 경고들이 어디서 시작되어 어디서 끝나는가 하는 것이 아니다. 경고의 구절들의 시종이 어디든 상관없이 잘 살펴보아야 할 것은, 히브리서 전반에 걸쳐 경고의 말들이 얼마나 지배적으로 드러나는가 하는 것이다.[2:1-4, 3:12-4:13, 5:11-6:12, 10:26-39, 12:25-29] 바로 이런 경고들에서 우리는 이 서신을 기록하게 된 주된 목적을 발견한다.[51] 이런 경고들이 그 다양성에도 불구하고 기본적으로 동일한 것을 말하고 있다는 사실을 반드시 이해해야 한다. 다시 말해, 이런 경고들은 같은 관점을 가지고 공관적으로 읽어야 한다. 각각의 경고들은 상호간에 빛을 비춰 준다. 이렇게 볼 때 이 서신을 기록한 목적이 분명해진다. 이 경고들은 믿음에서 떨어져 나가지 말 것을 독자들에게 촉구하기 때문이다. 예수와 새 언약을 저버리고 모세 율법과 옛 언약으로 되돌아가지 말아야 한다. 동일한 메시지를 적극적인 방식으로 표현해 볼 수도 있다. 이런 시험에 굴하지 말고 끝까지 견디고 믿음을 지키라고 독자들에게 촉구한다. 그러면서 그러지 못하고 믿음에서 떨어져 나가면 파멸과 영원한 멸망을 맞게 될 것이라 주장한다.

이 책의 구조에 관한 논의 또한 계속되고 있다. 예수의 대제사장직과 희생이 이 서신의 핵심이라고 생각하는 사람들이 있는가 하면,[참조. 8:1] 권면이 이 서신의 핵심이라고 생각하는 사람들이 있다. 두 주장 모두 나

51 이 문제와 관련하여 특히 레인이 명확한 입장을 취한다(*Hebrews 1-8*, xcviii-civ). 또한 히브리서의 권면들이 특별히 레위적인 제의에 대비되는 그리스도의 속죄에 대한 확신을 잃어버린 것과 관계가 있다는 사실에 주목하는 솅크를 참조하라. Kenneth L. Schenk, *Cosmology and Eschatology in Hebrews: The Settings of the Sacrifice*, SNTSMS 143(Cambridge: Cambridge University Press, 2007), 24-47.

름대로 일리가 있다. 그리스도의 대제사장직과 희생이 이 서신 전반에 걸쳐 이야기되는 것은 분명하다. 그럼에도 불구하고 그리스도의 대제사장직과 희생을 이 서신의 중심이라고 하는 것은 이 서신을 너무 추상적이고 학문적으로 만드는 것일 뿐 아니라, 이 서신이 담고 있는 목회적 취지를 간과하는 것이다. 이 책에 배어 있는 신학과 그리스도의 대제사장직과 희생 역시 수신자들의 권면을 돕기 위한 것이기 때문이다.[52] 그리스도의 사역이 너무나 위대하기 때문에 그런 그리스도를 떠나는 것은 어리석은 일이라는 것이 기자가 말하고자 하는 요지다. 이 서신의 신학이 말하는 요점은 이 서신을 보내는 중심 목적을 위한 토대가 된다. 그것은 곧 그리스도를 저버리지 말라는 것이다.

왜 독자들이 그리스도를 저버리려는 유혹을 받았는가? 이런 이유를 짐작해 보도록 하는 서로 상관이 있는 몇 가지 실마리가 있다. 당시 독자들은 자신들이 가진 믿음 때문에 핍박을 받고 냉대를 당하고 있었다.[10:32-34] 이런 핍박으로 인해 예수 그리스도에 대한 헌신을 철회하고픈 유혹과 도덕적 무기력이 찾아왔을 것이다.[참조. 5:11-6:12] [53] 유대교는 당시 로마 제국의 합법적인 종교 가운데 하나였기 때문에, 유대교 의식을 따라감으로 더 이상의 괴롭힘을 면하고 새로운 종교를 따름으로 초래

52 후커Morna Hooker에 따르면, 주후 70년 이후에 기록된 이 서신은 유대인 신자들에게 죄를 용서받기 위해 성전 의식들로 돌이킬 필요가 없음을 분명히 하고 있다. Morna Hooker, "Christ, the 'End' of the Cult", in *The Epistle to the Hebrews and Christian Theology*, ed. R. Bauckham, D. R. Driver, T. A. Hart, and N. MacDonald (Grand Rapids, MI: Eerdmans, 2009), 189-212. 만약 이 서신이 주후 70년 이전에 기록된 것이라면(나는 그렇다고 생각한다), 당시 이 서신의 독자들은 성전 의식들로 다시 돌이키려는 유혹을 받고 있었을 것이다. 하지만 두 경우 모두 권면의 내용은 대체적으로 동일하다. 독자들은 그리스도의 희생을 의지하고 계속해서 예수 그리스도를 따라야 한다.

53 참조. Attridge, *Hebrews*, 13.

되는 수치와 부끄러움을 당하지 않을 수 있었을 것이다. 동시에, 그들 스스로도 레위기의 율법이 정하는 의식을 통해 죄 사함에 대한 보다 구체적인 그림을 얻고자 했을 것이다. 아마 그리스도의 피로 말미암아 깨끗하게 되는 것에 대한 확신을 잃어버렸을 수도 있다. 히브리서 기자가 그리스도의 희생을 통해 하나님 앞으로 나아가는 담대함을 강조하는 것도 이런 이유에서일 것이다.

VI. 종교-문화적 배경

학자들을 통해 지금까지 이 서신에 관한 다양한 배경들이 제안되었다.[54] 이 문제는 너무나 복잡하기 때문에 여기서 다 다루지는 못한다. 물론 이 서신의 가장 중요한 배경은 구약성경 자체다. 기자가 구약성경을 잘 알고 구약성경에 깊이 몰입하기 때문이다.[55] 그런 면에서 히브리서는 또한 신약성경의 다른 문서들과도 긴밀한 유사성을 갖는다. 그러므로 구약성경과 신약성경의 다른 문서들에서 드러나는 그리스도에 대한 증거들에 비추어 히브리서의 메시지를 숙고하는 것이 가장 효과적이다.

이 서신의 종교-역사적 배경을 심도 있게 추적하는 연구서들이 있다. 이 가운데 어떤 연구서들은 영지주의적 배경을 가정하기도 한다.[56] 하

54 허스트가 이 문제를 철저하게 다룬다. Lincoln D. Hurst, *The Epistle to the Hebrews: Its Background of Thought*, SNTSMS 65.(Cambridge: Cambridge University Press, 1990) 허스트는 필로의 중기플라톤주의Philonic, 쿰란Qumranic, 영지주의Gnostic 등을 포함한 이 서신의 배경으로 주장된 다양한 배경들을 평가한다. 그는 이중 어떤 것도 이 서신에 관한 구체적인 배경으로서 여길 증거가 없음을 보임과 동시에, 이 서신이 신약성경의 다른 책들의 흐름에 부합함을 설명한다. 린다스의 간단명료한 개관도 참조하라. *The Theology of Hebrews*, 21-25.

55 참조. George B. Caird, "The Exegetical Method of the Epistle to the Hebrews", *Canadian Journal of Theology* 5(1959): 44-51.

지만 신약성경 연구와 관련하여 일어난 영지주의를 향한 쏠림은 더 이상 새로운 것도 아니고, 대부분의 학자들은 영지주의를 배경으로 하는 가설을 더 이상 따르지 않는다.[57] 매혹적으로 다가올 만한 플라톤의 사상과의 유사성을 간파한 어떤 학자들은 필로의 저작들에서 보이는 것과 유사한 플라톤주의적 세계관을 이 서신의 배경으로 간주한다.[58] 플라톤주의와 필로의 중기플라톤주의를 히브리서와 연관 짓는 가설이 여전히 주장되기는 하지만, 이런 주장은 윌리엄슨Roland Williamson과 허스트 L. D. Hurst의 저작을 통해 가장 심대한 타격을 입었다.[59] 또 다른 가능성은 쿰란 공동체를 히브리서의 배경으로 연결시키는 것으로,[60] 심지어 쿰란

56 그중에 케제만Ernst Kasemann이 두드러진다. *The Wandering People of God: An Investigation of the Letter to the Hebrews*, trans. R. A. Harrisville and I. L. Sundberg. (Minneapolis, MN: Augsburg, 1984)

57 참조. Otfried Hofius, *Katapausis: Die Vorstellung vom endzeitlichen Ruheort im Hebräerbrief*, WUNT 11(Tübingen: Mohr Siebeck, 1970); Jon Laansma, *"I Will Give You Rest": The Rest Motif in the New Testament with Special Reference to Mt 11 and Heb 3-4, WUNT* 2/98(Tübingen: Mohr Siebeck, 1997); 참조. Graham Hughs, *Hebrews and Hermeneutics: The Epistle to the Hebrews as a New Testament Example of Biblical Interpretation*, SNTSMS 36(Cambridge: Cambridge University Press, 1979), 137-42.

58 이러한 견해와 관련하여 다음을 참조하라. Spicq, *L'Épître aux Hébreux*, 1:39-91; James W. Thompson, *The Beginnings of Christian Philosophy*, CBQMS 13.(Washington, D.C.: The Catholic Biblical Association of America, 1982) 존슨은 자신의 주석에서 학자들이 필로의 영향을 지나치게 독단적으로 거부한다고 생각하고 신플라톤주의 사상과 히브리서 간의 많은 유사점들을 말한다.

59 Ronald Williamson, *Philo and the Epistle to Hebrews*, ALGHJ(Leiden: Brill, 1970); Hurst, *Hebrews: Its Background of Thought*. 참조. Marie E. Isaacs, *Sacred Space: An Approach to the Theology of the Epistle to the Hebrews*, JSNTSup 73(Sheffield: Sheffield Academic, 1992), 51-61; Kenneth L. Schenk, "Philo and the Epistle to the Hebrews: Ronald Williamson's Study After Thirty Years", *SPhilo* 14(2002): 112-35.

60 부르스F. F. Bruce가 이 견해의 근거로 제시된 증거들을 자세히 살피면서 이 견해를 논한다. "'To the Hebrews' or 'To the Essenes'?" *NTS* 9(1962-63): 217-32.

공동체 에세네파에게 보낸 것이라고까지 주장한다. 물론 히브리서가 제2성전 시대의 유대교 문서들과 연결되는 부분이 많은 것은 사실이다. 하지만 히브리서의 배경으로 쿰란 공동체를 특정할 증거는 없다. 쿰란 공동체에 그리스도인이 살았다는 어떤 증언도 찾아볼 수가 없기 때문이다.

많은 학자들이 또한 묵시문학적 개념이나 종말론이 히브리서에 영향을 끼쳤다고 주장했다.[61] 히브리서는 기본적으로 기독교 서신이라고 솅크Kenneth L. Schenk는 바르게 주장한다. 하지만 이런 사실을 인정한다는 것이 곧 구약성경이나 심지어 중기플라톤주의Middle Platonism의 영향을 배제한다는 의미는 아니다.[62] 히브리서는 대략 초기 기독교의 문화적 종교적 세계를 배경으로 기록되었기 때문에, 자연히 그레코로만 세계와 유대교 세계와도 맞닿아 있다. 플라톤주의적이거나 중기플라톤주의적이지는 않지만, 플라톤이나 필로의 사상에 있는 주제들이 발견되기도 한다.[63] 기자는 진공 상태에서 히브리서를 기록하지 않았다. 필로의 사상

61 참조. C. K. Barrett, "The Eschatology of the Epistle to the Hebrews", in *The Background of the New Testament and Its Eschatology*, ed. W. D. Davies and D. Daube Cambridge: Cambridge University Press, 1956, 363-93; Mackie, *Eschatology and Exhortation in Hebrews*. 바너드는 묵시문학적 신비주의에 대해 학문적으로 뒷받침하는 흥미로운 주장을 한다. 참조. Jody A. Barnard, *The Mysticism of Hebrews: Exploring the Role of Jewish Apocalyptic Mysticism in the Epistle to the Hebrews*, WUNT 2/331.(Tübingen: Mohr Siebeck, 2012) 그럼에도 불구하고 수긍하기에는 아직 증거가 불충분하다. 참조. Nicholas J. Moore, review of *The Mysticism of Hebrews: Exploring the Role of Jewish Apocalyptic Mysticism in the Epistle of Hebrews*, by Jody A. Barnard, *Reviews of Biblical and Early Christian Studies*, November 13, 2012, http://rbecs.org/ 2012/11/13/barnard.

62 참조. Schenk, "Philo and the Epistles to the Hebrews", 112-35; 같은 저자, *Cosmology and Eschatology in Hebrews*, 3-6. 이런 언급을 한다는 것이 곧 솅크의 모든 주장에 내가 동의한다는 의미는 아니다. 그럼에도 불구하고 필로와 히브리서 기자가 갖는 공통적 배경과 유사성을 충분히 강조하지 않는 경우가 있다는 솅크의 주장은 옳다.

63 히브리서에서는 종말론이 중심에 자리한다는 매키Scott D. Mackie의 말은 옳다. 하지만 플라톤주의 세계관을 받아들이지 않았음에도 불구하고 기자는 또한 당대에 유행했던 중기플

에서 발견되는 것들과 유사한 내용이 히브리서에서도 발견된다. 하지만 이런 유사성이 곧 히브리서 기자가 필로가 사용했던 것과 동일한 자료를 사용해 이 서신을 기록했다는 말은 아니다. 마찬가지로 쿰란 문서나 바울 서신들은 아니었다 할지라도, 히브리서 기자는 다른 유대교와 기독교 저작들 역시 접했다. 다른 저작들에서 발견되는 주제들과 일치하는 부분이 있음에도 불구하고, 히브리서는 다른 서신들과 구별되는 독특한 특징과 성격을 가지고 있다. 동시에 히브리서는 신약의 정경을 구성하는 신약성경의 다른 저작들에도 잘 부합한다. 예수 그리스도의 중심성을 선포하고 오직 그리스도를 통해서라야 죄를 용서받고 하늘 도성으로 들어간다고 주장하기 때문이다.

VII. 히브리서 개요

I. 프롤로그: 아들을 통해 이루어진 결정적이고 최종적인 계시1:1-4

II. 천사들보다 위대하신 아들을 저버리지 말라1:5-2:18

1 | 아들의 본성과 통치를 통해 그가 천사들보다 위대하신 분임을 알 수 있다1:5-14

2 | 경고: 흘러 떠내려가지 않도록 하라2:1-4

3 | 아들에게 복종하게 된 장차 올 세상2:5-18

1) 죽음의 고난으로 말미암아 천사들보다 높아지신 인자2:5-9

2) 예수는 자비하고 신실한 대제사장으로서 자신의 형제자매들과 함께 다스리신다2:10-18

라톤주의를 사용한다(*Eschatology and Exhortation in Hebrews*, 3-8, 105-20). 중기플라톤주의의 영향을 간과하지 않으면서도 히브리서 기자와 플라톤의 사상과의 차이점을 주의 깊게 진술하는 내쉬Ronald H. Nash 또한 참조하라. "The Notion of Mediator in Alexandrian Judaism and the Epistle to the Hebrews", *WTJ* 40(1977): 100-109.

III. 아들을 모세와 여호수아보다 더 위대한 대제사장으로 가진 너희는 마음을 완고하게 하지 말라 3:1-4:13

1 | 하나님의 종 모세보다 위대한 신실한 아들 3:1-6

2 | 경고: 안식에 들어가도록 믿음과 순종에서 떠나지 말라 3:7-4:13

1) 구약 본문: 광야 세대가 했던 것처럼 너희 마음을 완고하게 하지 말라 3:7-11

2) 구약 적용: 불신앙과 불순종을 조심하라 3:12-19

3) 그의 안식에 들어가지 못할까 두려워하라 4:1-5

4) 날이 이르기 전에 그의 안식에 들어가기를 힘쓰라 4:6-13

IV. 레위기의 율법이 정하는 대제사장직보다 더 위대한 멜기세덱의 반차를 따른 예수의 대제사장직으로부터 흘러 떠내려가지 않도록 하라 4:14-10:18

1 | 대제사장으로 계시는 예수를 힘입어 하는 권면 4:14-5:10

1) 아들과 대제사장으로 계시는 예수를 힘입어 믿는 도리를 굳게 잡고 은혜의 보좌 앞에 담대히 나아가라 4:14-16

2) 하나님이 완전한 대제사장으로 세우신 예수 5:1-10

2 | 경고와 확증 5:11-6:20

1) 대제사장이신 예수를 저버리고 타락에 이르는 것을 경고함 5:11-6:8

① 독자들의 더디고 둔한 마음에 멜기세덱의 반차를 따른 대제사장직을 설명하기 어려움 5:11-14

② 자라 갈 것을 촉구함 6:1-3

③ 타락한 자들은 다시 새롭게 회개에 이르지 못함 6:4-8

2) 확신과 위로 6:9-20

① 독자들이 부지런하여 약속들을 기업으로 받을 것을 확신함 6:9-12

② 하나님의 맹세를 힘입은 확신과 소망 6:13-20

3 | 예수께서 가지신 멜기세덱의 반차를 따른 더 위대한 제사장직 7:1-28

1) 레위보다 더 위대한 멜기세덱 7:1-10

2) 대체된 제사장직을 위한 주장7:11-28

① 레위 계통의 제사장직이 갖는 불완전함7:11-12

② 유다 지파에 속하신 예수7:13-14

③ 멜기세덱과 같은 제사장직에 대한 예언7:15-17

④ 레위 계통의 제사장직을 대체함7:18-19

⑤ 멜기세덱의 반차를 따른 제사장직에 따르는 맹세7:20-22

⑥ 영원히 제사장으로 계시는 예수7:23-25

⑦ 죄 없는 제사장과 단번에 드려진 제사7:26-28

4 | 옛 언약보다 나은 새 언약8:1-13

1) 예수께서 하늘에서 제사장으로 계신다는 사실은 그가 더 나은 언약의 중보자라는 사실을 보여줌8:1-6

2) 새 언약에 대한 예언은 옛 언약의 연약함을 보여줌8:7-13

5 | 새 언약 아래서 드리는 더 나은 제사9:1-10:18

1) 옛 언약 아래서는 허락되지 않았던 하나님께로 자유롭게 나아감9:1-10

2) 자기의 피로 하늘로 들어가신 예수9:11-14

3) 새 언약의 중보자이신 예수께서 주시는 영원한 기업9:15-22

4) 예수께서 드린 제사: 구약의 제사들보다 탁월함9:23-10:18

① 예수께서 단번에 드리신 하늘의 제사9:23-28

② 구약에서 제사들이 반복된 것은 이 제사들이 충분하지 않음을 보여줌10:1-4

③ 예수께서 단번에 드리신 제사로 첫째 것을 폐함10:5-10

④ 예수께서 드리신 온전한 제사10:11-14

⑤ 새 언약에 약속된 최종적인 죄 사함이 실현됨10:15-18

V. 맺는말로서의 권면과 경고10:19-12:29

1 | 하나님께로 가까이 나아가고, 믿음의 도리를 굳게 잡고, 서로 돌아볼 것을 권면함10:19-25

2 | 경고: 그리스도를 저버린 자들에게는 사죄의 소망이 없음10:26-31

3 | 끝까지 믿음으로 견딜 것을 촉구함10:32-12:3

1) 확신을 저버리지 말고 믿음으로 인내하라10:32-39

2) 끝까지 견디는 믿음에 대한 묘사와 모범11:1-12:3

① 믿음의 본질11:1-2

② 노아로 말미암은 창조11:3-7

③ 아브라함과 그의 후손들의 믿음11:8-22

④ 모세의 믿음과 약속의 땅으로 들어간 자들11:23-31

⑤ 그 밖에 믿음의 모범들11:32-40

⑥ 탁월한 믿음의 모범이신 예수를 바라보면서 경주하라12:1-3

4 | 믿음으로 인내할 것을 독자들에게 권면함12:4-29

1) 거룩을 위한 연단을 감당하라12:4-13

2) 최후의 복을 바라고 화평과 거룩을 추구하라12:14-17

3) 너희가 다다른 곳은 시내 산이 아닌 시온 산이다12:18-24

4) 최종적인 경고: 말씀하시는 이를 거역하지 말라12:25-29

VI. 에필로그: 최종적인 권면13:1-25

1 | 교회에서 이루어지는 실제적인 사랑의 표현13:1-6

2 | 너희의 지도자들을 기억하고 성문 밖에서 고난을 받으신 예수와 더불어 고난을 받자13:7-17

3 | 결언13:18-25

VIII. 히브리서와 성경의 줄거리

여기서는 성경의 줄거리를 개요만 간략하게 다룰 수밖에 없지만, 히브리서를 정경적인 맥락에 자리하도록 하는 것은 중요하다. 히브리서는 성경을 구성하는 책들 가운데 하나이기 때문이다. 히브리서가 성경의 나머지 부분과 최소한 어떤 방식으로 어떻게 관련되는지를 보지 못하면 이 책을 제대로 이해하지 못할 것이다.

성경은 창세기에서 세상과 그 안에 있는 모든 것을 창조하시는 주권적인 왕이신 하나님과 더불어 시작한다. 하나님께서 자신의 형상을 따라 인간을 지으시고 자기를 대신해 세상을 다스리도록 세우셨다.창 1:26-27 인간들은 하나님의 주권 아래서 하나님의 영광을 위하여 세상을 다스리도록 권한을 위임받는다. 아담과 하와는 하나님을 의지하고 순종하기보다 그분의 권위에 도전하고 그분께 순복하기를 거부했다.창 3장 뱀의 말에 꾀임을 받아 범죄함으로 영적으로 하나님과 분리되고 세상에 사망을 불러 온다. 그럼에도 불구하고 사망이 끝은 아니었다. 하나님께서 여자의 후손이 그 뱀의 머리를 부서뜨릴 것이라 약속하신다창 3:15

하지만 이 약속을 통해 갖게 된 낙관적인 기대는 금세 무너져내리고 만다. 인간이 철저하게 악했기 때문이다. 이 뱀의 후손이었던 가인은 아벨을 살해한다.[64] 하나님께서 자신이 주신 약속을 성취할 계보를 이어가도록 아담과 하와에게 셋을 주시지만, 뱀의 후손들은 여자의 후손들을 억압한다.창 4:25 부패가 극에 달하고 뱀의 후손들이 급속하게 퍼짐에 따라 하나님께서는 홍수로 그들을 멸망시키시고, 이를 통해 악이 지배하는 것처럼 보이는 때조차도 여전히 하나님이 통치하시고 계심을 나타내신다. 하나님께서는 노아와 언약을 맺으시고 구속을 성취하기까지 세상을 보존하실 것을 약속하신다.창 6-9장 하지만 바벨탑 사건은 인간이 전혀 변하지 않았음을 보여준다.창 11:1-9 여전히 악을 향해 치닫고, 한분

64 아담과 하와로부터 태어난 모든 후손은 이 뱀의 후손으로 세상에 태어났다. 그러므로 하나님께 속한 자들은 하나님의 은혜를 받은 자들이다.

이신 참된 하나님께 영광과 존귀와 찬양을 돌리기보다 자신들의 이름을 내기 위해 산다. 창세기 1-11장은 그 뱀에게 승리하는 것이 얼마나 엄청난 일인지 독자들이 깨닫도록 인간에게 자리한 악의 깊이를 드러낸다. 인간에게 자리한 이런 악은 결코 가볍게 볼 문제가 아니다. 하나님을 악마적으로 거부하고 악을 부둥켜안음으로 인간은 고통에 시달린다.

도무지 상상할 수 없는 인간의 이런 악에도 불구하고 하나님은 은혜로우시다. 하나님께서는 여자에게 주신 약속을 성취하시는 통로가 될 한 사람을 선택하신다. 아브라함에게 땅(가나안)을 차지하고, 후손(이삭)을 얻고, 온 족속에게 복이 될 것을 약속하신다.창 12:1-3 하지만 여전히 이 이야기의 전개는 더디기만 하다. 아브라함과 이삭과 야곱은 결코 가나안 땅을 소유하지 않았을 뿐 아니라, 아이를 한 명 갖는 것 역시 고통스러우리만큼 어려운 것으로 드러난다! 이삭의 출생을 통해 하나님께서는 이 약속이 오직 하나님 자신을 통해서만 성취될 것이며, 이 약속의 성취를 위해 인간이 기여할 수 있는 것은 아무것도 없음을 가르치신다. 이삭과 야곱 역시 같은 교훈을 얻었다. 창세기가 끝날 무렵에 이스라엘은 급기야 애먼 땅(애굽)으로 가 있었고 그 숫자도 기껏해야 70 남짓(하늘의 별처럼 많을 것이라는 약속에도 불구하고)이었으니, 온 족속에게 복이 되는 것은 요원하기만 했다. 지금까지 말한 것들이 오해를 불러일으킬 수도 있다. 약속을 받은 지 세 세대 만에 셀 수 없이 많은 후손을 갖게 되기란 거의 불가능할 뿐 아니라, 요셉은 바로의 심복으로서 온 족속에게 복이 되지도 않았기 때문이다.

출애굽기가 시작되면서 이스라엘의 후손에 대한 약속이 이루어져 간다. 인구가 폭발적으로 늘어났기 때문이다. 애굽 사람들이 놀라 두려움을 느낄 정도였다. 하나님께서는 구원은 자신이 이루는 역사이지 이스라엘이 이루는 것이 아님을 이스라엘에게 거듭 보여주고자 하셨다. 이를 위해 하나님께서는 모세를 통해 위대한 기사와 이적으로 이스라엘을 애굽에서 해방시키신다.[출 1-18장] 또한 약속된 여자의 후손이 장차 오게 될 백성을 멸절시키려고 했던 뱀의 후손(바로)을 궤멸하신다.[창 3:15] 이스라엘은 하나님께서 아브라함과 이삭과 야곱에게 주신 약속에 대한 성취로 자신들을 구속하셨음을 깨닫는다. 이스라엘은 하나님의 말씀을 따름으로 하나님의 특별한 소유와 제사장 나라가 되기 위해[출 19:5-6] 하나님의 아들로 양자되었다.[출 4:22] 애굽으로부터의 구속은 예수 그리스도 안에서 성취될 구속을 예견하는 모형이 된다.

하나님께서는 이스라엘을 자신의 특별한 백성으로 택하셔서 그들과 언약을 맺으신다.[참조. 출 19-24장] 이스라엘이 하나님과 맺은 언약의 규례를 따른다면 복을 받을 것이지만, 하나님께서 명하신 것을 거스르면 언약이 정하는 저주를 당할 것이다.[레 26장, 신 26-28장] 하나님께서는 계속해서 언약 관계를 누리기 위해서는 완전해야 한다고 하지 않으셨다. 제사들 자체가 이스라엘의 범과를 용서하기 위해 제정된 것들이기 때문이다.[레 1-7, 16장] 하나님께서는 또한 자신의 거룩으로 이스라엘을 구별하시고, 성막에서 자기 백성들과 더불어 거하신다.[출 25-40장] 그러나 시내 산을 진동하게 했던 천둥번개로 교훈하신 바와 같이, 하나님을 업신여기는 자들을 진멸하실 것이다.[레 10장] 물론 히브리서는 하나님께 드려진 제사들이 가진 궁극적인 불충분성에 초점을 맞추고 새 언약의 도래를 강조한다. 궁극적으로 옛 언약은 실패했다. 옛 언약의 제사들은 죄로 더럽혀진 양심을 깨끗하게 하지 않는다. 하나님께 자유롭게 나아가게 하지도 않을뿐더러 하나님의 법을 마음에 새기지도 않는다. 어쨌든 지금 우리는 이야기를 너무 앞서가고 있다!

많은 후손들에 대한 약속에 이어 이제 아브라함에게 주신 약속이 갖는 다음 요소가 성취될 차례다. 이스라엘은 이제 막 가나안 땅을 차지할 참이었다. 민수기에서 우리는 어떻게 이 백성들이 하나님의 가르침을 따르지 않는지 읽는다. 애굽 병사들을 폐퇴시킨 하나님이 행하신 이적과 기사들을 목도했음에도 불구하고, 백성들은 하나님께서 저들을 이 땅으로 이끌어들이실 수 있다는 것을 믿지 않고 그분의 가르침을 따르지 않는다. 히브리서는 광야 세대가 범한 죄를 들어[3:12-4:13] 독자들에게 이스라엘을 본받지 말 것을 경고한다. 하지만 여기서 이야기가 끝나는 것은 아니다. 물론 가나안 땅 전체를 차지하는 것이 아님은 분명하지만, 어쨌든 여호수아를 지도자로 해서 이스라엘은 가나안 땅을 차지한다. 이스라엘의 승리는 하나님이 이루신 역사였다. 이스라엘이 자신들보다 훨씬 강력한 적들을 맞아 불가능한 승리들을 쟁취했기 때문이다. 여호수아서는 하나님께서 이스라엘에게 안식을 주셨다는 말로 맺는다.[21:4, 22:4, 23:1] 히브리서는 이 주제를 들어 여호수아의 통치 아래 이스라엘이 맞은 안식은 하나님이 약속하신 최종적인 안식이 아니라고 주장한다. 여호수아를 지도자로 해서 맞은 안식은 장차 임할 더 위대한 안식을 예표하는 모형이었다.

사사기를 펴면서 이제 낙원이 지척이라고 생각할지도 모르겠다. 아브라함에게 주신 약속의 두 가지 요소가 이루어진다. 이스라엘은 큰 수효를 헤아리는 민족이 되어 이제 가나안 땅에 살게 되었다. 아브라함이 이 약속을 받은 지 수백 년이 지난 지금, 이제 이스라엘이 온 족속을 향한 복이 되는 일만 남은 것처럼 보였다. 그러나 이야기가 전개되어 가는 방향을 보면 아연실색할 정도다. 약속을 따라 계속해서 앞으로 나아가는 대신에 이스라엘은 오히려 뒤로 미끄러졌다. 그런 면에서 이스라엘은 낙원에 있던 아담과 같았다. 하나님을 의지하고 순종하기보다 우상들을 향해 돌아서자, 하나님께서는 이스라엘의 원수들을 그들에게 보내신다. 이스라엘은 원수 앞에서 패배하고 회개하고 해방되는 죄의 사이클을 되풀이한다. 사사기는 소돔에서 롯에게 벌어졌던 일을 떠오르게 하는 사건으로 마무리된다.창 19장, 삿 20장 이스라엘은 약속받은 땅에 살았음에도 야훼의 주되심에 순복하지 않았다. 열국들에게 복이 되기는커녕, 온 나라들로 더럽혀져 가고 있었다.

사무엘상으로 들어가면서 이스라엘은 부정한 제사장직을 가지고 멸망을 향해 치닫는다. 그러나 하나님은 여전히 은혜로우셔서 사무엘을 세워 이스라엘 나라를 다시 하나님께로 되돌리신다. 사울이 초대 왕으로 등극함으로 이스라엘은 사무엘의 지도 아래 왕정국가로 세워진다. 좀 더 자세히 들여다보면, 사실 이 책의 시작부터 왕정이라는 주제가 등장하는 것을 알 수 있다. 하나님께서는 아브라함과 야곱으로부터 왕들이 나올 것을 약속하셨다.창 17:6, 16, 35:11 과연 규는 유다에게 속할 것이고, 세상 모든 백성이(세상 모든 백성을 향한 복!) 그분께 복종할 것이다.창 49:10 발람은 한 별과 한 규가 이스라엘에게서 일어나서 하나님의 원수들을 쳐서 무찌를 것을 예언한다.민 24:17-19; 참조. 창 3:15 뱀을 멸망시킬 여자의 후손이 이스라엘의 왕으로부터 나올 것이다. 이 대목은 다음과 같은 명백한 질문을 불러일으킨다. 사울이 그 왕인가? 그가 왕이 되고 처음 얼마간은 바로 그 왕일 수도 있는 것처럼 보였다. 하지만 사울 역시 에덴 동산에서의 아담과 가나안에 들어간 이스라엘처럼 드러난다. 하나님을 의지하고 순종하기보다 자신이 바라는 대로 행했고, 결국 하나님께서는 사울의 계보를 잇는 왕조는 없을 것이라 약속하신다.

사울을 대신해 다윗이 왕으로 기름부음을 받고, 하나님의 택한 백성을 멸절시키려 했던 바로(그 뱀의 후손!)의 행실을 따라 사울은 다윗을 불구대천의 원수로 여긴다. 핍박을 받고 도망다니는 처지임에도 불구하고, 다윗은 사울로부터 나라를 빼앗기보다는 자기를 높이실 하나님을 의지한다. 결국 블레셋 군사들이 전투에서 사울을 죽이고, 다윗은 온 이스라엘을 다스리는 왕으로 등극한다. 다윗의 왕정은 하나님을 의지하고 순종하는 것으로 대변된다. 진실로 하나님께서는 다윗과 언약을 맺으시고 다윗은 성경 줄거리의 중심으로 자리한다. 뱀을 이길 여자의 후손이 다윗의 계보에서 날 것이다. 그는 다윗 계열의 왕이 될 것이다. 하나님께서 다윗에게 영영히 보전될 나라를 약속하셨기 때문이다.삼하 7장 히브리서와 다른 신약성경에 따르면, 이 약속은 메시아이신 예수를 통해 성취된다.

다윗에게서 드러난 모든 가치와 고결함에도 불구하고 그는 뱀의 머리를 부서뜨릴 이가 아니었다. 그 역시 밧세바와 간음하고 우리야를 살해함으로 언약을 거스른 죄를 용서받아야 하는 죄인이었기 때문이다.삼하 11장 그럼에도 불구하고 다윗의 아들인 솔로몬이 그의 뒤를 이어 왕이 되었을 때는 낙원이 멀지 않은 것처럼 보였다. 이스라엘은 평화를 구가했다. 솔로몬은 지혜롭고 의로운 왕이었다. 하나님을 예배하기 위해 웅대한 성전을 지었다. 이 정도면 세상 모든 백성에게 미칠 복이 이를 날이 얼마 남지 않은 것이 아닌가? 그러나 솔로몬 역시 지금까지 우리가 반복적으로 보아 온 역사를 답습한다. 에덴 동산에서의 아담과 가나안에서의 이스라엘과 사울 왕의 악행을 뒤따랐다. 하나님 의지하기를 그치고 우상들을 향해 돌아선 것이다.

솔로몬의 시대가 지난 후 그가 범한 죄의 결과로 이스라엘 왕국은 남쪽에는 유다, 북쪽에는 이스라엘이 자리한 남왕국과 북왕국으로 나뉜다. 이스라엘의 왕들은 하나같이 처음 왕인 느밧의 아들 여로보암의 길로 행하며 우상들을 섬겼다. 유다의 왕들은 이에 비하면 악한 왕들과 선한 왕들이 혼재하는 양상이었다. 선한 왕들 가운데 가장 탁월한 왕조차 하나님이 명하신 모든 계명을 다 지키기 못했지만, 개중에는 하나님께 신실한 왕들이 있었다. 그럼에도 불구하고 결국 남왕국과 북왕국 모두 죄에 굴복하고, 두 왕국 모두 언약이 정하는 저주들을 체험한다. 이스라엘은 주전 722년, 유다는 주전 586년에 각각 앗수르와 바벨론으로 잡혀간다. 이런 간략한 역사를 통해 우리는 새 언약이 옛 언약보다 낫다는 히브리서의 주장이 옳음을 알 수 있다. 이 나라는 옛 언약을 통해서는 실현되지 못했다. 이스라엘과 유다 모두 이 언약이 정하는 규례들을 준행하지 않았고 또 그렇게 할 수도 없었기 때문이다.

이스라엘에 왕국이 세워진 때로부터, 회개하고 하나님께로 돌이키지 않으면 포로로 잡혀가게 될 것이라 경고하는 선지자들이 무대의 중심으로 등장한다. 여호와의 날이 이를 것인데, 이날은 구원의 날이 아니라 불순종하는 이스라엘을 심판하는 날이 될 것이다. 그렇다고 이런 선지자들이 심판의 메시지만 선포한 것은 아니었다. 이스라엘이 포로로 잡혀가겠지만, 새로운 출애굽이 있을 것이다. 하나님의 은혜로 이스라엘은 고토로 돌이킬 것이다. 거기서 하나님의 백성들을 위한 새로운 시작이 있을 것이고, 새로운 출애굽과 더불어 그 나라가 도래할 것이다. 또한 그것이 다가 아니다. 이스라엘의 죄악들이 궁극적으로 온전히 용서받는 새 언약렘 31:31-34, 겔 36:26-27이 있을 것이다. 이스라엘 백성들에게 성령을 보내심으로 하나님께서 그들의 마음에 율법을 새기실 것이다. 하나님께서 자기 백성들에게 자신의 영을 부어 주시고 구원의 새 세대가 도래할 것이다.참조. 사 32:15, 44:3, 욜 2:28 만물이 새로워질 것이고, 새로운 출애굽, 새로운 언약, 새로운 창조가 있을 것이다. 하나님이 약속하신 나라는 철회되지 않았다. 그 나라가 도래할 것이다. 새로운 다윗이 보좌에서 다스릴 것이다.호 3:5, 미 5:2-4, 사 9:1-7; 11:1-10; 55:3, 렘 23:5-6; 30:9; 33:15-17, 겔 34:23-24; 37:24-25, 슥 9:9 한 왕을 통해 새로운 창조, 새로운 출애굽, 새로운 언약이 성취될 것이다! 뱀이 패배하고 하나님이 약속하신 나라가 임할 것이다.

주전 536년에 이스라엘은 포로에서 돌이킨다. 하지만 새 언약, 새 창조, 도래하는 하나님의 나라는 실현되지 않는다. 선지자들에게서 발견되는 예언들은 단지 이미-그러나-아직already-but-not-yet의 성취만을 가지고 있었다. 놀랍게도 이스라엘은 전반적으로 자신들의 믿음을 저버리지 않는다. 하나님께서 자신들에게 주신 약속들을 이루실 것을 계속해서 믿었다. 신약성경의 시작과 더불어 이스라엘에는 다양한 견해와 분파들이 등장한다. 하지만 하나님께서 자신의 나라와 관련하여 주신 약속들을 이루실 것을 믿는 공통된 믿음이 있었다. 대부분의 사람들은 이스라엘이 토라에 순종한다면 이 위대한 약속들이 이루어질 것이라고 믿었다.

복음서에 기록된 사건들은 히브리서가 기록되기 전에 일어났다. 그렇기 때문에 부분적으로 이 서신의 신학적인 배경을 형성한다. 지금 여기서 복음서들이 말하는 메시지를 제대로 다 이야기하기는 어렵지만, 몇 가지 두드러지는 주제들이 있다. 첫째, 예수는 선지자들이 약속했던 새로운 다윗이다. 그분을 통해 아브라함과 다윗에게 약속된 복이 성취될 것이다. 둘째, 예수는 하나님이 약속하신 나라가 자신의 사역을 통해 도래했다고 가르친다. 왕이 오심과 더불어 이 나라도 함께 임했다! 셋째, 예수는 자신이 바로 자기 백성에서 성령을 주실 이임을 분명히 가르치신다.참조. 마 3:11-12과 병행구절, 요 14-16장 포로 귀환, 새 언약, 새 창조에 대한 약속들이 하나님의 성령을 통해 이루어질 것이다. 넷째, 예수는 이 나라를 받으실 인자다.참조. 단 7:9-14 예수는 또한 하나님이 우리와 함께하시는 임마누엘이다.마 1:23 그분은 온전히 하나님이신참조. 요 5:23 하나님의 말씀이다.요 1:1-18 아브라함이 나기 전부터 계셨다.요 8:58 생명의 떡이요, 세상의 빛이요, 선한 목자요, 부활과 생명이요, 진리와 생명의 유일한 길이요, 참된 포도나무다. 다섯째, 최후의 만찬에서 예수는 자신의 죽음과 더불어 새 언약이 이룰 것을 가르치신다.마 26:26-29과 병행구절 예수는 자기 백성의 죄를 담당한 하나님의 종이다.참조. 사 53장 복음서들을 일컬어 긴 서론이 딸린 고난 담화라고 한다. 예수의 죽음과 부활로 더불어 이 이야기가 절정에 이르고, 모든 복음서가 예수의 죽음과 부활을 통해 죄 사함이 이루어졌다고 가르치기 때문이다.예. 마 1:21; 20:28, 막 10:45, 눅 22:19-20, 요 1:29; 6:51; 11:49-52

더 많은 이야기를 할 수도 있을 것이다. 복음서들이 말하는 이야기 가운데 놀라운 것은, 몇 안 되는 제자들을 제외한 이스라엘 백성들이 눈으로 보고도 무엇이 옳은지를 분별하지 못한다는 것이다. 이스라엘의 역사 내내 그들을 괴롭혀 온 문제가 여전히 이어지고 있다. 계속해서 하나님의 계시에 반항하고, 예수를 이스라엘을 구원할 자로 영접하지 않는다. 메시아를 자처하는 자라고 멸시하고, 특별히 예수의 가르침이 율법에 부합하지 않는다고 생각한다. 그래서 예수를 왕으로 모시기보다 십자가에 못 박아 버린다. 새 언약이 약속하는 바가 예수의 죽음을 통해 성취되었음을 그들은 깨닫지 못한 것이다.렘 31:34

예수의 죽음으로 이 이야기가 끝난 것이 아니다. 하나님께서는 예수를 죽은 자 가운데서 다시 살리심으로 그분의 의로움을 입증하신다. 부활사 29:19, 겔 37장, 단 12:2은 새 창조와 새 시대의 도래를 알리는 것이었다. 예수 안에서 포로 되었던 자들이 돌아오는 역사가 시작되었다(하나님이 약속하신 나라의 도래). 물론 이 일은 예수의 재림 때에야 비로소 완전히 이루어질 것이다. 예수의 죽음과 성령의 선물로 새 언약이 시작되었다. 예수의 부활로 새 창조가 도래했다. 너무나도 분명히 그분은 새로운 다윗이었다. 구약성경의 예언들이 예수 안에서 모두 성취되었다. 하지만 거기에는 단서가 있었다. 새 창조, 새 언약, 새 출애굽이 도래했지만, 아직 완성된 것은 아니었다. 하나님 나라가 왔지만, 완성은 아직 아니다. 온 족속들이 그분을 통해 복을 받을 것이다. 따라서 마지막 날이 이르기 전에 모든 족속을 위한 구원의 기회가 주어졌다.

사도행전에서 우리는 성령이 교회에 선물로 주어진 것을 본다.[행 2장] 이것은 종말이 이른 것을 뜻한다. 새 언약은 오순절에 오신 성령의 시대를 말한다. 사도행전에 보면, 예수 그리스도에 대한 좋은 소식이 유대인과 이방인 모두에게 선포된다. 이렇게 아브라함과 이삭과 야곱에게 주어진 온 족속을 향한 복의 약속이 실현되기 시작한다. 초대교회 그리스도인들은 구원이 오직 예수 안에만 있고,[행 4:12] 하나님께서 그분을 죽은 자 가운데서 일으키셨으며, 바로 그분을 통해 세상을 심판하실 것이라 가르쳤다.[행 17:31] 따라서 구원을 얻기 위해 사람들은 그리스도를 믿고 자신들의 죄를 회개하고 세례를 받아야 했다.[예. 행 2:38, 16:31] 흥미롭게도, 유대인 그리스도인들은 여전히 성전에서 예배하는 일을 계속한다. 성전에서 행해지는 번제에 참여한 것은 물론이다.[행 3:1-10] 바울도 나실인의 서원에 따르는 예에 참여한다.[행 18:18, 21:23-26; 참조. 민 6:9-21] 이런 행위가 곧 그리스도인들에게 율법을 지킬 의무가 있었다는 것을 의미하지는 않는다. 예루살렘 회의에서 사도들은 구원을 위해 할례와 율법 준수가 필요한 것은 아니라고 결정한다.[행 15:1-21] 더욱이 베드로는 음식과 결례에 관한 법은 더 이상 필요하지 않다고 분명히 가르친다.[행 10:1-11:18] 초대교회 그리스도인들이 문화적인 이유로(구원을 위한 필요에서가 아니라) 어떠한 율법을 지킨 것은 사실이다. 또한 유대인들과의 교제를 용이하게 하기 위해 그들에게 복음을 전하려고 했다.

히브리서의 위치는 정경과 신약성경에서 아주 중요하다. 복음서들과 사도행전 뒤에 히브리서가 자리한다. 우리가 살펴본 성경의 줄거리를 볼 때, 히브리서에서 이 줄거리의 중심 주제들이 언급되는 것은 새삼스러운 일이 아니다. 먼저, 하나님이 하신 약속들이 예수 그리스도 안에서 성취되었다. 그분은 하나님의 아들이요, 메시아요, 멜기세덱의 반차를 따른 대제사장이다. 구약성경에서 약속된 새 언약이 그분 안에서 실현되었다. 따라서 신자들은 예수 그리스도의 대속의 역사를 통해 자신들의 죄를 용서받는다. 둘째, 그리스도 안에서의 이런 성취는 이미-그러나-아직의 성격을 갖는다. 새 시대가 시작되었지만 완성은 아니다. 따라서 새 언약이 시작된 것은 맞지만, 신자들이 아직 완전하게 죄로부터 자유롭게 된 것은 아니다. 그리스도의 희생으로 죄를 용서받았지만 여전히 죄책감과 씨름한다. 그리스도의 부활을 통해 약속된 시대가 도래했지만, 신자들은 여전히 하늘 도성이 임하는 것을 기다린다. 셋째, 구약성경은 예표론적이다. 따라서 구약성경이 말하는 규례와 사건과 인물들은 장차 올 것을 가리키는 예표다. 구약성경의 제사 제도는 예수 그리스도의 희생으로 성취된 최종적이고 결정적인 구속을 가리킨다. 다윗의 통치와 하나님의 아들로서의 이스라엘은 에덴 동산에서 아담이 이루도록 부름받았던 일을 성취한 고유한 하나님의 아들과 메시아로서의 예수를 가리킨다. 넷째, 이 땅의 것들은 하늘의 것들을 반영한다. 이 땅에서의 성막과 그 안의 기구들은 하늘의 성막과 하나님이 계신 곳을 가리킨다. 구약성경은 종말론적으로, 예표론적으고, 공간적으로 읽어야 한다.

지금까지 되짚어 본 성경의 줄거리를 통해 우리는 히브리서가 다루는 가장 중요한 주제들 가운데 하나를 생각하게 된다. 구약성경은 예수 그리스도 안에서 이루어진 성취를 통해 읽어야 한다. 구약성경은 구약시대의 성도들에게 적용되는 방식으로 예수 그리스도 안에 있는 신자들에게 적용되지 않는다. 심지어 예수 당시 살았던 사람들에게도 그것은 마찬가지다. 따라서 죄 사함을 얻기 위해 구약의 제사들을 의지해서는 안 된다. 그렇게 하는 것은 예수 그리스도 안에서 단번에 드려진 희생을 부인하는 것이기 때문이다. 구약의 제사들로 다시 돌아가는 것은 구원 역사를 거꾸로 되돌리는 것이고, 실상은 예수 그리스도의 오심을 부인하는 것이다. 그리스도가 드린 희생을 노골적으로 거부하는 일이 될 것이다. 구약의 제의들로의 회귀는 사실상 예수를 메시아와 하나님의 아들과 멜기세덱의 반차를 따른 제사장으로 인정하지 않는 것이다. 모세와 여호수아가 예수보다 더 위대하다고 말하는 것이요, 짐승으로 드린 제사들이 예수의 희생보다 더 가치 있다고 말하는 것이다. 예수께서 신자들을 하늘과 하나님이 계신 곳으로 들어 올리셨음에도 불구하고, 다시 이 땅을 향해 돌아가는 것을 말한다. 히브리서가 주는 경고는 매우 엄중하다. 이 편지의 수신자들이 예수와 그분이 이루신 모든 일을 부인하려는 마음을 가졌기 때문이다. "모든 마지막 날들"이[1:2] 이르렀고, 하나님께서 자기 아들을 통해 결정적이고 최종적으로 말씀하셨음을 거의 부인하게 될 지경이었다. 광야 세대가 그랬던 것처럼 예수 안에서 하나님이 하신 일에 대해 마음이 완고하게 되기 직전이었다.[3:12-4:13] 위태롭게도 한 그릇 음식을 위해 장자의 명분을 판 에서와 같이 행하기 일보직전이었다.[12:16-17]

고난을 못 견디고 다시 유대교로 돌아가려는 유혹에 빠졌을 것이다.[참조. 10:32-34, 12:4-11] 이런 그들에게 히브리서 기자는 구약 성도들의 삶의 모양과 예수의 삶의 모양을 상기시킨다. 먼저 고난이 온 후에 영광이 왔다. 이미와 아직의 종말론은 신자들에게 약속되고 여전히 그들을 기다리고 있는 상급인 하늘 도성을 의미한다.

여기서 사도행전과 히브리서를 비교할 때 일어나는 한 가지 질문에 답하고 지나가야겠다. 바울이 나실인의 서약으로 인한 결례를 따랐고 초대교회의 다른 그리스도인들 역시 계속해서 성전의 의식들에 참여했다면, 히브리서가 구약의 제사들을 이처럼 강력하게 거부하는 이유는 무엇이란 말인가? 그렇게 하는 것은 오히려 사도행전에 나오는 신자들이 실제로 행한 일들과 모순되는 것이 아닌가? 이 질문에 대답하는 것은 쉽지 않다. 히브리서 수신자들이 처한 환경과 상황을 우리가 분명하게 모르기 때문이다. 이런 의문과 관련하여 다음과 같이 제안한다. 바울과 베드로의 경우, 둘 중 어느 누구도 유대교의 의식에 참여하는 것에 대해서 예수 그리스도를 믿는 믿음을 타협하는 것으로 믿지 않았다. 베드로와 바울은 틀림없이 예수를 메시아로, 그분의 죽음을 죄 사함을 얻는 유일한 통로로 믿었다.행 2:38, 4:12, 13:38-39 분명한 것은 히브리서의 독자들이 이런 믿음과는 사뭇 다른 것을 말하고 있었다는 사실이다. 이들이 만약 구약의 제의들로 돌이켰다면, 이는 그리스도의 희생만으로는 충분하지 않기 때문에 짐승으로 드리는 제사가 필요하다는 메시지를 보내는 것이었다. 바꾸어 말하면, 사실상 이 수신자들은 구원을 위해서는 짐승을 제물로 드리는 제사들이 필요하고 그리스도의 희생이 없어도 된다고 말하고 있는 것이었다. 복음으로 유대인 신자들을 향해 나아가기 위해 문화적인 이유에서 그들과 함께 예배와 희생에 참여하는 것과 히브리서 독자들이 미혹받는 것은 전혀 다른 문제다. 그들은 지금 짐승을 제물로 드리는 제사와 구약의 제의가 죄 사함을 얻기 위해 반드시 필요하며 중요하다고 말하고 있는 것이다(계속해서 자신들의 방침을 고집한다면). 저들은 사실상 그리스도의 희생을 부정하고 새 언약보다는 옛 언약을 의지하고 있었다.

IX. 성경적 · 신학적 구조

지금부터는 히브리서의 성경신학을 떠받치는 몇 가지 구조적인 주제를 살펴보려고 한다. 여기서 살펴볼 구조들은 전혀 별개로 존재하는 것들이 아니다. 어느 정도는 서로 중복되기 때문이다. 그럼에도 불구하고 이런 구조들을 통해 몇 가지 다양한 각도에서 히브리서의 신학을 바라볼 수 있다면, 보다 선명한 이해가 가능하다. 우선 여기서는 히브리서를 특징짓는 구조에 주목하고, 나중에 본 주석서의 뒷부분에서는 히브리서의 주요 주제들에 초점을 맞추려고 한다. 이렇게 두 가지 다른 방식으로 히브리서의 신학을 살핌으로 히브리서가 더욱 풍성하게 다가오게 되기를 바란다. 그리고 이는 곧 다양한 관점으로 이 책의 신학을 탐구할 수 있다는 것을 가리킨다. 지금부터 우리가 살펴볼 구조들이 히브리서를 살피는 유일한 구조라는 말은 아니다. 하지만 지금 살펴볼 구조들은 이 서신을 위한 유익한 개요를 제공한다. 이 구조들은 다음과 같다. (1)약속과 성취; (2)이미-그러나-아직의 종말론; (3)예표론; (4)히브리서의 공간적 지향성.

약속과 성취

여기서 내가 말하는 약속과 성취란, 히브리서에 따르면 지금은 성취된 구약성경이 말하는 예언 혹은 약속들을 가리킨다. 하지만 약속과 성취를 이런 식으로 정의한다 할지라도 특정한 구절이 약속과 성취를 말하는지 아니면 예표론적인지를 판단하기 어려운 경우들이 있다. 구조의 범주들이 어느 정도는 서로 중복되기 때문에 관련된 두 범주가 모두 적용된다고 주장하게 될 경우들도 더러 있을 것이다.

히브리서의 처음 두 절은 약속과 성취의 주제를 나타낸다.[1:1-2] 구약성경에서 다양한 방식으로 말씀하신 하나님이 자기 아들 안에서 결정적이고 최종적으로 말씀하셨다. 시작부터 저자는 다양하고 불완전한 구약의 계시들이 예수 그리스도 안에서 성취되었다고 말한다. 히브리서를 읽어 보면 예수 안에서 이루어진 성취에 비추어 전체 구약성경을 읽어야 한다는 사실이 분명히 드러난다. 하지만 본 주석서의 지면 관계상 지금은 히브리서에서 성취라고 말하는 특정한 성취의 경우들에 초점을 맞추려고 한다. 먼저 히브리서 기자가 가장 좋아하는 구약성경 구절일 수 있는 시편 110편으로 시작하자. 1절은 이렇게 말한다. "여호와께서 내 주에게 말씀하시기를 내가 네 원수로 네 발판이 되게 하기까지 너는 내 오른쪽에 앉아 있으라 하셨도다." 히브리서에 따르면 이 예언은 명백히 예수 그리스도 안에서 성취되었다. 히브리서에서 이 구절을 다섯 번이나 가리키거나 인용하고 있기 때문이다.[1:2, 13, 8:1, 10:12-13, 12:2] 이 예언은 구약성경 줄거리의 흐름과 잘 들어맞는다. 하나님께서는 여자의 후손을 통해 세상을 향한 자신의 통치를 다시 회복할 것을 약속하신다.[창 3:15] 성경의 이야기가 전개될수록 이 약속이 점점 분명히 드러난다. 하나님께서 아브라함의 후손을 통해 세상이 복을 받을 것을 계시하시기 때문이다.[예. 창 12:1-3] 다윗의 때에 이르러 이 약속을 실현할 이의 정체가 보다 분명히 드러난다. 다윗 언약을 통해 주신 약속에 따르면, 다윗의 후손인 왕을 통해 온 세상을 향한 하나님의 통치가 회복될 것이기 때문이다.[삼하 7장]

히브리서가 말하는 대로, 예수께서 바로 하나님이 약속하신 나라를 세우실 다윗의 후손과 주시라는 사실(!)을 더욱 분명히 하는 시편 110편을 인용한 것은 이런 담화와 잘 들어맞는다. 히브리서 기자는 1:13에서 시편 110:1을 인용하면서 그것을 예수께 직접 적용한다. 또한 시편 110:1을 암시하는 예수께서 "높은 곳에 계신 지극히 크신 이의 우편에 앉으셨으니라"는 선언으로 히브리서를 시작한다.[1:3] 히브리서는 반복적으로 이 예언의 성취로 되돌아가는 가운데, 예수께서 "하늘에서 지극히 크신 이의 보좌 우편에 앉으신" 대제사장이시라는 사실이 이 서신의 "요점"임을 분명히 한다.[8:1] 예수께서 하나님 보좌 우편에 앉으신 사실은 그분이 신자들을 위한 최종적인 구속을 이루신 것과 연결되고,[10:12, 12:2] 지금은 그렇게 원수들이 자기 발등상이 되기까지 기다리신다.[10:13]

히브리서 기자는 예수를 하나님과 함께 온 우주를 통치하시고 또 그렇게 신성과 예배를 누리시는 분으로 이해한다.[1:6]

예수는 또한 "여호와는 맹세하고 변치 아니하시리라 이르시기를 너는 멜기세덱의 서열을 따라 영원한 제사장이라 하셨도다"라고 하는 시편 110:4를 성취하신다. 시편 110편을 보면 다윗의 주이신 이는 또한 멜기세덱의 반차를 따른 영원한 제사장이시다. 히브리서 기자는 이 구절이 예수 안에서 성취된 것으로 이해하고, 이 구절을 통해 자신의 주장을 펼쳐 간다. 시편 110:4을 인용함으로 예수께서 대제사장으로 부름받은 사실을 확증한다.[5:5-6] 예수는 자신의 이기적인 의지를 따라 대제사장으로 섬기겠노라고 주장하신 것이 아니다. 하나님께서 멜기세덱의 반차를 따르는 제사장으로 그분을 부르사 세우셨고, 예수는 스스로 자신의 운명을 결정하기보다 자신의 삶을 향한 하나님의 이런 부르심에 응답하셨다.

예수는 또한 참 인간으로 고난에 참여함으로 멜기세덱의 반차를 따르는 제사장으로 섬기는 예언을 성취하셨다.[5:10] 인간으로서의 조건을 공유하지 않았다면 예수는 제사장으로서의 부르심을 성취할 수 없었을 것이다. 예수는 질고와 비참함을 아셨고 순종을 배우시고 그런 과정을 통해 완전하게 되셨다.[5:7-9] 동시에 히브리서 기자는 시편 110:4에서 부활의 예언을 본다. 예수께서 "영원히" 제사장으로 섬기실 것이라 말하기 때문이다.[7:17] 예수는 이 예언을 이루신다. "불멸의 생명"을 가지셨고,[7:16] 부활을 통해 사망을 이기셨기 때문이다. 시편 110:4에 있는 또 다른 예언의 요소는 예수의 제사장직에 따르는 맹세다. 히브리서 기자는 이 사실이 갖는 큰 의미를 간파하고 예수의 제사장직은 레위 계통의 제사장직보다 우월하다고 결론 내린다. 후자는 맹세로 주어진 것이 아니기 때문이다.[7:20-22]

구약성경에서 약속된 하나님의 나라가 다윗 계열의 왕을 통해 실현될 것을 앞에서 언급했다. 히브리서도 이 주제를 언급할 뿐 아니라 예수 그리스도 안에서 이 약속이 이루어진 것으로 이해한다. 히브리서 기자가 이 아들을 "만유의 상속자"로 말하는 대목을 통해 그는 지금 이스라엘의 기름부음 받은 왕에게 주신 약속을 묘사하고 있는 것이다.[시 2:8] 여기서 불과 몇 절 후에 히브리서는 실제로 시편 2:7을 인용한다. 이런 사실은 히브리서 기자가 아들과 이 시편에서 말하는 왕을 예수와 동일시하고 있음을 확증한다. 다윗 계열의 왕에게 주어진 메시아 약속이 예수 안에서 궁극적으로 성취된 것이라는 말이다.

같은 절에서[1:5] 히브리서는 또한 사무엘하 7:14을 인용한다. 하나님께서 다윗 왕조가 영원히 계속될 것이라고 약속하신 다윗 언약이 세워진 장이다. 선지자들 역시 한가지로 다윗 언약의 이 약속을 언급하고 그것을 재확인한다.[호 3:5, 미 5:2-4, 사 9:1-7; 11:1-10; 55:3, 렘 23:5-6; 30:9; 33:15-17, 겔 34:23-24; 37:24-25, 슥 9:9] 히브리서는 예수께서 다윗의 참된 후손과 메시아라는 사실을 전혀 의심하지 않기 때문에 구약성경에서 약속된 하나님의 나라가 그 안에서 실현된다는 사실 역시 전혀 의심하지 않는다.

히브리서에서는 새 언약의 성취가 두드러진다. 기자가 두 번[8:8-12, 10:15-18]에 걸쳐 인용하는 예레미야 31:31-34은 그의 주장의 중심에 자리한다. 옛 언약은 실패했다. 언약이 정하는 규례들을 이스라엘이 준행하지 않았기 때문이다. 그래서 또한 이스라엘은 포로로 잡혀갔다. 하지만 하나님께서는 자기 백성과 화해를 이루시고 새로운 언약을 맺으실 것을 약속하셨다. 그들 안에 하나님의 법을 심으셔서 하나님이 명하신 것을 실제로 행할 수 있도록 하실 것이다. 더욱이 하나님께서는 자기 백성의 죄를 용서하실 것이다. 흥미롭게도 히브리서 기자는 율법이 명하는 대로 행하는 능력을 강조하지 않는다. 대신에 이 언약을 "새로운"

언약이라 부르는 것에 초점을 맞춘다. 만약 이것이 새로운 언약이라면 언약의 성취가 도래했고 옛 언약은 더 이상 효력이 없게 되었다고 결론 내린다.[8:13] 새 언약의 또 다른 차원을 파고들어 간다. 옛 언약으로 충분하다면 하나님께서 새 언약을 세우지 않으셨을 것이다. 따라서 새 언약은 또한 "더 좋은" 언약이다.[7:22, 8:6] 새 언약은 "더 좋은 소망",[7:19] "더 좋은 약속",[8:6] "더 좋은 제물"[9:23]을 가졌다. 예수의 피가 "아벨의 피보다 더 나은 것을 말하는 뿌린 피"이기 때문이다.[12:24] 새 언약은 신자들이 더 이상 옛 언약 아래 살 필요가 없음을 보여준다. 옛 언약은 새 언약보다 못하고 효력도 없기 때문이다. 기자가 죄 사함을 고찰할 때는 항상 옛 언약의 불충분성이 중심에 자리한다. 신약성경을 더 좋은 것으로 만드는 것은 예수의 희생을 통해 온전하게 결정적이고 영원토록 죄를 용서받기 때문이다.[9:11-10:18] 구약의 제사들로 다시 돌이키는 일을 납득할 수 없다. 그렇게 제사를 반복한다는 것은 곧 그런 제사들로는 양심으로부터 죄를 깨끗하게 할 수 없음을 말하기 때문이다.

우리는 또한 안식,[3:12-4:13] 곧 하나님의 백성에게 약속된 땅과 관련해서도 약속과 성취의 주제를 발견한다.[65] 성경의 족장들과 맺은 하나님의 언약을 보면, 하나님께서는 그들에게 땅을 약속하셨다.[창 12:1-3, 13:14-17, 15:18-21, 26:3, 28:4, 13-15, 35:12] 물론 나중에 남왕국과 북왕국이 각각 주전 586년과 주전 722년에 바벨론과 앗수르에 포로로 잡혀감으로 다시 빼앗기기는 하지만, 하나님께서 족장들에게 하신 땅에 대한 이 약속은 이스라엘이 가나안을 소유하게 된 여호수아 때에 성취된다. 신약성경 시대에 이스라엘은 로마의 지배 아래서 여전히 포로생활을 하고 있었다. 히브리서는 땅에 대한 약속이 아직 온전히 성취된 것은 아니지만, 그렇다고

65 Oren Martin, *Bound for the Promised Land*, NSBT(Downers Grove: InterVarsity, 2015).

이스라엘이 가나안 땅을 차지하는 것을 바라보고 하는 말이 아니라고 가르친다. 대신에, 하나님의 백성에게 약속된 장래의 안식은[4:1-13] 이 땅의 그 어떤 안식보다도 위대한 하늘의 안식을 말한다. 족장들은 이 땅에서 나그네로 살면서 하나님이 약속하신 전부를 얻은 것이 아니다.[11:13] 땅의 약속, 종말론적 안식에 대한 약속이 지금 도래하고 있는 새 예루살렘인 하늘 도성에서 실현될 것이다.[11:10, 14-16, 12:22, 13:14]

이미-그러나-아직의 종말론

신약성경 종말론이 갖는 공통적인 특징들 가운데 하나는 이미-그러나-아직의 성격이다.[66] 하나님의 종말론적 약속들이 예수 그리스도를 통해 시작되었지만 아직 완성되지는 않았다는 것을 뜻한다. 예수 그리스도를 통해 성취된 것은 분명하다. 하지만 이 성취가 아직 완결된 것은 아니다. 그렇기 때문에 신약성경의 증거에는 종말론적 긴장이 특징적으로 존재한다. 히브리서 역시 이런 관점을 공유한다. 이런 실체에 관해서는 여기서 개략적으로만 언급하려고 한다.

하나님 보좌 우편에 좌정하신 그리스도의 통치에서 우리는 종말론적 긴장을 본다. 앞에서 언급한 것처럼, 하나님 보좌 우편에 좌정하신 예수의 통치는 시편 110:1의 성취다.[참조. 1:3, 13, 8:1, 10:12-13, 12:2] 마지막 날들이 이르렀다.[1:2] 구약성경이 예언한 대로 메시아가 통치하기 때문이다.[67] 오늘날 그리스도인들은 우리가 거의 지난 2,000여 년을 마지막 날들 속에서 지내 왔다는 사실을 깨닫고 놀란다. 히브리서가 다른 곳에서 말하는 것처럼, 예수 그리스도의 희생과 더불어 "세상 끝"이 도래했다.[9:26] 하지

66 히브리서의 종말론에 대해서는 특히 매키를 참조하라. *Eschatology and Exhortation in Hebrews*, 29-152.

67 셍크의 논의를 참조하라. *Cosmology and Eschatology in Hebrews*, 78-111.

만 여기에는 또한 종말론적 유보도 있는 것이, 예수께서 하늘에서 다스리심에도 불구하고 그분의 원수들이 아직 완전히 정복되지 않았기 때문이다.[1:13, 10:13] 지금 그리스도께서 "영광과 존귀로 관을 쓰신" 것이 맞다.[2:8-9] 하지만 그럼에도 불구하고 "지금 우리가 만물이 아직 그에게 복종하고 있는 것을 보지 못하고" 있는 것 또한 사실이다.[2:8] 우리는 예수의 통치 아래 있을 도래하는 새로운 세상을 여전히 기다리고 있다.[2:5] 히브리서는 인간에게 약속된 통치가 예수 안에서 예수를 통해 성취된다고 선언한다. 지금의 하늘은 멸망할 것이고 옷과 같이 변할 것이다.[1:11-12] 현재의 하늘과 땅과 같은 피조물들은 진동하여 사라질 것이지만 오직 하나님의 나라는 영존할 것이다.[12:26-28]

이미-그러나-아직의 주제는 구원과 관련해서도 명백하게 드러난다. 한편으로 신자들은 예수께서 구원을 가지고 다시 오시고[9:28] 자신들이 약속된 구원을 "물려받을" 때인 예수의 재림을 기다린다.[1:14, 9:15] 이 약속의 완성은 아직 이루어지지 않았으나, 예수께서 다시 오시면 그렇게 될 것이다.[10:36-37] 다른 한편으로 구원은 또한 신자들이 현재 누리는 것이다.[2:3, 5:9, 6:9-10] 구원의 시간적 측면을 고려해 보면, 이 두 가지 중 어느 하나가 아닌 이 두 가지 모두를 발견한다. 신자들은 구원을 **받았으면서** 또한 장차 구원을 **받을 것이다**. 이 둘 모두 맞다. 둘 중 어느 것도 거부되거나 부인될 수 없다.

유사하게, 신자들은 "예수 그리스도의 몸을 단번에 드리심으로 말미암아" 이미 "거룩함을" 얻었다.[10:10] "언약의 피"로 말미암아 "거룩하게" 되었다.[10:29; 참조. 10:14] 그렇기 때문에 신자들에게 성화는 이미 이루어진 실체다. 예수 그리스도의 희생으로 말미암아 결정적으로 성취되었기 때문이다. 하지만 신자들이 아직 완전히 성화된 것은 아니기 때문에 이는 또한 종말론적으로 유보된 실체이기도 하다. 신자들은 "거룩을 추구해야" 한다. 이것이 없이는 아무도 "주를 보지" 못할 것이기 때문이다.[12:14] 만약 성화가 모든 면에서 완성된 실체라면, 더 이상 거룩을 추구할 필요가 없을 것이다. 거룩을 추구하라는 이런 긴박한 촉구를 통해 신자들은 아직 그들의 마땅한 모습에 다다른 것이 아님을 알 수 있다. 신자들은 이미 예수 그리스도로 말미암아 합법적으로 거룩하게 되고 구별되었다. 하지만 또한 자신들의 성화가 완성되기를 기다린다. 하나님께서 자기 백성이 누리도록 뜻하신 거룩의 완성을 기다리는 것이다. 완전에 대해서도 같은 말을 할 수 있다. 단번에 드린 예수 그리스도의 희생으로 신자들은 이미 그리고 영원히 "완전"하다.[τετελείωκεν, 10:14] 그래서 혹자는 더 이상 성화를 위한 노력이 필요 없게 되었다고 생각하기도 한다. 하지만 수신자들이 계속해서 완전을 향해 진력해야 한다[τελειότητα, 6:1]고 히브리서 기자가 촉구하는 것으로 봐서, 그들이 아직 완전한 성화에 이른 것은 아님을 또한 알 수 있다.

신자들이 누리는 구원이 갖는 잠정적인 성격이 이 서신에서 다른 방식으로도 드러난다. 예를 들어, 신자들은 하나님의 나라가 완성체로 임하기를 "기다린다." 이미와 아직 사이의 간격은 분명하다. 예수 그리스도 안에 있는 신자들이 고난을 당하고[10:32-34] 징계를 경험하기[12:4-11] 때문이다. 이 나라가 완성되면 신자들은 더 이상 비탄과 괴로움을 당하지 않을 것이다. 다시 말해 신자들은 이미 사망의 올무에서 전혀 자유롭게 되었고 더 이상 "사망을 두려워"하지 않지만,[2:14-15] 아직 육신적 죽음에서까지 자유롭게 된 것은 아니다. 새 생명을 온전히 누리는 일이 있기 전에 먼저 죽음을 지나가야 한다.

히브리서에 드리운 종말론적 긴장은 또한 경고하는 구절들을 통해서도 느껴진다.[2:1-4, 3:12-4:13, 5:11-6:8, 10:26-31, 12:25-29] 독자들은 타락의 끔찍한 결과에 대해서도 경고를 받는다. 예수 그리스도를 등지게 될 경우 아무런 소망도 남지 않는다. 이런 경고는 "형제들"이라 불리는,[3:12] 이미 "빛을 받고" 성령에 참여한 바 된 자들을 향해 발하여진 것이다.[6:4-6] 구약성경이 가르치는 바와 같이, 성령은 종말에 부어질 선물이다.[사 32:15; 44:3, 겔 36:26-27; 37:14; 39:29, 욜 2:28] 이미 성령을 받은 히브리서 수신자들은 새 시대의 지체들이고 새 언약에 참여한 자들이다.[렘 31:31-34] 예레미야 31장에 의하면, 새 언약에 따른 은택은 저들 안에 하나님의 법이 심기어지는 것이다. 하지만 그것이 맞다면, 경고가 왜 필요한가? 하늘 도성에 살고 있는 신자들에게 경고가 필요 없는 것은 물론이다. 여기서 우리는 종말론적 긴장의 또 다른 예를 보고 있다. 히브리서의 수신자들은 새 언약에 참여한 자들이고, 율법이 마음에 새겨진 진실로 성령에 참여한 자들이다. 하지만 끝까지 인내하도록 마음을 북돋우기 위한 경고를 필요로 한다. 이 경고들이 대수롭지 않거나 중요하지 않은 것이 아니다. 이미 종말의 약속들을 받았다 할지라도, 이렇게 약속된 것들을 얻기 위해서는 이런 경고들에 유념해야 한다.

믿음으로의 부르심 역시 "아직"의 실재를 인정하는 것이다.[10:39-11:40] 히브리서 11장이 밝히는 바와 같이, 신자들은 믿음의 조상들이 하나님이 그들에게 약속하신 것을 믿었던 것처럼 약속된 것들을 받을 것으로 믿기를 쉬지 말아야 한다. 약속이 눈에 보이는 것이라면[참조. 11:3] 상급을 이미 받았을 것이고,[11:6] 하나님이 주신 장래의 약속들을 믿을 필요가 없을 것이다. 믿음은 하나님께서 장래에 하실 일을 신뢰한다. 믿음은 하나님께서 자신이 약속하신 모든 것을 아직 다 이루신 것이 아님을 인식하고, 하나님께서 자신이 하신 말씀을 신실하게 이루실 것을 믿음으로 장래를 향해 나아간다.

히브리서에서 약속된 안식은 명백히 종말론적이다.[3:7-4:11] 신자들은 하나님의 안식에 들어가야 한다. 하지만 동시에 믿는 자들은 지금 이미 하나님의 안식에 들어가 있다고 4:3은 가르친다.[68] "오늘"[4:7]이라는 말은 또한 지금 안식에 들어갈 수 있음을 나타낸다. 물론 안식은 근본적으로 마지막 때의 실체인 것이 맞다.[4:11] 신자들은 여전히 외국인과 나그네로 살아간다.[11:13] 이런 면에서 신자들은 광야 세대와 같다.[참조. 3:12-19] 그들은 약속의 땅으로 향하는 "길에서" 하나님의 약속을 받았다.

많은 학자들이 보는 바와 같이 비록 안식이 전적으로 장래의 일이기는 하지만, 그럼에도 불구하고 신자들은 많은 다른 복들을 현재에 누린다. 그들은 하나님의 백성 가운데 속한 자들이고, 이 땅을 나그네로 사는 동안 하나님의 함께하심을 누리기 때문이다.[7:19] 안식 개념과 관련된 것은 도래하는 도성에 대한 약속이다.[11:10] 하나님께서는 자기 백성들을 위해 하늘 도성을 마련하셨다.[11:16] 현재 신자들은 장차 사라질 인간 도성의 지체로 살아간다.[12:27] 동시에 신자들은 이 세상 사람들과 구별된다. "장차 올" 하나님의 도성을 추구하며 살기 때문이다.[13:14] 하늘 도성이란 개념은 종말론적이다. 하지만 여기에는 또한 신자들이 지금 하늘 예루살렘에 "다다랐고", 심지어 지금 이 위대한 하늘 회중에 속한 자들이라는 의미 역시 내포되어 있다.[12:22-23] 비록 신자들이 완전하고 아름다운 하늘 도성을 여전히 대망하는 것이 사실이지만, 그럼에도 불구하고 그들은 또한 이 도성의 지체들로 살아간다.

예표론

구약성경과 신약성경에서 발견되는 사건, 제도, 인물 간의 역사적 일치성이 있을 때 예표론(모형론)이 성립한다.[69] 예표론이란 단순히 일치성

68 더 자세한 논의를 위해서는 4:3에 대한 주석을 참조하라.

69 히브리서는 알레고리를 특징으로 한다는 이해를 옹호하는 것과 관련해서는 스벤센 Stefan Nordgaard Svendsen을 참조하라. *Allegory Transformed: The Appropriation of Philonic*

만이 아닌, 하나님께서 **의도하신** 일치성을 가리키는 말이다.[70] 바꾸어 말하면, 성경적 예표론에는 예언적 성격이 있다. 단순히 회고적이기만 한 것이 아니라 조망적이다. 히브리서 기자가 구약의 계시를 반추하면서 단순히 원형들과 거기에 일치되는 것들을 발견했다고 말하는 것이 아니다. 모든 역사를 주관하시는 하나님께서는예. 사 46:9-11 시작부터 마지막을 계획하신다. 그렇기 때문에 예표론적 관계가 있는 사건과 제도와 인물들은 단순히 역사의 우연도 아닐뿐더러, 이해를 돕기 위한 실례로 하나님이 사용하시는 것도 아니다. 오히려 이런 인물과 사건과 제도들은 장차 도래할 것에 대한 예표로서 처음부터 의도된 것들이었다.

처음부터 언급하고 지나가야 할 히브리서에서 분명히 나타나는 성경적 예표론의 또 다른 요소가 있다. 그것은 바로 성경적 예표론이 점층성을 띤다는 것이다. 이 말은 모형의 성취는 항상 모형보다 위대하다는 사실을 의미한다. 예표론의 이런 요소는 히브리서를 위해 아주 중요

Hermeneutics in the Letter to the Hebrews, WUNT 2/269(Tübingen: Mohr Siebeck, 2009). 히브리서 기자가 분별하는 원형들은 역사적으로 뿌리박고 있는 것들이기 때문에 이 서신의 구조는 차라리 예표론적으로 더 잘 묘사된다고 생각한다. 히브리서 기자는 멜기세덱과 아론과 같은 인물들을 역사적으로 실존한 인물로 본다. 성막과 제사들 역시 이스라엘의 역사적 관습과 긴밀하게 연결된다. 약속의 땅으로 들어가지 못한 이스라엘의 실패 역시 예표론적으로 독자들에게 말하는 역사적 사실이다. 현대의 일부 역사적·비평적 독자들은 이런 인물과 사건과 제도들을 역사적인 것으로 생각하지 않겠지만, 히브리서 기자만큼은 그런 것들을 역사적인 것으로 믿은 것이 분명하다.

70 최근의 예표론 논의를 위해서는 리벤스Benjamin J. Ribbens를 참조하라. "A Typology of Types: Typology in Dialogue", *Journal of Theological Interpretation* 5(2011): 81-96. 리벤스는 예표론을 다음의 세 가지로 분류한다. 기독론적Christological, 교훈적tropological, 상동적homological. 이 논의의 목적상 나는 리벤스가 말한 기독론적 예표론으로만 여기서의 논의를 제한하려고 한다. 이 주제와 관련된 더 많은 논의를 위해서는 다음을 참조하라. Richard Ounsworth, *Joshua Typology in the New Testament*, WUNT 2/328(Tübingen: Mohr Siebeck, 2012), 19-54.

하다. 하나님께서 약속하신 것들이 실체로 드러났음에도 불구하고 독자들이 다시 모형으로 돌이키는 것을 도무지 이해할 수가 없기 때문이고, 성취는 모형보다 훨씬 탁월하기 때문이다. 그렇다면 예표론에 자리한 점층성은 이 서신을 기록한 중심 목적과도 부합한다. 예수 그리스도의 인격과 사역이 구약의 인물들과 예식을 통해 어렴풋이 드러난 것들보다 훨씬 더 탁월하게 드러났는데, 어떻게 독자들이 이런 예수 그리스도를 등진단 말인가? 그래서 히브리서는 장래를 바라보면서 구약성경을 읽는다(또한 그렇게 읽어야 한다). 구약성경 자체가 더 나은 제사장, 더 나은 왕, 더 나은 언약, 더 나은 땅, 더 나은 약속들을 가리킨다. 그러므로 점층성이라는 개념은 인위적으로 본문에 첨가된 것이 아니라, 구약의 증거에 본유적으로 내재된 개념이다.

히브리서에 나타난 예표론은 예수 그리스도를 집중한다. 서신의 시작부터 우리는 구약의 모든 모형이 궁극적으로 예수 그리스도를 가리키고 그 안에서 절정에 이르는 것을 볼 수 있다. 하나님께서 여러 모양으로 선지자들에게 말씀하셨다. 하지만 선지자들은 자신들보다 더 크신 이를 가리키며 우리로 그분을 대망하도록 한다.[1:1-2] 하나님께서는 최종적이고 가장 탁월하게 자기 아들을 통해 말씀하셨다. 그는 가장 위대하고 최종적인 선지자였다. 히브리서 기자는 모세와 비교하는 가운데 이 주제를 부각시킨다.[3:1-6] 구약성경에서 가장 위대한 선지자로 받아들여지는 인물이 모세이기 때문이다. 모세의 위대함은 그의 능력에서 비롯된 것이 아니라 그가 하나님과 가졌던 관계와 그런 능력을 위해 하나님을 의지한 데서 비롯되었기 때문에, 모세를 일컬어 "온유함이 지면의 모든 사람보다 더한" 자였다고 말한다.[민 12:3] 모세의 겸손은 자신에 대한 비난을 대하는 그의 태도에서 드러난다. 아론과 미리암의 비난을 받고도 괘씸하게 여기지 않았다.[민 12:1-2]

구약성경은 선지자로서 모세의 위대함을 강조한다. 모세를 "충성된" 하나님의 "종"으로 칭송한다.[민 12:7-8] 그래서 하나님께서는 모세를 "대면"하여 "명백히" 말씀하셨다.[민 12:8] 과연 모세는 하나님께서 "대면하여 아시던" 자였다.[신 34:10] 모세를 통해 주어진 계시의 선명성에도 불구하고 예수는 그런 모세보다 더 탁월한 분이다. 모세와 같이 예수께서도 "신실"하셨다. 하지만 예수는 "아들"로서 신실하셨다.[3:2, 6] 예수는 모세보다 더 위대한 선지자였다. 예수는 단순히 종이나 선지자가 아니었기 때문이다. 그분은 하나님의 아들이었다.

히브리서에서 "아들"이라는 칭호는 예수 그리스도와 관련하여 주된 역할을 한다.[1:2, 5, 8, 3:6, 4:14, 5:5, 8, 6:6, 7:3, 28, 10:29] 하지만 이 용어는 또한 예표론적으로도 사용된다. 구약성경에서 이스라엘은 하나님의 아들과 장자로 불린다.[출 4:22, 렘 31:9] 이스라엘이 갖는 하나님과의 특별한 관계를 보여주는 대목이다. 구약성경의 이야기가 진행됨에 따라 다윗 계열의 왕이 하나님의 아들과 장자로 세워진다.[삼하 7:14, 시 89:27] 이스라엘이 받은 약속들이 다윗과 맺어진 언약을 통해 실체가 되어 갔다. 하나님께서는 하나님의 아들과 장자인 이스라엘과 다윗 계열의 왕을 통해 세상을 통치하실 것이다.[참조. 1:5]

구약성경 이야기가 전개됨에 따라 우리는 하나님의 아들인 이스라엘이 포로로 잡혀가는 것을 본다. 언약의 규례를 지키지 못했기 때문이다. 다윗 왕조의 왕들 역시 동일한 전철을 밟는다. 열왕기서의 메시지대로 더 정확히 표현하면, 이 왕들을 통해 이 나라가 동일한 길로 이끌린다. 이 나라를 의로움과 정의와 진리로 이끌도록 왕들로 세워졌음에도 불구하고 그들은 하나님을 저버리고 그분의 가르침을 따르지 않는다. 이처럼 아브라함을 통해 세상을 복 주시겠다는 하나님의 약속이 이 왕들의 통치를 통해서는 실현되지 못했다.

나머지 신약성경의 책들과 더불어 히브리서는 예수를 참된 이스라엘과 진정한 다윗 계통의 왕으로 천명한다. 그분은 하나님의 뜻을 전혀 거스르지 않고 한결같이 순종의 길을 가신 아들이었다.[4:15, 7:26] 하나님께서는 이스라엘에게 그들에게 주신 약속들이 순종을 통해 보전될 것이라고 약속하셨다.[창 18:18-19; 참조. 창 26:5] 그리고 예수는 하나님의 아들로서 고난을 통해 순종을 배우셨다.[5:8] 예수의 고난은 그분을 하나님으로부터 멀어지게 한 것이 아니라 오히려 하나님께로 더 가까이 이끌었다. 이스라엘은 광야에서 시험을 받았고 반복적으로 죄를 지었다. 그러나 예수는 시험을 당하면서도 죄의 희생물로 전락하지 않으셨고,[2:18, 4:15] 오히려 고난당하심으로 온전하게 되셨다.[2:10] 이스라엘과 다윗 왕조의 왕들과 달리 예수는 항상 순종하는 아들이었다는 사실에서 점층성을 발견한다. 하지만 이런 점층성은 다른 의미에서도 찾을 수 있다. 예수는 인간의 아들일 뿐 아니라 하나님의 아들이기 때문이다. 예수는 다윗 계열의 왕과 같이 후사일 뿐 아니라 온 우주가 그분으로 말미암아 창조되었고,[1:2] "하나님의 영광의 광채시요 그 본체의 형상"이시다.[1:3] 여기 경배를 받으시며[1:6] 하나님으로 인정된 아들이 있다.[1:8] 이런 사실은 이 아들이 신성에 참여한 자이심을 보여주는 것이다.

히브리서 1:8-9에서 시편 45편을 인용하는 것이 가장 흥미롭다. 이 시편은 원래 다윗 계열의 왕을 노래하는 제왕시로 분류되기 때문이다. 왕의 존엄과 위대함을 기리는 혼인식 노래다. 시편에서 이 왕을 "하나님"으로 이야기하는 대목[시 45:6]은 과장법의 한 예다. 이 시편은 왕이 갖는 지위와 통치를 하나님에 빗대어 이야기한다.[참조. 출 7:1] 왕을 하나님의 통치를 위임받은 대리자로서 "하나님"이라고 부른다. 하지만 이스라엘 백성 어느 누구도 이 표현에서 다윗 계열의 왕이 실제 신적인 존재를 말하는 것인 양 문자적으로 이해하지 않았다. 그러나 이 시편에서 다윗 계열의 왕이 이렇게 이야기되는 것은 우연이 아니다. 보다 심오하고 참된 의미에서 예수 그리스도를 가리키는 말이기 때문이다. 이분만이 참으로 천사들이 경배하고 우주를 창조하신 하나님의 아들이기 때문이다.[1:2, 6, 10, 12] 여기에서 우리는 예표론에 담긴 점층성을 보여주는 좋은 예를 본다.

아들에 대한 예표는 또 다른 방향으로도 사용된다. 히브리서 2:5-8은 시편 8편을 인용한다. 인간의 존엄을 노래하는 창조 시편이다. 세상에서 인간이 미미한 존재로 보이는 것이 사실이지만, 그럼에도 불구하고 그들은 하나님께서 자신을 대리해서 온 세상을 다스리도록 지으신 자들이다.[참조. 창 1:26-27, 2:15] 시편 8편은 하나님의 위엄과 그분의 형상으로 지어진 인간의 존엄을 노래한다. 그러나 히브리서는 이 시편을 종말론적이고도 예표론적으로 읽는다. 히브리서 기자는 인간들이 자신들이 가진 이런 가능성을 깨닫지 못한 것을 인지한다. 인간들은 하나님을 위해 세상을 다스리지 않았다. 오히려 하나님을 대적해 죄를 지어 세상을 혼돈에 빠뜨렸고, 생명과 기쁨이 아닌 사망이 세상을 지배하게 되었다.[2:5-18] 사망과 죄로 말미암아 인간들은 자신들이 지어진 목적대로 살지 못하게 되었다.[2:14-15, 17]

인류의 창조는 하나님께 신실했던 한 인간, 다른 모든 인간이 실패한 자리에서 성공을 거둔 한 인간(예수 그리스도)을 대망하고 가리킨다. 아직 실현되지는 않았지만,[2:8] 그분의 순종으로 말미암아 온 세상이 그분께 순종할 것이다.[2:5] 인류가 하나님을 위해 세상을 다스리는 원래의 계획은 예수 그리스도 안에서 실현된다. 예수는 스스로 도울 수 없는 자들을 돕는 인류를 대표하는 인간으로 기능하신다.[2:18] 예수의 도움은 자신을 십자가에서 희생 제물로 드리신 제사장으로서의 역사에서 탁월하게 드러난다. 이를 통해 하나님을 향해 범한 인간의 죄악들을 대속하셨다.2:17 죄와 사망을 이긴 예수의 승리는 그분의 "형제들"2:11-12과 "하나님께서 주신 자녀들"2:13과 "아브라함의 후손들"2:16이 더불어 나눈다. 사망이 인류를 이긴다면, 그들은 세상을 다스릴 수 없다. 하지만 예수께서 그들을 대신해 사망을 이기셨다.

멜기세덱의 반차를 따른 예수의 제사장직 또한 예표론적이다.[71] 멜기세덱이 하나님의 아들과 닮았다고 하는 히브리서 7:3을 근거로 멜기세덱을 성육신하기 전의 하나님의 아들의 모습이라고 생각하면 오산이다. 히브리서 7:3은 대제사장으로서 예수 그리스도가 처음부터 제사장직의 목적과 모범이었음을 말하는 구절이고, 따라서 멜기세덱은 항상 그리스도를 가리키도록 의도되었다. 이런 사실은 예표론이 단지 사건, 제도, 인물 간의 일치성만을 파악하기 위한 것이 아니라는 앞의 주장을 뒷받침한다. 예표론은 모든 역사를 향한 하나님의 주권적인 계획을 반영하는 관점이다.

제사장과 왕으로서의 멜기세덱의 역할7:1은 멜기세덱의 반차를 따른 제사장인 동시에 다윗 계열의 왕이신 예수 그리스도를 내다본다.[72] 제사장과 왕의 직분의 조합을 대망하는 시편 110편에서, 다윗은 자신의 후손을 자신의 주일 뿐 아니라 멜기세덱의 반차를 따라 영영히 섬길 제사장과 동일시한다.시 110:1, 4 그렇기 때문에 히브리서는 구약성경 자체에서 발전되는 주제를 다시 언급하고 있는 것이다. 멜기세덱에게 주어진

71 예표론을 아론 계열의 제사장직으로 제한한 커크릴에 반하여(*Hebrews*, 54) 나는 아론 계열의 제사장직과 멜기세덱의 반차를 따른 제사장직 모두를 예표론적이라 주장할 수 있을 정도로 히브리서 기자의 예표론이 보다 유연하다고 생각한다.

72 멜기세덱과 관련된 구절을 예표론적으로 읽는 것을 옹호하는 입장에 대해서는 다음을 참조하라. Dale F. Leschert, *Hermeneutical Foundations of Hebrews: A Study in the Validity of the Epistle's Interpretation of Some Core Citations from the Psalms*, NABPRDS 10(Lewiston, NY: Edwin Mellen, 1994), 228-41.

"의의 왕"과 "평강의 왕"이라는 표현[7:2]은 또한 예수께도 적용된다. 궁극적으로 예수는 자기 백성들의 왕과 제사장으로서 그들에게 의와 화평을 베푸시기 때문이다. 멜기세덱이 아버지나 어머니나 족보도 없고 시작한 날이나 생명의 끝도 없다는 본문을[7:3] 읽을 때는 확대 해석을 하지 않도록 조심해야 한다. 지금 히브리서 기자는 멜기세덱이 문자적으로 아버지나 어머니가 없다거나, 그가 태어나지도 않았고 죽지도 않았다고 주장하는 것이 아니다. 어머니나 아버지가 없는 존재라면 멜기세덱은 인간이 아니었을 것이다! 여기서 멜기세덱은 레위 계통의 제사장들과 대비된다. 후자의 경우는 족보를 신중하게 따진다. 그렇게 해서 만일 아론 계열의 족보와 관계가 있는 것으로 드러나지 않으면 제사자의 직분을 행할 수 없다.[느 7:64] 그렇다면 창세기에 그의 족보에 대해 전혀 언급이 없음에도 불구하고 멜기세덱이 제사장으로 섬겼다는 사실은 주목할 만하다. 성경이 멜기세덱의 조상과 출생과 죽음에 대해 "침묵"한다는 사실은 예표론적으로 중요한 의미를 갖는다. 이는 그가 아론 계열의 제사장직과는 다른 성격의 제사장직을 가졌음을 증거하기 때문이다. 물론 여기서 사용된 말들이 예수께 문자적으로 다 들어맞는 것은 아니다. 예수는 어머니가 있었기 때문이다.

멜기세덱의 반차를 따른 제사장직이 레위 계통의 제사장직보다 탁월하다고 주장함으로, 히브리서 기자는 예수의 제사장직 역시 레위 계통의 제사장직보다 더 탁월함을 예표론적으로 확증하다. 예수께서 레위 계통의 제사장일 수 없는 것이 예수께서 유다 지파로부터 나셨다는 사실에 히브리서 기자가 탄성을 지르고 있기 때문이다.[7:13-14] 시편 110편으로부터 우리는 멜기세덱의 반차를 따른 제사장직이 다윗 계열의 왕에게서 성취되고 결과적으로 이 제사장직은 왕의 직분에서 궁극적인 성취를 이룬다는 사실을 보았다. 시편 110:4에 따르면, 멜기세덱의 반차를 쫓은 제사장직은 "영원히" 남아 있다.[7:17] 물론 멜기세덱이 문자적으로 영원히 제사장으로 있는 것은 아니다. 그는 이미 죽어 사라졌기 때문이다. 여기서 우리는 예표론적 점층성을 본다. 예수의 경우 "영원히"라는 말은 문자 그대로 사실이다. 예수는 "불멸의 생명"을 가졌기 때문이다.[7:16] 예수의 제사장직은 결코 끝나지 않는다. 부활과 더불어 영영히 사망을 이기셨기 때문이다. 예수의 부활은 예수의 제사장직의 탁월성에 결정적인 토대를 제공한다. 레위 계통의 제사직분은 죽음과 더불어 끝나기 때문이다. 반면에 예수는 영영히 효력 있는 제사장으로 남아 계신다. 예수는 "영원히 계시기" 때문이다.[7:24-25]

히브리서 기자는 예수께서 갖는 예표론적 의미를 생각함에 있어서 제한이나 한계를 느끼지 않는다. 물론 레위 계통의 제사장들을 예수를 가리키는 모형들로 이야기하기도 한다.[8:1-5] 히브리서 5:1-10로부터 우리는 레위 계통의 제사장직이 예수의 제사장직을 대망하는 예표론적 구조를 가지고 있음 역시 알 수 있다. 레위 계통의 제사장들과 마찬가지로 예수는 하나님께서 제사장 직분으로 세우신 인간이었다. 그러나 이 둘 사이의 불연속성 또한 강조된다. 예수는 참된 지성소인 하늘 성소의 제사장인 데 반해, 레위 계통의 제사장들은 이 땅에서의 섬김으로 제한되기 때문이다. 이 땅에서 섬긴 제사장들은 "하늘에 있는 것의 모형과 그림자"다.[8:5] 모세 자신이 성막은 더 위대하고 더 완전한 성막을 가리키는 것임을 암시한다. 하나님께서 그에게 "너는 삼가 이 산에서 네게 보인 식양대로 할지니라"고 지시하셨기 때문이다.[8:5, 출 25:40; 참조. 25:9, 26:30, 27:8] 이 땅에서 섬긴 제사장들은 하늘의 제사장인 더 나은 제사장을 가리킨다. 이 땅의 제사장들은 매일 서서 섬긴다. 이 땅의 제사는 죄를 없이하지 못하는 고로 끝이 없기 때문이다.[10:11] 하지만 그리스도가 드린 희생 제사는 반복될 필요가 없기 때문에 그분은 좌정해 계신다.[10:12-14]

이 제사로 말미암아 최종적인 죄 사함이 이루어졌기 때문이다.

9:1-10에서 히브리서 기자는 성막과 성막에서 행해지는 제사들이 갖는 예표론적 의미를 다시 주목하여 언급한다. 제사에 대한 규례들이 아주 세세하다. 대제사장은 일 년에 한 번 대속죄일에만 지성소에 들어갈 수 있기 때문이다.[9:7, 레 16장] 이를 통해 성령께서는 하나님께로 나아가는 길이 아직 나타나지 않은 것을 보이고 계셨다.[9:8] 예수께서 드린 희생이 더 탁월했다. 그분은 이 땅의 성막이 아닌 하늘의 성막으로 들어가심으로 끊임없이 그리고 영원히 하나님께로 나아갈 길을 여셨다.[9:11-12] 짐승을 제물로 드리는 제사들은 예수께서 드리게 될 더 위대한 제사를 위한 모형들이었다. 여기서 우리는 예표론적 점층성에 대한 분명한 예를 발견한다. 예수께서 드린 제사로 말미암아 신자들이 하나님께로 끊임없이 나아갈 수 있도록 인간을 하나님으로부터 분리하는 성전/성막에 있는 휘장이 갈라졌기 때문이다.[10:19-20]

구약성경에 나오는 육체를 정결하게 하는 제사들[9:10, 13]은 효력 있는 더 위대한 씻음과 정결을 바라본다. 결국 외적인 씻음은 몸만을 깨끗하게 할 뿐이지만,[9:13] 예수의 피는 양심에 뿌려져 죄를 깨끗하게 하고 물로 몸을 씻어 전인이 진실로 깨끗하게 된다.[9:14, 10:22] 또한 제사의 언약적 실행에 있어서도 예표론적 관계가 존재한다. 옛 언약은 짐승들의 피로 인쳐졌고, 이는 죄 사함을 위해서는 피 흘림과 제물로 바쳐지는 대상의 죽음이 반드시 있어야 함을 의미한다.[9:15-22] 이와 관련하여 예표론적 관계는 분명하다. 짐승 제물들의 피는 더 위대하고 효과적인 제물로서의 예수 그리스도의 피를 가리킨다. 이 제물은 하나님 앞으로 나아가도록 하기 때문에 "더 좋은" 제물이다.[9:23-24] 예수께서 단번에 드리신 제사는 영원한 죄 사함을 획득했다.[9:25-28]

이 점에 있어서 율법과 제사는 더 위대한 실체,[10:1] 더 위대한 제사를 가리키는 "그림자"다. 짐승을 제물로 바치는 제사들은 우리에게 그리스도의 희생을 가리킨다.[10:2-10] 짐승들의 피로는 죄를 속할 수 없는 것이 분명하기 때문이다. 참된 구속은 무슨 일인지도 모른 채 본의에 반해 바쳐지는 짐승들이 아닌 인간을 통해서만 일어난다. 반면에 그리스도께서는 자기 백성들을 위해 인격적으로 기꺼이 자신을 제물로 내어 주셨다. 짐승이 제물로 바쳐진 제사들은 해마다 사람들에게 자신들이 지은 죄들을 상기시킨다. 반면에 그리스도의 희생은 단번에 거룩함을 이루었다.[10:10] 예수의 제단(십자가)에서 바쳐진 제물은 구약성경의 제사들에서 바쳐진 음식들보다 더 낫다.[13:9-10] 후자는 더 나은 제사와 더 나은 제단을 가리키는 외적인 행위에 불과하지만, 전자는 은혜를 불러온다.

히브리서 기자는 몇 군데 다른 본문에서 그리스도의 삶과의 일치성을 이야기한다. 예를 들어, 그리스도의 희생을 아벨이 살해된 것과 비교한다.[12:24] 둘 다 무고하게 죽었지만, 그리스도의 피가 아벨의 피보다 더 나은 것을 말한다. 그리스도의 피는 자기를 의지하는 자들을 깨끗하게 하기 때문이다. 아벨의 피는 신원을 부르짖는다. 반면에 그리스도의 피는 이보다 훨씬 놀랍고 경이로운 일을 한다. 그리스도의 죽으심으로 인간들은 담대하게 하나님께로 나아갈 수 있다. 비슷하게, 이삭의 제물 역시 그리스도의 부활을 예표론적으로 대망한다.[παραβολῇ, 11:17-19] 아브라함은 자신이 이삭을 바치면 하나님께서 이삭을 죽음에서 일으키실 것이라는 확신을 얻었다.[창 22:4] 하지만 이삭과 달리 예수는 실제로 죽음에서 부활하심으로 이삭의 "제물"에서 어렴풋이 드러난 일을 성취하셨다.

히브리서의 경고를 발하는 구절들에서도 예표론은 중요한 역할을 한다. 여기서도 우리는 예표론이 갖는 조망적 성격과 점층성을 볼 수 있다. 예를 들면, 옛 언약 아래서 언약이 정하는 규례들을 거스르는 자들은 이 땅에 살면서 "공정한 보응"을 받는다.[2:2] 간음이나 동성애와 같은 죄들은 보응으로 사형[레 20:10, 13]을 받거나 하나님을 떠남으로 인한 언약이 정하는 저주를 받을 수 있었다.[신 28:15-68] 언약에 신실하지 못했던 이스라엘은 본토에서 쫓겨나 포로로 잡혀갔다. 그러나 이 땅에서의 이런 형벌들은 하나님이 주신 구원으로부터 떨어져 나간 자들이 경험하게 될 최종적인 심판을 내다보게 한다.[2:3] 이런 경우 심판이 점증된 것을 볼 수 있다. 히브리서가 독자들에게 하나님의 종말론적 진노를 위협하고 있기 때문이다.

히브리서 10:26-31에서 동일한 패턴의 주장이 드러난다. 모세의 율법을 거스른 자들은 무자비하게 죽음을 당한다. 이 땅에서의 이런 심판은 하나님의 아들을 짓밟고, 언약의 피를 부정하게 여기고, 성령을 모독한 자가 받게 될 장래의 더 엄청난 심판을 예고한다. 이 심판은 육신적 죽음보다 더 끔찍하다. 아들을 거역하는 자들은 "살아 계신 하나님의 손에 빠져들어 갈" 것이기 때문이다.[10:31] 히브리서 12:25-29의 경고 역시 유사한 어조를 띤다. 이스라엘은 하나님께서 이 땅에서 주신 경고를 무시하다가 심판을 받았다. 그렇다면 하늘로부터 온 말씀을 무시하는 자들이 하나님의 심판을 피하지 못할 것은 자명하다.

히브리서 3:7-4:13에서도 같은 패러다임을 본다. 광야 세대는 가나안에서 안식을 얻지 못했다. 하나님의 뜻에 순종하기를 거부했기 때문이다.[3:11, 18, 4:3] 광야 세대의 불신앙과 불순종은 예수 그리스도를 믿는 신자들이 피해야 할 본보기로서의 기능을 한다.[3:12, 15, 18-19, 4:2-3] 에서 역시 같은 맥락을 따라 광야 세대와 마찬가지로 본받지 말아야 할 본보기로 덧붙여졌다. 에서는 이 땅의 장자권을 포기했지만, 신자들은 잠시 지나가는 즐거움을 위해 그들이 가진 영원한 장자권을 저버려서는 안 된다고 경고한다.[12:16-17] 광야 세대를 생각할 때 그들에게 약속된 가나안에서의 안식은 이 땅에서 누리는 안식이었다. 그러나 더 좋은 안식이 있다.

예수 그리스도 안에 있는 신자들을 위해 예비된 하늘의 안식이다.[4:1] 안식의 주제는 복합적이고 다변적이다. 안식의 약속은 이스라엘이 가나안을 물려받을 것이라는 약속에만 관계된 것으로 국한되지 않기 때문이다. 히브리서 기자는 또한 일곱째 날에 하나님이 "모든 일을 쉬셨다"고 하는 창조 시 말씀에 귀를 기울인다.[4:4, 창 2:3] 창조의 역사를 마치시고 일곱째 날에 하나님이 취하신 안식에는 예고적인 요소가 있다. 하나님께서 안식하신 것은 창조의 사역을 마치셨기 때문이다. 또한 그렇기 때문에 하나님이 취하신 일곱째 날의 안식은 도래하는 새 창조를 가리키고 바라본다. 하나님 나라가 충만하게 실현될 때, 하나님께 속한 자들은 안식일의 쉼을 충만히 누릴 것이다. 그때에는 인간의 모든 수고와 일이 그칠 것이기 때문이다.[4:10] 하나님께서 창조 사역을 다 이루시고 누리신 안식은 새 창조가 밝아올 때 오게 될 안식을 바라본다.

히브리서 기자는 안식과 관련된 또 다른 요소의 실타래를 풀어놓는다. 광야 세대는 안식을 누리지 못했지만, 여호수아의 지도 아래 이스라엘 백성들은 가나안에서 약속된 안식을 얻었다.[수 22:4] 안식과 관련하여 하나님이 주신 약속들이 여호수아가 지도자로 있을 때 이루어졌다.[21:44-45; 참조. 23:1] 그러나 히브리서 기자는 여호수아를 통해 백성들이 누리게 된 안식은 궁극적인 안식이라고 할 수 없는 것이었다고 말한다.[4:8] 그렇기 때문에 여호수아를 통해 이스라엘 백성들이 누린 안식은 잠정적이고 일시적인 이 땅에서의 안식에 불과하다. 그것이 아니라면, 시편 95편에 언급된 안식은 이 시편 전체와 맞지 않는다.[95:11] 이 땅에서의 안식이 여호수아의 지도 아래 이미 이루어졌다면, 다윗의 통치 말미에 이르러 안식이 주어질 것이라고 말하는 것은 무의미하다. 그렇다면 여호수아의 지도 아래 이스라엘이 누린 안식은 도래하는 더 좋은 안식을 예표하고, 이것을 일컬어 "안식할 때"[Sabbath rest]라고 말한다.[4:9] [73] 실제로, "여호수아"Ιησοῦς라는 이름은 사실 "예수"라는 이름과 같은 말이다. 예수는 새로운 여호수아, 더 탁월한 여호수아다. 또한 여호수아 시대 이후에 지어진 시편 95편은 새롭고 더 좋은 안식이 도래하고 있음을 의미한다. 그리스도이신 예수께서 주시는 안식이요, 어느 누구도 누려 볼 수 없었던 안식이다. 그렇기 때문에 지금 히브리서 기자는 믿고 순종하는 자들이 장차 누릴 안식과 하나님의 언약의 규례로부터 떨어져 나간 자들이 장차 받게 될 심판을 바라보면서, 창조 시 하나님이 취하신 안식과 가나안에서 이스라엘이 누린 안식으로부터 예표론적인 주장을 펼치고 있는 것이다. 이 두 경우 모두에서 우리는 점층성을 발견한다. 장차 받게 될 심판과 장차 누리게 될 안식은 영원한 것이다.

이 서신의 다른 곳에서는 장래의 본향에 대한 예표론을 언급한다. 아브라함과 이삭과 야곱은 가나안 땅을 약속받았다.11:8 가나안은 신자들이 받을 하늘 도성, 하늘 본향의 예표가 된다.11:10, 13-16 이 땅에서는 신자들이 이방인과 나그네로 살아가지만, 도래하는 하늘 도성은 이 땅의 그 어느 도시보다도 훨씬 탁월하다. 이 도성은 영구한 도성이기 때문이다.12:22, 13:14

예표론을 이렇게 간략하게만 살폈음에도 히브리서에서 예표론이 얼마나 중요한 역할을 하는지가 분명히 드러난다. 히브리서 기자는 구약성경과 신약성경 사이의 관계를 자주 예표론적으로 이해한다. 또한 모형과 그것의 성취 사이에 자리한 점층성을 일정하게 규칙적으로 언급한다.

73 개중에는 히브리서 기자가 땅에 아무런 관심을 보이지 않는 것으로 봐서 지금 그가 예표론적으로 주장하는 것은 아니라고 하는 사람들이 있다. 하지만 그것은 지나친 판단이다. 히브리서 기자의 땅에 대한 개념이 갖는 예표론적 성격에 대해서는 앨런David M. Allen을 참조하라. *Deuteronomy and Exhortation in Hebrews: A Study in Narrative Representation*, WUNT 2/238(Tübingen: Mohr Siebeck, 2008), 143-55.

히브리서의 공간적 지향성

히브리서가 갖는 공간적 지향성을 예표론이나 종말론의 주제 아래 두는 학자들이 있다.[74] 그러나 신약성경의 많은 책들이 예표론을 특징으로 하기 때문에 명백하게 구분을 짓는 것이 유용하다. 게다가 히브리서 기자의 공간적 강조는 아주 독특하다. 수직적 혹은 공간적 대조를 이룰 정도로 히브리서는 매우 자주 이 땅의 것들과 하늘의 것들을 대비시킨다. 그 결과, 히브리서 기자는 구약성경을 따라서 "이층 구조로 창조된 우주의 모델—하늘(들)과 땅—을 다룬다."참조. 창 1:1; 2:1, 렘 10:11 [75] 또한 히브리서 기자는 하늘을 보이는 하늘과 하나님이 거하시는 장소로서의 하늘로 구분하는 것처럼 보인다.[76] 예수께서 "승천"하셔서4:14 "하늘보다 높이 되시고",7:26 "그 하늘"로9:24 들어가신 것이 이런 구분의 증거가 된다. 마지막 구절은 하나님 앞으로 가신 것을 가리킨다. 여기서 이런 하늘의 본질을 충분히 묘사할 수가 없는 것이 하나님이 거하시는 곳은 인간의 이해를 넘어서는 신비로운 곳이기 때문이다. 여기서 우리는 히브리서에서 발견되는 언어가 가진 상징적인 성격을 인정해야 한다. 물론

74 스테인은 히브리서가 공간적인 동시에 직선적인 종말론을 말한다고 한다. Gert J. Steyn, "The Eschatology of Hebrews: As Understood Within a Cultic Setting", in *Eschatology of the New Testament and Some Related Documents*, ed. J. G. van der Watt, WUNT 2/315(Tübingen: Mohr Siebeck, 2012), 429-31.

75 Edward Adams, "Cosmology in Hebrews", in *The Epistle to the Hebrews and Christian Theology*, ed. R. Bauckham, D. R. Driver, T. A. Hart, and N. MacDonald(Grand Rapids, MI: Eerdmans, 2009), 130. 엘링워스는 천사들이 하늘의 중간 영역에 속해 있다고 주장한다. 그러나 천사들은 하나님이 거하시는 하늘의 가장 높은 영역에 속해 있다고 하는 것이 보다 정확할 것이다("Jesus and the Universe in Hebrews", *EvQ* 58[1986]: 349). 그렇다고 해서 이런 견해가 이 땅에서는 천사들이 활동하지 않는다는 의미는 아니다(아담스도 그렇게 주장한다, "Cosmology in Hebrews", 131-32).

76 아담스Edward Adams가 내가 취하는 모든 단계에 동의할 것이라 주장하지는 않는다 하더라도, 나는 여기서 아담스의 주장을 긴밀히 따르고 있다("Cosmology of Hebrews", 131).

어느 대목에서 상징적인 언어가 사용되었는지를 결정하는 것은 쉬운 일이 아니다. 일례로 그리스도는 참으로 부활한 육신을 가지고 계신다. 이 대목에서 히브리서 기자는 상징법을 사용하지 않는다. 그러나 하늘 장막과[8:2, 9:11, 24] 하늘 도성에 관한 언어를 무리하게 문자 그대로의 장막이나 하늘 도성이 있는 것을 말하는 것으로 이해해서는 안 된다.[77] 말로 표현할 수 없는 것을 나타내고 우리의 이해를 초월하는 실체를 상징적인 언어를 통해 전달하기 위해 공간적인 이미지를 사용했을 것이다. 그렇기 때문에 하늘에 자리한 하나님의 보좌를 가리키는 언급은 독자들에게 하나님의 초월성을 상기시킨다.[1:3, 8:1-2, 10:12, 12:2] [78]

해석의 역사를 보면 어떤 사람들은 히브리서 기자가 하늘의 성소와 땅의 성소를 대비시키는 것을 플라톤적인 용어로 해석했다. 하늘에 있는 것이 땅에 있는 것보다 우월하기 때문이다.[79] 마치 땅에 있는 것이 하늘에 있는 완전한 원형을 본뜬 어슴푸레한 복제품이라도 되는 것처럼 얼핏 들으면 이 개념이 플라톤적으로 들린다. 더욱이 질료적인 실체로 인해 부정하게 된 저자가 초월적인 세상을 열망하기라도 하는 것처럼, 히브리서 기자가 물리적 피조물에 대해 비판적인 것처럼 이해될 수 있다.[80] 물론 이런 언어들이 우리가 플라톤이나 필로에게서 발견한 것

77 본문을 주석하면서 이런 이해에 대해 보다 심도 있게 논할 것이다.

78 Steyn, "The Eschatology of Hebrews", 437.

79 히브리서의 우주론에 대해서는 존 랜즈마Jon C. Laansma를 참조하라. "The Cosmology of Hebrews", *in Cosmology and New Testament Theology*, ed. J. T. Pennington and S. M. McDonough, LNTS 355(London: T&T Clark, 2008), 125-43; 같은 저자, "Hidden Stories in Hebrews: Cosmology and Theology", in *Cloud of Witnesses: The Theology of Hebrews in Its Ancient Contexts*, ed. R. Bauckham, D. Driver, T. Hart, and N. MacDonald, LNTS 387(London: T&T Clark, 2008), 9-18; Adams, "Cosmology in Hebrews", 122-39.

80 아담스는 플라톤 자신은 실제로 물리적 우주를 가치 있는 것으로 여겼기 때문에 이런 양극성은 적당하지 않다고 주장한다. 그러나 그는 계속해서 창조 세계가 선하고 열등하지 않

들을 연상시키는 것이 사실이다.[81] 그럼에도 히브리서 기자는 세계관에 있어서 이들과 급격하게 다를 뿐 아니라, 오늘날 대부분의 학자들은 히브리서 기자가 그 어떤 기술적 의미로도 플라톤적 개념을 차용하여 쓴 것이 아니라는 데 동의한다. 그렇기 때문에 궁극적으로 그는 세상을 부정하는 것이 아니라 세상을 긍정하고 있다. 가장 의미심장한 것은 하늘과 땅의 표현이 종말론적 시간표에 따라 배치되어 있다는 사실이다. 히브리서에서 종말론적이고 공간적인 개념은 상호 보완적이다. 하지만 플라톤에게서는 그런 개념을 찾아볼 수가 없다.

히브리서 기자에 따르면, 하늘이라는 영역은 땅이라는 영역보다 탁월한 곳이다.[82] 레위 계통의 제사장직과 대비되게 예수의 제사장직은 하늘에 있는 것이다.[8:4] 따라서 예수의 제사장직은 레위 계통의 제사장들이 섬긴 사역보다 무한히 더 가치 있는 것이다. 마찬가지로 하늘로부터, 시온 산으로부터 전달된 메시지는 하나님의 최종적이고 결정적인 말씀을 나타낸다.[1:2, 12:25] 히브리서 기자는 모세와 선지자들을 통해 주신 말씀을 거부하지 않는다. 그러나 하늘로부터 온 메시지는 하나님께서 계시하신 것의 극치와 완성과 성취다. 그렇기 때문에 하늘로부터 온 이 같은 메시지를 거부하는 자들은 자신들에게 선포된 메시지를 거부하는 것으로 격렬한 심판을 맞이하게 될 것이다.

다는 것을 설명하는 가운데 어떻게 히브리서가 여러 곳에서 하나님이 세상을 창조하셨다고 주장하는지를 제시한다("Cosmology in Hebrews", 123-30).

81 절제되면서도 신중한 아담스의 결론을 참조하라("Cosmology of Hebrews", 132-33). 아담스는 플라톤은 "모형"(copy, ὑπόδειγμα, 8:5)이라는 말을 사용하지 않았고 "본" 혹은 "모형"(ἀντίτυπος, 히 9:24—옮긴이)이라는 말이 플라톤적인지 역시 분명하지 않다고 지적한다. 플라톤은 "그림자"(σκιά, 10:1)라는 말은 사용한다. 하지만 히브리서 기자의 종말론을 고려할 때, 히브리서가 이 말을 플라톤이 사용한 의미로 사용했는지는 불분명하다.

82 참조. Adams, "Cosmology of Hebrews", 133-34.

신자들은 "하늘의 부르심"을 받는다.[3:1] 예수는 하늘로 "승천"하셔서[4:14] 대제사장으로서 하나님께로 나아가셨다. 모세를 통해 세워졌던 이 땅의 성막은 하늘에 있는[8:2] "참 장막"과 대비된다. 히브리서 기자는 하늘의 장막이 땅의 장막보다 탁월하다고 분명히 말한다. 마찬가지로, 율법에 따라 제사를 드리는 땅에서 섬기는 제사장들은 하늘의 제사장인 예수와 대비된다.[8:3-4] 땅에서 섬기는 제사장들은 "하늘에 있는 것의 모형과 그림자"다.[8:5] 이 땅에 있는 것들은 하늘의 것을 반영하기 때문에 모세는 성막을 지을 때 하나님께서 지시하신 모양을 따라 그렇게 했다.[8:5, 출 25:40] 다시 말하지만, 이 땅의 것들은 하늘의 것보다 열등하다. 그러나 이 땅의 것들이 물질로 된 세상에서 비롯된 것이기 때문에 그렇다는 말은 아니다. 하늘의 것에 비견되는 이 땅의 것들의 열등성은 종말론과 관계가 있다. 그리스도의 제사장직이 갖는 탁월성은 그분의 사역을 통한 새 언약의 시작과 긴밀한 관계가 있기 때문이다.[8:7-13] 땅 위의 성막은 하늘에 있는 "이 창조에 속하지 아니한 더 크고 온전한 장막"을 가리킨다.[9:11] 문자 그대로의 성막이나 그런 장소가 하늘에 있다는 말이 아니다.[83] 땅 위의 성막은 하늘에 계신 하나님의 현존을 상징화하는 것이라는 진리를 전달하기 위해 성막이라는 말을 사용하는 것뿐이다. 예수의 제사는 짐승으로 드리는 제사보다 더 낫다. 예수께서 하나님께로 나아가셨고 양심에서 죄를 깨끗하게 하셨기 때문이다.[9:12-14]

하늘에 있는 것들의 "모형들"[ὑποδείγματα, 9:23]은 짐승들로 드린 제사들을 통해 정결하게 되었다. 그러나 "하늘에 있는 것들"[ἐπουράνια]을 위해서는 "더 좋은 제물들"이 필요하다.[9:23] 짐승들의 피는 하늘과 하나님 앞

83 반대 참조. William L. Lane, *Hebrews 9-13*, WBC(*Dallas: Word, 1991*), 237-38; Barnard, *The Mysticism of Hebrews*, 104-9.

에서는 아무런 효력이 없다. 땅 위의 성소는 "참 것의 그림자"ἀντίτυπα τῶν ἀληθινῶν이기 때문에, 예수는 그런 성소에 들어가는 것으로는 만족하실 수 없다.9:24 예수는 하늘에 있는 더 나은 성소로 들어가사 "우리를 위하여 하나님 앞에 나타나"셨다.9:24 땅 위의 율법은 만물의 "참 형상"εἰκόνα인 하늘 세상의 "그림자"Σκιάν다.10:1 유사하게, 하나님께서 내려오신 시내 산은 천둥과 폭풍과 번개로 뒤흔들리는 그곳에 있던 자들이 견디지 못할 정도로 심히 두렵고 떨리는 곳이었다.12:18-21 그러나 신자들은 더 나은 산에 다다른다. "살아 계신 하나님"이 거하시는 하늘에 있는 시온 산이다.12:22 이는 다름 아닌 "하늘의 예루살렘"이다. 바로 이어 하늘로부터 경고하신 이를 배반하는 자는 어느 누구도 심판을 피하지 못할 것이라는 경고가 따른다.12:25 심지어 이 땅인 시내 산에서의 경고를 거부한 자들조차 이 땅에서의 심판을 피하지 못했기 때문이다.

하나님께서는 만들어진 것들이 사라지도록 하기 위해 피조된 세상을 진동시키실 것이다.12:26-27 그리고 하나님 나라만 남을 것이다.12:28 바로 여기서 히브리서 기자가 플라톤과 갈린다. 플라톤과 달리 히브리서 기자는 이 세상이 영원하다고 믿지 않기 때문이다.[84] 기자는 시편 102:25-27 1:10-12을 인용함으로 이 세상의 일시성과 비영구성을 강조한다. 하지만 에드워드 아담스Edward Adams는 이 세상이 일시적이라는 사실이 곧 히브리서 기자가 물리적인 세상을 본유적으로 악한 것으로 믿는다는 말은 아니라고 바르게 지적한다.[85]

학자들은 히브리서 기자가 새 창조를 믿었는지 아니면 하늘의 영역을 비물질적인 것으로 생각했는지에 대해 논쟁중이다. 아담스는 기자

84 Adams, "Cosmology of Hebrews", 136.

85 같은 책, 135-36.

가 새 창조를 대망하고 있다고 말하는 것이 보다 설득력이 있다고 바르게 주장한다.[86] 존 랜즈마Jon C. Laansma가 "피조 세계는 사라지는 것이 아니라 오히려 깨끗하게 되고1:3 하나님의 성전, 도성, 본토, 세상, 나라로 재건된다"고 말하는 것과 같다.[87] 아들이 만물의 후사가 될 것이고,1:2 "이런 사실은 종말에 그분이 상속받을 유업으로서의 우주가 있을 것을 의미한다."[88] 한 걸음 더 나아가, 히브리서 2:6-8에서 기자는 예수께서 시편이 기록하고 있는 장래의 인류의 운명을 성취하실 것을 예견하면서 시편 8:4-6을 인용한다. 하지만 시편 8편에 따르면 이 운명은 세상을 다스리는 것을 포함하고, 이런 사실은 예수께서 물리적 우주를 다스리실 것을 가리킨다. 과연, 예수는 "올 세상"을 통치하실 것이다.2:5; 참조. 1:6 [89] "세상"οἰκουμένη이라는 말은 여기서 "거주하는 땅"을[90] 나타낸다. 이는 곧 도래하는 도성13:14; 참조. 12:22이 새롭게 된 우주참조. 6:5를 가리킨다는 말이다. 이런 이해는 하늘 도성 역시 새 창조로 묘사되는 요한계시록 21-22장과도 부합한다.

신자들은 아브라함과 이삭과 야곱을 본받아 현세의 사회 풍조에 맞추어 살려고 할 것이 아니라 하늘 도성을 바라보아야 한다.11:13-16 [91] 신자들은 자신들이 나그네와 이방인으로 이 세상을 살아간다는 사실을 깨달아야 한다. 현재의 이 세상은 그들의 본향이 아니다. 신자들은 장

86 같은 책, 137-38; 참조. Laansma "Hidden Stories in Hebrews", 12-18.

87 같은 책, 14.

88 Adams, "Cosmology of Hebrews", 137.

89 나는 2:6-9이 예수께로만 통치를 한정하고 있다고 생각하지 않는다. 예수의 형제자매들이 그분으로 인하여 그분과 더불어 다스릴 것이기 때문이다.

90 Adams, "Cosmology of Hebrews", 137.

91 참조. 같은 책, 134. 아담스는 히브리서 기자가 여기서 플라톤적 개념들을 사용한다는 생각에 반대한다.

차 올 도성을 대망한다.[13:14] 그렇다고 이 세상을 본유적으로 악한 것으로 여기고 거부하지는 않는다. 그리스도께서 자기 백성을 구하러 오신 곳이기 때문이다.[10:5-10] 그분은 자기 백성을 위해 고난당하신 성육하신 아들이요,[2:10-18] 자신의 구원 역사를 완성하기 위해 이 땅으로 다시 오실 것이다.[9:28]

히브리서 주석

1:1-4

I. 프롤로그: 아들을 통해 이루어진 결정적이고 최종적인 계시1:1-4

II. 천사들보다 위대하신 아들을 저버리지 말라1:5-2:18

1 옛적에 선지자들을 통하여 여러 부분과 여러 모양으로 우리 조상들에게 말씀하신 하
나님이 2 이 모든 날 마지막에는 아들을 통하여 우리에게 말씀하셨으니 이 아들을 만
유의 상속자로 세우시고 또 그로 말미암아 모든 세계를 지으셨느니라. 3 이는 하나님
의 영광의 광채시요 그 본체의 형상이시라 그의 능력의 말씀으로 만물을 붙드시며 죄
를 정결하게 하는 일을 하시고 높은 곳에 계신 지극히 크신 이의 우편에 앉으셨느니라.
4 그가 천사보다 훨씬 뛰어남은 그들보다 더욱 아름다운 이름을 기업으로 얻으심이니

문맥

기품 있고 감명 깊은 히브리서의 도입부는 히브리서 기자의 문학적 재능을 잘 드러낸다. 이 서신의 서론만으로는 이 글이 편지글인지 아닌지 알 길이 없다. 기자가 자신을 소개하지 않고, 수신자들도 밝히지 않기 때문이다. 더구나 인사말도 없다. 히브리서의 도입부만 봐서는 예수 그리스도의 의미에 대한 문학적 시론과 같은 문학적 작품이라는 생각이 들 정도다. 그러나 이 서신의 결론을 통해 히브리서가 서신으로서의 특징들을 가지고 있고, 또한 그렇기 때문에 이 책은 문학적 시론으로 분류될 수 없음을 알 수 있다. 하지만 여전히 전체 히브리서를 특징짓는 예술적 재능과 유려함이 도입부에서부터 분명히 드러난다. 히브리서 기자는 기품 있는 이 서신의 문체를 통해 자신의 신학을 묵상하고 적용하도록 독자들을 초대한다.

히브리서 처음 네 절의 요점은 하나님께서 자기 아들 안에서 최종적

이고 결정적으로 말씀하셨다는 것이다. 다음 표를 보면 히브리서의 처음 두 절 사이가 어떻게 대비를 이루는지 잘 알 수 있다.

옛적에	이 모든 날 마지막에
하나님께서 조상들에게 말씀하셨다	하나님께서 우리에게 말씀하셨다
선지자들을 통하여	자기 아들을 통하여
여러 부분과 여러 모양으로	

교차대구로 배열된 2-4절은 아들의 정체성과 그분이 하신 일에 초점을 맞춘다.

A 하나님이 아들을 통해 우리에게 말씀하셨다	D¹ 그분은 하나님의 본체의 형상이시다
B 하나님께서 아들을 만유의 상속자로 세우셨다	C¹ 하나님께서는 능력의 말씀으로 만물을 붙드신다
C 하나님은 아들로 말미암아 모든 세계를 지으셨다	B¹ 아들은 죄를 정결하게 하는 일을 하시고 높은 곳에 계신 지극히 크신 이의 우편에 앉으셨다
D 아들은 하나님의 영광의 광채시다	A¹ 천사들보다 더욱 아름다운 이름을 기업으로 얻으신 바와 같이 아들이 천사보다 훨씬 뛰어나게 되셨다

교차대구법으로 배열된 본문의 요점은 A와 A¹ 이하에서 발견된다. 아들이신 그분은 천사들보다 훨씬 뛰어나다. 진실로 그분은 만유의 상속자요 통치자다. 그분은 만유를 지으신 창조자요 하나님과 한 본성을 가지고 계시기 때문이다.

주석

1:1 하나님은 말씀하시는 하나님이다. 구약성경 시대에 하나님은 여러 부분과 여러 모양으로 선지자들에게 말씀하셨다. 히브리서의 첫 절은 헬라어 두운법을 사용하여 "π"로 시작하는 다섯 단어로 구성된다. "여러 부분과";πολυμερῶς "여러 모양으로";πολυτρόπως "옛적에";πάλαι "조상들";πατράσιν "선지자들."προφήταις 시작부터 드러나는 능숙한 문학적인 기교와 문체를 통해 히브리서를 읽는 독자는 이 서신이 대가의 필치로 기록된 것임을 발견한다. 여기서는 이전 시대에 주어진 계시의 다양성을 이야기하고 있다. 하나님께서는 "여러 부분"과 "여러 모양"으로 말씀하셨다. 구약의 계시는 담화, 찬송, 잠언, 시, 비유, 애가를 통해, 그리고 지혜문학과 묵시문학을 통해 전해져 왔다. 아브라함과 이삭과 야곱, 모세와 여호수아, 사무엘과 사울, 다윗을 비롯한 유대와 이스라엘의 열왕과 선지자들, 그리고 포로에서 돌아온 백성들에게 말씀하시는 방식으로 하나님은 사백 년 동안 자기 백성과 소통하셨다.

여기서 히브리서의 주요한 주제들 가운데 하나가 드러난다. "하나님께서 조상들에게 말씀하셨다." 한분이신 참된 하나님은 말씀하시는 하나님이요, 자기 백성과 소통하시고, 그들에게 자신의 길과 뜻을 계시하시는 하나님이다. "조상들"이라는 말은 아브라함, 이삭, 야곱으로만 제한될 수 없다. 구약의 계시에서 하나님께서 대상으로 하여 말씀하신 모든 이가 여기에 포함된다.[1] 마찬가지로, "선지자들"이라는 말 역시 영어로 번역된 성경들에서 "선지서"들로 일컫는 책들로만 제한되어서는 안 된다.[2] 히브리서 기자는 전체 구약성경을 예언적인 책으로 규정한다. 마

1 Harold W. Attridge, *The Epistle to the Hebrews, Hermeneia*(Philadelphia: Fortress, 1989), 38.

2 같은 책, 38-39. "선지자들을 통하여"라는 구절에 사용된 ἐν는 수단을 뜻하는(문자적

지막으로, 과거에 주어진 계시를 "옛적에"πάλαι 일어난 것으로 묘사한다. 여기서 기자가 강조하려는 것은 이런 계시가 먼 옛날에 일어났다는 사실이 아니다. 히브리서 전체를 고려할 때, 그가 말하는 요지는 구약의 계시가 지난 시대에 일어난 일이라는 것이다. 새 시대가 밝았고, 새 언약이 도래했다. 그리고 옛 언약은 더 이상 유효하지 않다. "첫" 언약은 "낡아지고"παλαιούμενον 쇠하여 없어져 가는 것이다.8:13 이전 시대의 말씀들은 여전히 하나님의 말씀으로서의 권위를 갖는다. 하지만 이런 말씀들은 예수 그리스도 안에서 실현된 성취에 비추어 해석해야 한다.

1:2 지난날에 말씀하신 하나님은 지금도 여전히 말씀하신다. 그러나 "이 모든 날 마지막에는" 자기 아들을 통하여 최종적이고 결정적으로 말씀하셨다. 이 아들은 성경에 약속된 다윗의 후사이며, 또한 만물을 지으시고 붙드시는 자다. 그분은 다윗의 후사이며 더욱이 하나님과 한 본성을 가진 창조주다.

마지막 날들창 49:1, 민 24:14, 사 2:2, 렘 23:20; 25:29, 단 10:14, 호 3:5, 미 4:1이란 하나님의 구원의 약속들이 이루어지는 때를 가리킨다. 이제 이날들이 아들의 오심과 더불어 시작되었다. 신자들은 더 이상 하나님께서 하신 약속들이 이루어지기를 기다리는 때에 살지 않는다. 그들은 말세를 살아간다. "말세를 만난 우리."고전 10:11 예수 그리스도 안에서 새 시대가 이른 지금 이 서신을 읽는 독자들이 여전히 옛 시대와 더불어 그 시대에 속한 제사와 의식들을 받아들인다는 것은 상상할 수도 없는 일이다.

하나님께서는 자기 아들을 통해 말씀하셨다. 이 대목을 소개하는 앞의 표를 보면 대응구가 없는 한 구절을 볼 수 있다. "여러 부분과 여러

으로) 전치사로 HCSB이 "by the prophets"로 바르게 번역하고 있다(참조. Attridge, *Hebrews*, 38n41).

모양으로." 기자는 지금 독자들이 이 빈칸을 채우기를 바라고 있다. 이전 시대에 주어진 계시는 다양하고 부분적이었다. 하지만 아들을 통해 주어진 계시는 단일하고 결정적이다.[3] 최종적인 계시는 모든 날 마지막에 주어졌다. 하나님께서 자신의 가장 최종적인 최고의 말씀을 하셨기 때문이다. 더 이상의 말씀은 기대하지 말아야 한다. 최종적인 말씀이 아들의 삶과 죽음과 부활에 초점을 맞추기 때문이다. 9:26이 예수에 대해 말하는 바와 같다. "이제 자기를 단번에 제물로 드려 죄를 없이하시려고 세상 끝에 나타나셨느니라." 신자들은 이제 아들이 두 번째 나타나시기를 기다린다.[9:28] 하지만 하나님으로부터 나오는 말씀을 더 이상 기대하지 않는다. 더 이상의 설명이 필요 없다. 아들이 성취하신 일의 의미가 단번에 계시되었고, 독자들은 바로 이 계시를 주목해야 한다.[2:1]

기자는 또한 하나님께서 "아들을 통하여" 말씀하신 것을 강조한다. 구약성경에서는 이스라엘이 여호와의 아들이자 장자였다.[출 4:22] 또한 다윗 계열의 왕 역시 하나님의 아들로 불렸다.[삼하 7:14, 시 2:7] 기자는 예수께서 참 이스라엘과 진정한 왕이심을 암시한다. 하지만 이어지는 구절들을 보면 아들됨은 이런 범주들을 뛰어넘는다. 예수는 또한 하나님과 한 본성을 가지신 하나님의 고유하고 영원한 아들이다. 실제로 이어지는 구절들은 왜 독자들이 아들을 통해 하신 말씀에 주목해야 하는지를 보여준다. 이 아들은 천사들보다 탁월하기 때문이다. 그분은 존귀하게 되신 통치하시는 아들이요, 온 우주를 다스리는 이시다.

앞의 두 번째 표에서 보는 바와 같이, 아들을 가리키는 언급으로 교차대구를 시작하고 1:4과 짝을 이룬다. 여기서는 아들이신 예수가 천사

3 참조. 또한 존슨을 참조하라. *Hebrews: A Commentary*, NTL(Louisville: Westminster/John Knox, 2006), 66.

들보다 더 아름다운 이름을 기업으로 얻으셨기 때문에 그들보다 훨씬 뛰어나심을 강조한다. 기자는 독자들이 아들이신 예수의 위엄을 보고 그분이 천사들과 우주의 그 어떤 존재보다 탁월하심을 깨닫기를 바란다.

아들이신 예수를 하나님께서 "만유의 상속자"로 세우셨다.ἔθηκεν [4] 구약성경에서 기업과 관련된 말은 보통 이스라엘에게 기업으로 약속된 가나안 땅을 가리켜 사용된다.참조. 신 4:38, 12:9, 수 11:23 그러나 아들은 "만물"의 후사다. 이런 사실은 시편 2:8에서 다윗의 자손인 왕에게 주어진 약속과 맥을 같이한다. "내게 구하라. 내가 이방 나라를 네 유업으로 주리니 네 소유가 땅 끝까지 이르리로다." 아들이 바로 이 후사다. 다윗 계열의 왕인 아들 안에서 다윗에게 주어진 그의 보좌가 영영이 계속될 것이라는 약속이 성취되었기 때문이다. 이 교차대구에서 후사로서의 아들은 그분이 "높은 곳에 계신 지극히 크신 이의 우편에" 앉으신 것과 짝을 이룬다.1:3 아들의 후사됨은 그분의 왕되심, 만물 위에 임하는 그분의 통치와 연결되고, 하나님의 보좌 우편으로 승귀하심으로 더불어 시작한다.[5]

아들이신 예수의 통치는 그분께서 메시아요, 다윗의 자손인 왕이시며, 하나님께서 이스라엘에게 주신 약속들을 이루실 분임을 증거한다. 다윗의 자손으로서 그분은 인간이다. 하지만 그 이상이다. "하나님께서 그로 말미암아 온 세계를 지으셨기" 때문이다.참조. §2.1 "모든 세계"τοὺς αἰῶνας라는 구절은 대개 현세를 나타내지만, 여기서는 하나님이 지으신 세상을 가리킨다.참조. 솔로몬의 지혜서 13:9 또한 기자는 아들을 만물을 지으신

4 τίθημι라는 말은 다른 문맥에서는 "세우다"라는 의미로 쓰인다(살전 5:9, 딤전 2:7, 딤후 1:11, 벧전 2:8).

5 오브라이언도 그렇게 주장한다. *The Letter to the Hebrews*, PNTC(Grand Rapids, MI: Eerdmans, 2010), 52.

자로 말한다.참조. 요 1:3, 고전 8:6, 골 1:16 [6] 어쩌면 기자는 여기서 지혜 전승을 활용하고 있는 것일 수도 있다. 구약성경에서 지혜로 여호와께서 세상을 창조하셨다는 언급들을 볼 수 있기 때문이다.잠 3:19, 8:22-31, 시 104:24, 렘 10:12; 참조. 지혜서 7:22, 9:2 그러나 아들은 지혜보다 탁월하다. 지혜는 의인화된 것이지만 아들은 세상이 조성되기도 전부터 인격으로 존재했기 때문이다.[7] 이것이 얼마나 놀라운 말인지 모르고 지나가기가 쉽다. 몇십 년 전에 예루살렘에서 십자가에 달려 죽으신 이가 지금 온 세상을 지으신 이로 찬양을 받고 계신다![8]

1:3 3절에서는 아들의 본성과 탁월함을 좀 더 자세히 풀어놓는다. 첫째, 기자는 아들이 온전한 신성을 가진 하나님과 동일한 분임을 주장하면서 아들에 대해 존재론적으로 말한다. 둘째, 만물을 붙드시는 아들의 역할을 확증한다. 셋째, 기자의 주장에 있어 가장 핵심적인 것으로 하나님의 보좌 우편에서 이루어지는 아들의 통치를 말한다. 죄를 온전히 깨끗하게 하신 이로서 아들이 통치하고 다스리신다.

3절에서 처음 두 구절은 아들의 본성에[9] 초점을 맞춤으로 지금 말하는 기독론이 단지 기능론적 기독론이 아니라 존재론적 기독론임을 보여준다.[10] 아들이 왕과 창조자가 되시는 것은 하나님의 영광의 광채이

6 필러Amy L. B. Peeler는 하나님이 창조하는 일에 아들을 포함시키기로 했다고 말하지만, 이런 개념은 마치 아들이 하나님과 동등하지 않기라도 한 것처럼 얼핏 양자론적으로 들린다. 그러나 사실 필러는 자신의 저작 다른 곳에서는 아들의 신성을 강하게 강조하고 있다(*You Are My Son: The Family of God in the Epistle to the Hebrews*, LNTS 486[New York: Bloomsbury T&T Clark, 2014], 16).

7 셍크와 대비되는 주장이다. Understanding the Book of Hebrews: *The Story Behind the Sermon*(Louisville: Westminster/John Knox, 2003), 17. 커크릴이 바르게 말한다. *Hebrews*, 99.

8 L. Johnson, *Hebrew*, 68.

9 이 대목이 찬송시에 기초하고 있다고 말하는 학자들도 있다(참조. Attridge, *Hebrews*, 41-42).

10 마이어John P. Meier는 분사가 "담화라고 하는 검은 크레이프가 배경에 놓인 형이상학

신 그분의 존재와 그분이 가진 하나님의 본성으로 말미암는다. 마찬가지로, 기자는 그리스도께서 대제사장으로서 이루신 속죄 역사 역시 이런 그분의 존재를 토대로 한 것이라고 말한다. 때로 학자들은 기능적 기독론에 초점을 맞추느라 존재적 기독론을 축소한다. 하지만 히브리서는 존재론을 기능론을 위한 토대로 삼아 그리스도가 그분의 존재적 정체성으로 말미암아 구원하시는 것으로 말한다.

히브리서 기자는 그리스도가 "하나님의 영광의 광채"시라는 주장으로 시작한다.참조. §2.1 "광채"ἀπαύγασμα는 "반사"를 뜻할 수 있는 말이기 때문에 아들이 하나님의 영광을 있는 그대로 반사한다고 말하는 것이다.[11] 또는 하나님의 영광의 나타남을 강조하는 "빛남"이나 "광채" 등으로 정의할 수 있다.[12] 지혜서 7:26이 이 말을 사용한다는 사실만으로는 이 문제를 해결하기가 어렵다.[13] 여기서도 동일한 해석상의 문제가 제기되기 때문이다. 온전한 광채가 더 가까운 의미로 보이기는 하지만 이 말의 바른 의미를 정하는 것은 어려운 문제다.[14] 어쨌거나 이 두 경우 모두

적인 다이아몬드처럼 돋보이는 대목"이라고 한다("Structure and Theology in Heb 1, 1-4", *Bib.* 66[1985]: 180). 히브리서 1장을 그리스도의 인성을 말하는 것으로 제한한 케어드와 허스트에 반하여, 마이어는 지금 기자가 그리스도의 인격이 갖는 "추론적이고 철학적인 함의"를 살피고 있다고 바르게 지적한다(180). 참조. G. B. Caird, "Son by Appointment", in *The New Testament Age: Essays in Honor of Bo Reicke*, ed. W. Weinrich, 2 vols.(Macon, GA: Mercer University Press, 1984), 1:73-81; Lincoln D. Hurst, "The Christology of Hebrews 1 and 2", in *The Glory of Christ in the New Testament: Studies in Christology*, ed. L. D. Hurst and N. T. Wright(Oxford: Clarendon, 1987), 151-64.

11 참조. O. Hofius, "ἀπαύγασμα", *EDNT*, 1:117-18.

12 참조. LN 14.48; G. Kittel, "ἀπαύγασμα", *TDNT* 1:508.

13 아트리지가 바르게 발한다. *Hebrews*, 42.

14 엘링워스는 근소하게 "광채"를 선호하는 쪽으로 기운다(Paul Ellingworth, *The Epistle to the Hebrews: A Commentary on the Greek Text*, NIGTC[Grand Rapids, MI: Eerdmans, 1993], 98-99). 참조. O'Brien, *Hebrews*, 69-70; Gareth Lee Cockerill, *The Epistle to the Hebrews*,

하나님의 영광이 아들 안에서 계시되는 것은 맞다. 어느 쪽을 선택하느냐는 그렇게 중요한 문제가 아니다. 존슨이 말하는 것처럼, "반사가 광채로 빛나고, 광채는 반사된 것"이기 때문이다.[15]

아들은 또한 하나님의 "본체의 형상"이시다. "형상"이라고 번역된 말 χαρακτήρ은 동전들에 인각된 형상들이 찍혀진 자국이나 흔적을 가리킬 때 쓰인다.[16] 이 표현에는 아들은 한분이신 참 하나님의 본성과 성품을 그대로 나타내는ὑπόστασις 분이라는 이해가 담겨 있다.[17] 아들은 하나님이 누구신지를 계시한다. 따라서 그분은 반드시 하나님이어야 한다. 아들이 하나님과 같은 존재와 본성과 본질이 아니면 하나님을 나타내지 못한다. 하나님의 아들은 한분이신 참 하나님의 실체를 계시한다.

앞선 두 절에서 볼 수 있는 것과 같은 이해를 나타내는 것은 히브리서만이 아니다. 요한복음은 하나님이 예수 그리스도 안에서 인간들에게 말씀하신다고 강조한다. 그분은 하나님의 "말씀"이다.요 1:1 말씀이신 그분을 통해 세상이 창조되었다.요 1:3 요한복음 1:1에서 요한은 이 "말씀이 곧 하나님"이라고 단도직입적으로 말한다.1:1 하나님은 눈으로 볼 수 없다. 그런 면에서 하나님은 불가해하고 다가갈 수 없는 분이다. 그러나 예수 그리스도께서 인간들에게 하나님이 누구신지를 나타내신다.요 1:18 그래서 예수는 빌립에게 자기를 본 자는 또한 아버지를 보았다고 말씀

NICNT(Grand Rapids, MI: Eerdmans, 2012), 94. 아들의 광채는 영원하기 때문에 그분의 승귀 이후부터로 제한되어서는 안 된다(이와 관련해서는 커크릴이 바르게 지적한다. *Hebrews*, 95).

15 L. Johnson, *Hebrews*, 69. 여기서 요지는 "아들이 갖는 하나님의 영광과의 고유한 일치성"이라고 바너드는 말한다(Jody A. Barnard, *The Mysticism of Hebrews: Exploring the Role of Jewish Apocalyptic Mysticism in the Epistle to the Hebrews*, WUNT 2/331 [Tübingen: Mohr Siebeck, 2012], 151).

16 G. Kelber, "χαρακτήρ", *TDNT* 9:418; K. Berger, "χαρακτήρ", *EDNT* 3:456.

17 참조. H. Koester, "ὑπόστασις", *TDNT* 8:572-89.

하신다.요 14:9 골로새서에서 바울은 그리스도께서 "보이지 아니하는 하나님의 형상이시"라는 진리를 확증하고 영광을 돌린다.골 1:15 또한 빌립보서에서는 그리스도께서 "하나님의 본체"셨다고 말한다.빌 2:6

아들의 존재론적 신성을 단언한 히브리서 기자는 피조 세계에서 이루어지는 아들의 역할로 다시 돌아간다. 아들은 모든 세계를 지으신 분일 뿐 아니라 "그의 능력의 말씀으로" 만물을 붙드신다. 이런 생각은 골로새서 1:17과 유사하다. "만물이 그 안에 함께 섰느니라."[18] 온 세상은 아들을 통해 지어졌을 뿐 아니라 그분을 통해 계속된다. "아들로 말미암아 유지된다." 피조된 세상은 아들이 계속해서 돌볼 필요가 없도록 "자연법"으로 운행되는 것이 아니다. 히브리서 기자는 피조물에 대한 이신론적 개념을 받아들이지 않는다. 온 우주는 인격적이고 능력 있는 아들의 말씀을 통해 유지된다. 따라서 피조된 세상은 그 기능과 보존에 있어서 그분의 뜻에 전적으로 의존되어 있다. 결국 온 우주는 아들이 뜻한 목적과 의도대로 될 것이라는 말이다.[19]

기자는 아들이 만물을 다스리신다는 개념을 되풀이함으로 그것이 바로 이 책을 통해 말하고자 하는 중심 주제 가운데 하나임을 예고한다. 아들의 통치는 "죄를 정결하게 하는 일을" 하심으로 시작된다. "정결하게 하는 일"이란 제의적인참조. 출 29:36, 30:10, 레 14:32, 15:13, 대상 23:28 것으로, 앞으로 7-10장에서 다루는 레위 계통의 제사장들을 통해 드려진 제사들의 효력에 대한 논의가 있을 것임을 짐작하게 한다.참조. 히 9:14, 22-23, 10:2 아들이 단번에 드린 제사는 그분을 믿는 자들에게 있는 죄악들을 깨끗하게 한다. 따라서 그렇게 "정결하게 된"κεκαθαρισμένους 자들은 "다시는 죄

18 필러가 말하는 것과 달리 여기서 가리키는 것은 아버지의 능력 있는 말씀이 아니다(*You Are My Son*, 18).

19 O'Brien, *Hebrews*, 56.

를 깨닫는 일이 없을 것"이다.10:2 그들을 부정하게 했던 죄책의 더럽히는 것들로부터 자유롭기 때문이다. 속죄가 이루어졌기 때문에 이제 아들은 "높은 곳에 계신 지극히 크신 이의 우편에 앉으셨다." 앞에서 말한 바와 같이 이 서신에 나오는 보좌 우편에 앉으셨다는 표현은 시편 110편을 가리킨다. 이 서신 전반에 스며 있는 이 시편은 히브리서 기자가 자신의 주장을 펼치는 데 아주 근본적인 역할을 한다.

앞에서 말한 바와 같이, 이 표현은 다윗의 주께서 하나님 보좌 우편에 앉으신 것을 노래하는 대목인 시편 110:1을 가리킨다.참조. 1:13, 8:1, 10:12, 12:2 [20] 우편은 권능,출 15:6, 12 보호,시 16:8; 73:23, 사 42:10 승리시 20:6, 21:8를 가리킨다. 실제로, 이 말은 보컴Richard Bauckham이 주장하는 바와 같이 예수께서 하나님과 동등한 정체성을 가지신 것을 나타낸다. "우주적인 보좌에 좌정하신 것과 같은 강력한 심상이 확증하는 의미는 하나뿐이다. 온 세상에 드리운 하나님의 고유한 주권적 통치에 아들이 참여한 것을 가리킨다."[21] 지금 기자는 죄 사함을 강조하고 있다. 아들이 자신의 역사를 다 마치신 다음에 하나님 보좌 우편에 앉으셨기 때문이다. 이제 그분은 하나님 보좌 우편에서 온 우주의 주요 다윗의 자손인 메시아로서 다스리신다. 그리스도의 승귀는 신약성경 전체가 말하는 공통된 주제다.참조. 빌 2:9-11, 골 1:15-18, 엡 1:21, 벧전 3:22 여기서 우리는 히브리서 기자 역시 그리스도

20 참조. David M. Hay, *Glory at the Right Hand: Psalm 110 in Early Christianity*, SBLMS 18(Nashville: Abingdon, 1973); Martin Hengel, *Studies in Early Christology*(Edinburgh: T&T Clark, 1995), 119-225; W. R. G. Loader, "Christ at the Right Hand—Ps. cx.1 in the New Testament", *NTS* 24(1977-78): 199-217.

21 Richard Bauckham, "The Divinity of Jesus Christ in the Epistle to the Hebrews", in *The Epistle to the Hebrews and Christian Theology*, ed. R. Bauckham, D. R. Driver, T. A. Hart, and N. MacDonald(Grand Rapids, MI: Eerdmans, 2009), 33(이와 관련된 그의 논의는 다음을 참조하라. 32-33).

를 존귀하게 되신 온 우주를 다스리는 왕으로 증거하는 신약성경의 세계관을 전반적으로 공유하고 있음을 알 수 있다.

1:4 4절은 1:3과 긴밀하게 이어진다. 다윗의 약속된 메시아와 주로서 하나님 보좌 우편에 좌정하셔서 세상을 다스리시는 아들은 천사들보다 위대하게 되셨다. 이스라엘은 하나님을 위하여 온 세상을 다스리는 하나님의 자녀로 부르심을 받았다.출 4:22-23 다윗과 그의 후손들에게는 하나님의 통치를 세상에 중개하는 특별한 소명이 있었다.삼하 7:14, 시 2:7-12; 72:1-20 이스라엘과 다윗에게 있었던 왕으로서의 역할은 만물을 다스리시는 예수 안에서 성취된다. 물론 지금 기자는 예수께서 하나님의 영원한 아들로서 천사들보다 탁월하게 되었다고 하는 것이 아니다. 아들이 하나님과 사람으로서 천사들보다 위대하게 되셨다고 2장에서 주장할 것을 미리 내비치고 있는 것이다. 지금 기자는 자신이 가장 즐겨 사용하는 단어 가운데 하나를 소개한다. "더 좋은",κρείττων [22] 그리스도 안에 있는 신자들에게는 "더 좋은 소망",7:19 "더 좋은 언약",7:22, 8:6 "더 좋은 제물",9:23 "더 좋은 소유",10:34 "더 좋은 부활",11:35 아벨의 피보다 "더 좋은" 피12:24가 있다. 하나님의 본성을 갖고 그분의 영광을 나타내시는 이가 신자들의 죄를 정결하게 한 후 지금 하나님 보좌 우편에서 다스리신다. 다시 말해 역사의 한 시점에 그분의 통치가 시작된 것이다. 부활과 승귀와 더불어 아들의 통치가 시작되었다.

여기서 기자는 앞으로의 주장에서1:5-2:16 중요한 역할을 하게 될 천사들을 언급한다. 기자가 예수께서 천사들보다 탁월하심을 강조하는 이유는 무엇인가? 히브리서의 수신자들이 천사들에게 특별한 의무를 부여하고 있었기 때문인가?[23] 이 서신 전체와 다음 장에서 기자가 하는

22 필자의 번역.

말을 잘 살펴보면 가장 일리 있는 대답을 발견할 수 있다. 천사들은 모세 율법의 중개자들이었다.[2:2; 참조. 행 7:53, 갈 3:19] 아들이 천사들보다 탁월함을 강조하면서 기자는 예수께서 모세의 율법과 시내 산 언약보다 탁월하심을 말한다.[24] 그러므로 천사들에 대한 언급은 이 서신의 중심 주제 가운데 하나와 긴밀하게 연결된다. 서신의 수신자들은 천사들을 통해 중개된 율법을 자신들이 헌신할 대상으로 삼아서는 안 된다. 이런 속임수는 아예 거들떠보지도 말고 거부해야 한다. 천사들보다 더 좋은 이름을 "유업으로 받은" 아들이 천사들을 다스리시기 때문에, 그렇게 하는 경우 더 열등한 대상을 헌신의 대상으로 삼는 것이 되기 때문이다. 하나님께서는 아브라함의 이름을 창대하게 하겠다고 약속하셨다.[창 12:2] 그리고 같은 약속을 다윗에게도 주셨다.[삼하 7:9] 먼저 아브라함에게 주어지고 그 후 다윗을 통해 전해진 이런 언약의 약속은 예수 그리스도 안에서 최종적인 성취를 보았다. "유업으로 받는다"[κεκληρονόμηκεν]는 말은 2절에서 언급된 "만유의 상속자"와 연결된다.[1:2] 그분은 고난과 죽음을 통해 이런 유업을 **얻으셨고**, 이는 다시 부활과 더불어 시작된 아들의 통치를 가리킨다.[25]

23 참조. F. F. Bruce, *The Epistle to the Hebrews*, rev. ed., NICNT(Grand Rapids: Eerdmans, 1990), 9. 해그너의 주장과 달리, 히브리서 수신자들이 예수의 신성에 대한 언급을 약화시킬 요량으로 예수를 천사와 동일시하려는 유혹을 받았을 가능성은 아주 적어 보인다(Donald A. Hagner, *Hebrews*[New York: Harper & Row, 1983], 10).

24 따라서 주잇의 생각과 달리, 지금 기자는 히브리서가 마치 골로새서에서 바울이 반대하는 것과 유사한 문제를 다루는 양 그릇되게 천사들을 숭배하는 자들을 논박하고 있는 것이 아니다(Robert Jewett, *Letter to Pilgrims: A Commentary on the Epistle to the Hebrews*[New York: Pilgrim, 1981], 5-13; Thomas W. Manson, "The Problem of the Epistle to the Hebrews", *BJRL* 32[1949]: 1-17). 또한 내쉬의 주장과 달리, 천사적 기독론과 싸우고 있는 것도 아니다(Ronald H. Nash, "Mediator in Alexandrian Judaism and the Hebrews", *WTJ* 40(1977): 89-115, esp. 109-12).

25 기독론은 선재성을 포함하지 않는다고 잘못 지적하고 있음에도 불구하고, 셍크는 지금

더 탁월한 이름은 보통 아들을 가리키는 것으로 이해된다.[26] 그러나 여기서 말하는 이름은 아마도 이스라엘에게 계시된 하나님의 이름인 야훼일 것이라고 주장하는 사람들도 있다. 특히 조슬린Barry Joslin이 야훼를 가리킨다는 주장을 뒷받침하는 강력한 논증을 펼친다.[27] 먼저, 히브리서의 다른 곳에서 "이름"이라는 명사는 거의 틀림없이 야훼를 가리키기 때문에2:12, 6:10, 13:5 여기서도 역시 동일한 이름을 가리킬 것이라고 추정하는 것이다. 둘째, 조슬린은 "아들"이라는 명사는 이름이 아니라 타이틀이나 예수에 대한 묘사라고 말한다.1:2, 5, 8, 2:6, 3:6, 4:14, 5:5, 8, 6:6, 7:3, 28, 10:29 "이름"이라는 말은 성경의 전승에서 중심 역할을 하시는 하나님의 이름을 반영한다.참조. 출 3:13-15 하나님의 이름은 하나님의 성품을 나타내고, 자기 이름을 계시하시는 가운데 하나님은 자신을 계시하시기 때문이다. 예수의 승귀와 신적인 정체성을 전달하는 문맥에 자리한 예수의 이름의 탁월성은 그분의 신성을 나타낸다.

여기서 이 이름이 아들을 가리키는지 야훼를 가리키는지 결정하기가 쉽지 않다. 그럼에도 나는 다음과 같은 이유에서 아들을 가리킨다고 생각한다. 첫째, 1장에서 "아들"이라는 말이 네 번 나온다.1:2, 5[두 번], 8 그 결과 이름이라는 말을 읽으면서 "아들"이라는 말을 떠올리는 것이 자연스럽다. 둘째, 앞의 표를 통해 볼 수 있는 2-4절의 교차대구에서 "아들"

기자는 천사들보다 뛰어난 그리스도의 통치와 보좌에 좌정하신 것을 가리키고 있다고 바르게 말한다. 참조. Kenneth L. Schenk, "A Celebration of the Enthroned Son: The Catena of Hebrews 1", *JBL* 120(2001): 469-86.

26 예. Attridge, *Hebrews*, 47; Cockerill, *Hebrews*, 98; Meier, "Structure and Theology", 187.

27 Barry Joslin, "Whose Name? A Comparison of Hebrews 1 and Philippians 2 and Christ's Inheritance of the Name", 미출간 논문. 참조. 존슨 역시 같은 주장을 한다. *Hebrews*, 71; Bauckham, "The Divinity of Jesus Christ in the Epistle to the Hebrews", 21-22; Barnard, *The Mysticism of Hebrews*, 157-70.

이라는 말은[2절] 기업으로 받은 더욱 아름다운 이름과 대구를 이룬다.[4절] 셋째, 이 서신의 다른 곳에서 "이름"이라는 말은 "주"를 지칭한다. 그러나 히브리서에 나오는 "주"라 언급하는 것들은 하나같이 아들이 아닌 아버지를 가리킨다. 따라서 주장하는 것처럼 유사성이 그렇게 크지 않다. 넷째, "왜냐하면"[γάρ]이라는 접속사로 시작하는 5절은 4절에 대한 이유를 제공하고 그것을 뒷받침한다. 5절은 또한 두 번에 걸쳐서 예수의 아들됨을 부각시킨다. 아들이 예수를 천사들보다 훨씬 뛰어나게 하는 이름이라는 말이다. 다섯째, 기자는 이 이름을 유업으로 받는 분으로 예수를 말한다. 기자가 어떻게 예수께서 야훼라는 이름을 유업으로 받을 수 있게 되었는지 말하고 있다고 보기는 어렵다. 이런 일이 있다는 것은 곧 예수께서 하나님이 아니었던 때가 있었고 어느 시점에 그런 신성을 유업으로 받았다는 것을 뜻하기 때문이다. 그렇다면 동일한 반론이 야훼가 아닌 **아들**을 뜻하는 경우에도 적용이 되는가? 그렇지 않다. **아들**이라는 말을 사용할 경우 기자가 예수께서 하나님**과** 사람으로 승귀되고 다스리시는 것을 가리키는 것으로 이해할 수 있기 때문이다. 그리고 아들의 이런 통치는 부활이 있고 나서야 비로소 시작되었다.[28]

28 "이름"(삼하 7:9, 13, 23, 26)과 하나님의 위대하심(7:21, 26; 참조. 히 1:3)이 다윗의 자손인 메시아가 하나님과 함께 통치하시게 된 때에 하나님으로부터 그분에게 수여된 영예를 가리키는 사무엘하 7장과 맥을 같이하는 것일 수 있다(George H. Guthrie, "Hebrews", in *Commentary on the New Testament Use of the Old Testament*, ed. G. K. Beale and D. A. Carson [Grand Rapids, MI: Baker, 2007], 925). 또한 같은 책 924쪽의 논의도 참조하라. 내가 보기에는 "아들"로 보는 것이 보다 자연스럽지만, 어쨌든 거스리는 여기서 명칭은 "이름"이라고 주장한다. 그리고 이런 주장은 앞서 말한 이해와 일치한다(George Guthrie, *Hebrews*, NIVAC [Grand Rapids, MI: Zondervan, 1998], 50).

성경신학적 적용

예수는 하나님의 계시의 정점이다. 구약성경은 예수를 가리키고 그 안에서 성취된다. 앞에서 우리는 예수께서 선지자이자 제사장이자 왕이라는 사실을 보았다. 그분은 선지자다. 그분을 통해, 그리고 그 안에서 하나님께서 최종적으로 말씀하시기 때문이다.[29] 그분은 제사장이다. 그분을 통해 최종적으로 죄를 정결하게 하는 일이 이루어졌다. 그분은 왕이다. 하나님의 우편에서 다스리신다. 예수 안에서 종말이 이르렀고 최종적인 말씀이 발하여졌다. 그렇기 때문에 예수께서 다시 올 때까지 더 이상의 계시는 없을 것이다. 위대한 계시적 사건들이 예수의 사역, 죽음, 부활, 승귀를 통해 일어났다. 신자들의 삶을 위해 하나님으로부터 다른 어떤 말씀이 있을 필요가 없다. 신자들은 그리스도 예수를 통해 그리고 그 안에서 하나님이 계시하신 것을 믿는다.

29 예수 안에서 예수께서 하신 하나님의 최종적 말씀이라는 말은 예수를 아들로 증거하는 신약 전체의 정경적 증거를 포함한다.

1:5-14

I. 프롤로그: 아들을 통해 이루어진 결정적이고 최종적인 계시[1:1-4]

II. 천사들보다 위대하신 아들을 저버리지 말라[1:5-2:18]

1 | 아들의 본성과 통치를 통해 그가 천사들보다 위대하신 분임을 알 수 있다[1:5-14]

2 | 경고: 흘러 떠내려가지 않도록 하라[2:1-4]

3 | 아들에게 복종하게 된 장차 올 세상[2:5-18]

5 하나님께서 어느 때에 천사 중 누구에게 너는 내 아들이라 오늘 내가 너를 낳았다 하
셨으며 또다시 나는 그에게 아버지가 되고 그는 내게 아들이 되리라 하셨느냐. 6 또 그
가 맏아들을 이끌어 세상에 다시 들어오게 하실 때에 하나님의 모든 천사들은 그에게
경배할지어다 말씀하시며 7 또 천사들에 관하여는 그는 그의 천사들을 바람으로, 그의
사역자들을 불꽃으로 삼으시느니라 하셨으되 8 아들에 관하여는 하나님이여, 주의 보
좌는 영영하며 주의 나라의 규는 공평한 규이니이다. 9 주께서 의를 사랑하시고 불법을
미워하셨으니 그러므로 하나님 곧 주의 하나님이 즐거움의 기름을 주께 부어 주를 동류
들보다 뛰어나게 하셨도다 하였고 10 또 주여 태초에 주께서 땅의 기초를 두셨으며 하늘
도 주의 손으로 지으신 바라. 11 그것들은 멸망할 것이나 오직 주는 영존할 것이요 그것
들은 다 옷과 같이 낡아지리니. 12 의복처럼 갈아입을 것이요 그것들은 옷과 같이 변할
것이나 주는 여전하여 연대가 다함이 없으리라 하였으나 13 어느 때에 천사 중 누구에게
내가 네 원수로 네 발등상이 되게 하기까지 너는 내 우편에 앉아 있으라 하셨느냐. 14 모
든 천사들은 섬기는 영으로서 구원 받을 상속자들을 위하여 섬기라고 보내심이 아니냐

문맥

5-14절에서 히브리서 기자는 1:1-4에서 했던 것과 동일한 많은 주장들을 사용하여 아들이 천사들보다 더 위대하심을 증거하는 가운데 계

속해서 4절에서부터 시작된 천사들에 대한 논의를 이어 간다. 1:5-14이 말하는 주장을 다음과 같이 구성해 보았다.

만물 위에 드리운 아들의 통치(1:5-9)
창조주이신 아들(1:10)
아들에게 있는 영원한 본성(1:11-12)
천사들보다 높이 되신 아들(1:13-14)

레인William L. Lane은 1:1-4을 다음과 같이 1:5-14과 연결 짓는다.[30]

A 만유의 상속자로 세워짐(2절 중반)	A' 하나님의 아들과 후사로 세워짐(5-9절)
B 창조의 중개자(2절 후반)	B' 창조의 중개자(10절)
C 영원한 본성과 선재하는 영광(3절 초중반)	C' 불변하고 영원한 본성(11-12절)
D 하나님 우편으로의 승귀(3절 후반)	D' 하나님 우편으로의 승귀(13절)

이 표를 통해 우리는 여기서도 기자가 1:1-3에서와 같은 주장을 하고 있다는 것을 알 수 있다. 하지만 여기서는 구약성경을 인용해 자신의 주장을 전개함으로 그가 하는 각각의 모든 주장이 구약성경을 토대로 이루어지게 한다. 따라서 1:1-4에서 한 주장들을 성경적인 뒷받침을 가지고 되풀이하는 것이 1:5-14이라고 할 수 있다. 중심 주제는 천사들

30 William L. Lane, *Hebrews 1-8*, WBC(Dallas: Word, 1991), 22. 참조. Meier, "Structure and Theology", 168-89; 같은 저자, "Symmetry and Theology in the Old Testament Citations of Heb 1, 5-14", *Bib* 66(1985): 504-33. 참조. Victor(Sung Yul) Rhee, "The Role of Chiasm for Understanding Christology in Hebrews 1:1-14", *JBL* 131(2012): 341-62. 아트리지는 이 두 부분이 이렇게까지 엄밀하게 병행구조를 이루는지에 대해서는 회의적이다(*Hebrews*, 50n14).

보다 더 위대한 아들의 탁월하심이다. 1:5-14의 내용은 또한 이 서신의 나머지 내용들을 예고한다. 그래서 지프Joshua W. Jipp가 주장하는 것처럼, 이 부분은 12:18-29과 더불어 이 서신을 위한 수미상관을 이룬다.[31]

주석

1:5 예수는 천사들보다 뛰어나다. 구약성경이 그분을 하나님의 아들로 가리키기 때문이다. 천사들을 이렇게 부르지는 않는다. "아들들"이라고 부르지만, 결코 하나님의 아들God's Son이라고 부르지는 않는다. 놀랍게도 히브리서 기자는 여기서 인용되는 구약성경이 원래는 다윗 계열의 왕을 가리키는 말임에도 불구하고 하나님께서 **예수**께 말씀하시는 것이라고 주장한다. 시편 2:7과 사무엘하 7:14의 "아들"은 궁극적으로는 예수를 가리켜 한 말이다.

1:5을 시작하는 "왜냐하면"γάρ이라는 접속사를 통해 우리는, 4절을 주해하면서 내가 주장한 것처럼, 기자가 1:4에서 예수는 그분이 받은 "아들"이라는 뛰어난 이름 때문에 천사보다 훨씬 뛰어나게 되었다고 한 자신의 주장을 뒷받침하려고 한다는 것을 알 수 있다. 이 대목에서 기자의 의도는 구약성경을 가지고 이 주장을 뒷받침하는 것이다. 그는 먼저 아무 천사라도 하나님의 아들로 불린 적이 없다는 사실을 지적함으로 시작한다. 천사들을 "아들들"이라고는 불러도 아들the Son이라고 한 적은 없다.참조. 창 6:2, 4, 욥 1:6; 2:1; 38:7 더욱이 역사적인 상황에서 다윗 계열의 왕을 향해 말하는 두 본문은 하나님의 아들이신 예수께 적용되고, 이런 사실은 그분이 통치하고 다스리는 하나님의 아들로서 천사들보다 훨씬

31 JoshuaW. Jipp, "The Son's Entrance into the Heavenly World: The Soteriological Necessity of the Scriptural Catena in Hebrews 1:5-14", *NTS* 56(2010): 557-75.

뛰어남을 보여준다.[32]

첫 번째 인용은 메시아 시편인 시편 2:7이다.[33] 다윗 계열의 왕이 온 민족들을 유업으로 받고 온 세상을 다스릴 것이다.시 2:8-9 이는 아브라함과 이삭과 야곱에게 주신 온 세상이 그들의 후손을 통해 복을 받을 것이라는 약속의 성취다.창 12:3, 18:18, 22:18, 26:4, 28:14; 참조. 시 72:17 이 시편의 7절은 다윗 계열인 왕의 등극을 가리킨다. 이 시편의 문맥상 낳는다는 말은 문자적으로 낳는다는 의미가 아니라 왕을 세우는 것, 왕이 자신의 보좌로 등극하는 것을 가리킨다. 온 나라들은 두려워해야 한다. 하나님께서 온 세상의 왕들에게 자기 아들을 섬길 것을 명하셨기 때문이다. 히브리서 기자는 아들됨의 주제를 사용해 예수를 아버지께서 메시아 왕으로 세우신 아들로 정의한다.참조. 행 13:33 [34] 시편 2:7이 말하는 것은 성부께서 아들을 영원히 낳으시는 것이 아니다. 물론 해석의 역사를 보면 일반적으로 그렇게들 이해했다.[35] 아들의 동정녀 탄생을 말하는 것도 아니다.[36] 히브리서 기자는 실제로 시편 2편 전체에 비추어 이 구절을 해석한다.

32 승귀하신 하나님의 아들로서 인간들을 통치하는 예수의 왕적인 권위는 데이비드 모핏 David M. Moffitt이 특별히 강조한다(*Atonement and the Logic of the Resurrection in the Epistle to the Hebrews*, SuppNovT 141 [Leiden: Brill, 2011], 47-53). 그러나 그는 여기서 드러나는 신성에서 비롯된 주장에 대해서는 제대로 평가하지 않는다. 내가 보기에 기자는 이 문맥에서 두 가지를 모두 주장하고 있다.

33 이 인용문은 마소라 본MT 번역으로서도 잘 기능하지만, 그럼에도 불구하고 칠십인역 LXX과 잘 맞는다.

34 본문은 또한 예수의 세례를 떠올리게 한다(마 3:16-17과 병행구절). 하지만 히브리서에서는 예수의 세례보다는 예수의 승귀를 염두에 두고 말한다.

35 물론 보컴의 주장과는 반대된다. "The Divinity of Jesus Christ in the Epistle to the Hebrews", 34.

36 아타나시우스는 아들의 영원한 출생을 가리키는 것으로 보았고, 닛사의 그레고리는 성육신을 가리키는 것으로 보았다(참조. D. Stephen Long, *Hebrews*, Belief: A Theological Commentary on the Bible [Louisville: Westminster John Knox, 2011], 47).

문맥을 통해 볼 때 이 구절은 메시아이신 왕의 통치를 가리키는데, 히브리서는 예수의 부활과 승천과 함께 이 통치가 시작된 것으로 본다.[37] 예수는 천사들보다 훨씬 뛰어나다. 지금 메시아이신 왕으로 통치하시기 때문이다.

두 번째 인용은 사무엘하 7:14이다. 이 인용 역시 칠십인역LXX과 잘 맞을 뿐 아니라 마소라 사본의 여자적 번역과도 부합한다.[38] 이 인용은 야훼께서 취소될 수 없는 왕조를 약속하시는 다윗과의 언약이 체결되는 사무엘하 7장 깊숙이 자리한다.[39] 따라서 기자가 아무렇게나 **아들**이라는 말을 찾아 그것을 예수께 적용한 것이 아니다. 그는 왕직과 관계된 본문을 예수께 적용한다. 그리고 예수는 인자가 항상 다윗의 보좌에서 다스릴 것이라는 언약의 약속을 성취하신다. 아들됨은 또다시 통치, 다스림과 긴밀하게 연결된다. 레인이 말하는 바와 같다. "예수는 하나님의 선재하시는 아들임에도……불구하고, 성육신, 제물로서의 죽음, 그리고 뒤이은 승귀를 힘입어 아들됨을 새롭게 경험하신다."[40] 예수는

37 참조. Craig R. Koester, *Hebrews: A New Translation with Introduction and Commentary*, AB(New Haven, CT: Yale University Press, 2001), 191; Philip Edgecumbe Hughes, *A Commentary on the Epistle to the Hebrews*(Grand Rapids, MI: Eerdmans, 1977), 55.

38 대부분의 학자들은 히브리서 기자가 주로 칠십인역에서 구약을 인용했다는 것에 동의한다. 히브리서의 구약 사용은 복잡한 문제이기 때문에 여기서 충분히 다루지는 못한다. 참조. George H. Guthrie, "Hebrews' Use of the Old Testament: Recent Trends in Research", *CBR* 1(2003): 271-94. 히브리서 1:5-13에 대한 자세한 연구를 위해서는 베이트만Herbert W. Bateman IV을 참조하라. *Early Jewish Hermeneutics and Hebrews 1:5-13: The Impact of Early Jewish Exegesis on the Interpretation of a Significant New Testament Passage*(New York: Peter Lang, 1997). 가장 최근의 연구를 위해서는 발저Georg Q. Walser를 참조하라. *Old Testament Quotations in Hebrews*, WUNT 2/356(Tubingen: Mohr Siebeck, 2013).

39 사무엘하 7:14이 갖는 메시아적 성격을 위해서는 레인을 참조하라. *Hebrews 1-8*, 25(참조. 요 7:42).

40 Lane, *Hebrews 1-8*, 26.

다윗 계열의 왕으로 좌정하시고, 하나님의 고유한 아들이시며, 아들로서 만물을 다스리시기 때문에 천사들보다 훨씬 뛰어나다.

우리는 또한 사무엘하 7:13이 말하는 장차 다윗 계열의 왕이 여호와의 이름을 위해 집을 건축할 것이라는 약속에 주목해야 한다.[41] 조금 뒤로 가면 예수를 집을 짓는 자로 말하는 것을 듣는다.[히 3:3] 여기서 집은 하나님의 백성을 나타낸다.[3:6] 예수는 새 성전의 건축자와 맏아들로서[2:10-16] 하나님의 백성을 다스리신다.

1:6 이제 우리는 히브리서에서 가장 논란이 되는 구절들 가운데 하나에 이르렀다. 이 구절을 살펴보기 전에 먼저 배경을 분명히 할 필요가 있다. 아들이 천사들보다 훨씬 위대하기 때문에 더 이상 시내 산 언약 아래 있지 않은 독자들은 구원 역사의 이전 시대로 돌이키려고 해서는 안 된다는 것이 이 대목의 중심 주제다. 시내 산 언약은 예수 그리스도의 사역과 죽음과 부활과 승귀를 통해 도래한 새 언약 안에서 성취되었다. 예수의 부활과 승천이 있었을 때 천사들이 예수를 경배한 것을 발견한 기자가 천사들보다 예수가 훨씬 탁월하심을 보이기 위해 32:43을 인용하고 있는 것일 수 있다.[참조. §2.1] 구약성경 문맥에서 신명기 32:43은 야훼를 가리킨다. 하지만 신약성경 저자들은 야훼를 가리키는 본문들을 예수께 적용한다.[참조. 1:10-12 이하] 예수께서 야훼와 동일한 정체성을 가지시기 때문에 그들은 아무 거리낌 없이 그렇게 할 수 있었을 것이 분명하다.

이 구절을 기자가 시편 97:7을 사용해 기록한 것인지 아니면 신명기 32:43을 사용해 그렇게 한 것인지에 대해서는 학자들 사이에 논란이 분분하다. 물론 두 본문 모두를 이 구절과 같이 하나로 정리했을 수

41 L. Johnson, *Hebrews*, 79.

도 있다. 하지만 신명기 32:43로부터 인용했을 가능성이 더 커 보인다.[42] 신명기 32:43의 마소라 사본에는 천사들에 대한 언급이 전혀 없다. 하지만 쿰란 동굴 4Cave 4에서 발견된 신명기 쿰란 사본을 보면 히브리서를 그렇게 읽는 것이 가능하다. 여기서는 "하나님의 아들들"이 여호와를 예배한다고 말하기 때문이다.[43] 복수형인 "하나님의 아들들"이라는 말은 거의 항상 천사들을 가리킨다.참조. 창 6:2, 4, 욥 1:6; 2:1; 38:7; 참조. 시 29:1, 89:6, 138:1 이처럼 마소라 사본은 증거가 부족하다 할지라도, 히브리어 사본 전승을 보면 천사들을 가리키는 증거를 발견한다. 칠십인역 역시 쿰란에서 발견된 히브리어 전승과 맥을 같이한다."하나님의 아들들", υἱοὶ θεοῦ 반면에 히브리서는 "하나님의 천사들"ἄγγελοι θεου이라고 말한다. 칠십인역과 히브리서 사이의 의미 차이는 미미하다. 우리가 보았듯이 "하나님의 아들들"은 천사들을 다른 방식으로 일컫는 말이기 때문이다.[44]

히브리서가 의지하는 것이 시편 97:7이든 아니면 32:43이든 문맥에는 큰 차이가 없다. 두 본문 모두가 만물을 다스리는, 그중에서도 특별히 자신의 원수들을 심판하시는 주님의 통치와 주권을 말하기 때문이다. 계속해서 논하겠지만, 히브리서 기자는 예수 그리스도와 하나님 우편에 좌정하신 그분의 승귀를 가리키는 것으로 본다. 천사들은 마지막 날 최후의 심판을 행하실 만물 위에 높아지신 분으로서 아들을 예배했다.

42 참조. David M. Allen, *Deuteronomy and Exhortation in Hebrews: A Study in Narrative Representation*, WUNT 2/238(Tübingen: Mohr Siebeck, 2008), 44-51. 이 구절과 관련된 구약성경 사용에 대해서는 베이트만도 참조하라. *Hebrews* 1:5-13, 142-44.

43 참조. Patrick W. Skehan, "A Fragment of the 'Song of Moses'(Deut. 32) from Qumran", *BASOR* 136(1954): 12-15.

44 히브리서가 어느 사본 전승에 의존하는지 여기서 결정할 필요는 없다. 다만 히브리어 사본과 구약의 헬라어 사본 모두에서 이 기록을 찾아볼 수 있다는 사실을 주목하는 것으로 충분하다.

히브리서는 여기서 예수를 "맏아들"로 묘사한다. 이 표현은 이스라엘을 하나님의 "장자"로 말하는 출애굽기 4:22을 생각나게 한다. 여기서 예수의 아들됨의 개념이 드러난다. 이스라엘이 하나님의 장자였던 것처럼, 지금 예수는 훨씬 더 뛰어난 하나님의 맏아들이다. 실제로 출애굽을 통해 자기 백성을 되돌리는 분으로 하나님이 언급되는 것을 볼 수 있다.참조. 출 3:8; 6:8, 신 4:30; 6:10 [45] 하나님은 자기 백성을 애굽으로부터 해방하셔서 그들이 하나님의 대리자로서 다스릴 곳인 가나안으로 이끌어들이셨다. 이스라엘은 하나님의 장자로서 하나님이 뜻하신 대로 세상을 다스리지 못했다. 그러나 이제 하나님은 자신의 맏아들을 자신의 우편에서 다스리도록 하늘 처소로 들이심으로, 창세기 3:15에서 발견되는 뱀의 머리를 밟을 것이라는 승리의 약속을 성취하셨다. 아들의 순종으로 하나님은 그분을 죽은 자 가운데서 다시 살리시고 자기 우편에 앉히심으로 그분을 신원하셨다. 이렇게 하나님은 만물을 다스리도록 아들을 하늘 세상으로 이끌어들이셨다. 창세기 3:15에서 시작된 하나님의 약속들의 성취로서 아들이 높아지신 것에 아연실색한 천사들은 경배와 찬양과 앙모함으로 화답했다.

지금까지 이 구절이 예수의 승귀를 가리키는 언급이라는 주장을 뒷받침하는 몇 가지 증거들을 살펴보았다. 하지만 기자가 예수의 성육신이나 재림을 가리킨다고 믿는 주석가들이 있기 때문에 지금부터는 이런 해석들을 살펴보려고 한다. 첫째, 어떤 주석가들은 부활 시에 이루어진 예수의 승귀가 아닌 성육신을 가리키는 언급이라고 본다.[46] 여기서 "다시"πάλιν라는 말은 단순히 또 다른 구약 인용으로 이끄는 역할을 한

45 참조. O'Brien, *Hebrews*, 69.

46 예. Ceslas Spicq, *L'Épître aux Hébreux*, 2nd ed., 2 vols., EB(Paris: Gabalda, 1953), 2:17. 예수의 세례를 가리킬 가능성은 거의 없다(베이트만에 반하여, *Hebrews 1:5-13*, 222).

다. 이 서신에서 구약성경으로부터 인용된 구절들 역시 "다시"라는 말로 시작되기 때문이다.1:5, 2:13, 4:5, 10:30 이런 해석에 따르면, 기자는 지금 누가복음 2:13-14에 따라 천사들이 경배한 것을 언급하는 가운데 성육신과 더불어 예수께서 세상에 오신 것을 숙고하고 있다. 둘째, 장차 이루어질 예수의 재림을 가리킨다고 보는 주석가들이 있다.[47] HCSB참조, NET는 이 구절을 다음과 같이 이해하는 것처럼 보인다. "맏아들을 이끌어 세상에 다시 들어오게 하실 때에 그가 말씀하시며"(개역개정이 이런 번역을 따른다—옮긴이). 이런 식의 이해는 여기서 세상은 사람들이 사는 곳을 가리킨다는 개념과 잘 부합하고, "다시"라는 부사를 "들어오다"라는 동사와 연결시킨다.

마지막으로, 1장의 문맥에서 드러나는 아들의 승귀에 대한 강조는 그분이 높아지셨을 때 천사들이 아들을 예배했다는 이해를 뒷받침한다.[48] ESV참조, NIV, NRSV에서 볼 수 있는 것처럼, 이런 이해를 따라가면 "다시"라는 부사는 "말하다"라는 동사와 이어진다. "그가 맏아들을 세상에 들어오게 하실 때에 다시 말씀하시며."[49] 몇 가지 이유에서 마지막 이해가

47 예. B. F. Westcott, *The Epistle to the Hebrews: The Greek Text with Notes and Essays*(repr.; Grand Rapids, MI: Eerdmans, 1977), 22-23.

48 참조. Ardel B. Caneday, "The Eschatological World Already Subjected to the Son: The Οἰκουμένη of Hebrews 1:6 and the Son's Enthronement", in *Cloud of Witnesses: The Theology of Hebrews in Its Ancient Contexts*, ed. R. Bauckham, D. Driver, T. Hart, and N. MacDonald, LNTS 387(London: T&T Clark, 2008), 28-39; Moffitt, *Atonement and the Logic of the Resurrection in the Epistle to the Hebrews*, 56-69; Meier, "Symmetry and Theology", 507-11; Bruce, Hebrews, 17; L. Johnson, *Hebrews*, 79; Koester, *Hebrews*, 192; Lane, *Hebrews 1-8*, 26-27. "맏아들"이라는 말이 여기서 예수는 또한 제사장이었다는 사실을 의미하는 것 같지는 않다. 하지만 이런 이해를 옹호하는 주장에 대해서는 필러를 참조하라(*You Are My Son*, 52).

49 참조. Caneday, "The Eschatological World", 32-33.

가장 바람직한 이해라고 할 수 있다.

첫째, 이 구절에서 "다시"πάλιν라는 부사의 용법 자체가 모호하기 때문에 그 의미 역시 분명하게 이해하기가 어렵다.[50] 앞에서 적시한 것처럼 "말하다"라는 동사와 잘 연결될 수 있다. 둘째, 성육신 당시 천사들이 예수를 예배했다는 분명한 증거가 없다. 누가복음에 보면 천사들이 하나님을 예배한다. 예수가 아니다. 실제로 예수께서 이 땅에서 보낸 시간들은 이 땅에 계신 동안 그분이 천사들보다 더 낮아졌던 때를 가리키고,2:6-9 그렇기 때문에 성육신에 대한 언급을 그분이 예배받으신 때로 말하는 것은 히브리서의 신학에도 부합하지 않는다.[51] 셋째, 2:5의 "세상"οἰκουμένη은 하늘 세상을 가리킨다. 따라서 여기서도 동일한 대상을 지칭할 가능성이 크다.[52] 캐니데이Ardel. B. Caneday가 지적하는 바와 같이 2:5 이전까지 우리는 도래하는 세상을 가리키는 많은 언급들을 볼 수 있다.[53] (1)장래의 기업으로서의 구원;1:14-2:4 (2)"아들의 통치가 이루어짐";1:13 (3)피조물과 대비되는 아들의 영원성;1:10-12 (4)"아들의 영원한 통치";1:8-9 (5)아들이 하늘 세상으로 들어가실 때 천사들이 그를 예배함.1:5-6

넷째, 앞에서 말한 바와 같이 여기서 사용한 "맏아들"πρωτότοκον이라

50 여기서 사용된 어구는 ὅταν δὲ πάλιν으로서 히브리서만 발견된다.

51 Moffitt, *Atonement and the Logic of the Resurrection in the Epistle to the Hebrews*, 55-56.

52 특별히 같은 책, 58-63. 모핏은 이 두 용례를 연결하는 일곱 가지 이유를 제시한다. 그중 가장 설득력 있는 것들은 다음과 같다. (1)기자는 1장으로부터 천사들에 대한 논의를 이어간다. (2)유업으로 받을 구원(1:14)과 위대한 구원(2:3)은 1:6의 "세상"을 지칭하는 말이다. (3)기자가 자신이 오는 세상을(2:5) 말하고 있다고 할 때에는, 1:6에서 사용한 단어를 다시 언급하는 것이 가장 자연스럽다. "세상"οἰκουμένη에 대한 보다 자세한 연구를 위해서는 모핏의 논의를 참조하라(같은 책, 63-118).

53 Caneday, "The Eschatological World", 34.

는 말은 승귀와 함께 아들이 세상으로 들어왔다는 주장을 뒷받침한다. "맏아들"이라는 말은 예수의 성육신이(눅 2:7에 나오는 것처럼) 아닌 그분의 주권과 통치를 강조한다. 히브리서의 앞절[1:5]에서는 예수의 통치를 메시아 왕의 통치로 묘사한다. 이는 여기서도 유사한 주제를 예상할 수 있는 근거가 된다. "맏아들"이라는 말은 시편 89:27에서 다윗 계열의 왕을 가리켜 사용된다. "내가 또 그를 장자로 삼고 세상 왕들에게 지존자가 되게 하며." 시편 89편에서 "장자"는 주권과 통치를 가리킨다. 이런 개념은 천사들이 아들을 예배하는 것과도 잘 맞는다. 천사들은 아들을 그들의 주권자로 예배하기 때문이다. 2장에서 강조하겠지만, 또한 아들의 주권적인 통치는 그분의 부활/승귀와 함께 시작되었다.

1:7 우리는 6절에서 아들이 메시아이신 왕으로 높아지셨을 때 천사들이 그분을 예배했다는 것을 보았다. 반면에 천사들은 사자와 종들이기 때문에 그런 그들이 아들에게 굴복하는 것은 분명한 사실이다. 여기서 구약성경을 사용하는 방식을 보면 아주 흥미롭다. 기자는 "바람을 자기 사신으로 삼으시고 불꽃으로 자기 사역자를 삼으시는" 여호와 하나님의 창조의 능력을 노래하는 시편 104:4을 인용한다. 히브리서와 칠십인역에서 발견되는 시편의 이 구절이 마소라 사본을 여자적으로 번역한 것처럼 드러나기도 하지만, 그럼에도 불구하고 히브리서는 이 구절의 마지막 단어에서만 칠십인역과 차이가 날 뿐이다.[54] 지금 구약의 시편 기자는 세상에서 역사하는 물리적 에너지를 가리켜 말한다. 야훼께서 만물을 다스리시기 때문에 바람 역시 우연이나 심지어 자연법칙이

54 참조. L. Timothy Swinson, "'Wind' and 'Fire' in Hebrews 1:7: A Reflection upon the Use of Psalm 104(103)", *TrinJ* 28(2007): 215-28. 스윈슨L. Timothy Swinson은 칠십인역의 번역자가 앞의 시편(103:20-21)에 등장하는 천사들에 대한 분명한 언급들에 영향을 받아서 지금과 같은 식으로 본문을 번역했을 것이라고 생각한다.

아닌 하나님이 의도하신 방향으로 일어난다.[55] 유사하게, 살르는 불꽃 역시 하나님의 사역자들이다. 성경은 일관되게 자연에서 일어나는 일들을 하나님께서 하시는 역사로 말한다. 하나님께서 인격적으로 피조물의 질서를 주관하신다.참조. 히 1:3

히브리서 기자는 이 구절을 시편 104:4에서 번역된 방식과 약간 다르게 들려준다. 히브리서가 말하는 의미는 마소라 사본의 어법에 부합한다는 사실 역시 처음부터 주의를 기울여야 한다. 이 시편 구절에 대한 기자의 해석은 터무니없는 주석적 공상이 아니라 본문에 대한 바른 해석을 보여주고 있다. 히브리서 기자는 본문에 대한 두 해석 모두가 본문의 어법을 해석하는 바른 방식이었다고 믿었을 것이다. 히브리서에 따르면 이 구절에서는 천사들이 가진 피조물적 본성이 강조되고 있다. 하나님께서 "바람을 자기 사신으로" 삼으시고 "불꽃으로 자기 사역자를" 삼으셨다. 이 말을 여자적으로 해석해서 바람이 실제로 천사들이고, 사르는 불꽃을 하나님의 사역자라고 해서는 안 된다. 기자가 그렇게 주장하고 있을 수는 있어도, 바람이 천사들이고 불꽃이 하나님의 사역자라고 가르치는 것 같지는 않다. 그렇기 때문에 내가 이해하기로 히브리서는 천사들에 대해서 자연 질서 가운데 하나님을 섬기는 하나님의 사역자들이라고 말하고 있다. 다시 말해, 하나님께서 천사들을 통해 바람과 불을 비롯해 비나 무지개와 같은 다른 자연 현상들을 보내신다. 우리가 이런 해석을 어떻게 생각하든 간에 이 구절의 요점은 분명하다. 천사들은 하나님의 사신이자 사역자다. 천사들은 아들이 예배받으시는 것처럼 예배받지 않는다. 천사들이 세상을 창조하지 않았을 뿐 아니라,

55 커크릴은 천사들의 일시성을 강조하고 있다고 생각한다(*Hebrews*, 108-9). 물론 일리 있는 말이지만, 나는 하나님의 종인 천사들의 역할을 말하고 있다고 생각한다.

그들 자신이 피조된 질서의 일부이기 때문이다. 천사들은 아들이 아니라 하나님의 뜻을 수행하는 사역자들이다.

1:8 예수는 아들로서 천사들과 대비된다. 천사들과 달리 예수는 섬기는 일을 하지 않고 신성을 가진 왕으로 다스리신다. 여기서는 아들의 신성과 만물을 다스리는 그분의 통치를 선포하고 있다. 예수의 통치는 제한이 없고 영원히 계속될 것이다. 순종하는 아들로서 영원한 통치를 상으로 받으셨기 때문이다.

기자는 히브리서 1:8-9에서 시편 45:6-7을 인용한다. 시편 45편은 이스라엘의 왕을 기리기 위해 쓰인 왕의 시다. 진리와 의로움과 정의가 이 왕에게 속했다. 시편 기자는 이 왕이 그의 대적들을 무찌르고 승리하여 진리의 대의가 흥왕하는 것을 바라본다. 이 왕에게 있는 의로움 때문에 왕이 승하게 되었다. 이방 왕들의 딸들이 이 왕을 사모하고 기뻐한다. 또한 그들의 자녀들이, 그들의 아들들이 왕의 열조를 계승하고 군왕으로 땅을 다스릴 것이다. 구약성경의 줄거리에 있어서 이 시편은 다윗 계열의 왕에 대한 노래이고, 그중에 다윗이 이 시편 기자가 노래하는 이상적인 삶에 가장 가까이 이른다. 이 왕을 "하나님"시 45:6으로 규정하지만 그렇다고 시편 기자가 문자적으로 이 왕을 신적인 존재로 규정하는 것은 아니다.[56] 기자는 왕의 열조가 계승될 것을 내다본다.시 45:16 이 왕이 문자적으로 하나님을 가리킨다면 있을 수가 없는 일이다. 여기서 우리는 하나님의 권위를 가진 말씀을 바로에게 말함으로 그에게 모세가 "하나님"이 되었다고 말하는 출애굽기 7:1에서 보는 것과 비슷한

56 역사적 맥락에서 시편 45편을 자세히 연구하고 여기서 말하는 것과 잘 부합하는 주장에 대해서는 레셔트Dale F. Leschert를 참조하라. *Hermeneutical Foundations of Hebrews: A Study in the Validity of the Epistle's Interpretation of Some Core Citations from the Psalms*, NABPRDS 10(Lewiston, NY: Edwin Mellen, 1994), 23-78.

것을 목도한다. 이스라엘의 재판장들이 하나님의 판결을 백성들에게 선언한다(혹은 선언하기로 되어 있다)는 점에 있어서 그들을 "신들"로 말하는 것 역시 같은 맥락이다.시 82:1, 6 [57]

히브리서 기자는 이 시편이 아들 안에서 성취된 것을 발견하고 그것을 사용한다. 비록 아들에 대한 언급은 이 시편에 없지만, 이 시편에서 인용한 구절로 들어가는 말에서 "아들에 관하여는"이라고 함으로 이 왕은 다름 아닌 하나님의 아들인 예수 그리스도이심을 나타낸다. 기자는 이 왕을 하나님으로 정의하는 말들을 인용하여 사용한다. "하나님이여, 주의 보좌는 영영하며." 신성을 아들에게로 돌리는 것은 물론이다.참조. §2.1 이 대목을 "주의 보좌는 하나님이며"라고 번역하는 것은 의미가 안 통한다. 더욱이 아들의 신성은 창조자,1:2, 10 그분의 신성,1:3, 11-12 그분이 세상을 보존하고1:3 천사들에게 예배를 받으시는 분1:6으로서 아들의 역할과도 부합한다. 여기서 구약성경의 사용은 교훈적이다. 그리고 기자는 예표론적으로 주장한다. 다윗 계열에 속한 가장 탁월한 왕으로서 예수는 이 시편의 말씀들을 문자 그대로 성취하신다. 이 시편의 어법은 시적으로나(시편 45편의 원래 문맥에서 그렇게 할 수 있다) 문자적으로 해석될 수 있다. 시편 45편은 예수 그리스도 안에서 이루어진 하나님의 계시의 빛과 성경 전체의 줄거리를 통해 이해될 수 있다. 예수 그리스도 안에서 계시된 바와 같이, 여기서 말하는 다윗 계열의 왕은 그 자신이 하나님이다.사 9:6-7 구약성경의 모든 계시가 한 올 한 올 함께 엮어져 하나님과 사람으로 오신 왕을 선포하고 있다.

57 아트리지는 시편 45:7이 "하나님의 보좌가 영영하다"고 말하는 것으로 이해한다(*Hebrews*, 58). 그러나 이 구절을 볼 때 이런 주장은 설득력이 떨어진다. 참조. Murray J. Harris, *Jesus as God: The New Testament Use of Theos in Reference to Jesus*(Grand Rapids, MI: Eerdmans, 1992), 190-202.

신약성경이 예수 그리스도를 자주 명시적으로 "하나님"이라고 하지는 않지만, 요한복음 1:1과 20:28과 같은 곳에서는 예수께서 하나님이심을 천명한다. 더하여, 로마서 9:5, 디도서 2:13, 베드로후서 1:1을 그리스도를 하나님으로 찬송하는 구절로 생각해 볼 수 있다.[58]

이 서신을 읽는 독자로서 우리는 아들에게 신성을 돌리는 데 집중하느라 그분의 왕되심에 대한 강조를 간과할 수 있다. 이런 신적인 왕의 통치와 보좌는 영영히 계속된다. 그분은 천사들보다 훨씬 탁월하다. 그분께는 영원한 주권이 있기 때문이다. 더욱이 그분의 통치는 의롭다. 그분의 나라의 "규"는 공평εὐθύτητος의 규이기 때문이다. 흔히 왕들은 자신의 지배 아래 있는 자들을 부리고 착취하는 식으로 무자비하고 이기적으로 다스린다. 그러나 하나님의 아들의 통치는 이런 통치와는 극적인 대비를 이룬다. 그분은 공평하고 의롭게 다스리기 때문이다.

1:9 히브리서에서 아들의 인성과 신성은 서로 긴밀하게 엮어져 있다. 아들이 다스리는 나라의 공평이 9절에 잘 묘사되어 있다. 그분은 의를 사랑하고 악을 미워하기 때문에 하나님께서는 그분께 기름을 부어 모든 동류보다 뛰어나게 하셨다.[59] 여기서 기자는 부활 시에 일어났을 아들이 왕으로 높아지신 승귀를 말한다. 구약시대에 제사장들출 28:41, 29:7, 30:30과 선지자들왕상 19:16과 왕들이 기름부음을 받았다는 사실삼상 9:16, 15:1, 16:3, 12은 그들이 각각의 직분으로 세워졌다는 것을 뜻한다. 복음서에 보면 예수께서 요한으로부터 세례를 받음과 동시에 사역을 위해 기름부음을 받는 일이 일어난다.마 3:16-17 또한 누가복음에 보면 예수는 하나님이

58 이 문제와 관련된 주의 깊고 설득력 있는 저작에 대해서는 해리스를 참조하라. *Jesus as God*.

59 더불어, 그분이 이룬 속죄는 그분이 하나님의 정의를 기뻐하심을 가리킨다(O'Brien, *Hebrews*, 74).

자기에게 기름을 부으셨다는 선언으로 자신의 공생애를 시작한다.[눅 4:18]

히브리서에 따르면 예수는 왕으로 섬기기 위해 기름부음을 받은 분으로, 천사들과 모든 다른 동류보다 뛰어난 분이다. 하나님께서 그분을 모든 다른 동류보다 뛰어나게 하셨기 때문이다.[60] 아들이 이렇게 높아지신 것은 그분이 의로운 것을 추구하고 사랑하기 때문이다. 역으로, 그분은 모든 형태의 악을 거부하고 미워한다. 다른 동류들보다 더 높아지신 것은 그분에게 있는 선함과 의로움을 향한 헌신 때문이다. 물 흐르듯 히브리서 전반을 가로지르게 될 예수의 순종, 신실함, 시험을 받으시되 죄는 없으심과 같은 주제들을 예견하게 하는 대목이다.[2:18, 3:2, 6, 4:15, 5:8-9, 7:26, 28, 9:14, 10:7-10, 12:3] 히브리서의 다른 곳에서 발견하게 될 것들에 대한 시연이다. 예수는 그 받으신 고난으로 순종함을 배우셨다.[5:8] 시험과 고난을 당하시되 죄에 굴복하지는 않으셨다.[4:15] 7:26이 말하는 것처럼 예수는 "거룩하고 악이 없고 더러움이 없고 죄인에게서 떠나 계시고 하늘보다 높이 되신 이"시다. 1:8이 아들의 신성을 말하기는 하지만, 여기서는 다시 아들의 인성을 말한다.[참조. §2.2] 9절에서 두 번에 걸쳐 나오는 "하나님"[θεός]이라는 말은 모두 아버지 하나님을 가리킨다.[61] 아버지께서는 아들에게 만물을 다스리는 것으로 상을 베푸셨다. 그분이 하나님의

60 시편에서는 왕이 이 땅의 모든 다른 동류들보다 뛰어나게 된다. 히브리서에서 "동류들"은 천사들로 정의될 수 있다(Meier, "Symmetry and Theology", 516; Barnard, *The Mysticism of Hebrews*, 262; Bateman, *Hebrews 1:5-13*, 229). 아니면 2:10과 3:14에서 말하는 아들들과 함께 참여한 자들을 가리켜 그렇게 말하고 있는지도 모른다(참조. Bruce, *Hebrews*, 21; O'Brien, Hebrews, 74-75; Cockerill, *Hebrews*, 111; Moffitt, *Atonement and the Logic of the Resurrection in the Epistle to the Hebrews*, 51). 휴즈는 여기서 동류란 기름부음을 받은 다른 왕들을 가리킨다고 생각한다. 계속해서 그것이 동류가 일반적으로 가리키는 것이라고 말한다(*Hebrews*, 66).

61 여기서 이 말이 아들을 가리킨다는 견해를 보려면 아트리지를 참조하라. *Hebrews*, 59-60.

뜻에서 전혀 어긋나가 본 적이 없는 순종하는 아들이었기 때문이다.

1:10 기자는 시편 102:25-27을 인용하여 아들이 만물을 지은 창조자요, 잠시 있다 사라질 피조된 세상과 달리 영원한 분이기 때문에 그분이 천사들보다 훨씬 탁월하다는 사실을 보인다.참조. §2.1 시편 102편에서 시편 기자는 자신이 당하는 괴로움, 자신 인생의 짧음, 원수들의 대적과 주의 분노로 인하여 탄식한다. 하지만 그에게는 여호와께서 시온을 회복하실 것이라는 소망이 있다. 여호와께서 다스리시고 언약을 통해 주신 약속들을 성취하실 것이기 때문이다. 시편 기자는 긍휼을 보여주실 것을 여호와께 간청한다. 만물의 창조자요 영원한 하나님이신 그분이 능히 그렇게 하실 수 있다는 것을 알기 때문이다. 그래서 그는 여호와께서 장래 세대들을 통해 이스라엘을 세우시고 보호하시리라 확신한다.

히브리서 기자가 야훼를 노래하는 시편을 가지고 예수 그리스도를 아들로 적용하는 것을 보면 아주 흥미롭다. 기자는 예수를 하나님으로 믿기 때문에 거리낌 없이 야훼를 노래하는 시편을 인용하여 예수 그리스도께 적용하는 것이 분명하다. 이런 움직임은 신약의 기독론에서 전형적으로 볼 수 있는 모습이다. 신약의 기독론에서는 칠십인역에서 야훼를 주로 언급하는 본문들을 예수 그리스도께 적용한다.예. 롬 10:13; 14:11, 고전 1:31; 2:16; 10:22, 26, 고후 10:17, 빌 2:10-11, 살전 3:13; 4:6, 살후 1:7-8, 딤후 2:19 엘링워스Paul Ellingworth는 기자가 시편 102편을 선택한 이유 몇 가지를 제시한다. 그는 하나님의 통치시 45:6, 102:12와 하나님의 승리시 45:4-5, 102:15에 대한 언급을 포함하는 시편 45편과 102편이 갖는 주제의 유사성들을 본다. 게다가 우리는 그리스도의 승귀,시 102:12 "시온의 갱신",시 102:13, 16 사망의 두려움으로부터 해방,시 102:20 기록된 것들이 장래 세대에 성취될 것이라는 주장시 102:18과 관련해서 히브리서와 이 시편이 서로 맥을 같이하는 것을 본다.[62]

여기서 우리는 삼위일체 신학에서 "상호 내재"coinherence라고 하는 것이 배아적 형태로 자리하는 것을 본다. 삼위가 공유하는 동일한 신성으로 말미암아, 삼위일체의 어느 한 위격에게 사실인 것은 다른 위격들에게도 사실이다. 성부가 창조주 하나님이기 때문에 하나님이신 성자 역시 창조주다. 히브리서[1:3]와 신약성경의 다른 곳[예. 요 1:3, 골 1:16]에서 아들이 창조주라고 분명히 언급되는 것을 볼 수 있다.

10절은 단순히 "또"라는 말과 더불어 이 시편을 도입한다. 아들은 천사들보다 뛰어나다. 그분이 천지를 지으셨기 때문이다. 세상을 창조하신 것을 묘사하기 위해 기자는 은유적 표현을 사용한다. 건축자가 건물을 짓기 위해 기초를 세우는 것처럼, 아들이 땅의 기초를 두셨다. 예술가가 도자기나 조각품을 빚듯이, 하늘과 해와 달과 별들을 대변하는 하늘은 아들의 손길로 조성되었다. 역사가 시작되고 천지가 지어진 태초부터 아들이 행한 창조의 역사가 이루어졌다. 이런 어법은 하나님께서 태초에 천지를 지으신 것으로 말하는 창세기 1:1을 그대로 반영한다.[참조. 잠 8:22-31]

1:11 그렇게 피조된 세상은 일시적이다. 영영히 지속될 것이 아니다. 영원하시고 영영히 계실 아들과 대비되는 사실이다. 여기서 기자는 예수를 멜기세덱의 반차를 따른 영원한 대제사장으로 말하는 7장에서 제기할 주장을 미리 보여준다.[63] 피조된 세상을 시간이 흐름에 따라 낡아지는 의복에 비유한다. 세상 역시 일상의 요소들과 같이 마모되고 소요되어 사라질 것이기 때문이다. 베드로후서에서도 현재 있는 세상의 일시적 성격을 말한다. "하늘이 큰 소리로 떠나가고",[벧후 3:10] "물질이 뜨거운 불에 녹아지려니와."[벧후 3:12] 아들이 갖는 불변함과 영원성은 그분의

62 Ellingworth, *Hebrews*, 125-26.

63 Attridge, *Hebrews*, 61.

신성을 나타내고, 이는 곧 그분이 하나님과 동등한 본성을 가졌음을 보여준다.[1:3] 하나님은 결코 변하지 않으시고,[말 3:6, 약 1:17] 자신이 한 약속들을 항상 이루실 것이다. 지금 히브리서 기자는 예수는 어제나 오늘이나 영원토록 동일한 분이라고 선포하는 13:8을 내다보고 있다.[64]

1:12 12절은 1:11에서 말한 것을 재진술하고 확증한다. 피조된 세상은 끝이 나고 영원토록 지속되지 않을 것이다. 하지만 하나님의 아들인 예수는 결코 변하지 않고 영존하실 것이다. 기자는 세상의 마지막 때를 말려 없어지는 외투로 묘사한다. 동일한 헬라어 동사인 "말다"[ἑλίσσω]가 다른 곳에서는 현재의 세상이 그치는 것을 가리키는 데 사용된다. 주께서 세상의 악으로 말미암아 세상을 심판하시는 때인 주의 날에 "하늘들이 두루마리같이 말릴" 것이다.[사 34:4] 주께서 심판하시는 최후의 날에 "말려" 사라지는 두루마리로 "하늘"을 묘사하는 요한계시록과 동일한 이미지를 사용한다.[계 6:14]

히브리서를 보면 사람이 더 이상 필요 없는 외투를 말아서 치우는 것처럼 현재의 세상이 끝날 것처럼 보인다.[참조. 12:27] 피조된 세상을 시간이 지나면 낡고 변하는 의복에 비유한다. 이와는 대조적으로 아들은 항상 동일하다. 나이가 들거나 지치거나 쇠약해지는 법이 없이 13:8이 강력하게 확증하는 것처럼 영원토록 동일하시다. 연수가 지난다고 신체가 쇠약해지는 것도 아니다. 해가 간다고 늙는 분이 아니기 때문이다.

현 세상이 갖는 일시적 성격에 대한 진술은 도래하는 새 창조의 약속과 대비를 이룬다.[계 21:1-22:5] 새 하늘과 새 땅이 신자들에게 약속된다.[벧후 3:13] 신자들은 자신이 이 땅에서 나그네임을 인식한다.[11:10, 13-16] 그렇기 때문에 더 나은 본향인 장차 오는 도성을 바란다.[13:14] 이 도성을 가리켜

64 존슨도 그렇게 말한다. *Hebrews*, 81.

기자는 "살아 계신 하나님의 도성"(하늘의 예루살렘)이라고 말한다.[12:22] 현재의 만물이 완전히 폐하고 하나님이 새로운 세상을 만드실지, 아니면 현재의 세상이 변형되고 정결하게 될지에 대해서는 오랫동안 학자들이 논쟁을 벌여 왔다. 지면상 여기서 다 다루지는 못하지만 아마도 후자가 될 것이다.[65] 어쨌든 불변하고 영존하시는 아들과 달리 지금 있는 세상은 일시적이고 잠시 있다가 사라질 것이다.

1:13 기자는 아들이 천사들보다 더 뛰어나다는 것을 보이기 위해 시편 110:1을 인용한다. 아들이 하나님 우편에 좌정하시고 그분과 함께 다스리기 때문이다. 이제까지 천사들에게는 결코 주어진 적이 없는 특권이다. 다음과 같은 말로 구약성경을 인용하는 것을 볼 때 여기서 드러나는 천사들과의 대비가 상상을 초월함을 알 수 있다. "어느 때에 천사 중 누구에게……하셨느냐." 아들에게 주신 통치는 결코 천사들을 위해 의도된 것이 아니었다.

아들의 탁월성은 시편 110:1을 인용함으로 분명해진다. 이 시편은 기자가 가장 좋아하는 시편 가운데 하나임이 분명하다. 제사장-왕을 노래하는 시편인 데다가 이 왕이 멜기세덱의 반차를 따른 제사장으로 섬기기 때문이다.[시 110:4] 아들이 "지극히 크신 이의 우편에 앉으셨으니라"고 선언하는 1:3은 기자가 시편 110:3을 언급하는 것이다. 이 서신은 시편 110:4을 가리키면서 예수께서 멜기세덱의 반차를 따른 제사장이라는 사실을 강조하기 위해 공을 들인다.[5:6, 6:20, 7:1-28] 자신이 말하고자 하는 "요점"을 정리할 때 "대제사장"으로서 예수께서 "하늘에서 지극히 크신 이의 보좌 우편에 앉으셨다"고 주장하면서 기자는 시편 110:1

65 이 세상은 완전히 폐하여지고 재창조되기보다는 새롭게 될 것이라는 개념을 옹호하는 입장에 대해서는 무Douglas J. Moo를 참조하라. "Nature in the New Creation: New Testament Eschatology and the Environment", *JETS* 49(2006): 459-69.

을 다시 언급한다.8:1 이 시편은 이 서신의 핵심적인 주제들 가운데 하나를 확증해 준다. 예수의 제사장적인 사역이 끝났기 때문에 이제 그분은 하나님 우편에서 왕으로 다스리신다. 히브리서 기자는 독자들이 죄 사함을 경험하기 위해 예수께서 제사장-왕으로서 단번에 이루신 죄 사함을 저버리고 율법과 그것이 정하는 제사들을 붙잡으려고 하는 것을 도무지 믿을 수가 없다.

시편 110:1은 또한 예수께서 이 땅에서 사역하실 때 인용하셨던 구절이다.마 22:41-46과 병행구절 예수는 시편 110:1을 보면 다윗의 후사가 또한 그의 주라고 하는데, 어떻게 메시아가 다윗의 주이면서 동시에 그의 후손일 수 있는지 물으심으로 바리새인들을 어리둥절하게 하셨다. 신약성경의 다른 책들 가운데 히브리서가 이 물음에 답을 한다. 예수는 인간인 동시에 신이시다. 인간으로서 그분은 다윗의 후손이며 하나님의 아들로서 동시에 그의 주이시다. 신약성경 기자들은 하나님이 예수를 높이셨다는 것을 가리키는 대목에서는 한결같이 시편 110:1을 인용하거나 암시한다.행 2:34; 5:31, 롬 8:34, 고전 15:25, 엡 1:20, 골 3:1, 벧전 3:22 따라서 예수의 승귀에 대한 언급은 보편적인 기독교 주제 가운데 하나요, 신약신학의 중심 주제 가운데 하나다. 예수는 하나님 우편에서 다스리신다.

시편 110편 전체의 메시지를 간략하게 요약해 보자. 야훼는 시온으로부터 다윗의 주의 통치를 확장하심으로 자신의 원수들을 다스리실 것이다. 이스라엘을 위한 승리의 새날이 동터오게 하는 이 통치자께 백성들이 즐거이 헌신할 것이다. 그분이 제사장이신 왕으로 통치하실 것이다. 여호와의 우편에 좌정하신 그분이 자기 원수들을 파하실 것이다. 5-7절에서 야훼를 가리키는 본문과 야훼의 이름으로 승리를 쟁취하시는 제사장-왕을 가리키는 본문을 분간하기가 어렵다. 이처럼 신분이 서로 아주 흡사한 것은 제사장-왕이 야훼와 동일한 위치임을 암시한다. 다시 말해, 이런 애매함은 의도적인 것이다. 왕의 승리가 곧 야훼의 승리이기 때문이다. 왕이 온 세상에 야훼의 통치를 회복하시고 승리와 기쁨으로 "그의 머리를 드시리로다."110:7

13절에서 기자는 이 시편의 1절을 인용한다. 인용구절은 칠십인역을 따른다. 그리고 이것은 마소라 사본에 대한 여자적인 번역이다. 야훼께서 그분의 원수들을 아들의 발등상 아래 있게 하시는 동안 아들은 하나님의 우편에 앉아 있도록 청함을 받는다. 1장에서 두드러지는 주제들 가운데 하나는 아들의 주권과 통치다. 이스라엘에게 약속된 승리와 다윗의 후손으로서의 왕이 아들을 통해 실체가 된다.[66]

1:14 아들과 달리, 천사들은 다스리는 것이 아니라 섬긴다. 하나님이 뜻하신 일들을 수행하도록 보내심을 받는 것이 천사들이다. 사실 천사들은 인간보다 뛰어나지 않다. 오히려 인간들을 수종든다. 인간 구원을 위한 하나님의 명령을 수행하는 것이 천사들이기 때문이다. 천사들을 일컬어 "섬기는 영"λειτουργικὰ πνεύματα이라고 한다. 천사들의 섬기는 역할을 강조해서 하는 말이다. 이 구절 전반에 걸쳐 천사들의 섬기는 기능이 강조된다. 자기들을 보내신 자의 뜻을 이루는 것이 저들의 임무이기 때문이다. 여기서 섬김이란 인간들을 섬기는 것을 말한다. "구원받을 상속자들을 위하여 섬기는" 것이 천사들이 하는 일이다. 여기서 인간 구원은 마지막 날에 인간들이 받을 것으로서 종말론적으로 이해된다.

성경신학적 적용

아들로서 예수의 탁월하심이 이 부분의 주제다. 예수의 아들됨은 그분

66 기자는 아마도 승리의 날까지 이어지는 아들의 통치를 그리고 있을 것이다(참조. Ellingworth, *Hebrews*, 131; O'Brien, *Hebrews*, 78n211). 그러나 아들의 통치가 영원히 이루어질 것으로 생각하는 학자들도 있다(예. Hughes, *Hebrews*, 70-71).

이 다윗 계열의 약속된 왕이고 온 세상의 통치자라는 사실과 이어진다. 아들의 신성과 인성 모두가 이 주장의 중심에 자리한다. 그분은 온전한 신성을 가진 다윗 계열의 약속된 왕으로서 다스리신다. 그분이 죽은 자 가운데서 살아나시고 존귀하게 되셨을 때 천사들이 그분을 경배했다. 또한 그분은 하나님으로서 만물을 다스리신다. 실제로 아들은 불변하는 영원한 창조주다. 반면에 천사들은 하나님의 뜻을 수행하는 사역자들이다. 천사들보다 훨씬 탁월하고, 온전한 신성을 가지고 만물을 다스리는 이가 아들일진대, 왜 독자들은 천사들을 통해 중개된 계시(모세 율법)로 다시 돌이키려 한단 말인가?

2:1-4

I. 프롤로그: 아들을 통해 이루어진 결정적이고 최종적인 계시[1:1-4]

II. 천사들보다 위대하신 아들을 저버리지 말라[1:5-2:18]

1 | 아들의 본성과 통치를 통해 그가 천사들보다 위대하신 분임을 알 수 있다[1:5-14]

2 | 경고: 흘러 떠내려가지 않도록 하라[2:1-4]

3 | 아들에게 복종하게 된 장차 올 세상[2:5-18]

1 그러므로 우리는 들은 것에 더욱 유념함으로 우리가 흘러 떠내려가지 않도록 함이
마땅하니라. 2 천사들을 통하여 하신 말씀이 견고하게 되어 모든 범죄함과 순종하지
아니함이 공정한 보응을 받았거든 3 우리가 이같이 큰 구원을 등한히 여기면 어찌 그
보응을 피하리요. 이 구원은 처음에 주로 말씀하신 바요 들은 자들이 우리에게 확증한
바니 4 하나님도 표적들과 기사들과 여러 가지 능력과 및 자기의 뜻을 따라 성령이 나
누어 주신 것으로써 그들과 함께 증언하셨느니라.

문맥

히브리서 기자가 1:1-14에서 유려한 신학적 주장을 펼친 이유가 이제야 비로소 드러난다. 기자는 독자들에게 그들이 받은 메시지로부터 흘러 떠내려가서는 안 된다고 경고한다. 독자들에게 하는 이 경고가 이 문단의 요지다.참조. §5 이 문단과 히브리서 1장의 관계가 드러난다. 이 둘 모두 하나님께서 아들을 통해 말씀하신 것을 강조하고, 따라서 독자들은 그들에게 선포된 것들을 유념해서 들어야 한다.[67] 2-4절은 이런 경고가 왜 그토록 중차대한지를 설명한다. 2-3절에서 기자의 논증은 점

67 참조. O'Brien, *Hebrews*, 82-83.

층 구조를 이룬다. 천사들을 통해 받은 말씀을 거스른 자들이 이 땅에서 심판을 받았다면, 이처럼 위대한 구원을 거부한 자들은 훨씬 더 비참한 결과를 맞을 것이다. 이 두 구절을 종합하면 이 문단의 요지가 다음과 같이 간추려진다. 아들이 선포한 메시지를 유념하여 듣고 그것으로부터 흘러 떠내려가지 않도록 해야 할 것은, 이처럼 위대한 구원을 무시하고도 심판을 피할 자가 없을 것이기 때문이다. 이 문단은 받은 진리를 확증함으로 마무리된다. 이 구원의 메시지는 "주로 말씀하신" 바요 증인들이 확증한 것이다. 표적과 기사와 다른 이적들이 이 계시의 진실성을 증명한다. 독자들은 이 계시의 진실성을 의심하지 말아야 하고, 따라서 이 진리에서 돌이키지 말아야 한다.

주석

2:1 이 첫 번째 경고 구절은 선포된 복음 메시지로부터 흘러 떠내려가지 않도록 그것을 계속해서 유념하여 들어야 할 것을 독자들에게 촉구한다. "흘러 떠내려가다"로 번역된 동사παραρυῶμεν는 "반지가 손가락에서 미끄러져 나간" 것을 묘사할 때 쓰인다.[68] 배와 관련된 은유가 사용된 이 대목은 정박할 때 닻을 내리지 않아 조금씩 먼 바다로 떠내려가는 배를 연상시킨다.[69] "그러므로"Διὰ τοῦτο라는 부사는 2:1-4을 그 앞의 주장과 이어 준다.[70] 여기서 말하는 논리는 다음과 같다. 독자들은 하나님의 아들과 다윗 계열의 왕되신 천사들보다 더 뛰어나신 예수께서 자신들을 죄로부터 씻으신 것을 알고 들은 바 구원의 메시지를 견고히 붙잡아야 한다.

68 Attridge, *Hebrews*, 64n19.

69 Koester, *Hebrews*, 205; Lane, *Hebrews 1-8*, 35.

70 이 부사는 히브리서 1장 전체를 가리킨다(참조. Ellingworth, *Hebrews*, 135).

물론 그들이 들은 것은 예수 그리스도에 대한 메시지였고, 그중에서도 특별히 죄를 속하기 위해 그분이 드린 희생의 효력에 관한 것이었다. 그들은 하나님께서 자기 아들을 통해 말씀하신 최종적이고도 결정적인 말씀을 들었다.[1:2] 그들은 지금 자신들이 들은 이처럼 권위 있는 말씀을 유념하지 않음으로 이 진리로부터 흘러 떠내려갈 위험에 처해 있다. 이 서신의 나머지 부분 특히 남아 있는 경고의 구절들을 보면, 여기서 묘사된 흘러 떠내려가는 것이 진리에 대한 일시적인 태만을 가리키는 것이 아님을 분명히 알 수 있다. 흘러 떠내려가는 것이란 복음을 거부하고 부인하는 배도를 묘사한 것이다.

2:2 히브리서 기자는 "만약-그렇다면"의 구조를 사용해 독자들이 자신들이 들은 말씀으로부터 떠나가지 말아야 할 이유를 밝힌다. 천사들을 통해 전해진 메시지 역시 구속력이 있었다. 따라서 이 규례를 거스른 자들은 보응을 받았다. 기자의 주장에 대한 이유가 2절의 보다 작은 이유에서 3절의 보다 큰 이유로 옮겨 간다. 2절은 천사들을 통해 전해진 계시를 말한다. 천사들을 통해 전해진 계시가 그것을 듣는 자들에 대해 구속력을 가졌기 때문에, 그것을 거스른 자들은 거기에 해당하는 보응을 받았다.

아들이 천사들보다 더 뛰어남을 강조하는 1장에서 언급이 두드려졌던 천사들이 여기서 다시 등장한다. 그렇기 때문에 1장과의 관계를 놓쳐서는 안 된다. 천사들을 통해 전해진 메시지는 분명히 모세의 율법을 말한다. 신약성경의 다른 곳에서도 그렇게 말하는 것을 볼 수 있다.[참조. 행 7:53, 갈 3:19] 구약성경에서는 언급이 분명하지 않지만,[참조. 신 33:2] 분명히 이런 전승은 굉장히 흔한 것이었다.[71]

71 신명기 33:2에 관한 언급에 대해서는 앨런을 참조하라. *Deuteronomy and Exhortation*

천사들과 모세의 율법 사이의 고리를 통해 왜 천사들이 히브리서 1장에 등장하는지 알 수 있다. 독자들이 천사들에게 관심을 보인 것은 천사들을 통해 무슨 신비로운 체험을 하게 되었다거나 천사 기독론을 논박하기 위해서가 아니었다.[72] 오히려 천사들에 대한 언급은 히브리서 전체와 잘 맞는다. 옛 언약으로 다시 돌아가고, 레위기의 제의들을 통해 용서를 얻고자 하는 독자들의 열망에도 부합한다.[73] 그렇기 때문에 천사들에 대비된 아들의 탁월성은 천사들을 통해 중개된 옛 언약보다 그분이 더 탁월함을 증거해 보인다.

그렇다고 기자가 천사들을 통해 중개된 말씀에 흠이 있었다고 생각하는 것은 아니다. 오히려 이 말씀은 "믿을 수 있고"βέβαιος, reliable, ESV 확실해서 듣는 자들에 대한 "법적 구속력"이 있다. 1:1과 1:2 사이의 대조에 비추어 우리는 천사들이 중개한 말씀은 부분적이고 일시적이라고 말할 수 있다. 아들을 통해 말씀하신 최종적이고 결정적인 말씀이 아니기 때문이다. 그럼에도 불구하고 여전히 신뢰할 수 있는 확실한 말씀이다. 실제로 이 언약의 규례들을 거스른 자들은 "공정한 보응을 받았다." 범죄의 성격에 따라 보응이 이루어졌다. 토라의 근본 원리가 그렇다. 레위기 26장과 신명기 27-28장은 이 언약이 정하는 저주들을 어느 정도 상세히 설명하고 규례를 거스른 자들에게 부여된 심판들을 상술한다. 더욱이 사례법출 21:1-22:20은 율법을 범한 정도에 따른 형벌을 상술한다. 기자는 이 형벌들이 범한 죄에 합당한 "공정한" 것임을 강조한다.

in Hebrews, 105-6. 천사들을 통한 중개의 개념은 유대교 전통에서도 찾아볼 수 있다. 참조. Attridge, *Hebrews*, 65n28.

72 퀘스터와 휴즈가 바르게 말한다. 참조. Koester, *Hebrews*, 200; Hughes, *Hebrews*, 52.

73 참조. Barnabas Lindars, *The Theology of the Letter to the Hebrews*, New Testament Theology(Cambridge: Cambridge University Press, 1991), 38.

2:3 여기서 기자는 "만약-그렇다면" 구조의 논의를 완결한다. 보다 작은 이유에서 보다 큰 이유로 옮겨 가면서 논증하는 방식이다. 천사들을 통해 하신 말씀은 확실한 말씀이었고, 이 말씀을 거스른 자들은 합당한 보응을 받았다. 그렇다면 아들을 통해서 주신 더 위대한 계시를 소홀히 여기는 자들이 심판을 면치 못할 것은 자명하다. 따라서 주께서 하신 말씀을 거부하는 독자들은 어리석다. 하늘로부터 온 이 말씀의 진실성을 의심할 여지가 없기 때문이다. 제1세대 그리스도인들은 예수로부터 직접 이 메시지를 들었고, 이 증인들이 독자들에게 확증한 말씀이다.

기자는 자신의 논증을 역설한다. 이런 위대한 구원으로부터 돌아선다면 독자들은 보응을 "피하지"ἐκφευξόμεθα 못할 것이다. 하나님의 최종적인 말씀을 나타내는 이 구원은 위대하다.[1:2] 예수의 희생으로 단번에 죄가 씻어졌다.[1:3, 7:1-10:18] 이로 말미암아 그분은 지금 승리하여 만물을 다스리는 자로 하나님 우편에 앉아 계신다.[1:13, 8:1] 이런 구원을 거부하는 자들이 심판을 당할 것은 자명하다. 구약성경[2:2]의 심판은 이 땅의 심판이었다. 이스라엘은 이 죄로 인해 포로가 되었다. 하지만 아들을 통해 이루어진 계시는 하늘로부터 온 계시다.[예. 12:25-27] 그렇기 때문에 그분을 거부한 자들은 더욱 엄중한 심판을 받을 것이다. 피할 길이 없는 최종적이고도 영원한 심판이다.[74] "피하다"라는 동사는 이 경고 구절과 12:25-29의 마지막 경고 구절을 두르는 틀을 제공한다. 두 경우 모두를 통해 독자들은 심판을 "피하지"ἐκφεύγω, 2:3, 12:25못할 것을 경고받기 때문이다. 신약성경의 다른 곳에서 "피하다"라는 말은 마지막 심판과

74 여기에 대해서는 오브라이언이 바르게 말한다. *Hebrews*, 86n29. 이에 반하여 커크릴은 이스라엘이 받은 심판과 지금 기자가 독자들에게 경고하는 심판은 동일한 것(영원한 심판)이라고 말한다(*Hebrews*, 120-21). 그러나 여기서 기자는 이스라엘이 이 땅에서 받은 심판과 교회를 경고로서의 영원한 심판을 명확하게 대조하고 있다.

관련해서 사용된다.눅 21:36, 롬 2:3, 살전 5:3 여기서 틀을 구성하는 장치는 또 한 이 경고 구절들이 같은 자리에서 한번에 읽혀 들려야 하고 이 구절들이 동일한 경고를 발하고 있다는 이해를 뒷받침한다. 독자들은 이처럼 위대한 구원을 "등한히 여기지" 말라는 경고를 받는다. "등한히 하다"ἀμελέω라는 동사가 마태복음 22:5에서는 밭이나 사업과 같은 것을 핑계로 혼인잔치를 마다했던 자들을 묘사할 때 사용된다. 여기서 보면 "등한히 하는" 행위는 치명적인 결과를 초래한다. 이처럼 위대한 구원을 등한히 한 자들은 심판을 면하지 못할 것이기 때문이다.[75]

3-4절의 나머지 부분은 예수 그리스도 안에서 성취된 구원을 등한히 하는 것이 왜 터무니없이 어리석은 일인지를 설명한다. 무엇보다 이 구원의 말씀에는 권위가 있다. "처음에 주로" 하신 말씀이기 때문이다. 여기서 "주"는 예수를 가리킨다. 그분은 하나님의 아들이요, 그분을 통해 하나님께서 최종적으로 말씀하셨다.1:2 세상을 창조하고 붙드는 자요, 만유의 후사인 그분이 친히 역사 속으로 들어오셔서 말씀과 행위로 인간들에게 말씀하셨다. 예수 그리스도는 하나님이 누구신지 인간들에게 최종적이고 결정적으로 계시하셨다.

둘째, 주께서 친히 역사 가운데 사람으로 오셔서 하신 말씀일 뿐 아니라, 예수를 직접 보고 들은 목격자들이 독자들에게 "확증한" 말씀이었다. 이어지는 두 절에서는 법적인 어법이 두드러진다. 그렇게 선포된 메시지의 진실성을 강조하는 대목이다. 복음을 위해 목숨을 걸고자 한다면, 신자들은 이 복음의 진실성과 확실성을 분명히 해야 한다. 천사들을 통해 전해진 말씀은 "법적인 구속력이 있다."βέβαιος 또한 예수께서 하신 말씀은 증인들을 통해 "확증되었다."ἐβεβαιώθη 히브리서 기자와 독

75 엘링워스가 바르게 말한다. *Hebrews*, 140.

자들이 메시지를 직접 자신들의 눈과 귀로 대면하지는 않았지만, 주를 통해 전해진 이 메시지를 확신할 수 있다. 예수로부터 직접 들은 자들이 확증한 것이기 때문이다. 이 구절을 통해 우리는 초대교회가 예수의 말씀과 행적을 신뢰할 만하게 보전하는 것을 중요하게 생각했음을 알 수 있다. 저들은 예수 그리스도의 말씀과 행적을 제멋대로 날조하는 자들을 곱게 보지 않았다.

게다가 이 구절은 바울의 저작설을 부정하는 강한 증거로 작용한다. 비록 예수께서 이 땅에 계실 때 직접 그분을 목도한 것은 아니었음에도, 바울이 복음을 위해 다른 사람을 의지했다는 언급은 어디에도 없다. 오히려 그는 다메섹 도상에서 예수께서 자신을 사도로 부르셨고 복음에 대한 자신의 지식은 다른 사도들에게 배워서 안 것이 아니라는 사실을 강조한다.[갈 1:11-17]

2:4 이제 기자는 독자들이 받은 위대한 구원을 신뢰할 세 번째 이유를 말한다. 첫 번째 이유는 주 예수께서 역사 가운데서 친히 말씀하셨기 때문이다. 두 번째 이유는 예수께서 사역하실 때 그분으로부터 보고 들은 증인들이 예수의 메시지를 독자들과 기자 자신에게 확증했기 때문이다. 세 번째는 하나님께서도 성령의 여러 표적과 기사들로 이 계시의 진실성을 친히 증거하셨기 때문이다.

기자는 이 복음이 진실함을 위의 증거자들과 더불어 하나님께서도 친히 증거하셨음[συνεπιμαρτυροῦντος]을 강조한다. 이 진리는 "표적들과 기사들로" 확인되었다. 이 계시를 확증하기 위해 주신 기사들은 그것이 진실로 하나님으로부터 온 것임을 증거한다. 복음서에 기록된 예수께서 행한 이적들은 그분의 사역이 참임을 증명했다. 또한 이런 이적들은 하나님 나라가 현존함을 보여주는 표적이다. "표적"[σημείοις]이라는 말이 인간들이 이적들이 갖는 의미를 분별해야 함을 내포하기는 하지만, 그럼에도 불구하고 여기서 이적들을 가리키기 위해 사용된 세 단어들은 거의 같은 의미를 갖는다. "능력들"δυνάμεσιν이라는 말이 하나님의 능력을 나타내는 반면, "기사들"τέρασιν이라는 말은 하나님의 역사가 갖는 전례 없이 놀라운 성격을 의미한다. 출애굽 기간에 여호와께서는 많은 "표적과 기사"를 행하셔서 애굽 사람들과 이스라엘 백성들 모두가 여호와만이 역사의 주요, 참된 하나님이시며, 이스라엘을 애굽에서 해방하심으로 지금 자신의 언약을 성취하고 계심을 깨닫게 하셨다.참조. 출 7:3, 신 6:22; 26:8; 29:3; 34:11, 시 135:9, 렘 32:20, 21 하나님께서는 또한 사도들에게 표적과 기사를 허락하셔서 그들이 자신의 참 사자들임을 나타내셨다.행 2:43, 4:30, 5:12, 14:3, 15:12 바울은 자신의 사역에서 드러난 "표적과 기사들"에 호소해 자신이 가진 사도 직분이 참된 것임을 강조한다.롬 15:19, 고후 12:12 히브리서를 받아보는 독자들 역시 자신들이 처음에 믿은 구원이 참된 것임을 확신할 수 있었던 것은 물론이다. 기사와 표적과 능력들은 히브리서를 받아보는 독자들이 처음에 받은 메시지에 대해 하나님께서 친히 승인하시고 인치셨음을 증거한다.[76] 또한 "자기의 뜻을 따라 성령이 나누어 주신 것"참조. §4 역시 복음의 진실성을 인정하는 것이었다. "나누어 주는 것"μερισμοῖς이라는 명사는 HCSB가 번역하는 것처럼참조. NIV, ESV, NRSV 역시 그렇게 번역한다 성령의 선물들을 가리킬 것이다. 특별히 이 말은 성령의 선물들은 하나님이 주신 계시를 신임하는 것임을 뜻한다. 다른 곳을 보면, 바울갈 3:1-5과 베드로행 15:7-11 역시 성령의 선물은 이방인 신자들이 진실

76 여기서 묘사되는 이적들은 아마도 독자들의 삶에서 여전히 계속되고 있었을 것이다. 참조. Lane, *Hebrews 1-8*, 39-40; Steve Motyer, "The Spirit in Hebrews: No Longer Forgotten?" in *The Spirit and Christ in the New Testament and Christian Theology: Essays Presented in Honor of Max Turner*, ed. I. H. Marshall, V. Rabens, and C. Bennema(Grand Rapids, MI: Eerdmans, 2012), 214-15, 219-20.

로 하나님의 백성에 가입한 것을 나타내는 것이라고 주장한다. 다른 문맥을 보면, 성령의 선물은 신자들의 덕을 세우기 위해 주어진다.참조. 롬 12:3-8, 고전 12:1-31; 14:1-40, 엡 4:11-16, 벧전 4:10-11 하지만 여기서 기자는 복음의 진정성을 뒷받침하기 위해 성령의 선물에 호소한다.

성경신학적 적용

신약성경 어디에서도 믿음으로 끝까지 인내하지 않아도 구원하는 메시지를 한번 받아들였으면 그것으로 충분하다고 가르치지 않는다. 우리가 받은 위대한 구원을 소홀히 여기거나 믿음에서 흘러 떠내려가지 말아야 한다. 구약성경에서 하나님의 백성들이 천사들을 통해 중개된 모세의 율법을 거스른 것 때문에 이 땅에서 심판을 받았다면, 아들을 통해 주신 하늘의 계시를 거부하는 자들은 최후의 심판을 피하지 못할 것이다. 아들을 통해 말씀하신 계시가 불확실하다고 말할 수도 없다. 주께서 친히 이 땅에 오셔서 이 말씀을 하셨기 때문이다. 그리고 역사상에서 주님께 직접 들은 자들이 이 말씀을 증거했다. 마지막으로, 하나님께서 이적과 표적과 기사와 성령의 선물을 통해 이 계시의 진실성을 확증하셨다. 그렇기 때문에 하나님으로부터 온 분명한 말씀을 거부하는 것은 배도다. 이 계시가 충분하리만큼 확정된 것이 아니기 때문에 의심해도 무방하다고 핑계할 수 있는 사람은 아무도 없다. 퀘스터가 바르게 지적한다. "사람들에게서 소망을 앗아가기 위해 경고들을 주신 것이 아니다. 오히려 끝까지 견뎌 약속된 것을 유업으로 받기까지 그들이 보존되도록 위험에서 보호하기 위함이다."[77]

77 Koester, *Hebrews*, 209.

2:5-9

I. 프롤로그: 아들을 통해 이루어진 결정적이고 최종적인 계시1:1-4

II. 천사들보다 위대하신 아들을 저버리지 말라1:5-2:18

1 | 아들의 본성과 통치를 통해 그가 천사들보다 위대하신 분임을 알 수 있다1:5-14

2 | 경고: 흘러 떠내려가지 않도록 하라2:1-4

3 | 아들에게 복종하게 된 장차 올 세상2:5-18

1) 죽음의 고난으로 말미암아 천사들보다 높아지신 인자2:5-9

2) 예수는 자비하고 신실한 대제사장으로서 자신의 형제자매들과 함께 다스리신다2:10-18

5 하나님이 우리가 말하는 바 장차 올 세상을 천사들에게 복종하게 하심이 아니니라. 6
그러나 누구인가가 어디에서 증언하여 이르되 사람이 무엇이기에 주께서 그를 생각하
시며 인자가 무엇이기에 주께서 그를 돌보시나이까. 7 그를 잠시 동안 천사보다 못하
게 하시며 영광과 존귀로 관을 씌우시며 8 만물을 그 발 아래에 복종하게 하셨느니라
하였으니 만물로 그에게 복종하게 하셨은즉 복종하지 않은 것이 하나도 없어야 하겠
으나 지금 우리가 만물이 아직 그에게 복종하고 있는 것을 보지 못하고 9 오직 우리가
천사들보다 잠시 동안 못하게 하심을 입은 자 곧 죽음의 고난 받으심으로 말미암아
영광과 존귀로 관을 쓰신 예수를 보니 이를 행하심은 하나님의 은혜로 말미암아 모든
사람을 위하여 죽음을 맛보려 하심이라.

문맥

이유를 말하는 "왜냐하면"γάρ이라는 접속사가 2:5-18특히 2:5-9을 앞의 문단과 이어 준다. 이처럼 위대한 구원을 소홀히 여기고 천사들을 통해 중개된 율법으로 돌이키는 신자들은 심판을 피하지 못할 것이다.[78] 5-9

절은 그 이유를 설명한다. 천사들에게 세상을 다스리는 통치권이 주어진 적이 없다. 그렇기 때문에 인간들은 인자이신 예수께 속할 때라야 그들을 위해 정해진 뜻에 도달한다. 시편 8편은 통치가 천사들이 아닌 인간들에게 주어진 것을 노래하는 것이 분명하다. 시편 기자는 창조 담화를 묵상한다. 인간들이 천사들보다 낮지만 영광과 존귀를 위해 작정되었다. 천하 만물이 인간에게 복종할 것이다. 히브리서 기자는 구속 역사의 렌즈를 끼고 창조 담화와 시편 8편을 읽는다. 세상 만물이 아직 인간들에게 복종하는 것은 아니다. 세상은 완전하지 못하고 타락했다. 그럼에도 불구하고 한 인간이 자신이 창조된 뜻을 이루었는데, 그가 바로 예수다. 예수는 성육신을 통해 천사들보다 낮게 되셨지만, 지금은 영광과 존귀로 관을 쓰셨다. 그러나 십자가를 통해서라야 면류관으로 나아갈 수 있었다. 고난과 죽음을 통해 그분은 지금 존귀하게 되셨다. 그렇기 때문에 그분의 죽음은 자기 자신만을 위한 것이 아니라 자기에게 속한 모든 각각의 인간을 위한 것이었다. 인간들은 죽음을 이길 때라야 하나님께서 의도하신 대로 세상을 다스릴 것이다. 그러나 예수는 자신의 고난으로 말미암아 사망을 이기신 유일한 인간이다. 그분을 제외한 모든 인류는 그들이 예수께 속한 자라면 그분이 이루신 바로 이 승리에 참여할 뿐이다. 그렇다면 독자들이 사망을 이긴 승리를 약속하는 이 계시를 저버리고 세상을 다스릴 약속도 주지 않는 천사들을 통해 중개된 계시로 돌이키는 것은 도무지 상상할 수도 없는 일이다!

78 존슨이 바르게 말한다. *Hebrews*, 89. 천사들에 대한 언급이 히브리서 2장을 1장과 묶어 준다(참조. 1:5과 2:16). 히브리서 2:17-18은 내용이 자연스럽게 다음 단락으로 이어지도록 이음새 역할을 한다(오브라이언이 바르게 지적한다. *Hebrews*, 63).

주석

2:5 지금까지 세상은 천사들에게 복종해 왔지만 장차 오는 세상은 그렇지 않을 것이다. 인간들이 하나님을 위해 세상을 다스릴 것이다.[79] 지금부터 기자가 묘사하는 것은 "흔들리지 않는 나라"를 가리키는 또 다른 방식이다.12:28 [80] 이번에는 시편 8편을 인용함으로 창조 전승에 호소하며 자신의 주장을 펼쳐 간다. 바울 역시 신자들이 천사들을 심판할 것이라고 주장하면서 지금 히브리서에서 우리가 보고 있는 것과 유사한 진술을 한다.고전 6:3 성경적 전승을 보면, 천사들이 인간들 위에 권위를 행사하고 그들을 다스렸다고 하는 본문들이 있다.참조. 신 32:8, 칠십인역, 단 10:13, 20, 헤르마스의 목자 묵시편 12:1 만약 이 부분을 기술하면서 기자가 이런 사실을 생각한 것이 맞다면, 히브리서 1-2장에서 천사들을 강조하는 것과도 잘 맞아떨어진다.

어쨌든 기자가 계속해서 천사들에 대한 생각을 떨치지 않는 것을 볼 때 히브리서 1-2장은 서로 긴밀하게 연결된 것임을 알 수 있다. 그렇다면 2:1-4의 경고는 1:1-14과 2:5-18 모두와 연결된다. 1장에서 우리는 신과 다윗 계열의 왕, 다시 말해 그의 후손인 예수의 통치는 그분이 천사들보다 훨씬 더 뛰어나다는 사실을 계시한다. 이제 기자는 우리에게 장차 오는 세상은 천사들에게 굴복하지 않을 것이라는 사실을 일

79 히브리서 기자가 예수가 아닌 인간 일반을 생각하고 하는 말이다. 모핏David M. Moffitt도 그렇게 말한다(*Atonement and the Logic of the Resurrection in the Epistle to the Hebrews*, 122). 예수께서 인간으로서 존귀하게 되기 전까지는 천사들이 세상을 다스렸다고 모핏은 말한다(119-22). 물론 천사들이 세상을 다스렸을 수 있지만(이 구절에 대한 주석을 참조하라), 본문은 이 부분에 대해 명확하게 밝히지 않는다. 예수께서 존귀하게 되셨고 인간으로서 다스리신다고 모핏은 말한다. 여기에 나는 단순히 예수께서 존귀하게 되셨고 온전한 인성과 온전한 신성을 가지신 신인God-man으로서 다스리심을 덧붙이고자 한다.

80 참조. Lane, *Hebrews 1-8*, 46

깨워 준다. "우리가 말하는 바"라는 말은 중요하다. 1:1-2:4은 장차 오는 세상에 대한 논의였다는 사실을 드러내 주기 때문이다.τὴν οἰκουμένην τὴν μέλλουσα; 참조. 1:6 이 서신의 다른 곳에서 기자는 장차 받을 "본향"πατρίδα, 11:14과 "하늘의 예루살렘"12:22이라고도 하는 장차 올 도성11:16, 13:14을 언급한다.

2:6 이어지는 절들에서 기자는 시편 8:4-6을 인용해 세상을 다스리는 통치가 천사들이 아닌 인간들에게 주어졌음을 보인다. 그러고 나서 기자는 이런 통치가 가장 탁월한 인간인 예수 안에서 실체가 되었다고 주장한다.[81] 6절에서 기자는 인간의 의미에 대해 의문을 제기하는 시편 8:5을 인용한다. 왜 하나님께서는 미미한 존재인 사람을 기억하시고 돌보시는가? 여기서도 본문은 칠십인역을 따르지만, 또한 마소라 사본에 대한 여자적인 번역과 같다. 하지만 아래 7절에서 우리는 기자가 마소라 사본 대신에 칠십인역을 따르는 것을 알 수 있다.[82]

81 커크릴은 이 구절들은 배타적으로 예수만을 가리킨다고 주장한다(*Hebrews*, 129). 이런 견해를 강력하게 옹호하는 주장에 대해서는 조슬린을 참조하라. "'Son of Man' or 'Human Beings'? Hebrews 2:5-9 and a Response to Craig Blomberg", *JBMW* 14(2009): 42-45. 나는 6-8절이 둘 모두를 가리킨다고 본다. 본문은 인간 일반을 가리키고 특별히 예수를 가리킨다. 예수 자신이 사람이기 때문에 새삼스러운 것이 아니다. 참조. Kenneth L. Schenk, *Cosmology and Eschatology in Hebrews: The Settings of the Sacrifice*, SNTSMS 143(Cambridge: Cambridge University Press, 2007), 54-59; George H. Guthrie and Russell D. Quinn, "A Discourse Analysis of the Use of Psalm 8:4-6 in Hebrews 2:5-9", *JETS* 49(2006): 235-46. 9절까지는 예수를 가리키지 않는다고 이해하는 주장에 대해서는 블롬버그Craig L. Blomberg를 참조하라. "'But We See Jesus': The Relationship Between the Son of Man in Hebrews 2.6 and 2.9 and the Implications for English Translations", in *Cloud of Witnesses: The Theology of Hebrews in Its Ancient Contexts*, ed. R. Bauckham, D. Driver, T. Hart, and N. MacDonald, LNTS 387(London: T&T Clark, 2008), 88-99.

82 레셔트는 히브리서가 시편 8편의 의미를 확장해서 사용하고 있고, 이는 역사적 배경에서 이 시편이 뜻하는 바와도 잘 부합한다고 주장한다(*Hermeneutical Foundations of Hebrews*, 79-121).

도입 문구가 흥미롭다. 언뜻 보면 호기를 부리는 것처럼 보인다. "그러나 누구인가가 어디서 증언하여 이르되." 자신이 인용하는 본문의 출처도 모르고 사용하는 것처럼 기자가 자신의 무지를 드러내고 있는 것이 아니다. 이 서신 전체를 보면, 기자는 구약성경을 아주 세련되게 인용하고 사용할 만큼 구약성경을 아주 잘 알고 있다. 히브리서는 성경을 제대로 배우지 못한 초신자의 글이 아니다. 히브리서의 관심은 이 말을 한 사람이나 이 말의 출처에 있지 않다. 기자는 증언으로서, 하나님이 하신 말씀으로서 독자들이 구약성경에 주목하기를 바라고 있다. 그래서 자신이 인용한 시편의 기자 역시 언급하지 않는다.[83]

기자가 이런 말씀들을 취한 시편은 하나님의 위엄과 인간의 존엄을 노래한다. 시편 기자는 하나님이 지으신 우주와 달과 별들을 생각하고, 인간의 존엄을 반추한다. 하나님이 지으신 세상의 웅장함에 비추어 인간은 너무나 미미하고 보잘것없어 보인다. 히브리어의 대구법을 반영하고 있는 이 두 줄은 대체로 유사하다. 이 시편에서 "사람"과 "인자"son of man 역시 원래는 인간을 가리킨다. 이 시편에서 "인자"는 메시아적 칭호를 반영하지 않는다. 히브리서에서도 그런 의미로 사용되지 않는다.[84] 그럼에도 불구하고 이 말은 "인자"로HCSB, ESV, NIV가 그렇게 번역한다 번역해야 한다.NRSV는 "인간들"[mortals]로 번역한다 다니엘 7:13의 "인자 같은 이"를 반영하는 말일 수도 있기 때문이다. 번역을 통해서도 가능하면 이런 자취가 보존되어야 한다. 특별히 "인자"Son of Man는 복음서에서 예수를 부를 때 흔히 사용되는 칭호이기 때문이다. "기억하다"라는μιμνῄσκῃ, 개역개정은 "생

83 참조. Lane, *Hebrews 1-8*, 46; Ellingworth, *Hebrews*, 148; Hughes, *Hebrews*, 83-84.

84 참조. O'Brien, *Hebrews*, 95-96; Cockerill, *Hebrews*, 128. 이런 이해를 반대하는 견해로는 다음을 참조하라. Guthrie and Quinn, "A Discourse Analysis", 243-44; Moffitt, *Atonement and the Logic of the Resurrection in the Epistle to the Hebrews*, 122-29.

각하다"로 번역한다—옮긴이 동사는 "마음에 두다""are mindful of", ESV, NIV, NRSV로 번역하는 것이 더 낫다. 기자는 지금 하나님께서 인간에게 관심을 가지시고 돌아보는ἐπισκέπτῃ 것에 대해 묻고 있기 때문이다.

2:7 6절에서 묻고 7-8절에서 대답한다. 인간은 무엇이고 어떤 존재인가? 인간은 잠시 천사들보다 낮게 되었지만 궁극적으로는 영광과 존귀가 그들을 위해 예정되었다. 천사들에 대한 언급은 시편 8:5에 대한 칠십인역을 반영한다. 천사에 대해 언급한 대목을 보면, ESV와 NIV가 칠십인역의 이해를 차용함에도 불구하고, 마소라 사본은 "그를 하나님보다 약간 못하게 하셨다"참조. NRSV고 한다. 천사들이라고 번역하는 것이 히브리서 기자가 1-2장에서 말하는 것과도 부합한다. 하지만 마소라 사본은 원문을 그대로 보존하려고 했을 것이다. 마소라 사본은 하나님과 인간 사이의 질적 차이를 강조한다. 그러나 히브리서는 칠십인역을 따라 인간들이 천사들에게 복종하는 것은 잠시라고 한다.[85] 궁극적으로, 인간은 "영광과 존귀로 관을" 쓸 것이다. 그들은 창조의 절정이기 때문이다. 시편 8편은 인간이 하나님의 형상으로 지어지고 하나님을 대신해 세상을 다스리도록 부름받은 창조 담화에 대한 묵상이다. 인간은 세상을 다스리도록 지어졌고 여기에는 천사들을 다스리는 것도 포함된다.

2:8 8절은 시편 8편 인용부의 마지막 줄로 시작한다. "만물을 그 발 아래에 복종하게 하셨으니." 그러고 나서 기자는 시편에 대한 주석을 제공한다. "만물"은 말 그대로 "모든 것"을 가리킨다. 모든 것이 인간에게 복종한다. 그러나 이 말을 한 후 기자는 곧바로 또 다른 언급을 한다. 지금 세상이 인간의 통치 아래 있지 않은 것이 분명하다. 인간에게 약속된 통치는 아직 역사 속에서 실현되지 않았다.

85 참조. O'Brien, *Hebrews*, 98; Ellingworth, *Hebrews*, 154.

7절로 다시 돌아가서 말하자면, 인간은 특별한 의미에서 영광과 존귀로 관을 쓰고 있다. 다시 말해 세상 만물이 인간에게 복종해 왔다. 인간이 별것 아니고 미미한 존재로 보일 수도 있으나, 세상을 다스리도록 하나님께서 그들을 세우셨다. 만물은 그들에게 복종해야 한다. 이것이 바로 에덴 동산에서 아담과 하와가 하던 역할이었다. 그들은 이 땅을 다스리고 하나님의 영광과 피조물의 유익을 위해 그것을 경작하도록 부름을 받았다.[창 1:28]

히브리서 기자는 죄로의 타락에 비추어 그 자체로 창조에 대한 묵상이라고 할 수 있는 시편 8편을 읽었다. 성경을 읽되 추상적이 아니라 구약성경에서 발견되는 전체 줄거리에 비추어 그렇게 했다. 시편 8편은 아담과 하와가 죄로 타락한 일이 있은 뒤에 기록된 것이기 때문이다. 이 타락으로 말미암아 세상에 고통, 좌절, 헛됨, 사망이 찾아왔다. 인간은 하나님을 위해 온 세상을 다스리도록 정해졌다. 만물은 인간의 다스림과 지배 아래 있어야 했다. 그러나 죄가 가입해 이 통치를 좌절시켰다. 이어지는 주장을 보면 세상을 다스리는 인간의 통치를 좌절시킨 것은 사망이다(죄의 삯). 인간을 위해 마련된 영광은 인간 역사 속에서 실현되지 못했다. 오히려 인간의 역사라는 무대에는 파괴와 사망의 잔해들이 널브러져 있다. 세상이 미쳐 버린 것이다.

2:9 그러나 인간을 향한 하나님의 뜻은 참 인간의 인격 곧 예수 안에서 계시된다.[86] 그분은 성육신을 통해 천사보다 낮게 되셨지만, 지금은 하나님 우편에서 다스리신다. 따라서 존귀와 영광으로 관을 쓰신 것이다. 그분이 누리는 통치는 친히 담당하신 죽음 때문이고, 그분이 죽으신

86 이 대목의 마지막 말인 예수는 최종적이고 절정적이다(Kevin B. McCruden, *Solidarity Perfected: Beneficent Christology in the Epistle to the Hebrews*, BZNW 159[Berlin: Walter de Gruyter, 2008], 47).

죽음은 자신만을 위한 것이 아니었다. 모든 사람을 대신해 죽음을 경험하신 것이다.[87]

예수는 "인간을 위해 작정된 부르심을 성취"하신 "대리인"이다.참조. §2.2 [88] 히브리서는 "아들의 인성과 고난"을 언급할 때에는 예수라는 이름을 사용한다.[89] 기자는 계속해서 시편 8편의 메시지를 독자들에게 적용할 때 이 땅에서의 예수의 사역으로 시작한다. 예수는 "잠시 천사들보다 낮게 되셨다."[90] 여기서 기자는 이 땅에서의 예수의 삶, 그분의 성육신을 생각한다. 이 땅에 사는 동안 사람으로서 그분은 천사보다 탁월하지 않았고 그들보다 낮게 되셨다. 다른 모든 인간과 마찬가지로 그 역시 사망에 굴복하셨기 때문이다. 그러나 예수의 죽음은 다른 사람들을 위한 것이었다. 죄가 없으신 그분은 죽을 이유가 없기 때문이다.4:15, 7:26-27 따라서 그분의 죽음은 하나님의 은혜를 나타낸다.[91] 다시 말해, 예

87 오브라이언이 말한 바와 같다. "이 죽음은 그분이 성육신하신 목적이라기보다는 하나님께서 그분을 높이신(참조. 빌 2:9) 이유 혹은 근거다"(*Hebrews*, 99).

88 Lane, *Hebrews 1-8*, 47.

89 Cockerill, *Hebrews*, 132.

90 대부분의 주석가들은 "잠시"βραχύ τι라는 표현이 히브리서에서는 일시적임을 뜻한다는 데 동의한다. 마소라 사본은 인간들이 하나님보다 약간 낮게 되었다고 하지만, 히브리서는 이 본문을 시간적으로 해석한다. 인간들은 잠시 동안만 천사들보다 낮다는 것을 가르치는 것이다(반대 참조. Westcott, *Hebrews*, 44; Bruce, *Hebrews*, 34n23[perhaps]).

91 이 본문에 대해서는 논란이 분분하다. 이 대목("하나님의 은혜로 말미암아", 개역개정—옮긴이)을 χωρίς("far from"—옮긴이)로 읽기를 선호하는 사람들이 있다(그렇게 되면 예수께서 인간의 죄를 지고 십자가에 달리셨을 때 하나님과 단절된 것이 강조된다—옮긴이. Ellingworth, *Hebrews*, 155-57; Alan C. Mitchell, *Hebrews*, SP[Collegeville, MN: Michael Glazier, 2007], 67). 하지만 이 대목은 χάριτι로 읽어야 한다(Hughes, *Hebrews*, 94-97). 이 부분에 대한 이런 차이는 교회의 초기 역사로까지 거슬러 올라간다. 참조. E. M. Heen and P. W. D. Krey, eds., *Hebrews*, Ancient Christian Commentary on Scripture(Downers Grove, IL: InterVarsity, 2005, 38-40). 따라서 미첼이 "하나님과 분리되어"를 "교부들의 이해"라고 말한 것은 잘못된 것이다(*Hebrews*, 67). 실제로 교부들 역시 이 부분에서는 의견이 갈리기 때문이다.

수를 제외한 다른 모든 인간은 자신의 죄 때문에 죽는 것이 마땅하다. 하지만 하나님께서는 예수의 죽음을 통해 그들을 죄와 사망에서 건지심으로 자신의 은혜를 부으셨다.

여기서 "맛보다"라는 동사는 "경험하다"를 의미한다. 예수께서 죽음이 갖는 모든 끔찍함과 더불어 그것을 온전히 맞닥뜨리셨다는 말이다.[92] "맛보다"라는 동사가 예수께서 당하신 죽음이 부분적이거나 제한적인 것을 가리킨다는 이해는 근거가 없는 것이다.참조. 마 16:28과 병행구절, 눅 14:24, 요 8:52 죽음은 좌절, 헛됨, 인간 존재의 절망을 가리킨다. 따라서 예수는 죄에서 비롯된 이런 결과로부터 우리를 자유롭게 하기 위해 죽으셨다. 예수께서 "모든 사람"을 위해ὑπὲρ παντό 죽으신 것을 기자는 강조한다. 이어지는 문맥은 기자가 "모든 사람"이라고 했을 때 염두에 두었던 것이 무엇인지를 밝혀 줄 것이다. 예외 없는 모두라기보다는 구별 없는 모두를 염두에 둔 것처럼 보인다. 예수의 죽음은 영광으로 옮겨진 자녀들,2:10 그분의 형제들,2:11-12 하나님께서 그에게 주신 자녀들,2:13 즉 아브라함의 자손들2:16을 죽음의 헛됨과 그것을 두려워하는 것으로부터 자유롭게 한다.

하지만 예수의 죽음이 이 이야기의 끝이 아니다. 시편 110:1이 예언한 대로, 지금 그분은 하나님의 우편으로 높아지셨다!참조. 1:3, 13, 8:1, 10:12-13, 12:2 시편 8편이 재확인하는 바와 같이, 창조 시 인간에게 주어진 역할이 이제 예수 그리스도 안에서 성취되었다. 지금 예수는 영광과 존귀로 관을 쓰고 하나님 우편에서 다스리신다. 물론 그분의 통치가 아직 완전히 이루어진 것은 아니다.[93] 그분의 모든 원수가 아직 다 굴복된 것은 아니

92 참조. Ellingworth, *Hebrews*, 157; Hughes, *Hebrews*, 91.

93 "이 절의 마지막 부분인 하나님의 은혜로 말미암아 모든 사람을 위하여 죽음을 맛보려 하심이라고 하는 대목은 목적을 나타낸다. 관을 쓰신 목적이 아닌 그리스도의 비하, 고난, 승귀를 아우르는 앞서 일어난 모든 일의 목적을 말한다"(O'Brien, *Hebrews*, 100).

다. 그럼에도 불구하고 예수의 통치에서 우리는 인류를 향해 정하신 하나님의 뜻과 예수께 속한 모든 자를 위한 하나님의 작정을 본다. 사망이 이기지 못할 것이다. 놀랍게도 예수께서 죽임을 당하심으로 말미암아 만물을 다스리는 예수의 통치와 승귀가 이루어졌다. 죽음은 오직 죽음을 통해서만 정복된다. 인간들이 굴복할 수밖에 없는 죽음은 오직 인간으로서 죽으시는 이를 통해서만 무력하게 된다. 죽음의 지배는 이런 대제사장의 고난과 죽음을 통해서라야 종식된다. 히브리서 기자는 여기서 이와 관련된 모든 것을 다 논하지는 않는다. 하지만 죄로 말미암아 사망이 온 것은 분명하다. 죄악들은 죽음을 통해서만 깨끗하게 된다.1:3, 2:17, 5:1-3, 7:27, 8:12, 9:26, 28, 10:2-4, 11-12, 17-18 예수는 인간을 대신해 죽으셨다. 그렇게 인간들을 위해 죄를 이기심으로 그들이 자기와 더불어 왕노릇할 수 있도록 하셨다.

예수의 죽음에 대해 여기서 히브리서가 가르치는 것은 신약성경의 다른 곳에서 말하는 것에 부합한다.예. 막 10:45; 14:24, 눅 22:20, 요 6:51, 롬 3:24-26; 5:6-10, 요일 2:2; 4:10 우리의 범과로 인한 죄책을 친히 담당하신 예수의 죽음으로 인간에게 드리운 죄의 지배가 종식되었다. 히브리서는 신약성경을 관통하여 흐르는 중심 메시지와 부합한다. 예수 그리스도께서 행하신 구속과 화해의 사역을 통해서 구원을 얻기 때문이다.

이 구절들에서 볼 수 있는 인자에 대한 언급은 여기서 과연 다니엘 7장이 말하는 인자 기독론을 찾아볼 수 있는지에 대한 논의를 불러일으켰다. 일치된 의견이 있는 것은 아니지만, 최근 몇 년 동안 대부분의 주석가들은 이 부분에 대해 부정적이었다. 엄밀하게 말해서, 기자가 여기서 시편 8편과 다니엘 7장을 연결시키고 있다는 분명한 증거는 없다. 이 서신에서 다니엘 7장에 대한 명확한 언급이 없기 때문이다. 그런 점에서, 히브리서 기자가 복음서들에서 현저하게 드러나는 신학인 다니엘서의 인자 기독론을 언급하는 것은 아니라는 대다수의 최근 주석가들의 주장은 옳다.[94] 반면 시편 8편과 다니엘 7장 사이에는 정경적 연결성이 있다. 이 서신이 언급하는 인자는 세상을 잔인하게 지배해 온 왕들, 정권들과 대조를 이루는 참 인간을 말하기 때문이다. 성도들을 대표하는 이런 인자는 공평과 화평으로 다스릴 것이고 성도들이 번성할 세상을 불러올 것이다. 다니엘 7장의 사고의 흐름이 어떤 측면에서는 놀라우리만큼 시편 8편과 유사한 것을 쉽게 발견할 수 있다. 시편 8편과 다니엘 7장은 인간이 다스리는 것을 말한다. 신약성경에 따르면, 예수는 이 두 본문 모두가 인자Son of Man에 대해 말하고 있는 것을 성취하신다. 인간을 위해 작정된 통치는 예수의 고난과 죽음을 통해 실체가 된다. 예수께서 인간(시편 8편)과 성도들(다니엘 7장)을 대표하기 때문에 인간들을 위해 예비된 통치와 다스림이 그분을 통해 실현된다.

항상 하나님의 뜻을 행하는 가운데 하나님의 통치 아래 사셨다는 점에서 예수는 진정한 인간이다. 시편 8편이 묘사하는 인간의 역할이 그 안에서 성취되었다. 그분께 속한 자들은 그분이 이룩한 승리에 참여하고, 그들을 위해 창세로부터 작정된 통치를 그분과 더불어 누릴 것이다.

성경신학적 적용

이 본문에서는 우리는 인간이 존엄하게 지어진 존재임을 배운다. 프랜시스 쉐퍼Francis Schaeffer가 말한 것과 같다. "인간이 놀라운 것은 하나님의 형상을 따라 지어졌기 때문이다."[95] 인간의 생명이 하찮게 여겨지고 때로 잔인하게 살해되거나 아무렇지도 않게 버려지는 세상에서 히브리서

94 예. Lindars, *The Theology of Hebrews*, 39.

95 참조. Francis Schaffer, *Escape from Reason* (Downers Grove: InterVarsity, 1968), 29-31.

기자는 인간은 창조의 정수임을 일깨워 준다. 하나님을 따라 세상을 다스리도록 지음을 받은 것이 인간이다. 그럼에도 불구하고 세상은 여전히 하나님이 지으신 뜻에서 벗어나 있다. 더 정확히 말해, 인간은 자신들이 지음받은 목적을 저버렸다. 세상을 다스릴 뿐 아니라 심지어 천사들조차 다스리도록 지음받았지만, 죄와 사망이 가입했고, 세상은 평화와 질서와 조화가 아닌 혼란과 가공할 만한 악으로 점철되었다. 세상에 침범한 이런 악을 위한 해결책은 한 사람으로부터 온다. 예수 그리스도께서 모든 각 사람을 위해 죽음을 맛보았기 때문이다. 자신의 죽음으로 그분은 지금 하나님 우편에서 다스리신다. 이런 사실은 사망이 더 이상 왕노릇하지 못하게 된 것을 보여준다.

2:10-18

I. 프롤로그: 아들을 통해 이루어진 결정적이고 최종적인 계시 1:1-4

II. 천사들보다 위대하신 아들을 저버리지 말라 1:5-2:18

1 | 아들의 본성과 통치를 통해 그가 천사들보다 위대하신 분임을 알 수 있다 1:5-14

2 | 경고: 흘러 떠내려가지 않도록 하라 2:1-4

3 | 아들에게 복종하게 된 장차 올 세상 2:5-18

1) 죽음의 고난으로 말미암아 천사들보다 높아지신 인자 2:5-9

2) 예수는 자비하고 신실한 대제사장으로서 자신의 형제자매들과 함께 다스리신다 2:10-18

10 그러므로 만물이 그를 위하고 또한 그로 말미암은 이가 많은 아들들을 이끌어 영광
에 들어가게 하시는 일에 그들의 구원의 창시자를 고난을 통하여 온전하게 하심이 합
당하도다. 11 거룩하게 하시는 이와 거룩하게 함을 입은 자들이 다 한 근원에서 난지
라. 그러므로 형제라 부르시기를 부끄러워하지 아니하시고 12 이르시되 내가 주의 이
름을 내 형제들에게 선포하고 내가 주를 교회 중에서 찬송하리라 하셨으며 13 또다시
내가 그를 의지하리라 하시고 또다시 볼지어다 나와 및 하나님께서 내게 주신 자녀라
하셨으니 14 자녀들은 혈과 육에 속하였으매 그도 또한 같은 모양으로 혈과 육을 함께
지니심은 죽음을 통하여 죽음의 세력을 잡은 자 곧 마귀를 멸하시며 15 또 죽기를 무서
워하므로 한평생 매여 종노릇하는 모든 자들을 놓아 주려 하심이니 16 이는 확실히 천
사들을 붙들어 주려 하심이 아니요 오직 아브라함의 자손을 붙들어 주려 하심이라. 17
그러므로 그가 범사에 형제들과 같이 되심이 마땅하도다. 이는 하나님의 일에 자비하
고 신실한 대제사장이 되어 백성의 죄를 속량하려 하심이라. 18 그가 시험을 받아 고난
을 당하셨은즉 시험받는 자들을 능히 도우실 수 있느니라.

문맥

세상이 인간에게 복종하는 일은 인간을 위해 죽음을 맛보신 아들을 통해서만 실현된다.[96] 10절은 하나님께서 고난을 통해 구원의 창시자를 온전하게 하고 많은 아들들을 이끌어 영광에 들어가게 하시는 것이 합당하다고 함으로 자신의 주장을 계속 이어 간다. 고난이 합당한 것에 대해서는 이어지는 절들을 통해 설명한다. 거룩하게 하시는 이이신 예수와 거룩하게 되는 인간이 같은 인간 본성을 가졌다.[11절] 인간과 동일한 본성을 가지셨으므로 예수는 인간을 형제라, 자매라 부르기를 부끄러워하지 않으신다.[11절] 시편 22:22을 인용하여 예수께서 다윗의 후손인 왕으로서 자기 형제들에게 하나님의 이름을 선포하신다[12절]고 함으로, 기자는 예수께서 인간과 동일한 본성을 가지고 형제자매의 관계로 계심을 뒷받침한다. 또한 이사야 8:17-18을 보면, 인간은 하나님께서 예수께 주신 자녀들이다.[13절] 이제 기자는 예수께서 고난을 통해 온전하게 되신 것이 왜 합당한지를 보다 자세히 설명한다.[14-15절] 그분은 우리와 같은 혈과 육을 가지시고 죽음의 세력을 가진 자인 마귀를 멸하시기 위해 고난을 감당하셨다. 죽음을 통해 죽음의 권세를 파하시고 한평생 끊임없이 죽음을 두려워하며 사는 자들을 하나님과 화목하게 하셨다. 여기서 인성이 부각된 것은, 예수께서 천사들이 아닌 아브라함의 자손을 도와주기 위해 오셨기 때문이다.[16절] 마침내 세상을 다스리는 통치가 천사들이 아닌 인간들에게 주어졌다. 예수는 인간과 같이 되셔야—우리와 같은 인간의 삶을 살고[17절] 우리가 받아 마땅한 죽음을 당하셔야—만 인간을 도우실 수 있었다. 오직 이런 방식으로만 예수는 자비하고 신실한 대제사장이 되어 백성의 죄를 속량하고 하나님의 진노를 가라앉힐 수

96 종교사의 배경에 대한 유용한 논의를 위해서는 아트리지를 참조하라. *Hebrews*, 79-82.

있었다. 17절은 죄 때문에 사망이 지배하게 되었기 때문에 이 죄가 용서받을 때라야 사망의 권세가 무너진다는 사실을 분명히 한다. 친히 고난과 시험을 당하신 예수는 시험당하는 자들을 능히 도우실 수 있다.[18절]

주석

2:10 기자는 하나님께서 고난을 통해 예수를 온전하게 하시는 것이 왜 합당하고 부합하는지를 보인다.[참조. §2.5] 예수의 고난을 통해 신자들은 영화롭게 된다. 그리스-로마 시대의 사회에서 신과 고통을 연결시키고 완전과 고통을 연결하는 것은 그야말로 경악할 일이었다.[97] 그러나 이것이 바로 우주를 통치하는 하나님과 만물이 그분을 위해 그분으로 말미암아 존재한다고 하는 히브리서 기자가 하고 있는 일이다. 예수께서 모든 각 사람을 위해 맛보신 죽음은 하나님의 본성과 성품과 조화를 이루는 사물이 존재해야 하는 방식과 일치한다. 역사 속에서 자신의 계획을 이루어 가시는 이 하나님이 바로 우주의 중심이다. "만물이 주에게서 나오고 주로 말미암아 주에게로 돌아감이라." 하나님이 목적일 뿐 아니라 이 목적에 이르는 방편이요, 역사의 목적인 동시에 역사의 동인이다.[참조. §1] 바울 역시 만물이 주에게서 나오고 주로 말미암아 주에게로 돌아간다고 유사한 말을 한다.[롬 11:36] 역사는 인본주의적이 아니라 신본주의적이다. 사람 중심이 아니라 하나님 중심이다. 역사 속에서 하나님이 이루시는 주된 목적들 가운데 하나는 "많은 아들들을 영광으로" 이끌어들이는 것이다. 인간이 들어가도록 예정된 영광에는 앞의 절들에서 말하는 것처럼 만물을 다스리는 일이 포함된다. 이는 또한 "하나님

97 참조. L. Johnson, *Hebrews*, 95. 그리스-로마의 작가들은 "고통과 신을 연결하는 것을 도무지 이해하지 못했을" 것이라고 그는 말한다(95).

자신의 존재와 그 앞으로 나아가는 것"을 가리킨다.[98] 하나님은 많은 아들들을 영광으로 이끌어들이는 분이심을 잊지 말아야 한다.[99] 출애굽을 통해 이스라엘을 애굽에서 자유롭게 하신 동일한 주께서 자기 백성을 예수 그리스도로 말미암아 영광으로 이끄신다.[100] 기자는 "모든" 아들들이 아닌 "많은" 아들들이 영화롭게 될 것이라고 한다.[101] 모든 각 사람을 위해 죽음을 맛보았다는 말은 예외 없이 누구나 구원받는다는 보편 구원론이 아니라, 하나님의 아들과 딸인 자들의 구원을 말한다.

영광으로 이끌리는 많은 아들들 때문에 예수는 여기서 구원의 "선구자"ἀρχηγός로 묘사된다. 예수께서 하나님이 영광으로 들일 많은 자녀들을 위한 구원의 선구자이심을 가리키기 위해 이 말은 또한 "선구자""pioneer", NIV, NRSV나 "설립자""founder", ESV로도 번역된다. 그분은 자기 형제들을 위한 구원을 이룩한 선구자다. 하지만 이 단어는 또한 지도자라는 개념을 포함한다. 따라서 "선구자"로 번역하는 것이 가장 맞을 것이다.[102] 선구자라고하는 예수를 가리키는 언급은 3:6에 언급될 모세와의

98 같은 책.

99 그리스도께서 많은 자녀들을 영광으로 이끌어들인다고 생각하기도 한다(예. Hughes, *Hebrews*, 101-2). 하지만 대부분의 주석가들은 여기서 가리키는 것이 하나님이라는 데 동의한다(예. Ellingworth, *Hebrews*, 159). 문법적으로 이 두 가지 해석이 모두 가능하다. 휴즈의 견해를 취한다면, 여기서 분사는 "원천"(source, ἀρχηγόν, 개역개정은 "창시자"로 번역한다—옮긴이)과 관계가 있다. 하지만 만약 이 분사가 하나님을 가리킨다면, 이 말은 "그로 말미암아"(δι' ὅν, 개역개정은 "그를 위하고"로 번역한다—옮긴이)와 연결된다.

100 참조. Lane, *Hebrews 1-8*, 56; O'Brien, *Hebrews*, 104.

101 하지만 여기서 "많은"은 곧 "모든"을 의미한다고 해도 무방하다.

102 이 단어의 의미는 다음을 참조하라. R. J. McKelvey, *Pioneer and Priest: Jesus Christ in the Epistle to the Hebrews*(Eugene, OR: Pickwick, 2013), 171-86; L. Johnson, *Hebrews*, 96. 레인이 번역한 "챔피온"(*Hebrews 1-8*, 57)보다는 "창시자"가 더 나은 번역이다. 전자는 예수께서 다른 이들을 위해 구원의 길을 열었다는 의미를 명확히 담아내지 못하기 때문이다(참조. O'Brien, *Hebrews*, 107n27). 메시아적 칭호인 "prince"로 번역해야 한다는 주장도 있지만, 히

비교를 예고한다. 모세는 이스라엘을 애굽으로부터 이끌어 낸 "선구자" 참조. 민 14:4 였기 때문이다.[103] 이 말은 또한 이스라엘을 약속된 땅으로 이끌어들였던 여호수아를 떠올리게 한다.민 13:2-3 [104]

구원의 원천과 선구자이신 예수는 고난을 통해 완전하게 되신다. 히브리서의 다른 곳에서 예수의 죄 없으심을 단언하는4:15, 7:26-27 것을 볼 때, 여기서 완전이란 그 전에는 결함이 있다가 고난을 통해서 도덕적으로 완전하게 되었음을 말하는 것이 아니다.[105] 구약성경에서 "완전"이라는 말은 제사장들이 자신의 직분에 합당하게 준비되도록 구별되는 것을 가리킬 때 사용된다.참조. 출 29:22, 26, 레 7:37; 8:22 순종, 고난, 죽음, 승귀를 통해 예수께서 하나님이 정하신 목적에 다다름으로 예수는 완전하게 되신다.[106] 이렇게 볼 때 완전은 **직무와 관련된** 것으로 가장 잘 설명될

브리서 12:2과 잘 맞지 않는 번역이다(여기에 반하는 주장으로 다음을 참조하라. George Johnston, "Christ as Archegos", *NTS* 27[1980-81]: 381-85).

103 참조. Cockerill, *Hebrews*, 138.

104 참조. Moffitt, *Atonement and the Logic of the Resurrection in the Epistle to the Hebrews*, 129-30.

105 종교사 개관을 위해서는 아트리지를 참조하라. *Hebrews*, 83-87. 본 주석서는 데이비드 피터슨이 자신의 결정판을 통해 내린 결론을 따른다(*Hebrews and Perfection: An Examination of the Concept of Perfection in the "Epistle to the Hebrews"*, SNTSMS 47[Cambridge University Press, 1982]). 실바Moisés Silva는 완전의 종말론적 성격을 강조한다("Perfection and Eschatology in Hebrews", *WTJ* 39[1976-77]: 60-71). 그러나 "예수의 성품에서 일어난 도덕적 발달"을 말하는 어떤 개념도 그릇되게 배제하는 실바의 개념으로는 "히브리서 기자가 제시하는 전체적인 측면을 다 담아내지" 못한다(Peterson, *Hebrews and Perfection*, 226n130).

106 맥크루덴Kevin B. McCruden은 히브리서에서 완전을 이해하는 몇 가지 다른 방식들을 살핀다. (1)영화; (2)제의적; (3)도덕적/윤리적 발달; (4)직무상/경험적(*Solidarity Perfected*, 5-24). 맥크루덴은 완전을 이해하기 위해 파피루스 사본들(25-44)로 돌아가서 발견한 신적인 확증 개념을 히브리서에 적용한다. 그는 계속해서 예수의 완전을 예수께서 인간들을 위해 나타낸 은택과 사랑의 원천인 인간들과의 동질성과 연결시킨다(45-121). 맥크루덴은 예수께서 영화롭게 되신 것이 그분이 제사장으로 준비되는 데 영향을 미친 영향의 정도에 대해서 제

수 있기 때문에 구약의 제사장들과 마찬가지로, 예수께서 제사장과 왕인 자신의 직분을 위해 준비되었음을 의미한다. 완전이 예수의 도덕적 발달을 가리키지는 않는다 해도, 경험적이고 실존적인 측면을 포함하고 있기 때문에, 이런 의미에서 완전은 예수께서 대제사장으로 섬길 자격을 갖추도록 한 순종과 고난을 포함한다. 엘링워스는 예수의 완전은 "목적론적, 제의적, 윤리적"이기 때문에 "하나님은 아들이 대제사장이 되어 하나님의 백성들을 그들의 죄에서 깨끗하게 할 수 있고, 그들이 참 예배 가운데 하나님께로 나아갈 수 있도록 하려는 자신의 목적을 이루셨다"고 말한다.[107] 또한 피터슨David G. Peterson이 말하는 것처럼, "완전하게 된다는 것은 그분이 연속적으로 겪은 사건들 전체를 포함한다. 고난을 통해 입증, 완전한 속죄를 위해 요구된 것들을 이루기 위한 구속적인 죽음, 영광과 존귀로의 승귀."[108] 피터슨은 이를 다음과 같이 요약한다. 예수의 완전은 "시험을 통한 입증, 죄를 위한 희생 제물로서의 죽

대로 평가를 하지 않기 때문에 이 말에 담긴 종말론적 의미를 놓치고 있다고 말한다. 퀘스터는 맥크루덴이 예수께서 갖는 인간과의 동질성을 바르게 강조함에도 불구하고 히브리서에서 완전이라는 말이 사용되는 "온전한 범위"를 제대로 평가하지 못하고 있다고 바르게 지적한다. 또한 퀘스터는 다음과 같이 적절하게 말한다. "문서를 날인하거나 증명할 때 사용되는 말이 예수를 가리킬 때도 사용될 수 있는지가 그렇게 명확하지가 않다. 맥크루덴이 이 부분을 해결하기 위해 많은 노력을 기울이고 있지만, 완전이라는 말이 개인의 성품을 확증하는 것으로 사용된 보다 비근한 전례가 발견될 때라야 이런 주장이 보다 설득력이 있을 것이다. 또한 *philanthropia*라는 말이 그 자체로 히브리서에서 발견되지 않고, 이 개념이 그레코로만의 문서들에서 여러 가지로 사용되기 때문에, 왜 이 말이 히브리서에 나타난 기독론의 핵심으로 선택되었는지를 보다 명확히 하는 것도 도움이 될 것이다." 참조. Craig R. Koester, review of *Solidarity Perfected: Beneficent Christology in the Epistle to the Hebrews*, by Kevin B. McCruden, *Review of Biblical Literature*, February 2012, http://www.bookreviews.org/pdf/7407_9193.pdf, 검색일 March 27, 2013.

107 Ellingworth, *Hebrews*, 163.

108 Peterson, *Hebrews and Perfection*, 73. 그의 보다 자세한 논의는 67-73를 참조하라.

음, 하늘로의 승귀"로 이루어진다.[109] 비통한 고난 속에서도 끝까지 순종하심으로 예수는 자신이 항상 하나님을 의지했음을 입증하셨다.

2:11 고난을 통해 예수를 온전하게 하심이 합당하다. 예수와 인간들이 한 근원을 가졌기 때문이다. 거룩하게 하시는 이(예수)와 거룩하게 함을 입은 자들(영광으로 들어가게 된 자녀들)은 같은 아버지를 가진 한 가족이다. 그들과 한 가족이기 때문에 예수는 그들을 형제들이라 자매들이라 부르기를 부끄러워하지 않으신다.

"왜냐하면"γὰρ이라는 접속사는 예수께서 고난을 통해 완전하게 되심이 합당한 이유를 부연하는 절로 이끌어 간다. 예수와 거룩하게 함을 입은 자들, 즉 영광에 들어가게 된 자들이 한 본성을 가졌다. 기자는 문자적 의미 그대로 "그들이 다 한 근원에서 난지라"고 말한다. 영어 성경 번역들은 이 대목을 한가지로 해석하여 "다 한 아버지를 가졌다"HCSB, NRSV고 번역하는가 하면, "다 한 근원을 가졌다"ESV고도 하고, 그들은 "한 가족"NIV이라고도 하고, "다 같은 기원을 가졌다"고도 한다.[110] 본문

109 같은 책, 118. 피터슨은 이 말들을 이탤릭체로 강조한다.

110 여기서 사용된 헬라어 자체가 확실하지 않다. 헬라어 성경은 문자적으로 "하나로부터"(from one, ἐξ ἑνὸς)라고 말하기 때문이다. 하나가 가리키는 것을 규명하려는 많은 제안들이 있어 왔다. 가장 그럴듯한 제안들은 다음과 같다. Adam(Moffitt, *Atonement and the Logic of the Resurrection in the Epistle to the Hebrews*, 130-38); Abraham(Christopher A. Richardson, *Pioneer and Perfecter of Faith: Jesus' Faith as the Climax of Israel's History in the Epistle to the Hebrews*, WUNT 2/338[Tübingen: Mohr Siebeck, 2012], 18-19; James Swetnam, *Jesus and Isaac: A Study of the Epistle to the Hebrews in Light of the Aqedah*, AnBib 94[Rome: Pontifical Biblical Institute, 1981], 132-34; L. Johnson, Hebrews, 97-98); or God(Bruce, *Hebrews*, 44n64; Peterson, *Hebrews and Perfection*, 59-60; Koester, *Hebrews*, 229). 휴즈는 이 말을 중성으로 보고 인성을 가리킨다고 한다(Hebrews, 104-6). 대부분의 주석가들은 이 말이 하나님을 가리킨다고 본다. 아담을 가리키는 말로 보이지는 않는 것이, 아담이 언급될 것으로 예상되는 16절에서 실제로 아담이 아닌 아브라함이 언급되는 것을 본다. 16절을 고려해 볼 때 이 말이 아브라함을 가리킬 가능성이 더욱 커 보이지만, 16절에 이르기 전까지는 아브라함이 언급되지 않는 것으로 봐서 이 말은

에서 아담이 언급되지 않고 16절 이전까지는 아브라함이 언급되지 않는 것으로 봐서, 아버지이신 하나님을 가리킬 가능성이 가장 커 보이는 것이 사실이다. 하지만 이런 다양한 번역의 가능성에도 불구하고 모두가 같은 의미를 갖는다. 어쨌든 한 아버지를 가진 자들은 한 가족에 속하고 동일한 원천과 기원을 갖기 때문이다.

예수와 그분의 형제자매들이 공동의 기원을 갖는다는 말이 곧 예수와 다른 자들 사이의 모든 구별이 사라졌다는 것을 뜻하지는 않는다. 예수는 거룩하게 하시는 자요, 나머지 인류는 거룩하게 함을 입은 자들이기 때문이다. 항상 순종하는 이이신 예수는 거룩한 영역에 놓일 필요가 없었다. 그분은 항상 그리고 영원토록 거룩하신 이셨고, 일생 동안 하나님께 자신을 드리셨다. 죄와 사망 아래 있는 모든 다른 인간들(2:17)은 거룩하게 하심을 입어야 했다. 그들은 거룩하지 않고 스스로 악에 넘겨진 자들이기 때문이다. 실제로, 기자는 여기서 이런 인간들을 거룩하게 하는 분으로 예수를 언급한다. 예수께서 이들을 거룩하게 하신다는 말은 놀라운 언급이다. 레위기를 보면 여호와께서 자기 백성을 거룩하게 하신다는 말이 사실상 후렴처럼 등장하기 때문이다레 20:8, 21:8, 15, 23, 22:9, 16, 32 111 이 서신이 말하는 현저한 고등 기독론(예수의 인성보다는 신성에 강조점을 두는 기독론으로, 예를 들어 공관복음서의 기독론에 비추어 요한복음의 기독론을 고등 기독론이라고 할 수 있다—옮긴이)을 나타내는 또 다른 표지가 있다. 예수와 인간들은 동일한 본성을 가졌지만, 예수만 거룩하게 하시는 자요, 다른 모든 인간은 거룩하게 하심을 입는 자라는 점에서 예수는 분명히 구별된다.[112]

하나님을 가리킬 가능성이 가장 크다. 다행히도, 아담을 가리킨다고 하든 하나님을 가리킨다고 하든, 그에 따른 의미 변화가 그리 크지 않다.

111 참조. Lane, *Hebrews 1–8*, 58l.

예수와 그분을 통해 거룩하게 함을 입은 자들은 아버지가 같기 때문에 예수는 그들을 형제자매라 부르기를 부끄러워하지 않는다. 성경에 "형제들"이라고만 언급되지만, 이 말은 "자매들"을 포함한다는 사실을 간과해서는 안 된다. "형제들"은 하나님의 가족인 "형제들과 자매들"참조. NRSV와 NIV 모두를 총칭하는 말이기 때문이다.

고대 세계에서 수치는 중요한 역할을 했다. 이 수치 때문에 아버지나 아들이나 아내나 딸을 인정하지 못하는 경우가 많았다. 그러나 예수는 자기 형제자매들을 부끄러워하지 않으신다. 오히려 그들과 한 가족임을 기꺼이 인정하신다. 여기서 "형제들"이라는 말이 모든 인간을 가리키는 것이 아님은 분명하다. 모든 인간이 자신의 구원을 힘입어 하나님을 아버지로 부르는 것은 아니기 때문이다. 모든 인간이 영광으로 이끌려 들어간 것도 아니다. 모든 인간이 거룩하게 되는 것도 아니다. 여기서 하나님의 가족이란, 사망을 두려워하는 것으로부터 그들을 해방한 예수의 구속의 죽음과 그분의 거룩하게 하시는 역사를 힘입어 깨끗하게 되고 하나님께 헌신된 자들만을 가리킨다.

2:12 시편 22:22이 예수와 신자들이 한 가족이라는 개념을 뒷받침한다. 히브리서는 예수 자신이 시편의 이 구절을 말하는 것으로 이해한다. 예수는 하나님의 이름을 자기 형제자매들에게 선포하실 것이며, 함께한 신자들과 더불어 회중 가운데서 하나님을 찬송할 것이다. 특별히 히브리서 기자의 관심을 끄는 것은, 예수께서 함께한 신자들을 "내 형제들"이라고 정의하시는 대목이다. 예수와 그분의 형제들 사이의 결속이 강조되는데, 이런 사실은 예수께 주어진 통치가 그분으로만 제한되지

112 커크릴이 말하는 바와 같다. "이처럼 창조와 완성에서는 물론 신자들을 거룩하게 하는 아들의 역할은 그분의 신성을 확증한다"(*Hebrews*, 141).

않고 그분의 형제자매들에게도 주어진다는 기자의 주장을 뒷받침한다.

이 구절은 메시아 시편으로 잘 알려진 시편 22편을 인용한 것이다. 이 인용구절은 첫 단어만을 제외하고 칠십인역과 일치한다."내가 자세히 말하고", διηγήσομαι, 시 22:22; "내가 선포하고", ἀπαγγελῶ, 히 2:12 이 인용구절은 아마도 마소라 사본의 시편 22:22에 대한 여자적 번역일 것이다.[113] 예수는 십자가에 달려 죽어 가시며 이 시편의 처음 구절로 외치셨다."나의 하나님, 나의 하나님 어찌하여 나를 버리셨나이까?", 마 27:46, 막 15:34 이 시편의 다른 구절들은 예수께서 수난을 받으시며 당한 일들을 암시한다.시 22:7과 막 15:29, 시 22:28과 마 27:43, 시 22:15과 요 19:28, 시 22:18과 막 15:24, 눅 23:34, 요 19:23-24 히브리서가 예수의 고난을 설명하는 구절들을 인용하는 것은 아니다. 하지만 이 시편에 열거된 예수의 고난들이 기자의 사고의 내용을 이루고 있다. 시편 22편이 메시아 시편으로 널리 받아들여지는 중요한 증거를 가지고 있기 때문이다. 게다가 히브리서 2장의 문맥은 예수의 죽음으로 마귀의 권세가 파한 것을 강조하면서 예수께서 당하신 고난에 주의를 기울인다. 히브리서 기자는 아마도 시편 22편의 흐름을 염두에 두면서 이 대목을 기록하고 있는 것일 수도 있다. 이 시편과 히브리서의 진술이 조화를 이루기 때문이다. 고난당하던 자가 존귀하게 되었다. 자기 형제자매들을 위해 죽음을 당하신 예수께서 지금은 하나님 우편에서 영광과 존귀로 관을 쓰셨다. 세상을 다스릴 것이라는 인간에게 주어진 약속이 예수 그리스도의 죽음과 부활을 통해 실현되었다.

히브리서는 시편 22편의 흐름을 전환시키는 핵심구절을 인용한다. 히브리서가 예수로 규정하는 이 시편의 화자는 22편 전체에 걸쳐서 자신을 산산이 부서뜨리는 고통과 이루 감당할 수 없는 비통함에서 건져

113 이에 대한 반론은 아트리지를 참조하라. *Hebrews*, 90.

주시라고 하나님께 간구한다. 하나님의 도우심을 구하는 간구는 자기 사람을 건지실 하나님의 미쁘심을 재확인하는 하나님을 향한 신뢰의 고백으로 마무리된다. 22절에 이르러 이 시편은 반전을 이룬다. 도움을 바라는 간구가 응답되었다. 시편 기자(그리고 예수!)는 이 시편의 나머지 부분에서 자신의 기도에 응답하시고 원수들로부터 자기를 구하신 여호와를 찬송한다. 그러나 이 승리는 오직 예수만을 위해 유보된다. 예수는 이 승리를 지체된 자기 가족들과 나누시고 예수와 한 가족된 우리는 가족 연으로 이 승리를 만끽한다.[시 22:26, 29]

이 시편의 역사적 배경을 보자면, 왕으로서 다윗이 건짐을 받았고 그의 승리는 이스라엘을 위한 승리일 뿐 아니라 실제로 아브라함이 받은 약속을 이루는 온 세상을 위한 승리를[시 22:27] 의미한다. 그럼에도 불구하고 이 시편은 다윗에게 주신 이 약속의 후사인 예수 안에서 이 승리의 최종적인 성취를 발견한다. 따라서 부활과 승귀와 더불어 이루어진 예수의 승리는 예수께 속한 모든 자, 다시 말해 그분의 형제자매들을 위한 승리를 의미한다. 그러므로 성도들의 모임에서 다윗이 야훼를 찬송한 것처럼, 예수 역시 자신의 형제자매들과 더불어 여호와 하나님을 찬송한다. 사실 이 왕으로 인한 승리는 모든 원수가 완전히 사라질 것을 대망한다. 온 땅이 주 앞에 경배할 것이다.[시 22:27] 아브라함에게 주어진 온 족속이 복을 받을 것이라는 약속[창 12:3, 18:18, 22:18, 26:4, 28:14; 참조. 시 72:8]이 실현될 것이다. 여호와께서 열방의 주재로 다스리실 것이다.[시 22:28] 다시 말하지만, 시편 22편과 관련된 약속이 여기에서 반영되었다고 하는 것은 억지로 그렇게 갖다 붙인 것이 아니다. 히브리서 2장이 바로 예수를 통해 인간들에게 주어질 의로운 통치의 회복에 관한 것이기 때문이다. 예수 홀로 하나님을 찬송하지 않는다. 회중 가운데서, "어떤 면에서는 이미 존귀하게 되신 그리스도[12:22-24]와 함께 모여 있으면서도, 다른 한편으로는 여전히 세상 많은 곳에 흩어져 있는2:14-18 하나님의 종말론적 회중" 가운데서 하나님을 찬송하신다.[114] 예수는 사탄의 권세로부터 구속하신 자신의 형제자매들과 더불어 하나님을 찬송하신다.

2:13 히브리서 기자는 이사야를 통해서도 예수와 그분의 형제자매들과의 연대를 확증한다. 다시 한 번 히브리서는 인용구절의 일인칭 대명사 "나는"을 예수 자신을 가리키는 것으로 이해한다. 예수는 하나님을 신뢰하신다. 그리고 예수의 이런 신뢰는 보다 큰 가족들을 위한 약속과 분리될 수 없다.[115] 하나님께서는 자신이 주신 승리와 구원을 함께 누릴 자녀들을 예수께 주셨다.

이 인용구절은 이사야 8:17-18에서 빌려 온 외침이다.[116] 이사야 8:17로부터 인용된 어법이 또다시 칠십인역과 놀라우리만큼 비슷하다.

이사야 8:17	히브리서 2:13
"내가 그를 신뢰하리니" ("I will put my trust in him", NIV)	"내가 그를 신뢰하리니" ("I will put my trust in him")
πεποιθὼς ἔσομαι ἐπ' αὐτῷ	ἐγὼ ἔσομαι πεποιθὼς ἐπ' αὐτῷ

114 O'Brien, *Hebrews*, 111.

115 예수께서 하나님을 신뢰하셨다는 개념을 옹호하는 의견은 리처드슨Christopher A. Richardson을 참조하라. *Pioneer and Perfecter of Faith*. 참조. 또한 스틸Todd D. Still을 참조하라. "*Christos as Pistos*: The Faith(fullness) of Jesus in the Epistle to the Hebrews", in *Cloud of Witnesses: The Theology of Hebrews in Its Ancient Contexts*, ed. R. Bauckham, D. Driver, T. Hart, and N. MacDonald, LNTS 387(London: T&T Clark, 2008), 40-50. 리처드슨이 이 주제를 지나치게 강조해서 말한 면이 없지 않지만 여기서 이 주제를 발견한 것은 옳다.

116 히브리서 기자가 사무엘하 22:3이나 이사야 12:2을 인용하고 있을 수도 있다. 하지만 대부분의 주석가들은 이어지는 히브리서 구절이 이사야 8:18에 대한 인용이기 때문에 이 구절은 이사야 8:17의 인용일 가능성이 크다는 데 동의한다(이에 대한 반론은 다음을 참조하라. Cockerill, *Hebrews*, 143-44).

차이가 있다면, 히브리서에서는 일인칭 단수 대명사 "나는"ἐγώ이 더해지고 뒤따라오는 두 단어의 어순이 바뀐 것뿐이다. 이 대목과 관련하여 칠십인역과 히브리서에서 우리가 발견하는 것 역시 마소라 사본에 대한 여자적인 번역이다. 이사야 8:18로부터의 인용된 히브리서의 이 대목은 칠십인역의 이 부분과 정확히 일치할 뿐 아니라 마소라 사본의 이 부분을 여자적으로 번역한 것이다.

이 구절들은 유다가 아하스 치하에서 북이스라엘과 시리아의 위협을 받던 때를 배경으로 하는 이사야서의 한 대목7-12장에서 인용된 것이다.[117] 여호와께서 아하스에게 유다를 위협하는 그들의 꾀가 성공하지 못할 것이라고 약속하신다. 하나님의 언약은 다윗 왕조의 통치자를 끌어내리려고 하는 별안간에 왕이 된 자들이 아닌 다윗 왕조와 맺어진 언약이다. 아하스를 끌어내리려는 그들의 시도가 부질없다는 것이 이내 분명히 드러날 것이다. 앗수르가 시리아와 이스라엘을 휩쓸고 정복할 것이기 때문이다. 사실 여기서 실제적인 위협은 앗수르다(이스라엘과 시리아가 아닌). 유다 역시 앗수르에 거의 집어삼켜질 지경에까지 이르게 될 것이기 때문이다. 그러나 예루살렘과 유다는 남겨질 것이다. 이사야 선지자는 하나님의 약속을 의지하여 백성들에게 정치적이고 군사적 계략을 두려워하지 말라고 촉구한다. 여호와의 원수들은 심판을 받을 것이지만,참조. 10:5-34 하나님의 나라는 다윗의 왕좌를 통해 승리할 것이다.사 9:2-7, 11:1-10 다윗을 통해 약속된 의로운 나라가 궁극적으로 승리할 것이고, 다윗 자손의 통치 아래서 평화와 공평의 새로운 세상이 시작될 것이다.

히브리서가 인용한 선지자 이사야가 이사야 8장에서 한 말을 살펴보

117 본문은 이런 구약성경의 배경을 염두에 두고 있다(이와 반대되는 의견은 아트리지를 참조하라. *Hebrews*, 91n137).

는 것은 아주 유익하다. 시리아와 이스라엘의 위협으로 아하스와 유다가 두려워 떨고 있는 정치적으로 혼란한 상황에서, 이사야는 백성들에게 그들의 나라를 대적하는 원수들의 꾀를 두려워하는 대신에 하나님을 두려워하라고 촉구한다.사 8:11-13 하나님은 자기를 신뢰하는 자들을 위한 "성도"가 되신다.사 8:14 그렇기 때문에 장래가 어떻게 될지 알려고 죽은 자를 찾아가 물을 필요가 없다.사 8:19 이사야는 여호와를 기다리고 그분을 바라겠노라고 말한다.사 8:17 유다를 대적하는 원수들의 꾀가 이루어지지 못할 것이라고 하나님이 약속하셨기 때문이다. 이사야 선지자와 예수 간에 흥미로운 유사점이 발견된다. 이사야가 당대의 유다 백성들에게 거절당했던 것처럼, 예수 역시 자기 백성들에게 거절당하셨다. 그럼에도 불구하고 이사야는 "믿음을 다시 불러일으키는 계기"가 되었고, 예수 역시 그런 기능을 탁월하게 하신다.[118] 실제로 하나님께서 이사야에게 주신 자녀들은 "징조와 예표"가 되었다.사 8:18 그들은 여호와께 속한 남은 자들을 나타내기 때문이다. 이사야의 자녀들은 궁극적인 승리와 자기 백성을 위한 주의 통치와 복이 실체가 될 것이라는 약속을 증거한다.

이제 히브리서가 이사야서의 이 구절을 어떻게 인용하는지 살펴보자. 이사야 8:17-18에서 일인칭 대명사 "나"는 이사야 자신을 가리키는 반면에, 히브리서는 이 "나"를 예수로 정의한다는 것을 이미 보았다. 유다가 사방으로 원수들에게 둘러싸여 위태롭게 된 상황에서도 이사야는 여호와께서 승리하실 것을 믿었다. 예수는 자신의 고난 중에서도, 심지어 모든 어려움 중에서 가장 극심한 어려움인 사망을 마주 대한 상황에서조차 하나님께서 그를 구하시고 건지실 것을 믿었다.[119] 사망으로

118 Lane, *Hebrews 1-8*, 60.

인해 인간은 하나님께서 원래 의도하신 대로 세상을 다스리지 못하지만, 예수는 하나님께서 자신을 죽음에서 건지실 것을 믿는다.

이사야 8:18에서 취한 두 번째 인용구 역시 히브리서에서 핵심적인 역할을 한다. 예수께서 하나님께서 이루실 것이라 믿은 승리는 예수 자신만의 것이 아니다. 이 승리는 또한 하나님께서 그분에게 주신 자녀들, 즉 그분의 형제자매들의 것이기도 하다. 그들은 예수와 더불어 사망을 이기고 다스릴 것이고, 시편 8편에서 인간들에게 약속하는 통치를 행사할 것이다. 자녀들을 하나님께서 예수께 주신 자들로 묘사하는 대목이 놀랍다. 그들의 구원과 해방은 하나님의 역사일 뿐, 그들 자신의 도덕적인 능력으로 돌려질 수 없다. 기자는 여기서 인간이 화목하게 된 것은 하나님과 대제사장이신 예수의 역사임을 강조한다. 하나님께 속하게 된 것은 은혜와 긍휼의 역사이기 때문에 결코 인간의 도적적 선함이나 덕행의 결과로 돌려질 수 없다.

2:14 예수께서 이루시는 인간들과의 결속은 피상적이지 않다. 심오하고 참되다. 우리처럼 그분도 혈과 육을 가지고 계시고, 자기 생명을 사망에 내어 주심으로 마귀의 권세를 멸하시기 위해 우리와 동일한 본성을 입으시고 자신을 우리와 동일시하신다.

하나님께서 예수께 주신 자녀들이 혈과 육을 가지고 있기 때문에 예수 역시 동일한 혈과 육으로 계신다. 그분은 온전하고 참된 인간이다. 인간 존재를 특징짓는 육체적 연약함과 멸성을 지니셨다. 그리스도의 신성에 대해 신약성경이 강하게 언급하는 몇 가지를 히브리서 1장에서 본다. 반면에 2장은 그리스도의 인성에 대한 가장 심오한 구절 가운데

119 기자는 예수께서 고난 중에도 하나님을 의지하셨음을 특별히 강조한다(참조. Richardson, *Pioneer and Perfecter of Faith*, 23-25).

몇 구절을 포함한다.[참조. §2.2] 그분은 하나님께서 자기에게 주신 자녀들이 갖는 동일한 인간 본성을 취하심으로 온전히 그리고 완벽하게 그들과 같게 되셨다. 예수께서 죽을 수밖에 없는 존재가 겪는 고통을 온전히 경험하셨기 때문에 하나님은 인간의 곤경을 이해 못한다고 불평할 근거가 없다. 여기서 우리는 자연스럽게 사도 요한이 자신의 복음서에서 한 말을 떠올린다. "말씀이 육신이 되어."[요 1:14] 비록 조금 다른 방식이기는 하지만 히브리서 역시 요한복음의 이런 정서를 공유한다.

예수께서 인성을 취하신 것은, 그렇게 하셔야 죽음을 통해 사망의 권세 잡은 자 곧 마귀를 멸하실 수 있기 때문이다. 여기서 아주 매력적인 언명 가운데 하나는 마귀가 죽음의 권세[τὸ κράτος]를 행사한다는 주장이다. 우리는 히브리서 기자가 죽음의 권세는 만물을 창조하고 다스리시는 하나님께 있다고 말하기를 기대할 수도 있을 것이다. 레인이 바르게 말하는 바와 같다. "마귀가 본유적으로 죽음에 대한 지배력을 가진 것은 아니다. 하나님께 반역하도록 인간을 미혹함으로 그는 이 권세를 얻었다."[120]

죽음에 대한 마귀의 권세에 대한 이런 언급은 신약성경의 다른 곳들에서도 찾아볼 수 있다. 요한은 "온 세상은 악한 자 안에 처한 것"이라고 말한다.[요일 5:19] 요한복음에서 그는 두 차례에 걸쳐서 사탄을 "세상의 임금"이라고 말한다.[요 12:31, 14:30] 바울은 사탄을 "이 세상의 신",[고후 4:4] "공중의 권세 잡은 자……곧 지금 불순종의 아들들 가운데서 역사하는 영이라"고 말한다.[엡 2:2] 욥기를 보면 사탄이 욥을 끔찍하게 공격하는 것을 본다. 하지만 사탄이 욥을 괴롭게 한 모든 공격 하나하나는 하나님의 손을 통해, 다시 말해 하나님께서 사탄에게 허락하셔서 이루어진 것이다. 휴즈[Philip E. Hughes]는 "사탄은 궁극적인 의미에서가 아닌 부차적인 의

120 Lane, *Hebrews 1-8*, 61.

미에서 죽음의 권세를 가지고 있다"고 말한다.[121] 그렇기 때문에 사탄이 행사하는 악마적인 지배와 파괴의 역사가 무효로 돌아간다는 말이 아니다. 공관복음서들에서 우리는 예수 그리스도 안에서 그리고 그분을 통해 하나님 나라가 흑암의 권세와 전쟁을 치르는 것을 본다. 그리고 여기에는 악마적인 권세 아래 신음하는 자들을 해방시키는 것이 포함된다. 궁극적으로 주권적인 창조주인 하나님은 만물의 주시다. 그러나 이런 사실은 또한 사망이 사탄의 권세 아래 있다는 개념을 배제하지도 않는다. 여기서 기자는 아마도 창세기 2-3장을 떠올리고 있을 것이다. 범죄하면 반드시 죽을 것이라고 하나님께서 아담과 하와를 위협하셨다. 하지만 그들의 죄와 사망은 사탄의 시험을 통해서 왔다.참조. 요 8:44, 지혜서 2:24 사망으로 인해 인간은 시편 8편에 약속된 세상을 다스리는 통치를 얻지 못한다. 사탄의 지배 아래서 죽는 한, 인간은 하나님을 대리하는 통치자로서 세상을 다스릴 수가 없다.

여기서 히브리서가 가르치고 있는 것은 사망은 오직 사망을 통해서만 그 권세를 없이할 수 있다는 사실이다. 사망은 오직 예수의 죽음을 통해서만 죽는다. 더 정확히 말하자면, 사망의 권세를 가진 자가 예수의 죽음을 통해 쫓겨나야 한다. 오웬이 말한 바와 같다. "사탄이 가진 사망의 모든 권세는 죄를 기반으로 한다. 죄책으로 인해 죽을 수밖에 없는 죄인의 상태가 사탄에게 권세를 가져다주었다. 이 올무가 제하여져야 사탄의 권세 또한 사라질 것이다."[122] 앞에서 살펴본 것처럼, 이런 주장은 공관복음서의 하나님 나라에 대한 가르침과 맥을 같이한다. 예수는 강한 자를 결박하고 그의 세간을 강탈하기 위해 오셨다.마 12:29 사

121 Hughes, *Hebrews*, 112.

122 John Owen, *Hebrews*, Crossway Classic Commentaries (Wheaton, IL: Crossway, 1998), 46.

망에 드리운 마귀의 지배가 그리스도의 죽음으로 폐하여졌다. "멸하다"καταργήσῃ는 동사는 "마귀가 멸절하거나 완전히 제거되는 것을 뜻하지 않는다."[123] 그의 권세가 제하여졌다. "사망과 마귀가 폐위되었지만 아직 완전히 멸망한 것은 아니다."[124] 예수께서 인성을 입으셨기 때문에 사망과 그에 따른 모든 두려움 역시 겪으셔야 했다. 실제로, 스스로 사망에 굴복하심으로 예수는 사망의 권세 잡은 자를 이기신 것이다.

초대교회 역사를 보면 이 구절을 근거로 속전이 사탄에게 지불되었다고 주장하는 사람들이 있었다. 이 구절을 지나치게 해석하는 주장이다. 신약성경 어디에도 사탄이 인간을 해방시켜 주는 대가를 받았다는 증거는 없다. 반대로 여기에는 승리자 그리스도Christus Victor의 주제가 분명히 드러난다. 마귀가 인간들에게 지배력을 행사하고 있고, 예수 그리스도께 속한 자들은 예수의 죽음을 통해 자유롭게 된다. 여기에는 승리자 그리스도와 대속의 주제가 함께 드러나는 것처럼 보인다. 예수의 죽음을 통해서라야 사망에 대한 마귀의 지배가 종식되기 때문이다. 예수의 죽음을 통해서만 사망에 대한 마귀의 지배가 종식된다면, 예수의 죽음이 사망의 지배를 멸하는 방편으로 기능하는 것으로 보인다. 죄의 삯은 사망이다. 예수께서 이 삯을 치르셨다. 사탄에게 이 삯을 치르셨다는 말이 아니다. 하지만 여기에는 죄인들이 받아 마땅한 형벌을 예수께서 친히 담당하셨다는 개념이 함축되어 있다. 그분이 자신의 죽음으로 죄인들의 죽음을 대신했다.

2:15 본문은 예수께서 인간이 되신 두 번째 목적을 설명한다. 예수는 사망의 권세 잡은 자 마귀를 폐하기 위해 사람이 되셨다. 그러나 아들

123 O'Brien, *Hebrews*, 115.

124 같은 책.

이 인간이 되신 것은 또한 자신의 죽음을 통해 일생을 죽음에 대한 두려움에 종노릇하며 살아가는 자들을 해방하고자 함이다.[125] 시편 8편은 인간이 하나님을 위해 세상을 다스리도록 지음을 받았다고 말한다. 하지만 세상에 대한 통치를 행사하는 대신에 오히려 인간들은 종노릇에 굴복하게 되었다.δουλείας 존재의 모든 측면을 배회하는 유령과 같이, 사망의 그림자가 온 삶에 드리워져 있다. 사망이란, 인간이 지배력을 행사하는 대신에 오히려 이질적인 세력에 지배당하는 것을 뜻한다. 필연적으로 맞닥뜨릴 궁극적인 사망이 두려워서다. 사망의 어두운 그림자는 행복한 모든 순간 가운데도 우리의 즐거움이 덧없음을 상기시킨다.

그러나 예수는 자신의 형제자매들을 사망의 두려움에서 자유롭게 하셨다. 기자가 여기서 자신의 주장을 다 풀어놓지는 않지만, 사망은 오직 인간을 통해서라야 폐하여질 수 있다는 것을 믿는 것이 분명하다. 그래서 예수는 사망을 멸하기 위해 인간이 되셔야 했다. 그러나 인간이 되는 것으로는 충분치 않았다. 예수 자신이 죽음을 지나가야 했다. 오직 인간의 죽음을 통해서라야 사망을 영원히 멸할 수 있다. 예수의 죽음을 통해 예수의 가족된 지체들이 사망의 두려움에서 해방된다. 예수의 죽음이 그분의 형제자매들을 사망의 지배와 두려움에서 자유롭게 한다면, 예수의 죽음이 그들의 죽음을 대신한 것처럼 보인다. 그들이 당해 마땅한 죽음을 예수께서 친히 담당하심으로 이제 그들은 인간 존재 자체를 늘 따라다니며 괴롭히는 사망의 두려움으로부터 자유롭게 되었다.

125 "놓아주다"ἀπαλλάξῃ라는 동사는 여기서 "자유롭게 하다"라는 뜻이다(참조. L. Johnson, *Hebrews*, 100). 아마도 히브리서를 받아보는 독자들은 자신들이 당하는 핍박 때문에 죽음에 대한 두려움이 상존했을 것이다(참조. Lane, *Hebrews 1-8*, 54). 그러나 본문은 보다 보편적인 인간 경험으로서의 죽음에 대한 두려움, 곧 우리 모두를 괴롭히는 죽음에 대한 불안과 두려움을 염두에 두고 말한다.

2:16 기자의 주장에 갑자기 천사들이 다시 등장한다. 예수는 천사들이 아닌 아브라함의 가족된 지체들만을 도우신다. 이 구절이 기자가 하는 주장의 흐름과 어떻게 조화를 이루는가? 기자는 왜[γάρ] 예수께서 인간이 되셨으며, 왜 예수께서 사망에 대한 마귀의 권세를 폐하셨으며, 왜 예수께서 천사들이 아닌 인간을 사망의 두려움으로부터 자유롭게 하셨는지를 설명한다.

본문에 나오는 천사들에 대한 언급은 전혀 뜬금없는 것은 아니다. 1-2장에서 천사들이 주된 역할을 하기 때문이다. 세상을 다스리는 일은 천사들이 아닌 인간들에게 주신 약속이고, 그리스도는 인간을 마귀와 사망의 두려움에서 자유롭게 하려고 오셨다. 실제로 여기서 기자는 인간 일반을 말하지 않는다. 사망의 압제로부터의 해방은 아브라함의 후손들에게만 약속된 것이다.[σπέρματος Ἀβραάμ] 여기서 아브라함의 후손들은 유대인 그리스도인들만으로 제한되지 않는다.[126] 예수를 믿는 모든 자가 아브라함의 후손이다. 이 대목에서 히브리서는 바울의 가르침과 일치한다. 바울 역시 예수 그리스도를 믿는 자들이 아브라함의 자녀라고 강조하기 때문이다.[롬 4:9-12, 갈 3:6-9]

세상을 다스리는 일은 모든 아담의 자녀들에게 주실 것이 아니다. 예수는 아브라함의 후손인 약속의 자녀들을 붙잡아 주기 위해 오셨다. 이 복은 영광으로 이끌어들여진 자녀들,[2:10] 거룩하게 된 자들,[2:11] 예수의 형제자매들,[2:11-12, 17] "하나님께서 내게 주신 자녀들"[2:13]에게만 제한된 것이다. 아브라함에게 주신 약속들이 예수의 형제자매된 자들을 위해

126 앤더슨Charles P. Anderson의 견해와 반대된다. "Who Are the Heirs of the New Age in the Epistle to the Hebrews?" in *Apocalyptic in the New Testament: Essays in Honor of J. Louis Martyn*, ed. J. Marcus and M. L. Soards, JSNTSup 24(Sheffield: Sheffield Academic, 1989), 257-68.

성취된다. 예수께서 그들을 붙들어 주심으로 원래 아담에게 약속된 통치가 아브라함의 자녀들에게서 실현될 것이다. "돕다"ἐπιλαμβάνεται로 번역된 동사는 통상 "돕다"라는 의미보다는 "붙들다" 혹은 "붙잡다"라는 의미로 사용된다.[127] 그럼에도 불구하고 "돕다"라는 말은 문맥에 잘 부합한다. 예수께서 아브라함의 후손들을 붙들어 주시는 것은 그들을 돕기 위함이기 때문이다.

히브리서 기자는 아마도 이사야 41:8-10에서 영감을 얻었을 것이다.[128] "그러나 나의 종 너 이스라엘아, 내가 택한 야곱아, 나의 벗 아브라함의 자손아, 내가 땅 끝에서부터 너를 붙들며ἀντελαβόμην 땅 모퉁이에서부터 너를 부르고 네게 이르기를 너는 나의 종이라. 내가 너를 택하고 싫어하여 버리지 아니하였다 하였노라. 두려워하지 말라. 내가 너와 함께 함이라. 놀라지 말라. 나는 네 하나님이 됨이라. 내가 너를 굳세게 하리라. 참으로 너를 도와주리라.ἐβοήθησά 참으로 나의 의로운 오른손으로 너를 붙들리라."

아브라함의 자녀들을 돕기 위해 그들을 붙드는 것처럼 보인다.참조. 시락 4:11 [129] "붙들다"와 "돕다"라는 동사가 모두 여기서 사용되는 것을 보면 이 두 동사가 개념적으로 긴밀하게 연관된다는 말이다. 흥미롭게도, 히

127 참조. Attridge, *Hebrews*, 94; L. Johnson, *Hebrews*, 102; Cockerill, *Hebrews*, 148-49n116. 일부 초기 해석자들은 예수께서 인성을 입으신 것을 가리키는 말로 이 대목을 해석했다. 이런 역사적 견해를 견지하는 현대 학자로는 휴즈를 참조하라. *Hebrews*, 115-18. 그러나 본문은 예수가 아닌 아브라함의 자녀들을 가리키며 말한다(개역개정은 이 동사를 "붙들어 주다"로 번역하지만[AV 1873, KJV 1900] 대부분의 영어 번역 성경들[ESV, NKJV, NASB95, NIV, NRSV]은 "돕다"로 번역한다—옮긴이).

128 Ellingworth, *Hebrews*, 176.

129 참조. Koester, *Hebrews*, 232; Lane, *Hebrews 1-8*, 52, 63-64. 참조. Ellingworth, *Hebrews*, 176-78.

브리서를 보면 16절에서는 "붙들다"ἐπιλαμβάνεται를 사용하고 18절에서는 "돕다"βοηθῆσαι를 사용한다. 따라서 정확히 같은 단어는 아니지만 이사야서의 인용과 잘 맞아떨어진다. 기자는 또한 여호와께서 이스라엘의 손을 잡고 인도해 낸 것을 말하는 예레미야서의 새 언약을 말하는 본문에서 영감을 얻은 것일 수도 있다.렘 31:32, 38:32, 칠십인역 [130] 다시 한 번 여호와께서 이스라엘을 붙잡아 도와주신다. 16절과 관련하여 한 가지 더 살펴보아야 할 것이 있다. 3:1-6의 소망을 말하는 대목에서 예수는 모세와 비교된다. 모세가 그랬던 것처럼, 예수께서도 자기 백성을 자유로 이끄셨기 때문이다.[131] 하지만 예수께서 아브라함의 후손들에게 주신 자유와 도움은 모세가 줄 수 있는 것보다 훨씬 더 탁월하다. 자신을 제물로 드림으로 사망에서 그들을 건지셨기 때문이다.

2:17 이제 기자는 "그러므로"("Therefore", ὅθεν)라는 말로 지금까지 한 주장에 따른 결론에 도달한다. 예수는 자비하고 신실한 대제사장으로 섬기기 위해 범사에 자기 형제자매들과 같이 되셔야 했다. 온전한 인간인 사람만이 백성들의 죄를 속량할 수 있기 때문이다.

기자는 시편 8편을 통해 인간에게 세상을 다스리는 통치가 주어진 것을 강조함으로 이 부분을 시작했다.2:5 예수는 지금 하나님의 우편에서 영광과 존귀로 관을 쓰시고 세상을 다스리신다. 온전한 인간이기에 예수는 세상을 통치할 자격이 있다. 그분은 모든 다른 인간과 마찬가지로 혈과 육으로 계신다.2:14 혹은 기자가 여기서 말하는 것처럼, "범사에 형제들과 같이 되심이 마땅하다." 예수는 부분적으로 인간이거나 거의 인간과 같은 것이 아니라 온전한 인간이다. 그래야만 했다. 인간에게 약

130 O'Brien, *Hebrews*, 117; Lane, *Hebrews 1-8*, 64.

131 참조. O'Brien, *Hebrews*, 117-18.

속된 통치는 오직 인간을 통해서만 회복될 수 있기 때문이다.

온전한 인간으로 계시기 때문에 예수는 대제사장으로 섬길 수 있다.참조. §2.2 히브리서에서 열일곱 번 사용되는 "대제사장"ἀρχιερεύς이라는 말이 여기서 처음 등장하고 있다.[132] 지금 기자는 앞으로 예수의 대제사장직참조. 3:1, 4:14-15에 대해 더 논의할 것을 예상하고 있고, 실제로 5:1-10과 7:1-10:18에서 보다 자세히 설명한다. 대제사장이 되기 위해서는 온전한 사람이어야 하며,참조. 5:1 예수는 이 필요를 충족한다. 물론 히브리서가 분명히 하는 것처럼, 예수는 아론 계열과는 다른 멜기세덱의 반차를 따른 대제사장이다. 그러나 예수는 또한 스스로 제물과 대사장이 되시는 점에서도 구별된다. 예수는 구약의 제사장들과 같이 "다른" 제물들로 제사를 드리지 않는다. 오히려 자기 자신을 제물로 드리신다. 구약의 어느 제사장도 스스로 제사장과 제물이 되는 것은 상상조차 하지 않았다.

예수는 인간에게 자비로우셔서 그들의 죄를 용서하신다. 그러나 예수는 또한 하나님께 신실하셔서 자신이 바라는 일을 구하기보다 한결같이 하나님의 뜻을 행하셨다.참조. 4:15, 5:7-9, 7:26-28 "자비롭다"와 "신실하다"라는 말들에서 우리는 여호와를 자비하시며 인자하시다고 묘사하는 시편 145:8을 떠올릴 것이다.[133] 예수는 친히 제물이 되사 긍휼을 나타내심으로 하나님과 자기 백성들에게 신실하셨다.

예수는 "백성의 죄를 속량하셨다." "속량하다"ἱλάσκεσθαι라는 말의 의미를 두고 학자들 간에 의견이 분분하다. 어떤 사람들은 이 말은 "속죄하다"라는 뜻으로 죄 사함이 초점이라고 말한다.[134] 어쨌든 "죄들"τὰς ἁμαρτίας이 이 동사의 목적어로 죄를 깨끗하게 하거나 없앤다는 이해와

132 히브리서에 나오는 제사장직 개념을 말하는 전승들에 대해서는 아트리지를 참조하라. *Hebrews*, 97-103.

133 O'Brien, *Hebrews*, 120.

잘 들어맞는다.[134] 그러나 여기에는 하나님의 진노를 가라앉힌다는 개념 역시 자리할 가능성이 있다.[136] 히브리서는 제의들로부터 온 제사에 관련된 용어들을 사용하고, 구약성경에서는 하나님이 명령하시는 것들을 복종하지 않음으로 하나님의 진노를 촉발한다.[참조. 레 10:1-2] 다르게 표현하면, 여기서 우리는 양자택일을 하는 것이 아니다. 이 말에는 죄를 용서한다는 의미와 하나님의 진노를 만족시키고 가라앉힌다는 의미가 모두 있다. 구약성경에서는 죄가 속하여지지(제하여지지) 않으면 하나님께서 범과한 자들에게 자신의 거룩하고 의로운 진노를 부으신다.

죄와 속죄에 대한 언급을 통해 우리는 이 본문에서 몇 가지 특징들을 종합해 볼 수 있다. 기자는 사망으로 인해 인간들이 원래 자신들에게 주어진 뜻을 성취하지 못하게 되었다고 주장한다. 하지만 지금까지는 왜 인간이 죽는지에 대해서는 말하지 않았다. 하지만 여기서 이 물음에 대답하는 것처럼 보인다. 인간들이 죽는 것은 죄 때문이다. 기자가 명시적으로 그렇게 말하는 것은 아니지만 여기서 명백히 인간의 죽음과 죄를 연결시키고 있다. 특별히 세상에 들어온 죽음의 기원을 죄에서 찾고 있다.[창 2:17, 3:3] 그렇기 때문에 죄가 속하여지고 용서를 받기만 한다면 사망을 이길 수 있다. 사망에 드리운 마귀의 세력은 예수의 죽음과 더불

134 Attridge, *Hebrews*, 96; Ellingworth, *Hebrews*, 188-89.

135 "죄들"τὰς ἁμαρτίας이라는 목적격 명사는 아마도 제한 목적격일 것이다. 참조. Simon J. Kistemaker, "Atonement in Hebrews", in *The Glory of the Atonement: Biblical, Historical and Practical Perspectives: Essays in Honor of Roger Nicole*, ed. C. E. Hill and F. A. James III(Downers Grove, IL: InterVarsity, 2004), 166-67. 두 경우 모두 속죄와 보상 개념이 자리한다.

136 리벤스의 유익한 논의를 참조하라. "Levitical Sacrifice and Heavenly Cult in Hebrews"(Ph.D. diss., Wheaton College, 2013), 280-88. 퀘스터는 속죄와 보상 모두를 가리키는 것으로 보면서도 전자에 초점을 맞춘다(*Hebrews*, 241; 참조. Cockerill, *Hebrews*, 151). 기자는 또한 피해자의 죽음으로 속전을 치를 수 있다는 개념과 관련하여 제4마카비서(6:28-29, 17:21-22)의 순교자 전승들로부터 도움을 받았을 것이다(참조. Koester, *Hebrews*, 241n106).

어 종식되었다. 하지만 예수의 죽음의 성격이 설명되어야 한다. 그분의 죽음은 죄를 속하고 보상하는 방편으로서의 죽음이었다. 예수께서 마귀에게 속전을 지불하고 죄를 속하신 것이 아니다. 예수의 속전은 하나님께 드리는 것이었다. 하나님께서는 십자가에서 드려진 예수의 희생을 통해 죄를 용서하셨다.

예수는 "백성"τοῦ λαοῦ의 죄를 속량하셨다. 구약성경에서 제사들은 이스라엘 백성들을 위해 드려졌다. 히브리서에 따르면, 하나님의 백성은 예수 그리스도의 희생으로 말미암아 죄를 깨끗하게 한 새 언약의 지체들로 구성된다.참조. 4:9, 7:27, 8:10, 13:12 죄 사함을 누린 자들을 여기서는 "거룩하게 함을 입은" 자들, 예수의 형제들,11-12절 "하나님께서 주신 자녀들",13절 "아브라함의 자손",16절 영광으로 이끌려 들어간 "아들들"10절로 묘사된다. 그렇다면 9절에서 말하는 "모든 사람"은 예외가 없는 모든 사람이 아닌 차별이 없는 모든 사람으로 이해되어야 한다. 예수께서 드리신 속죄제는 그분의 백성들, 하나님이 그분에게 주신 자녀들, 아브라함의 자손들만을 위한 것으로 제한된다.

2:18 본문은 예수의 제사장으로서의 자격을 말한다. 그분은 시험을 받고 고난당하는 것이 무엇인지 아는 자비로운 대제사장이시다. 그분이 가지신 인간과의 연대와 일치는 추상적인 것이 아니다. 그분이 친히 인간 존재의 비통함을 경험하여 아시고, 따라서 고통받는 자들을 능히 도우실 수 있기 때문이다. 휴즈가 말하는 것처럼, 예수께서 모든 시험에 굴복하지 않고 물리치셨다는 사실은 "시험을 끝까지 견디지 못하는 우리로서는 도무지 알 길이 없는 총력으로 엄습하는 시험이 어떤 것인지 그분은 아신다는 사실을 나타낸다."[137] 이 문맥에서 "돕다"βοηθῆσαι라는 말은 백성들의 죄를 위해 대속의 제물이 되신 예수의 대제사장적인 사역을 가리킨다. 우리는 지금까지 예수의 죽음이 세상을 다스리는 인간

의 통치를 회복하는 방편임을 보았다. 예수는 사망의 권세를 폐하고 죽는 것을 두려워하여 종노릇하는 데서 자기 백성을 자유롭게 하심으로 그들을 도우신다.

예수의 형제들에게 제공된 도움은 오직 예수 역시 온전히 인간이기 때문에 가능하다. 그 역시 고난을 당했고 하나님을 떠나도록 시험을 받으셨다. 보스Geerhardus Vos가 지적하는 것처럼, 기자는 지금 예수께서 받은 시험 일반이 아닌 고난 중에 당하신 죄에 빠지도록 하는 시험을 가리키고 있다.[138] 예수는 인간이 경험하는 비통함과 슬픔을 아신다. 우리가 당하는 시험을 그 역시 대면하셨다. 여기서 예수의 고난이란 아마도 십자가에서 당하신 고난에 초점을 둔 말일 것이다. 17절이 속죄 사역을 말하고 있고 "왜냐하면"γάρ이라는 접속사로 이 절들이 시작되기 때문이다. 예수는 십자가의 고난을 통해 아브라함의 자손들에게 자비를 베푸신다.17절 시험을 당하는 자들은 또한 하나님이 주시는 상급을 받도록 예수께서 하셨던 것처럼 그들 역시 고난을 견디도록 격려를 받는다. 끝까지 견딤으로 그들은 하늘 도성의 시민이 될 것이다.참조. §8

성경신학적 적용

이 본문을 통해서는 예수의 온전한 인성이 독자들에게 부각된다. 신자들은 그분의 형제와 자매들이다. 예수께서 그들과 동일한 혈과 육으로 사셨기 때문이다. 그분은 시험당하는 비통함과 고난의 아픔을 아신다. 가장 중요한 사실은 우리를 위해 죽으셔서 사망의 권세로부터 우리를

137 Hughes, *Hebrews*, 124.

138 Geerhardus Vos, "The Priesthood of Christ in Hebrews", in *Redemptive History and Biblical Interpretation: The Shorter Writings of Geerhardus Vos*, ed. R. B. Gaffin Jr.(Phillipsburg, NJ: Presbyterian & Reformed, 1980), 149.

자유롭게 하셨다는 점이다. 예수는 우리의 맏형이고, 사망과 죄를 이기신 그분의 승리는 곧 그분을 통해 우리가 사망과 죄를 이겼음을 의미한다. C. S. 루이스가 말한 것처럼, "사람들이 하나님의 자녀들이 될 수 있도록 하나님의 아들이 사람이 되셨다."[139] 실제로, 신자들은 더 이상 사망을 두려워하지 않는다. 그들의 위대한 대제사장이 이루신 속죄 사역 때문이다.

139 C. S. Lewis, *Mere Christianity* (rev. ed.; San Francisco: HarperCollins 2001), 178.

3:1-6

I. 프롤로그: 아들을 통해 이루어진 결정적이고 최종적인 계시[1:1-4]

II. 천사들보다 위대하신 아들을 저버리지 말라[1:5-2:18]

III. 아들을 모세와 여호수아보다 더 위대한 대제사장으로 가진 너희는 마음을 완고하게 하지 말라[3:1-4:13]

1 | 하나님의 종 모세보다 위대한 신실한 아들[3:1-6]

2 | 경고: 안식에 들어가도록 믿음과 순종에서 떠나지 말라[3:7-4:13]

1 그러므로 함께 하늘의 부르심을 받은 거룩한 형제들아, 우리가 믿는 도리의 사도이
시며 대제사장이신 예수를 깊이 생각하라. 2 그는 자기를 세우신 이에게 신실하시기를
모세가 하나님의 온 집에서 한 것과 같이 하셨으니 3 그는 모세보다 더욱 영광을 받을
만한 것이 마치 집 지은 자가 그 집보다 더욱 존귀함 같으니라. 4 집마다 지은 이가 있
으니 만물을 지으신 이는 하나님이시라. 5 또한 모세는 장래에 말할 것을 증언하기 위
하여 하나님의 온 집에서 종으로서 신실하였고 6 그리스도는 하나님의 집을 맡은 아들
로서 그와 같이 하셨으니 우리가 소망의 확신과 자랑을 끝까지 굳게 잡고 있으면 우
리는 그의 집이라.

문맥

이 서신의 처음 단락에서 기자는 아들이 모세의 율법을 중개한 천사들보다 훨씬 탁월하심을 주장한다. 3:1-4:14에서는 계속해서 비슷한 주제를 다루는 가운데 아들이 모세와 여호수아보다 위대하심을 주장한다.[140] 앞

140 이 서신의 두 번째 단락이 3:1-4:13을 포함한다는 견해에 대해서는 오브라이언을 참조하라. *Hebrews*, 125.

에서 언급된 것들과 많이 연결되는 대목이다.[141] (1)예수의 대제사장직은 2:17을 그대로 이어받는다; (2)2:17에서 언급된 예수의 신실하심은 3:1-6의 중심 주제다; (3)예수께 속한 자들은 예수의 가족의 일부다[2:11-12, 3:1, 6]; (4)신자들은 예수로 말미암아 거룩하게 되었기[2:11] 때문에 거룩하다.[3:1] 오브라이언이 바르게 지적하는 것처럼, 비록 권고의 말이 보다 더 지배적일지언정 이 단락에서는 주해와 촉구가 함께 결합되어 있다.[142]

3장의 첫 절은 2장에서의 주장한 바를 그대로 이어받는다. 예수의 형제요 자매들인 예수를 믿는 신자들은 그분과 더불어 하늘의 부르심을 함께 받았다. 그럼에도 불구하고 이 문단의 요점은 신자들이 예수와 함께 받은 부르심이 아니다. 1-6절에서 중심 주제는 예수의 사도와 대제사장으로서의 역할이다. 독자들은 지금 그들의 죄를 깨끗하게 하도록 하나님이 보내신 예수의 역할을 망각할 위기에 처해 있다. 모세가 하나님이 보내신 자신의 사명에 신실했던 것처럼, 예수 역시 하나님이 보내신 사명에 신실하셨다.[2절] 그럼에도 불구하고 예수께서 모세보다 더욱 영광을 받으실 만한 것이, 모세는 하나님의 온 집(하나님의 백성)의 일원이었던 반면에 예수는 그 집을 지으신 자이기 때문이다.[3절] 예수께서 집을 지으신 자라는 말은 그분의 신성을 가리킨다. 만물을 지으신 이는 하나님이시기 때문이다.[4절] 신실한 종으로서 모세가 영광을 받는 것이 마땅하지만, 그를 계시의 종결자로 보는 것은 심각한 오류다. 그는 장래의 더 위대한 말씀을 증거하기 위하여 하나님의 집을 섬긴 자이기 때문이다[5절]. 모세는 신실한 종이었다. 하지만 예수는 신실한 아들이다.[6절] 또한 신자들이 믿음을 끝까지 지킨다면, 그들은 이 집의 권속이다.

141 이런 유사성에 대해서는 다음을 참조하라. 같은 책, 126.

142 같은 책, 127.

주석

3:1 "그러므로"Ὅθεν라는 접속사는 이 단락을 바로 앞의 단락과 이어 준다. 예수께서 사망과 죄를 이기시고, 하나님을 대신하는 통치자로 세상을 다스리는 인간을 향한 하나님의 뜻을 성취하셨기 때문에, 예수께 속한 자들은 그분의 "거룩한 형제들"이다. 여기서 기자는 거룩하게 하심을 받은 자들과 아브라함의 후손들은 예수의 형제와 자매들임을 강조하는 앞에 나온 문단의 내용을 다시 언급한다. 실제로 그들은 예수의 거룩한 형제와 자매들이다. 예수의 속죄제로 그들의 죄가 깨끗하게 되었기 때문이다. 더욱이 예수의 형제자매들로서 그들은 예수와 함께 하늘의 부르심을 받았다. 하나님의 대리자로 세상을 통치하는 그들의 부르심은 현재 이 땅에서 이루어지는 실체로만 제한되지 않는다. 신자들은 장래에 큰 상을 받을 것이기 때문이다.[10:35] 이들은 "하늘의 은사를 맛본" 자들이다.[6:4] 히브리서에서 "하늘"은 하나님의 임재를 가리킨다.[9:23] 신자들을 향한 하늘의 부르심은 또한 "하늘의 예루살렘"[12:22]이라고도 하는 하늘 도성[11:16]으로도 묘사된다. 신자들을 향한 하늘의 부르심은 장래에 초점을 맞춘다. 신자들은 "장차 올 영구한 도성을 찾는다"다.[13:14, ESV]

이 문단의 요지는 우리가 믿는 도리의 사도와 대제사장이신 예수를 깊이 생각하라는 부름과 더불어 드러난다.[참조. §2.3] 예수는 하나님이 주신 언약의 약속들을 성취하기 위해 보내심을 받은 사신이다. 그분은 "인간이 하나님께로 나아갈 수 있게" 구원을 성취하도록 하나님이 보내신 분이다.[143] 이런 이해는 예수께서 자신을 아버지께서 세상으로 보내신 자라고 한결같이 말씀하시는 요한복음과도 잘 맞을뿐더러,[요 3:34, 4:34, 5:23, 24,]

143 Ellingworth, *Hebrews*, 199.

30, 36-38, 6:29, 38-39, 44, 7:18, 28-29, 33, 8:16, 18, 26, 29, 42 등; 참조. 요일 4:9-10, 14 신약성경의 다른 책들에서도 찾아볼 수 있다.마 10:40; 15:24, 막 9:37, 눅 4:18, 43; 9:48; 10:16, 행 3:26, 갈 4:4 [144] 예수를 보내셨다는 말은 그분이 구원의 창시자로 섬긴다는 생각을 반영한다.2:12 [145] 여호와께서는 자기 백성을 애굽에서 건져 내도록 모세를 보내셨다.출 3:10 하나님의 최종적이고 결정적인 사자참조. 1:1-2인 예수는 하나님의 백성을 구원하는 위대한 구원자다.[146]

커크릴Gareth Lee Cockerill은 예수의 사도직이 1:1-2:4의 주제들을 담아낸다고 말한다.[147] 그분은 모세나 선지자들이나 천사들보다 탁월한 하나님께서 인간에게 주시는 최종적인 말씀이다. 그분은 또한 자기 백성들의 죄를 깨끗하게 하기 위해 인성을 취하시고 자신을 희생 제물로 드리신 대제사장의 일을 감당하신다. 기자가 예수는 신자들이 "믿는 도리"ὁμολογίας의 사도요 대제사장이라고 할 때, "믿는 도리"는 독자들이 받아들인 진리를 가리킨다.4:14, 10:23 [148] 독자들이 받아들인 가르침은 하나님의 대제사장이요 하나님이 보내신 자이신 예수께 초점을 맞춘다. 만약 독자들이 모세를 통해 중개된 계시로만 자신들을 제한한다면, 그들은 예수를 망각하고 그들을 위해 자신을 제물로 드리신 그분의 사역을 거부하는 죄책을 피하지 못할 것이고, 결과적으로 그들은 하나님이 대제사장으로 보내신 이로부터 돌아서게 될 것이다.

144 휴즈도 그렇게 말한다. *Hebrews*, 127.

145 오브라이언도 그렇게 말한다. *Hebrews*, 129.

146 Lane, *Hebrews 1-8*, 76; 참조. Richardson, *Pioneer and Perfecter of Faith*, 58-64.

147 Cockerill, *Hebrews*, 159. 그는 계속해서 이렇게 말한다. "'사도'는 계시의 원천으로서 아들을 모세와 대비시킨다. '대제사장'은 구원의 원천으로서 아들을 아론과 대비시킨다"(160).

148 이 말에는 고백의 행위와 내용이 모두 포함된다(아트리지가 바르게 지적한다. *Hebrews*, 108n42).

3:2 계속되는 절들에서 기자는 왜 독자들이 예수를 자신들의 사도와 대제사장으로 생각해야 하는지를 설명한다. 모세가 신실했던 것처럼 예수 역시 자신을 사도와 대제사장으로 세우신 이에게 신실했기 때문이라고 본문은 말한다.[149] 아마도 이 대목에서 우리는 사무엘상 2:35과 역대상 17:14을 떠올릴 것이다.[150] 사무엘상 2:35에서 여호와께서는 충실한 제사장을 세우실 것을 약속하시고, 역대상 17:14의 칠십인역에서는 신실한 왕을 세우실 것을 약속하신다. 물론 이 본문은 신실한 제사장으로서의 예수의 역할을 강조한다. 예수는 하나님이 맡겨 주신 대로 사도와 대제사장으로서의 역할을 성실히 수행했다. 반면에 독자들은 모세와 모세를 통해 주어진 계시로 더 이끌렸고, 예수보다 모세를 더 높일 위험에 처해 있었다. 히브리서는 모세를 평가절하하지도 않고 하나님께서 그에게 자신을 나타내신 것을 부인하지도 않는다.참조. 1:1 실제로 모세 역시 하나님 집의 신실한 종이었다. 본문에서 "집"은 하나님의 백성을 가리킨다. 하나님의 백성의 한 사람으로서 모세는 신실했다. 그런 의미에서 모세는 예수의 더 위대한 사역을 예고하는 역할을 했다.

3:3 모세와 예수는 차원이 다르다. 둘 다 각자의 부르심에 신실했지만, 예수는 모세보다 더욱 영광을 받으실 만하다. 왜 그런가? 기자는 일상의 한 예를 들어 설명한다. 집이 건축되면 그 집을 지은 건축자에게 영광이 돌아간다. 집을 건축한 사람보다 집 자체에 더 큰 영광이 돌아가야 한다고 생각하는 사람은 없다. 2절을 볼 때, 이런 예를 통해 말하고

149 존슨은 "세우신"ποιήσαντι을 "만드신"made으로 번역해야 한다고 주장한다(*Hebrews*, 107). 하나님께서 예수를 사람으로 만드셨기 때문에 그렇게 읽는 것이 가능하다. 하지만 이 구절의 문맥(3:1)이 예수의 사도직과 대제사장직에 초점을 맞추고 있다는 사실은 세우셨다는 개념이 더 타당함을 보여준다.

150 참조. Lane, *Hebrews 1-8*, 72. 참조. Karl Deenick, "Priest and King or Priest-King in 1 Samuel 2:35", *WTJ* 73(2011): 325-39.

자 하는 것은 분명하다. 집을 "지은 이"ὁ κατασκευάσας이신 예수께서 그 집에 속한 권속의 하나였던 모세보다 더 영광을 받으시는 것이 마땅하다.

지금 기자는 싹이라 이름하는 사람이 여호와의 전을 건축하는 것을 말하는 스가랴 6:12을 인용하는 것일 수도 있다.[151] 이 구절이 말하는 싹이 무엇인지 규정하기란 쉽지 않다. 대제사장인 여호수아슥 6:11나 왕인 스룹바벨을 가리키는 것일 수 있다. 스룹바벨일 가능성이 있는 것은 그가 "그 자리에 앉아서 다스릴 것"이기 때문이다.슥 6:13 스가랴 3:8은 이런 사실을 확증하는 것처럼 보인다. 대제사장 여호수아가 여호와 하나님으로부터 약속을 받기 때문이다. "내가 내 종 싹을 나게 하리라."슥 3:8 여기서 싹은 여호수아와 다른 것처럼 보인다. 그렇다면 가장 가능한 후보자는 스룹바벨이다. 스룹바벨을 위해 이처럼 존귀한 자리가 약속되는 것은 여호와께서 하늘과 땅을 진동시키시고, 원수된 임금들을 엎으시고, 그를 여호와의 "인장"으로 삼으실 것을 그에게 약속하는 대목인 학개 2:20-23과도 잘 부합한다.[152] 스룹바벨이 여호수아와 자신의 통치를 공유하는 대목을 이해하는 것이 간단치만은 않다. "또 제사장이 자기 자리에 있으리니."슥 6:13 스룹바벨과 여호수아는 아마도 여호와께서 자신의 전을 건축할 두 그루의 감람나무와 두 사람의 기름부음을 받은 자일 것이다.슥 4:10, 13 어느 본문이 스룹바벨을 가리키고 어느 본문이 여호수아를 가리키는지 구분하기가 쉽지 않다. 하지만 히브리서의 최종적인 해석은 분명히 예수를 왕과 대제사장으로 보고 있고, 따라서 이 두 사람에 대해 말하고 있는 것들 역시 예수 안에서 최종적으로 성취된

151 여기서 언급되는 두 본문에 대한 구약적 배경과 관련해서는 휴즈를 참조하라. *Hebrews*, 132, 135.

152 히브리서 기자가 학개서의 이 예언을 잘 알고 있었던 것이 분명함은, 그가 히브리서 12:26-27에서 이 구절을 인용하기 때문이다.

다. 하나님의 왕과 대제사장으로서 예수는 하나님의 백성을 의미하는 것으로서 하나님의 집을 건축하신다.참조. 3:6

본문은 또한 다윗 왕조에 대한 예언으로 다윗 언약이 세워지는 역대상 17:11-12을 암시하는 것일 수 있다. 여호와께 순종하는 한 다윗의 후손들의 통치가 영영히 이어질 것이고, 특별히 다윗의 자손이 야훼를 위해 집을 건축할 것을 약속한다. 물론 솔로몬을 통해 이 예언이 이루어졌다. 하지만 궁극적으로는 순종하는 아들인 예수를 통해 이루어졌다.[153]

예수와 모세 모두 신실했지만 예수는 집을 건축한 자, 하나님의 백성을 견고하게 세우신 이로서 신실했다.[154] 반면에 모세는 하나님의 백성의 일원으로서 신실했다. 이 주장은 여기서 복합적이고 몇 가지 차원으로 이루어진다.[155] 한편으로 예수는 인간과 대제사장으로서 하나님께 신실하다. 다른 한편으로는 하나님의 아들로서 그분은 집을 건축한 자다. 만물의 창조자! 앞에서 언급한 것처럼, 시작부터 이 두 가지 주제가 엮여 이 서신을 구성한다.1:2 그렇다면, 여기서 예수의 인성과 신성 모두를 발견하는 것은 새삼스런 일이 아니다. 동시에 여기서 집은 하나님의 백성3:2, 5-6과 우주의 창조 모두를 가리키는 것처럼 보인다.3:3-4 언뜻 보면 아주 단순한 것 같지만, 많은 숨은 보화를 간직하고 있는 구절이다.

3:4 기자는 집에 대해 잠시 이야기한다. 집마다 그것을 준비하고 건축한 이가 있다. 모든 드러난 것에는 원인이 있다. 그러나 궁극적으로 모든 것은 하나님이 친히 지으셔서 있는 것이다. 하나님은 만물을 주권적으로 다스리시고 우주에 있는 모든 것의 궁극적 원인이시다.참조. §1 그렇

153 참조. Guthrie, "Hebrews", 952.

154 아트리지에 따르면, 이런 유비는 일반적인 것으로 기자가 지금 예수께서 하나님의 백성을 세우신 것을 말하는 것은 아니라고 생각한다(*Hebrews*, 110).

155 존슨이 바르게 말한다. *Hebrews*, 109.

기 때문에 존재하는 모든 것과 지어진 모든 것으로 인해 영광을 받으시는 분은 하나님이다. 기자는 여기서 특별히 그리스도가 이 집을 지은 자라고 말하지 않고,[156] 오히려 그리스도와 하나님 간의 유추를 시도한다. 하나님은 온 우주를 창조하신 분으로서 영광과 존귀를 받기에 합당하다. 그리스도 역시 이 집을 지은 자로서 모세보다 더 영광을 받는다. 따라서 앞의 절과 이 절을 종합해 볼 때, 기자는 이 유추를 통해 예수는 이 집을 지으신 신적인 건축자이심을 암시한다.

3:5 5-6절에서는 모세와 그리스도를 대비시킨다. 모세는 하나님 집의 신실한 종으로, 신실한 아들이신 그리스도를 대망하는 전조의 역할을 했다. 다시 한 번 히브리서는 모세가 하나님의 집을 짓는 건축자가 아니었음을 강조한다. 다시 말해, 모세가 하나님의 백성을 이룬 것이 아니다. 대신에 그는 하나님 백성의 일원이었다. 모세가 이 집에서 신실한 종으로 두드러진 것은 사실이지만, 그가 이끌었던 백성들보다 본유적으로 탁월한 것은 아니었다. 그 역시 이스라엘의 지체요 한 명의 인간으로서 하나님의 다스림 아래 있었기 때문이다.

여기서 구약성경의 배경이 드러난다. 히브리서는 여호와께서 모세가 자신의 신실한 종임을 천명하는 민수기 12:7을 암시한다. "내 종 모세와는 그렇지 아니하니 그는 내 온 집에 충성함이라." 민수기 12:7에서 비롯된 "종",θεράπων "신실한",πιστός "집"οἶκός과 같은 말들은 히브리서 3:5에서 되풀이된다. 민수기 12:7에 대한 칠십인역ὁ θεράπων μου Μωυσῆς ἐν ὅλῳ τῷ οἴκῳ μου πιστός ἐστιν과 히브리서 3:5 본문을 비교해 보면, 도입구가 없음에도 불구하고 기자가 민수기 12:7Μωϋσῆς μὲν πιστὸς ἐν ὅλῳ τῷ οἴκῳ αὐτοῦ ὡς θεράπων에서 이 말을 인용하고 있음을 알 수 있다. 민수기 12장의 문맥 또한 중요하

156 스피크Ceslas Spicq의 주장과 대비된다. *L'Épître aux Hébreux*, 2:68.

다. 모세가 구스 여인과 결혼한 것 때문에 미리암과 아론이 모세를 비난했다. 명백히 그들은 하나님이 모세를 통해서만 말씀하시는 것은 아니라며 모세를 질투했다. 여호와께서 그들에게도 나타나셨다. 여호와께서 이상과 꿈 가운데 선지자들에게 말씀하셨음을 말해 주는 대목이다. 그러나 모세는 하나님의 신실한 종으로서 특별했다. 그에게는 하나님께서 은밀한 말민 12:8이 아닌 직접 대면하여 명백히문자적으로는 "mouth-to-mouth"를 뜻한다, ESV 말씀하셨다. 실제로 모세는 여호와의 "형상"을 보았다.민 12:8 기자가 모세를 하나님의 "종"으로 말할 때는 존귀한 직분을 가리켜 말하는 것임을 분명히 알 수 있다. 민수기 12장의 문맥은 다른 사람들과 대비되는 모세의 탁월성과 위대함을 보여준다. 모세는 가장 위대한 선지자로서 두드러진다. 아마도 구약성경에서 가장 위대한 지도자일 것이다.

히브리서는 새 언약의 탁월성을 주장하느라 옛 언약의 중개자인 모세를 깎아내리지 않는다. 오히려 하나님의 종으로 모세를 칭송한다.[157] 모세의 위대함에도 불구하고, 우리는 더 나은 무엇을 고대한다. 모세는 "장래에 말할 것을 증언하기 위하여 하나님의 온 집에서" 종이었다.ESV 히브리서 1:1이 확증하는 것처럼, 하나님께서는 옛 언약 시대에 여러 방식과 모양으로 말씀하셨다. 하지만 최종적이고 결정적인 계시는 그분의 아들을 통해서 왔다.히 1:2 이 본문은 또한 신명기 18:15, 18-19을 암시하는 것일 수도 있다. 모세 자신이 하나님께서 장차 백성들이 귀기울여야 할 한 선지자를 세우실 것을 예언할뿐더러, 장차 하나님으로부터 올 더 나은 말씀을 고대했기 때문이다. 모세는 계시의 목적도 종

157 히브리서가 "구절을 문맥과 상관없이 취해서 그 안에 있는 핵심 용어에 전혀 다른 의미를 부여한다"고 주장하는 아트리지와 견해를 달리한다(*Hebrews*, 111). 나에게는 히브리서가 더 심오한 주장을 하는 것으로 보인다. 종으로서의 모세에게 합당한 영예를 돌린다. 하지만 그리스도는 더 위대하다. 그분은 아들이기 때문이다.

착지도 아닌, 장차 올 더 나은 것을 가리키는 사람이었다.

3:6 모세는 하나님의 신실한 종이었다. 그러나 그는 하나님께서 아들을 통해 더 나은 최종적인 말씀을 하실 때를 고대했다. 예수는 단순히 하나님 집의 신실한 종이 아니다. "하나님의 집을 맡은ἐπί" 신실한 아들이다. 하나님 우편에서 다스리는 다윗 계열의 메시아요, 온 우주의 창조자와 보존자요, 하나님의 백성을 다스리는 주권적인 통치자다.히 1:2-3 인간으로서 그분은 항상 자기 아버지께 온전히 복종하고 순종함으로 그분의 뜻을 행하셨다. 히브리서를 받아보는 독자들은 신실한 종인 모세에게로 돌이켜서는 안 된다. 모세 자신이 장차 올 한 날에 대해 말했기 때문이다. 모세 자신이 신실한 아들의 도래를 대망했다면, 독자들은 당연히 아들에게 충성되게 남아 있어야 한다. 이런 의미에서 모세는 장차 오실 이인 예수의 모형으로 기능한다.

이 절의 마지막 부분은 신실하게 견디는 것이 얼마나 중요한지를 말한다. 독자들은 하나님 집의 권속들이다. 그러나 끝까지 견디는 자라야 하나님의 백성의 참 지체다. 기자는 "굳게 잡고" 있어야 할 필요를 전달하기 위해 이 서신의 다른 두 곳에서 사용한 말을 사용해κατέχω, 3:14, 10:23 견고히 붙잡고 있으라고 독자들을 촉구한다. "담대함"παρρησία을 잃지 말아야 한다. 히브리서의 다른 구절들에서4:16, 10:19, 35 이 말은 대제사장이신 예수의 사역을 힘입어 하나님께 담대히 나아가는 것을 강조한다.[158] 우리가 가진 "소망의 확신"τὸ καύχημα τῆς ἐλπίδος은 NET 성경의 번역을 따라 이해해야 한다. "우리가 자랑스럽게 여기는 소망." 여기서 소망은 "바라는 행위라기보다는 [소망]의 내용"을 가리킨다.[159] 신자들은 자신

158 객관적이고 주관적인 요소를 다 가진 말이다(Attridge, *Hebrews*, 111-12; Ellingworth, *Hebrews*, 211). 담대해야 할 객관적인 이유들이 있기 때문에 신자들은 확신을 가지고 하나님께로 나아갈 수 있다.

들에게 주어진 확신과 소망을 저버려서는 안 된다. 그들은 만물을 다스리는 아들에게 속한 자들이기 때문이다.

조건문에 있는 "우리는…이다"ἐσμεν ἡμεῖς를 어떻게 해석해야 하는가? 현재시제와 조건문을 통해 기자가 신자들이 끝까지 견딤으로 자신이 이미 하나님의 백성의 일원이라는 사실을 말하는 것으로 본문을 이해하는 사람들이 있다.[160] 만약 그렇다면, 끝까지 견디는 인내는 이미 존재하는 하나님과의 바른 관계를 증거하는 기능을 한다. 여기서 기자가 미래시제를 사용하지 않는다는 사실이 의미심장하게 보인다. 기자는 만약 신자들이 끝까지 견디면 하나님의 백성들에게 **속하게 될 것**이라고 가르치지 않는다.

앞에서 설명한 해석이 매력적임에도 불구하고, 동사의 시제를 필요 이상으로 강조하는 것일 수도 있다. 여기서 기자가 그처럼 미묘한 주장을 하는 것 같지는 않다. 이 문장은 단순 조건으로 해석해야 한다. 따라서 나는 다음과 같이 이 문장을 이해할 것을 제안한다. 독자들이 끝까지 견디면 그들은 하나님의 집이다. 기자는 만약 그들이 끝까지 견디면 **이미** 하나님의 집에 **속한 것**이라 확증하려고 하지 않을 뿐 아니라, 그런 확증을 부인하지도 않는다. 또한 만약 끝까지 견딘다면 **그들이** 하나님의 집**일 것**이라고 하지도 않는다. 이 말을 하는 이유는 시제와 관련된 이런 물음에 대해 논하거나 답을 하려는 것이 아니다. 기자가 지금 골몰하는 것은 독자들이 그리스도인인지 여부가 아니다. 오히려 그의 요

159 O'Brien, *Hebrews*, 137.

160 패닝은 이 조건문을 증거추론으로 이해한다. 끝까지 견디는 것을 통해 그들이 이미 하나님 백성의 일원임이 드러난다는 것이다. Buist M. Fanning, "A Classical Reformed View", in *Four Views on the Warning Passages in Hebrews*, ed. Herbert W. Bateman IV(Grand Rapids, MI: Kregel, 2007), 206-18. 이에 반하는 견해에 대해서는 커크릴을 참조하라. *Hebrews*, 170-72.

지는 목회적이다. 하나님의 집에 속한 독자들은 끝까지 인내해야 한다. 여기서 조건문은 히브리서에 나온 다른 조건문들과 같은 방식으로 해석해야 한다. 끝까지 인내하고 견디는 독자들은 하나님의 권속이다.

성경신학적 적용

예수 그리스도 안에 있는 신자들은 끝까지 자신들이 가진 믿음을 단단히 붙들어야 한다. 모세를 통해 주어진 계시로 다시 되돌아가는 것은 통탄할 일이 될 것이다. 모세는 여호와 하나님의 신실한 종이었지만, 예수는 하나님의 신실한 아들이기 때문이다. 그분은 우리가 믿는 도리의 사도와 대제사장이다. 모세 자신은 선포된 말씀의 성취가 될 장차 하나님으로부터 오실 말씀을 고대했고, 예수께서 그 성취를 이루셨다. 신자들이 예수를 저버린다면, 그분의 대제사장 사역을 힘입어 하나님 앞으로 나아가는 담대함 역시 포기하는 것이다.

3:7-11

I. 프롤로그: 아들을 통해 이루어진 결정적이고 최종적인 계시[1:1-4]

II. 천사들보다 위대하신 아들을 저버리지 말라[1:5-2:18]

III. 아들을 모세와 여호수아보다 더 위대한 대제사장으로 가진 너희는 마음을 완고하게 하지 말라[3:1-4:13]

1 | 하나님의 종 모세보다 위대한 신실한 아들[3:1-6]

2 | 경고: 안식에 들어가도록 믿음과 순종에서 떠나지 말라[3:7-4:13]

1) 구약 본문: 광야 세대가 했던 것처럼 너희 마음을 완고하게 하지 말라[3:7-11]

2) 구약 적용: 불신앙과 불순종을 조심하라[3:12-19]

3) 그의 안식에 들어가지 못할까 두려워하라[4:1-5]

4) 날이 이르기 전에 그의 안식에 들어가기를 힘쓰라[4:6-13]

7 그러므로 성령이 이르신 바와 같이 오늘 너희가 그의 음성을 듣거든 8 광야에서 시험
하던 날에 거역하던 것같이 너희 마음을 완고하게 하지 말라. 9 거기서 너희 열조가 나
를 시험하여 증험하고 사십 년 동안 나의 행사를 보았느니라. 10 그러므로 내가 이 세
대에게 노하여 이르기를 그들이 항상 마음이 미혹되어 내 길을 알지 못하는도다 하였
고 11 내가 노하여 맹세한 바와 같이 그들은 내 안식에 들어오지 못하리라 하였다 하였
느니라.

문맥

아들인 예수께서 종인 모세보다 더 뛰어난 것은 추상적인 신학 개념이 아니다. 앞의 본문은 마지막까지 믿음에 굳게 서 있으라는 부르심으로 맺었다. 이제 기자는 시편 95:7-11로부터의 상당히 긴 인용으로 시작하는 3:7-4:13의 장문의 단락을 통해 같은 맥락으로 독자들에 대한 경

고를 이어 간다. 본 문단의 중심적인 경고는 다음과 같다. 독자들은 광야 세대가 그랬던 것처럼 마음을 완고하게 해서는 안 된다. 이스라엘 백성들은 여호와 하나님의 구원하는 은혜로운 역사를 40년 동안 목도했음에도 불구하고 여호와 하나님을 시험하고 그분을 거부했다. 그 결과 하나님께서는 그들에게 자신의 진노를 부으셨고, 그들이 하나님의 안식 곧 약속의 땅에 결코 들어가지 못할 것을 맹세하셨다.

주석

3:7 기자는 "그러므로"[Διό]라는 말로 자신의 권면을 시작한다. 아들이신 예수께서 모세보다 더 탁월하시기 때문에 독자들은 그분을 통해 주신 메시지에 마음을 굳게 해서는 안 된다. 이 절에서 기자는 시편 95:7-11로부터 인용하기 시작한다. 이 인용문은 "성령이 이르신 바와 같이"라는 도입구로 시작한다. 히브리서는 항상 성경에서 하나님이 자기 백성들에게 말씀하신 것을 강조하고, 여기서는 이 말씀을 성령이 하신 것으로 말한다.[참조. §4] 성령의 신성에 대한 놀라운 암시다. 성경은 하나님의 음성과 말씀을 나타내고 여기서 이 말씀을 성령이 이르신 것으로 말하기 때문이다.

이 인용문은 시편 95:7로 시작한다. "오늘 너희가 그의 음성을 듣거든." "오늘"[σήμερον]이라는 말은 지금 우리가 보는 본문에서 아주 중요한 역할을 한다. 성령께서 마음을 굳게 하지 말라고 하나님의 백성들에게 경고의 말씀을 발하신다.

여기서 먼저 시편 95편의 말씀을 요약적으로 살펴보는 것이 좋을 것 같다. 물론 칠십인역이 마소라 사본의 직역을 반영한다는 사실 역시 말해야겠지만, 그럼에도 불구하고 이 본문은 몇 군데 미미한 차이를 제외하면 칠십인역과도 아주 비슷하다. 이 시편은 하나님께서 이스라엘 가운데서 행하신 구원 역사를 인하여 하나님께 즐거이 부를 것을 요청함으로 시작한다. 여호와께 감사해야 한다. 그분은 만물 위에 계신 크신 하나님이요 왕이시기 때문이다. 만물 위에 드리운 하나님의 주권이 명백히 드러난다. 하나님은 바다와 육지를 지으시고 그것들을 소유하시는 분이다. 온 땅이 그분의 것이다. 그렇기 때문에 이스라엘은 자신들의 창조주와 여호와를 예배함이 마땅하다. 하나님은 참으로 그들을 자기 백성으로 기르시는 목자요, 이스라엘의 구원자로서 그들의 모든 필요를 채우실 것을 약속하신다. 그러므로 이스라엘은 광야 세대가 했던 것처럼 마음을 굳게 해서는 안 된다. 그렇지 않으면 하나님의 진노를 맞닥뜨리고 그분의 안식에 이르지 못할 것이다.

3:8 시편 기자는 자신의 세대에게 광야에서 반역의 세대가 그들의 마음을 굳게 한 것처럼 오늘날 그들의 마음을 굳게 하지 말라고 경고한다. 광야 세대는 불신앙과 불순종으로 반복해서 여호와의 진노를 촉발시키고, 가나안으로 들어가라는 명령을 받았음에도 그렇게 하기를 거부했다.[민 13-14장] 이런 행위는 그들의 마음이 여호와를 향해 싸늘하게 식었음을 말해 준다. 광야에서 시험을 받았을 때, 그들은 여호와의 경고를 무시하고 그분이 주신 약속들을 믿지 못했다.

3:9 광야 세대는 하나님을 신뢰하기는커녕 오히려 하나님을 시험했다. 하나님이 자신들을 돌보시는 것을 믿기보다는 그분이 자신들을 멸시한다고 확신했다. 그들의 불신앙이 경악스러운 것이, 무려 40년 동안 하나님의 은혜의 역사를 경험한 자들이었기 때문이다.[161] 하나님의 은

161 이 본문을 이스라엘이 하나님의 역사를 40년 동안 보았다고 말하는 것으로 보는 대신에, 하나님께서 40년 동안 진노하셨다고 말하는 것으로 볼 수도 있다(참조. Koester, *Hebrews*, 256). 하지만 본문은 40년 동안 하나님께서 이스라엘 중에서 행하신 은혜로운 역사에 초점을 맞추고 있다고 보는 것이 가장 타당해 보인다. 그러나 3:17에서는 40년 동안 이스라엘에게

혜로운 역사를 경험하고도 그분을 등지는 행위는 반역하고 저항하는 마음 말고는 설명할 길이 없다. 그들은 여호와가 자신들의 하나님이기를 원치 않았다.

3:10 광야 세대는 그들의 마음을 굳게 하여 40년 동안 여호와를 시험하고 의심했다. 이로 인해("그래서", διό) 하나님이 진노하셨다. 하나님의 모든 은혜의 역사에도 불구하고 저들은 하나님을 신뢰도 사랑도 하지 않았기 때문이다.[162] 이스라엘의 문제는 치료가 불가능했다. "저희는 [항상] 마음이 미혹된 백성이라"(개역개정 성경과 달리 헬라어 성경이나 다른 영어 성경에는 이 문장에 '항상'이라는 부사가 나온다—옮긴이). "항상"ἀεί 이라는 부사는 이스라엘의 마음이 하나님으로부터 떠나는 일이 일시적이거나 이따금 일어난 것이 아니라 그들의 삶이 노상 그랬다는 것을 보여준다. 민수기 14:22이 말하는 것처럼, 그들은 여호와를 "열 번"이나 "시험"했고 그분의 목소리를 청종하기를 거부했다.[163] 하나님을 저버리

부어진 하나님의 진노에 초점을 맞추는 것처럼 보인다. 17절의 내용은 여기서 퀘스터의 이해를 뒷받침한다. 어려운 문제이기는 하지만, 나 같은 경우 두 가지 주제가 공존하는 쪽으로 조금 더 기우는 것도 사실이다. 하나님께서 이스라엘에게 40년에 걸쳐서 은혜로운 역사를 보여주신 것도 사실이고(3:9) 그들이 하나님의 진노를 경험한 것도 사실이다(3:17).

162 기자가 미묘하게 독자들을 나무라고 있다고 주장하면서, 이 구절의 칠십인역의 지시대명사 "그"ἐκείνῃ가 여기서 "이"ταύτῃ로 달라진 것에 의미를 부여하기도 한다(Bruce, *Hebrews*, 60n28; Ellingworth, *Hebrews*, 218). 그러나 그럴 가능성은 없어 보인다(참조. Attridge, *Hebrews*, 115; Koester, *Hebrews*, 255). 본문은 과거시제로 광야 세대—히브리서의 독자들이 아닌—를 묘사한다. 더욱이 당시 독자들은 아직 하나님의 진노의 대상도 아니었다. 광야 세대처럼 되지 말라는 경고를 받는 것을 보아 알 수 있다. 기자는 독자들이 광야 세대와 같은 자리에 있다고 하지 않는다. 실제로 기자는 독자들이 그들이 저지른 것과 같은 죄에 빠지지 않을 것이라고 적고 있다.

163 병행구에 대해서는 레인을 참조하라. *Hebrews 1-8*, 85-86. 민수기 14:22에 대한 HCSB 번역이 적절하다. 하지만 독자들은 히브리서와 관련된 이 병행구를 놓치고 있다. 문자적으로 "그들은 내[하나님의] 음성에 순종하지 않았다"οὐκ εἰσήκουσάν μου τῆς φωνῆς고 말하고 있기 때문이다. 3:1-4:13에 나오는 민수기 14장에 대한 많은 병행구에 대해서는 온

는 것이 저들의 특징이었다. 근본적으로, 이스라엘은 하나님의 "길"ὁδούς을 알지 못했다. 구약성경에서 우리는 자주 하나님의 "길"을 따라 "행해야"walk 할 필요를 발견한다.참조. 신 8:6; 10:12, 수 22:5, 왕상 2:3 시편 기자는 "인자와 진리"로시 25:10 하나님의 도를 보여주시기를 기도한다.시 25:4; 참조. 사 2:3 하나님께서는 그 행위를 모세에게 알리셨다.시 103:7 이는 아마도 이스라엘을 위한 구원의 행위를 가리키는 말일 것이다.참조. NET 성경은 이 구절을 "그의 미쁘신 행위"라고 번역한다 하나님께서는 반복적으로 자신의 도를 이스라엘에게 계시하시고, 그들에게 자신의 자비와 사랑과 은혜를 나타내셨다. 광야 세대는 하나님의 행사를 보았음에도 불구하고 그분이 누구신지를 진실로 배우지 않았다. 하나님의 길을 배우지 않았기 때문에 하나님이 누구신지 역시 몰랐다.

3:11 이스라엘이 하나님을 향해 마음을 굳게 하고 그분을 떠나갔기 때문에, 하나님께서는 그들이 자기 안식에 들어오지 못하리라고 맹세하셨다. 이 절을 시작하는 분사는"So", ὡς 결과를 가리킨다.[164] 끊임없이 하나님을 떠나 죄의 길로 나아가고, 하나님을 의지하고 신뢰하지 않는 자기 백성을 향한 여호와 하나님의 진노가 촉발되었다. 하나님의 진노는 그들이 자기 안식에 들어오지 못할 것이라고 맹세하시기까지 이르렀다. 여기서 "안식"은 아브라함, 이삭, 야곱과 맺으신 언약의 성취로서 이스라엘에게 약속된 가나안 땅을 가리킨다. 본문은 다시 한 번 민수기 14장을 암시한다. 여호와께서 그들이 "내가 그들의 조상들에게 맹세한 땅을 결단코 보지"민 14:23 못할 것이라 말씀하시고, 또한 "내가 맹세하여 너희에게 살게 하리라 한 땅에 결단코 들어가지 못하리라"고 하셨다.민

스워스Richard Ounsworth를 참조하라. *Joshua Typology in the New Testament*, WUNT 2/328(Tübingen: Mohr Siebeck, 2012), 56-59.

164 참조. LN 89.52; BDAG.

14:30 165 후대 세대를 위해 이 약속이 성취될 것이다. 하지만 여호와를 거역한 광야 세대만큼은 가나안 땅으로 들어가지 못할 것이다.

성경신학적 적용

기자는 시편 95편을 인용하면서 이 말씀을 성령이 말씀하신 것으로 규정한다. 구약성경을 하나님의 기록된 말씀이라 생각한다. 실제로, 오래전에 다윗이 한 말이 기자의 세대를 향해 새롭게 말한다. 옛 언약은 폐하여졌지만, 구약성경은 계속해서 하나님의 살아 있는 말씀으로 존재한다. 히브리서를 받아본 독자들과 우리는 모두 믿음으로 하나님이 말씀하시는 것을 들어야 한다. 하나님을 대항하여 우리 마음을 굳게 하지 않도록 조심해야 한다. 반항하는 사람은 하나님을 시험함으로 자신이 하나님을 알지 못하고 있음을 드러낸다. 구원하는 하나님의 도를 모르기 때문이다.

165 다시 레인을 참조하라. *Hebrews 1-8*, 86.

3:12-19

I. 프롤로그: 아들을 통해 이루어진 결정적이고 최종적인 계시[1:1-4]

II. 천사들보다 위대하신 아들을 저버리지 말라[1:5-2:18]

III. 아들을 모세와 여호수아보다 더 위대한 대제사장으로 가진 너희는 마음을 완고하게 하지 말라[3:1-4:13]

1 | 하나님의 종 모세보다 위대한 신실한 아들[3:1-6]

2 | 경고: 안식에 들어가도록 믿음과 순종에서 떠나지 말라[3:7-4:13]

1) 구약 본문: 광야 세대가 했던 것처럼 너희 마음을 완고하게 하지 말라[3:7-11]

2) 구약 적용: 불신앙과 불순종을 조심하라[3:12-19]

3) 그의 안식에 들어가지 못할까 두려워하라[4:1-5]

4) 날이 이르기 전에 그의 안식에 들어가기를 힘쓰라[4:6-13]

12 형제들아 너희는 삼가 혹 너희 중에 누가 믿지 아니하는 악한 마음을 품고 살아 계
신 하나님에게서 떨어질까 조심할 것이요 13 오직 오늘이라 일컫는 동안에 매일 피차
권면하여 너희 중에 누구든지 죄의 유혹으로 완고하게 되지 않도록 하라. 14 우리가
시작할 때에 확신한 것을 끝까지 견고히 잡고 있으면 그리스도와 함께 참여한 자가
되리라. 15 성경에 일렀으되 오늘 너희가 그의 음성을 듣거든 격노하시게 하던 것같이
너희 마음을 완고하게 하지 말라 하였으니 16 듣고 격노하시게 하던 자가 누구냐. 모
세를 따라 애굽에서 나온 모든 사람이 아니냐. 17 또 하나님이 사십 년 동안 누구에게
노하셨느냐. 그들의 시체가 광야에 엎드러진 범죄한 자들에게가 아니냐. 18 또 하나님
이 누구에게 맹세하사 그의 안식에 들어오지 못하리라 하셨느냐. 곧 순종하지 아니
하던 자들에게가 아니냐. 19 이로 보건대 그들이 믿지 아니하므로 능히 들어가지 못한
것이라.

문맥

기자는 12-19절에서 시편 95편의 메시지를 자신의 독자들에게 적용한다. 그들을 배도로 이끌고 하나님으로부터 떠나게 하는 불신앙의 마음이 나타나지 못하도록 깨어 있어야 한다.[참조. §5] 배도에 빠지지 않도록 할 대책이 13절에 나와 있다. 신자들은 하나님으로부터 그들을 떠나게 할 죄에게 속지 않도록 날마다 피차 권면해야 한다. 14절은 12-13절에 대한 설명이다. 그들이 끝까지 견디어 이기면 그리스도께 속할 것이다. 끝까지 견디어야 할 필요를 통해 기자가 시편 95편을 인용하는 이유를 알 수 있다. 오랜 세대 전 다윗의 독자들과 마찬가지로, 히브리서를 받아보는 독자들은 마음을 굳게 하고 하나님께 반역해서는 안 된다.[15절] 기자의 시편 95편에 대한 해석적 설명인 16-19절은 쿰란을 통해 잘 알려지게 된 페샤[Pesher] 해석 방법과 유사하게 기능한다. 16-18절에 보면, 기자는 시편 95편의 말로 질문을 던지고 나서 각각의 구절들을 통해 자신의 말로 이 질문들에 답한다. 그렇다면, 하나님의 말씀을 듣고 반역한 자들이 누구인가?[16절] 대답: 모세와 더불어 애굽에서 구출된 자들이다. 하나님은 누구에게 노하셨는가?[17절] 대답: 광야에서 죄를 짓고 죽은 자들이다. 또한 누가 하나님의 안식에 들어가지 못했는가?[18절] 대답: 불순종한 자들이다. 19절에서 기자는 이스라엘의 배도와 심판을 설명하면서 결혼을 이끌어 낸다. 불신앙으로 하나님을 신뢰하지 않았기 때문에 그들은 하나님의 안식에 들어가지 못했다. 불신앙에 대한 언급은 기자가 독자들에게 불신앙의 악한 마음을 품고 살다가 하나님으로부터 떨어질 것을 경고하는 12절과 더불어 수미상관을 이룬다.

주석

3:12 기자는 지금 광야 세대와 다윗 자신의 세대에게 주어진 말씀들을

이 서신의 독자들에게 적용한다. 독자들이 불신앙에 빠져 하나님으로부터 떨어질 것을 우려하고 있다. HCSB는 이 절을 시작하는 명령형을 잘 잡아내고 있다. "조심하라."Βλέπετε 이 경고는 신자들, 다시 말해 이 편지를 받아보는 교회(혹은 교회들) 안에 있는 형제자매들에게 주어진 것이다. 실제로, 모든 각 사람이 이 경고를 심각하게 받아들여야 한다. 기자는 "너희 중 어느 누구든" 이 경고를 받아야 한다고 말한다. 교회 회원이라면 누구나 이 경고를 받아야 한다. 예외가 없다. 독자들은 자신들의 마음을 지키고 깨어 있어서 악한 마음을 품지 않도록 해야 한다. 불신앙—하나님을 의지하지 않고 그분의 약속들을 믿지 않는 것—은 하나님을 "믿기"πιστεύουσίν를 거부하는 악한 마음의 핵심이다.민 14:11 믿지 못하면 순종하지 못한다. 커크릴은 이렇게 말한다. "기자는 순종으로 이끌지 않는 것을 믿음이라 여기지 않고, 믿음으로부터 나지 않은 어떤 것도 순종이라 여기지 않는다."[166]

불신앙의 악한 마음은 살아 계신 하나님을 저버리는 배도로 귀결된다. 민수기 14장은 어떻게 이스라엘이 하나님을 믿기를 거부하고 가나안 땅에 들어가지 못했는지를 진술한다. 민수기 14:9을 보면, 이스라엘 백성들이 하나님을 순종할지를 결정해야 할 기로에 서 있을 때 여호수아와 갈렙은 "여호와를 거역하지ἀποστάται 말라"고 그들에게 촉구한다.14:9 히브리서 기자는 이 사건을 떠올리면서 독자들에게 광야 세대가 범한 우를 되풀이하지 말라고 이와 비슷한 촉구를 한다. 여기서 부정사 구문("떨어질까", ἐν τῷ ἀποστῆναι)이 "내용"을 가리킬 수 있다고 한다면, 살아 계신 하나님을 떠나는 행위는 곧 믿지 아니하는 악한 마음을 규정하고 설명한다.[167] 그러나 이 구문을 결과절로 이해하는 월리스Daniel B.

166 Cockerill, *Hebrews*, 183.

Wallace 의 이해가 맞을 것이다.[168] 배도는 믿지 않는 마음의 필연적인 귀결이요 결과다. 배도는 여기서 사용된 단어의 의미를 잘 담아낸 말이다.ἀποστῆναι [169] 기자는 하나님을 떠나지 말라고,HCSB 하나님에게서 떨어질 위험에 대해,ESV 그분을 저버리는 것에 대해,NET 그분으로부터 돌이키는 것에 대해NIV 독자들을 경고한다. 여기서 말하는 하나님으로부터 돌아서는 것은 일시적인 일탈이 아닌 하나님의 주되심을 거부하는 것이다. 사실 이렇게 하나님으로부터 돌아서는 것은 어리석음의 극치다. 그분은 "살아 계신 하나님"이기 때문이다.참조. 히 9:14, 10:31, 12:22 구약성경에서 이스라엘 백성이 다른 열국들과의 갈등 가운데 있을 때 여호와를 "살아 계신 하나님"으로 묘사하거나,예. 수 3:10, 삼상 17:26, 왕하 19:4, 16 우상들과 대비되는 하나님의 참되심을 말하거나,렘 10:10; 참조. 행 14:15 그들이 여호와 하나님과 누리는 참된 교제를 강조한다.시 42:2, 84:2 참되고 살아 계신 하나님으로부터 떠나가는 것은 적합한 장비도 갖추지 않고 에베레스트 산 정상에 오르려고 하는 것과 비교할 수 있는, 한마디로 완전한 참사다.

3:13 신자들이 매일 피차 권면함으로 하나님에게서 떨어지는 것을 막을 수 있다. 격려는 죄의 속임으로부터 촉발되는 영적인 완고함을 미연에 막을 수 있다. 기자는 격려와 촉구가 서로 간에 노력을 경주하면서 힘써 가야 할 공동체의 과제라고 믿는다. 뒤에서 기자가 말하는 것처럼,10:25 신자들은 서로를 굳건하게 하고 격려하기 위해 함께 모여야 한

167 A. T. Robertson, *A Grammar of the Greek New Testament in the Light of Historical Research*, 2nd ed.(Nashville: Broadman, 1934), 1073; Ellingworth, *Hebrews*, 222; Cockerill, *Hebrews*, 184n40.

168 Daniel B. Wallace, *Greek Grammar Beyond the Basics: An Exegetical Syntax of the New Testament*(Grand Rapids, MI: Zondervan, 1996), 593n12. 월리스는 이 구문이 신약성경에서 ἐν τῷ가 결과를 나타내는 유일한 예라고 말한다.

169 휴즈가 바르게 말한다. *Hebrews*, 145.

다. 하나님의 선하심과 회개하지 않는 죄의 위험함을 서로 간에 일깨워야 한다. 때를 따라 간간이 하는 격려로는 충분하지 않다. 날마다 그렇게 하는 것이 필요하다. 기자는 시편 95:7에서 빌려온 "오늘"이라는 말을 강조하기 위해 잠시 멈춰 선다. 최종적인 안식의 날은 아직 도래하지 않았다. 우리는 여전히 서로 간의 격려와 촉구가 필요한 "오늘"을 살고 있다. 기자에게는 한 날 한 날이 다 중요하다. 그저 그런 판에 박힌 날 같은 것은 없다.

기자는 왜 신자들 서로 간에 끊임없는 권면이 필요한지 설명한다. 기자는 독자들이 죄의 속임으로 마음이 굳어지기를 원치 않는다. "이 목사는 지금 자신의 독자들이 '제 마음이 굳어졌습니까? 그래서 돌이키는 것이 불가능할 정도로 하나님의 안식을 잃어버렸습니까?'라고 물어오는 소리를 들으려고 지금 글을 쓰는 것이 아니다. 그는 '너희 중 누구든지 완고하게 되지 않도록 하라'고 쓴다."[170] "너희 중에 누구든지"τις ἐξ ὑμῶν라는 말로 개개인이 주의를 기울여야 할 중요성을 재차 강조한다. 여기서 주어진 경고를 받지 않아도 되는 사람은 아무도 없다. 모든 신자가 격려를 필요로 한다. "완고하게 되다"σκληρυνθῇ는 시편 95:8에서 취한 광야 세대의 죄를 반영하는 말이다. 무정해진 마음은 더 이상 하나님의 경계를 듣지 않는다. 이런 마음은 사람을 하나님 앞으로 데려가는 날카로운 양심의 찔림에 대해 스스로를 무쇠처럼 완고하게 한다. 죄의 기만성이 사람을 이렇게 속인다. 죄는 독자들의 눈을 가려 앞에 있는 위험을 보지 못하게 한다. 실제로는 벼랑 끝에 있음에도 불구하고 이런 사람들은 스스로 안전하다고 착각한다. 다른 신자들로부터의 권면과

170 Cockerill, *Hebrews*, 187. 그는 계속해서 "자신의 영적 안녕을 심각하게 생각하는 자들은 '살아 계신 하나님으로부터 떨어지지' 않았다"고 말한다(187n58).

충고와 교정과 격려는 죄가 쓰고 있는 속이는 가면을 벗기는 방편이다.

3:14 기자는 독자들이 하나님에게서 떨어지거나 죄의 속임으로 완고해지면 안 된다고 분명하게 밝힌다. 마지막까지 확신을 견고하게 붙잡아야 진실로 그리스도와 함께 참여한 자이기 때문이다. 14절을 12-13절과 연결해 주는 "왜냐하면"γάρ이라는 접속사는 끝까지 견디는 자들이라야 최종적인 안식에 들어가게 될 것을 나타낸다. HSBC가 "동반자"companions, μέτοχοι로 번역한 말은 "파트너"partners, NET나 "그리스도와 함께 참여한 자"share in Christ, ESV, NIV로 번역하는 것이 더 낫다. 히브리서의 다른 곳에서 이 말은 그리스도의 동류들1:9, 3:1과 성령6:4에, 그리고 징계에 함께 참여한 자들12:8을 가리킨다. 동사는 "우리가…이 되었다"γεγόναμεν로 번역되지만, 여기서 완료시제는 현재의 상태를 나타내기 때문에[171] "우리는…이다"로 번역할 수 있다.[172] 완료시제를 너무 많이 강조하느라 여기서 말하는 조건을 추론에 대한 증거로 이해하는 해석가들이 있다.[173] 여기서 조건절은 히브리서의 다른 조건문들에 부합하게 해석하는 것이 바람직하다. 과거에 진실로 그리스도인이 된 사람들은 장래에도 끝까지 견딜 것이라고 기자가 주장하고 있을 수도 있다. 신학적으로, 나는 본문을 이렇게 이해하는 데 아무런 이의가 없다. 다만 이런 뉘앙스로 본문을 읽는 것이 과연 히브리서의 문맥에 부합하는지는 미지수다. 이 서신의 다른 곳에서 기자가 참 그리스도인들만 끝까지 견딘다고 주장하는 것을 발견할 수가 없다.[174] 오히려 기자는 신자

171 참조. Wallace, *Greek Grammar*, 576.

172 참조. O'Brien, *Hebrews*, 150n146.

173 패닝이 그렇게 해석한다. "Classical Reformed", 206-18.

174 물론 참 신자들이 끝까지 견딘다고 가르치는 본문들이 있다. 참조. Andrew J. Wilson, "Hebrews 3:6b and 3:14 Revisited", *TynBul* 62(2011): 247-67. 그러나 이 본문에서 기자가 진정한 신자들은 끝까지 견딘다고 가르치는지는 확신할 수 없다.

들에게 최후의 상급을 얻기 위해 끝까지 견디라고 권면한다. 바꾸어 말하면, 여기서 기자가 말하고 있는 경계를 넘어서는 본문에 대한 신학적 해석을 하지 않도록 유의해야 한다. 이 문장은 조건문이기 때문에 여기서 기자는 단순히 끝까지 견디면 독자들은 그리스도와 함께 참여한 자라 될 것이라고 말하고 있지, 참된 신자들은 반드시 견딜 것이라고 하는 것이 아니다. 참된 신자들이라야 **견딜 것**이라고 하는 것도 아니다. 이 문장은 그저 단순 조건으로 읽는 것이 더 낫다.[175]

그렇다면, 14절은 3:6과 유사하게 해석되어야 한다. 실제로 3:6과 3:14에서 "굳게 잡다"κατάσχωμεν라는 표현을 위해 같은 동사를 사용한다. 신자들이 처음 믿을 때에 발휘한 굳은 확신을 끝까지 견고하게 붙잡으면, 그들은 그리스도와 함께 참여한 자다. HCSB는 "실체"라는 말을 사용하며 지금 기자가 "확신"τῆς ὑποστάσεως을 말하고 있다는 생각을 거부한다. 많은 학자들이 이 말은 전혀 "확신"을 의미하지 않기 때문에 "실현" 혹은 "토대"로 번역해야 한다고 주장하며 이 견해를 지지한다.[176] 그러나 구약성경의 어떤 경우에서 이 단어가 "확신"이나 "소망" 같은 것을 뜻하는 증거가 있고,시 39:7, 겔 19:5 바울 서신에서도 같은 뜻이 가능하다.고후 9:4, 11:17 아마도 신자들이 실제하고 견고한 어떤 것을 신뢰하는 것을 뜻하는 것과 같이 이 두 의미를 통합하여 말하는 아트리지의 이해가 옳을지도 모른다.[177] 11:1에 가서 나는 믿음에 대한 주관적인 체험을 배제할 수 없고 문맥과도 잘 맞는다고 주장하려고 한다. 신자들에게 "소망

175 보다 상세한 논의를 위해서는 이 책 뒤에 나오는 신학 부분의 경고 메시지들에 대한 논의를 참조하라(§5).

176 참조. BDAG; O'Brien, *Hebrews*, 151; Cockerill, *Hebrews*, 189. 이와 관련된 퀘스터의 중요한 연구를 참조하라. H. Koester, "ὑπόστασις", *TDNT* 8:572-89.

177 Attridge, *Hebrews*, 118-19. 참조. Hughes, *Hebrews*, 152.

과 확신과 자랑"을 끝까지 잡고 있으라고 촉구하는 3:6과 대구를 이루는 이 구절은 기자가 지금 확신을 생각하며 말하고 있다는 이해를 지지하는 닫는 병행구로 기능한다.[178] 기자는 독자들에게 끝까지 그들이 가진 믿음을 견고하게 붙들라고 촉구한다. 그리스도와 함께 참여하기 위해서는 이런 인내가 필요하기 때문이다.

3:15 15절은 시편 95:7-8을 인용함으로 12-14절이 말하는 요지를 재진술한다. "성경에 일렀으되"ἐν τῷ λέγεσθαι라는 말과 함께 구약성경을 인용하고, 이런 인용은 12-14로 다시 귀착된다.[179] 기자에 따르면, 끝까지 신실하게 남아 있으라는 요청은 "오늘날"에도 여전히 유효하다. 독자들이 하나님이 말씀하시는 것을 듣는다면, 하나님을 대항하여 마음을 굳게 하지 말고 계속해서 그분의 말씀을 들어야 한다. 순종하고, 주의하고, 하나님께서 명령하시는 것을 행할 것을 독자들에게 요구한다. 독자들은 여호와를 향하여 스스로의 마음을 굳게 하고 여호와의 가르침을 거부하다가 가나안 땅으로 들어가지 못한 광야 세대를 본받아서는 안 된다.

3:16 이 절을 포함한 이어지는 몇 절을 통해 기자는 구약성경을 해석한다. 3:7-11을 통해 광범위하게 인용했던 시편 95편을 각 절마다 인용하며 그 의미를 설명한다. 시편 95:8에 대한 인용으로 시작한 기자는 하나님의 음성을 듣고 하나님의 명령을 거역한 자들이 누구인지 자문자답한다. 모세의 인도를 받아 애굽을 떠난 모든 세대가 그랬다. 놀랍

178 Ellingworth, *Hebrews*, 227-28.

179 15절이 12-14절 전체와 관계가 있다는 이해를 지지하는 견해에 대해서는 다음을 참조하라. Attridge, *Hebrews*, 119-20; Lane, *Hebrews 1-8*, 88. 15절이 이어지는 구절들에 속한다고 주장하는 학자들도 있다(Ellingworth, *Hebrews*, 228; Otfried Hofius, *Katapausis: Die Vorstellung vom endzeitlichen Ruheort im Hebräerbrief*, WUNT 11 [Tübingen: Mohr Siebeck, 1970], 134-35; Otto Michel, *Der Brief an die Hebräer*, 13th ed., KEK [Göttingen: Vandenhoeck & Ruprecht, 1975], 190).

게도 하나님께 반역한 자들은 다름 아닌 애굽에서 일어난 하나님의 표적과 기사들을 보고, 바로가 무릎 꿇는 것을 목도하고, 홍해에서의 구출을 경험한 자들이다. 이들은 하나님이 자신들에게 말씀하시는 것을 듣고 하나님의 뜻을 알았지만, 하나님이 명하신 대로 하기를 거부했다.참조. 민 14:1-38 180 모세를 통해 애굽에서 자유롭게 된 자들이 결코 약속의 땅에 들어가지 못했다는 사실에서도 모세보다 더 위대한 그리스도의 탁월성이 엿보인다고 할 수 있을 것이다. 예수 그리스도께서 자기 백성들에게 준 안식은 모세가 이스라엘에게 준 것보다 훨씬 더 탁월하다. 그럼에도 불구하고 여기서 요점은, 만약 모세를 통해 주신 메시지를 거역한 이스라엘이 심판을 면치 못했다면 예수의 메시지로부터 돌아선 자들 역시 심판을 피하지 못할 것이라는 사실이다.

3:17 17절에서도 시편 95편을 해석과 더불어 인용하는 형태가 이어진다. 여기서 기자는 시편 95:10을 인용한다. 하나님이 40년 동안 누구에게 노하셨는지를 묻는다. 여기서는 광야 세대가 하나님의 진노를 마주 대해야 했던 긴 시간이 강조된다. 그들의 반역에는 역사적으로 결과가 따랐다. 히브리서 기자는 자신이 던진 물음에 답을 준다. 여호와께서 죄를 범한 자들에게 노하셨다. "죄를 범하다"라는 말은 여호와께서 명령하신 것을 행하기를 거부한 그들의 악을 주목한다. 이스라엘은 약속의 땅으로 들어가도록 부르심을 받았지만, 하나님의 명령대로 하면 죽을까 두려워 그렇게 하기를 거부했다. 그 결과는 참담했다. 그들의 죄로 인해 광야 세대는 광야에서 엎드러졌다.참조. 민 14:29, 32 죽을까 두려워 하나님께 죄를 지었고, 하나님이 명하신 대로 하지 않았기 때문에 죽음을 맞

180 여기서 민수기 14장의 영향이 광범위하게 드러난다. 랜스마를 참조하라. *"I Will Give You Rest": The Rest Motif in the New Testament with Special Reference to Mt 11 and Heb 3-4*, WUNT 2/98(Tübingen: Mohr Siebeck, 1997), 262-64.

았다. 약속의 땅이 아닌 광야에서 엎드러졌다. 약속의 땅에서 하나님의 은택을 맛보는 것은 고사하고 광야에서 그분의 진노를 맞닥뜨려야 했다.

3:18 본문은 그들의 죄에 내포된 온전한 의미를 설명한다. 여기서 기자는 물음(시 95:11의 단어들을 사용한)과 대답을 한 문장에 담았다. 기자는 독자들이 이스라엘이 범한 죄의 심각성과 그것이 독자들 자신의 삶에 갖는 의미를 보도록 질문을 던진다. 광야 세대는 가나안에 약속된 안식에 들어가지 못했다. 아브라함, 이삭, 야곱에게 주시겠다고 약속하신 땅을 경험하지 못했다. 표적과 기사를 통해 애굽에서 구출되었음에도 불구하고 그들은 가나안에는 이르지 못했다.[181] 실제로 하나님께서는 그들이 가나안 땅에 들어가지 못할 것을 맹세하셨다. 나중에 히브리서에서[6:13-18] 기자는 아브라함이 하나님의 신실하심을 확신하도록 하나님께서 아브라함에게 맹세하신 것을 강조한다. 그러나 여기서 말하는 맹세는 기능이 다르다. 여기서 언급된 하나님의 맹세는 구원이 아닌 심판과 관련하여 하신 것이다. 이 맹세는 하나님께서 이스라엘의 불순종에 진노하신 것을 나타낸다. 이스라엘에게 두 번째 기회는 없을 것을 가리킨다. 하나님은 광야에서 반복된 그들의 불순종을 더 이상 차마 볼 수 없으셨다. 그들이 자행한 불순종은 현저한 반역이었고, 이로 인해 그들은 약속된 땅에 들어가지 못했다.

3:19 기자는 이스라엘이 하나님의 안식에 들어가지 못한 이유를 설명하면서 이 문단을 마무리한다. 그것은 불신앙 때문이었다. 광야 세대는

181 커크릴의 주장에 반하여, 이스라엘이 가나안에 들어가지 못한 것을 독자들이 위협받는 영원한 심판과 동등하게 봐서는 안 된다(*Hebrews*, 194). 대신에, 이스라엘 백성의 실패는 하나님으로부터 떨어져 나갈 경우 독자들이 마주하게 될 영원한 심판과 예표론적으로 유사하다. 그러나 회개하고 믿는 사람이 있을 수 있다. 여기서 기자는 광야 세대를 통해 예표론적 주장을 할 뿐, 광야 세대의 최종적인 운명에 대해 말하고 있는 것은 아니다.

마음의 완고함,[3:8, 13, 15] 하나님을 시험함,[3:9] 미혹을 받아 곁길로 행함,[3:10] 반역,[3:15-16] 죄,[3:17] 불순종[3:18]등과 같은 잘못을 범했다. 여기서 기자는 악하고 믿지 못하는 마음을 갖지 말도록 독자들에게 경고한 3:12과 병행하는 수미상관을 이루면서 이스라엘의 이런 잘못을 불신앙으로 규정한다. 이 서신 전반을 통해, 그중에서도 특히 11장에서 분명해지겠지만, 기자는 믿음과 순종은 결코 서로 분리될 수 없다고 믿는다.[182] 믿음과 순종은 서로 구분된다. 이 둘은 동일한 것이 아니기 때문이다. 그럼에도 불구하고 모든 참된 믿음은 필연적으로 순종으로 드러난다. 광야 세대는 하나님이 하신 약속들을 신뢰하지 않았다. 결과적으로, 그들은 반역했고, 죄를 범했으며, 불순종했다. 배도의 중심에는 불신앙이 있다. 하나님과 그분이 약속하신 것을 신뢰할 때 끝까지 견디는 일은 실체로 드러난다.

성경신학적 적용

초기 그리스도인들에게 발하여진 경고는 지금도 여전히 유효하다. 신자들은 불신앙이 우리의 마음에 엄습하지 못하도록 항상 깨어 있어야 한다. 죄로 우리 마음이 굳어지지 않도록 날마다 피차 권면하는 것이 교회의 표지들 가운데 하나가 되어야 한다. 이런 권면은 곧 신자들이 서로를 알고 함께 분투하는 것을 의미한다. 구원을 위해서는 끝까지 견딜 수 있어야 한다. 광야 세대에 대해 읽으면서 믿지 않고 불순종한 자들에게 일어나는 일이 무엇인지를 보아야 한다. 저들은 하나님이 약속하신 이 땅의 안식에 들어가지 못했다. 그러니 하늘의 안식에 들어가지 못하는 것을 얼마나 더 끔찍하겠는가?

182 믿음을 신실함 내지는 순종으로 정리하기 때문에 존슨은 여기서 믿음이 하는 근본적인 역할을 보지 못하고 있다(*Hebrews*, 117, 119).

4:1-5

I. 프롤로그: 아들을 통해 이루어진 결정적이고 최종적인 계시1:1-4

II. 천사들보다 위대하신 아들을 저버리지 말라1:5-2:18

III. 아들을 모세와 여호수아보다 더 위대한 대제사장으로 가진 너희는 마음을 완고하게 하지 말라3:1-4:13

1 | 하나님의 종 모세보다 위대한 신실한 아들3:1-6

2 | 경고: 안식에 들어가도록 믿음과 순종에서 떠나지 말라3:7-4:13

1) 구약 본문: 광야 세대가 했던 것처럼 너희 마음을 완고하게 하지 말라3:7-11

2) 구약 적용: 불신앙과 불순종을 조심하라3:12-19

3) 그의 안식에 들어가지 못할까 두려워하라4:1-5

4) 날이 이르기 전에 그의 안식에 들어가기를 힘쓰라4:6-13

1 그러므로 우리는 두려워할지니 그의 안식에 들어갈 약속이 남아 있을지라도 너희 중
에는 혹 이르지 못할 자가 있을까 함이라. 2 그들과 같이 우리도 복음 전함을 받은 자
이나 들은 바 그 말씀이 그들에게 유익하지 못한 것은 듣는 자가 믿음과 결부시키지
아니함이라. 3 이미 믿는 우리들은 저 안식에 들어가는도다. 그가 말씀하신 바와 같으
니 내가 노하여 맹세한 바와 같이 그들이 내 안식에 들어오지 못하리라 하셨다 하였
으나 세상을 창조할 때부터 그 일이 이루어졌느니라. 4 제칠일에 관하여는 어딘가에
이렇게 일렀으되 하나님은 제칠일에 그의 모든 일을 쉬셨다 하였으며 5 또다시 거기에
그들이 내 안식에 들어오지 못하리라 하였으니

문맥

기자는 계속해서 시편 95편을 독자들에게 적용한다. 독자들이 믿지 않는 악한 마음에 빠지지 않도록 경계를 늦추지 말아야 한다는 것이

3:12-19의 요지다. 믿지 않는 악한 마음이 그들을 하나님으로부터 떨어져 나가게 하고, 그렇게 되면 결국 하나님의 안식에 들어가지 못할 것이기 때문이다. 4:1-5에서도 동일한 우려를 표현한다. 1절에서부터 이 요점이 드러난다. 독자들은 두려워해야 한다. 그리고 이 두려움을 통해 하나님의 안식으로 들어가고자 하는 열망을 북돋워야 한다. 2절에서 기자는 단순히 선포된 좋은 소식을 들었다고 해서 구원받는 것은 아니라고 독자들에게 경고한다. 광야 세대 역시 그들에게 선포된 말씀을 들었지만 그것을 믿지 않아 실패했기 때문이다. 3절에서 기자는 오직 믿는 자들만이 하나님의 안식으로 들어가고, 광야 세대가 믿고 순종하지 않았기 때문에 하나님께서 그들을 자기의 안식으로 들어가지 못하게 할 것을 맹세하셨다고 설명한다. 하나님의 안식에 들어가기 위해서는 들은 말씀을 믿어야 한다는 것이 이 문단의 지배적인 내용이다. 하지만 동시에 기자는 하나님께서 자신의 창조 역사를 마치신 이래로 이 안식이 이루어져 왔다고 주장한다. 기자는 창세기 2:2을 인용함으로 하나님의 안식이 창조의 일곱째 날로부터 이루어졌음을 분명히 한다. 이 문단은 광야 세대에게 발하여진 말씀을 엄중하게 상기시키는 것으로 마무리된다.[시 95:11] 하나님의 안식으로 들어갈 수 있었음에도 불구하고, 그들은 반역과 완고한 불신앙으로 이 안식으로 들어가지 않았다.

주석

4:1 3:12에서처럼 기자는 하나님의 안식에 들어가는 약속이 있음에도 그 약속에 이르지 못하는 일이 없도록 독자들이 자신의 말을 심각하게 받아들여야 할 것을 경고하면서, 광야 세대에게 일어났던 일을 그들에게 적용한다. 1절의 "그러므로"[οὖν]는 광야 세대의 경험으로부터 얻은 결론 혹은 권면을 가리킨다. 하나님의 안식에 들어가지 못할까 두려워

해야 한다고 독자들을 경고한다.[183] 이 안식은 물론 장소의 개념을 포함한다.[184]

이 안식이 또한 "터가 있는 성",[11:10] "하늘에 있는 것"[11:16]인 "본향"[11:14]으로 묘사되고 있음을 이해할 때, 이 견해가 보다 타당하게 다가올 것이다. 이곳은 "살아 계신 하나님의 도성(하늘의 예루살렘),[12:22] "흔들리지 않는 나라",[12:28] "장차 올" 도성이다.[13:14] 안식이 이미-아직의 성격을 갖는다면, 안식은 또한 상태의 개념을 포함하는 것이 분명하다.[4:3][185] 하나님께서 자신의 창조 사역 이래로 안식하고 계시기 때문에 안식은 장소만으로 제한될 수 없는 것처럼 보인다. 또한 이런 안식은 장소를 가리키지 않는다. 안식일Sabbath rest, "안식의 때", 개역개정의 개념[4:9] 역시 안식은 장소의 개념을 완전히 배제하지는 않지만 그것을 초월함을 암시한다.

183 이와 유사한 내용의 다양한 종교 역사적 설화들을 간략히 살펴보기 위해서는 아트리지를 참조하라. Hebrews, 126-28. 필론주의적이거나 영지주의적인 배경은 가능성이 없어 보인다. 참조. Laansma, *I Will Give You Rest*, 327-35, 338-42. 랜즈마가 말하는 바와 같이, 그렇다고 이런 사실이 기자의 언어에서 발견되는 플라톤주의적인 색채를 배제하는 것은 아니다. 문제는 여기서 발견되는 안식의 개념이 본질적으로 중기 플라톤주의적이냐 아니면 영지주의적이냐 하는 것이다. 랜즈마는 히브리서 기자의 안식 개념이 유대교 묵시문학으로부터 비롯되었다고 하는 호피우스O. Hofius의 견해에 다소 동조하기는 하지만, 호피우스의 이런 설명이 갖는 약점들 또한 지적하고 있다(342-47). 랜즈마는 자신의 저작에서 구약성경에 대한 기독교적 이해에 뿌리박은 이 용어는 명백히 기독교적 배경을 가지고 있다고 주장한다.

184 참조. Laansma, *I Will Give You Rest*, 277-83. 여기서 안식은 장소와 상태의 의미를 모두 내포한다(참조. Ounsworth, *Joshua Typology*, 78-88). 랜즈마는 "안식"κατάπαυσις이 성전을 가리키는 기술적 용어라는 호피우스의 견해(*Katapausis*, 49-50)가 설득력이 없음을 바르게 지적하고 있다(참조. Laansma, *I Will Give You Rest*, 94-101, 314-16). 랜즈마는 이 용어가 성전과 관련되어 자주 사용되지만, 이 말을 기술적인 용어라고 말하는 것과는 다르다는 데 동의한다. 그가 여전히 호피우스의 견해를 완전히 받아들이지는 않지만, 이렇게 말한 후 그 전보다는 호피우스의 견해로 약간 더 기울었다("Hidden Stories in Hebrews", 12n16).

185 안식의 성격에 대한 통찰력 있는 논의를 보려면 레셔트를 참조하라(*Hermeneutical Foundations of Hebrews*, 133-37)

일인칭 복수형으로 표현된 "우리는 두려워할지니"φοβηθῶμεν라는 동사는 기자가 이 경고를 받는 대상으로 자신 역시 포함시키는 것을 보여준다. 이 경고는 소위 연약한 그리스도인들에게만이 아닌, 모든 곳의 모든 그리스도인을 향해 발하여진 것이다. 3:12에서 기자는 그리스도인들이 삼가 조심해야 할 것을 말했고, 이제 기자는 두려워해야 한다고 촉구한다. 여기서 두려워하라는 말은 무기력하게 하고 활력을 빼앗는 위축시키는 두려움을 뜻하지 않는다. 여기서 명령하는 두려움이란 등산가들이 산을 오르기 전 모든 장구가 제대로 작동하는지 만반의 채비를 갖추도록 하는 것과 같이, 독자들에게 하나님의 안식에 들어가고자 하는 마음을 불러일으키고 하나님의 말씀을 믿고 순종하도록 자극하고 고무시키는 두려움이다. 하나님의 안식은 일곱째 날 이후에 시작되었다. 그렇다면 이 안식에는 하나님과의 교제의 개념 역시 포함되어 있을 것이다. 아담과 하와는 에덴 동산에서 하나님과의 이런 교제를 누렸다. 신자들 역시 예수와의 교제 안에서 이런 안식을 누리고,마 11:28-30 장차 완성된 방식으로 안식과 교제를 경험할 것이다.

독자들은 역사에서 자신들이 어디쯤 자리하고 있는지를 생각해야 한다. 하나님의 안식에 들어갈 기회가 아직 그들 앞에 있다. 광야 세대가 거절된 것과 달리 아직은 이 안식으로 들어가지 못하도록 거절된 것은 아니다. 그렇다고 이 안식이 아직 완성된 것도 아니다. 약속되었지만 아직 실현되지는 않았다. 히브리서가 말하는 탁월한 주제 가운데 하나인 하늘 도성이 아직 도래한 것은 아니다. 그렇기 때문에 독자들은 세월을 아껴야 한다. 안식의 약속을 받은 자답게 살아야 한다. 광야 세대와 달리 믿고 순종해야 한다.

4:2 독자들과 광야 세대 모두 좋은 소식을 받은 자들이었다. 그러나 구원하시는 하나님의 선하심에 대한 선포가 그것을 믿지 않은 광야 세

대에게는 아무런 유익이 되지 못했다. 기자는 좋은 소식을 선포한 것 자체에 무슨 본유적 유익이 있는 것은 아니라고 독자들에게 상기시킨다. 단순히 복음을 들었다고 해서 마지막 날에 하나님의 안식에 들어가는 것은 아니다[186] 실제로 광야 세대는 가나안으로 들어가는 좋은 소식을 들었지만, 결코 그 땅으로 들어가지는 못했다. 그들은 하나님이 약속하신 것을 들었지만, 믿음으로 이 메시지를 들었던 사람들(여호수아와 갈렙과 같이)과 연합되지 못했다.[187] 이 서신에서 광야 세대는 그들의 불신앙으로 인해 반복적으로 독자들에 대한 경고로 언급된다. 들은 메시지는 오직 그것을 믿을 때라야 유용하다. 그렇지 않으면 살아 있는 실체가 아닌 추상적 개념으로 남아 있을 뿐이다.

4:3 기자는 앞에서 진술한 것을 설명한다. 신자들은 분명히 하나님의 안식에 들어간다. 여기서 기자가 설명하는 시편 95편이 하나님이 자신을 신뢰하지 않은 광야 세대가 결코 자신의 안식에 들어가지 못할 것이라고 맹세하셨음을 분명히 하고 있기 때문이다. 그는 계속해서 창세 이래로 하나님께서 안식하시기 때문에 이 안식은 새 세대가 여전히 누릴 수 있는 것이라고 덧붙인다.

이 구절의 첫 번째 부분은 이 단락의 중심 주제를 반복적으로 말한

186 HCSB는 본문의 소유격을 서술적으로 바르게 이해하고 "그들이 들은 메시지"ὁ λόγος τῆς ἀκοῆς로 번역함으로 기자가 그들이 들은 메시지를 가리키고 있음을 잘 나타내고 있다(참조. Attridge, *Hebrews*, 125; Hofius, *Katapausis*, 179n338).

187 참조. Westcott, *Hebrews*, 93-94; Lane, *Hebrews 1-8*, 98. 목적격 수동태 분사 "연합되다"συγκεκερασμένους가 목적격 대명사인 "그들"ἐκείνους을 가리키는 것으로 읽는 것이 가장 타당한 해석이다. 본문상의 증거에 대한 논의를 위해서는 아트리지를 참조하라. *Hebrews*, 122n2. 아트리지는 광야 세대가 이 서신의 수신자들이 가진 믿음을 공유하지 않았다고 주장한다(125-126). 물론 그렇게 해석하는 것도 가능하다. 하지만 기자가 경고의 맥락에서 독자들의 믿음을 언급하는 것으로 볼 때 이런 해석은 타당성이 없어 보인다. 오히려 기자가 지금 여호수아와 갈렙의 믿음을 가리키고 있는 것으로 보인다.

다. 신자들은 하나님의 안식에 들어간다. 하나님이 말씀하시는 것을 믿기를 거부함으로 하나님을 모독하는 자들에게 이 약속은 실체로 드러나지 않을 것이다. 현재시제로 사용된 동사인 "들어가다"εἰσερχόμεθα가 말하는 의미를 밝히기가 쉽지 않다. 히브리서는 지금 이 안식에 들어가는 일이 현재와 마지막 때 모두를 통해 일어난다고 하는 것인가? 이 안식에도 이미-아직의 측면이 있는가? 기자가 하나님의 안식은 종말론적이라고 강조하는 것은 틀림없는 사실이다. 이 안식은 신자들이 내다보는 일로서 이 안식을 누리기 위해서는 끝까지 인내해야 하기 때문이다. 마지막 때의 안식에 초점이 맞추어져 있기 때문에, 문제는 이 안식에 과연 현재적 측면도 있는가 하는 것이다. "들어가다"εἰσερχόμεθα라는 현재시제의 동사를 근거로 이 질문에 답해서는 안 된다. 동작의 양상에 대한 최근의 연구는 현제시제가 반드시 "현재"를 가리키는 것은 아님을 확정적으로 밝혔다. 강조점이 장래의 안식에 있음에도 불구하고,[188] 여기에는 또한 이미-아직의 측면 역시 포함된 것으로 보인다.[189] 이런 이해는 기자가 하늘 도성에 대해 말하는 것과도 부합한다. 이 도성은 종말론적

188 하나님의 안식을 장래의 일로만 보는 견해에 대해서는 다음을 참조하라. Laansma, *I Will Give You Rest*, 305-10; Hofius, *Katapausis*, 57; Koester, *Hebrews*, 270; Ellingworth, *Hebrews*, 246; Cockerill, *Hebrews*, 205; Richard B. Gaffin Jr., "A Sabbath Rest Still Awaits the People of God", in *Pressing Toward the Mark: Essays Commemorating Fifty Years of the Orthodox Presbyterian Church*, ed. C. G. Dennison and R. C. Gamble(Philadelphia: The Committee for the Historian of the Orthodox Presbyterian Church, 1986), 41-46.

189 참조. C. K. Barrett, "The Eschatology of the Epistle to the Hebrews", in The Background *of the New Testament and Its Eschatology*, ed. W. D. Davies and D. Daube(Cambridge: Cambridge University Press, 1956), 372; A. T. Lincoln, "Sabbath, Rest, and Eschatology in the New Testament", in *From Sabbath to Lord's Day: A Biblical, Historical, and Theological Investigation*, ed. D. A. Carson(Grand Rapids, MI: Zondervan, 1982), 210-13; Attridge, *Hebrews*, 126; Westcott, *Hebrews*, 95; Lane, *Hebrews 1-8*, 99; Hughes, *Hebrews*, 158; Ounsworth, *Joshua Typology*, 62; Schenk, *Cosmology and Eschatology in Hebrews*, 60-63.

이고, 신자들은 이 도성이 도래하기를 대망한다(단의 증거는 마카비 왕조의 절정기인 주전 109-106년 사이에 존 힐카누스를 크게 찬미해 마지않던 한 바리새인에 의해 기록된 유대 묵시문학 문서인 열두 족장의 증거들 가운데 하나다—옮긴이).[11:10, 13-16, 13:14; 참조. 단의 증거 5.12, 제4에스라 8:52] 하지만 동시에 기자는 독자들이 이제 "살아 계신 하나님의 도성(하늘의 예루살렘)……에 이르렀다[προσεληλύθατε]"고 말한다.[12:22] 어떤 의미에서 신자들은 심지어 지금 하늘 도성에 이르렀다. 하지만 또 다른 의미에서 이것은 장차 일어날 일이기도 하다. 그들은 여전히 "인간의 도성"을 사는 삶의 한 부분인 고난을 경험한다. 하나님의 안식에 있어서도 이는 마찬가지로 보인다. 이 안식은 근본적으로 종말론적이다. 하지만 종말이 현재를 관통했다. 신자들은 창조의 날 이래로 들어갈 수 있게 된 하나님의 안식으로 들어간다. 그렇다고 이 안식으로 완전히 들어간 것은 아니다. 이 안식을 얻기 위해서는 계속해서 끝까지 믿고 순종해야 한다. 이런 이해는 우리가 신약성경의 다른 부분에서 발견하는 것들과도 부합한다. 예를 들어, 하나님의 나라는 현재와 장래 모두에 해당하는 실체다. 그렇기 때문에 안식이 갖는 이미-아직의 측면은 우리가 신약성경의 다른 부분에서 보는 종말론과도 부합한다.[190]

190 오브라이언은 여러 가지 이유로 이 안식을 전적으로 미래에 이루어질 일로 본다(*Hebrews*, 165-66). (1)이 안식으로 들어갈 약속이 남아 있다; (2)이 약속은 아직 이루어지지 않았다(히 10:32-39); (3)현재시제가 필연적으로 현재를 가리키는 것은 아니다; (4)3-4장의 문맥은 최종적 상급을 얻기 위해서는 끝까지 인내해야 함을 분명히 밝힌다; (5)집합적으로 안식에 들어가는 것은 종말론적으로만 성취될 일이다; (6)이 안식으로 들어가는 것은 그것을 위해 분투하는 데 달렸다; (7)신자들이 지금 자신들의 일로부터 안식하는 것은 아니다. 이런 탁월한 주장들은 실제로 이 안식이 오직 장래에만 이루어질 일임을 보여준다. 이 안식이 갖는 장래의 성격을 강조하는 것이 분명하다. 하지만 이 안식이 이미-아직의 성격을 갖고 있는 경우에도 오브라이언이 한 대부분의 주장들은 여전히 효력이 있다. 이런 사실은 이 안식과 하늘 도성을 비교해 볼 때 가장 분명하게 드러난다. 이미 신자들은 이 도성의 지체다(12:22). 하지

4:3에 나오는 절들 사이의 관계를 분간하기가 쉽지 않다. HCSB는 첫 번째 절을 삽입구적인 것으로 규정한다. 하지만 3절의 두 번째 문장이 2절과 개념적으로 어떤 관련이 있는지 이해하기가 어렵다. 그렇기 때문에 여기 있는 비교절을 3절의 첫 번째 문장과 연결시키는 것이 조금 더 선호할 만하다. 이 절이 말하는 논리를 다음과 같이 말할 수 있다. 믿는 자들은 하나님의 안식에 들어가고 믿음의 필요도 분명하다. 하나님께서 진노 가운데 광야 세대가 하나님이 약속하신 안식에 들어가지 못할 것이라고 맹세하셨기 때문이다. 바꾸어 말해 그들은 자신들의 불신앙으로 안식으로 들어가지 못했다. 하나님께서는 그들이 하나님을 의지하기를 완고하게 거부했기 때문에 안식을 누리지 못할 것이라고 맹세하셨다.

HCSB는 양보절("그럼에도 세상의 창조 이래로 그분의 역사가 이루어졌다")을 4절과 연결시킨다. 하지만 문법적으로 말하면, 양보절은 3절에 덧붙여졌을 가능성이 있다. 이 절이 주장하는 논리는 무엇인가? 기자는 이스라엘이 하나님의 안식에 들어갈 수도 있었다고 주장하는 것처럼 보인다. 그들이 들어가지 못했지만, 가능성은 그들에게 열려 있었다. 하나님의 안식은 창세로부터, 다음 절에서 우리가 알 수 있는 것처럼 창

만 신자들은 이 도성이 도래하기를 갈망하고 그곳으로 들어가기를 힘써야 한다. 만약 그들이 떨어져 나간다면, 이 도성의 지체들이 아닐 것이다. 심지어 지금부터 신자들은 집합적인 종말론적 회중을 구성한다(12:22-23). 하지만 그럼에도 불구하고 이런 회중으로 모이는 종말론적 성취가 아직 남아 있다. 안식에도 이와 동일한 긴장이 있을 수 있는 것처럼 보인다. 특별히 이 안식이 신자들을 위한 최종적인 상급을 다른 각도로 묘사해 주기 때문이다. 오브라이언의 가장 탁월한 주장은 종말의 때가 오기까지 신자들의 수고가 그치지 않는다는 것이다. 나도 동의한다. 그럼에도 불구하고 지금 기자는 이 안식이 갖는 종말론적 성격에 초점을 맞추는 것처럼 보인다. 안식이 갖는 이미-아직의 성격을 말할 때, 이 안식이 갖는 각각의 모든 측면이 현재적 성취를 갖는다고 주장할 필요는 없다. 마찬가지로, 신자들은 지금 하늘 시온의 지체지만 자신들의 시민권이 주는 은택을 온전히 누리고 있는 것은 아니다.

조의 일곱째 날로부터 시작되었기 때문이다. 그렇다면 이스라엘이 안식에 들어가지 못한 것은 하나님의 안식이 그들에게 닫혀 있었기 때문이 아니다. 오히려 그들이 들어가기를 거부했기 때문에 들어가지 못했다. 하나님의 약속을 믿지 않았기 때문이다.

4:4 기자는 성경을 인용함으로 하나님의 안식은 창세로부터 가능했다는 개념을 뒷받침한다. 하나님께서 일곱째 날에 자신의 역사로부터 쉬셨다고 성경이 말하기 때문이다. 히브리서에서 "이르시되"라는 말과 더불어 하나님이 말씀하신 것으로 인용된 성경은 인간에게 선포된 하나님의 말씀을 가리키는 것이 특징이다. 문맥이나 본문을 인용한 출처를 몰라서 "어딘가에"라고 한 것이 아니다. 창세기 2:2로부터 인용한 본문은 칠십인역과 일치하지만 마소라 사본에 대한 명료한 번역을 나타내기도 한다. 이 구절을 어디로부터 인용했는지를 적시하는 것은 기자에게 중요한 것이 아니다. 기자는 하나님께서 이 말씀을 통해 말씀하신다는 사실을 강조한다. 인용문의 출처를 찾는 것은 어렵지 않다. 성경의 첫 번째 책인 데다가 창조의 일곱째 날에 발하여진 말씀이기 때문이다. 하나님은 여섯째 날의 창조 사역을 마친 후 쉬셨다. 피곤하거나 지쳐서 쉬신 것이 아니다. 그 일이 끝났기 때문이다.[191] 더욱이 하나님의 안식은 모든 행위에서 물러나는 것이 아닌 창조 사역을 그치는 것을 말한다. 안식이 장소를 가리킴에도 불구하고 그것이 또한 하나님과의 교제의 개념을 연상시키는 것도 바로 이 때문이다.[192] 기자는 하나님의 안식이 창조 이래로 가능했음을 말한다. 인간의 역사가 지속되는 한 하나님의 안식에 들어갈 기회가 있다. 그래서 기자는 다시 1절로 돌아온다. 하

191 참조. Lane, *Hebrews 1-8*, 99.

192 Hughes, *Hebrews*, 161.

나님의 안식으로 들어가는 약속은 여전히 유효한 것으로 남아 있다.

4:5 앞절이 끝나는 방식을 고려해 볼 때, 기자가 시편 95:11의 말씀으로 다시 돌아가는 것은 약간 의외다. "그들은 내 안식에 들어오지 못하리라." 세 번에 걸쳐 기자는 시편 95:11을 인용한다.[참조. 3:11, 18] 기자의 주장에 있어서 얼마나 이 구절이 중요한지를 말해 주는 대목이라 하겠다. 이 절이 갖는 중요성은 무엇인가? 기자가 지금 이 구절을 다시 인용하는 이유가 무엇인가? 지금까지 기자는 창세 이래로 하나님의 안식이 있어 왔음을 강조했다. 그러고 나서 다시 돌이켜 광야 세대는 결코 하나님의 안식으로 들어가지 못할 것임을 강조한다. 기자는 독자들에게 다음 두 가지를 나란히 배치하면서 이야기한다. 한편으로 그들은 기회의 때를 살고 있다. 하나님의 안식은 여전히 그들에게 열려 있다. 하나님의 안식으로 난 문이 아직 닫히지 않았다. 다른 한편으로 광야 세대는 하나님이 제공하신 안식을 거부한 사람들이었다. 독자들은 하나님을 믿고 순종하기를 거부한 이스라엘 사람들의 모범을 따르면 안 된다. 독자들 앞에 놓인 결정은 심히 중요하다. 그래서 기자는 하나님으로부터 떨어져 나가는 결과에 대해 경고하면서 독자들에게 두려워할 줄 알아야 한다고 촉구한다.[1절]

성경신학적 적용

그리스도인의 삶은 복합적이다. 신자들은 사랑하도록 부름받았다. 하지만 이 절들을 통해 볼 때, 우리는 또한 두려워하도록 부름받았다. 하나님께서는 신자들에게 하늘의 안식을 약속하셨다. 그러나 신자들은 하나님이 약속하신 것을 잃어버릴까 두려워해야 한다. 독자들에게 요구된 두려움은 움츠러들고 무기력하게 하는 것이 아니라, 오히려 그들을 순종의 행위로 북돋우기 위한 것이다. 좋은 소식을 듣는 것만으로는 생명을 담보할 수 없다. 광야 세대 역시 좋은 소식을 들었지만 그것을 믿는 데 실패했다. 가나안 땅의 안식으로 들어가지 못했다. 신자들은 오직 하나님을 신뢰하고 순종하여야 비로소 하늘의 안식으로 들어갈 것이다.

4:6-13

I. 프롤로그: 아들을 통해 이루어진 결정적이고 최종적인 계시[1:1-4]

II. 천사들보다 위대하신 아들을 저버리지 말라[1:5-2:18]

III. 아들을 모세와 여호수아보다 더 위대한 대제사장으로 가진 너희는 마음을 완고하게 하지 말라[3:1-4:13]

1 | 하나님의 종 모세보다 위대한 신실한 아들[3:1-6]

2 | 경고: 안식에 들어가도록 믿음과 순종에서 떠나지 말라[3:7-4:13]

1) 구약 본문: 광야 세대가 했던 것처럼 너희 마음을 완고하게 하지 말라[3:7-11]

2) 구약 적용: 불신앙과 불순종을 조심하라[3:12-19]

3) 그의 안식에 들어가지 못할까 두려워하라[4:1-5]

4) 날이 이르기 전에 그의 안식에 들어가기를 힘쓰라[4:6-13]

6 그러면 거기에 들어갈 자들이 남아 있거니와 복음 전함을 먼저 받은 자들은 순종하
지 아니함으로 말미암아 들어가지 못하였으므로 7 오랜 후에 다윗의 글에 다시 어느
날을 정하여 오늘이라고 미리 이같이 일렀으되 오늘 너희가 그의 음성을 듣거든 너희
마음을 완고하게 하지 말라 하였나니 8 만일 여호수아가 그들에게 안식을 주었더라면
그 후에 다른 날을 말씀하지 아니하셨으리라. 9 그런즉 안식할 때가 하나님의 백성에
게 남아 있도다. 10 이미 그의 안식에 들어간 자는 하나님이 자기의 일을 쉬심과 같이
그도 자기의 일을 쉬느니라. 11 그러므로 우리가 저 안식에 들어가기를 힘쓸지니 이는
누구든지 저 순종하지 아니하는 본에 빠지지 않게 하려 함이라. 12 하나님의 말씀은 살
아 있고 활력이 있어 좌우에 날선 어떤 검보다도 예리하여 혼과 영과 및 관절과 골수
를 찔러 쪼개기까지 하며 또 마음의 생각과 뜻을 판단하나니 13 지으신 것이 하나도 그
앞에 나타나지 않음이 없고 우리의 결산을 받으실 이의 눈 앞에 만물이 벌거벗은 것
같이 드러나느니라.

문맥

이 단락에서는 3:7에서 시작된 경고가 이어진다. 3:7-11에서 독자들은 마음을 굳게 하지 말라는 경고를 받았다. 3:12-19에서 기자는 독자들에게 악하고 믿지 않는 마음을 갖는 것이 얼마나 위험한지 경고한다. 4:1-5에서는 동일한 진리가 다른 방식으로 전달된다. 이 서신의 수신자들은 하나님의 안식에 들어가지 못하는 일이 없도록 두려워할 줄 알아야 한다. 4:6-13의 요지 역시 같은 맥락이다. 불순종하다가 하나님의 안식을 잃어버리지 않도록 독자들은 이 안식에 들어가기를 힘써야 한다. 우리는 3:7-4:13의 여러 단락에서 기자가 이 서신의 수신자들이 자신이 말하는 것을 이해하고 그들이 얼마나 엄중한 상황에 처해 있는지를 깨닫게 하기 위해 이 중심 주제들을 여러 각도에서 이야기하면서 되풀이하는 것을 본다.

6절은 1-5절의 의미를 요약함으로 시작한다. 안식은 여전히 하나님의 백성들을 위해 남아 있고, 광야 세대는 불순종으로 인해 이 안식으로 들어가지 못했다. 안식이 아직도 남아 있다는 사실은 시편 95:7의 "오늘"이라는 말을 사용하는 것을 통해 확증된다. 하나님의 안식은 오늘날에도 여전히 들어갈 수 있다는 것을 확인해 주기 때문이다. 기자는 8절에서 시편 95편의 의미에 호소함으로 7절에서 자신이 말한 것을 뒷받침한다. 만약 여호수아가 이스라엘 백성들에게 온전하고 최종적인 안식을 주었다면 시편 95편은 안식을 아직 남아 있는 것으로 말하지 않았을 것이라고 그는 설명한다. 그래서 그는 9절에서 하나님의 백성을 위한 안식이 아직 남아 있다고 결론 내린다. 흥미롭게도 기자는 아직 남아 있는 이 안식을 하나님이 일곱째 날 쉬신 안식과 연결시킨다. 일곱째 날 쉬신 안식에서 하나님의 백성을 위해 도래하는 안식을 미리 본 것이다. 10절은 안식일의 본질을 설명한다. 하나님께서 일곱째 날 자신의 일을 그치고 쉬신 것처럼, 인간 역시 하나님의 안식에 들어감으로 자신들의 일을 그치고 쉴 것이다. 안식에 대해 말한 후 기자는 11절에서 자신이 말하고자 하는 핵심을 이야기한다. 신자들은 아직 기회가 있을 때에 하나님의 안식에 들어가기를 힘써야 한다. 광야 세대가 그랬던 것처럼 하나님을 등지고 떠나서는 안 된다. 12-13절은 왜 그들이 하나님의 안식에 들어가기를 힘써야 하는지를 설명한다. 하나님의 말씀은 하나님으로부터 돌이켜 떠나가는 자들을 심판하고 멸망시키는 살아 있고 활력이 있는 말씀이다. 어떤 피조물도 하나님을 피해 숨을 수 없다. 하나님은 모든 것을 아시는 우리의 창조자시요, 우리의 삶은 그 앞에 벌거벗은 것같이 드러나기 때문이다.

주석

4:6 기자는 "따라서…때문에""since therefore" ESV, ἐπεὶ οὖν라는 말로 앞서 진술한 것과 이 절을 연결시키면서 앞서 한 논의를 요약하고 재진술한다. 하나님이 약속하신 안식은 여전히 남아 있다. 하나님을 믿고 순종하는 하나님의 백성들을 위해 안식은 여전히 남아 있고 그들이 들어갈 수 있는 안식이다. 그러나 좋은 소식을 들었다고 모두가 이 안식으로 들어가는 것은 아니다. 모세가 선포한 좋은 소식은 아브라함과 이삭과 야곱이 받은 약속을 확인하는 가운데, 하나님께서 이스라엘 백성을 애굽에서 구출하신 것과 하나님께서 그들을 가나안 땅으로 데리고 가실 것이라는 약속에 초점을 맞춘다. 그러나 이스라엘은 그들의 불순종으로 말미암아 가나안 땅으로 들어가지 못했다. 기자는 계속해서 믿음과 순종을 긴밀하게 연결시킨다. 하나님을 믿지 않은 자들은 하나님의 명령 또한 따르지 않기 때문이다.참조. 3:12, 18-19, 4:2-3, 11

4:7 하나님의 안식이 계속해서 가능한 것으로 남아 있다는 사실은, 모

세와 여호수아 때에 약속된 안식이 수백 년이 지난 다윗 때시 95:7-11에 또다시 이스라엘에 약속된 것을 통해 분명해진다. 일련의 사건들과 구약성경 계시의 역사적 성격이 여기서 말하는 주장의 주된 특징을 이룬다. 기자는 모세와 여호수아와 그들의 때에 가나안 땅을 둘러싸고 일어난 일련의 사건들의 역사적 사실성을 당연한 것으로 여긴다. 마찬가지로, 시편 95편 역시 역사의 특정한 시점에 다윗이 기록한 것으로 받아들인다. 기자의 주장에 있어서 역사적이고 시간적 간격은 아주 큰 의미를 갖는다. 그토록 오랜 시간이 흐른 뒤에도 이스라엘에게 안식의 약속이 주어진다.

기자는 시편 95:7에 기록된 "오늘"이라는 말에 굉장히 큰 의미를 부여한다. 여호와께서 다윗의 때에 이스라엘에게 그들의 마음을 다시 완고하게 하지 말 것을 촉구하신 것을 보면, 모세와 여호수아를 통해 주신 안식의 약속이 아직 만료된 것이 아니었다. 다윗의 때에도 이 약속은 여전히 유효했고, 마찬가지 사실을 통해서 볼 때 이 서신의 수신자들에게도 이 약속은 여전히 열려 있다. 그렇기 때문에 독자들은 오늘날 각자의 마음을 완고하게 하지 말아야 한다. 최종적인 상급을 받도록 하나님이 말씀하시는 것을 듣고 믿고 순종해야 한다.

4:8 기자는 계속해서 이 안식이 당대의 독자들에게도 여전히 유효하고 열려 있는 이유를 설명한다. 여호수아를 통해 주어진 안식은 최종적인 안식이 될 수 없다. 그로부터 수백 년이 지난 후 다윗이 나중에 하나님의 백성들에게 여전히 유효한 또 다른 안식을 말하기 때문이다.[193] 여

193 휫필드Bryan J. Whitfield는 기자가 히브리서에서 제사장적 주제를 강조한다고 흥미로운 주장을 한다. 그는 또한 기자가 이스라엘을 가나안으로 인도하여 들인 여호수아뿐 아니라, 스가랴 3장으로부터 제사장 여호수아 역시 이야기하고 있다고 주장한다. Bryan J. Whitfield, *Joshua Traditions and the Argument of Hebrews 3 and 4*, BZNW 194(Berlin: de Gruyter,

호수아를 통해 주어진 안식이 최종적이고 결정적인 것이었다면, 더 이상의 안식이 제공될 리가 없다. 기자는 종종 옛것과 새것을 비교하며 새것이 더 낫다고 주장한다.[194] 여호수아를 통한 안식은 가나안 땅으로 들어가 그 땅을 소유하는 것과 관계된다.수 1:13, 15, 11:23, 14:15; 참조. 신 3:20, 12:10, 25:19 여호수아가 그의 원수들을 파하고 이스라엘이 그 땅을 유업으로 받게 되었을 때를 가리켜 성경은 "여호와께서 그들의 주위에 안식을 주셨으되 그 조상들에게 맹세하신 대로 하셨으므로"라고 한다.수 21:44; 참조. 22:4, 23:1

여호수아를 통해 주어진 안식이 갖는 예표론적인 성격이 여기서 분명하게 드러난다.[195] 여호수아는 예수 그리스도를 대망한다. 실제로 여기서 "여호수아"라는 이름을 헬라어로 하면 신약성경의 "예수"와 정확히 철자가 일치한다. 여호수아를 통해 주어진 구원과 안식은 결코 하나님 백성을 위한 최종적 안식으로 의도된 것이 아니었다. 여호수아의 지도 아래 가나안 땅에서 얻은 안식은 예수 그리스도 안에서 누리는 하늘의 안식, 예수 그리스도 안에서 신자들을 기다리는 하늘나라와 도성 11:10, 13-16, 12:22, 13:14을 내다본다.

4:9 기자는 여기서 앞선 구절들을 통해 말한 것들을 다시 언급하면서 하나님께서 약속하신 안식의 본질에 대해 결론을 내린다. "그런즉"ἄρα이라는 말은 이제 앞선 구절들에 대한 결론을 이야기할 것임을

2013). 그의 이런 제안을 살피려면 본서를 통해서 할 수 있는 것보다 더 많은 논의가 필요하다. 그럼에도 불구하고 제사장인 여호수아와의 연결성이 아직 그렇게까지 명확하지는 않다.

194 참조. James W. Thompson, "The New Is Better: A Neglected Aspect of the Hermeneutics of Hebrews", *CBQ* 73(2011): 547-61.

195 엘링워스의 이해에 반하여(*Hebrews*, 253, 256) 온스워스는 자신의 저작에서 여호수아를 통한 안식이 예표론적으로 기능한다는 개념을 훌륭하게 변호한다(Ounsworth, *Joshua Typology*).

나타낸다. 앞의 구절들과 이어 주는 또 다른 고리는 반복되는 "남아 있다"ἀπολείπεται; 참조. 4:6라는 동사다. 이 안식은 계속해서 하나님의 백성들에게 열려 있다. 그토록 오래전에 이스라엘 백성들에게 발하여진 말씀은 예수 그리스도를 믿는 신자들과 여전히 관계가 있다. 이스라엘이 가나안 땅으로 들어가는 것은(들어가기를 거부한 것을 포함해서) 단순히 역사적 사실이 아니다. 이 사건과 말씀은 역사를 살아가는 신자들에게 말하고 있다. 여기서 묘사된 안식에는 예언적이고 예표적인 성격이 있기 때문이다.

실제로 기자는 이스라엘에게 약속된 가나안 땅에서의 안식을 창조의 일곱째 날에 있는 하나님의 안식과 더불어 이야기한다. 유대교 전통에서 안식일이 쉼과 밀접한 관련이 있기는 하지만,출 16:23, 30, 20:11, 23:12 "안식일""Sabbath rest", σαββατισμός, "안식할 때", 개역개정—옮긴이이라고 번역된 이 말이 실제로 "쉼"이라는 단어를 사용하는 것은 아니다. 여기서 안식일에 대한 언급은 안식일을 기뻐하고 기념하는 것을 가리킨다.[196] 안식일과 일곱째 날에 취하신 하나님의 안식 사이의 관련성은 4:4에서 암시되고 있고, 여기서는 마지막 때의 안식을 특징짓는 기쁨과 찬미가 드러난다. 기쁨과 안식 간의 연결성은 신명기 12:9-12에서 찾아볼 수 있다.[197] 이스라엘이 이제 막 가나안 땅에서 안식을 경험하려고 하는 대목이다."안식과 기업", 신 12:9 하나님께서는 그들에게 "안식"을 주시기로 약속하신다.신 12:10 그리고 마침내 하나님께서 그렇게 하실 때, 그들은 자신들의 "하나님 여호와 앞에서 즐거워"해야 한다.신 12:12 신명기 12:9-12에 묘사된 그 땅

196 참조. Lane, *Hebrews 1-8*, 101-2; O'Brien, *Hebrews*, 170-71; Laansma, *I Will Give You Rest*, 276-77. 안식일에 대한 유익한 논의를 위해서는 바이스Harold Weiss를 참조하라. "Sabbatismos in the Epistle to the Hebrews", *CBQ* 58(1996): 674-89, esp. 685-89.

197 참조. Ounsworth, *Joshua Typology*, 87.

에서 누리는 안식의 기쁨은 예수 그리스도 안에서 안식을 발견하는 신자들을 위한 종말론적 성취를 통해서 맛보아진다.

기자가 성경 담화의 흐름을 이해하는 것을 보면 아주 매력적이다. 창조에서의 하나님의 안식과 이스라엘의 안식은 새 창조를 통해 실체로 드러날 것이다. 여호수아의 지도력 아래서 실현된 안식은 온전하고 최종적인 것이 될 수 없다. 여호수아의 때가 지난 후에도 여전히 하나님께서 안식을 말씀하시기 때문이다. 다른 절에서 더 자세히 살피겠지만, 궁극적인 안식은 하나님께서 창조의 일곱째 날에 취하신 안식과 조화를 이룰 것이다. 어쩌면 이 안식이 이미-아직의 성격을 가지고 있다는 암시일 수도 있다. 가나안 땅에서 이스라엘은 어느 정도 하나님의 안식을 경험했다. 마찬가지로 예수 그리스도를 믿는 신자들은 부분적으로 하나님의 안식을 경험한다. 하지만 이 안식의 온전함은 오직 하늘 도성에 이른 자들만이 경험할 것이다.[198]

누구나 이 구절에 드러난 또 다른 예표론적 연결성을 알 수 있다. 여기서 기자는 "하나님의 백성"τῷ λαῷ τοῦ θεου을 언급한다. 이스라엘에게 주어진 안식은 특정한 지역에 있는 특정한 백성을 위한 안식이었다. 그러나 이 안식이 온 피조물을 포함하는 안식, 새 창조, 하늘 도성을 내다보는 것처럼, 이스라엘은 하나님의 새로운 백성, 예수 그리스도의 교회를 위한 예표로서의 기능을 한다. 하나님의 새로운 백성은 이스라엘로만 제한되는 것이 아니라, 온 세상에 흩어져 있는 유대인과 이방인으로 이

198 기자는 안식일 준수를 특정해서 다루지 않는다. 기자의 신학이 문자적인 안식일 준수는 더 이상 필요하지 않다는 결론에 이른 것처럼 보인다. 안식일은 신자들이 예수 그리스도 안에서 누리는 종말론적 안식을 가리키기 때문이다. 보다 상세한 논의를 위해서는 다음을 참조하라. Thomas R. Schreiner, "Goodbye and Hello: The Sabbath Command for New Covenant Believers", in *Progressive Covenantalism*, ed. S. Wellum and B. Parker(Nashville: B&H Academic, forthcoming).

루어진 신자들로 구성된다. 기자는 하나님의 한 백성을 마음에 그리면서 이스라엘과 이방인 신자들 간에 차별을 두지 않는다.[199]

4:10 안식일의 본질을 기자가 말하고 있다. 창조의 일곱째 날 하나님이 자기의 일을 쉬심과 같이, 하나님의 안식에 들어가는 인간들 역시 그들의 일을 그칠 것이다.[200] 이 절을 시작하는 "왜냐하면"이라는 접속사는 안식일의 본질을 독자들에게 풀어놓겠다는 의미다. 여기서 말하는 안식은 하나님께서 자신의 일을 그치신 일곱째 날에 이루어진 하나님의 안식을 모범으로 한다. 하나님께서 쉬신 것은 피곤하거나 지쳐서가 아니라 자신의 일이 마쳤기 때문이라는 것은 주지의 사실이다.

창조 사역에서의 하나님의 안식과의 비교는 신자들에게 약속된 안식을 이해하는 데 아주 중요한 단초를 제공한다. 이 안식은 가나안 땅에서 여호수아와 이스라엘에게 주신 안식을 넘어선다. 그들이 누렸던 안식은 이 땅의 안식, 가나안 땅에서의 안식이었지만, 여기서 예수 그리스도께 속한 자들을 위한 것으로 그리고 있는 안식은 여호수아의 인도 아래 주어진 것보다 훨씬 더 위대한 안식이다. 하나님이 약속하신 안식에 들어가는 자들마다 자기의 일을 쉰다고 기자는 선언한다. 여기서 말하는 일이란 의로움을 위한 행위와는 상관이 없다. 지금 기자는 바울과 같이 의로움을 위한 행위의 위험을 말하는 것이 아니다. 하나님의 안식으로 들어가는 신자들이 자신이 일한 것을 의지하기를 그치고 하나님과 그분의 은혜를 의지하기 시작하는 것을 말하는 것에 대한 언급이 아

199 참조. L. Johnson, *Hebrews*, 129.

200 여기서 안식에 들어간 자를 예수로 보는 견해에 대해서는 무어Nicholas J. Moore를 참조하라. "Jesus as 'The One who Entered his Rest': The Christological Reading of Hebrews 4.10", *JSNT* 36(2014): 1-18. 무어는 흥미롭고 매력적으로 자신의 이해를 개진한다. 하지만 여기서 사용된 분사는 특정한 때로 한정되지 않을 가능성이 더 클 뿐 아니라, 안식으로 들어간 자를 예수로 말하기 위해서는 문맥상의 증거가 더 뒷받침되어야 한다.

니다. 이런 주장은 바울 서신에서 전형적으로 드러나는 것으로, 지금 기자가 주장하는 바와는 하등의 상관이 없다. 어쨌든 기자는 지금 신자들이 하나님께서 창조의 일곱째 날에 자신의 일에서 쉬신 것과 같은 방식으로 자신들의 일을 그칠 것으로 이야기한다. 물론 하나님께서 의로운 일들을 그치신 것은 아니다! 창조의 처음 엿새 동안 하신 일은 의로움을 위한 일들이 아니었다. 하나님이 의로움을 위한 일들을 하신다는 개념은 그야말로 어불성설이다.

이런 두 안식의 비교를 통해 의로움의 행위를 그치는 것에 대한 어떤 이해도 지금 히브리서 기자가 말하는 것과 전혀 상관이 없다는 것이 분명히 드러난다. 그렇다면 일을 그친다는 것은 그들의 일이 이루어졌기 때문에 일하기를 그친다는 말이다. 창조의 역사를 다 이루었기 때문에 하나님께서 자기의 일을 쉬신 것과 마찬가지다. 물론 인간은 죽음에 이르러서야 모든 행위나 일을 그친다. 그렇기 때문에 우리는 죽음과 더불어 최종적이고 결정적으로 안식에 들어간다. 안식에 들어간다는 것은 하늘 도성으로 들어가는 것을 말한다.[11:10, 13-16, 12:22, 13:14] 요한계시록 14:13을 보면 이해하기가 쉽다.[201] "또 내가 들으니 하늘에서 음성이 나서 이르되 기록하라 지금 이후로 주 안에서 죽는 자들은 복이 있도다 하시매 성령이 이르시되 그러하다 그들이 수고를 그치고 쉬리니 이는 그들의 행한 일이 따름이라 하시더라." 기자는 그리스도인들이 누릴 최종적 상급을 말하고 있기 때문에,[참조. 10:35, 11:26] 그리스도인이 누리는 최종적인 안식은 이 땅에서의 그의 일을 마친 것을 의미한다. 수고와 고통의 때가 다했고, 이제 신자들은 영원한 유업을 누린다.[6:12, 9:15]

4:11 최종적 안식의 날이 아직 이르지 않았다. 그래서 기자는 장차 누

201 오브라이언이 바르게 말한다. *Hebrews*, 172.

리게 될 안식에 대한 약속으로부터 결론을 이끌어 내면서"그러므로", οὖν 이 문단의 요지를 재진술한다. 신자들(여기서 기자는 일인칭 복수 대명사를 사용함으로 자기 자신을 포함시킨다)은 안식에 들어가기를 힘써야 한다. 신자들은 예수 그리스도의 메시지로부터 떨어져 나가더라도 여전히 안식을 유업으로 받기라도 할 것처럼 하나님의 약속을 당연한 것으로 여기지 말아야 한다.

순종치 않은 광야 세대가 어떻게 되었는지 독자들에게 상기시키는 가운데 기자는 자신이 시작했던 곳으로 다시 돌아온다.3:7-11 그들은 하나님의 명령을 거역했고 가나안으로 들어가지 못했다. 이 서신의 수신자들에게 안식이 남아 있는 것처럼, 광야 세대 역시 가나안의 안식으로 들어갈 수 있었음에도 불구하고 이 특권을 제대로 누리지 못했다.

4:12 12-13절은 왜 독자들이 하나님의 안식으로 들어가기 위해 힘써야 하고, 왜 불신앙과 불순종을 피해야 하는지를 설명한다. 불순종은 치명적이다. 하나님의 말씀이 살아 있고 활력이 있기 때문이다. 따라서 이 말씀에 불순종하는 자들은 심판을 피하지 못할 것이다.

하나님의 말씀 곧 하나님이 하신 말씀은 하나님 자신과 같다. 말하자면, 하나님은 하나님이 하신 말씀이다.[202] 따라서 하나님의 말씀은 하나님 자신과 마찬가지로 살아 있고참조. 히 3:12, 9:14, 10:31, 12:22 활력이 있다. 하나님의 말씀에는 그 어느 것도 막아설 수 없는 본유적인 능력과 역동성이 있다. 문맥을 보면 하나님의 심판의 효력에 초점이 가 있다. 하지만 여기서 말하는 것은 또한 하나님 말씀 일반에 광범위하게 적용될 수 있

202 그럼에도 여기서 그리스도를 로고스라고 하는 언급은 없다. 참조. Attridge, *Hebrews*, 134; L. Johnson, *Hebrews*, 136; Lane, *Hebrews 1-8*, 103; Ellingworth, *Hebrews*, 261. 반대 참조. James Swetnam, "Jesus as λόγος in Hebrews 4, 12-13", *Bib* 62(1981): 214-24; Ronald Williamson, "The Incarnation of the Logos in Hebrews", *ExpT* 95(1983): 4-8.

다. 초점이 심판에 있든 구원에 있든, 하나님의 말씀은 하나님의 뜻하신 것을 이룬다. 하나님 말씀의 효력은 구약성경이 한결같이 말하는 주제다. 세상이 하나님의 말씀으로 창조되었기 때문이다.참조. 창 1:1-31; 참조. 시 33:6 이사야는 하나님의 말씀은 하나님이 말씀으로 이루고자 하시는 대로 이룬다는 사실을 강조한다.사 55:10-11; 참조. 시 107:20

하나님의 말씀을 양날을 가진 검에 비교한다. 심판하는 말씀의 역할에 중점을 두는 대목이라고 하겠다. 지금 기자는 하나님께서 이스라엘의 불순종으로 그들이 가나안으로 들어가지 못할 것이라고 하셨음에도 불구하고, 가나안으로 들어가려고 했을 때 그들을 쳐서 파한 아말렉과 가나안 사람들의 검을 생각하고 있는지도 모른다.민 14:39-45 [203] 마찬가지로, 여호와의 말씀은 하나님께 불순종하는 자는 누구나 예외 없이 쳐서 파한다.[204]

기자가 말씀이 "혼과 영과 및 관절과 골수를 찔러 쪼개기까지" 한다고 할 때, 계속해서 말씀을 검에 비교하고 있다. 로우와 나이다Johannes P. Louw and Eugene A. Nida가 말하는 것과 같다. "엄밀하게 말해서 관절과 골수가 분리될 수 있는 곳은 단 한 군데도 없다."[205] "혼과 영을……쪼갠다"는 말로 기자가 말하고자 한 것이 무엇인지 알기도 어렵다. 구약이나 신약성경의 다른 곳을 보더라도 혼과 영의 구분 역시 명확하게 드러나지 않는다. 인기 있는 경건서적들 가운데는 혼과 영을 구분하는 것을 옹호하

203 참조. Lane, *Hebrews 1-8*, 102; O'Brien, *Hebrews*, 175.

204 이런 이해와 달리, 매키는 여기서 말씀은 심판을 가리키는 것이 아니고, 이스라엘이 가나안으로 들어가기 전에 시행했던 할례를 독자들에게 상기시키기 위한 것이라고 주장한다(수 5:2-9 "Heavenly Sanctuary Mysticism in the Epistle to the Hebrews", *JTS* 62[2011]: 108-9). 하지만 문맥과는 상당히 거리가 있는 이야기로 가능성이 없어 보인다.

205 LN 8.62. 참조. O'Brien, *Hebrews*, 177. 전체 문제가 아주 복합적이다. 여기에 대한 좀 더 자세한 논의를 위해서는 아트리지를 참조하라. *Hebrews*, 134-35.

기 위해 이 절을 사용하기도 하고, 때로 혼과 영과 몸을 분리하는 것을 온전한 영성으로 말하기도 한다. 이런 인간에 대한 삼분적인 이해는 신약성경의 가르침을 반영하기보다는 이런 주장을 하는 저자들이 사변적으로 만들어 낸 것이다. 문맥에서 기자는 하나님의 말씀이 가진 효력을 강조한다. 이 말씀의 능력을 거스를 것이 없다. 휴즈가 말한 것과 같다. "여기서 기자는 인간 상태에 대한 심리학적 혹은 해부학적인 분석을 내놓는 것에는 하등의 관심이 없다. 오히려 하나님의 말씀이 개인의 존재 가장 깊은 곳까지 꿰뚫고 들어가는 것을 생생하게 묘사하고자 한 것이다."[206]

기자가 하나님의 말씀에 내재된 능력에 초점을 맞추고 있음이 이 절의 마지막 부분을 통해 확인된다. 하나님의 말씀은 "마음의 생각과 뜻"을 판단한다."마음의 생각과 태도", NIV 하나님의 말씀은 인간의 마음을 관통하여 그 중심에까지 이른다. 그래서 하나님의 말씀은 우리의 생각과 뜻을 판단한다. 하나님께서는 실체를 아시는 분이기 때문에, 우리가 믿는지 믿지 않는지, 순종하는지 불순종하는지 아신다.

4:13 이 절은 인간을 아는 하나님의 절대 오류가 없는 지식을 말한다 참조. §1. 하나님의 말씀에서 하나님 자신에 대한 말씀으로의 전이를 통해 하나님의 말씀은 곧 하나님의 표현이라는 하나님과 그분의 말씀 사이의 긴밀한 연관성을 확인해 볼 수 있다. 하나님은 사람의 마음속의 생각과 태도를 아신다. 피조된 질서 안에 있는 어떤 것도 하나님 앞에서 온전히 드러나지 않는 것이 없다. 하나님의 판단은 항상 진리와 부합한다. 세상에서 일어나는 모든 일을 완벽하게 아시기 때문이다. 이런 개념은 구약성경에서 비롯된다. 욥은 "하나님 앞에서는 스올도 벗은 몸으로 드러나며 멸망도 가림이 없음이라"욥 26:6고 하고, "그가 땅 끝까지 감찰

206 Hughes, *Hebrews*, 165.

하시며 온 천하를 살피시며"라고 말한다.욥 28:24 또한 시편 기자는 "여호와께서 하늘에서 굽어보사 모든 인생을 살피심이여"라고 말한다.시 33:13 하나님의 판단은 결코 피상적일 수 없다. 모든 것을 아시고, 그 앞에서 모든 것이 "발가벗긴"NIV 것처럼 드러나기 때문이다. 모든 것을 아시고 그들의 마음을 정확하게 판단하시는 하나님 앞에서 어느 인생도 예외 없이 결산해야 할 날이 올 것이다.[207] 하나님은 결코 인간의 계략과 책략에 속지 않으신다. 따라서 어느 누구도 하나님을 불순종하고 떨어져 나가고도 심판을 피할 수 있을 것이라 생각해서는 안 된다.

성경신학적 적용

이 본문은 역사의 중요성을 강조한다. 시편 95편이 말하는 "오늘" 안식의 약속은, 여호수아의 지도 아래 주어진 안식은 최종적이고 결정적인 안식일 수 없음을 말한다. 하나님의 백성을 위한 안식이 여전히 남아 있다고 다윗이 약속하기 때문이다. 실제로 여호수아의 지도 아래 들어가게 된 안식은 새로운 여호수아(예수)를 통해 들어가게 될 안식을 상징적으로 내다보는 것이다. 예수께서 더 좋은 안식을 주시기 때문에 그분은 여호수아보다 더 뛰어나다. 실제로 예수께서 주시는 안식은 영원한 안식으로 정의되고, 이 세상 삶의 수고와 고생을 그치는 것을 의미하는 안식일의 쉼이다. 이 안식은 도래하는 하늘 도성에서 누리게 될 것임을 우리는 살폈다. 동시에 이 안식은 끝까지 견딘 자들에게 수여될 상급으로 묘사될 수 있다.

신자들이 끝까지 견디는 것이 기자의 주된 관심사다. 독자들은 광야

207 πρὸς ὃν ἡμῖν ὁ λόγος라는 표현은 인간이 자신의 삶에 대해 하나님 앞에서 책임을 져야 함을 가리킬 가능성이 가장 크다(참조. Koester, *Hebrews*, 275).

세대가 그랬던 것처럼 불순종하지 말아야 한다. 아직 기회가 남아 있을 때 이 안식으로 들어가기를 힘써야 한다. 오늘날 우리 역시 마찬가지다. 주께서는 은혜로우시고 자비하시다. 하지만 우리는 계속해서 그분을 의지하고 끝까지 순종해야 한다. 하나님의 말씀은 하나님으로부터 돌아서는 자들을 심판(또한 구원)하는 능력이 있다. 우리 삶의 가장 깊은 비밀한 것들까지 꿰뚫고 들어간다. 하나님께서는 우리가 누구이며 무엇인지 아시며, 우리가 그로부터 돌이켜 떠나간다면 우리를 심판하실 것이다.

4:14-16

I. 프롤로그: 아들을 통해 이루어진 결정적이고 최종적인 계시[1:1-4]

II. 천사들보다 위대하신 아들을 저버리지 말라[1:5-2:18]

III. 아들을 모세와 여호수아보다 더 위대한 대제사장으로 가진 너희는 마음을 완고하게 하지 말라[3:1-4:13]

IV. 레위기의 율법이 정하는 대제사장직보다 더 위대한 멜기세덱의 반차를 따른 예수의 대제사장직으로부터 흘러 떠내려가지 않도록 하라[4:14-10:18]

1 | 대제사장으로 계시는 예수를 힘입어 하는 권면[4:14-5:10]

1) 아들과 대제사장으로 계시는 예수를 힘입어 믿는 도리를 굳게 잡고 은혜의 보좌 앞에 담대히 나아가라[4:14-16]

2) 하나님이 완전한 대제사장으로 세우신 예수[5:1-10]

2 | 경고와 확증[5:11-6:20]

14 그러므로 우리에게 큰 대제사장이 계시니 승천하신 이 곧 하나님의 아들 예수시라.
우리가 믿는 도리를 굳게 잡을지어다. 15 우리에게 있는 대제사장은 우리의 연약함을
동정하지 못하실 이가 아니요 모든 일에 우리와 똑같이 시험을 받으신 이로되 죄는
없으시니라. 16 그러므로 우리는 긍휼하심을 받고 때를 따라 돕는 은혜를 얻기 위하여
은혜의 보좌 앞에 담대히 나아갈 것이니라.

문맥

이 서신의 첫 두 문단에서 기자는 예수는 천사들보다 더 뛰어나고[1:1-2:18] 모세와 여호수아보다 더 뛰어나다[3:1-4:13]고 주장한다. 이 책의 세 번째 주된 문단[4:14-10:18]에서는 예수의 제사장직이 레위 계통의 제사장직보다 더 뛰어나다고 주장한다. 많은 사람들이 히브리서 4:14-16을 과도적인

구절들로 인정함에도 불구하고 이 절들은 이 문단을 소개한다. 4:14-16의 내용이 많은 점에 있어서 10:19-25과 유사하다고 종종 지적되어 왔다.[208]

4:14-16	10:19-25
"큰 대제사장"(14절)	"큰 제사장"(21절)
"승천하신"(14절)	"예수의 피를 힘입어 성도에 들어갈"(19절)……"휘장 가운데로"(20절)
"우리가 믿는 도리를 굳게 잡을지어다"(14절)	"우리가 믿는 도리의 소망을 움직이지 말며 굳게 잡고"(23절)
"우리는……은혜의 보좌 앞에 담대히 나아갈 것이니라"(16절)	"성소에 들어갈 담력을 얻었나니"(19절)……" 우리가 참 마음과 온전한 믿음으로……나아가자"(22절)

2:17-18과 3:1에서 자신이 말하고자 하는 주제를 암시하고 미리 이야기하고 있음에도 불구하고, 기자는 이 서신의 세 번째 문단에서 멜기세덱의 반차를 따른 예수의 제사장직이 아론 계열의 제사장직보다 더 탁월함을 주장하면서[4:1-10:18] 자신의 주장의 핵심에 이른다.

이 서신의 처음 세 문단을 구성하는 공통된 주제들에 주목해야 한다. 각각의 경우마다 율법에 초점을 맞추는 옛 언약과 예수를 통해 시작된 새 언약 사이의 대비가 이루어지고 있기 때문이다. 천사들은 모세와 이스라엘 백성들에게 주어진 율법의 중개자들이었다.[1:5-2:18] 모세는 이스라엘과 더불어 그들을 위한 언약 규례들을 포함하는 시내 산 언약을 체결했다.[3:1-4:13] 또한 레위 계통의 제사장직은 시내 산 언약과 밀접하게

208 나우크Wolfgang Nauck의 체계적인 연구를 참조하라. "Zum Aufbau des Hebräerbriefes", in *Judentum-Urchristentum-Kirche: Festschrift für Joachim Jeremias*, ed. W. Eltester(Berlin: Alfred Töpelmann, 1960), 199-206.

연결되어 있다.[4:14-10:18; 참조. 7:11-12] 이런 사실에서 우리는 기자가 히브리서 전체를 통해 동일한 주장을 한다는 것을 알 수 있다. 하지만 이 주장은 다른 각도에서 혹은 옛 언약에 포함된 다양한 인물이나 규례들을 숙고함으로 전개된다. 독자들이 이 사실을 기억한다면, 기자가 자신의 주장을 전개해 갈 때 복잡한 여러 세부사항 속에서 혼란스러워하지 않고 말하는 중심 주제를 추적해 갈 수 있을 것이다. 우리는 또한 예수께서 천사들보다 탁월하고 모세와 여호수아보다 탁월하시다는 사실과, 그분이 가진 제사장직의 탁월성은 신학적 추상개념이 아님을 기억해야 한다. 다시 말해, 이 책의 신학은 경고 메시지들이 보다 실제적으로 다가가도록 돕는다. 예수께서 모든 측면에서 옛 언약보다 탁월하고, 새 언약이 옛 언약보다 더 낫기 때문에 예수를 저버리는 것은 치명적이다.

예수의 탁월성(천사들, 모세와 여호수아, 레위 계통의 제자장직에 대한 탁월성)에 대한 세 가지 주제들이 서로 긴밀하게 엮여 있기 때문에, 기자의 주장이 예수께서 가지신 제사장직의 탁월성으로 옮겨 가는 것이 결코 급진적인 변화가 아니라는 사실이 새삼스럽지는 않다. 실제로, 앞의 주장에서 기자는 이미 예수의 제사장직을 언급했다.[2:17, 3:1; 참조. 1:3] 그렇기 때문에 이 새로운 문단이 "그러므로"[οὖν, 4:14]라는 말로 시작하는 것이 놀랍지 않다. "그러므로"라는 부사가 지금까지 말한 모든 것을 포괄하는 것처럼 보이기도 하지만, 그럼에도 불구하고 이 말은 아마도 2:17-3:1에서 소개된 예수의 제사장직에 대한 주제를 다시 언급하는 개설적인 기능을 하고 있을 것이다.[209] 예수는 천사들과 모세보다 탁월하고, 여호수아를 통해 주어진 것보다 더 나은 안식을 주시기 때문에, 독자들은 "믿는 도리를 굳게 잡아야" 한다.[4:14] 독자들은 자신들에게 이처럼 위대

209 Cockerill, *Hebrews*, 221; Ellingworth, *Hebrews*, 266.

한 구원을 주신 분을 저버려서는 안 된다.

동시에 기자는 14절에서 예수의 제사장직에 호소함으로 끝까지 인내하라는 권면과 경고를 뒷받침한다. 독자들이 자신들이 고백한 것을 저버리는 것은 어리석은 일이다. 예수께서 하나님의 아들이기 때문이다. 예수를 하나님의 아들이라고 하는 언급은 예수를 천사들과 모세보다 더 탁월한 분으로 말하는 1:1-4:13의 주제와 맞아떨어진다. 더욱이 예수는 하나님께로 나아간 위대한 대제사장이다. 독자들이 만약 이런 예수를 거부한다면, 그들은 하나님 자신으로부터 떨어져 나가는 것이다. 15절은 인간이 처한 상태를 예수께서 동정하는 것과 관련해서 예수의 대제사장직을 설명한다. 그분은 우리의 연약함을 아시고, 죄는 없지만 우리가 겪는 것과 동일한 방식으로 시험을 경험하셨다. 16절에서 기자는 예수의 제사장직으로부터 결론을 이끌어 낸다. 독자들은 도움이 필요할 때마다 은혜와 긍휼을 바라고 하나님의 보좌 앞으로 나아가야 한다.

주석

4:14 이제 기자는 예수의 대제사장직을 중심으로 논의를 전개한다. 위대한 대제사장이요 하나님의 아들이신 예수께서 하늘로 가셨기 때문에 신자들은 자신들이 고백한 믿음을 굳게 붙들어야 한다. 예수의 제사장직 사역에 대해서는 이 서신의 앞부분에서 이미 간략하게 언급이 되었고,[2:17, 3:1] 이 주제에 대해 보다 자세히 설명하기에 앞서 독자들에게 경고하기 위해 5:11-6:20에서 잠깐 멈추기는 하지만, 여기서부터 기자는 이 주제에 대해 보다 상세히 다루기 시작한다.[210] 1:3에서 우리는 이미

210 여기서 "그러므로"는 앞선 내용의 요약이 이어질 것임을 나타낸다(Attridge, *Hebrews*, 139).

제사장직과 관련된 주제가 언급되는 것을 보았다. 예수께서 죄를 깨끗하게 하는 일을 성취하고 하나님 우편에 앉으신 것을 말한다. 본문 역시 동일한 이해를 내포한다. 예수께서 "하늘을 통과해 가셨다"("승천하신", 개역개정—옮긴이). 기자는 여기서 공간적이고 수직적인 언어를 사용하여, 마치 하나님이 하늘을 통해 인간과 구별되고 우리와 떨어져 계시는 것처럼 초월적인 분이심을 나타내고 있다. 하지만 탁월하고 위대한 대제사장이신 예수께서 이 하늘을 지나 하나님께로 가셨다.[211] 자신이 드린 희생을 힘입어 하나님의 존전으로 들어가셨다. 사용한 용어는 다르지만, 지금 기자는 공통된 주제를 내다본다. 예수께서 하나님의 성소 혹은 존전으로 들어가셨다.[6:19-20, 8:1-2, 9:11, 24, 10:20] [212] 천사들[1:1-2:18]과 모세[3:1-6]보다 탁월하신 하나님의 아들로서 예수는 우리가 하나님과의 교제를 누릴 수 있도록 하기 위해 신자들을 하나님께로 가까이 데리고 가셨다.[참조. §8]

위대한 대제사장과 하나님의 아들로서 예수께서 이루신 것을 생각해 볼 때(이 두 가지 명칭은 이 서신의 두 문단을 하나로 묶어 준다. 각각 4:14-10:18과 1:1-4:13), 신자들은 자신들이 한 믿음의 고백을 저버려서는 안 된다. "고백"[ὁμολογίας; 참조. 3:1, 10:23, "믿는 도리", 개역개정]이라는 말은 독자들이 받고 지키겠노라고 약속한 믿음을 가리킨다. 그들은 이 고백을 견고히 붙들어 손에서 빠져나가지 않도록 해야 한다. 고백한 것을 지켜 가는 것은 단순히 아들과 대제사장이신 예수에 대한 교리 체계를 신봉하느냐의 문제가 아니다. 예수는 자기 백성을 위해 하나님의 존전으로 나아가는 길을 확보하셨다. 다른 방편으로는 하나님의 존전으로 나아갈 수 없다. 제

211 "우리의 관심을 주님의 지상 생애와 인성으로 돌리고자 할 때, 기자는 '예수'라는 이름을 사용한다"(Cockerill, *Hebrews*, 224n13).

212 참조. Attridge, *Hebrews*, 139.

사장으로서 드린 예수의 희생에서 돌이켜 레위 계통의 제의를 따른 희생을 통해 죄 사함을 구한다면, 하나님과 분리되는 것을 피할 수 없다.

4:15 기자는 예수의 대제사장직이 갖는 본질에 관심을 집중하도록 한다. 예수께서 하늘을 통과하여 하나님의 존전으로 나아가셨음에도 불구하고, 그분은 인간을 동정하실 수 있다. 여기서 기자는 2:5-18, 특히 2:17-18에서 말한 예수의 인성을 강조한다. 예수는 승천하셔서 하나님 우편에 앉으신 위엄 있는 대제사장이실 뿐 아니라, 또한 자애로운 대제사장이시다. "우리의 연약함을" 동정하시는 분이다. 동정이란 연민과 공감으로만 제한된 말이 아니다. 고난당하는 자들을 능히 도우실 수 있는 예수의 능력을 가리키기도 하는 말이다.참조. 히 10:34, 제4마카비서 5:25 [213]

같은 인간으로서 예수는 인류에게 드리운 약함과 비통함을 아신다. 그분은 인류의 이런 비통함과 연약함에 무관심하고 초연한 대제사장이 아니라, 그 스스로 친히 인간의 상태를 경험하여 잘 아신다. 실제로 그분은 온전히 시험을 겪으셨다. 예수께 죄가 주는 기쁨과 즐거움은 낯선 것이 아니다. 죄가 즐거움을 가져다준다는 것을 깨달은 예수는 죄가 주는 유혹을 경험하여 잘 아신다.참조. 히 11:25 우리가 당하는 모든 시험을 이해하신다. 친히 비슷한 시험을 경험하셨기 때문이다. 그럼에도 불구하고 예수는 죄의 능력에 굴복하지 않으셨다. 우리의 약점과 연약함을 함께 나누어 가지셨지만 자신을 죄에 내주지(단 한 번도)는 않으셨다. 예수는 항상 자기 아버지의 뜻에 순종하셨다.[214] "히브리서 기자가 예수께서

213 Lane, *Hebrews 1-8*, 114; O'Brien, *Hebrews*, 182-83.

214 예수께서 죄가 없는 것이 아니라고 히브리서가 가르친다는 개념은 역사적 호기심에 불과할 뿐 아니라 설득력이 없다. 예수께서 죄를 경험했다는 주장에 대해서는 윌리엄슨을 참조하라. "Hebrews 4:15 and the Sinlessness of Jesus", *ExpT* 86(1974): 4-8. 참조. Peterson, *Hebrews and Perfection*, 188-90.

인간을 구속하기 위해 타락한 인성과 동일하게 되어야 했다고 암시하는 곳은 히브리서 어디에도 없다. 실제로 기자는 7:27에서 예수께서 '먼저 자기 죄를 위하고 다음에 백성의 죄를 위하여' 제사를 드릴 필요가 없었음을 말하고 있다."[215] 휴즈도 그렇게 말한다. "우리가 필요로 하고 독자들이 필요로 했던 것은 우리와 같은 패배자가 아닌 승리자다. 우리의 패배를 공유하는 것이 아니라 우리를 승리로 이끌 수 있는 이, 죄인이 아닌 구원자를 필요로 한다."[216] 예수께서 죄가 없으셨다는 이해는 신약성경이 공통적으로 말하는 주제다. 심지어 명시적으로 그렇게 말하지 않는 구절들에서조차 예수의 죄 없음이 전제된다. 하지만 많은 구절들이 명시적으로 예수의 죄 없으셨음을 밝힌다.눅 23:41, 요 7:18; 8:46; 14:30, 고후 5:21, 벧전 1:19; 2:22; 3:18, 요일 3:5 이 본문으로부터 인간 본성에 본래부터 죄가 내재했던 것이 아님이 분명해진다. 모든 면에서 예수는 온전한 인간이셨다. 그러나 결코 죄를 범하지 않으셨다.

4:16 "그러므로"οὖν라는 접속사는 바로 앞의 14-15절을 받는다. 예수께서 탁월하신 분이신(하늘에서 하나님 앞으로 나아가신) 동시에 자애로운(시험을 당하고 연약한 우리의 본성을 가지셨던) 대제사장이기 때문에, 신자들은 때를 따라 은혜와 긍휼을 얻기 위해 담대히 하나님께로 나아가도록 격려를 얻는다.

"나아가다"προσερχώμεθα는 동사는 히브리서에 자주 등장한다.7:25, 10:1, 22, 11:6, 12:18, 22 12:22에서 이 서신의 수신자들은 그리스도께서 다스리시는 하늘의 영역인 시온 산에 그들이 이미 "이르렀다"προσεληλύθατε는 소리를 듣는다. 그러나 이 절은 신자들에게 은혜의 보좌로 나아갈 것을 촉구한

215 Lane, *Hebrews 1-8*, 115.

216 Hughes, *Hebrews*, 177.

다.[217] 4:16과 가장 밀접한 병행구는 "참 마음과 온전한 믿음으로 하나님께 나아가자"고 독자들을 촉구하는 10:22다. 은혜의 보좌로 담대히 나아가라고παρρησίας 독자들을 격려한다. 존슨이 말하는 것처럼, 이 말씀은 "그리스도로 말미암아 그들이 하나님께로 나아갈 수 있게 된 즐거운 확신을 표현한다."[218] 두 본문 모두 신자들이 하나님께로 나아갈 때 갖는 확신과 즐거움을 강조한다. **담대함**이라는 말은 10:19의 유사한 본문에서 사용된다. "그러므로 형제들아, 우리가 예수의 피를 힘입어 성소에 들어갈 담력παρρησίαν을 얻었나니." 10:19의 "성소에 들어가는 것"은 4:16이 말하는 "은혜의 보좌"와 같은 의미를 갖는다. 신자들이 확신을 가지고 하나님의 보좌로 가까이 나아가는 것은 친히 피를 흘리신 예수의 제사장적 사역 때문이다.

이 보좌를 "은혜의" 보좌로 부른다. 신자들은 이 보좌로 담대하게 나아간다. 이는 진노의 보좌가 아닌 예수의 공로로 말미암은 은혜의 보좌이기 때문이다. 그래서 신자들은 확신과 기쁨으로 하나님께 "긍휼"을 베푸시기를 구한다. 아마도 그들이 범한 죄 때문일 것이다. 동시에 그들은 또한 삶의 모든 상황을 마주 대할 수 있는 능력과 힘을 위한 "은혜"를 하나님께 구한다.[219] 어찌할 바를 모르는 상황에 맞닥뜨려 하나님의 도우심을 구하는 신자들에게는 하나님의 은혜가 부어진다. 여기서 "도움"βοήθειαν이라는 명사는 대제사장이신 예수께서 시험당하는 자들을

217 매키는 하나님 앞으로 나아가는 경험의 중요성을 부각시키는 가운데 히브리서에서 말하는 가까이 나아가는 것의 중요성을 바르게 강조한다. 학자들 간에는 이 경험이 신비적인 것을 말하는지에 대한 논란이 분분하다. 하지만 이 서신이 말하는 하나님께로 가까이 나아가는 것의 중심성에 대해서만큼은 의심의 여지가 없다. 매키를 참조하라. "Heavenly Sanctuary Mysticism", 77-117.

218 L. Johnson, *Hebrews*, 140.

219 아니면 여기서 말하는 "긍휼"과 "은혜"는 단순히 동의어로 쓰였을 수 있다.

"능히 도우실 수 있다"βοηθῆσαι고 하는 2:18에 대한 반향이다. 4:16에서 기자는 도움이 가장 절실할 때 도움이 온다는 사실을 강조한다.

성경신학적 적용

이 절들은 성경에서 가장 위로 넘치는 구절들 가운데 하나다. 신자들 역시 인간의 상황에 수반하는 모든 시험과 고통으로부터 예외가 아니다. 하나님이 그들을 돌보시는가? 하나님이 그들을 돕기 위해 할 수 있는 것이 있는가? 이 구절들이 이런 물음에 대한 답을 준다. 우리에게는 온전한 인간이신 대제사장이 있다. 그분은 시험을 온전히 겪으셨다. 어떤 시험도 그분에게는 낯설지 않다. 우리가 당하는 모든 시험을 아신다. 우리가 가진 모든 연약함 역시 친히 경험하셨기 때문에 우리의 연약함을 체휼하신다. 인간으로 존재하는 것이 무엇인지 하나님은 모르신다고 말할 수 없다. 예수는 우리와 구별되는 초월적인 신성으로 멀리 계실 뿐 아니라 자기 백성들 중에 거하신다. 하지만 그분의 온전한 인성은 실패와 상관이 없다. 인간으로 존재하는 것이 무엇인지 안다 할지라도 우리와 같이 실패한 존재라면 우리를 도울 수 없다. 하지만 그렇지 않다. 여기 인간 삶의 모든 고통과 비통함을 경험했지만 결코 죄에게 굴복하지 않으신 이가 있다. 그분은 죄의 모든 꾀는 것과 미혹함으로 시험을 받는 것이 무엇인지 아시면서도 결코 자기의 뜻을 구하지 않으셨다. 그분은 항상 아버지의 뜻을 행했다.

우리의 위대한 대제사장이신 하나님의 아들 예수는 우리의 삶이 어떤 것인지를 잘 아시고 그것을 돌보신다. 하지만 그분은 또한 능력이 있으시다. 하늘로 오르셔서 하나님의 존전으로 나아가셨다. 자애로우시고 초월적이시다. 우리를 돌보실 뿐 아니라 하나님 우편에서 다스리신다. 승천하여 자신의 피로 우리의 속죄를 이루심으로 죄책과 수치로 얼룩진 우리의 문제를 해결하셨다. 자신의 피로 우리의 죄책을 없이하셨다. 그래서 우리는 하나님을 피해 뒤로 물러나지 않는다. 우리가 하나님이 주시는 죄 사함과 우리 삶의 모든 환경에 미치는 그분의 능력을 알기를 바라시는 하나님께서 우리에게 은혜와 긍휼을 베푸시는 줄을 알기에, 우리는 담대하게 즐거이 그분께로 나아간다.

5:1-10

I. 프롤로그: 아들을 통해 이루어진 결정적이고 최종적인 계시1:1-4

II. 천사들보다 위대하신 아들을 저버리지 말라1:5-2:18

III. 아들을 모세와 여호수아보다 더 위대한 대제사장으로 가진 너희는 마음을 완고하게 하지 말라3:1-4:13

IV. 레위기의 율법이 정하는 대제사장직보다 더 위대한 멜기세덱의 반차를 따른 예수의 대제사장직으로부터 흘러 떠내려가지 않도록 하라4:14-10:18

1 | 대제사장으로 계시는 예수를 힘입어 하는 권면4:14-5:10

1) 아들과 대제사장으로 계시는 예수를 힘입어 믿는 도리를 굳게 잡고 은혜의 보좌 앞에 담대히 나아가라4:14-16

2) 하나님이 완전한 대제사장으로 세우신 예수5:1-10

2 | 경고와 확증5:11-6:20

1 대제사장마다 사람 가운데서 택한 자이므로 하나님께 속한 일에 사람을 위하여 예물
과 속죄하는 제사를 드리게 하나니 2 그가 무식하고 미혹된 자를 능히 용납할 수 있는
것은 자기도 연약에 휩싸여 있음이라. 3 그러므로 백성을 위하여 속죄제를 드림과 같
이 또한 자신을 위하여도 드리는 것이 마땅하니라. 4 이 존귀는 아무도 스스로 취하지
못하고 오직 아론과 같이 하나님의 부르심을 받은 자라야 할 것이니라. 5 또한 이와 같
이 그리스도께서 대제사장 되심도 스스로 영광을 취하심이 아니요 오직 말씀하신 이
가 그에게 이르시되 너는 내 아들이니 내가 오늘 너를 낳았다 하셨고 6 또한 이와 같이
다른 데서 말씀하시되 네가 영원히 멜기세덱의 반차를 따르는 제사장이라 하셨으니
7 그는 육체에 계실 때에 자기를 죽음에서 능히 구원하실 이에게 심한 통곡과 눈물로
간구와 소원을 올렸고 그의 경건하심으로 말미암아 들으심을 얻었느니라. 8 그가 아들
이시면서도 받으신 고난으로 순종함을 배워서 9 온전하게 되셨은즉 자기에게 순종하

는 모든 자에게 영원한 구원의 근원이 되시고 [10]하나님께 멜기세덱의 반차를 따른 대제사장이라 칭하심을 받으셨느니라.

문맥

4:14-16과 5:1-10 사이에는 어떤 논리적 관계가 있는가? 4:14-16이 말하는 요지는 신자들은 자신들이 고백한 믿음의 도리를 굳게 붙들고 은혜와 긍휼을 얻기 위해 하나님께로 나아가야 한다는 것이다. 5:1-10에서 우리는 왜 신자들이 자신들이 고백한 믿음의 도리를 견고하게 붙들어야 하는지 알 수 있다. 우리에게는 더 나은 대제사장이 있다. 멜기세덱의 반차를 따르는 하나님이 친히 세우신 대제사장이다. 5:11-6:8이 말하는 것처럼 이런 제사장직으로부터 돌이켜 떨어져 나아가는 것은 비참한 일이다.

레인은 5:1-10에서 본문의 구조와 메시지를 파악하는 데 도움이 되는 교차대구법을 발견한다. 아래 표의 C는 레인이 묘사하는 것을 내가 조금 바꾸어 말한 것이기는 하지만, 어쨌든 아래 제시하는 교차대구법은 레인이 발견한 교차대구에서 착안한 것이다.[220]

A 옛 대제사장직(5:1)	C' 그리스도의 대제사장 되심(5:5-6)
B 대제사장과 백성들 간의 연대성(5:2-3)	B' 그리스도와 자기 백성 간의 연대성(5:7-8)
C 옛 언약 아래에서 대제사장을 세움(5:4)	A' 새로운 대제사장직(5:9-10)

위의 교차대구를 사용해 본문의 흐름을 간단히 설명하려고 한다. 구약

220 참조. Lane, *Hebrews 1-8*, 111. 정확한 패턴은 다르지만, 많은 학자들이 여기서 교차대구법이 사용되는 것을 인정한다(예. Attridge, *Hebrews*, 138). 오브라이언은 본문에 교차대구가 나타나기는 하지만, 그렇다고 무리하게 그것을 적용해서는 안 된다고 말한다(*Hebrews*, 188).

성경에서 대제사장들은 죄를 속하는 제사와 예물을 드리기 위해 택함을 받아 세워진 사람들이다(1절/A). 반면에 예수는 멜기세덱의 반차를 따른 제사장이다(9-10절/A[1]). 실제로 구약의 제사장들과 달리 그분의 제사장직은 완전한 것이었고, 그래서 그분은 자기 백성들을 위한 "영원한 구원"을 이루었다. 2-3절은 대제사장과 그가 위하는 백성들 간의 연대성을 말한다(B). 대제사장 역시 자기 백성들과 마찬가지로 연약한 죄인이었기 때문에 자기 자신의 죄를 위한 제사를 드려야 했다. 예수 또한 대제사장으로서 우리와 자신을 동일시할 수 있었다(7-8절/B[1]). 하지만 죄인으로서가 아니라 그분이 당한 고난의 정도 때문이었다. 고난 가운데 순종하기를 배우셨기 때문에 신자들은 그분이 인간이 경험하는 고통을 아신다고 확신할 수 있다. 마지막으로, 구약성경을 보면 제사장직은 자원해서 되는 것이 아니다(4절/C). 아론은 제사장으로 섬기도록 부르심을 입었다. 마찬가지로, 예수 역시 제사장으로 섬기기로 결정하고 스스로 이 직분을 취한 것이 아니었다(5-6절/C[1]). 히브리서 기자는 구약성경의 두 본문에 호소해[시 2:7, 110:4] 하나님께서 예수를 멜기세덱의 반차를 따르는 제사장으로 세우셨음을 뒷받침한다.

주석

5:1 기자는 구약성경에서 발견되는 대제사장 개념에 대한 설명으로 이 문단을 시작한다. 대제사장들은 하나님 앞에서 인간들을 대표해 죄를 속하는 제사와 예물을 드리도록 사람들 중에 택함을 입어 세워졌다. 천사들은 이 직분에 합당하지 않다. 오직 사람들로만 제한된 직분이기 때문이다. 대제사장들은 인간이어야 했다. 하나님 앞에서 동류인 인간들을 대표해야 하기 때문이다. 다시 말해, 그들은 하나님과 인간 사이에서 중보자로 섬기는 특권과 책임을 갖는다. 제사장직의 기원은 출애굽기

28-29장까지 거슬러 올라간다. 아론과 그의 아들들이 이스라엘을 위한 제사장들로 섬기도록 가르치는 규례를 기록한 대목이다.

대제사장들은 하나님께 감사와 헌신의 예물을 올려드리는 직분을 수행한다. 번제,레 1:1-17 소제,레 2:1-16 화목제,레 3:1-17 감사제레 7:12-13, 15, 대하 29:31, 시 50:14를 통해 이런 예물들이 드려지는 것을 볼 수 있다. 대제사장들은 또한 속죄를 위한 제사를 드렸다. 속죄제레 4:1-35와 속전제레 5:1-19와 마찬가지로, 번제 또한 죄를 속하는 것이었다.레 1:4 범과들은 특별히 한 해를 통틀어 범한 죄를 용서받는 때인 대속죄일에 속함을 받았다.레 16:1-34 기자는 9-10장에서 구약성경의 제사들과 대속죄일에 특별히 관심을 집중한다.

5:2 대제사장과 인간의 연대성이 여기서 잘 드러난다.[221] 대제사장은 별종의 인간이 아니다. 그 역시 죄로 부정하게 되었기 때문에 무식하고 미혹된 자를 능히 용납하고 도울 수 있다. "자애롭게 대하다"μετριοπαθεῖν, "용납하다", 개역개정라는 동사는 자신들 역시 죄인들임을 아는 제사장들이 백성들의 죄에 대해 분을 내지 않는 것(적어도 이상적으로는 그렇다)을 가리킨다. 엄밀하게 말해서, 이 동사가 4:15의 "동정하다"συμπαθῆσαι의 동의어는 아니다. 이 절의 초점은 대제사장이 백성들과 갖는 동일성인 데 반해, 후자의 동사는 돕는다는 개념을 내포하기 때문이다.[222]

"무식한 자들"τοῖς ἀγνοοῦσιν이란 아마도 부지불식간에 죄를 범한 자들을,레 4:2, 13; 5:18, 민 5:22-29 그리고 "미혹된 자들"이란 하나님의 말씀으로부터 어긋나간 자들을 가리킬 것이다. 여기에 반역적인 죄들은 포함되지

221 대제사장들 역시 죄인이기 때문에 그들 역시 죄를 효과적으로 다루지 못한다는 암시가 없는 것은 아니지만, 그럼에도 불구하고 기자가 여기서 그것을 말하는 것 같지는 않다(반론에 대해서는 커크릴을 참조하라. *Hebrews*, 234). 지금 기자는 대제사장과 인간 사이의 연대성을 말한다.

222 아트리지가 바르게 말한다. *Hebrews*, 143-44.

않는다. 그런 죄들은 기자가 경고하는 배도에 상응하고, 또한 기자는 이런 반역은 사죄를 받을 수 없음을 명확히 하기 때문이다.참조. 민 15:30-31, 신 17:12-13 대제사장은 죄를 범하는 자들과 자신을 동일시할 수 있다. 그 역시 "연약함"에 휩싸여 있기 때문이다. "연약함"ἀσθένειαν이라는 말은 여기서 죄악됨sinfulness의 개념을 포함한다.[223] 이어지는 절과 7:27에서 특별히 적시하는 것처럼, 대제사장은 자기 자신의 죄를 위해서도 제사를 드려야 했다. 그렇기 때문에 대제사장은 죄인들을 연민을 가지고 자애롭게 대할 수 있다. 대제사장 자신이 그들과 동일한 인간 조건을 공유하고 있기 때문이다.

5:3 이 절을 볼 때 대제사장이 가진 연약함에는 대제사장 자신이 가진 죄가 포함되는 것이 분명하다. 그렇기 때문에 그는 자신과 백성들의 죄를 위해 제물을 드려야 한다. 아론을 제사장으로 세우는 것을 보면, 대제사장인 아론과 이스라엘 백성들 모두를 위한 속죄가 이루어진다. "너는 제단에 나아가 네 속죄제와 네 번제를 드려서 너를 위하여, 백성을 위하여 속죄하고 또 백성의 예물을 드려서 그들을 위하여 속죄하되."레 9:7 레위기 16장을 보면 히브리서 9장이 중점적으로 다루고 있는 대속죄일에 대제사장은 "자기를 위한 속죄제의 수송아지를 드리되 자기와 권속을 위하여 속죄"해야 한다.레 16:6; 참조. 16:11 [224] 같은 날 그는 또한 "또 백성을 위한 속죄제 염소를 잡아"야 한다.16:15 히브리서는 지금 이 연례 의식을 반추한다. 본문에 나오는 "드린다"προσφέρω는 말은 레위기 1-7장에서만 스물아홉 번 등장한다. "속죄제를 드린다"는 말은 문자적으로 번역하면 "죄들과 관련하여 제사를 드린다"προσφέρειν περὶ ἁμαρτιῶν로 번

223 참조. Cockerill, *Hebrews*, 235.

224 여기서 말하는 대속죄일에 대한 언급은 오브라이언을 참조하라. *Hebrews*, 192.

역할 수 있고 HCSB가 속죄제로 바르게 번역하고 있다. 히브리서 5:3과 레위기 16:6 간의 긴밀한 유사점은 이런 해석을 뒷받침한다. 아론은 자신의 죄를 위한 속죄제를 위해 소를 드렸다.προσάξει Ααρων τὸν μόσχον τὸν περὶ τῆς ἁμαρτίας 더욱이 여기서 볼 수 있는 헬라어 구절περὶ τῆς ἁμαρτίας와 περὶ ἁμαρτίας은 레위기에서 통상 속죄제를 가리킬 때 사용된다.레 4:3, 14, 28, 35, 5:6-9, 11 등 물론 히브리서는 복수형περὶ ἁμαρτιῶν을 사용하기 때문에 병행구절과 정확히 일치하는 것은 아니지만, 레위기 16장과의 유사한 제의적 배경과 긴밀한 유사성을 볼 때 속죄제를 염두에 두고 말하는 것으로 생각할 수 있다. 어쨌든 이 절이 말하는 요지는 분명하다. 대제사장은 자기 백성들과 자신을 동일시한다. 자신 역시 백성들과 마찬가지로 죄를 범하고 자신의 죄를 위한 제사를 드려야 하기 때문이다.

5:4 어느 누구도 스스로 대제사장이 되기를 선택할 수 없다. 대제사장직은 자원함으로 되는 직분도 아니고, 백성들이 뽑는 선출직도 아니기 때문이다. 대제사장은 하나님이 택하고 부르시는 직분이다. 하나님께서 아론을 택하신 것과 같다. 출애굽기 28:1을 보면 하나님이 아론을 부르신 것을 분명히 알 수 있다. "너는 이스라엘 자손 중 네 형 아론과 그의 아들들……함께 네게로 나아오게 하여 나를 섬기는 제사장 직분을 행하게 하되."참조. 대상 23:13, 시 105:26 신약성경 시대에 헤롯과 로마의 권력자들은 대제사장을 임의로 택해 세웠다. 하지만 이런 정치적인 행위는 구약성경을 따르는 유대인들의 정서를 거스르는 것이었다. 대제사장은 반드시 사독 계열에서 나와야 하고, 어느 인간도 대제사장을 임명할 권한이 없다는 것이 당시 유대인들의 확신이었다.

5:5 아론이 임의로 대제사장이 된 것이 아닌 것처럼, 그리스도 예수 역시 마찬가지다. 자신의 영광을 구하고 스스로를 높여 대제사장이 된 것이 아니다. 시편 2:7이 증거하는 바와 같이 하나님의 아들로서 예수

는 하나님께서 친히 세우셨다. 히브리서는 언제 예수께서 대제사장으로 세워졌는지를 특정하지 않는다. 물론 죄를 속하는 제사를 단번에 드린 것을 보면 예수는 이 땅에서 대제사장으로서의 역할을 하신 것이 분명하다. 동시에, "'하늘에서 지극히 크신 이의 보좌 우편에 앉으시기' 전까지는 이 직분을 온전히 행사하지는 않으셨다."8:1; 참조. 1:3 [225]

그리스도이신 예수의 낮아지심이 여기서 전면에 드러난다. 그분은 자신의 영광이 아닌 하나님의 영광을 구했고,참조. 요 5:44, 7:18, 8:50, 54 하나님께서 그분을 높이사 대제사장으로 세우셨다. 자기 자신의 영광이 아닌 하나님의 영광을 구했기 때문이다. 하나님께서 예수를 대제사장으로 세우신 증거를 위해서 기자는 시편 2:7에 호소한다. 아들이신 예수께서 천사들보다 탁월하심을 뒷받침하기 위해 1:5에서 인용한 구절이다.[226] 기자가 시편 2:7에 호소하는 것이 약간 놀랍다. 이 본문은 예수를 제사장으로 말하는 것과 전혀 상관이 없기 때문이다. 오히려 이 본문은 그분의 왕권을 강조한다. 더욱이 1:5에 대한 논의에서 본 것처럼, 이 절은 예수의 부활과 하나님 우편에 만유의 주와 왕으로 앉히신 것을 말한다. 예수께서 멜기세덱과 같은 제사장-왕이기 때문에 시편 2:7을 인용한 것처럼 보인다. 다시 말해 예수는 특별한 제사장이다. 멜기세덱과 같이 왕으로도 섬기는 제사장이다. "반차"τάξιν라는 말은 계승되는 질서를 가리키거나 아니면 단순히 예수께서 멜기세덱과 같은 제사장이심을 의미하는 것일 수 있다.[227] 여기서는 아마도 후자를 의미할 것이다. 그래서

225 Cockerill, *Hebrews*, 239. 예수께서 언제 제사장이 되셨는지를 논하는 것은 복잡하고 어려운 문제다. 참조. Michael Kibbe, "Is It Finished? When Did It Start? Hebrews, Priesthood, and Atonement in Biblical, Systematic, and Historical Perspective", *JTS* 65(2014): 25-61.

226 시편 2:7에 대한 보다 자세한 논의를 위해서는 1:5에 대한 주석을 참조하라.

227 참조. L. Johnson, *Hebrews*, 144-45; Koester, *Hebrews*, 287.

예수의 제사장으로서의 위치는 그분의 희생을 통해서만이 아니라, 그분의 부활과 하나님 우편에서의 통치를 통해서도 증거된다.

학자들은 예수께서 언제 대제사장이 되었는지에 대한 논의를 길게 이어 왔다.[228] 시편 2:7에 대한 언급을 보면 승귀와 더불어 대제사장이 되셨다고 생각할 수도 있다. 그러나 이 땅에서 일어난 그리스도의 죽음에 대해 강조하는 것을 보면, 이 땅에서 사역하는 동안에 그분이 제사장으로 섬겼다는 것을 알 수 있다. 히브리서 기자는 언제 예수의 제사장으로서의 사역이 시작되었는지에 대한 정확한 대답을 주지 않는다. 히브리서는 대제사장으로서 예수의 죽음과 승귀에 초점을 맞춘다. 예수의 순종과 사역이 제사장으로서 그분의 제사에 핵심적이었다고 말할 수는 있을 것이다. 그러나 예수의 죽음에 대한 강조를 통해 볼 때 우리가 그분의 제사장직을 승귀하신 때로 제한할 수 없다는 것을 알 수 있지만, 그럼에도 불구하고 예수의 제사장직이 언제 시작되었는지에 대해서 기자가 명시적으로 말하지 않는다는 것을 인정해야만 한다. 물론 예수께서 승천 시에 하늘의 대제사장으로 세워진 것은 분명하다.

5:6 예수께서 대제사장으로 세워진 것은 다윗이 자신의 주시 110:1는 또한 멜기세덱의 반차를 따른 영원한 제사장이라고 예언하는 시편 110:4을 통해 확인된다. 히브리서에서 멜기세덱이 처음으로 언급되는 대목이다. 아브라함이 자신이 싸움에서 얻은 전리품의 십분의 일을 멜기세덱에게 바치고 그가 아브라함을 위해 복을 비는 대목인 창세기 14:18-20에서 멜기세덱이 처음 성경에 등장한다.[229] 그 일이 있고 나서 시편

228 여기에 대한 유익한 논의를 위해서는 피터슨을 참조하라. *Hebrews and Perfection*, 191-95.

229 물론 엄밀하게 말해 멜기세덱에게 전리품의 십분의 일을 바칠 때까지도 그의 이름은 여전히 "아브람"이었지만, 참고적인 편의를 위해 본 주석서에서는 그를 아브라함으로 통일해서

110:4에서 다시 언급되기까지 멜기세덱의 이름은 성경에서 갑자기 사라진다. 실제로 창세기의 이 부분을 제외하고 이 신비롭고 수수께끼 같은 인물이 구약성경에서 언급되는 유일한 대목이기도 하다.

시편 110편의 문맥을 생각해 볼 때, 다윗이 장래의 왕이 오시는 것을 예언하는 것이 분명하다. 그분이 하나님의 우편에 앉아 통치할 것이기 때문이다.[시 110:1] 그분은 자신의 "권능의 규"로 원수들 중에서 "다스릴" 것이다.[시 110:2] 자기 원수들을 파하고 그들의 머리를 쳐서 깨뜨릴 것이다.[시 110:5-7] 이 왕은 장차 오실 다윗 계열의 통치자 대한 약속을 실현하는 다윗 계열의 왕이 분명하다.[참조. 시 89, 132편] 그러나 시편 110:4은 또 다른 측면을 덧붙인다. 장차 오실 통치자는 왕일 뿐 아니라 제사장이다. 그러나 아론의 반차를 따른 제사장은 아니다. 그분의 제사장직은 전혀 다른 반차를 따른다. 그분은 멜기세덱의 반차를 따르는 제사장이기 때문이다. 여기서 "반차"라는 말은 그리스도 외에도 멜기세덱의 반차를 따르는 제사장이 여럿 있기라도 한 것과 같은 계보를 의미하지 않는다. 예수의 제사장직이 갖는 본질을 가리킨다.[230]

물론 히브리서는 예수 안에서 이런 예언들이 성취되었다고 말한다. 그분은 자신의 부활을 힘입어 하나님 우편에 앉으신 다윗의 후손이요 메시아다. 실제로 우리는 앞절에서 예수가 존귀하게 된 부활하신 왕이라는 이해를 뒷받침하기 위해 시편 2:7이 인용되는 것을 보았다. 시편 110:4의 인용은 그분이 왕 이상이라는 것을 가리킨다. 그분은 왕이신 제사장이다. 예수는 멜기세덱의 반차를 따른 제사장이다. 실제로 여기에는 예수 그리스도의 부활에 대한 암시가 내포되어 있다. 그분이 "영

부를 것이다.

230 참조. Ellingworth, *Hebrews*, 283.

원히" 제사장으로 섬기기 때문이다. 아무튼 이 절이 말하는 요지는 하나님이 그분을 멜기세덱의 반차를 따른 제사장으로 세웠다는 것이다. 예수는 임의로 그런 영예를 취하신 것이 아니다.

5:7 대제사장이 인간들과 자신을 동일시할 수 있는 것처럼, 예수도 마찬가지다. 죄가 없음에도 예수는 인간이 경험하는 고통을 아신다. 하나님께 자신을 죽음에서 건져 주실 것을 간구했고, 하나님은 그분의 경건으로 말미암아 그 기도를 들으셨다.

"이 땅에서 사실 때에"라는 말은 문자적으로 "육체로 사실 때에"로 말할 수 있다.ESV, "육체에 계실 때에", 개역개정 "육체"σαρκός라는 말은 이 땅의 삶의 특징인 연약함과 약함을 가리킨다. 온전히 인간이셨던 예수는 여타 인간들과 마찬가지로 "혈과 육"에 속하셨고,2:14 인간 존재의 슬픔과 비통함을 경험하셨다. 이 땅에서 사는 동안 "간구와 소원을 올렸다"NIV. 여느 인간과 마찬가지로 그 역시 전적으로 하나님을 의지했기 때문이다. "심한 통곡과 눈물로" 기도함으로 하나님이 자신의 필요를 채우시고 기도에 응답하시기를 바랐다. 여기서 묘사하는 슬픔과 비통함의 극심함은 예수의 겟세마네 동산에서의 경험을 떠오르게 한다.마 26:36-45와 병행구절 실제로 어떤 해석자들은 히브리서가 지금 구체적으로 겟세마네에서의 경험을 가리킨다고 주장하기도 한다. "심한 통곡과 눈물"이라는 묘사에 너무나 잘 부합하기 때문이다.[231] 물론 그런 이해가 가능하다. 의심의 여지 없이 기자는 이런 묘사를 하면서 겟세마네 역시 마음에 그리고 있었을 것이다.[232] 그럼에도 불구하고 본문은 그분이 "육체로 계시던

231 참조. Bruce, *Hebrews*, 98-100(브루스가 이 묘사를 보다 광범위하게 적용되는 것으로 생각함에도 불구하고); Hughes, *Hebrews*, 182; O'Brien, *Hebrews*, 198.

232 리처드슨은 이 묘사가 예수의 십자가 고통을 가리킨다고 주장하지만, 이 묘사가 갖는 일반적인 성격을 갈보리로만 제한할 수는 없다(*Pioneer and Perfecter of Faith*, 74-89).

날들"을 이야기한다.ESV "날들"이라는 복수를 한 날 한 경험으로 제한해서는 안 된다. 물론 기자가 예수의 삶을 통곡과 눈물로만 제한해서 말하는 것은 아니다. 하지만 그는 통곡과 눈물이 예수의 일상의 경험이었음을 나타낸다. 커크릴은 다음과 같이 말한다. "이 절 전체를 겟세마네와 십자가에서 절정에 이른 이 땅에서의 아들의 생애를 특징짓는 하나님을 향한 전적인 의존을 묘사하는 것으로 보는 것이 낫다."[233] 독자들은 고난과 핍박을 경험하고 있었다. 하지만 예수 역시 고난을 아셨다. 독자들이 겪는 어떤 고난도 예수께서 이 땅에서 겪지 않으신 것이 없다.

예수께서 "자기를 죽음에서 능히 구원하실 이에게" 기도한 것을 볼 때, 왜 사람들이 이 묘사를 겟세마네를 가리키는 것으로 이해하는지 알 수 있다.[234] 물론 죽음에서 건져 달라는 기도대로 되지는 않았음에도 불구하고, 이런 경험은 겟세마네에서 드린 예수의 기도에도 잘 부합한다고 할 수 있다.[235] 지금 기자가 이 땅에서의 예수의 사역 기간 동안에 예수께서 하신 기도의 일반적 특징을 묘사하는 것처럼 보이기 때문에, 여기서 말하는 것을 그분의 삶에서 일어난 특정한 일을 가리키는 것으로 제한할 수 없다. 복음서의 진술에 따르면, 예수는 자주 자신의 죽음을 예고하신다.예. 막 8:31, 9:31, 10:32-34 따라서 예수께서 하나님께 임박한 죽음에서 자신을 건져 주실 것을 구하는 것 또한 자연스럽다.

죽음에서 건져 주실 것을 간구하는 그분의 기도가 응답되었다. "그의

233 Cockerill, *Hebrews*, 244.

234 기도와 관련된 "올리다"προσενέγκας라는 동사가 다른 곳에서 제물을 바치는 것을 묘사할 때 사용되기는 하지만(참조. 5:1, 3), 그렇다고 이 말을 문자적으로 이해해서는 안 된다. 이 말은 하나님께 어떤 것을 드리는 것을 나타내기 위해 유비적으로도 사용될 수 있다(참조. Attridge, *Hebrews*, 149; Peterson, *Hebrews and Perfection*, 84; 반대 참조. Lane, *Hebrews 1-8*, 119).

235 스웨트남James Swetnam의 주장과 달리, 예수는 여기서 죽기를 위해 기도하지 않는다("The Crux at Hebrews 5:7-8", *Bib* 81[2000]: 347-61).

경건하심으로 말미암아 들으심을 얻었느니라." "경건"이라는 이 말은 신약성경에서 히브리서에서만 발견되고,참조. 12:28 구약성경에서도 단 두 차례만 등장한다.수 22:24, 잠 28:14; 참조. 지혜서 17:8 이 말이 예수께서 자신의 "불안함"에서 건짐을 받은 것을 뜻하는 것으로 생각하는 사람들도 있지만, 같은 단어가 12:28에서는 "경외하는 마음"이나 "숭경"의 의미를 내포하는[236] "헌신"devotion, NET 혹은 "경외함에서 비롯된 순종"NIV, NRSV으로 번역된다. "불안함"을 의미한다는 해석은 설득력이 떨어진다. 하나님은 예수의 기도에 응답하셨다. 그분이 하나님을 경외했고, 자기 생명을 온전히 하나님께 맡겼기 때문이다. 그렇다면 죽음에서 건져 달라는 예수의 기도에 하나님은 어떻게 응답하셨는가?[237] 물론 그분을 죽음에서 건지시는 것은 아니었다. 예수께서 십자가에서 죽는 잔혹함을 지나가셨기 때문이다. 예수의 기도는 죽은 자 가운데서 건짐을 받는 부활 시로 응답되었다. 하나님께서 그분을 죽은 자 가운데서 일으키셨을 때, 그분이 단번에 사망에서 건짐을 받았기 때문이다.참조. §2.6 [238] 부활에 대한 언급은 예수의 부활과 승천을 암시하는 5:5-6과 잘 부합한다. 부활은 예수께서 "영원한" 제사장임을 보여준다. 또한 하나님은 예수의 부활과 더불어 그분을 낳으셨다. 즉 하나님의 우편에서 다스리도록 세우신 것이다.

5:8 심지어 하나님의 아들임에도 불구하고 예수는 자신이 고난을 통해 순종을 배웠다. 예수의 아들됨은 히브리서의 중심 주제 가운데 하나다. 1장에서 예수는 천사들보다 탁월하다고 말한다. 그분이 하나님

236 참조. BDAG; LN 53.7; Ellingworth, *Hebrews*, 290.

237 문맥에서 알 수 있는 것처럼, 죽음에서 건져 주시라는 것이 이 기도의 내용이다. 따라서 아트리지는 예수께서 다른 사람들을 위해 기도했다거나, 자신이 당하는 시험을 끝까지 견디기를 위해 기도했다거나, 마귀에 대한 승리를 위해 기도했다는 개념을 바르게 거부한다 (*Hebrews*, 150).

238 참조. Koester, *Hebrews*, 288-89; Lane, *Hebrews 1-8*, 120; Hughes, *Hebrews*, 184.

의 아들이기 때문이다. 예수의 아들됨은 하나님과 같은 고유한 관계와 왕의 권위를 나타낸다. 하지만 하나님과의 이런 특별한 관계에도 불구하고, 그분은 자신의 고난을 통해 순종을 배웠다. "배웠다"ἔμαθεν는 말은 과정을 암시한다. 예수께서 그 전에는 불순종했기 때문에 순종을 배워야 하기라도 한 것처럼 예수의 불순종에 대한 암시는 전혀 찾아볼 수 없다.참조. 4:15, 7:26 쾨스터가 말하는 것과 같다. "그분이 '자비롭고 신실한 대제사장이 되었다'고 하는 것이 그 전에는 무정하거나 신실하지 못했단 말이 아닌 것처럼, 예수께서 '순종을 배웠다'는 말 역시 그 전까지는 순종하지 않았다는 의미가 아니다."[239] 그러나 이 절은 예수의 인성을 강조한다.참조. §2.2 날마다 생명을 경험했던 것처럼, 인간 경험이라고 하는 모루에서라야 비로소 어떻게 순종할지를 배웠다. 특별히 그분은 자신의 고난을 통해서 순종을 배웠다. 고난이 닥치면, 인간들은 그것을 면하고 기쁨과 활력을 얻을 수 있는 다른 길을 찾는 것이라면 무엇이든 하려고 한다. 그러나 예수는 고난의 한가운데서 어떻게 하나님을 신뢰하고 그분의 뜻을 행할지를 배웠다. 예수의 제일 되는 목적은 자신의 기쁨과 위로가 아니라 하나님의 뜻이었다.

5:9 예수는 고난당하심으로 완전하게 되셨고, 그로 말미암아 그분께 순종하는 자들을 위한 구원의 원천이 되셨다.참조. §2.5 [240] "온전하게 되셨은즉"τελειωθείς이라는 말은 8절에 나오는 예수의 순종과 긴밀하게 연결된다. 자신의 고난과 순종을 통해 그분이 완전하게 되셨기 때문이

239 Koester, *Hebrews*, 295. 다른 곳에서 그는 이렇게 말한다. "예수께서 결코 하나님께 불순종적이지 않았음에도 불구하고, 그분은 하나님의 뜻이 도전받고 순종이 요구되는 상황에 처해서야 비로소 자신의 순종을 나타낼 수 있었다"(299).

240 "'온전하게 되셨다'는 말은 9절에 나오는 '영원한 구원의 근원'이 되시는 이유인 7-8절이 말하는 아들의 순종의 결과를 묘사한다"(Cockerill, *Hebrews*, 248).

다. "완전하게 되다"라는 말은 예수께서 "고난을 통해 온전하게 되셨다τελειῶσαι"고 하는 2:10에서도 사용된다. 예수께서 죽음을 통해 자신을 드리신 것을 말한 후에 7:28은 예수를 "영원히 온전하게 되신τετελειωμένον" 아들로 선언한다. 반대로, "율법은 아무것도 온전하게ἐτελείωσεν 못한다."7:19 옛 언약에 속한 "예물과 제사"로는 "섬기는 자를 그 양심상 온전하게τελειῶσαι 할 수 없다."9:9; 참조. 10:1 히브리서에서 예수의 완전함은 예수의 고난과 죽음과 순종과 승귀와 밀접하게 연결되어 있다.

예수는 자신의 고난을 통해 순종을 배우심으로 자신의 경험에서 완전하게 되셨다. 날마다 일상에서 경험하는 구체적인 실체와 고통 속에서 하나님께 순종하기까지 예수의 완전하심은 추상적인 것이었다. 자신이 당한 고난과 죽음을 통해 제사장으로 섬길 준비와 자격을 갖추게 되었다.[241] 예수는 어린이로서, 십대로서, 성인으로서 하나님을 기쁘시게 하는 것이 무엇인지 배우셨다. 히브리서는 이레니우스에게서 발견되는 총괄갱신 신학recapitulation theology을 가르치지 않는다. 하지만 이레니우스의 개념은 근본적으로 옳다. 예수의 완전하게 되심과 순종은 예수의 생애 각각의 단계에서 일상의 삶을 통해 실현되어야 했다. 어린 소년이나 십대 때에는 제사장으로 섬길 준비가 되어 있지 않았다. 예수의 완전하게 되심에는 물론 종말론적 측면 역시 있다고 보는 것이 맞다. 그분은 자신의 고난을 통해서 인간들을 향해 하나님께서 뜻하신 것을 성취하셨고, 지금은 하나님의 왕이신 제사장으로 관을 쓰셨다. 시험과 순종을 통해 하나님께서 인간을 지으실 때 뜻하신 것을 실현하셨다. 예수의 고난은 단순히 도덕적인 것이 아니었다. 이는 또한 대제사장으로서의 그분의 역할에 꼭 부합하는 소명이기도 하다.[242]

241 Lane, *Hebrews 1-8*, 122; O'Brien, *Hebrews*, 202.

예수의 고난에는 구원하고 대표하는 성격이 있다. "그분께 순종하는"ὑπακούουσιν αὐτῷ 자들은 구원을 경험할 것이다. 히브리서에 따르면 순종과 상관없는 구원이란 없다. 광야 세대는 하나같이 광야에서 엎드려졌다. 그들의 불순종ἀπειθήσασιν 때문이었다. 그들은 "순종하지 아니함으로"ἀπείθειαν, 4:6; 참조. 4:11 가나안으로 들어가지 못했다. 3:12-4:11에서 우리는 믿음과 순종이 서로 구분될 수는 있어도 분리될 수 없다는 것을 보았다. 이스라엘이 안식으로 들어가지 못한 것은 그들의 불순종 때문이라고 기자가 자주 강조하기 때문이다.3:12, 19, 4:2-3 믿음과 순종의 관계는 11:8에 잘 드러난다. "믿음으로 아브라함은 부르심을 받았을 때에 순종하여 장래의 유업으로 받을 땅에 나아갈새 갈 바를 알지 못하고 나아갔으며." 아브라함이 하나님을 신뢰했기 때문에 그는 하나님께 순종했다.

예수께 순종하는 자들만이 영원한 구원을 경험할 것이다. 이들은 종말론적 구원을 경험하게 될 것이다. 예수야말로 바로 그런 구원의 "근원"αἴτιος이기 때문이다. 예수는 고난받고 완전하게 된 분으로서 자기를 따르는 자들에게 구원을 허락하신다.참조. §9 "근원"이라는 말은 히브리서 다른 곳에서 사용되는 "원천"ἀρχηγός, 2:10, 12:2을 뜻하는 다른 말과 비슷하다.[243] 예수는 다윗 계열의 왕과 대제사장으로서 자기에게 속한 자기 형제자매들에게 구원을 주신다.2:5-18 그들의 형제와 왕과 제사장이기 때문에, 그분의 순종이 그들의 순종이 되고, 그분의 완전이 그들에게 수여된다. 그렇기 때문에 예수께 속한 자들은 단순히 이 땅의 위험으로부터 구원받은 것이 아니다. 종말론적으로 악한 자들이 맞닥뜨릴 심판으로부터 구원을 받았다.

242 참조. Attridge, *Hebrews*, 153.

243 Attridge, *Hebrews*, 154

5:10 예수는 영원한 구원의 근원이셨다.[9절] 그분이 순종으로 말미암아 온전해지셨고,[8-9절] 멜기세덱의 반차를 따르는 제사장으로 세워졌기 때문이다.[10절] 여기서 기자는 6절에서 자신이 소개한 것을 다시 언급하며 예수를 멜기세덱의 반차를 따르는 제사장으로 규정한다. 이 문단의 주제에 걸맞게, 하나님께서는 예수를 멜기세덱의 반차를 따르는 제사장으로 이름하고, 또 그렇게 선언하셨다. 예수는 자의로 이 직분을 취한 것이 아니다. 하나님께서 그분에게 주신 것이다. 예수께 주어진 책임과 부르심이었다. 독자들의 구원은 예수의 제사장직을 토대로 한다. 기자는 멜기세덱의 반차를 따른 예수의 제사장직이 어떻게 그들의 구원을 이루는지 7:1-10:18에서 자세히 설명한다. 실제로 5:11에서 그는 예수의 제사장직이 갖는 본질을 설명하고자 하지만, 독자들의 영적 상태를 감안해 독자들을 경고하는 것으로 그친다. 독자들의 영적 상태로 인해 그들의 삶을 위한 예수의 제사장직의 중요성을 자세히 풀어 설명하기가 어려웠기 때문이다.

성경신학적 적용

이 절들을 통해 기자는 옛 언약 아래에서의 제사장직과 새 언약 아래에서의 제사장직을 대비한다. 우리와 독자들은 새로운 제사장직인 예수 그리스도의 멜기세덱의 반차를 따른 제사장직 아래에서 살아간다. 또한 이 새로운 제사장직은 옛 제사장직보다 훨씬 탁월하다. 그분이 행사하시는 하나님 우편에서의 통치와 영원한 제사장으로서 섬김을 힘입어 우리에게 영원한 구원을 주시기 때문이다. 하나님은 예수를 멜기세덱의 반차를 따르는 제사장으로 세우셨고, 이런 세우심은 매우 합당하다. 고난과 비통함 속에서도 예수께서 하나님께 순종하셨기 때문이다. 그분 역시 인성을 괴롭히는 비참함으로부터 자유롭지 못했다. 예수께서 당한 고난은 그분의 죽음에까지 이르는 것이었다. 우리에게 있는 대제사장은 우리와 자신을 동일시하는 분이다. 하지만 더욱 중요하게, 우리가 가진 대제사장은 우리를 능히 구원하고 건지시는 분이다.

5:11-14

I. 프롤로그: 아들을 통해 이루어진 결정적이고 최종적인 계시 1:1-4

II. 천사들보다 위대하신 아들을 저버리지 말라 1:5-2:18

III. 아들을 모세와 여호수아보다 더 위대한 대제사장으로 가진 너희는 마음을 완고하게 하지 말라 3:1-4:13

IV. 레위기의 율법이 정하는 대제사장직보다 더 위대한 멜기세덱의 반차를 따른 예수의 대제사장직으로부터 흘러 떠내려가지 않도록 하라 4:14-10:18

1 | 대제사장으로 계시는 예수를 힘입어 하는 권면 4:14-5:10

2 | 경고와 확증 5:11-6:20

1) 대제사장이신 예수를 저버리고 타락에 이르는 것을 경고함 5:11-6:8

① 독자들의 더디고 둔한 마음에 멜기세덱의 반차를 따른 대제사장직을 설명하기 어려움 5:11-14

② 자라 갈 것을 촉구함 6:1-3

③ 타락한 자들은 다시 새롭게 회개에 이르지 못함 6:4-8

2) 확신과 위로 6:9-20

11 멜기세덱에 관하여는 우리가 할 말이 많으나 너희가 듣는 것이 둔하므로 설명하기
어려우니라. 12 때가 오래 되었으므로 너희가 마땅히 선생이 되었을 터인데 너희가 다
시 하나님의 말씀의 초보에 대하여 누구에게서 가르침을 받아야 할 처지이니 단단한
음식은 못 먹고 젖이나 먹어야 할 자가 되었도다. 13 이는 젖을 먹는 자마다 어린 아이
니 의의 말씀을 경험하지 못한 자요 14 단단한 음식은 장성한 자의 것이니 그들은 지각
을 사용함으로 연단을 받아 선악을 분별하는 자들이니라.

문맥

기자는 예수의 제사장직이 갖는 탁월성을 설명하기 시작한다. 예수의 제사장직은 월등히 탁월한 제사장직이다. 하나님이 아론의 반차가 아닌 멜기세덱의 반차를 따라 예수를 제사장으로 임명했기 때문이다. 예수는 대제사장으로서 자기 백성을 위한 영원한 구원을 성취했다. 그러나 기자는 여기서 이어 가던 주장을 멈추고 독자들을 경고하고 확신시킨다.[5:11-6:20] "기자는 시편 110:4[6:20]을 해석하고 아들이 가진 대제사장으로서의 사역의 성격을 설명하기에 앞서 5:11-6:12의 격려를 통해 독자들이 이 주제에 대한 자신의 가르침을 절실하게 받아들이도록 그들을 일깨우고 격려한다."[244] 실제로 기자는 7장에 이르러서야 멜기세덱의 반차를 따른 제사장직의 주제를 다시 언급한다. 여기서 독자들은 가장 엄중한 언어로 믿음에서 떨어져 나가는 위험을 경고받고 있다.[5:11-6:8] 커크릴은 이 주장을 다음과 같이 몇 개의 단락으로 바르게 구분하고 있다. 기자가 독자들을 책망하고,[5:11-6:3] 경고하고,[6:4-8] 격려하고,[6:9-12] 확신을 갖도록 한다.[6:13-20] [245] 히브리서 6:9-12은 과도기적인 단락이다. 독자들을 격려하는 것은 물론, 동시에 끝까지 견딜 것을 촉구한다. 이 단락은 예수께로 피하는 자들을 위해 주신 하나님의 약속에 대한 확신으로 끝을 맺는다.[6:13-20]

5:11-14에서 기자는 자신이 예수의 제사장직에 대해 더 말하고 싶어도 독자들의 영적인 우둔함 때문에 그렇게 하지 못한다고 말한다. 부연하자면, 5:11과 6:12에 등장하는 "우둔하다"[νωθροί, NET]는 말이 이 단락을 구성한다. 다시 말해 지금 독자들이 "우둔"하기[5:11] 때문에, "우둔"

244 Cockerill, *Hebrews*, 220.

245 같은 책, 252.

하지 않도록6:12 기자가 지금 편지를 쓰고 있는 것이다. 이 서신의 수신자들은 다 선생이 되어야 마땅함에도, 말씀의 초보적인 것에 대해 다시 배워야 할 판이다. 젖밖에 소화할 수 없는 젖먹이와 같아서 단단한 음식을 줄 수가 없다. 성숙한 자들은 단단한 음식을 소화할 수 있다. 성숙함이란 선악 간을 분별할 수 있는 자들에게 있는 것이다.

주석

5:11 여기서 기자는 예수께 있는 멜기세덱의 반차를 따른 제사장직의 의미를 더 자세히 설명하고 싶어 하지만, 그들이 더 이상 이해하려고 하지 않기 때문에 명확하게 설명하기가 어렵다.NIV [246] 실제로 기자는 7장에서 예수께서 가지신 멜기세덱의 반차를 따른 제사장직에 대한 설명을 이어 갈 것이지만, 그 전에 잠시 멈추어 자신이 직면한 어려움을 토로한다. 문제는 독자들의 이해력이 부족해서도 아니고, 심지어 독자들이 이해하지 못할 만큼 지적으로 어려운 내용이어서도 아닌, 독자들이 가진 영적인 성향, 더 정확히 말해 그들이 가진 영적 권태다. 그들은 말씀을 들음에 있어서 "둔하고",νωθροί, NET 혹은 "무디고"ESV 혹은 "게으르고",HCSB 무기력lethargic하다. 앞에서 말한 것처럼, 6:12에서 이 단락을 맺는 데 사용된 "둔하다"νωθροί는 말이 이 단락을 틀지운다. 기자는 과장되게 수사적으로 말한다. 독자들이 점점 무기력해져 갔기 때문에 그렇게 되지 않도록 독자들에게 경고한다.6:12 [247] 자신들이 들은 진리를 알고자

246 "이것"οὗ의 선행사는 앞선 절들에서 언급된 그리스도께서 가지신 멜기세덱의 반차를 따른 제사장직이지, 멜기세덱이나 그리스도나 대제사장과 같이 특정한 단어가 아니다(참조. Attridge, *Hebrews*, 156). 존슨은 그리스도를 가리키는 것으로 본다(*Hebrews*, 154).

247 Attridge, *Hebrews*, 157-58. 참조. 레인은 이 말을 비꼬는 투라고 본다(*Hebrews 1-8*, 135-39). 과장법적 수사로 보는 것이 더 나은 것 같다. 또 다른 이해는 엘링워스를 참조하라. *Hebrews*, 298.

하지 않으면 그것을 이해하지 못할 것이다. 따라서 독자들이 맞닥뜨린 문제의 근본은 지성적인 것이라기보다는 도덕적인 것이다.

5:12 이미 독자들은 선생이 되었어야 했다. 하지만 오히려 하나님의 계시의 가장 기본적이고 초보적인 진리부터 다시 배워야 할 판이다. 젖밖에 소화를 못 시키기 때문에 언감생심 단단한 음식을 먹는 것은 생각할 수도 없다.

다른 사람들을 하나님의 말씀의 진리로 가르칠 수 있을 만큼 그동안 충분히 자랐어야 했다. 하나님의 말씀이란 "아마도 예수의 죽음과 승천의 빛으로 해석된 성경을 가리킬 것이다."[248] 기자가 그들이 "선생"이 되었어야 한다고 할 때, 이 말은 마치 그들 모두가 공적으로 회중을 가르칠 수 있는 교사가 되었어야 하는 것처럼 기술적인 의미의 "선생"을 뜻하는 것은 아니다. 모든 각각의 지체가 그들에게 주어진 하나님의 말씀의 근본적이고 초보적인 요소들을 다른 사람들에게 설명할 수 있어야 한다는 말이다.[249] 문맥을 통해 볼 때, 독자들이 알고 다른 사람에게 전할 수 있어야 할 하나님의 계시의 근본적인 진리들을 가리키는 것이 분명하다.

하지만 다른 사람들에게 기독교 신앙의 근본적인 진리들을 가르칠 수 있기는커녕, 지금 독자들은 그들이 처음에 배웠던 것들을 다시 배워야 할 지경이 되었다. "하나님의 말씀의 초보적인 원리들"을 다시 배워야 했던 것이다.NIV, τὰ στοιχεῖα τῆς ἀρχῆς τῶν λογίων τοῦ θεου "원리들"στοιχεῖα이라는 말은 어떤 것을 구성하는 요소들을 가리킨다. 예를 들어 헬라 철학에서 이 말은 때로 세상이 만들어진 "원소들"을 논할 때 사용된다. 땅,

248 O'Brien, *Hebrews*, 207.

249 참조. Attridge, *Hebrews*, 158; L. Johnson, *Hebrews*, 155; Hughes, *Hebrews*, 190.

공기, 불, 물.[250] 이 말은 또한 삶의 근본적이고 기초적인 원리들 혹은 규칙들을 가리키기도 한다.Plato, *Leg.* 7.790C; Xenophon, *Mem.* 2.1.1; Plutarch, *Lib. Ed.* 16.2 [251] 본문은 이 말을 후자의 의미로 사용하고 있고, 문맥상으로 볼 때 초보적인 원리란 하나님의 "계시"τῶν λογίων, ESV에서 발견되는 것들을 뜻하는 것이 분명하다. 그들이 다시 배워야 하는 원리들은 "초보적"τῆς ἀρχῆς인 혹은 "본질적인"elementary, NIV 것들이다. 그리스도인으로서 우리는 우리 믿음의 기초들을 돌아볼 필요가 있다. 하지만 본문의 경우 독자들이 이미 선생이 되었어야 함에도 불구하고 다시 믿음의 초보를 배워야 하는 상태로 있음을 책망하고 있다. 그들은 성경이 가르치는 기독교 믿음의 초보적인 가르침을 처음부터 다시 배워야 할 지경이었다.

기자는 자신이 말하는 요지를 전달하기 위해 젖과 단단한 음식을 예로 들어 설명한다. 유아는 젖밖에 소화를 못하기 때문에 단단한 음식은 엄두도 못 낸다. 젖만 먹을 수 있고 단단한 음식은 감당할 수 없다는 점에서 독자들은 영적인 유아나 마찬가지다. 기자는 무엇을 염두에 두고 영적인 젖이라고 했을까? 여기서 그가 생각하는 초보적인 가르침이 무엇인지 우리가 확인할 수 있는가? 6:1-2의 목록이 독자들이 마땅히 이미 알고 있어야 했을 초보적인 가르침이라고 하는 것이 지금으로서는 가장 만족스러운 대답이다.

5:13 13-14절에서는 젖을 먹고 사는 자들과 단단한 음식을 먹고 사는

250 Plato, *Timaeus* 48B; Diogenes Laertius 7.134-135; 4 Macc 12:13; Philo, *Dec.* 31; *Op. Mund.* 146; 2 Pet 3:10, 12. 참조. Dietrich Rusam, "Neue Belege zu dem τὰ στοιχεῖα τοῦ κόσμου(Gal 4,3.9; Kol 2,8.20)", *ZNW* 83(1992): 119-25; Josef Blinzer, "Lexikalisches zu dem Terminus τὰ στοιχεῖα τοῦ κόσμου bei Paulus", in *Studiorum Paulinorum Congressus Internationalis Catholicus*, 2 vols., AnBib 17-18(Rome: Pontifical Biblical Institute, 1961), 2:429-43.

251 Blinzer, "τὰ στοιχεῖα τοῦ κόσμου", 430-31.

자들을 대조한다. 젖만 먹고 사는 자들은 의에 대한 메시지를 제대로 알지 못한 채 살아간다.[252] 그들은 계속해서 영적인 유아로 머물러 있다. 젖만 먹고 사는 자들은 영적으로 성숙하지 못하고 "의에 대한 가르침을 잘 알지 못한다"NIV [253] 하나님의 기준이 무엇인지 전혀 모르기라도 하는 것처럼, 독자들이 의롭게 살아간다는 것이 무엇인지 전혀 가르침을 받아본 적이 없다는 말이 아니다. 자신들이 이미 배운 것을 독자들이 실천하며 살지 않는다는 사실을 기자는 말하고 싶은 것이다. 지금까지 예수 그리스도를 믿는 신자들이 살아야 마땅한 의로운 삶을 살지 않았다는 것이다. 계속 자라서 이미 유아의 상태를 넘어섰어야 함에도 불구하고, 그들은 여전히 영적인 유아처럼 살아간다.

본문을 오해하기 십상이다. 기자는 신자가 계속해서 머물러 있을 수 있는 영적인 유아기라는 것이 있다고 믿지 않는다. 이 전체 서신의 목적은 떨어져 나가는 것을 신자들에게 경고하는 것이다. 실제로 이 본문은 전체 신약성경에서 가장 강한 경고를 발하는 대목으로 바로 이어진다. 기자는 지금 독자들이 영적인 유아로 머물러 있다가 배도로 떨어져 나갈 위험을 우려하고 있다. 몇 년이고 계속해서 영적인 젖만 먹어도 어쨌든 영원한 생명을 얻을 수 있기라도 한 것처럼, 그런 가능성을 염두에 두고 이야기하는 것이 아니다. 오히려 그런 영적인 유아기를 박차

252 젖이 기독교 신앙의 일반적인 메시지를 가리킨다는 견해에 대해서는 피터슨을 참조하라. *Hebrews and Perfection*, 181-82. 엘링워스는 기자가 지금 기독교 세계관을 통해 제공된 기독교 윤리를 가리켜 말하는 것이라고 주장한다(*Hebrews*, 307).

253 웨스트콧(Westcott, *Hebrews*, 138)과 휴즈(Hughes, *Hebrews*, 191)의 주장과 달리, 여기에는 그리스도가 우리의 의로움이라는 언급이 없다(참조. O'Brien, *Hebrews*, 208-9; Cockerill, *Hebrews*, 259n23). 커크릴은 말한다. "이것은 독자들이 11장에 나오는 의인들의 자취를 따라(10:38, 11:4, 7) 신실하게 끝까지 견딜 수 있도록 하는 방편으로서의 그리스도의 대제사장직의 계시를 가리키는 말이다"(258).

고 일어나야 한다고 긴박하게 촉구한다. 하나님께로 계속해서 가까이 가든지 하나님으로부터 떨어져 나가든지 둘 중 하나이기 때문이다. 그들이 보이는 영적인 나태함이 기자에게는 큰 우려를 자아내는 문제다.

5:14 젖이 유아들을 위한 것이라면, 단단한 음식은 성숙한 자들을 위한 것이다. 젖은 6:1-2에 언급된 목록들을 가리키고, 단단한 음식은 그리스도가 가지신 멜기세덱의 반차를 따른 제사장직에 대한 가르침과 관계가 있다.[254] 성숙한 자들은 자신의 지적 능력을 훈련시켜 선과 악을 분별할 줄 아는 자들이다. 단단한 음식을 먹는 자들이란 영적으로 성숙한 자들을 가리킨다. 이들은 초보적이고 기초적인 가르침을 다시 배우지 않아도 된다. 뿐만 아니라 이들은 영적인 진리를 다른 사람들에게도 가르칠 수 있는 자들이다. "독자들이 '젖이 필요한' 자들이 되었다는 기자의 말과 그들에게 '단단한 음식'을 먹이는 것 사이에는 아무런 모순되는 것이 없다. 유아들이 성인 음식을 먹기 시작하면 젖을 떼는 것이 인지상정이다."[255]

"그들의 장성함 때문에"διὰ τὴν ἕξιν라는 번역은 여기서 사용된 어구가 뜻하는 것을 담아낸다. "장성함"ἕξις이라는 말은 "습관" 혹은 "관습" 등으로 종종 번역된다.[256] "끊임없는 실천으로"라고 하는 ESV, "실천을 통해"라고 하는 NET, "계속해서 사용함으로"라고 하는 NIV가 이런 해석을 따른다. 그러나 이 말은 때로 사람이 훈련을 통해 이른 장성하고 성숙한 상태를 가리킨다.예. 삿 14:9, 삼상 16:7, 시락 30:14, 단 1:15 [257] HCSB는 이런 번역을 따른다. 이 말을 번역해 보면 정기적인 사용이나 습관에 대

254 Ellingworth, *Hebrews*, 304; Cockerill, *Hebrews*, 259.

255 Cockerill, *Hebrews*, 260.

256 참조. Thayer; LN 42.10.

257 Ellingworth, *Hebrews*, 309; O'Brien, *Hebrews*, 210.

한 개념이 없기 때문이다.

기자의 목적은 성숙한 자들에게 있는 선과 악을 분별하는 능력을 강조하는 것이다. 성숙하고 선과 악을 분별할 줄 아는 자들이라면, 레위기의 의식으로 다시 돌이키는 것은 의로운 길이 아니라는 것을 안다. 언뜻 보면 도움이 되는 것 같으나, 그런 움직임은 사실 해로운 것이다. 여기서 등장하는 개념은 잠언에서도 볼 수 있다. 지혜를 구하는 자들은 여호와 경외하는 것을 안다.[잠 2:1-5] 그들은 "공의와 정의와 정직을 깨달을 것"이다.[잠 2:9] 이런 자들은 의로운 것이 무엇인지 분별할 줄 안다. "지혜가 네 마음에 들어가며 지식이 네 영혼을 즐겁게 할 것"이기 때문이다.[잠 2:10] 다시 말해 지혜는 이런 자들의 인격의 일부분이 될 것이다. 그들 안에 거하고 머물러서 선과 악을 분별하도록 할 것이다. 마찬가지로, 영적으로 장성한, 단단한 음식을 먹는 자들은 악이 아닌 선을 택할 것이다. 지혜가 지혜를 추구하는 자들에게 기쁨을 가져다주는 것처럼, 이들은 자신들이 "즐거워하고" 열망하는 것들로 인해 선한 것으로 이끌릴 것이다.

성경신학적 적용

기자는 영적인 장성함은 기본적으로 지적인 능력에 따라 달라지는 것이 아니라고 가르친다. 신학적인 깊이나 신학적 지식을 깨닫는 능력과 상관되는 것도 아니다. 독자들은 자신들이 배운 것을 실천하지 않음으로 영적인 젖먹이로 남아 있었다. 영적인 장성함을 위해 계속 자라지 않았기 때문에 그들은 믿음의 도의 초보를 다시 배워야 할 지경이었다. 수년이 지나도 계속해서 "영적인 젖먹이"로 남아 있는 자들의 구원을 확신할 수 있다는 개념은 여기서 찾아볼 수 없다. 독자들은 영적인 어린아이로 있는 그들의 상태 때문에 지금 배도로 미끄러지고 있다. 영적으로 유아와 같은 상태가 그대로 지속되는 경우는 없다. 자라 가든지 아니면 퇴보하여 영원히 멸망하든지 둘 중 하나다. 그렇기 때문에 이어지는 경고가 긴급하다. 생명과 죽음이 여기에 달렸기 때문이다.

6:1-3

I. 프롤로그: 아들을 통해 이루어진 결정적이고 최종적인 계시1:1-4

II. 천사들보다 위대하신 아들을 저버리지 말라1:5-2:18

III. 아들을 모세와 여호수아보다 더 위대한 대제사장으로 가진 너희는 마음을 완고하게 하지 말라3:1-4:13

IV. 레위기의 율법이 정하는 대제사장직보다 더 위대한 멜기세덱의 반차를 따른 예수의 대제사장직으로부터 흘러 떠내려가지 않도록 하라4:14-10:18

1 | 대제사장으로 계시는 예수를 힘입어 하는 권면4:14-5:10

2 | 경고와 확증5:11-6:20

1) 대제사장이신 예수를 저버리고 타락에 이르는 것을 경고함5:11-6:8

① 독자들의 더디고 둔한 마음에 멜기세덱의 반차를 따른 대제사장직을 설명하기 어려움5:11-14

② 자라 갈 것을 촉구함6:1-3

③ 타락한 자들은 다시 새롭게 회개에 이르지 못함6:4-8

2) 확신과 위로6:9-20

[1]그러므로 우리가 그리스도의 도의 초보를 버리고 죽은 행실을 회개함과 하나님께 대한 신앙과 [2]세례들과 안수와 죽은 자의 부활과 영원한 심판에 관한 교훈의 터를 다시 닦지 말고 완전한 데로 나아갈지니라. [3]하나님께서 허락하시면 우리가 이것을 하리라.

문맥

독자들을 향한 기자의 책망이 이어지는 이 구절들 역시 개념상으로는 앞 문단의 일부를 이룬다. 독자들은 영적인 유아의 상태로 남아 있어서는 안 된다. 계속해서 장성함을 이루어 가야 하고, 예수께서 가지신 멜기세덱의 반차를 따르는 제사장직의 중요성을 이해하고 그것을 자신들의 삶에 적용해야 한다. 장성함으로 나아가는 것을 두드러지게 경건한 엘리트 그리스도인들만이 추구해야 할 것으로 이해해서는 안 된다. 신자라면 누구나 장성함을 이루어 가야 한다. 그래야 배도를 피할 수 있다. 1-2절에서 기자는 자신이 염두에 두고 있는 근본적인 가르침을 말한다. 독자들은 그것들을 넘어서서 계속 자라 가야 한다. 첫 번째 언급된 짝은 그리스도인의 삶의 시작과 관련이 있다. 죽은 행실과 하나님을 믿는 믿음에 대한 가르침. 마지막에 언급된 짝은 마지막 날을 가리킨다. 최후의 심판과 부활에 대한 가르침. 특별히 중간에 언급된 짝이 난해하다. 중간에 짝을 이루는 두 가르침은 아마도 세례와 손을 얹는 것(이를 통해 때로 성령이 주어지기도 했다)에 대한 가르침은 물론 그리스도인의 삶의 시작과 관계가 있을 것이다. 어쨌든 기자는 하나님이 허락하시면 독자들은 자랄 수밖에 없다는 것을 분명히 보여준다. 영적으로 자라 가는 것은 인간의 책임이다. 하지만 궁극적으로 이런 자람은 하나님 자신으로부터 온다.

주석

6:1 독자들은 계속해서 장성함에 이르도록 자라 가야 한다. 회심할 때 필요한 회개와 하나님을 믿는 믿음과 같은 믿음의 초보적인 요소들에 함몰되어서는 안 된다. "그러므로"[διό]라는 말은 본문을 앞 문단과 이어준다. 5:11-14에서 기자는 서신을 받아보는 수신자들이 처한 영적인 미성숙함과 유아적인 상태에 대해 슬퍼한다. 여기서 그는 앞의 논의로부터 결론을 이끌어 내고 그들에게 계속해서 장성함을 향해 자라 갈 것을 촉구한다. 장성함[τελειότητα]을 위해 계속해서 자라 가라는 요청은 독자들이 고백한 믿음의 도를 단단히 붙들라는 말과 다름 아니다.[4:16] 독자

들은 지금 그들이 처한 영적인 젖먹이의 상태로 남아 있어서는 안 된다. 장성함으로 계속 자라 가든지 배도로 떨어지든지 둘 중 하나다.6:4-8 장성함을 향해 자라 간다는 것은 "그리스도의 도의 초보"NIV, τὸν τῆς ἀρχῆς τοῦ Χριστοῦ λόγον를 뒤로하고 계속 자라 가는 것을 말한다. 이 어구는 5:12의 "하나님의 말씀의 초보"ESV, τὰ στοιχεῖα τῆς ἀρχῆς τῶν λογίων τοῦ θεου와 같은 말이다. 이런 사실은 여기서 말하는 초보적인 원리들이 구약성경에 대한 기독교적인 이해와 관련된다는 개념을 확증해 준다.

"남기다"leaving, "버리다", 개역개정라는 말은 그리스도에 대한 초보적인 가르침을 버린다는 의미가 아니다.[258] 문맥을 보면 이 말을 통해 기자가 의도한 것을 이해할 수 있다. 독자들은 초보적인 가르침을 계속해서 되뇌는 것을 넘어서야 한다.참조. 5:11-14 초보적인 가르침을 저버려서는 안 된다. 그것은 믿음의 토대를 이루는 근본적인 것이기 때문이다. 하지만 다른 한편으로 이런 가르침은 계속해서 자라 가기 위한 기초와 디딤돌로서 기능해야 한다.

기자는 초보적인 가르침을 세 쌍으로 분류한다. 이것의 의미에 대한 여러 가지 해석이 시도되었다.[259] 그리스도에 대한 언급이 전혀 포함되지 않았고 언급된 모든 문제가 구약성경에서 발견되기 때문에, 여기서 가르침이란 기독교의 가르침이 아니라 근본적으로 유대교에 대한 것이라고 제안하기까지 한다.[260] 물론 이런 이해가 불가능한 것은 아니다. 하

258 그리스도에 대한 가르침은 복음서나 전해져 내려온 그리스도에 대한 구전에서 발견되는 그리스도의 가르침을 말하는 것이 아니다. 기자는 기초적인 기독교 신앙의 가르침을 말하고 있다(Cockerill, *Hebrews*, 261).

259 본서가 차용한 구조에 대해서는 상기서를 참조하라(263-64). 보다 간략한 개요를 위해서는 엘링워스를 참조하라. *Hebrews*, 310.

260 해그너는 독자들이 자신들의 유대교적 뿌리로부터 소원해지지 않기 위해 그들이 유대교와 공통으로 가지고 있는 요소들을 중요하게 생각했을 것이라고 제안한다(*Hebrews*, 67).

지만 의구심이 들 수밖에 없는 것이, 독자들은 그리스도를 구약성경의 성취로 보고 구약의 제의로 돌이키지 말아야 하기 때문이다. 실제로, 기자는 초보적인 가르침을 구체적으로 예수 그리스도에 대한 초보적인 가르침이라고 말한다. 그렇다면 여기서 언급된 목록은 예수 그리스도를 통해 중개된 계시와 관련이 있다.

첫 번째 짝은 "죽은 행실로부터 돌이키는 회개와 하나님을 향한 믿음의 토대를 다시 닦지 않는 것"이다. 앞에서 언급한 것처럼, 기자는 믿음과 회개의 중요성을 축소하지 않는다. 기자는 이런 믿음의 초보를 제대로 이해하는 어떤 조짐도 없이, 동일한 초보적인 가르침으로 다시 돌아가고 그것들을 밑도 끝도 없이 계속해서 되풀이하는 것에 반대한다. 첫 번째 짝은 회개와 믿음으로 이루어지는 그리스도인의 삶의 시작과 관련이 있다. "죽은 행실을 회개함"μετανοίας ἀπὸ νεκρῶν ἔργων이라는 구절의 의미를 NIV가 잘 담아내고 있다. "사망에 이르는 행위들에서 돌이킴."[261] 사망에 이르게 하는 행실들은 물리적으로나 영적으로 죽은 행실들이다(곧 하나님으로부터 분리시키는 행실들; 참조. §2.4).[262] 사람이 신자가 될 때에는 이 같은 악한 행실로부터 돌이키고 자신을 하나님께로 드린다. 회개와 믿음은 동전의 양면이다. 구분할 수는 있지만 분리될 수는 없다. 진노의 날에 하나님께서 건지실 것을 믿고 하나님을 의지하는 자들은 구원을 받는다. 여기서 우리는 신약성경의 중심 메시지를 본다. 사도행전의 전도 설교들을 보면 비신자들에게 회개와 믿음을 촉구한다.예. 행 2:38, 3:19, 5:31, 8:12, 10:43, 11:18, 21, 13:39, 15:7, 16:31, 17:30, 19:4, 20:21, 26:20; 참조. 막 1:14-15 바울 서신들에서도 회개참조. 롬 2:4, 살전 1:10, 딤후 2:25와 믿음참조. 롬 3:22, 28; 4:24; 9:33;

261 참조. Ellingworth, *Hebrews*, 314.

262 지금 기자는 유대교의 율법주의를 반박하는 것이 아니다(반대 참조. Hughes, *Hebrews*, 197).

10:9, 고전 15:2, 갈 2:16, 빌 3:9의 중심성이 두드러진다. 지금 히브리서는 초기 그리스도인들 사이에서 공유되었던 근본적인 가르침을 반영하고 있다.

6:2 그리스도에 대한 초보적인 가르침의 마지막 두 짝, 곧 세례와 안수, 죽은 자의 부활과 영원한 심판에 관한 가르침이 여기서 언급된다. 이중 첫 번째 짝은 특별히 의미를 풀기가 어렵다. "의식적인 씻음들"βαπτισμῶν이라고 번역된 말은 구약성경이 말하는 정결례를 가리키는 것일 수도 있다. 유대교와 쿰란 공동체에서 이런 씻음들을 정기적으로 행했음을 우리는 또한 알고 있다. 마가복음 7:4은 바리새인들이 "잔과 주발과 놋그릇"을 씻었음을 언급한다. 이와 연관된 본문인 요한복음 3:25을 보면, 요한의 제자들이 한 유대인과 정결 예식에 대하여 논쟁을 벌이고 있다. 이 서신의 후반부에서는 구약의 의식들을 말하면서 기자는 "여러 가지 씻는 것"에 대한 요구를 언급한다.9:10 유대교 사회에서 정결함을 위해 씻는 일의 중요성은 아무리 강조해도 지나치지 않다. 여기서 말하는 씻음이 특별히 세례와 관련이 있을 가능성 역시 배제하지 못한다. 잘 알려진 바와 같이, 요한과 초기 그리스도인들은 자신의 제자들에게 세례를 베풀었다. 정확한 연대를 특정하지는 못하지만, 유대교에서는 입교자 세례proselyte baptism 역시 행해지게 되었다. "씻음들"이라고 복수형으로 사용된 것은, 아마도 독자들이 기독교 세례가 어떻게 유대교 사회에 통용되던 정결례와 구별되는지 배웠다는 것을 말하고 있는 것일 수도 있다.참조. 9:10 [263]

구약성경을 보면, 특정인을 위한 복을 빌기 위해,창 48:14 짐승을 속죄 제물로 드릴 때,출 29:10, 15, 19, 레 4:15; 8:14, 18, 22; 16:21, 민 8:12 특정인을 직분으로 세울 때,민 27:23, 신 34:9, 민 8:10 혹은 사형당할 죄인이 형에 처해지기 전에레

263 참조. Koester, *Hebrews*, 305; Hughes, *Hebrews*, 199-202; Lane, *Hebrews 1-8*, 140.

24:14 안수를 베풀었다. 신약성경에서는 복을 빌기 위해,마 19:13, 15, 막 10:16 치료를 위해,막 5:23; 6:5; 8:23, 25, 눅 4:40; 13:13, 행 9:12, 행 28:8 사람을 직분으로 세우기 위해,행 6:6; 13:3, 딤전 5:22 성령의 은사를 받기 위해딤전 4:14, 딤후 1:6 안수를 베풀었다. 물론 마지막 경우는 사람을 사역으로 세우는 경우에도 들어맞는다. 이처럼 안수하는 경우가 다양했기 때문에 히브리서 기자가 무엇을 염두에 두고 이 말을 했는지 결정하기가 쉽지 않다. 그럴 수도 있어 보이지만, 만약 씻는 것들이 세례를 언급한 것이라면, 안수하는 것은 아마도 성령을 받는다는 개념을 가리키는 것일 수 있다. 그렇게 되면 이 두 경우가 그리스도인의 삶이 시작될 때에 공히 일어나는 것을 가리키는 것이 되기 때문이다.[264] 만약 그것이 맞다면, 이 짝은 또한 회개와 믿음의 짝과 긴밀하게 관련된 것일 수 있다.

마지막 짝은 구원과 심판의 마지막 날을 대망하는 가운데 서로 긴밀하게 이어져 있는 것이 분명하다. "죽은 자의 부활"은 최후의 날에 일어날 육신의 부활을 가리킨다. 장차 일어날 육신의 부활은 기독교 복음 전파에 있어서 핵심적인 요소다.예. 행 4:2; 17:18; 23:6; 24:22, 롬 8:11, 고전 6:14; 15:12-19, 고후 4:14, 빌 3:11, 히 11:35 "영원한 심판"은 최후의 날에 이루어질 최후의 심판을 가리킨다. "영원한"이라는 말은 심판이 결정적이라는 것을 의미한다. 또 다른 기회는 없다히 9:27. 다시 말하지만, 최후의 심판은 기독교 가르침에 광범위하게 내포된 주제다.예. 행 24:25, 롬 2:2-3, 벧전 4:17, 벧후 2:3, 유 4, 계 20:11-15 이 두 가르침 모두 기독교 복음 선포에 있어서 핵심적인 요소이기 때문에, 기자가 지금 이런 문제들을 부차적인 것으로 다루고 있지 않다는 보다 분명한 증거가 된다. 오히려 지금쯤이면 독자들에게 더 이상 이런 가르침을 상세히 설명하고 변호할 필요가 없어야 한다. 그들이 가진 믿

264 참조. Koester, *Hebrews*, 305.

음의 견고한 토대의 일부가 되었어야 하는 것이 마땅한 가르침들이기 때문이다.

6:3 "하나님께서 허락하시면" 기자는 지금 이미 놓인 교훈의 터 위에 계속해서 집을 지어 갈 참이다. 휴즈가 말하는 것처럼, 우리가 지금 들은 이 말은 단순히 "경건을 가장한 입바른 말"이 아니다.[265] 한편으로, 지금 독자들이 처한 영적인 유아기와 미성숙에 대한 책임은 그들 자신에게 있다. 그들은 자신들이 배우는 것을 이해할 수 있어야 한다. 그들에게 있는 우둔함과 영적 나태함으로 인해 젖만 먹을 뿐이고, 계속해서 믿음의 초보적인 도를 들어야 한다. 동시에 기자는 오직 "하나님이 허락"하셔야 영적인 돌파구가 생길 것임을 인정한다. 영적인 장성함은 하나님이 주시는 것이요, 자기 백성의 삶에서 이루시는 하나님의 은혜로운 역사의 결과다. 이 두 가지가 서로 상보적이라는 사실을 볼 수 있어야 한다. 성경은 한결같이 인간은 자신의 행위에 책임이 있고 일어나는 모든 일의 주권은 하나님께 있다고 가르친다.예. 창 45:5, 7-8; 50:20, 사 10:5-34, 행 2:23; 4:27-28 여기서 기자는 영적인 진보는 하나님께서 허락하셔야만 한다는 사실을 인정한다. 언제고 신자가 갖게 되는 영적인 깨달음은 기적이다.

성경신학적 적용

그리스도인들은 믿음의 초보적인 가르침을 결코 떠나거나 저버리지 않는다. 히브리서가 말하는 것처럼, 이런 가르침들은 기초적이고 근본적이다. 다른 한편으로, 동일한 가르침을 계속해서 반복적으로 변호하고 설명해야 한다면 뭔가 심각하게 잘못된 것이다. 초보적인 가르침은 계속해서 자라 가고 깨닫기 위한 디딤돌이 되어야 한다. 우리는 자신의

265 Hughes, *Hebrews*, 206.

영적인 성장과 이해에 책임이 있다. 믿음과 성숙함에 진보를 나타내야 한다. 동시에 기자는 성장은 오직 "하나님이 허락"하셔야만 일어난다고 말한다. 마지막으로 그리고 궁극적으로, 우리의 운명을 우리 스스로가 제어할 수 없다. 영적인 성숙은 하나님의 선물이다. 그렇다고 이 진리가 인간의 책임과 우리가 하는 선택들의 실제성을 없이하는 것은 아니다. 오히려 하나님께서 모든 일을 다스리시고 거룩함이 자라 가는 것은 전적으로 하나님의 은혜의 결과라는 사실을 상기시켜 준다.

6:4-8

I. 프롤로그: 아들을 통해 이루어진 결정적이고 최종적인 계시[1:1-4]

II. 천사들보다 위대하신 아들을 저버리지 말라[1:5-2:18]

III. 아들을 모세와 여호수아보다 더 위대한 대제사장으로 가진 너희는 마음을 완고하게 하지 말라[3:1-4:13]

IV. 레위기의 율법이 정하는 대제사장직보다 더 위대한 멜기세덱의 반차를 따른 예수의 대제사장직으로부터 흘러 떠내려가지 않도록 하라[4:14-10:18]

1 | 대제사장으로 계시는 예수를 힘입어 하는 권면[4:14-5:10]

2 | 경고와 확증[5:11-6:20]

1) 대제사장이신 예수를 저버리고 타락에 이르는 것을 경고함[5:11-6:8]

① 독자들의 더디고 둔한 마음에 멜기세덱의 반차를 따른 대제사장직을 설명하기 어려움[5:11-14]

② 자라 갈 것을 촉구함[6:1-3]

③ 타락한 자들은 다시 새롭게 회개에 이르지 못함[6:4-8]

2) 확신과 위로[6:9-20]

4 한 번 빛을 받고 하늘의 은사를 맛보고 성령에 참여한 바 되고 5 하나님의 선한 말씀
과 내세의 능력을 맛보고도 6 타락한 자들은 다시 새롭게 하여 회개하게 할 수 없나니
이는 그들이 하나님의 아들을 다시 십자가에 못 박아 드러내 놓고 욕되게 함이라. 7 땅
이 그 위에 자주 내리는 비를 흡수하여 밭 가는 자들이 쓰기에 합당한 채소를 내면 하
나님께 복을 받고 8 만일 가시와 엉겅퀴를 내면 버림을 당하고 저주함에 가까워 그 마
지막은 불사름이 되리라.

문맥

이 문단에서 기자는 독자들을 엄중하게 경고한다.참조. §5 독자들의 영적인 나태함과 유아적인 상태는 중립적인 상태도 아니고, 그렇게 언제까지 영적인 유아로 살 수 있는 것도 아니다. 단단한 음식을 소화할 수 있는 데까지 자라 가야 한다. 다시 말해, 더 이상 초보적인 가르침을 되풀이하지 않도록 장성함에 진보를 이루어야 한다. 4-8절에서 기자는 왜 독자들이 계속해서 장성함에 이르도록 자라 가야 하는지를 설명한다. 만약 그처럼 놀라운 복들을 경험하였으면서도 믿음의 도에서 떨어져 나가 하나님의 아들을 다시 십자가에 못 박는 자들에게는 회개의 여지가 없기 때문이다. 기자는 독자들을 비가 온 뒤에 새롭게 된 땅에 비교한다. 만약 그 땅이 과실을 맺으면 하나님께 복을 받은 것이지만, 잡초만 무성하다면 그런 땅은 거부되고 저주받을 때가 가까워 오고 있다. 궁극적으로 그 땅은 불타 없어질 것이다. 마찬가지로 독자들이 장성함으로 진보를 나타내지 못하고 뒤로 떨어져 나가면, 그런 땅과 같이 그들은 하나님의 거절을 당하고 저주를 받게 될 것이다. 마지막 날에 이런 자들은 소망이 없을 것이다.

주석

6:4 "왜냐하면"γάρ은 독자들이 왜 장성함에 진보를 나타내고 영적인 젖먹이로 남아 있어서는 안 되는지를 설명한다. 독자들은 지금 아주 위험한 상태다. 배도의 위험에 처해 있기 때문이다.[266] 기자는 지금 독자들이 믿음에서 떨어지면 다시 회개에 이르지 못한다고 그들을 경고한다. "독자들이 이런 끔찍한 결과를 맞았다면 이런 경고를 발하지 않았을 것

266 이와 유사한 이해는 아트리지를 참조하라. *Hebrews*, 168-69.

이다. 그의 촉구는 절망에 대한 상담이 아니라 그야말로 적시에 울리는 경종이다."[267] 기자는 독자들에게 목회적으로 말할 뿐, 그들이 처할 궁극적인 운명에 대한 신적인 조망을 가지고 있는 것처럼 말하지 않는다.[268] 만약 독자들이 배도에 빠져 예수 그리스도로부터 돌아선다면, 그들을 위한 구원의 기회는 없을 것이다. 기자는 지금 설사 그들이 원할지라도 다시 그리스도께로 돌아올 수 없다고 말하는 것인가? 이 서신의 문맥을 생각해 보면, 독자들은 지금 핍박을 받고 있고, 그리스도인으로서 살아가면서 겪는 여러 고난으로 점점 지치고 기진해 가는 상태다. 기자는 그들이 갈림길에 서 있는 것을 안다. 만약 그들이 그리스도로부터 돌아선다면, 장래에 그들을 위한 회개는 없을 것이다.[269] 하나님께서 용서하지 않거나 용서하실 수 없다는 말이 아니다. 오히려 만약 독자들이 그리스도를 거부한다면, 그들은 그리스도께로 다시 돌이키고자 하는 마음이 사라질 것이다.[270] 영적 유아로 있는 "상태" 자체를 떠나게 될 것이다. 그렇기 때문에 독자들이 처한 이런 긴박한 상황을 아는 기자로

267 Cockerill, *Hebrews*, 268. 수신자들이 이미 믿음에서 떨어져 "언약이 말하는 저주를 받았다"고 하는 매드슨의 견해와 상반된다(Dave Matheson, "Reading Hebrews 6:4-6 in Light of the Old Testament", *WTJ* 61[1999]: 223).

268 참조. Martin Emmrich, "Hebrews 6:4-6—Again!(A Pneumatological Inquiry)", *WTJ* 65(2003): 89. But Emmrich is right and wrong in saying that the possession of the Spirit is contingent on obedience(94). 한편으로 그의 말은 분명한 사실이지만, 새 언약이 장래의 순종을 담보하는 것을 분명히 하지는 않는다. 어떻게 이 두 진리가 서로 조화를 이루는지에 대한 설명은 이 책의 마지막 부분에 담긴 경고들에 대한 신학적 주해를 참조하라.

269 기자가 지금 회개가 어려울 뿐 불가능하지는 않다고 하는 것이 아니다(참조. Attridge, *Hebrews*, 167; Hughes, *Hebrews*, 213).

270 Cockerill, *Hebrews*, 276. 반면에 퀘스터는 기자가 지금 객관적이 아니라 주관적으로 말하고 있다고 주장한다(*Hebrews*, 312-13). 병행구절들을 보면 기자는 하나님이 거짓말을 하고(6:18), 황소와 염소의 피로 죄를 없이하고(10:4), 믿음이 없이 하나님을 기쁘시게 하는 것(11:6)은 불가능하다고 말한다.

서는 이처럼 엄중한 경고를 하지 않을 수가 없다.[271]

다시 새롭게 회개한다는 말에서 이 죄가 배도를 말함이 분명해진다.[272] 이것은 단순히 독자들이 열매가 없는 삶을 살다가 상급을 받지 못하는 정도의 위험을 말하지 않는다. 신약성경은 한결같이 회개와 믿음은 하나님의 백성이 되는 데 필요한 인간의 반응이라고 묘사한다. 그렇기 때문에 그들이 다시 새롭게 회개할 수 없다는 말에서, 기자는 만약 지금 믿음의 도에서 떨어져 나간다면 그들이 하나님의 백성이 아니고, 회개와 믿음을 통해 다시 하나님이 백성이 될 여지가 없음을 가리킨다. 이런 언어 사용을 볼 때, 기자가 지금 상급에 대해 말하고 있다는 개념은 배제된다.

이 경고를 받는 대상은 누구인가?[273] 4-5절에서 기자는 이 경고를 받는 대상을 다섯 가지 방식으로 묘사한다. 레인은 이렇게 말한다. "복음을 받음과 더불어 일어난 일에 대한 진술은 연속되는 구원의 사건들에

271 이 본문이 초대교회에서 어떻게 받아들였는지 존슨이 간략하게 잘 설명한다(*Hebrews*, 163). 헤르마스의 목자서신은 두 번째 기회가 가능했다고 제안한다(*Mand*. 4.3.1-7; *Vis*. 2.2.4-5; *Sim*. 9.26.5-6). 터툴리안은 헤르마스가 제안하는 두 번째 선택의 기회를 부정한다(*On Modesty*, 20). 후대에 노바티안Novatian은 믿음에서 떨어져 나간 자들을 다시 교회로 들이기를 거부했다(Epiphanius, *Panarion*, 59.1.1-3.6.). 하지만 키프리안Cyprian과 암브로스Ambrose는 이런 자들에게 자비를 베풀어야 한다고 조언했다(Cyprian of Carthage, *Letter* 51; Ambrose of Milan, *On Penance*, 2.2). 참조. Patrick Gray, "The Early Reception of Hebrews 6:4-6", in *Scripture and Traditions: Essays on Early Judaism and Christianity in Honor of Carl R. Holladay*, ed. Patrick Gray and Gail R. O'Day, NovTSup 129(Leiden: Brill, 2008), 321-39.

272 바꾸어 말해서 이 죄는 성령을 거스르는 죄와 같다. 퀘스터에 따르면, 틴데일 역시 이 경고의 메시지를 유사하게 해석했다(Hebrews, 37).

273 이 경고는 한 개인이 아닌 공동체에게 발하여진 것으로 이해된다. Verlyn D. Verbrugge, "Towards a New Interpretation of Hebrews 6:4-6" *CTJ* 15(1980): 61-73. 그러나 이런 경고들은 본질상 개인들에게도 해당하기 때문에 공동체에게만 적용되는 것으로 제안할 수 없다(참조. 3:12, 4:1, 10:25). Rightly Attridge, *Hebrews*, 172n69.

대한 묘사가 아니라, 한 가지 구원의 사건을 다른 측면과 모양으로부터 본 것을 말하는 것이다."[274] 논쟁의 중심은 이 경고를 받는 대상이 그리스도인들인지 아니면 거의 그리스도인이 될 뻔한 자들인지다. 사용된 언어로 봐서 나는 이 경고가 그리스도인들을 향해 발하여진 것이라고 주장한다.

신자와 비신자들로 구성된 수신자들에게 발하여진 것이라고 주장하기도 한다.[275] 어떻게 보면 이런 이해는 사실이다. 수신자들 개개인이 모두 참된 신자라고 믿기는 어렵기 때문이다. 하지만 이런 이해는 본문이 제기하는 근본적인 물음을 회피하는 것이고, 그럼에도 불구하고 이 물음은 여전히 남아 있기 때문이다. 기자가 **묘사하는** 수신자들이 신자인지 비신자인지는 반드시 답을 해야 할 물음이다. 기자가 사용하는 구체적인 용어들로 보아, 신자들인 독자들에게 말하는 것인가, 아니면 아직 신자는 아니지만 거의 신자가 되려고 하는 자들에게 하는 말인가? 수신자들이 신자와 비신자들이 섞여 있는 공동체라는 사실에는 의심의 여지가 없다. 그렇다면 여기서 물어야 할 것은 기자가 독자들을 어떻게 묘사하고 있는가 하는 것이다. 나는 그가 독자들을 그리스도인들로 묘사하고 있다고 주장할 것이다. 기자는 독자들을 신자와 비신자가 혼재하는 그룹으로 말하지 않는다.

그루뎀Wayne Grudem은 개혁주의 해석자들의 계보를 따라 독자들이 거의 그리스도인들이 될 뻔한 자들이었다는 이해를 탁월하게 변호한다.[276] 그에 따르면, 기자는 자신이 묘사하는 자들이 그리스도인들이라

274 Lane, *Hebrews 1-8*, 141. 참조. Hughes, *Hebrews*, 212.

275 참조. C. Adrian Thomas, *A Case for Mixed-Audience with Reference to the Warning Passages in the Book of Hebrews* (New York: Peter Lang, 2008).

276 참조. Wayne Grudem, "Perseverance of the Saints: A Case Study from the Warning

고 명시적으로 밝히는 말을 사용하지 않는다. 예를 들어, 기자는 그들이 죄 사함을 받은 혹은 거룩하게 된 죄인들이라고 하지 않는다. 실제로 그루뎀은 독자들이 신자들이었다면 이런 사실을 기자가 분명히 전달했을 수 있는 열여덟 가지 다른 방식을 나열하면서, 본문에는 이중 어느 것도 언급되는 것이 없다고 한다. 여기에는 두 가지로 간략하게 언급하면 될 것 같다. 첫째, 그루뎀이 나열한 목록은 그것이 일리가 있는 것 이상의 증거를 제시할 수 있어야 한다.[277] 독자들이 비신자들이라면, 우리가 신자들을 묘사할 때 사용하는 말들을 통해 기자가 그들을 묘사하는 것을 기대할 수 없다. 기자가 사용하는 말이 신자들이나 비신자들을 묘사할 때 사용하는 말들과 일치하는지의 여부를 결정해야 한다. 수신자들이 신자들이었는지의 여부를 결정하기 위한 추론으로 이런 범주 밖의 말들을 본문에 억지로 적용해서는 안 된다. 둘째, 성령을 받고 거룩하게 된 자들로 독자들을 묘사하는 것을 나중에 볼 것이다.[10:29] 신약성경을 보면 성령을 받은 것보다 개인이 신자라는 더 분명한 증거는 없기 때문에,[6:4] 여기서 경고를 듣는 독자들을 신자들로 생각할 수 있는 충분한 이유가 된다.

지금부터 여기 묘사된 다섯 가지를 하나씩 살펴보려고 한다. 먼저, 그들은 "한 번 빛을 받았다." 이것을 광야 세대를 비추었던 빛의 반향으로 보기도 한다.[출 13:21, 느 9:12, 시 105:39] [278] 하지만 이런 병행구들을 증거로 그

Passages in Hebrews", in *Still Sovereign*, ed. T. R. Schreiner and B. A. Ware(Grand Rapids, MI: Baker, 2000), 133-82; Guthrie, *Hebrews*, 223-32.

277 그루뎀의 견해에 대한 비판에 대해서는 앨런을 참조하라(David L. Allen, *Hebrews*, NAC[Nashville: B&H, 2010], 348-54). 그루뎀의 말대로 독자들이 진정으로 회심하지 않은 것이 맞다면, 기자는 독자들에게 장성함으로 진보를 나타내기 위해 힘쓰라고 촉구하기보다는 회심을 요구했을 것이라고 앨런은 바르게 말한다(358).

278 참조. O'Brien, *Hebrews*, 221; Matheson, "Reading Hebrews 6:4-6 in Light of the

렇게 말하기에는 설득력이 약하다.[279] 어쨌든 문맥으로 볼 때, 이런 비추임이 어떤 식으로든 부분적이었다거나 부족했다거나 불충분했다는 암시는 없다. "한 번"ἅπαξ이라는 말은 결정적인 사건을 나타내고, 회심 시에 일어나는 사건으로 자연스럽게 해석할 수 있다. 신자들은 회심 시에 조명을 받아 하나님을 아는 지식을 얻기 때문이다. 나중에 이 말은 세례를 위해서 사용되었다.[280] 여기서 이 말이 세례를 가리키는지는 확실하지 않다. 하지만 기자가 지금 회심을 가리키는 것은 분명하다. "빛을 받다"φωτισθέντας라는 말 역시 히브리서 10:32에서 사용된다. 기자는 지금 독자들이 지나온 이전의 경험들을 회상하고 있다. "전날에 너희가 빛을 받은 후에 고난의 큰 싸움을 견디어 낸 것을 생각하라." 그렇다면 10:32에 나오는 "빛을 받다"라는 말은 독자들의 회심을 가리키는 것이 자연스럽다. 독자들이 믿음과 회개로 하나님께 돌이킨 후에 고난을 당했다고 보는 것이 가장 자연스러운 해석이기 때문이다. 10:32이나 6:4 어디에서도 독자는 그들이 "거의 빛을 받았다"고 하지 않는다. 신약성경 다른 곳에서도 사람이 빛을 받아 실제로 진리를 알게 되는 것을 말한다.고후 4:4-6

둘째, 독자들은 "하늘의 은사를 맛본" 사람들이다. "은사"δωρεᾶς라는 말로 기자가 뜻한 것이 무엇인지 확인하기가 어렵다. 이 말을 구약성경의 만나를 선물로 받은 것과 연결하기도 하지만,[281] 만나를 빛과 같이

Old Testament", 215; Emmrich, "Hebrews 6:4-6—Again", 84.

279 커크릴이 바르게 말한다. *Hebrews*, 272n21.

280 참조. Attridge, *Hebrews*, 169n44. 이런 언급을 뒷받침하는 것으로 다음 예들을 참조하라. Ernest Käsemann, *The Wandering People of God: An Investigation of the Letter to the Hebrews*, trans. R. A. Harrisville and I. L. Sundberg(Minneapolis, MN: Augsburg, 1984), 187-88; Spicq, *L'Épître aux Hébreux*, 2:150.

281 O'Brien, *Hebrews*, 222; Matheson, "Reading Heb 6:4-6", 216-17; Emmrich, "Hebrews 6:4-6—Again", 84-85.

굉장히 선명하고 조명하는 것으로 볼 수 있는지는 의문이다. 커크릴은 이렇게 말한다. "그처럼 아주 희박한 구약성경의 인유로부터 중요한 신학적 결론을 이끌어 낼 수는 없다."[282] 신약성경의 다른 곳을 보면, 성령의 선물요 4:10,[283] 행 2:38, 8:20, 10:45, 11:17이나 의의 선물롬 5:17을 가리켜 이 말을 사용한다. 성령을 가리키는 말일 수도 있지만, 바로 이어지는 절에서 성령을 언급하는 것으로 봐서 그런 것 같지는 않다. 이 은사는 "하늘의" 은사다. 즉 초월적이고 위로부터 오는 것이다.[284] 기자는 지금 독자들이 받은 새로운 생명이나 구원을 일반적으로 생각하고 있다고 말하는 것이 지금으로서는 가장 만족스러운 대답처럼 보인다.[285] 여기서 사용된 말들을 보면 이 은사가 부분적이었다는 표시가 없다. 오히려 이 은사는 "하늘의" 은사였다. 다시 말해, 만물을 다스리는 하나님으로부터 온 것이었다. 개중에는 독자들이 "하늘의 은사를 맛보았기"γευσαμένους 때문에, 그들이 진실로 구원받은 것으로 묘사하는 것은 아니라고 주장하기도 한다. "맛보다"는 은유적 표현이 부분적인 것을 가리킬 수 있다. 우리가 어떤 것을 "한 모금 맛보거나", 어떤 것을 먹지 않고 맛만 볼 수 있기 때문이다. 성경에는 "맛보다"라는 말이 그런 의미를 담고 있는 본문도 있다예. 마 27:34. 그러나 일반적으로 이 말은 "온전히 경험하는" 것을 뜻하거나 먹는 것을 묘사하는 또 다른 방식이기도 하다.참조. 마 16:28, 눅 14:24, 요 8:52, 행 20:11; 23:14, 골 2:21 중요한 것은 히브리서의 다른 곳에서 온전히 경험하

282 Cockerill, *Hebrews*, 272n21.

283 참조. Ellingworth, *Hebrews*, 320.

284 "하늘의"heavenly라는 말이 이 선물의 "원천과 목적"source and goal 모두를 가리킨다고 한 아트리지가 맞을 것이다(*Hebrews*, 170).

285 참조. Attridge, *Hebrews*, 170; Cockerill, *Hebrews*, 270. 해석사를 보면 성만찬을 가리킨다는 해석이 인기를 얻은 것이 사실이지만 그럴 가능성은 희박해 보인다(휴즈의 주석서에 나온 논의를 참조하라. *Hebrews*, 209).

는 것을 가리켜 이 말을 사용한다는 사실이다. 기자는 예수께서 죽음을 "맛보신"γεύσηται 것을 말한다.2:9 물론 예수께서 죽음을 찔끔 맛만 보거나 장난삼아 한 번 경험해 본 것이 아니다. 그분은 실제로 죽으셨다! 실제로 죽음의 모든 끔찍한 것들을 온전히 경험하셨다. 따라서 기자가 독자들이 "하늘의 은사를 맛보았다"고 할 때는, 그들이 위로부터 오는 구원을 경험했다고 이해하는 것이 가장 자연스럽다.

셋째, 기자는 "성령을 함께 나누어 갖거나"ESV, NIV 혹은 "성령에 참여한"NET 자들을 묘사한다.[286] 이 구절에 대해 HCSB는 번지를 잘못 짚었다. "성령과 함께한 자들." 신자들을 성령의 친구들로 말하는 것처럼 보인다. 하지만 이 구절은 그들이 성령의 친구나 벗이나 함께한 자들이라는 말이 아니라, 그들이 성령에 함께 참여했다는 사실을 가리킨다.[287] "나누다"라는 말은 성령을 경험하는 것은 맞지만 구원에 이르게 하는 성령의 경험에는 미치지 못하는 것을 말하는가? 물론 구원과 상관이 없이 하는 성령에 대한 경험들이 있다. 사도행전 8:9-24에 나오는 마술사 시몬이 경험한 것이 바로 그런 것이다. 그러나 이런 해석은 거부되어야 한다. "나누다"μετόχους라는 말은 온전한 참여를 가리키기 때문이다. 히브리서에서 이 말을 사용하는 경우들을 보면 이런 사실이 명확해진다.

286 이 구절을 장로들에게 주어진 성령의 은사를 가리키는 것으로 보기도 한다(민 11:16-30). 참조. Emmrich, "Hebrews 6:4-6—Again", 85; Matheson, "Reading Heb 6:4-6", 218-19. 그러나 민수기와의 이런 병행관계는 분명하지 않다(Cockerill, *Hebrews*, 272n21). 민수기에서 말하는 성령의 은사는 하나님의 말씀을 발하기 위한 것이었다. 성령에 참여한 것은 그것보다 강력하고 영구적인 어떤 것을 가리킨다. 성령과 관련된 신약성경과 구약성경 간의 차이에 대해서는 해밀턴James M. Hamilton Jr.을 참조하라. *God's Indwelling Presence: The Holy Spirit in the Old and New Testaments*, NACSBT(Nashville: B&H, 2006).

287 HCSB는 아마도 히브리서 1:9이 같은 말을 사용한 것에 착안해 이런 결정을 내렸을 수 있다. 그러나 문맥이 전혀 다르기 때문에 이런 해석은 문맥의 흐름과 맞지 않다.

3:14은 끝까지 견딘 자들이 그리스도께 진실로 참여한 자들이라고 하는 반면, 3:1에서는 믿고 하늘의 부르심에 참여한 자들을 신자라고 한다. 기자는 진실로 하나님의 자녀들이라야 하나님이 징계하신다고 말한다.[12:8] "나누다" 혹은 "참여하다"라는 말은 예수께서 인간의 혈과 육을 취하신 것을 말할 때도 사용한다.[2:14] 예수께서 우리와 같은 혈과 육, 다시 말해 인성에 온전히 참여하신 것에 대해서는 의심의 여지가 없다. 가장 근접한 구절은 독자들이 젖을 먹는다고 말하는 5:13이다. 이 말이 부분적인 나눔이나 참여를 가리킨다는 증거는 아무것도 없다.

본문에 대한 그루뎀의 이해는 수긍하기가 어렵다. 신약성경은 그리스도인이라는 **표지**로 성령을 받는 것을 말한다.[참조. §4] 모티어[Steve Motyer]가 말하는 대로, 여기서는 성령이 무대의 중앙에 자리한다.[288] 갈라디아 교인들이 하나님의 백성 가운데 속한 것을 분명히 하기 위해 할례를 받으려는 유혹을 받았을 때, 믿을 때에 성령을 받은 그들이기에 율법의 공로와 상관없이 진실로 믿는 자들이 맞다고 바울은 가르친다.[갈 3:1-5] 유사하게 사도행전 15장에서 교회는 구원을 받기 위해 할례를 받아야 하는지를 결정하기 위해 회의로 모였다. 베드로는 할례는 불필요하다고 선언하고 고넬료의 구원을 증거로 들면서 자신의 주장을 변호한다.[행 15:7-11] 베드로는 거기 모인 자들에게 처음에 하나님께서 유대인 신자들에게 하신 것처럼, 그들에게도 성령을 주셨기 때문에 율법과 상관없이 고넬료와 그의 친구들의 구원은 분명하다고 말한다.[행 15:8] 로마서 8:9에서 바울은 성령을 가진 자들은 하나님의 백성의 일원인 데 반해, 성령이 없는 자들은 하나님께 속한 자들이 아니라고 말한다. 여기서 주장하는 것은 단순하다. 신약성경에서 성령의 은사는 그 은사를 가진 자가 그리스

288 Motyer, "The Spirit in Hebrews: No Longer Forgotten?", 221.

도인이라는 것을 말해 주는 가장 분명한 표지다. 그래서 기자가 독자들이 성령에 함께 참여한 자라고 하는 것은, 곧 그들이 그리스도인이라고 말하는 것이다. 사실 독자들이 신자들이었다고 이보다 더 분명하게 말하기는 어려울 것이다. 그렇다고 이렇게 말하는 것이 곧 회중 안이라도 몇몇 그릇된 신자들이 있다는 사실을 부정하는 것은 아니다. 이런 의미에서 회중에는 신자와 비신자가 공존한다. 참된 그리스도인이 아닌 자들이 있기 마련이다. 그러나 여기서 아주 중요한 구별을 할 줄 알아야 한다. 기자는 지금 특별히 신자들에게 경고를 발하고 있다. 그가 사용하는 단어들을 보면, 불충분한 혹은 부분적인 믿음을 가리키는 것이 아니다. 오히려 기자는 말 그대로 그리스도인 신자들을 나타내는 표현들을 사용한다.

6:5 넷째, "하나님의 선한 말씀을 맛본" 것으로 묘사된 자들이다. "맛보다"γευσαμένους는 앞절에서 사용된 것과 동일한 단어다. 아마도 여호수아 때에 성취된 하나님의 선한 약속들에 대한 언급이 있을 수 있지만,수 21:43, 23:15; 참조. 느 9:13 [289] 둘 사이의 관계가 그렇게 명백하지도 않거나 심지어 표현에 있어서도 긴밀하게 들어맞는 것도 아니다. 여기서 기자는 그들이 예수 그리스도의 복음을 영접함으로 하나님의 말씀을 온전히 받아들이지 않았다고 말한다. 이 말씀은 교회의 지도자들이 그들이 새롭게 믿은 신자들일 때 가르쳤던 "말씀"이다.히 13:7 [290] 다시 말하지만, 그들이 처음 복음을 잘못 받았다거나 피상적으로 받은 것을 말하지 않는다. 오히려 기자는 독자들에게 처음에 그들이 가졌던 성도들을 향한 사랑

289 O'Brien, *Hebrews*, 223; Matheson, "Reading Hebrews 6:4-6", 218-19; Emmrich, "Hebrews 6:4-6—Again", 85-86.

290 6:5에서 우리는 ῥῆμα라는 말을, 그리고 13:7에서는 λόγον을 발견한다. 하지만 이 둘은 동의어다.

과 섬김이 다른 곳으로 향해 있다는 것을 상기시킨다.[6:10] 기자는 그들이 일찍이 받은 고난과, 고난받은 자들을 도운 것과, 소유를 빼앗길 때 오히려 즐거워한 것을 떠올린다.[10:32-34] 기자는 독자들이 말씀을 받은 것에 대해 의심의 눈초리를 보내는 것이 아니라, 처음에 말씀을 받은 자들에게 경고를 발한다.

다섯째, 그들은 또한 "내세의 능력을 맛보았다." "맛보다"라는 말은 여기서 지금 이 구절과 앞 구절 모두를 위한 역할을 한다. 이 말과 관련해서 이스라엘을 애굽에서 해방시킨 표지와 기사들과의 병행성을 주장하는 사람들이 있다.[291] 그러나 "표지와 기사들"이라는 단어들이 실제로 반복된 것은 아니기 때문에, 설사 그런 병행성이 있다 하더라도 그것은 개괄적으로 그런 것일 뿐이다. 어쨌든 독자들이 진실로 오는 세대의 능력을 경험한 것은 분명하다. 이 금세와 내세의 구분은 신약성경의 종말론에서 드러나는 전형적인 특징이다.[292] 예수 그리스도의 죽음과 부활을 통해 새로운 시대가 역사를 관통해 들어왔다. 역사의 끝이 이르기에 앞서 종말이 역사를 침노한 것이다. 독자들은 작금의 악한 세대의 한가운데서 일순간에 하나님이 통치하시는 장래의 세대에 이른 것이다. 그들은 마지막 때에 주시는 하나님의 복을 강력하게 경험했다. "능력"[δυνάμεις]이라는 말은 독자들이 실효가 없는 것이 아닌 실제적이고 강력한 경험을 했음을 암시한다.

6:6 이 절을 통해 독자들의 마음에 타락의 위험성이 깊이 각인되었을 것이다. 타락한 자들은 다시 새롭게 회개할 수 없다. 이런 자들의 배도

291 O'Brien, *Hebrews*, 223; Matheson, "Reading Heb 6:4-6", 220; Emmrich, "Hebrews 6:4-6—Again", 86.

292 예. 마 12:32; 13:39-40; 24:3; 28:20, 막 10:30, 눅 18:30; 20:35, 롬 12:2, 고전 1:20; 2:6; 3:18; 7:31, 고후 4:4, 갈 1:4, 엡 1:21, 딤전 6:17, 딤후 4:10.

는 하나님의 아들을 다시 십자가에 못 박고 그분을 욕되게 하는 일이기 때문이다.

여섯 가지 기술어 가운데 마지막은 "타락한 자들"παραπεσόντας이라고 하는 어구에서 발견된다. 신약성경에서 이 말은 여기서만 발견된다. 에스겔서에서 볼 수 있는 이 동사는 배도를 가리키는 것이 분명하다.겔 14:13, 15:8, 18:24, 20:27, 22:4 [293] 유다는 여호와를 저버린 것 때문에 유배를 경험한다. 이 부분과 관련하여 에스겔 18:24의 본문은 특별히 명료하다. 악을 일삼는 자들은 그들의 악행으로 인해 죽을 것이다. 여호와와 그분의 길을 부인했기 때문이다. 문맥을 볼 때 본문을 이 외에 다른 의미로 해석할 수 없다. 여기서 사용된 이 단어는 경고의 메시지들에서 타락을 가리키는 다른 말들과 유사하다.[294] 다른 말로 하면, 기자는 지금 예수 그리스도의 복음을 저버리는 배도를 가리켜 말하는 것이다. 존슨이 말하는 바와 같다. "이는 단순히 오류나 실수 차원의 문제가 아니다. 다시 말해, 자신들이 받은 은사에 참여하지 않기로 자의적으로 선택하는 배도의 문제다."[295]

293 앨런은 유대교 문서에서 이 말은 배도를 의미하지 않는다고 주장한다(*Hebrews*, 359-62). 그리고 이 말이 사용되는 모든 경우가 다 배도의 의미로 사용된 것은 아니라는 그의 말은 옳다(참조. 에 6:10, 지혜서 6:9; 12:2). 이와 유사한 견해에 대해서는 데커Rodney D. Decker를 참조하라. "The Warning of Hebrews 6", *The Journal of Ministry and Theology* 5(2001): 26-48. 하지만 에스겔서의 언급은 분명히 배도를 가리키고 이 배도로 인해 유다가 포로로 잡혀간다. 따라서 앨런이 말하는 바와 달리 배도는 이 말이 담고 있는 의미의 한 범주이고, 대부분의 모든 해석자가 동의하는 바와 같이 히브리서의 문맥은 이런 이해를 보여준다. 앨런은 이 말을 잘못 해석하고 있다. 그가 주장하는 대로 하면, 본문은 상을 잃어버리는 것에 대한 언급일 수 없다(Hebrews, 377).

294 엘링워스가 말하는 바와 같다. "이 문맥을 볼 때, 이 말은 배도 외에 다른 것을 가리킬 수가 없다"(*Hebrews*, 322).

295 L. Johnson, *Hebrews*, 161. 참조. Lane, *Hebrews 1-8*, 142; Hughes, *Hebrews*, 216.

분사인 "타락한"을 어떻게 해석되어야 하는지가 중요한 문제다. 이 말을 목록의 나머지 부분과 유사하게 해석해서 기자가 지금 실제로 타락한 자들을 묘사하는 것으로 이해하는 사람들이 있다. 하지만 이 분사를 이렇게 해석하기가 어려운 것이, 이 서신의 다른 경고 메시지들에서 기자는 독자들에게 타락하지 말 것을 경고하기 때문이다. 기자가 독자들이 **이미 타락한 것**으로 여기지 않는다는 말이다. 이 분사는 **문법적**으로 조건은 아니지만, 여기서 이 말은 기능적으로 그리고 **의미적**으로 조건으로 해석되어야 한다. 아트리지는 말한다. "우리의 기자는 지금 자신의 수신자들이 이런 상태에 있다고 비난하고 있는 것이 아니다…… 이것은 그들이 처한 상황의 심각성과 그들의 헌신을 새롭게 하는 것이 얼마나 중요한지를 상기시키기 위한 경고다. 영적 '나태함'을 방치하면 배도에 이르게 될 수도 있다."[296]

독자들이 타락한다면, 그들은 다시 새롭게 회개에 이를 수 없다. 돌이켜 그리스도를 새롭게 믿을 수 없게 될 것이다. 이 말을 하면서 기자는 하나님을 떠났던 광야 세대와 에서를 떠올렸을 수 있다.[297] 그럼에도 불구하고 광야 세대와 에서는 새 언약의 지체들과 동일한 위치에 있지 않았다. 우리가 보게 되겠지만, 새 언약에 속한 모든 지체는 거듭난 자들이기 때문이다. 그렇기 때문에 우리는 예로 주어진 구약의 사례들과 이 서신의 수신자들에게 적용되는 것을 엄밀하게 동일한 것으로 이해하지 않도록 주의해야 한다. 본서 말미에 있는 경고 본문들에 대한 신학적 분석에서 내가 주장하는 것처럼, 경고라는 방편을 통해 하나님께서는 신자들을 보존하신다. 권고에 귀를 기울여 배도에 이르지 않도록 신

296 Attridge, *Hebrews*, 171. 참조. O'Brien, *Hebrews*, 219.

297 참조. Cockerill, *Hebrews*, 273.

자들을 일깨우고 도전하는 것이 경고다.

누구든지 타락하면 다시 새롭게 회개에 이르지 못한다. 이는 "그들이 하나님의 아들을 다시 십자가에 못 박는" 것이기 때문이다.[298] "다시 십자가에 못 박아"라는 말은 종종 십자가에 못 박는 것을 단순히 의미한다.[299] 이 경우 공적으로 수치를 당하도록 들어올린다는 뉘앙스를 갖고 있을 수 있다.[300] 그러나 문맥으로 볼 때, 여기에는 실제로 십자가에 다시 못 박는다는 개념이 있는 것으로 보인다. 하나님의 아들을 저버린 자들은 다시 새롭게 돌이킬 수 없다. 이는 곧 예수를 다시 새롭게 십자가에 못 박는 것과 같을 것이기 때문이다.[301] 히브리서는 하나님의 아들인 예수의 탁월성을 강조한다. 그렇기 때문에 그분을 십자가에 다시 못 박는 개념은 특별히 사악한 일이다. "자기를 거룩하게 한 언약의 피를 부정한 것으로" 여기지 말도록 신자들에게 경고하는 10:29에서도 비슷한 개념을 표현한다. 또한 여기서 사용된 언어에서 드러난 심각성을 볼 때, "상급"을 잃어버릴 것을 경고하는 것으로 보는 견해를 배제할 수밖에 없다. 타락한 자들이 다시 구원받으려면 그리스도께서 또다시 십자가에 못 박혀야 한다. 그러나 히브리서는 그리스도께서 죽으시는 것은 오직 한 번 있는 일임을 분명히 한다.7:27, 9:12, 27-28, 10:10 또한 그들은 다시 새롭게 회개에 이를 수 없다. 이들을 위해 그리스도께서 또다시 십자가에 못 박힐 수 없다.

298 HCSB는 이 구절을 불이익의 여격dative of disadvantage으로 바르게 해석한다. "자신들에게 해가 되도록"ἑαυτοῖς.

299 참조. BDAG; Attridge, *Hebrews*, 171.

300 L. Johnson, *Hebrews*, 161; Koester, *Hebrews*, 315.

301 참조. Lane, *Hebrews 1-8*, 133; Ellingworth, *Hebrews*, 324. 그리스도인들은 날마다 자신들의 죄로 예수를 십자가에 못 박는다고 하는 납득할 수 없는 앨런의 주장에 반대한다(*Hebrews*, 365). 그가 본문이 말하는 죄가 배도가 아니라고 성립될 수 없는 주장을 하기 때문이다.

여기서 분사들은 기자가 그리스도를 십자가에 다시 못 박고 그분을 욕보이는 한 그들은 다시 새롭게 회개에 이를 수 없다는 것을 가르치기 위한 때를 나타내는 것으로 이해할 수 있다.[302] 아마도 이 분사들은 배도자들이 새롭게 회개에 이를 수 없는 이유를 제공할 것이다. 또한 이 서신에 있는 다른 경고들은 배도자들이 새롭게 회개에 이를 수 있다는 개념과 맞지 않는다.[참조. 특히 12:17 303]

그들은 "하나님의 아들을……드러내 놓고 욕되게 하기"[παραδειγματίζοντας] 때문에 또한 다시 새롭게 회개에 이를 수 없다. 이 개념은 하나님의 아들을 다시 십자가에 못 박는 것과 유사하다. 고대 세계에서 십자가에 못 박는 것은 수치스러움의 궁극적인 표현이다. 하나님의 아들을 저버리는 것은 그분의 죽음이 구원을 이룰 수 없다고 말하는 것이요, 아무런 소용이 없다고 말하는 것이다. 다시 말해 배도는 예수께서 십자가에 못 박히는 것이 마땅하고, 죄값에 합당한 형벌을 받은 것이라고 인정하는 것이다. 이들은 예수의 죽음에서 구원을 발견하기보다 그것을 거부하고, 따라서 예수께서 당한 수치와 모욕은 마땅히 받을 것을 받은 것으로 고백한다.

6:7 7-8절은 배도의 결과를 묘사한다. 기자는 독자들에게 단비가 내리는 땅을 그려 보라고 한다. 그 땅을 경작하는 사람들을 이롭게 하는 곡식을 내면 하나님으로부터 복을 받는다. 이 절의 마지막 문구는 기자가 자신의 요지를 설명하고 있음을 가리킨다. 기자가 하나님이 이 땅을 복 주시고, 그럴 때에야 비로소 밭 가는 자들이 쓰기에 합당한 채소를 낸다고 말하는 것을 볼 수 있을 것이기 때문이다. 대신에 기자는 만약

302 참조. J. K. Elliott, "Is Post-Baptismal Sin Forgivable?" *Bible Translator* 78(1977): 330-32.

303 Attridge, *Hebrews*, 172n68.

이 땅에 유익한 수확을 내면 그것이 하나님의 복을 받는 것이라고 하는데, 이는 그가 계속해서 독자들을 경고하고 있음을 보여준다. 이 예증을 통해 말하고자 하는 바는 분명하다. 여기서 땅은 독자들을, 자주 내리는 비는 하나님이 그들에게 부으신 복들을 가리킨다.[304] 이들은 하나님의 선하심에 대한 응답으로 자신들의 삶에서 선한 열매를 맺고 믿는 가운데 끝까지 견뎌야 한다.

6:8 7절에서 기자는 단비를 잘 흡수하여 선한 열매를 맺는 장면을 묘사한다. 8절에서 기자는 단비가 내렸음에도 선하게 결실하지 못하는 또 다른 상황으로 주의를 환기시킨다. 선한 열매 대신에 "가시와 엉겅퀴"가 무성한 상황이다. 가시와 엉겅퀴가 무성하면 아무리 단비가 내려도 그 땅은 "버림을 당하고",[worthless] "저주함에 가까워" 마침내 "불사름"이 될 것이다. 여기서 사용하는 언어들은 비를 흡수하는 땅,[11:11, 28:12] 땅의 저주,[29:27] 땅이 불살라지는 것[29:23]을 포함하는 신명기의 주제들과 맥을 같이한다.[305]

이런 예를 드는 이유는 분명하다. "내면"[ἐκφέρουσα]이라고 번역된 분사는 조건을 나타낸다. "만약……을 내면."[참조. ESV, NET] 기자는 지금 계속해서 독자들에게 말하고 있다. 따라서 이런 예들은 4-6절에서 본 경고가 이어지고 있는 것이다. 만약 독자들이 하나님의 복을 받았음에도 불구하고 삶에서 엉겅퀴를 낸다면 그들은 "쓸모가 없다." "쓸모없다"[ἀδόκιμος]는 말은 신약성경에서 일관되게 마지막 날에 준비가 안 된 것으로 드러

304 일반적인 의미에서 구약성경에 나오는 복과 저주를 가리킨다고 할 수는 있을지 몰라도, 명시적으로 신명기 11:11이 말하는 약속된 땅을 가리키는 것인지는 분명하지 않다(다음의 주장에 반하여, Matheson, "Reading Hebrews 6:4-6", 221-22; Guthrie, "Hebrews", 962; rightly Cockerill, *Hebrews*, 279n53).

305 O'Brien, *Hebrews*, 229-30; Allen, *Deuteronomy and Exhortation in Hebrews*, 127-34.

난 자들을 가리키는 말로 사용된다. 이들은 구원을 얻지 못하고 하나님의 심판을 받을 것이기 때문이다.참조. 롬 1:28, 고전 9:27, 고후 13:5-7, 딤후 3:8, 딛 1:16 [306] "지금 막 저주를 받으려는"κατάρας ἐγγύς이라고 하는 HCSB의 번역은 본문의 의미를 잘 담아내고 있다. 이 대목은 또한 "저주함에 가까워"라고 번역할 수도 있다.ESV 기자는 이제 그들이 저주를 받기에 이른 것처럼 공간적으로 생각하는 것이 아니다. 사실은 고의로 공간적인 생각을 피하고 있다. 오히려 이 말은 시간적인 측면을 가진 표현이다. 만약 어떤 사람의 삶이 엉겅퀴로 가득하다면, 그리고 타락한다면, 하나님으로부터 저주를 받을 날 곧 심판의 날이 가까이 오고 있다.[307]

"그 마지막은 불사름이 되리라"는 말이 심판에 대한 언급을 확증한다. 기자는 이런 땅이 불살라질 것이라고 말한다. 마지막 날에 살라질 사람들을 가리켜 하는 말이다. 본문이 최후의 심판이 아닌 상급을 잃어버리는 것을 말한다고 생각하는 사람들은 마지막에 불사름이 되리라고 하는 이 대목에 호소해서 자신들의 견해를 뒷받침하려고 한다. 그러나 이런 이해는 근거가 부족하다. 열매가 아닌 땅 자체가 불살라지기 때문이다! 마지막 때에 불살라지는 것이 열매라면 본문이 상급을 잃어버리

306 참조. O'Brien, *Hebrews*, 229. 앞에서 간략하게 살펴본 신명기에서 비롯된 구약성경의 배경 역시 이런 이해를 뒷받침한다. 본문을 단지 상급을 잃는 것만을 말하는 것으로 보는 앨런(Allen, *Hebrews*, 378-86)과 글리슨Randall C. Gleason의 견해와 반대된다("A Moderate Reformed View", in *Four Views on the Warning Passages in Hebrews*, ed. Herbert W. Bateman IV[Grand Rapids, MI: Kregel, 2007], 336-77). 앨런과 글리슨은 광야 세대와 에서가 받은 심판은 일시적인 것이었기 때문에 여기서 위협하는 심판 역시 일시적이라고 일관되게 잘못 생각하고 있다. 본문에서 드러나는 예표론적 점층을 보지 못하고 있는 것이다. 히브리서 기자에게 구약성경에 나오는 땅의 약속은 곧 최종적인 안식을 가리키는 것이다. 그렇기 때문에 여기서 히브리서 기자는 일시적인 상급과 풍성한 열매 이상의 것을 말하고 있는 것이다.

307 "이 형용사는 이런 땅에도 여전히 소망이 있기라도 한 것처럼 이 땅이 저주 아래 있지 않다는 암시를 주기 위한 것이 아니다"(Attridge, *Hebrews*, 173).

는 것을 말한다는 주장이 일리가 있다. 그러나 기자는 **땅**의 파괴를 묘사한다. 땅이 내는 열매가 아니다. 여기서 땅은 사람들을 가리킨다. 따라서 이 대목은 상급을 잃어버리는 것이 아닌 영원한 심판을 위협하고 있다.

성경신학적 적용

그리스도의 복음 선언에 있어서 경고와 권면은 필수적이다. 복음이 제공하는 것은 위로와 위안만이 아니다. 구원의 놀라운 복을 받고 복음의 능력을 보고 알 뿐 아니라 성령을 받은 자들이 만약 믿음에서 떨어져 나가게 되면, 다시 새롭게 돌이키는 일이 없을 것이라고 경고를 받는다. 예수 그리스도를 영접하고 하나님의 말씀을 시험한 후에도 예수 그리스도를 부인하는 것은 사실 그분을 십자가에 다시 못 박는 것이나 마찬가지다. 그와 같은 놀라운 복을 받고 나서 하나님의 선하심을 부인한다면, 돌이킬 수 없는 심판 외에 다른 선택이 없다. 탁월하게 선한 것을 거부하는 자들은 그들이 실상은 악을 환영했다는 것을 알게 될 것이다. 그리고 그것이 이런 자들의 운명이다.

6:9-12

I. 프롤로그: 아들을 통해 이루어진 결정적이고 최종적인 계시 1:1-4

II. 천사들보다 위대하신 아들을 저버리지 말라 1:5-2:18

III. 아들을 모세와 여호수아보다 더 위대한 대제사장으로 가진 너희는 마음을 완고하게 하지 말라 3:1-4:13

IV. 레위기의 율법이 정하는 대제사장직보다 더 위대한 멜기세덱의 반차를 따른 예수의 대제사장직으로부터 흘러 떠내려가지 않도록 하라 4:14-10:18

1 | 대제사장으로 계시는 예수를 힘입어 하는 권면 4:14-5:10

2 | 경고와 확증 5:11-6:20

1) 대제사장이신 예수를 저버리고 타락에 이르는 것을 경고함 5:11-6:8

2) 확신과 위로 6:9-20

① 독자들이 부지런하여 약속들을 기업으로 받을 것을 확신함 6:9-12

② 하나님의 맹세를 힘입은 확신과 소망 6:13-20

3 | 예수께서 가지신 멜기세덱의 반차를 따른 더 위대한 제사장직 7:1-28

9 사랑하는 자들아, 우리가 이같이 말하나 너희에게는 이보다 더 좋은 것 곧 구원에 속
한 것이 있음을 확신하노라. 10 하나님은 불의하지 아니하사 너희 행위와 그의 이름을
위하여 나타낸 사랑으로 이미 성도를 섬긴 것과 이제도 섬기고 있는 것을 잊어버리지
아니하시느니라. 11 우리가 간절히 원하는 것은 너희 각 사람이 동일한 부지런함을 나
타내어 끝까지 소망의 풍성함에 이르러 12 게으르지 아니하고 믿음과 오래 참음으로
말미암아 약속들을 기업으로 받는 자들을 본받는 자 되게 하려는 것이니라.

문맥

5:11에서 시작한 경고는 이 문단에서 마무리된다. 6:4-8에서 그토록

엄중하게 독자들을 경고한 기자는 이제 한 걸음 뒤로 물러나 그들을 위로한다. 그들이 뒤로 물러나 타락하지 않고 구원을 받을 것을 자신은 확신하고 있음을 분명히 한다.[9절] 그렇게 확신하는 이유를 10절에서 밝힌다. 이전에는 물론 지금까지 동료 신자들을 관심을 갖고 돌아보는 그들의 모습은 그들이 하나님의 이름을 위하여 나타낸 사랑의 증거다. 그렇다면, 독자들의 사랑을 그토록 확신하면서 기자가 그들에게 경고한 이유는 무엇인가? 독자들이 끝까지 부지런하고 인내해서 그들이 가진 소망이 마침내 온전히 이루어지도록 하기 위함이다.[11절] 그렇게 하면 그런 우려를 불러일으켰던 게으름에 빠지지 않고[12절] 믿음의 실천을 통해 약속된 것들을 유업으로 받을 것이다.

주석

6:9 엄중한 경고의 말에 이어 확신과 위로의 말이 이어진다. 퀘스터는 말한다. "약속은 확신을 주는 반면에, 경고는 마음을 불안하게 한다. 그러나 약속과 경고 모두 독자들이 믿음으로 끝까지 견디도록 하려는 목적은 똑같다."[308] 히브리서를 통틀어 기자가 독자들에게 하나님의 사랑을 받는 자들이라는 것을 상기시켜 그들에게 "사랑하는 자들"이라고 칭하는 데는 여기뿐이다. 실제로 4-8절에서의 엄중한 경고를 하기는 했지만, 그럼에도 불구하고 기자는 독자들에게 "구원에 속한 더 좋은 것이 있음"을 확신했다. 다시 말해, 기자는 자신의 경고를 통해 독자들이 믿음에서 떨어져 나가지 않고 자신이 경고하는 의도대로 믿음에 끝까지 남아 있게 될 것을 확신했다.[309] 독자들은 기자의 경고에 귀를 기

308 Koester, *Hebrews*, 321.

309 참조. Hughes, *Hebrews*, 225.

울이고 배도로 떨어지지 않을 것이다.[310] 존슨은 말한다. "앞의 절들에 기록된 기자의 경고는 이미 배도에 떨어진 자들에 대한 응답이라기보다는 독자들이 타락할 가능성에 대한 경고였다."[311]

여기서 제안하는 해석이 "구원에 속한 더 좋은 것"에 대해 비추임을 받고, 하늘의 선물을 맛보고, 성령에 참여한 자가 되는 것들과 대비시키는 그루뎀의 해석보다 타당하다.[312] 그루뎀이 보기에 4-5절에 나오는 복들의 목록은 구원하는 것 정도까지는 아니기 때문에 거기서 묘사된 것들은 "유사 그리스도인적인 것들"이다. 그루뎀의 이해에 따르면, 기자는 독자들이 단순히 "유사 그리스도인들"이 아닌 진실로 구원받은 자들임이라고 자신이 확신함을 단언한다. 이런 해석은 거부되어야 한다. 독자들이 참 신자라고 기자가 확신하고 있다면, 4-6절의 경고는 독자들을 위한 것이 아니라는 말이 되기 때문이다. 그루뎀에 따르면, 엄밀하게 말해서 그리스도인이 아닌 특정한 그룹의 사람들을 묘사하는 6:4-6의 말씀은 전혀 경고가 아닌 셈이다. 그렇다면 기자는 왜 그리스도인인 독자들에게 쓰는 편지에 이런 말들을 포함시켰는가? 게다가 "우리가 이같이 말하나"라는 표현은 4-5절에서 묘사하는 복을 가리키기보다 타락의 결과에 대한 경고와 보다 자연스럽게 들어맞는다. 다시 말해, 그루뎀은 4-5절과 관계된 경험들을 부정적으로 본다. 그러나 이런 경험들이 구원에 못 미치는 은택을 말하는지는 거의 분명하지 않다. 신자들이 경고를 심각하게 받아들이지 않을 경우 맞닥뜨리게 될 결과들이 부정적인 말들이다. 마지막으로, 이 같은 이해가 성립되기 어려운 것이, 6:4-8의 말들은 히브리서의 모든 다른 경고의 구절들과 구분

310 참조. 같은 책, 174.

311 L. Johnson, *Hebrews*, 164.

312 Grudem, "Perseverance of the Saints", 133-82.

되기 때문이다. 본 주석서 말미의 신학 부분에서 주장한 것처럼, 히브리서의 경고들은 개괄적으로 해석되어야 한다.

6:10 기자는 왜 독자들이 자신이 한 경고들에 귀를 기울이고 마지막 날에 구원에 이르게 될 것을 확신하는지 그 이유("왜냐하면")를 설명한다. 그분은 하나님의 정의로움 때문에 그렇게 확신한다. 하나님은 과거는 물론 지금까지도 독자들이 보여주는 동료 성도들을 향한 수고와 사랑을 잊지 않으실 것이다.

하나님은 "불의하지 않으시다." 그분은 자기를 기쁘시게 하는 자들에게 합당한 상급을 베푸신다. 의롭게 사는 자들에게 최후의 심판을 쏟아붓지 않으실 것이다. 삶을 어떻게 사느냐가 중요하다. 하나님은 타인을 향해 베푸는 사랑과 의의 행위를 잊지 않으신다. 독자들이 과거에 보여준 순종은 그들이 그리스도 안에서 새 생명을 가지고 있음을 나타낸다. 독자들의 삶에서 밝히 드러났던 사랑은 단순히 동료 성도들만을 향한 수평적이기만 한 것이 아니었다. 하나님의 "이름"을 소중히 여기는 저들의 관심의 발로였다. 하나님의 영광과 그 이름의 존귀함이 독자들을 사랑으로 불러일으켰다. 단순히 의무감에서 그렇게 한 것이 아니었다. 하나님을 향한 사랑과 하나님의 명성을 위한 사랑이 그들을 분발시켰다. 사람이 하나님께 속한 것을 말해 주는 핵심적인 표지는 하나님의 이름과 영광을 향한 진정한 사랑이다.

하나님을 향해 그들이 가진 수직적인 사랑은 실천적인 방식으로 나타난다. 그들은 과거에 동료 신자들을 섬겼고[διακονήσαντες] 지금도 계속해서 그들을 섬긴다.[διακονοῦντες] 독자들의 구원에 대해 기자가 가지고 있는 확신은, 과거에 시작되어 기자가 편지를 쓰는 지금까지도 이어지고 있는 그들의 신실한 섬김에 뿌리박고 있다.

6:11 독자들의 구원에 대한 확신을 표현한 후, 기자는 그들에게 경고

한 이유를 설명한다. 처음 그들의 삶을 특징지었던 것과 동일한 "부지런함"[σπουδὴν]이 계속되어 마지막 날까지 그들이 소망으로 충만하기를 기자가 바라기 때문이다. 신자들은 행실을 통해 믿음의 확신을 얻는다. 신자들이 부름받은 삶은 부주의하거나 피동적이지 않기 때문이다. 믿음에 있어서 신자들은 자발적이고 부지런해야 한다. 이런 말은 마지막 날 영원한 나라에 들어가기를 열망하는 신자들은 부지런히 덕을 추구해야 한다고 하는 베드로후서 1:5-11을 상기시킨다.

"끝까지……이르러"라는 기자의 말이 이 말을 보다 객관적으로 이해하고 한 것인지,[πληροφορίαν, HCSB][313] 아니면 "온전한 확신"[ESV]이나 자신과 같이 보다 주관적인 의미를 갖고 있는 말로 그렇게 사용한 것인지를[314] 정하기란 쉽지 않다. 후자의 이해는 독자들이 하나님께 나아갈 때 갖는 담대함과 잘 들어맞고,[4:16, 10:19; 참조. 3:6, 14] "마음에 뿌림을 받아 악한 양심으로부터 벗어난" 신자들이 누리는 온전한 확신을 말하는 대목인 10:22이 이와 동일한 단어를 사용하는 것과도 잘 들어맞는다. 어쩌면 이 말은 양자택일의 문제가 아니라 확신의 주관적이고 객관적인 측면 모두를 함의하고 있는지도 모른다. 독자들이 부지런히 덕을 추구함으로 자신들이 하나님께 속했음을 확신할 뿐 아니라, 그들이 가진 종말의 소망이 성취되는 것을 맛보게 될 것이다.

기자는 10절에서 사용한 "나타내다"[ἐνδείκνυμι]라는 동사를 11절에서도 다시 사용한다. 그들은 신자들을 돌아봄으로 하나님을 향한 사랑을 "나타내었다."[10절] 이제 기자는 독자들이 처음에 나타내었던 그 사랑을 마지막까지 "나타내기를" 원한다.[315] 마지막 날에 그들이 가진 소망이 성

313 Lane, *Hebrews 1-8*, 130; Attridge, *Hebrews*, 135-36.

314 참조. O'Brien, *Hebrews*, 232; Cockerill, *Hebrews*, 282n11.

315 "우리가 간절히 바란다"는 번역(NET)은 이 대목을 지나치게 극적으로 표현한 감이 없

취되기 위해서는 끝까지 인내해야 한다. 따라서 기자의 이런 경고는 독자들이 끝까지 인내하도록 하기 위한 것이다.

6:12 독자들의 영적 "게으름"νωθροί, 5:11이 엄중한 권면과 경고를 재촉했다. 독자들은 "게으름"에 빠지지 않도록 부지런해야 한다. 우리가 본 바와 같이 영적으로 나태한 자들은 타락할 위험에 처했다. 그리스도인으로서 처음에 그들의 삶에서 보였던 열정과 사랑에도 불구하고, 지금은 멸망의 나락에 서 있다. 신자로서 그들은 전날에 보였던 열렬함을 다시 회복하고 "믿음과 오래 참음으로" 말미암아 약속들을 기업으로 받은 자들을 본받아야 한다. 여기서 기자는 환난 중에도 하나님을 의지했던 많은 신자들의 예를 보여주는 11장을 내다보고 있다. 여기서 기업으로 받을 약속들이란, 마지막 날에 얻게 될 종말론적인 약속들을 가리킨다. 그러나 이 약속들은 끝까지 믿음으로 견디는 자들을 위해 예비된다. 끝까지 믿음으로 인내하지 않는다면, 처음 "믿음"을 갖게 되었다는 사실이 이 약속들을 유업으로 받을 것을 담보하지 못한다.

성경신학적 적용

기자는 이 서신을 통해 독자들에게 격려와 책망을 함께 전한다. 신자들이 신실하게 남아 있기 위해서는 경고와 권면이 필요하다. 하지만 동시에 격려도 필요하다. 기자는 독자들에게 그들의 순종이 쉽게 망각되거나 사소한 것이 아니었음을 상기시킨다. 하나님께서는 날마다 그들의 행실을 주목하신다. 그들이 진실로 하나님의 이름을 사랑하는지, 그 사랑이 성도들을 섬기는 가운데 나타나는지 아신다. 모든 신자는 계속해서 이런 사랑을 발휘하고 끝까지 섬겨야 한다. 그리스도인의 삶의 여정

지 않다. 우리가 "원한다"(HCSB, NIV)와 우리가 "바란다"(ESV)가 의미를 잘 전달하고 있다.

에는 인내와 중단 없는 믿음이 요구된다. 이런 믿음의 경주를 포기하는 자들은 영생의 상급을 받지 못할 것이다. 하나님과 동료 신자들을 사랑하기를 그친 자들에게는 거기에 합당한 응보가 예비되었다. 그렇기 때문에 우리는 마지막 날이 이르기까지 부지런하도록 분발해야 한다. 영적 무기력에 빠져서는 안 된다. 하나님의 약속들을 신뢰함으로 신령한 생명의 불꽃을 키워 가야 한다.

6:13-20

I. 프롤로그: 아들을 통해 이루어진 결정적이고 최종적인 계시[1:1-4]

II. 천사들보다 위대하신 아들을 저버리지 말라[1:5-2:18]

III. 아들을 모세와 여호수아보다 더 위대한 대제사장으로 가진 너희는 마음을 완고하게 하지 말라[3:1-4:13]

IV. 레위기의 율법이 정하는 대제사장직보다 더 위대한 멜기세덱의 반차를 따른 예수의 대제사장직으로부터 흘러 떠내려가지 않도록 하라[4:14-10:18]

1 | 대제사장으로 계시는 예수를 힘입어 하는 권면[4:14-5:10]

2 | 경고와 확증[5:11-6:20]

1) 대제사장이신 예수를 저버리고 타락에 이르는 것을 경고함[5:11-6:8]

2) 확신과 위로[6:9-20]

① 독자들이 부지런하여 약속들을 기업으로 받을 것을 확신함[6:9-12]

② 하나님의 맹세를 힘입은 확신과 소망[6:13-20]

3 | 예수께서 가지신 멜기세덱의 반차를 따른 더 위대한 제사장직[7:1-28]

13 하나님이 아브라함에게 약속하실 때에 가리켜 맹세할 자가 자기보다 더 큰 이가 없
으므로 자기를 가리켜 맹세하여 14 이르시되 내가 반드시 너에게 복 주고 복 주며 너
를 번성하게 하고 번성하게 하리라 하셨더니 15 그가 이같이 오래 참아 약속을 받았느
니라. 16 사람들은 자기보다 더 큰 자를 가리켜 맹세하나니 맹세는 그들이 다투는 모든
일의 최후 확정이니라. 17 하나님은 약속을 기업으로 받는 자들에게 그 뜻이 변하지 아
니함을 충분히 나타내시려고 그 일을 맹세로 보증하셨나니 18 이는 하나님이 거짓말을
하실 수 없는 이 두 가지 변하지 못할 사실로 말미암아 앞에 있는 소망을 얻으려고 피
난처를 찾은 우리에게 큰 안위를 받게 하려 하심이라. 19 우리가 이 소망을 가지고 있
는 것은 영혼의 닻 같아서 튼튼하고 견고하여 휘장 안에 들어 가나니 20 그리로 앞서

가신 예수께서 멜기세덱의 반차를 따라 영원히 대제사장이 되어 우리를 위하여 들어가셨느니라.

문맥

11-12절은 신자들에게 주어진 소망이 실현되어 그들이 믿음과 인내로 이 약속들을 유업으로 받도록 부지런할 것을 촉구하는 것으로 마무리된다. 13-20절에서는 하나님이 약속의 성격과 약속된 것을 얻기 위해 인내해야 할 필요와, 이 약속을 힘입어 신자들에게 속한 소망을 숙고한다. 이 문단의 요지는 18절에서 드러난다. 기자는 독자들이 자신들 앞에 놓인 소망을 부여잡고, 그들에게 약속된 것들을 잃어버리지 않도록 격려하기를 원한다.

13-14절은 이 약속의 성격을 숙고한다. 아브라함에게 하신 복의 약속은 번복되거나 침해될 수 없다. 하나님께서 자기를 가리켜 맹세하셨고, 하나님보다 더 큰 이가 없기 때문이다. 아브라함은 오래 참아 약속된 것을 받았다. 실제로, 이 약속이 실현되기까지 수년이 지났다. 하지만 아브라함은 인내로 기다렸고 이 약속을 믿었다. 16-18절에서 기자는 하나님께서 맹세로 이 약속을 인치신 이유를 더 깊이 숙고한다. 보다 크고 신뢰할 만한 사람에게 호소함으로 공언하는 것이 인간들 사이에서 하는 맹세다. 그렇기 때문에 맹세는 말한 것과 의도된 것의 진실성을 확증함으로 그것의 진실성에 대한 논란을 잠재운다. 물론 하나님은 자신의 진실성을 보이기 위해 맹세를 할 필요가 없는 분이다. 불변하는 하나님의 목적을 의문의 여지가 없이 확증하는 하나님의 맹세는 신자들을 위한 것이다. 물론 하나님은 식언치 않으신다. 하지만 약속을 주시고 그것을 이루시겠다고 맹세하심으로 그 약속을 기업으로 받는 자들에게 자신의 진실하심을 확증하신다. 하나님이 이렇게 하시는

것은[18절] 자기 앞에 놓인 약속들을 붙잡는 자들을 격려하기 위함이다. 이 소망의 성경을 19-20절이 풀어놓는다. 불변하는 확실한 소망이다. 이 소망은 휘장 안으로까지 들어가는, 다시 말해 하나님의 존전으로까지 나아가는 신자들을 위한 영혼의 닻이다. 신자들이 하나님의 존전으로까지 나아가는 이유에 대해서는 20절이 말한다. 예수께서 우리의 선구자로 휘장을 지나 하나님 앞으로 나아가셨다. 그렇게 하실 수 있었던 것은 그분이 멜기세덱의 반차를 따르는 제사장이기 때문이다. 이처럼 기자는 신자들에게 경고의 말을 하기 전에 말하던 내용으로[4:14-5:10] 다시 돌아가고 있다. 기자는 예수께서 멜기세덱의 반차를 따르는 제사장이라는 것을 독자들에게 설명할 필요가 있다. 바로 이 제사장직이 그들을 하나님 앞으로 데리고 가기 때문이다. 그 어떤 것도 이기지 못할 소망을 그들에게 가져다주는 것 역시 이 소망이다. 이 제사장직이 그들을 위로와 격려로 채운다. 또한 그것은 그 무엇으로도 없이하지 못할 닻과 같다.

주석

6:13 약속의 개념이 이 절을 바로 앞의 문단과 연결해 준다.[참조. 12절] 12절에서 신자들은 믿음과 인내로 이 약속들을 기업으로 받으라는 격려를 받는다. 이제 기자는 그들이 하나님이 아브라함에게 주신 약속을 숙고함으로 이 약속의 성격과 이 약속을 주신 이의 미쁘심과 존귀하심을 심사숙고하기를 바란다. 아브라함에게 주신 약속이 창세기의 중심 주제다. 창세기에서 하나님은 아브라함에게 땅과 후손과 만민에게 미치는 복을 약속하신다.[창 12:1-3, 18:17-18, 22:17-18] 이런 약속들이 모세오경의 줄거리를 이끌어 가고, 실제로는 성경 전체의 줄거리를 이끌어 간다. 아브라함에게 주신 약속들을 통해 여자의 후손이 뱀을 이길 것이기 때문이다.[창 3:15] 아브라함의 후손을 통해 온 세상을 위한 복이 약속되었다. 물론 신

약성경은 예수 그리스도를 통해 아브라함에게 주신 이 놀라운 복이 실현되는 것으로 선언한다.

여기서 초점은 하나님께서 아브라함에게 복을 주시겠다고 맹세하시는 창세기 22:17이다. 이 복은 아브라함의 생애에서 가장 극적이고 끔찍한 시험이 있는 후에 주어진다. 여호와께서 그를 불러 약속의 아들인 이삭을 제물로 바치라고 하셨기 때문이다. 하나님께서 명령하셨기 때문에 여호와의 말씀을 그대로 받고 약속의 아들인 자신의 아들을 제물로 바칠 준비를 하는 아브라함의 모습에서 하나님을 믿는 그의 믿음이 빛을 발한다. 물론 여호와께서는 이삭을 살리시고 히브리서가 되돌아보는 약속의 말씀을 선언하신다.

여기서 그렇게 하는 목적은 그 약속의 확실성을 강조하기 위함이다. 아브라함에게 주신 약속을 확증하기 위해 하나님께서 맹세하셨다. 하지만 하나님은 무엇을 가리켜 맹세하셨는가? 무엇을 근거로 자신의 미쁘심을 확증하셨는가? 하나님은 자기보다 더 위대한 누구에게 호소함으로 맹세하실 수가 없다. 천지에 하나님보다 더 위대한 이가 없기 때문이다. 하나님께는 모든 완전이 있고, 그 모든 완전하심에 있어서도 무한히 완전하시다. 따라서 어느 누구도 하나님보다 더 위대하지 않기 때문에 하나님은 자기 자신을 가리켜 맹세하셨다. 하나님은 위대함의 극치다. 어느 누구도 하나님을 능가하거나 뛰어넘을 수 없기 때문에 하나님은 자기보다 더 위대한 존재를 가리켜 맹세하실 수 없다.

6:14 여기서 인용하는 하나님이 아브라함에게 하신 맹세는, 하나님께서 그를 복 주시고 그의 후손을 번성하게 하겠다는 창세기 22:17의 인용이다. 이 인용은 칠십인역과 가깝지만 마소라 사본과도 잘 맞는다. 칠십인역과 신약성경은 기자가 맹세로 이해하는 강력한 단언을 적고 있다. 하나님은 아브라함에게 반드시 그를 복 주고 번성하게 하겠다고 약

속하신다. 기자가 여기까지만 인용하지만, 이 복은 아브라함의 후손이 하늘의 별과 같이 번성하고, 그의 후손이 원수의 성읍들을 취하고, 그 복이 온 족속들에게 미친다는 것이다.[창 22:17-18]

13절의 "약속"과 14절의 "복"의 연결고리는 이 두 단어가 서로를 상호 해석하고 있음을 보여준다. 기자가 특별히 강조하는 것은 맹세와 더불어 하나님의 약속이 주어졌다는 사실이다. 하나님이 맹세로 주신 약속이라면 이는 그냥 약속이 아니다. 따라서 이 약속과 복은 반드시 이루어질 것이다. 이 복이 이루어질지의 여부에 대한 의문은 없다. 그렇게 하시마고 하나님이 친히 맹세하셨기 때문이다. 그리피스[J. Griffiths]에 따르면, 약속하신 것을 확실하게 하는 행위를 동반한다는 점에서 이 맹세는 약속과 다르다.[316] 그렇기 때문에 창세기 22장에서 하나님의 맹세는 이삭을 구원하시는 것과 연결되어 주어지는데, 이는 아브라함을 복 주시고 이삭을 통해 그의 후손을 번성하게 하겠다는 하나님의 약속에 대한 보증이다.

6:15 15절은 논증의 흐름에 맞지 않는 것처럼 보인다. 13-14절은 하나님의 말씀의 불가역성을 강조한다. 하나님께서 아브라함을 복 주시겠다고 그에게 맹세하셨기 때문이다. 따라서 우리는 기자가 이 약속이 하나님의 약속을 힘입어 보증된다고 말할 것으로 기대한다. 그러나 본문은 오히려 아브라함이 인내함으로 하나님의 약속하신 것을 얻은 것을 확증하면서 아브라함의 반응으로 옮겨 간다. 이 대목에서 기자는 무슨 생각에 사로잡힌 것일까? 어구는 단순하다. 그럼에도 불구하고 기자는 이 단순한 어구로 우리를 아브라함의 이야기 속으로 데려간다. 창

316 Jonathan Griffiths, "The Word of God: Perfectly Spoken in the Son", in *The Perfect Savior: Key Themes in Hebrews*, ed. J. Griffiths(Nottingham: InterVarsity, 2012), 39.

세기 12:1-3에서 아브라함은 땅과 후손과 복의 약속을 받았다. 그러나 수년이 지나도록 받은 약속들 가운데 어느 것 하나도 이루어지지 않았다. 창세기의 이야기는 수년이 지나도록 아브라함과 사라가 심지어 한 명의 자녀도 갖지 못했음을 강조한다. 여기서 기자는 약속을 토대로 한 이삭의 출생을 염두에 두고 있는 것이다.[317] 기자를 놀라게 한 것은 아브라함이 보여준 인내다. 수년이 지났지만 그는 믿음으로 견뎠다. 그의 삶에 우여곡절들이 있었지만 어쨌든 믿음으로 끝까지 견뎠다. 약속이 실현되지 않을 것처럼 보였을 때가 얼마나 많았을까! 오랜 시간이 지난 후에야 이삭이 출생했다. 그리고 그가 출생한 후, 하나님께서는 그를 제물로 바치라고 하셨다!

기자는 독자들이 아브라함을 본받기를 바란다.참조. 12절 삶이 처한 형편과 고통들은, 하나님의 약속들이 잘못되었고 실제 삶과 아무런 관계가 없기라도 한 것처럼 속삭인다. 그러나 아브라함 역시 독자들과 동일한 유혹을 받았다. 그 역시 시험에 빠져 하나님의 약속이 이루어지지 않을 것이라 생각했기 때문이다. 상황이 하나님의 약속이 잘못된 것처럼 속삭일 때조차도, 아브라함과 마찬가지로 그들은 계속해서 믿음에 거하기를 그쳐서는 안 된다. 정확히 바로 여기서 우리는 13-14절과 15절 사이의 관계를 볼 수 있다. 독자들은 인내해야 한다. 그러나 그들의 인내는 하나님의 약속을 토대로 하고, 이 약속이 깨어지는 일은 없을 것이다. 궁극적으로, 인내하고 끝까지 견디라는 요구는 인간의 덕으로의 부름이 아니다. 아브라함이 바로 이렇게 인내했는데, 그것은 바로 하나님의 변개될 수 없는 약속 때문이었다. 그의 믿음은 하나님의 말씀에

317 대부분의 주석가들이 그렇게 이해한다. 레인이 주장하는 바와 달리, 이것은 많은 후손에 대한 약속이 아니다. 아브라함은 그 약속을 얻지 못했다(*Hebrews 1-8*, 151).

터를 두고 있었고, 하나님의 말씀 안에서 굳건해졌다. 따라서 하나님이 그에게 약속하신 것으로 인해 그는 더더욱 인내할 수 있었다.

하지만 아브라함에게 주신 하나님의 약속과 독자들이 무슨 관계가 있는가? 아브라함에게 주신 약속들은 곧 독자들에게 주신 약속이 분명하다. 하나님은 천사들이 아닌 아브라함의 후손들을 도우신다.[2:16] 6:13에서 볼 수 있는 것처럼, 아브라함에게 주신 약속은 온 세상이 복을 받을 것이라는 개념을 포함한다. 다시 말해, 인간들을 위해 예비된 온 세상을 다스리는 통치는[참조. 2:5-9] 아브라함의 후손을 통해 실현될 것이다. 2:5-18이 설명하는 것처럼, 예수의 형제자매인 모든 사람은 이 약속에 참여한다. 아브라함과 마찬가지로, 그들 역시 복을 받을 것이다. 히브리서의 나머지 부분을 통해 하는 말을 고려해 보면, 그들은 하늘의 안식[4:1-11]과 도래하는 도성을 누릴 것이다.[11:10, 13-16, 12:22, 13:14] 그렇다면 하나님께서 아브라함에게 맹세하신 것은 독자들과도 관계가 있다는 말이 된다. 아브라함에게 주신 약속들은 곧 그들의 것이기도 하다.

6:16 하나님의 맹세가 갖는 중요성이 16-18절에서 다시 언급된다. 먼저, 인간들 사이에서 이루어지는 맹세의 의미를 고려한다. 왜 사람들이 맹세를 하는가? 그런 맹세가 갖는 의미가 무엇인가? 더 위대하고 탁월한 존재를 가리켜 하는 것이 맹세다. 더 위대한 어떤 존재를 가리켜 맹세함으로 주어진 약속의 진정성을 강조하고 그것의 엄중함을 인친다. 맹세는 언급된 내용을 인정하고 확증함으로 분쟁을 잠재운다. 맹세를 통해 자신들의 말이 일어난 일에 대한 바른 진술임을 확증함으로 논란이 되는 문제를 해결한다. 물론 맹세를 하면서도 거짓말을 할 수 있다. 그러나 여기서 기자의 초점은 그런 사실이 아니다. 일반적으로, 맹세 가운데 한 말은 신뢰를 받고 그것을 토대로 분쟁이 해결된다.

6:17 사람들이 맹세로 분쟁을 종식시키지만, 물론 하나님께서는 그렇

게 하실 필요가 없다. 그러니 하나님께서 맹세로 약속하시는 사실이 더욱 놀랍다.[318] 사람들이 하는 맹세는 비록 그것들을 통해 분쟁을 해결하게 된다 할지라도 절대 확실한 것은 아니다. 거짓으로 맹세할 수 있기 때문이다. 그러나 하나님이 하시는 맹세는 본질과 성격이 전혀 다르다. 하나님은 맹세하실 필요가 없다. 그분의 말씀은 진리이고 그분이 하시는 약속들은 결코 실패하는 일이 없기 때문이다. 그럼에도 불구하고 하나님은 아브라함에게 맹세하심으로 변개할 수 없는 자신의 뜻을 밝히 드러내신다. 아브라함을 복 주고 번성하게 하겠다는 하나님의 약속은 틀림없이 이루어질 것이다. 장래에 이 약속이 성취되는 것을 누릴 것에 대해서는 의심의 여지가 없다. 하나님은 맹세하심으로 "약속을 기업으로 받는" 자들에게 확신과 담대한 신뢰를 주고자 하셨다.

변치 않는 하나님의 약속은 아브라함이 보여준 끊임없는 인내의 토대가 되었기 때문에, 그분의 약속은 이 서신을 받아보는 독자들에게도 동일하게 역사할 것이다. 약속의 후사들이라는 사실에 대한 그 어떤 의심도 제해야 한다. 하나님이 약속하신 것은 반드시 이루어질 것이기 때문이다.^{참조. §8} "보증하다"ἐμεσίτευσεν라는 동사는 하나님께서 중재자로서 자신의 약속을 이룰 것을 맹세하시는 것을 의미한다.[319] 하나님의 맹세에는 약속하신 것을 보증하는 행위가 수반된다. 기자는 하나님이 약속하신 것의 "중보자"μεσίτης, 8:6, 9:15, 12:24 예수께서 하는 역할인 중재자라는 말을 사용함으로 이 맹세가 궁극적으로 예수의 속죄에 근거하고 그 안에서 성취됨을 암시한다.[320] 그렇기 때문에 예수는 새 언약의 "보

318 17절에서 헬라어 "왜냐하면"ἐν ᾧ은 특정한 선행사 없이 바로 앞절 전체를 가리킨다(참조. Attridge, *Hebrews*, 180). 이 말은 원인을 나타낼 것이다(Ellingworth, *Hebrews*, 340-41).

319 Attridge, *Hebrews*, 181.

320 참조. Griffiths, "The Word of God", 40-41.

증"ἔγγυος이시다.7:22 독자들은 하나님의 약속이 실패할까봐 두려워할 필요가 없다. 이 약속은 하나님의 맹세와 하나님이 맹세하신 것을 보증하는 예수의 속죄 사역에 근거하기 때문이다.

6:18 이 맹세는 약속의 확실성을 확증한다. 이는 독자들이 믿음과 소망 가운데 끝까지 인내하도록 격려하기 위함이다. "두 가지 변하지 못할 사실"은 하나님의 말씀과 하나님이 하신 맹세다. 하나님의 말씀은 그 자체로 불가역적이다. 그분의 맹세 역시 결코 무효로 되는 일은 없을 것이다. 독자들이 위로를 얻는 것이 기자가 이 말을 하는 이유다. 한 걸음 더 나아가, 그는 또한 "하나님이 거짓말을 하실 수 없다"고 확증한다. 믿음을 위해서는 하나님의 말씀만으로도 충분하다. 하나님은 결코 진리에서 벗어나는 일이 없기 때문이다. 그럼에도 불구하고 하나님은 자기 말씀에 맹세를 더하신다. 이 맹세는 하나님의 진실하심을 입증하기 위한 것이 아니다. 하나님은 식언치 않으시기 때문이다. 그렇기 때문에 이 맹세는 사람들을 위해, 그들에게 하나님의 미쁘심을 강조하기 위해 주어진 것이다.

하나님의 전능하심을 말할 때, 그분의 전능하심의 의미는 성경 전체를 통해 정의되어야 한다. 하나님께서 하지 못하시는 몇 가지가 있다. 이런 일들을 하시는 것은 자신의 정체성을 부정하는 것이 될 것이기 때문이다. 민수기 23:19에서 우리는 "하나님은 사람이 아니시니 거짓말을 하지 않으시고 인생이 아니시니 후회가 없으시도다. 어찌 그 말씀하신 바를 행하지 않으시며 하신 말씀을 실행하지 않으시랴"는 말씀을 읽는다. 본문에 따르면, 하나님과 인간을 구별하는 것은 하나님의 불변하심이다. 방향을 바꾸지도, 말을 바꾸지도 않으신다. 인간은 진리 앞에서 얼버무리고 진리에서 벗어나 있다. 하나님은 본유적으로 선하시고 무엇이 선인지 규정하신다. 자기 본성을 벗어난 하나님은 하나님일 수 없다. 하나님이 거짓말을 할 수 있다면 그분은 하나님이 아닐 것이다. 하나님 위에 법이 있어서 하나님의 본성을 규정한다는 말이 아니다. 오히려 악을 행하실 수 없는 악에 대한 무능력이 하나님의 본성을 구성한다. 선은 하나님의 존재에 있어서 본질적이고 본유적이다.

불가침인 하나님의 약속은 삶과 상관이 없는 추상적인 진리가 아니다. 하나님의 약속은 신자들에게 "강력한 격려"ἰσχυρὰν παράκλησιν, "큰 안위", 개역개정를 주기 위한 것이다. 그들은 하나님이 스스로 약속하신 것을 이루실 것을 확신한다. 자기들 앞에 놓인 소망을 붙잡음으로 피난처를 찾기 위해 예수께로 돌이킨다. 독자들은 자신들의 삶을 맡긴 소망이 실체가 될 것이라는 사실에 격려를 얻는다. 하나님께서 자신의 종말론적인 약속들을 이루실 것을 아는 신자들은 확신과 기쁨을 가지고 끝까지 인내하고 견뎌야 한다.

6:19 기자는 계속해서 신자들에게 속한 소망의 확실성에 대해 부연한다. 이 소망은 신자의 삶을 위한 닻이요, 이 닻은 "튼튼하고 견고하다."NIV [321] 신자들에게서 소망을 제거할 것은 아무것도 없다. 이 소망은 객관적인 실체이기 때문이다. 기자가 가리키는 것처럼, 이 소망은 튼튼하고 견고하다. 하나님의 약속과 맹세에 기반을 둔 소망이기 때문이다. 하나님께서 자신이 하신 약속들을 지키실 것은 전혀 의심의 여지가 없기 때문에 이 소망은 확실하고 견고한 닻이다. 실제로, 그들에게 있는 소망은 "휘장 너머 지성소 가장 깊은 곳까지 나아간다."[322] 성전의 가장 깊은 곳인 지성소는 하나님의 존전을 나타낸다. 과연 "휘장 안"ἐσώτερον τοῦ καταπετάσματος이라는 말은 여기를 제외하면 성경에서 레위기 16:2에

321 "안전하다"는 HCSB의 번역은 흔들리지 않도록 어떤 것에 견고히 닿아 있는 닻의 이미지에 잘 맞지 않는 것처럼 보인다.

322 그렇다면 휘장을 지나 지성소로 들어가는 것은 닻이 아니라 소망이다(O'Brien, *Hebrews*, 241n187; Ellingworth, *Hebrews*, 345).

만 등장한다. 레위기 16장은 일 년에 단 한 차례 대제사장이 지성소로 들어가는 날인 대속죄일에 대한 장이다.[323] 기자에게 있어서 지성소는 하나님의 존전을 나타낸다.[324] 신자들에게 있는 소망은 휘장을 지나 지성소로 들어가는 닻과 같다. 이 소망은 신자들로 하여금 하나님을 친히 대면하도록 한다. "소망은 휘장을 지나 지성소 안으로까지 들어간다. 다시 말해, 신자들은 **소망을 통해** 이미 예수께서 실제로 들어가신 곳인 하늘의 성소로 들어간다."[325] 대제사장을 통해 일 년에 단 한 차례 제한적으로 하나님 앞으로 나아갈 수 있었던 옛 언약에서 발견하는 것보다 훨씬 탁월한 소망이 여기 있다.[참조. 9:6-8] 이제 신자들은 "예수의 피를 힘입어 성소에 들어갈 담력을 얻었다."[10:19]

6:20 신자들은 하나님의 존전으로 나아갈 수 있는 자격이 전혀 없다. 오직 그들에게 있는 멜기세덱의 반차를 따른 대제사장을 힘입어 하나님께로 나아갈 수 있게 되었다. 대제사장이신 그분이 자기 피를 드려 신자들이 하나님께로 나아갈 수 있도록 하나님 앞으로 들어가셨기 때문이다. 신자들에게 있는 소망의 닻은 대제사장이신 예수의 사역에 드리워져 있다. 그들이 가진 소망은 견고하다. 예수께서 멜기세덱의 반차를 따르는 제사장으로 그들의 죄를 속하셔서 그들이 기쁨과 담대함으

323 이와 달리 데이비슨Richard M. Davison은 이 언급이 대속죄일이 아닌 성소의 낙성식을 가리키는 대목이라고 말한다. Richard M. Davidson, "Christ's Entry 'Within the Veil' in Hebrews 6:19-20: The Old Testament Background", *AUSS* 39(2001): 175-90. 데이비슨의 이런 이해에 대한 설득력 있는 비판을 위해서는 영을 참조하라. "The Day of Dedication or the Day of Atonement? The Old Testament Background to Hebrews 6:19-20 Revisited", *AUSS* 40(2002): 61-68. 영은 이 대목을 대속죄일에 대한 언급으로 바르게 보고 있다.

324 하늘에 실제 휘장이 있다고 기자가 믿는 것이 아닌 은유적인 표현이다. 참조. Hagner, *Hebrews*, 79.

325 O'Brien, *Hebrews*, 242; 참조. Cockerill, *Hebrews*, 290n21.

로 하나님 앞으로 나아갈 수 있도록 하셨기 때문이다. 예수는 신자들의 "선구자"πρόδρομος 혹은 "선봉"이다.[326] 예수를 구원의 창시자ἀρχηγός라고 하는 다른 곳에서의 주장을 생각나게 한다.[2:10, 12:2] 그러므로 신자들이 가진 소망은 십자가에서 이루어진 속죄 사역을 의지한다. 기자는 독자들에게 자기 자신들과 그들이 가진 자원이나 자질을 바라보라고 하지 않는다. 예수 그리스도의 십자가를 바라보라고 촉구한다.

성경신학적 적용

하나님께서는 자기에게 속한 자들에게 종말론적인 복들을 약속하신다. 그러나 이 약속을 얻기 위해 우리는 아브라함이 했던 것처럼 인내해야 한다. 하나님께서 우리를 위해 예비하신 길을 중단 없이 가기 위해서는 격려가 필요하다. 이런 격려는 하나님의 약속들로부터 온다. 하나님께서 아브라함에게 약속하시고 맹세하신 것처럼, 신자들 역시 예수 그리스도 안에서 아브라함의 후손들이다. 아브라함에게 주신 약속들은 그들에게 주신 것이기도 하다. 신자들은 담대함과 확신으로 가득해야 한다. 하나님께서 아브라함에게 복과 번성을 약속하셨을 뿐 아니라, 그 약속을 이루시겠다고 맹세하셨기 때문이다. 항상 그 하신 말씀에 신실한 한분이신 참 하나님은 맹세하실 필요가 없다. 맹세는 사람들을 위해 하신 것이다. 자신이 하신 약속들을 분명히 이루실 것임을 강조하심으로 우리로 하나님께 소망과 확신을 두도록 하기 위함이다. 신자들이 가진 이런 소망은 그들의 삶을 위한 닻이다. 이 소망은 예수께서 자신을 희생으로 드리신 것을 힘입어 신자들을 하나님 앞으로 데려가시는 일만큼이나 제사장으로서 하신 예수의 사역을 근거로 하기 때문이다.

326 L. Johnson, *Hebrews*, 173.

7:1-10

I. 프롤로그: 아들을 통해 이루어진 결정적이고 최종적인 계시 1:1-4

II. 천사들보다 위대하신 아들을 저버리지 말라 1:5-2:18

III. 아들을 모세와 여호수아보다 더 위대한 대제사장으로 가진 너희는 마음을 완고하게 하지 말라 3:1-4:13

IV. 레위기의 율법이 정하는 대제사장직보다 더 위대한 멜기세덱의 반차를 따른 예수의 대제사장직으로부터 흘러 떠내려가지 않도록 하라 4:14-10:18

1 | 대제사장으로 계시는 예수를 힘입어 하는 권면 4:14-5:10

2 | 경고와 확증 5:11-6:20

3 | 예수께서 가지신 멜기세덱의 반차를 따른 더 위대한 제사장직 7:1-28

1) 레위보다 더 위대한 멜기세덱 7:1-10

2) 대체된 제사장직을 위한 주장 7:11-28

1 이 멜기세덱은 살렘 왕이요 지극히 높으신 하나님의 제사장이라. 여러 왕을 쳐서 죽
이고 돌아오는 아브라함을 만나 복을 빈 자라. 2 아브라함이 모든 것의 십분의 일을 그
에게 나누어 주니라. 그 이름을 해석하면 먼저는 의의 왕이요 그 다음은 살렘 왕이니
곧 평강의 왕이요 3 아버지도 없고 어머니도 없고 족보도 없고 시작한 날도 없고 생명
의 끝도 없어 하나님의 아들과 닮아서 항상 제사장으로 있느니라. 4 이 사람이 얼마나
높은가를 생각해 보라. 조상 아브라함도 노략물 중 십분의 일을 그에게 주었느니라. 5
레위의 아들들 가운데 제사장의 직분을 받은 자들은 율법을 따라 아브라함의 허리에
서 난 자라도 자기 형제인 백성에게서 십분의 일을 취하라는 명령을 받았으나 6 레위
족보에 들지 아니한 멜기세덱은 아브라함에게서 십분의 일을 취하고 약속을 받은 그
를 위하여 복을 빌었나니 7 논란의 여지 없이 낮은 자가 높은 자에게서 축복을 받느니
라. 8 또 여기는 죽을 자들이 십분의 일을 받으나 저기는 산다고 증거를 얻은 자가 받

았느니라. [9] 또한 십분의 일을 받는 레위도 아브라함으로 말미암아 십분의 일을 바쳤다고 할 수 있나니 [10] 이는 멜기세덱이 아브라함을 만날 때에 레위는 이미 자기 조상의 허리에 있었음이라.

문맥

기자는 독자들에게 예수께서 가지신 멜기세덱의 반차를 따르는 제사장직의 의미를 설명하려고 했다. 독자들의 소망과 확신은 예수께서 그들을 위해 하나님 앞으로 나아가신 사실에 기반을 두기 때문이다. 이런 제사장직의 의미를 밝히 보이기에 앞서, 그는 영적 게으름의 위험에 대해 경고한다.[5:11-6:12] 만약 그들이 믿음에서 떨어져 타락한다면, 하나님이 약속하신 복을 받지 못할 것이다. 이제 독자들을 향한 경고를 마친 기자는 그들을 위해 예수께서 가지신 멜기세덱의 반차를 따르는 제사장직을 열어 보인다.

멜기세덱은 성경과 성경의 줄거리에서 아주 독특한 역할을 한다. 그분은 제사장-왕이기 때문이다.[7:1-3] 제사장-왕으로서 그분은 아브라함을 복 주었고, 아브라함은 그에게 전리품의 십분의 일을 바쳤다. 멜기세덱의 제사장직은 독특하다. 그의 제사장직은 계보에 따른 것도 아니었고, 따라서 그는 영구적인 제사장이었다. 이런 의미에서 그는 하나님의 아들인 예수와 같았다.

아브라함으로부터 십분의 일을 받고 그를 복 준 것에서 멜기세덱의 위대함이 분명히 드러난다.[4-10절] 더 위대한 사람이 복을 베풀고, 덜 위대한 사람이 바치는 예물을 받는 것이 당연하다. 아브라함의 후손들인 레위 계통의 제사장들 역시 동족인 이스라엘 백성들로부터 십분의 일을 받았다. 하지만 멜기세덱은 레위보다도 탁월했다. 아브라함을 통해 레위가 멜기세덱에게 십분의 일을 바친 것이 되기 때문이다. 즉 아브라함이 멜기세덱에게 십분의 일을 바쳤고, 레위는 아브라함의 자손이었기 때문에 어떤 면에서 레위가 멜기세덱에게 십분의 일을 바친 것이 맞다. 멜기세덱의 탁월함은 또한 레위 계통의 제사장들은 죽음과 더불어 끊임없이 다른 사람으로 대체되는 데 반해, 그의 제사장직은 다함이 없다는 데서 분명히 드러난다. 그는 살아 있는 제사장이기 때문이다. 멜기세덱에 대한 논의는 당시 독자들에게 낯설게 보일 수도 있다. 그러나 기자는 목회적인 이유에서 멜기세덱의 제사장직이 갖는 의미를 진술하고 있다. 멜기세덱의 반차를 따르는 제사장직은 분명히 레위 계통의 제사장직보다 탁월하기 때문에, 독자들은 예수를 떠나거나 저버려서는 안 된다.

주석

7:1 기자는 이제 멜기세덱의 제사장직의 의미에 대해 보다 자세히 설명할 준비가 되었다. 그는 멜기세덱을 살렘의 왕이요 지극히 높으신 하나님의 제사장으로 규정한다. 롯을 포로로 잡았던 왕들을 파하고 그를 구한 후, 아브라함은 왕의 골짜기로 돌아갔다.[창 14:17] 그리고 아무런 설명도 없이 별안간에 멜기세덱이 아브라함의 승리를 축하하는 떡과 포도주를 가지고 "지극히 높으신 하나님의 제사장"으로 역사에 등장한다.[창 14:18] 그는 아브라함이 "천지의 주재이시요 지극히 높으신 하나님"께 복 받았음을 선언하며 그를 위해 복을 빈다.[창 14:19] 이에 아브라함은 멜기세덱에게 전리품의 십분의 일을 바치고,[창 14:20] 이후에 멜기세덱이라는 이름은 시편 110:4에 다시 등장하기가지 구약성경에 등장하지 않는다.

신약성경에서는 히브리서에만 멜기세덱이 언급된다. 하지만 쿰란의 열한 번째 동굴에서 발견된 사해 사본[Dead Sea Scrolls] 멜기세덱 본문[11QMelch]에서 멜기세덱이 다시 등장한다.[327] 이 문서에 따르면, 최후의 심판 때에 멜기세덱이 이스라엘에게 희년의 자유를 선포하고, 그들의 죄가 용서받았음을 선언할 것이다. 멜기세덱을 "하나님"으로 말하고, 그는 또한 최후의 심판 때에 사람들을 판단할 것이다. 멜기세덱을 "하나님"으로 이야기하는 것을참조. 출 7:1 문자적으로 이해해서는 안 될 것이다. 이는 단순히 최후의 심판에서 그분이 하는 중요한 역할을 가리키는 것이다. 최후의 심판에서 멜기세덱이 갖는 존귀한 위치는 히브리서가 기록될 당시 그의 역할에 대한 논의와 추론이 무성했음을 말해 준다. 그렇기 때문에 멜기세덱에 대한 언급이 독자들을 놀라게 하지는 않았을 것이다. 다른 문서들을 통해 유대인들 사이에 그가 갖는 중요성과 역할에 대한 논의가 있었음을 알 수 있기 때문이다.

1절에서 히브리서 기자는 창세기 14:17-18이 말하는 아브라함과 멜기세덱에 대한 기록에 부합하게 멜기세덱을 소개한다. 왕인 제사장으

327 성경뿐 아니라 다른 사본들에서 등장하는 멜기세덱에 대한 언급들을 포함하는 그에 대한 보다 광범위한 논의에 대해서는 다음을 참조하라. M. Delcor, "Melchizedek from Genesis to the Qumran Texts and the Epistle to the Hebrews", *JSJ* 2(1971): 115-35; Hughes, *Hebrews*, 237-45. 메이슨Eric F. Mason은 멜기세덱은 천사적인 인물로 쿰란 사본에서 발견된 멜기세덱에 대한 묘사가 가장 중요한 종교-역사적 의미를 갖는다고 주장한다. *"You Are a Priest Forever": Second Temple Jewish Messianism and the Priestly Christology of the Epistle to the Hebrews*, STDJ 74(Leiden: Brill, 2008). 반면에 호튼Fred L. Horton Jr은 멜기세덱이 히브리서에서 인간으로 그려지고 있기 때문에 멜기세덱을 천사적 인물로 그리는 쿰란 문서의 묘사는 히브리서 기자가 말하는 바와 다르다고 주장한다. 호튼은 자신의 저작을 통해 구약성경, 요세푸스, 필로, 쿰란, 랍비 문서, 영지주의 저작들이 말하는 멜기세덱에 대한 묘사를 유익하게 조사하고 간추린다. *The Melchizedek Tradition: A Critical Examination of the Sources to the Fifth Century A.D. and in the Epistle to the Hebrews*, SNTSMS 30(Cambridge: Cambridge University Press, 1976). 히브리서에 나오는 멜기세덱이 인간이었는지 아니면 천사적이거나 혹은 일종의 초자연적인 인물이었는지에 대한 논쟁은 가장 초기의 교회 시대까지 거슬러 올라간다. 일례로, 살라미스Salamis의 에피파니우스Epiphanius는 그가 인간이었지만 셈으로 볼 수는 없다고 끈질기게 주장했다(일부 초기 교부들은 멜기세덱이 구약성경에 나오는 셈과 동일인물이라고 주장하기도 했다). 하지만 이런 논란에 대한 일치된 견해는 없다. 참조. Heen and Krey, *Hebrews*, 98-107.

로서 멜기세덱은 아브라함이 왕들과의 싸움에서 이기고 돌아올 때 그를 만나 복을 선언했다.

7:2 기자는 계속해서 독자들에게 창세기가 멜기세덱과 아브라함에 대해 말하는 것을 상기시킨다. 아브라함은 자신이 승리해서 얻은 전리품의 십분의 일을 멜기세덱에게 주었다. 그러고 나서 멜기세덱이라는 이름이 갖는 의미를 설명한다. 멜기세덱이라는 이름이 갖는 의미를 설명하면서 기자는 계속해서 창세기의 진술을 문자적으로 재진술한다. 기자는 멜기세덱[מַלְכִּי־צֶדֶק]에 대해 소개하고[창 14:18] 그 이름이 갖는 의미를 독자들에게 설명해 준다. 그는 "의의 왕"이다.[βασιλεὺς δικαιοσύνης] 여기서 소유격은 그가 의로운 왕이었음을 뜻하는 한정적인 용법으로 이해해야 한다. 물론 멜기세덱은 그보다 더 위대한 이를 가리키고, 기자는 예수께서 "의를 사랑하시고 불법을 미워하셨"기 때문에[1:9] 존귀하게 되고 왕으로 관을 쓰신 것을 알려 주면서 예수는 의의 왕이라고 이미 우리에게 말했다.[328] 루키[Deborah W. Rooke] 또한 화평과 의를 특징으로 하는 왕의 통치를 말하는 메시아 시편인 시편 72:7과의 관계를 적시한다.[329] 대부분의 왕들의 통치는 의롭지 않다. 하지만 멜기세덱은 의롭게 다스린 왕이었고, 그의 통치는 "흔들리지 않는 나라"를 획득하게 될 더 나은 왕(예수)의 의로운 통치를 내다본다.[12:28]

멜기세덱은 또한 "살렘의 왕"이다.[창 14:18, מֶלֶךְ שָׁלֵם, βασιλεὺς Σαλήμ, Heb 7:2] 살렘은 마침내 예루살렘이 된 곳을 가리킬 것이다. 히브리서 기자는 이 이름을 특별히 예루살렘과 연결 짓지 않고 "평강의 왕"으로 번역한다.

328 참조. here Deborah W. Rooke, "Jesus as Royal Priest: Reflections on the Interpretation of the Melchizedek Tradition in Heb 7", *Bib* 81(2000): 81-94. 참조. Dae-I Kang, "The Royal Components of Melchizedek in Hebrews 7", Perichoresis 102012: 95-124.

329 Rooke, "Jesus as Royal Priest", 85-86.

아마도 창세기에 나오는 멜기세덱의 평화주의irenicism는 그가 전쟁을 수행하지 않는 것과 연관이 있을 것이다. 창세기 14장에서 그는 다른 왕들과 함께 전쟁을 치르지 않았기 때문이다.[330] 결국 아브라함은 멜기세덱을 대신해 전투를 했다. 물론 히브리서 기자에게 있어서 "살렘"의 중요성은 그것이 예수를 가리킨다는 데 있다. 자신의 제사장적 사역을 통해 하나님과 인간 사이에 화평을 가져온 평강의 왕이다. 여기서 다윗의 후손인 통치자를 "평강의 왕"이라고 하는 이사야가 떠오른다.사 9:6 이사야는 다윗의 후손인 통치자와 더불어 도래할 종말론적 화평과 의를 약속한다. "장차 한 왕이 공의로 통치할" 것"이기 때문이다.사 32:1 계속해서 그는 같은 장에서 "공의의 열매는 화평"이라고 말한다.사 32:17 과연, 이사야는 여기서 한 걸음 더 나아간다. 여호와의 종을 통해 하나님의 백성이 화평을 누리고,사 53:5 이 종은 또한 다윗의 자손이요, 이스라엘과 온 세상의 왕이시라는 사실이 신약성경으로부터 분명히 드러나기 때문이다.

7:3 창세기에서 멜기세덱과 관련하여 언급하지 않고 남겨 둔 것을 말함으로 그 이름의 의미를 밝힌다. 그는 제사장으로 섬겼지만, 그의 아버지와 어머니는 물론 족보에 관해서 언급되지 않는다.참조. §2.1 그의 족보가 없다는 것은 그가 사람이 아니라는 말이 아니다. 기자는 창세기가 이 부분에 대해 침묵하고 있는 것에서 의미를 찾는다. 창세기는 멜기세덱을 제사장이라고 하지만 제사장으로 섬기기 위한 합당한 계보를 가졌는지에 대해서는 침묵한다. 바꾸어 말해, 자신의 제사장직과 관계된 족보가 없다는 점에서 멜기세덱의 제사장직이 두드러진다.[331] 반면에

330 참조. Kang, "Royal Components of Melchizedek", 101.

331 멜기세덱이 성경에 기록된 최초의 제사장이었기 때문에 유대교 작가들은 멜기세덱에게서 특별한 의미를 찾는다는 사실 역시 언급하는 호튼을 참조하라(*The Melchizedek Tradition*, 157-62).

족보를 따라 자격이 있음을 나타내지 못하면 누구도 레위 계통의 제사장으로 섬길 수 없다. 족보에서 자기 이름을 찾지 못한 것 때문에 제사장으로 섬기는 것이 금지된 사람들을 생각해 볼 수 있다.느 7:64-65 그러나 멜기세덱은 출생한 날이나 죽은 날도 없는 자로 무대에 등장한다. 본문이 말하는 대로 그는 하나님의 아들 예수와 마찬가지로, 항상 제사장으로 있다.

이와 다른 견해를 가지고 실제로 멜기세덱이 하나님의 아들인 예수께서 성육신하기 전의 모습으로 나타났다고 주장하는 해석가들이 있다. 즉 멜기세덱은 성육신하기 전에 인간의 모양을 취해서 이 땅에 나타난 하나님의 아들이었기 때문에, 그는 실제로 아버지, 어머니도 없고, 태어나지도 죽지도 않았다는 말이다.[332]

많은 사람들이 본문을 이렇게 이해하지만, 그럼에도 불구하고 몇 가

332 여기의 표현들이 구약성경의 멜기세덱을 가리켜 신이라고 말한다고 생각하는 사람들이 있다(Bauckham, "The Divinity of Jesus Christ in the Epistle to the Hebrews", 27-39; Kiwoong Son, *Zion Symbolism in Hebrews: Hebrews 12:18-24 as a Hermeneutical Key to the Epistle*, Paternoster Biblical Monographs[Waynesboro, GA: Paternoster, 2005], 153-60). 오브라이언이 지적하는 것처럼, 이런 생각이 가진 문제는 멜기세덱을 신적인 존재로 보게 되면 그의 "제사장직이 그리스도의 영원한 제사장직을 침해하게 된다"는 사실이다(O'Brien, *Hebrews*, 248). 커크릴은 멜기세덱을 아브라함에게 하나님이 나타나신 것(창 18:1-5), 여호와의 천사의 출현, 여호수아에게 여호와의 군대장관이 나타난 것(수 5:13-15)과 비교하면서 멜기세덱을 인간으로 이해한다(*Hebrews*, 305-6). 그는 히브리서 기자가 멜기세덱에 대해 자의적인 추론을 하고 있다는 증거가 없다고 결론 내리면서 그는 인간이었다고 주장한다. 그의 주장은 창세기 14장에서 기인한다. 커크릴의 다음 글 또한 참조하라. "Melchizedek without Speculation: Hebrews 7.1-25 and Genesis 14.17-24", in *Cloud of Witnesses: The Theology of Hebrews in Its Ancient Contexts*, ed. R. Bauckham, D. Driver, T. Hart, and N. MacDonald, LNTS 387(London: T&T Clark, 2008), 128-44. 동시에 커크릴은 또한 멜기세덱이 영원한 존재라고 말한다. 그렇다면 어떻게 영원한 존재이면서 또한 인간일 수 있는가? 여기에 대해 그는, 멜기세덱이 성육신하기 전에 출현한 아들이었다고 말한다. 참조. Gareth Lee Cockerill, "The Melchizedek Christology in Hebrews 7:1-28"(Ph.D. diss., Union Theological Seminary, Richmond, Virginia, 1976), 484-93.

지 이유에서 이런 이해를 받아들이기가 어렵다. 첫째, 히브리서 기자는 일관되게 예표론적인 주장을 한다. 예수를 더 위대한 다윗으로, 더 위대한 모세로, 더 위대한 여호수아로, 더 위대한 제사장으로 이해하는 것이다. 성막은 하늘에 있는 하나님의 처소를 가리키고 그것과 부합한다. 마찬가지로, 멜기세덱의 대제사장직 역시 예수께 있는 멜기세덱의 반차를 따르는 제사장직을 예표하고 바라본다. 둘째, 기자는 멜기세덱을 "하나님의 아들과 닮아서"ἀφωμοιωμένος δὲ τῷ υἱῷ τοῦ θεου라고 묘사한다. 멜기세덱이 하나님의 아들이라고 하는 것이 아니라 그를 **닮았다고** 말한다.[333] 이 둘이 유사하기는 하지만 동일시되지는 않는다.[334]

기자는 제사장인 멜기세덱에 대해 본문에 명시되지는 않았지만 중요한 사실을 잡아낸다.[335] 자신의 족보가 분명하지 않으면 어느 누구도 제사장으로 섬길 수 없다. 제사장으로 세워지기 위해서는 자신의 아버지가 누군지 알아야 한다. 하지만 멜기세덱의 아버지나 어머니나 족보에 대해서는 아무것도 말하지 않는다. 기자가 지금 멜기세덱은 아버지도 어머니도 족보도 없다고 말하는 것이 아니다. 기자가 말하고자 하는 것은 이렇다. 창세기 본문에 따르면 그런 것들은 하등의 상관이 없는데, 왜냐하면 멜기세덱은 그의 부계에 대해서 일언반구도 없지만 제사장으로 세워졌기 때문이라는 것이다. 그가 "항상 제사장으로 있느니라"고 하는 말이 뜻하는 것처럼, 실제로 그의 출생과 죽음에 대한 기록은 없다.

333 게핀Richard B. Gaffin Jr.은 여기서 멜기세덱이 성육신한 그리스도가 아닌 영원한 하나님의 아들과 같은 모습이라고 주장한다. "The Priesthood of Christ: A Servant in the Sanctuary", in *The Perfect Savior: Key Themes in Hebrews*, ed. J. Griffiths(Nottingham: InterVarsity, 2012), 64-66. 그리스도의 "신적이고 영원한 아들됨이 그분이 가진 제사장직을 모든 다른 종류의 제사장직과 구별되게 한다"고 게핀은 말한다(65).

334 참조. Koester, *Hebrews*, 349.

335 참조. Hughes, *Hebrews*, 248.

예수는 또한 멜기세덱의 반차를 따르는 제사장으로 섬긴다. 예수의 족보가 알려지지 않았다는 말이 아니다. 사실, 기자는 예수께서 유다 지파로부터 난 것을 너무나 잘 안다.7:13-14 요지는 예수의 제사장직은 멜기세덱의 제사장직과 마찬가지로 족보에 기반을 둔 것이 아니라는 것이다. 오히려 초점은 하나님의 아들로서 그분이 갖는 영원한 제사장직에 있다(시 110:4을 떠오르게 하는 대목이다). 죽은 자 가운데서 다시 살아나심으로 예수는 이 땅에 있는 동안만 제사장으로 있을 수 있는 레위 계통의 제사장직과 달리 영원히 제사장으로 계신다.

7:4 기자는 독자들이 멜기세덱에게 시선을 집중하기를 바란다. 명령형 동사를 사용해 "이 사람이 얼마나 높은가를 생각해 보라Θεωρεῖτε"고 독자들에게 요청한다.[336] 창세기의 진술을 읽고 멜기세덱에 대해서는 잊어버리기가 쉬울 것이다. 대부분의 독자들은 창세기를 읽으면서 아브라함에게 집중할 것이다. 이 진술 자체가 아브라함에게 주목하고 있고, 그는 다름 아닌 이스라엘을 시작한 족장이기 때문이다. 그럼에도 불구하고 아브라함은 멜기세덱만큼 위대하지 않다. 아브라함이 그에게 자신의 전리품 십분의 일을 바치기 때문이다. 히브리서 기자는 창세기의 이 진술이 담고 있는 의미를 이해하도록 도우면서 분별력을 가지고 주의 깊게 구약성경을 읽도록 우리를 초청한다.

7:5 앞절은 멜기세덱의 위대함을 말한다. 유대 민족의 조상인 아브라함보다 높다. 반면에 제사장직은 레위의 자손들에게로 이어졌다. 여호와께서 특별히 그들을 구별해 자신을 섬기고 수종들도록 했고, 특별히 아론 계열의 제사장직이 레위 지파로부터 비롯되었다.

336 이 동사를 직설법으로 이해할 수도 있다. 하지만 문맥상 명령법으로 보는 것이 더 타당하다.

여호와께서는 레위 지파에게 이스라엘로부터 십일조를 거두도록 하셨다. "내가 이스라엘의 십일조를 레위 자손에게 기업으로 다 주어서 그들의 하는 일 곧 회막에서 하는 일을 갚나니."민 18:21; 참조. 민 18:26, 대하 31:4-5, 느 10:37-38 십일조는 레위 지파가 자신들의 형제자매들 동족인 이스라엘 백성들로부터 거두는 것이었다. 레위 지파에게 십일조를 바치는 다른 이스라엘 백성들 역시 레위 지파와 마찬가지로 아브라함의 자손들이었다. 레위 지파는 자신들이 받은 것의 십일조를 다시 아론 계열의 제사장들에게 바쳐야 했다.참조. 민 3:5-9; 18:1-32, 느 10:37-39 엄밀하게 말하면 아론 계열의 제사장들이 레위 지파에게서 십일조를 받음에도 불구하고, 기자는 지금 그들이 이스라엘 백성들에게 십의 일조를 받은 것처럼 일반적으로 말한다. 기자의 관심이 아론 계열의 제사장직에 가 있기 때문이다. 다른 곳에서도 기자가 이렇게 일반적으로 말하는 것을 볼 수 있고, 구약성경을 가리켜 말할 때는 때로 부정확한 부분도 있다.[337]

7:6 하지만 멜기세덱은 이런 범주에 포함되지 않는다. 그는 이스라엘 족속이 아니기 때문이다. 아브라함의 후손이 아니었다. 그가 아브라함으로부터 십일조를 받은 것은 동족인 이스라엘 사람들로부터 레위 지파가 십일조를 받는 것과 다르다. 멜기세덱의 경우, 이스라엘 사람이 아니기 때문에 범주 자체가 다르다. 하지만 그는 아브라함으로부터 십일조를 받았다. 그뿐 아니라 아브라함을 위해 복을 빌었다. 기자는 멜기세덱이 아브라함을 위해 복을 빈 의미를 강조한다. 멜기세덱이 "약속을 받은 그를 복 주었기" 때문이다. 앞서 주목한 바와 같이,참조. 6:14 "복"과 "약속" 간에는 긴밀한 관계가 있다. 아브라함에게 주어진 약속들은 적어도 부분적으로는 멜기세덱이 아브라함을 위해 빈 복에 기반을 둔다.

337 휴즈의 논의를 참조하라. *Hebrews*, 252.

이런 진술은 멜기세덱의 위대함을 확증한다.7:4

7:7 우리가 핵심을 놓칠 것을 대비해 기자가 분명히 하는 부분이 있다. 복을 비는 자가 복 빎을 받는 자보다 위대하다. 멜기세덱이 아브라함을 위해 복을 빌었기 때문에 그는 아브라함보다 위대하다. 창세기 14:19의 말들은 의미심장하다. "그가 아브람에게 축복하여 이르되 천지의 주재이시요 지극히 높으신 하나님이여, 아브람에게 복을 주옵소서." 제사장으로서 멜기세덱은 "지극히 높으신 하나님"의 복을 중개했다. 그가 빈 복은 하늘의 재가와 권위를 가졌고, 만물의 창조자가 인정한 것이다. 기자가 지금 멜기세덱에 대해 창세기 본문이 말하는 것을 설명하고 있다는 것을 생각하면, 멜기세덱이 아브라함에게 떡과 포도주를 주는 것을 언급하지 않는 것이 흥미롭다. 교회 역사에서 떡과 포도주는 종종 성만찬을 떠올리게 하는 것으로 사용되었다. 커크릴은 기자가 지금 떡과 포도주에 대한 어떤 언급도 배제하는데, 그것은 떡과 포도주는 "멜기세덱의 '탁월성'을 부각시키지 않기" 때문이라고 바르게 언급한다.[338]

7:8 기자는 아브라함으로부터 레위 지파로, 이스라엘의 시작으로부터 그의 후손들로 옮겨 간다. 5절에서 어렴풋이 예시된 동족인 이스라엘 백성들로부터 십일조를 받는 그들의 역할로 다시 돌아간다. 그러나 거기서 머물지 않고 그들이 멜기세덱과 구별되는 또 다른 문제를 끄집어낸다. 앞에서 멜기세덱은 아브라함의 후손이 아니었던 반면에, 레위 지파는 동료 이스라엘 사람들로부터 십의 일조를 거둔다고 언급했다. 이제 논의가 진행될수록 지속적으로 주목하게 될 문제에 주목한다. 자신의 형제들로부터 십일조를 거둔 레위 제사장들은 결국에는 죽었다. 그

338 Cockerill, *Hebrews*, 297.

들의 제사장직은 그들의 죽음으로 끝났다. 유한한 인간이었기 때문이다. 그러나 본문은 멜기세덱의 죽음에 대해서는 한마디 언급도 없다. 그의 뒤를 잇는 제사장들에 대해서는 아무 언급이 없다. 그러고 나서 본문은 항상 살아 있는 제사장을 말한다. 기자에게 멜기세덱은 부활하신 예수 그리스도를 가리키기 때문이다. 누구에게 자신을 맡기려는가? 죽을 수밖에 없는 제사장들인가, 아니면 사망을 이기고 영원히 사시는 위대한 제사장인가?

7:9 멜기세덱의 반차를 따르는 제사장직의 탁월성을 드러내는 것이 기자의 목적이기 때문에, 기자는 자신이 말하려고 하는 것이 문자적인 사실이 아님을 인식하는 가운데 계속해서 자신의 주장을 이어 간다. 그럼에도 불구하고 아브라함이 멜기세덱에게 십일조를 바쳤다는 사실은 레위 계통을 따른 제사장직과의 관계를 함축한다. 레위 지파도 "아브라함으로 말미암아" 멜기세덱에게 십일조를 바쳤기 때문이다. 그들이 멜기세덱에게 십일조를 바친 것이라면, 멜기세덱의 반차를 따르는 제사장직이 레위 계통의 제사장직보다 탁월하다. 그렇다면, 더 좋은 제사장직을 누리고 있는 지금 독자들은 레위 계통의 제사장직으로 돌이키지 말아야 한다.

7:10 그렇다면 어떤 의미에서 레위가 멜기세덱에게 십일조를 바쳤다고 말할 수 있는가? 기자는 아브라함이 멜기세덱에게 십일조를 바칠 때, 이를테면 레위가 그의 몸 안에 있었다고 말한다. 아브라함의 후손으로서 레위는 아브라함을 통해서 멜기세덱에게 십일조를 바쳤다. 이것이 맞다면, 아브라함과 관련한 모든 주장은 또한 레위에게도 적용이 된다. 낮은 자(레위)가 높은 자(멜기세덱)에게 십일조를 바쳤다.

성경신학적 적용

독자들이 타락할 것에 대한 기자의 우려와, 천사들2:2에 의해 중개된 율법, 모세,3:1-6 레위 계통의 제사장직과 멜기세덱의 반차를 따르는 제사장직의 대조,7:1-28 옛 언약과 새 언약,8:1-13 이 땅의 장막과 참된 장막,9:1-14 두 종류의 제사9:15-10:18에 대한 언급은 독자들이 모세 율법의 제의로 회귀하고자 하는 마음을 가졌음을 나타낸다. 여기서 기자는 그런 움직임은 어리석은 것이라고 주장한다. 분명한 것은, 멜기세덱의 반차를 따른 제사장직이 레위 계통의 제사장직보다 탁월하다는 사실이다. 더욱이 그의 제사장직은 전혀 다른 성격을 갖는다. 이 제사장직은 특정한 족보에 따른 것이 아니라, 항상 있는 영원한 제사장직이다. 레위 계통의 제사장들은 죽지만, 멜기세덱의 반차를 따른 제사장직은 무한히 계속된다. 더구나 레위는 아브라함을 통해 멜기세덱에게 십일조를 바쳤다. 멜기세덱은 예수 그리스도를 내다보고 그분과 일치한다. 그분은 항상 계시는 이요, 그분의 제사장직은 다함이 없다. 생명과 참된 죄 사함을 바란다면, 독자들은 예수를 멜기세덱의 반차를 따르는 제사장으로 선포하는 신앙고백을 계속해서 견고하게 붙잡아야 한다.

7:11-12

I. 프롤로그: 아들을 통해 이루어진 결정적이고 최종적인 계시1:1-4

II. 천사들보다 위대하신 아들을 저버리지 말라1:5-2:18

III. 아들을 모세와 여호수아보다 더 위대한 대제사장으로 가진 너희는 마음을 완고하게 하지 말라3:1-4:13

IV. 레위기의 율법이 정하는 대제사장직보다 더 위대한 멜기세덱의 반차를 따른 예수의 대제사장직으로부터 흘러 떠내려가지 않도록 하라4:14-10:18

1 | 대제사장으로 계시는 예수를 힘입어 하는 권면4:14-5:10

2 | 경고와 확증5:11-6:20

3 | 예수께서 가지신 멜기세덱의 반차를 따른 더 위대한 제사장직7:1-28

1) 레위보다 더 위대한 멜기세덱7:1-10

2) 대체된 제사장직을 위한 주장7:11-28

① 레위 계통의 제사장직이 갖는 불완전함7:11-12

② 유다 지파에 속하신 예수7:13-14

③ 멜기세덱과 같은 제사장직에 대한 예언7:15-17

④ 레위 계통의 제사장직을 대체함7:18-19

⑤ 멜기세덱의 반차를 따른 제사장직에 따르는 맹세7:20-22

⑥ 영원히 제사장으로 계시는 예수7:23-25

⑦ 죄 없는 제사장과 단번에 드려진 제사7:26-28

4 | 옛 언약보다 나은 새 언약8:1-13

[11] 레위 계통의 제사 직분으로 말미암아 온전함을 얻을 수 있었으면(백성이 그 아래에
서 율법을 받았으니) 어찌하여 아론의 반차를 따르지 않고 멜기세덱의 반차를 따르는
다른 한 제사장을 세울 필요가 있느냐. [12] 제사 직분이 바꾸어졌은즉 율법도 반드시 바

꾸어지리니

문맥

7:1-10에서 기자는 멜기세덱의 반차를 따른 제사장직이 레위 계통의 제사장직보다 탁월하다고 주장하고, 7:11-19에서도 계속해서 같은 주장을 이어 간다. 11-19절에서는 레위 계통의 제사장직의 불충분함을 이야기한다. 온전함이 레위 계통의 제사장직을 통해 실현된다면, 멜기세덱의 반차를 따르는 새로운 제사장직이 약속되지 않았을 것이다. 새로운 제사장직이 약속되었다는 것은 옛 제사장직이 새것보다 열등하다는 말이다. 11절을 보면, 율법은 레위 계통의 제사장직과 엮여 있다. 12절은 모세 율법과 이 제사장직 간의 불가분의 관계를 보여준다. 그렇다면 이 제사장직의 변화는 또한 율법에서의 변화를 의미한다.

주석

7:11 11-19절은 바로 앞에서 한 주장과 긴밀하게 이어진다. 기자는 앞의 문단으로부터 미루어 판단하는 것을 뜻하는 접속부사 "그러므로"μὲν οὖν로 이 절을 시작한다. 멜기세덱이 아브라함과 레위보다 더 위대했다. 그가 아브라함을 위해 복을 빌고, 아브라함으로부터 십일조를 받고, 항상 있는 제사장직을 가진 것으로부터 이런 사실은 명백하게 드러난다. 또한 멜기세덱과 같은 제사장을 예언시 110:4하고 있기 때문에, 레위 계통의 제사장직을 통해서는 온전함이 이루어지지 않을 것 역시 분명하다. "온전함"τελείωσις이라는 말은 여기서 종말론적 온전함을 가리킨다.[339]

339 Lane, *Hebrews 1-8*, 181. 존슨은 말한다. "온전함은 제의에 따른 결과라기보다는 인간의 변화다. 성숙과 도덕적 성장의 요소들의 결합이다……. 소극적으로 말해 온전함이란 죄를 버리거나 이기는(9:27, 10:4) 것과 양심을 깨끗하게 하는 것을 의미한다(9:9). 적극적으로 말

히브리서에서 온전함은 죄 사함, 윤리적 의로움, 제사장-왕으로 인간이 온 우주 위에 행사하기로 되어 있던 통치를 포함하는 폭넓은 개념이다.[340] 만약 종말론적 온전함이 레위 계통의 제사장직 아래에서 실현될 수 있다면, 멜기세덱의 반차를 따르는 또 다른 제사장직의 도래를 내다볼 필요가 없을 것이다. 레위 계통의 제사장직이 새로운 창조를 불러오고 인간들을 하늘의 도성으로 이끌어들일 수 있다면, 또 다른 제사장직은 불필요할 것이다. 따라서 레위 계통의 제사장직으로는 충분하지 않은 것이 분명하다. 이 제사장직은 온전하고 최종적으로 죄를 없이하고 하나님 앞으로 나아가도록 하지 못한다. 의롭게 되도록 사람들을 변화시키지 못한다. 아담이 죄를 범했을 때 인간들이 상실한 통치를 회복하지 못한다. 그 대신 레위 계통의 제사장직은 멜기세덱의 반차를 따르는 더 나은 제사장직을 어렴풋이 보여주고 그것을 위한 길을 예비하는 임시적인 성격과 본질을 갖는다.

여기서 두 가지 다른 언급을 더하고 싶다. 첫째, 기자는 율법과 레위 계통의 제사장직이 서로 엮여 있다고 말한다.[341] 여기서 율법은 물론 시

해서 신실한 순종을 통해 하나님의 능력과 존전으로 난 길을 따라 이루는 성화의 과정(9:13, 10:10, 14)—거룩의 상태로 들어가는—을 말한다(5:7-10, 12:1-2)"(*Hebrews*, 185-86).

340 참조. Peterson, *Hebrews and Perfection*, 126-30.

341 기자가 실제로 율법이 이 제사장직에 토대를 두고 있다고 주장하는지에 대해서는 논란이 있다. "그 아래서"ἐπ᾽ αὐτῆς라는 말은 율법이 레위 계통의 제사장직에 "대한"(about) 것임을 가리킬 것이다(Koester, *Hebrews*, 353; Lane, *Hebrews 1-8*, 174). 그럼에도 기자는 율법이 이 제사장직에 토대를 두고 있다고 말하고 있을 가능성이 크다(참조. Ellingworth, *Hebrews*, 372; O'Brien, *Hebrews*, 258). 제사장직을 규정하는 것은 율법이기 때문에 이런 진술은 생소하게 들린다. 하지만 커크릴은 이렇게 말한다. "시내 산에서 받은 율법을 통해 제사장직이 제정되었음에도 불구하고, 율법 아래에서의 삶은 끊임없이 이어지는 제사장직에 의존한다"(*Hebrews*, 316). 계속해서 그는 이렇게 말한다. "그리스도가 오기 전 하나님의 백성들은 속죄를 통해 하나님께로 나아가는 방편인 제사장직이 없이는 율법 아래서 살 수 없었다"(317).

내 산에서 이스라엘에게 주어진 율법인 모세의 율법을 가리킨다. 지금 기자는 아마도 모세의 율법과 관련된 제사장직이 갖는 근본적인 성격을 염두에 두고 있을 것이다. 바꾸어 말해, 옛 언약 아래에서 제사가 없이는 죄 사함도 없었다. 따라서 율법과 야훼와 맺은 이스라엘의 언약에 있어서 이 제사장직은 필수적인 것이었다. 둘째, 여기서 말하는 제사장직은 아론의 제사장직이다. 기자가 레위 계통의 제사장직을 말할 때는 특별히 이스라엘의 죄를 속하기 위해 제물을 바치는 아론과 그의 아들들에게 주어진 제사장으로서의 특별한 역할을 염두에 두고 있다. 구약성경을 보면 레위인들은 제사장으로서의 다른 의무들을 가지고 있었던 것이 사실이지만, 여기서 초점은 속죄를 위해 아론의 제자장들이 바치는 제사들이다.

7:12 레위 계통의 제사장직과 율법 간의 이런 불가분의 관계를 설명한다. 율법은 이 제사장직과 함께 엮여 있기 때문에 둘 중 하나가 변하면 다른 하나도 달라진다. 11절을 통해 볼 때 종말론적 온전함은 아론의 제사장직을 통해 이루어지지 않는 것이 분명하다. 실제로, 하나님은 처음부터 멜기세덱의 반차를 따르는 새로운 제사장직을 계획하셨다. 그렇기 때문에 아론의 제사장직은 낡은 시대의 것이다. 그러나 만약 이 제사장직이 달라졌다면, 모세의 율법 역시 더 이상 효력이 없다. 그렇기 때문에 히브리서가 율법에 대해 말하는 것을 제사장직과 제사에 대한 가르침으로만 제한된다는 말은 근거가 없다.[342] 율법과 제사장직은 서

342 앤더슨이 그렇게 말한다. "Who Are the Heirs of the New Age in the Epistle to the Hebrews?" 268-72. 조슬린은 율법과 새 언약 시대 사이의 절대적 불연속성을 말하는 이들을 바르게 비판하고 있다("Hebrews 7-10 and the Transformation of the Law", in *Cloud of Witnesses: The Theology of Hebrews in Its Ancient Contexts*, ed. R. Bauckham, D. Driver, T. Hart, and N. MacDonald, LNTS 387[London: T&T Clark, 2008], 100-117). 하지만 조슬린에 반하여(100-106), 히브리서 기자는 7:11-19에서 전체 율법은 지나간 것이라고 주장한다. 율법을 지나간 것이

로 엮여 있다. 따라서 제사장직이 지나갔다는 것은 또한 전체 율법 역시 더 이상 효력이 없음을 뜻한다.[343]

성경신학적 적용

멜기세덱의 반차를 따르는 제사장에 대한 예언과 그의 도래는 아론의 제사장과 모세 율법이 더 이상 효력이 없음을 의미한다. 그리스도인은 더 이상 옛 언약 아래에서 살지 않는다. 구약성경은 여전히 권위 있는 성경이다. 하지만 예수 그리스도 안에서 이르게 된 새 언약과 새 제사장직의 조명 아래 읽어야 한다. 종말론적 온전함(죄 사함과 새 창조의 도래)은 오직 예수 그리스도를 통해서만 얻는다. 따라서 독자들은 이런 온전함을 이루는 효력이 없는 레위 계통의 제사장직으로 돌이키지 말아야 한다.

라고 말하는 것이, 곧 여기에 율법이 마음에 새겨짐으로 그것이 성취된다는 의미 또한 있음을 배제하는 것은 아니다. 히브리서 8:8-12과 10:15-18에 대한 주석을 참조하라.

343 참조. Koester, *Hebrews*, 114-15; Lane, *Hebrews 1-8*, 182. 반대 참조. Ellingworth, *Hebrews*, 374.

7:13-14

I. 프롤로그: 아들을 통해 이루어진 결정적이고 최종적인 계시1:1-4

II. 천사들보다 위대하신 아들을 저버리지 말라1:5-2:18

III. 아들을 모세와 여호수아보다 더 위대한 대제사장으로 가진 너희는 마음을 완고하게 하지 말라3:1-4:13

IV. 레위기의 율법이 정하는 대제사장직보다 더 위대한 멜기세덱의 반차를 따른 예수의 대제사장직으로부터 흘러 떠내려가지 않도록 하라4:14-10:18

1 | 대제사장으로 계시는 예수를 힘입어 하는 권면4:14-5:10

2 | 경고와 확증5:11-6:20

3 | 예수께서 가지신 멜기세덱의 반차를 따른 더 위대한 제사장직7:1-28

1) 레위보다 더 위대한 멜기세덱7:1-10

2) 대체된 제사장직을 위한 주장7:11-28

① 레위 계통의 제사장직이 갖는 불완전함7:11-12

② 유다 지파에 속하신 예수7:13-14

③ 멜기세덱과 같은 제사장직에 대한 예언7:15-17

④ 레위 계통의 제사장직을 대체함7:18-19

⑤ 멜기세덱의 반차를 따른 제사장직에 따르는 맹세7:20-22

⑥ 영원히 제사장으로 계시는 예수7:23-25

⑦ 죄 없는 제사장과 단번에 드려진 제사7:26-28

4 | 옛 언약보다 나은 새 언약8:1-13

13 이것은 한 사람도 제단 일을 받들지 않는 다른 지파에 속한 자를 가리켜 말한 것이
라. 14 우리 주께서는 유다로부터 나신 것이 분명하도다. 이 지파에는 모세가 제사장들
에 관하여 말한 것이 하나도 없고

문맥

11-12절의 요지는 이 제사장직이 변했다는 것이다. 하나님께서 멜기세덱의 반차를 따르는 제사장을 정하심으로 새로운 제사장직이 세워진 것이 분명하다. 13-14절은 예수의 제사장직은 참으로 새로운 것임을 확증한다. 그분이 레위 지파로부터 나지 않았기 때문이다. 그분은 유다 지파로부터 나셨을 뿐 아니라, 모세는 유다 지파로부터 나서 제사장으로 섬기는 이에 대해서는 전혀 언급하지 않는다. 그렇기 때문에 예수의 제사장직은 전혀 새롭고 다른 성격을 갖는다.

주석

7:13 기자는 새로운 제사장직이 시작되었음을 확인한다. 예수는 위대한 대제사장이지만 레위 지파로부터 나지 않았다. 구약성경에서 제사장직은 특별히 배타적으로 레위 지파에게만 돌아간다. 즉 대제사장직은 오직 아론과 그의 자손들로만 제한된다.참조. 출 28:1, 3-4, 41, 29:9, 30, 44, 30:30, 31:10, 40:13-15 다른 지파가 제물을 바친 전례가 없고 하나님도 그렇게 허락하신 바가 없다. 오브라이언이 지적하듯이, 기자는 다윗과 솔로몬이 제사장들이 하는 일에 참여한 구약 본문에 호소함으로 예수도 그들과 비슷한 방식으로 제사장 역할을 하는 것처럼 그분의 제사장직을 변호하려고 하지도 않는다.[344] 예수는 제사장이지만, 그분이 따르는 반차와 영역은 전혀 다르다.

7:14 기자는 13절을 설명하고 확장한다. 13절은 예수를 다른 지파에서 난 자로 말하고, 14절에서는 이 지파를 적시한다. 예수께서 유다 지파로부터 난 것은 분명하다. 13절은 예수께서 전혀 제단 일을 섬겨 본 적이 없는 지파에서 났다고 말한다. 14절에서 기자는 율법이 말하는 제

344 O'Brien, *Hebrews*, 260.

사장의 일은 유다 지파와는 하등의 상관이 없음을 가리킴으로 같은 생각을 이어 간다. 13-14절은 새 제사장직이 시작되었음을 확인해 준다. 예수는 레위가 아닌 다른 지파로부터 난 제사장이기 때문이다. 예수의 제사장직은 율법과도 맞지 않고 율법이 규정하는 제사장직에도 부합하지 않는다. 그분이 유다 지파로부터 난 사람이기 때문이다. 유다 지파에 대한 언급은 예수의 제사장직이 갖는 왕으로서의 성격을 상기시킨다. 그분은 다윗 계열의 제사장-왕이요, 메시아이신 제사장-왕이다. 이런 사실은 발람의 예언과 맥을 같이하는 것처럼 보인다. "한 별이 야곱에게서 나오며 한 규가 이스라엘에게서 일어나서 모압을 이쪽에서 저쪽까지 쳐서 무찌르고."민 24:17 별이 "나온다"ἀνατελεῖ는 동사는 여기서 유다로부터 나는ἀνατέταλκεν 예수를 가리키기 위해 사용되었다.[345] 이스라엘에게서 일어나는ἀναστήσεται 규 역시 예수의 부활을 가리키고, 이런 이해는 히브리서에서 부활한 제사장-왕으로 다스리는 예수의 통치를 강조하는 것과도 잘 들어맞는다.참조 사 11:1, 렘 23:5; 33:15, 슥 3:8; 6:12, 말 4:1-2 [346]

성경신학적 적용

예수께서 구약성경에서 예언한 제사장-왕인 멜기세덱의 반차를 따르는 제사장이심으로 말미암아 새로운 질서가 도래했다. 새로운 때가 이른 것이 분명하다. 예수는 레위 지파가 아닌 유다 지파로부터 난 사람이기 때문이다. 신자인 우리는 성취의 시대를 산다. 따라서 우리의 제사장-왕이신 주 예수 그리스도를 즐거워하고 그분에게서 떨어지지 말아야 한다.

345 커크릴은 여기서 사용된 동사는 "내려가다"가 아닌 "일어나다"라는 의미이고, 기자는 발람의 예언을 반영하기 위해 이 단어를 택했다고 주장한다(*Hebrews*, 319-20).

346 참조. Attridge, *Hebrews*, 201; L. Johnson, *Hebrews*, 187; Hughes, *Hebrews*, 259. 그러나 커크릴은 이 본문은 여기서 예수의 오심으로만 제한된다고 말한다(Hebrews, 320n37).

7:15-17

I. 프롤로그: 아들을 통해 이루어진 결정적이고 최종적인 계시1:1-4

II. 천사들보다 위대하신 아들을 저버리지 말라1:5-2:18

III. 아들을 모세와 여호수아보다 더 위대한 대제사장으로 가진 너희는 마음을 완고하게 하지 말라3:1-4:13

IV. 레위기의 율법이 정하는 대제사장직보다 더 위대한 멜기세덱의 반차를 따른 예수의 대제사장직으로부터 흘러 떠내려가지 않도록 하라4:14-10:18

1 | 대제사장으로 계시는 예수를 힘입어 하는 권면4:14-5:10

2 | 경고와 확증5:11-6:20

3 | 예수께서 가지신 멜기세덱의 반차를 따른 더 위대한 제사장직7:1-28

1) 레위보다 더 위대한 멜기세덱7:1-10

2) 대체된 제사장직을 위한 주장7:11-28

① 레위 계통의 제사장직이 갖는 불완전함7:11-12

② 유다 지파에 속하신 예수7:13-14

③ 멜기세덱과 같은 제사장직에 대한 예언7:15-17

④ 레위 계통의 제사장직을 대체함7:18-19

⑤ 멜기세덱의 반차를 따른 제사장직에 따르는 맹세7:20-22

⑥ 영원히 제사장으로 계시는 예수7:23-25

⑦ 죄 없는 제사장과 단번에 드려진 제사7:26-28

4 | 옛 언약보다 나은 새 언약8:1-13

15 멜기세덱과 같은 별다른 한 제사장이 일어난 것을 보니 더욱 분명하도다. 16 그는 육
신에 속한 한 계명의 법을 따르지 아니하고 오직 불멸의 생명의 능력을 따라 되었으
니 17 증언하기를 네가 영원히 멜기세덱의 반차를 따르는 제사장이라 하였도다.

문맥

15-17절은 11-28절까지 이어지는 논증의 일부이다. 11-12절은 제사장직에 변화가 있었음을 가리키며, 13-14절은 예수께서 레위 지파가 아니라 유다 지파라는 사실을 통해 변화가 있었음을 확인한다. 새로운 제사장직은 심지어 15-17절에 가면 보다 분명하게 드러난다. 성경은 분명히 멜기세덱의 반차를 따르는 제사장이 일어날 것을 가리키기 때문이다. 예수의 제사장직은 레위 계통의 제사장직보다 훨씬 탁월하다. 그분은 부활을 통해 제사장으로 세워졌기 때문이다. 반면에, 레위 계통의 제사장들은 죽음을 넘어설 수 없음에도 불구하고 족보를 따라 세워졌다. 예수의 부활과 영속성은 시편 110:4의 예언에서 명확히 드러난다. 그분은 **영원한** 제사장이기 때문이다.

주석

7:15 15절은 "더욱 분명하도다"라는 말로 시작한다. 무엇이 더욱 분명하게 되었는가? 하나님께서는 새로운 제사장직이 도래했고, 그렇기 때문에 레위 계통의 옛 제사장직은 더 이상 효력이 없음을 의문의 여지 없이 분명히 알리셨다.[347] 이 서신의 독자들이 맞닥뜨린 상황은 하나님의 뜻을 분별하기가 어렵고, 레위기의 제사 제도가 그들을 위한 최선의 선택일 수 있다고 합법적으로 주장할 수 있을 만큼 모호하거나 복잡하지 않았다. 멜기세덱의 반차를 따르는 제사장직의 탁월성과 레위 계통의 제사장직의 쇠퇴는 불을 보듯 뻔하다. 하나님께서 이제 멜기세덱의 반차를 따르는 제사장을 세우시겠다고 한 약속을 이루셨기 때문—예수의 부활이 특별히 이 모든 것을 명백하게 했다—이다.[348]

347 참조. Attridge, *Hebrews*, 202.

"일어나다"ESV, ἀνίσταται라는 말을 HCSB/NIV는 모호하게 "나타나다"로 번역한다. 그러나 이 말은 예수께서 제사장으로 나타나신 것뿐 아니라 그분의 부활을 가리키는 다중 의미어다.[349] 예수의 부활은 그분의 제사장직을 입증하고, 그분의 부활로 말미암아 이 제사장직이 온전히 확립되었다.

7:16 기자는 레위 계통의 제사장직이 열등하고 일시적인 데 반해, 왜 예수의 제사장직이 이보다 탁월하고 영속적인지를 계속해서 설명한다. 레위 계통의 제사장들은 "육신에 속한 계명의 법"ἐντολῆς σαρκίνης을 따라 섬겼다. HCSB는 여기서 기자가 의미하는 것을 전달해 준다. 레위 계통의 제사장들은 "육신적 계보에 관한 계명의 법을 토대로" 세워졌다. NRSV의 번역은 그 의미를 더 잘 포착한 것으로 보인다. 그들은 "육신적 계보와 관련된 율법의 요구" 때문에 제사장이 되었다. 레위 계통의 제사장이 되기 위한 어떤 본유적인 덕도 요구되지 않는다. 오직 올바른 혈통, 합당한 계통적 근원만 있으면 되었다.

그러나 예수의 제사장직은 이와는 근본적으로 성격이 다르다. 예수는 자신의 족보 때문에 제사장의 자격을 얻은 것이 아니다. 사실 그분은 족보 테스트에서는 실패했다. 물론 그분은 레위 지파 사람이 아니었기 때문이다.13-14절 예수께서 단순히 율법의 외적인 요구만 만족시키신 것이 아니다. 그분에게 요구되는 기준은 훨씬 더 고상했다. 오직 "불멸의 생명의 능력"을 따라 제사장이 되었기 때문이다. "불멸"이라는 말

348 여기서 "반차"라는 말은 멜기세덱의 반차를 따르는 많은 제사장들이 있어서 이 제사장직이 연속적으로 계승되는 것을 뜻하지 않는다. 예수의 제사장직은 멜기세덱의 제사장직과 동일한 성격과 본질임을 뜻하는 말이다(Lane, *Hebrews 1-8*, 183).

349 L. Johnson, *Hebrews*, 186-87; Moffitt, *Atonement and the Logic of the Resurrection in the Epistle to the Hebrews*, 203.

은 "다함이 있을 수 없는" 생명을 가리킨다.[350] 제4마카비 10:11에 보면, 이 말을 "끊임없이 계속되는"ἀκαταλύτου 고통을 묘사하면서 사용한다.NRSV 물론 예수는 죽으셨다. 그렇기 때문에 이 언급은 사망을 이기고 승리한 예수의 부활을 가리키며,참조. §2.6 [351] 그리스도의 부활과 승귀를 염두에 둔 말이다.[352]

반면에, 커크릴은 이 말이 예수의 신성과 신적인 존재로서 그분이 가진 불멸의 생명을 가리킨다고 말한다.[353] 커크릴에 따르면, 예수의 승귀는 그분에 대한 "신격화"가 아니라 그분의 완전을 가리킨다. 커크릴에 의하면, 아들이 가진 신적인 영원성은 레위 계통의 제사장들과의 극명한 대비를 이룬다. 위의 두 해석 모두에 비추어 볼 때, 예수는 지금 살아계시고 통치하시는 대제사장이다. 이 두 해석 가운데 어느 하나를 취하기가 쉽지 않다. 히브리서는 분명히 예수의 신성을 강조하기 때문이다. 그럼에도 불구하고 나는 지금 기자가 강조하는 것이 예수의 신성 자체보다는 예수의 부활이라고 생각한다. 기자는 신적인 존재로서 예수께 있는 사망을 이기는 본성적인 능력보다는 인간 예수의 부활을 숙고하고 있다.

레위 계통의 모든 제사장은 죽는다. 그러나 예수는 사망을 이기신 영원한 제사장이다. 예수의 생명에는 결코 다함이 없다. 이런 제사장직이 사망으로 말미암아 끊임없는 계승이 불가피한 제사장직보다 탁월한 것은 물론이다.

7:17 기자는 예수께서 불멸의 생명을 가졌다고 주장하면서 성경 자체

350 LN 13.47.

351 참조. Koester, *Hebrews*, 355; Lane, *Hebrews 1-8*, 184.

352 Peterson, *Hebrews and Perfection*, 110-11.

353 Cockerill, *Hebrews*, 323-24.

로부터 이 사실을 확증한다. 그는 성경에서 멜기세덱의 이름을 언급하는 다른 유일한 본문인 시편 110:4를 인용한다. 시편 110편의 이 절이 포함되었다는 사실은 멜기세덱의 제사장직이 이례적인 것이 아니었음을 나타낸다. 이 예언적 말씀이 증거하는 바와 같이, 이 제사장직은 영원히 이어지도록 하나님이 정하신 것이다. 더욱이 시편 기자가 말하는 것이 예수 그리스도께 적용된다. 기자는 이미 시편 110:1을 예수께 적용했다. 또한 그는 이 서신을 통해 한결같이 이 시편을 인용한다.[1:3, 13, 8:1, 10:12, 12:2] 시편 110:1, 4을 종합하면 예수께서 제사장-왕이라는 사실이 분명해진다. 여기서 기자는 시편 110:4을 인용해 예수께서 불멸의 생명을 가졌다는 주장을 뒷받침한다. 인용한 구약성경에서 키워드는 "영원한"이다. 예수는 멜기세덱의 반차를 따르는 제사장이다. 레위 계통의 제사장들과 예수의 제사장직 사이의 가장 큰 차이는 그분이 영원한 제사장으로 섬긴다는 사실이다. 사망이 그분을 이기지 못했고 이길 수도 없었다.

성경신학적 적용

시편 110:4은 멜기세덱의 반차를 따르는 또 다른 제사장직을 타나낸다. 예수는 멜기세덱의 반차를 따라 제사장으로 섬겼다. 그분은 레위 계통의 제사장들보다 탁월하다. 불멸하는 생명을 가졌기 때문이다. 독자들은 자신들이 한 믿음의 고백을 굳게 붙들어야 한다. 만약 제사장들이 죽음을 이기지 못하는 제사장직(레위 계통의 제사장직)으로 돌이키는 사람은 생명을 구하는 것이 아니다.

7:18-19

I. 프롤로그: 아들을 통해 이루어진 결정적이고 최종적인 계시1:1-4

II. 천사들보다 위대하신 아들을 저버리지 말라1:5-2:18

III. 아들을 모세와 여호수아보다 더 위대한 대제사장으로 가진 너희는 마음을 완고하게 하지 말라3:1-4:13

IV. 레위기의 율법이 정하는 대제사장직보다 더 위대한 멜기세덱의 반차를 따른 예수의 대제사장직으로부터 흘러 떠내려가지 않도록 하라4:14-10:18

1 | 대제사장으로 계시는 예수를 힘입어 하는 권면4:14-5:10

2 | 경고와 확증5:11-6:20

3 | 예수께서 가지신 멜기세덱의 반차를 따른 더 위대한 제사장직7:1-28

1) 레위보다 더 위대한 멜기세덱7:1-10

2) 대체된 제사장직을 위한 주장7:11-28

① 레위 계통의 제사장직이 갖는 불완전함7:11-12

② 유다 지파에 속하신 예수7:13-14

③ 멜기세덱과 같은 제사장직에 대한 예언7:15-17

④ 레위 계통의 제사장직을 대체함7:18-19

⑤ 멜기세덱의 반차를 따른 제사장직에 따르는 맹세7:20-22

⑥ 영원히 제사장으로 계시는 예수7:23-25

⑦ 죄 없는 제사장과 단번에 드려진 제사7:26-28

4 | 옛 언약보다 나은 새 언약8:1-13

18 전에 있던 계명은 연약하고 무익하므로 폐하고 19 (율법은 아무것도 온전하게 못할
지라) 이에 더 좋은 소망이 생기니 이것으로 우리가 하나님께 가까이 가느니라.

문맥

18-19절은 11-17절의 결론을 내리고 이 문단의 요지를 요약해 준다. 기자는 11-12절에서 온전함을 이루기 위해서 새로운 제사장직이 필요했고, 레위 계통의 제사장직은 멜기세덱의 반차를 따르는 제사장직으로 대체되었다고 말함으로 이 문단을 시작했다. 13-14절은 이 제사장직이 참으로 새로운 것임을 확증한다. 예수는 레위 지파 출신의 제사장이 아니라 유다 지파로부터 난 제사장-왕이다. 실제로, 새롭고 더 나은 제사장직이 도래한 것이 분명하다.15-17절 시편 110:4이 멜기세덱의 반차를 따르는 제사장직이 영원히 이어질 것을 말하고 있고, 이 예언이 성취되었기 때문이다. 특별히 예수의 부활로 이 예언의 성취가 더욱 분명해졌다. 예수는 더 나은 제사장이다. 레위 계통의 제사장들과 달리 그분이 죽음을 이기셨기 때문이다. 18-19절에서 기자는 이런 상황을 평가한다. 레위 계통의 제사장직과 관련된 규례와 계명은 폐하여졌다. 새로운 날이 도래했다. 이전의 질서가 그것이 가진 근본적인 연약함으로, 다시 말해 온전함을 얻게 하지 못함으로 폐하여졌다. "온전하게 하다"ἐτελείωσεν라는 말은 여기서 문단의 틀을 제공하는 장치다. 이 문단은 레위 계통의 제사장직은 "온전함"τελείωσις 7:11을 얻게 하지 못한다는 주장으로 시작한다. 기자는 여기서 이 주제를 다시 언급함으로 레위 계통의 제사장직의 열등함을 강조한다. 이와 대조적으로, 새로운 질서가 새로운 제사장직과 더불어 도래했다. 이 새로운 질서가 다른 것은 여기에는 더 나은 소망이 있다는 사실이다. 소망에 대한 이런 언급은 그것을 신자들의 삶을 위한 닻으로 이해하는 6:18-19로부터 비롯되었다. 실제로 7:19은 6:18-20과 맥을 같이한다. 이 소망이 더 나은 이유는 신자들이 예수의 제사장직을 통해 실제로 하나님께로 가까이 나아가기 때문이다. 레위 계통의 제사장직에는 이 같은 효력이 없다. 오히려 신자들에

게 자신의 죄와 실패를 상기시킬 뿐이다.

주석

7:18 레위 계통의 제사장직과 멜기세덱의 반차를 따르는 제사장직 간의 대조는 18-19절에서도 이어진다. "한편으로"와 "또 다른 한편으로"μέν-δέ의 문장구조를 이루는 대목이다. 여기서 "전에 있던 계명"이란 모세 율법에 있는 특정한 계명이 아닌 이전의 제도, 다시 말해 옛 언약 아래서 강제력을 갖던 레위기의 규례들을 가리킨다[354] 따라서 "파기된" 것NIV 혹은 "폐하게 된" 것HCSB, ἀθέτησις은 레위 계통의 제사장직이다. 이 말은 법적 용어로서, 이전의 법적 요구조항들이 "폐기NRSV된 것을 가리킨다.[355] 레위 계통의 제사장직이 폐기된 이유로 그것이 갖는 연약함과 무익함을 제시한다. "연약하고 무익"하므로, 즉 "불충분하고 무효"NRSV하기 때문이다. 논증의 흐름을 고려할 때, 연약함이란 레위의 규례들에 내재된 인간에게 소망을 줄 수 없는 무능함을 말한다. 레위 계통의 제사장직을 통해서는 확신과 담대함을 가지고 하나님께로 가까이 나아가지 못한다.

7:19 레위 계통의 제사장직이 가진 연약함을 설명한다. "율법은 아무것도 온전하게 못할지라." 앞에서 지적한 것처럼, 여기서 사용한 "온전하게 하다"ἐτελείωσεν라는 말은 7:11의 "온전함"τελείωσις이라는 말과 더불어 이 문단의 수미상관을 이룬다. 7:11에서는 온전하게 하지 못하는 레위 계통의 제사장직이 가진 무능력함을 단언하지만, 여기서는 "율법"ὁ

354 참조. 7:16. 레위기의 규례들을 가리키기 위해 "육신에 속한 계명"ἐντολῆς σαρκίνης이라는 말을 사용한다.

355 BDAG; Attridge, *Hebrews*, 203; L. Johnson, *Hebrews*, 189; Ellingworth, *Hebrews*, 380-81.

νόμος이 온전하게 하지 못한다고 말한다. 레위 계통의 제사장직과 율법은 어떤 경우에도 서로 엮여 있다. 기자가 7:11에서 율법은 이 제사장직을 토대로 한다고 말하고 있기 때문이다. 여기서 율법과 제사장직을 일괄적인 것으로 말한다. 율법에 사실인 것은 제사장직에도 동일하게 사실이다. 순서를 달리해도 그것은 마찬가지다. 율법은 아무것도 온전하게 하지 못한다는 말을 통해 기자는 종말론적 온전함은 율법을 통해 이루어질 수 없음을 의미한다.참조. 앞의 7:11 [356] 율법은 최종적이고 온전한 죄 사함을 이루지 못하고 그들의 양심을 깨끗하게 하지 못한다. "제사장직, 제사, 속죄 등의 규례들로는 하나님과의 관계를 결정적으로 회복할 수 없다."[357] 또한 율법으로는 사람들의 변화를 이루지 못하고, 세상을 다스리는 인간의 통치 역시 회복하지 못한다.

이런 연약함과 무익함으로 인해 레위 계통의 제사장직이 폐하고 더 좋은 새로운 소망이 시작되었다. "더 좋다"κρείττονος는 표현에서 기자의 의중을 엿볼 수 있다. 예수는 천사들보다 "더 좋다.1:4 독자들은 "더 좋은 일들"을 경험했다.6:9 멜기세덱은 아브라함보다 "더 높다."7:7 예수는 "더 좋은 언약"의 중보자다.7:22, 8:6 그분은 "더 좋은 제물"을 드리셨다.9:23 독자들은 "더 나은 소유,"10:34 "더 나은 본향11:16을 가지고 있고, "더 좋은 부활"을 기다린다.11:35 구약의 성도들은 오직 신약의 성도들과의 교제를 통해서만 "더 좋은 것"과 "온전함"을 경험할 것이다.11:40 예수의 피는 아벨의 피보다 "더 나은 것"을 말한다.12:24 기자에 따르면, 독자들이 이렇게 더 나은 것을 저버리고 율법과 레위 계통의 제사장직으로 돌이키는 것은 상상할 수도 없다.

356 참조. Lane, *Hebrews 1-8*, 185.

357 같은 책, 185.

"더 좋은 소망"은 6:18-20의 소망의 주제를 다시 언급하는 것이다. "지금 소개된 것은 **더 좋은** 소망이다. 여기서 더 좋은 소망이란, 소망의 질(하나님이 우리로 더욱 소망이 넘치게 한다는 의미에서의)이 아닌 소망의 대상, 소망의 내용 혹은 토대를 가리킨다. 이 소망은 그것이 가진 효력 때문에 더 좋은 소망이다."[358] 6:18-20에서 기자는, 하나님께서 아브라함의 후손들로서 독자들에게 약속하신 맹세로 그들을 격려한다. 그들에게는 영혼의 닻인 소망이 있다. 예수를 힘입어 하나님께로 나아가기 때문이다.[참조 §8] 인간과 하나님 사이를 분리하던 옛 언약의 휘장이 예수로 말미암아 갈라졌다. 여기서 기자는 유사한 주장을 한다. 이 소망이 더 나은 것은 그것을 통해 신자들이 "하나님께로 가까이 나아가기" 때문이다.[참조 §1] 이 서신이 전개될수록 더 자세히 설명되겠지만, 예수의 희생은 신자들을 죄로부터 깨끗하게 씻어서 그들이 담대하게 하나님의 존전으로 들어갈 수 있도록 한다. 레위 계통의 제사장직은 백성들을 하나님께로 가까이 데리고 가지 않았다. 오히려 하나님으로부터 멀리 떨어져 있도록 했고, 그들의 죄 역시 온전하고 최종적으로 속함을 받지 못했다.

성경신학적 적용

레위 계통의 제사장직은 폐하여졌다. 그것이 가진 연약함과 무익함 때문이다. 궁극적으로 이 제사장직은 사람들을 하나님 존전으로 데려가지도 않고 그럴 수도 없다. 사람들을 그들의 죄로부터 깨끗하게 하지도 않고 그럴 수도 없다. 새로운 제사장직이 시작되었다. 멜기세덱의 반차를 따른 제사장직이다. 레위 계통의 제사장직보다 훨씬 탁월한 제사장

358 O'Brien, *Hebrews*, 266.

직이다. 사람들에게 소망을 주고 그들을 하나님의 존전으로 데려간다. 히브리서 기자는 옛 언약에 대한 새 언약의 탁월성을 주장하는 추상적인 신학 팸플릿을 쓰려고 하는 것이 아니다. 그는 지금 독자들이 믿음에서 타락할 것을 우려하고 있다. 독자들이 담대함과 확신을 가지고 하나님과의 개인적 관계를 누리기를 원한다. 오직 예수와 그분의 제사장직만이, 예수와 그분이 드린 희생만이 그렇게 할 수 있다.

7:20-22

I. 프롤로그: 아들을 통해 이루어진 결정적이고 최종적인 계시1:1-4

II. 천사들보다 위대하신 아들을 저버리지 말라1:5-2:18

III. 아들을 모세와 여호수아보다 더 위대한 대제사장으로 가진 너희는 마음을 완고하게 하지 말라3:1-4:13

IV. 레위기의 율법이 정하는 대제사장직보다 더 위대한 멜기세덱의 반차를 따른 예수의 대제사장직으로부터 흘러 떠내려가지 않도록 하라4:14-10:18

1 | 대제사장으로 계시는 예수를 힘입어 하는 권면4:14-5:10

2 | 경고와 확증5:11-6:20

3 | 예수께서 가지신 멜기세덱의 반차를 따른 더 위대한 제사장직7:1-28

1) 레위보다 더 위대한 멜기세덱7:1-10

2) 대체된 제사장직을 위한 주장7:11-28

① 레위 계통의 제사장직이 갖는 불완전함7:11-12

② 유다 지파에 속하신 예수7:13-14

③ 멜기세덱과 같은 제사장직에 대한 예언7:15-17

④ 레위 계통의 제사장직을 대체함7:18-19

⑤ 멜기세덱의 반차를 따른 제사장직에 따르는 맹세7:20-22

⑥ 영원히 제사장으로 계시는 예수7:23-25

⑦ 죄 없는 제사장과 단번에 드려진 제사7:26-28

4 | 옛 언약보다 나은 새 언약8:1-13

20 또 예수께서 제사장이 되신 것은 맹세 없이 된 것이 아니니 21 (그들은 맹세 없이 제
사장이 되었으되 오직 예수는 자기에게 말씀하신 이로 말미암아 맹세로 되신 것이라.
주께서 맹세하시고 뉘우치지 아니하시리니 네가 영원히 제사장이라 하셨도다) 22 이와

같이 예수는 더 좋은 언약의 보증이 되셨느니라.

문맥

기자는 계속해서 레위 계통의 제사장직보다 멜기세덱의 반차를 따르는 제사장직이 더 탁월하다는 주장을 이어 간다. 먼저, 제사장직의 변화는 레위 계통의 제사장직이 열등하다는 사실을 나타낸다.[11-12절] 둘째, 예수께서 레위 지파가 아닌 유다 지파로부터 나신 것으로 보아 이 제사장직에 실제적인 변화가 일어난 것이 맞다.[13-14절] 셋째, 예수의 제사장직이 더 좋다. 그분이 불멸하는 생명을 가졌기 때문이다.[15-17절] 넷째, 멜기세덱의 반차를 따르는 제사장직이 더 좋다. 이 제사장직은 사람들을 하나님 앞으로 데려가기 때문이다.[18-19절] 이제 이 단락에서 우리는 다섯 번째 주장을 발견한다. 예수는 더 좋은 언약에 대한 보증이다. 맹세와 더불어 맺으신 언약이기 때문이다.[20-22절] 레위 계통의 제사장들은 결코 맹세를 받지 못했다. 이런 사실은 이 제사장직이 결코 예수의 제사장직과 동급이 아님을 나타낸다. 시편 110:4는 멜기세덱의 반차를 따르는 제사장직이 하나님의 맹세를 토대로 세워졌음을 확증한다. 이 왕이 멜기세덱의 반차를 따르는 영원한 제사장으로 섬길 것임을 여호와께서 맹세하셨다.

주석

7:20 멜기세덱의 반차를 따르는 예수의 제사장직이 독특한 것은 그것이 맹세를 따라 된 것이기 때문이다. 앞의 6:13-18에서 기자는 하나님께서 맹세하시는 것이 갖는 의미를 설명했다. 하나님을 위해서라면 맹세가 필요 없다. 하지만 인간들을 위해 하나님의 뜻이 불변함을 확증하고 강조할 필요가 있었고, 그래서 이 맹세가 필요했다. 하나님의 맹세는 멜기세덱의 반차를 따르는 제사장직이 영원한 것임을 증거한다. 반면

에 레위 계통의 제사장직에는 어떤 맹세도 따르지 않았다. 이런 사실은 구원 역사에서 레위 계통의 제사장직은 특정한 시기로 한정됨을 보여 준다. 그렇다고 기자가 지금 레위 계통의 제사장직을 하나님의 뜻이나 의도에 반하는 것으로 말하는 것이 아니다. 이 제사장직은 본래 그렇게 스러져 가도록 주신 것임을 단순히 강조하고 있다.

7:21 이와 대조적으로, 예수는 맹세와 더불어 제사장이 되셨다. 기자는 다시 한 번 맹세라는 말이 있는 시편 110편의 표현을 염두에 두며 말한다.시 110:4 실제로 기자가 이 구절의 단어 하나하나의 의미를 얼마나 면밀하게 살폈는지를 짐작하게 하는 대목이다. 시편 본문이 갖는 특정한 어법을 비상하게 주목했다. 여호와께서 단순히 "너는 영원이 제사장이라"고만 하신 것이 아니다. 예수께서 영원한 제사장으로 섬길 것을 맹세하셨다.ὤμοσεν 이 표현에 담긴 단호한 어조에 독자들은 주목하지 않을 수 없다. 하나님께서 멜기세덱의 반차를 따르는 제사장직이 영원할 것이라고만 하신 것이 아니다. 이 절은 또한 하나님께서 자신의 마음을 바꾸지 않으실 것임을 강조한다. 멜기세덱의 반차를 따르는 제사장직에는 뉘우침이 없다고 맹세하시기 때문에, 그분은 결코 스스로 맹세하신 것을 철회하지 않으실 것이다. 맹세의 내용 역시 중요하다. 예수는 "영원히"εἰς τὸν αἰῶνα 멜기세덱의 반차를 따르는 제사장이다. 레위 계통의 제사장직은 일정한 기간만을 위해 세워졌다. 하지만 멜기세덱의 반차를 따르는 제사장직은 결코 다함이 없을 것이다.

7:22 여기서 기자는 20절에서 시작한 비교를 마무리한다. 비교한 두 부분을 종합하면, 기자의 주장을 이렇게 정리해 볼 수 있다. "이 제사장직이 맹세가 없이 된 것이 아닌 것만큼이나 예수는 더 좋은 언약의 보증이 되셨다." 멜기세덱의 반차를 따르는 제사장직과 새 언약의 탁월성은 예수의 제사장직에 함께한 맹세를 토대로 한다. 앞서 지적한 것처럼,

"더 좋은"κρείττονος이라는 말은 기자의 주장에서 중요한 역할을 한다. 또한 예수를 통해 세워진 언약은 옛 언약보다 훨씬 좋은 것이다.[359]

예수는 언약이 맹세로 세워진 것만큼이나 더 좋은 언약의 "보증"ἔγγυος이다.참조. §3 여기서 사용된 명사는 타인의 빚에 보증을 서서 그것을 갚는 사람들을 가리키는 말이다.잠 17:18, 22:26 "보증"이라는 말은 "맹세"와 더불어, 약속된 것의 확실성을 인친다. 그렇다면 예수는 어떤 의미에서 보증이 되시는가? 여기서 기자는 예수께서 인간이 하나님께 진 빚을 갚는다고 말하는 것이 아니다. 오히려 기자는 예수께서 하나님의 미쁘심과 약속을 지키실 것을 보증하는 분임을 강조함으로 자기 백성들의 죄를 용서하시겠다는 약속을 하나님이 반드시 이루실 것임을 가리킨다.[360] "보증하셨다"ἐμεσίτευσεν로 번역된 6:17의 또 다른 단어와 긴밀하게 연결된 말이다. 이 두 단어를 동의어로 이해한 엘링워스는 여기이 말이 그리스도를 "장래를 위한……보증"으로 말하는 반면에, 6:17의 단어는 "새 언약을 세우는 가운데 행한 그리스도의 과거의 행위"를 가리킨다고 한다.[361] 여기에 대해 말하는 또 다른 방식은, 이 말ἔγγυος을 그리스도가 "새 언약의 영원한 효력을 담보하는 새 언약의 보증이심을 뜻하는 것으로 보는 것이다. 언약의 '중개자'ἐμεσίτευσεν는 그 언약을 세우는 방편에 참여한다."[362]

359 엘링워스는 히브리서의 언약을 "사람들로 하여금 하나님과의 교제 가운데 살도록 하고, 그들에게 은혜의 보화와 하늘의 유업을 나누어 주는 것을 목적으로 하는 그리스도의 죽음이라고 하는 제의적 비준을 통해 확고부동함과 성취가 보증된 '경륜'을 따라 제정된 하나님의 사랑의 자유로운 표현"으로 정의한다(*Hebrews*, 388).

360 여기서 제시된 해석에 대해서는 퀘스터를 참조하라. *Hebrews*, 370.

361 Ellingworth, *Hebrews*, 388.

362 O'Brien, *Hebrews*, 271-72. 참조. Cockerill, *Hebrews*, 330.

성경신학적 적용

레위 계통의 제사장직으로 다시 돌아가는 것은 하나님의 뜻을 거스르는 일이다. 레위 계통의 제사장직은 멜기세덱의 반차를 따르는 제사장직보다 열등할 뿐 아니라, 후자는 하나님의 맹세와 함께하기 때문이다. 이 맹세는 멜기세덱의 반차를 따르는 제사장직이 결코 그치지 않을 것임을 보증한다. 레위 계통의 제사장직과 대조적으로, 이 제사장직은 영원히 계속된다. 그렇기 때문에 예수는 죄를 실제로 그리고 최종적으로 용서받는 더 좋은 언약의 보증이다. 그런데 어떻게 독자들이, 그리고 어떻게 우리가 이런 온전하고 최종적인 죄 씻음을 저버릴 수 있단 말인가?

7:23-25

I. 프롤로그: 아들을 통해 이루어진 결정적이고 최종적인 계시1:1-4

II. 천사들보다 위대하신 아들을 저버리지 말라1:5-2:18

III. 아들을 모세와 여호수아보다 더 위대한 대제사장으로 가진 너희는 마음을 완고하게 하지 말라3:1-4:13

IV. 레위기의 율법이 정하는 대제사장직보다 더 위대한 멜기세덱의 반차를 따른 예수의 대제사장직으로부터 흘러 떠내려가지 않도록 하라4:14-10:18

1 | 대제사장으로 계시는 예수를 힘입어 하는 권면4:14-5:10

2 | 경고와 확증5:11-6:20

3 | 예수께서 가지신 멜기세덱의 반차를 따른 더 위대한 제사장직7:1-28

1) 레위보다 더 위대한 멜기세덱7:1-10

2) 대체된 제사장직을 위한 주장7:11-28

① 레위 계통의 제사장직이 갖는 불완전함7:11-12

② 유다 지파에 속하신 예수7:13-14

③ 멜기세덱과 같은 제사장직에 대한 예언7:15-17

④ 레위 계통의 제사장직을 대체함7:18-19

⑤ 멜기세덱의 반차를 따른 제사장직에 따르는 맹세7:20-22

⑥ 영원히 제사장으로 계시는 예수7:23-25

⑦ 죄 없는 제사장과 단번에 드려진 제사7:26-28

4 | 옛 언약보다 나은 새 언약8:1-13

23 제사장 된 그들의 수효가 많은 것은 죽음으로 말미암아 항상 있지 못함이로되 24 예
수는 영원히 계시므로 그 제사장 직분도 갈리지 아니하느니라. 25 그러므로 자기를 힘
입어 하나님께 나아가는 자들을 온전히 구원하실 수 있으니 이는 그가 항상 살아 계

셔서 그들을 위하여 간구하심이라.

문맥

기자는 계속해서 멜기세덱의 반차를 따르는 제사장직의 탁월성에 대한 논증을 이어 간다. 변화가 예언되었다.[11-12절] 예수는 레위 지파가 아닌 다른 지파에 속하고,[13-14절] 불멸하는 생명을 가졌으며,[15-17절] 하나님의 백성들을 하나님 앞으로 데려가신다.[18-19절] 예수의 제사장직에는 맹세가 함께한다.[20-22절] 이제 23-25절이 말하는 요지는 예수께서 그분을 통해 하나님 앞으로 나아가는 자들을 완전히 구원하실 수 있다는 것이다. 레위 계통의 제사장들이 할 수 있는 일들과는 도무지 비교가 안 된다. 그들은 하나같이 죽을 수밖에 없기 때문이다. 죽은 제사장들이 구원을 이룰 수는 없다! 반면에 예수의 제사장직은 결코 다함이 없다. 따라서 그분이 가진 제사장직이 갖는 구원하는 효력 역시 영속된다. 신자들은 자신들이 진실로 하나님 앞으로 나아갈 수 있음을 온전히 확신할 수 있다. 항상 사시는 제사장이신 예수께서 그들을 위해 중보하기 때문이다.

주석

7:23 멜기세덱의 반차를 따르는 제사장직에 비해 레위 계통의 제사장직이 갖는 열등성은 분명하다. 이 반차를 따르는 제사장들은 사망을 이기지 못한다. 누구도 예외가 없다. 시간의 흐름에 따라 한 명 한 명 수많은 제사장들이 일어났다. 하지만 저마다 죽음을 이기지 못하고 사라져 갔다. 레위 계통의 제사장들은 저마다 한 세대를 넘기지 못하고 죽었다. "많은"πλείονές이라는 말은 하나라는 말과 대비된다. 사망을 이기는 한 사람의 효력 있는 제사장이 필요하다. 하지만 이런 제사장은 레위 지파에서 나지 않았다.

7:24 예수의 제사장직이 영원히 계속된다는 사실은 레위 계통의 제사장들과 현저한 대비를 이룬다. "그 제사장 직분도 갈리지 아니하느니라." "영원히"ἀπαράβατον라는 말은 예수의 제사장직이 결코 끝나지 않는다는 의미다. 영원히 남아 있다는 말은 부활을 암시한다. 예수의 제사장직이 계속 이어진다. 사망을 이겼기 때문이다. 사망을 이기신 분이기 때문에 예수의 제사장직은 계속된다. 하지만 커크릴은 이 말이 "히브리서를 여는 장에서 확증된 아들의 위격이 갖는 영원한 성격"을 가리킨다고 본다.[363] 이렇게 보면 기자가 지금 사망을 이기신 예수의 승리에 초점을 맞추고 있는 것이 아니라, 신적인 존재로서 그분이 가진 본성적 탁월성을 말하는 것이 된다. 그럼에도 불구하고 지금 기자는 제사장이신 예수의 인성을 생각하고 있는 것처럼 보인다. 따라서 여기서 기자의 초점은 아들이 갖는 본유적인 신적 속성이 아닌 예수의 인성에 가 있다. 물론 예수는 대제사장으로 하나님과 인간이시며, 궁극적으로 이 두 본성은 서로 분리될 수 없다. 그럼에도 불구하고 지금 기자는 예수의 인성에 초점을 맞추고 있고, 그래서 예수의 영존성을 그분의 신성보다는 부활에서 기인하는 것으로 말하고 있는 것이다.

7:25 예수께서 영원한 제사장직을 가지셨다는 사실은, 그분이 자기를 힘입어 하나님께 나아가는 자들을 "항상"NRSV, εἰς τὸ παντελές구원하실 수 있다는 것을 의미한다.ὅθεν 참조. §9 364 아니면, 그분이 자기를 힘입어 하나님께 나아가는 자들을 "완전히"NIV, εἰς τὸ παντελές 구원할 수 있다는 뜻이다.참조. 눅 13:11 아마도 이 두 가지 모두를 염두에 둔 말일 것이다. 이 둘은 서로 양립할 수 없는 것이 아니다. 모두가 문맥에 잘 부합하기 때문이

363 Cockerill, *Hebrews*, 333.

364 Ellingworth, *Hebrews*, 391.

다.[365] 그리스도인들은 예수 그리스도의 제사장직을 통해 영원히 그리고 온전히 구원받는다.

"능히 구원할 수 있다"σῴζειν...δύναται는 말은 그분이 구원할 능력은 있지만 그렇게 하지 않을 수도 있다는 식으로 단순히 가능성의 개념을 전달하는 것이 아니다. 오히려 지금 기자는 예수의 구원 역사의 효력을 말하고 있다. 예수를 통해 하나님께로 가까이 나아가는 자들은 자신들이 구원받았음을 확신한다. "나아간다"NRSV, προσερχομένους는 말은 이 서신에서 종종 하나님께로 가까이 나아가는 것을 말하기 위해 사용된다.4:16, 10:1, 22, 11:6, 12:18, 22 히브리서의 중심 되는 쟁점 가운데 하나는 하나님과의 교제다. 기자는 독자들에게 하나님과의 참된 교제, 진정으로 하나님께 나아가는 것은 오직 예수 그리스도를 통해서만 가능하다는 사실을 상기시킨다.

이 절의 후반부를 통해 독자들은 더욱 확신을 얻는다. 그들의 구원은 완전하고 최종적이다. 예수께서 "항상 살아 계셔서 그들을 위해 간구"하시기 때문이다.[366] 레위 계통의 제사장들과의 대조가 이어진다. 제사장으로서 독자들을 위한 그들의 사역은 그들이 죽은 후에는 계속될 수 없기 때문이다. 한편, 제사장으로 섬기는 예수의 사역이 주는 유익은 중단 없이 계속된다. 부활하신 그분이 사망을 이긴 제사장으로, 영원히 사시는 제사장으로 중보하기 때문이다. 예수의 중보는 자신이 이룬 희생을 토대로 할 것이다. 본문의 주제가 예수의 제사장으로서의 사역이고, 이어지는 구절들은26-28절 제사장으로서 그분이 드리신 희생에 초점을 맞추고 있기 때문이다.[367] 그렇다면 예수의 중보는 자신의 죽음을 통해

365 Attridge, *Hebrews*, 210.

366 실제로 모든 번역이 "살다"ζῶν라는 분사가 원인을 나타내는 것으로 해석한다.

367 "그리스도의 중보의 개념은 그리스도께서 단번에 드리신 희생에 대한 적용으로 가장

이루신 성취와 연결되고 또 그것에 토대를 두고 있다. 실제로 하나님께로 가까이 나아가는 것참조 10:22은 예수의 피와 희생으로만 가능해지기 때문이다.[368] 쾨스터는 이렇게 말한다. "히브리서에서 말하는 중보가 죄 사함을 위한 간구를 포함한다고 생각할 가장 강력한 이유는 히브리서 7:26-27이 인간의 죄를 언급하고 있고, 그리스도의 제사장으로서의 사역이 속죄를 이루는 것을 포함하며,2:17 새 언약이 죄 사함을 가져오기 때문이다."8:12, 10:17 [369] 로마서 8:33-34의 병행구절 역시 이런 사실을 확증하는 역할을 한다. 히브리서가 주장하는 것과 마찬가지로, 여기서 예수의 중보가 그분의 죽음과 부활과 연결되기 때문이다. 동시에, 예수께서 시험받는 자들을 돕도록 중보가 돕는 개념을 포함하지 못할 이유가 없다.2:17-18, 4:14-16 예수의 중보는 도움이 필요한 자들을 그분이 도우는 것과 죄 사함을 위해 간구하는 것을 포함한다.[370] 중보라는 말은 유비적으로 사용되었기 때문에, 아들이 문자 그대로 아버지 앞에서 영원토록 중보하는 것을 말하지 않는다.[371]

성경신학적 적용

23-25절에서 놀라운 것은, 예수께서 레위 계통의 제사장들과 대비되는

잘 이해될 수 있다"(Koester, *Hebrews*, 372n249). 참조. Hughes, *Hebrews*, 270.

368 헤이David M. Hay는 중보는 "신자들이 하나님께로 가까이 나아가기 위해 필요한 모든 것을 포함한다"고 말한다(*Glory at the Right Hand*, 132).

369 Koester, *Hebrews*, 366.

370 쾨스터가 바르게 말한다. *Hebrews*, 366. 레인은 거의 도움을 위한 필요에만 초점을 맞춘다(*Hebrews 1-8*, 190). 하지만 헹엘Martin Hengel은 도움을 위한 중보와 죄 사함을 위한 중보 가운데 어느 하나만을 선택할 필요가 없다고 바르게 말한다. 두 가지 모두를 포함하기 때문이다(Hengel, *Studies in Early Christology*, 146n65).

371 참조. Cockerill, *Hebrews*, 336-37.

살아 계신 제사장이라는 사실이다. 독자들은 레위 계통의 제사장직을 붙들어서는 안 된다. 죽은 제사장들이 그들을 구원하지 못하기 때문이다. 부활하신 예수는 영원히 사망을 이기셨기 때문에 영원히 계시는 제사장이다. 따라서 영원한 제사장으로서 예수는 자기를 힘입어 하나님께로 나아가는 자들과 자기를 믿는 자들을 위해 중보하는 가운데 그들을 위한 완전하고 다함이 없는 구원을 보증한다. 예수께서 이룬 대속의 죽음과 우리를 위한 중보를 통해 우리의 죄가 용서받았음을 확신할 수 있다.

7:26-28

I. 프롤로그: 아들을 통해 이루어진 결정적이고 최종적인 계시 1:1-4

II. 천사들보다 위대하신 아들을 저버리지 말라 1:5-2:18

III. 아들을 모세와 여호수아보다 더 위대한 대제사장으로 가진 너희는 마음을 완고하게 하지 말라 3:1-4:13

IV. 레위기의 율법이 정하는 대제사장직보다 더 위대한 멜기세덱의 반차를 따른 예수의 대제사장직으로부터 흘러 떠내려가지 않도록 하라 4:14-10:18

1 | 대제사장으로 계시는 예수를 힘입어 하는 권면 4:14-5:10

2 | 경고와 확증 5:11-6:20

3 | 예수께서 가지신 멜기세덱의 반차를 따른 더 위대한 제사장직 7:1-28

1) 레위보다 더 위대한 멜기세덱 7:1-10

2) 대체된 제사장직을 위한 주장 7:11-28

① 레위 계통의 제사장직이 갖는 불완전함 7:11-12

② 유다 지파에 속하신 예수 7:13-14

③ 멜기세덱과 같은 제사장직에 대한 예언 7:15-17

④ 레위 계통의 제사장직을 대체함 7:18-19

⑤ 멜기세덱의 반차를 따른 제사장직에 따르는 맹세 7:20-22

⑥ 영원히 제사장으로 계시는 예수 7:23-25

⑦ 죄 없는 제사장과 단번에 드려진 제사 7:26-28

4 | 옛 언약보다 나은 새 언약 8:1-13

26 이러한 대제사장은 우리에게 합당하니 거룩하고 악이 없고 더러움이 없고 죄인에게
서 떠나 계시고 하늘보다 높이 되신 이라. 27 그는 저 대제사장들이 먼저 자기 죄를 위
하고 다음에 백성의 죄를 위하여 날마다 제사 드리는 것과 같이 할 필요가 없으니 이는

그가 단번에 자기를 드려 이루셨음이라. [28] 율법은 약점을 가진 사람들을 제사장으로 세웠거니와 율법 후에 하신 맹세의 말씀은 영원히 온전하게 되신 아들을 세우셨느니라.

문맥

본문은 예수께 있는 멜기세덱의 반차를 따르는 제사장직의 탁월성에 대한 최종적인 논증이다. 먼저, 레위 계통의 제사장직으로는 온전함이 이루어질 수 없기 때문에 이 제사장직이 변하는 것이 분명하다.[11-12절] 둘째, 예수 안에서 새로운 제사장직이 도래했다. 그분은 레위 지파가 아닌 유다 지파로부터 난 제사장이기 때문이다.[13-14절] 셋째, 예수의 제사장직은 새로운 반차(멜기세덱의 반차)를 따르고 그분은 불멸의 생명을 가졌기 때문에, 그분의 제사장직은 레위 계통의 제사장직보다 탁월하다.[15-17절] 넷째, 레위 계통의 제사장직이 그것이 가진 본유적인 연약함 때문에 폐하여진 반면, 예수의 제사장직은 사람들에게 소망을 가져다주어 그들이 살아 계신 하나님과의 교제를 누리도록 한다.[18-19절] 다섯째, 멜기세덱의 반차를 따르는 제사장직은 레위 계통의 제사장직과 달리 맹세를 수반한다.[20-22절] 여섯째, 예수의 제사장직은 항상 살아 계신 이를 제사장으로 하기 때문에 온전하고 결정적인 구원을 성취한다.[23-25절]

본문의 구절들은 예수께서 가지신 멜기세덱의 반차를 따르는 제사장직의 위대함을 찬송한다. 레위 계통의 제사장들과 대조적으로, 예수는 죄가 없고 완전한 제사장이다.[26절] 따라서 그분은 레위 계통의 제사장들에게 요구된 것과 달리 자신의 죄를 용서받기 위해 제사를 드릴 필요가 없었다.[27절 상] 대신에 그분은 다른 사람들을 위해 자신을 제물로 드리셨고, 단번에 드리신 그분의 희생으로 말미암아 영원한 용서를 이루셨다.[27절 하] 율법은 죄악되고 약점이 있는 자기 자신을 위한 속죄가 필요한 사람들을 제사장으로 세웠다.[28절 상] 그러나 율법 후에 새로운 시대가 도래했다. 예수의 제사장직은 멜기세덱의 반차를 따르는 제사장직에 대한 맹세와 부합하고,시 110:4 따라서 그분은 온전한 제사장이다. "온전하게 되다"τετελειωμένον라는 말이 이 문단을 잘 마무리한다. 7:11에서 우리는 레위 계통의 제사장직이 온전하게 하지τελείωσις 못하고, 율법은 아무것도 "온전하게 하지"ἐτελείωσεν 못한 것을 보았기 때문이다.7:19 온전하게 하는 시대, 종말론적 성취의 시대가 예수 그리스도의 죽음, 부활, 승귀와 더불어 도래했다.

주석

7:26 예수의 제사장직이 갖는 탁월성은 제사장이신 그분의 자질에서 분명해진다. 그분은 인간의 "필요"에 꼭 들어맞는 "합당한"fitting, ESV 대제사장이다. 그분은 죄가 없는 대제사장이기 때문이다. 기자는 몇 가지 단어를 사용해 예수께서 가진 덕을 묘사한다. 그분은 항상 하나님을 기쁘시게 하는 거룩한 삶을 사는 "거룩한"ὅσιος 분이다. 그분은 악이 없고 ἄκακος 선한 것에 헌신된 분이다. "더러움이 없다"ἀμίαντος는 말은 그가 죄로 더럽혀지지 않았다는 뜻이다. 결혼에서 요구되는 성적 순결을 말하면서 동일한 단어를 사용한다.히 13:4

예수는 또한 "죄인들에게서 떠나 계신다."κεχωρισμένος 아마도 기자가 하나님께서 예수를 제사장-왕으로 승귀하게 하심으로 우리와 분리되신 것을 염두에 두고 하는 말일 것이다.[372] 마지막 대목("하늘보다 높이 되신")도 이와 유사하다. 하지만 커크릴은 마지막 두 절의 의미를 잘 잡

372 Attridge, *Hebrews*, 213; Michel, *Der Brief an die Hebräer*, 90. 두 가지 차원의 분리, 다시 말해 질적인 분리(그분은 죄가 없으셨다)와 공간적인 분리(지금 그분은 높아져서 하늘에 계신다)의 개념 모두를 염두에 두고 있을 수 있다(Koester, *Hebrews*, 367; Peterson, *Hebrews and Perfection*, 116). 휴즈는 여기서는 죄로부터의 분리만을 이야기한다고 주장한다(*Hebrews*, 273-75).

아내고 있다. "첫 번째 절은 죄에 대한 그리스도의 최종적인 승리로서의 승귀를 묘사한다. 두 번째 절은 그분이 다다른 지극히 존귀한 상태를 묘사한다."[373] 예수의 삶의 순결함과 그분의 승귀가 어떤 관계가 있는가? 가장 타당한 대답은 예수의 승귀가 그분의 의로움에 합당한 상급이었다는 것이다. 예수의 승귀는 시편 110:1에서 우리가 발견한 것, 다시 말해 하나님의 우편에서 이루어지는 예수의 통치에 대한 재진술이다. 죄가 없으신 분으로 그분은 지금 승리의 통치자로 계신다.

7:27 죄가 없으셨기 때문에, 예수는 백성들의 죄를 위한 제사로 나아가기 전에 먼저 자신의 죄를 위해 제사를 드릴 필요가 없었다. 예수는 자신을 제물로 드림으로 단번에 속죄를 이루셨다.

예수의 죄 없으심[26절]은 모든 다른 인간들과 극적인 대비를 이룬다. 죄 때문에 인간들은 "날마다" 제사를 드려야 한다. 죄를 속하기 위해 날마다 드려지는 제사로는 죄가 참으로 속해지지 않는다는 사실에 대한 암묵적인 인정인 셈이다.[참조. 10:1-4] 실제로 대제사장의 연약함 또한 분명하다. 기자는 이미 제사장들의 비영속성을 강조했다. 그들은 모두 죽는다.[7:23] 그러나 지금 기자는 그들의 죄를 상기시킨다. 대제사장들의 거룩함과 그들이 가진 명성에도 불구하고, 자신들의 죄를 위한 제사를 드려야 했다.[참조. 레 9:7, 16:6] 그러고 나서야 백성들의 죄를 속하기 위한 제사로 나아갈 수 있었다.[레 16:15] 대속죄일은 일 년에 한 차례로 제한되었다. 그러나 여기서 기자는 날마다 드리는 제사와 대속죄일의 제사를 뭉뚱그려 일반적으로 말하고 있다.[374]

373 Cockerill, *Hebrews*, 342.

374 참조. Attridge, *Hebrews*, 213-14; O'Brien, *Hebrews*, 282. 커크릴은 대속죄일의 의식 역시 실제로 죄를 없이하는 것은 아니기 때문에, 지금 기자가 단순히 반복해서 제사를 드려야 할 필요를 가리킬 뿐이라고 말한다(*Hebrews*, 342-43). 기자가 속죄와 감사를 위해 한 날에

대제사장으로서 예수는 다르다. 기자는 예수께서 전혀 다른 차원의 제사장임을 보인다. 죄가 없으신 분으로서 그분은 자신의 죄를 위해 제사를 드릴 필요가 없었다. 더욱이 날마다 새로이 제사를 드릴 필요가 없었다. 대신에 예수는 자신을 "단번에"ἐφάπαξ 제물로 드리셨다. 9-10장의 중심 주제를 예고하는 대목이다. 그분이 단번에 드린 제사는 결정적이고 최종적으로 죄를 다룬 것이기 때문에 더 이상 제사를 드릴 필요가 없다. 이런 사실은 그리스도의 희생으로 죄가 실제로 깨끗하게 되었음을 보여준다. 짐승을 바침으로서가 아니라 예수 그리스도의 희생으로 죄 사함이 이루어졌다.[375] 레위 계통의 제사장들은 자기 자신이 아닌 짐승을 드렸다. 예수는 자신을 희생으로 바치심으로 죄 사함을 이루었다. 또한 이런 제사장들과 달리 예수는 제사를 드리는 제사장이면서 동시에 그렇게 바쳐지는 제물이었다.

7:28 이 절은 7장의 마지막 절이자 7:11에서부터 이어진 주장을 구성하는 마지막 절이다. 여기서 비로소 이 논의가 완성된다. 다시 한 번 우리는 율법과 제사장직이 서로 엮여 있는 것을 확인한다. 앞에서 언급한

두 번 드려진 번제들을 염두에 두고 있을 수도 있다(출 29:38-42, 레 1:4). 엄밀하게 말해서, 대제사장이 자신의 죄를 위해 날마다 제사를 드린 것은 아니다. 엘링워스는 "기자가 관심을 기울인 것은 성전에서 행해진 제의의 세부사항이 아니라, 그런 제사의 토대가 되는 신학이었기 때문이다. 그래서 그는 대제사장이 다른 제사장들처럼 그런 모든 제의를 관장한 것으로 가정하는 가운데, 날마다 행해진 의식들과 그 의미를 연례로 행하는 의식과 연계해서 말하고 있다"(*Hebrews*, 395). 엘링워스는 계속해서 민수기 28-29장에서 날마다 제사를 드리는 것이 대속죄일의 제사로 마무리되고 있음을 지적한다(*Hebrews*, 395). 휴즈는 비록 대속죄일에 드리는 제사를 특별히 염두에 두고 있기는 하지만, 그럼에도 불구하고 여기서 기자가 드려지는 제사에 대해 일반적으로 언급하고 있다고 말한다(*Hebrews*, 277).

375 모핏의 주장과 달리(*Atonement and the Logic of the Resurrection in the Epistle to the Hebrews*, 278-79), 여기서 말하는 그리스도의 희생은 이 땅에서 드려진 것이지 하늘에서 드려진 것이 아니다. 예수의 죽음이 갖는 역사적 실재에 대해서는 매키를 참조하라. *Eschatology and Exhortation in Hebrews*, 175-77.

바와 같이, 율법이 사람을 대제사장으로 세웠다.참조. 출 28-29장 주목할 만한 점은 제사장으로 섬겼던 사람들을 "연약함"weakness, "약점", 개역개정을 가진 자들로 묘사한다는 것이다.ESV, ἀσθένειαν 그들에게 있던 연약함은 앞선 절들에서 분명히 드러난 바와 같이, 그들의 죄악됨27절과 죽음에 굴복할 수밖에 없는 것23절이다. "연약함"이라는 말은 앞선 논의의 연장선상에 있는 말이다. 제사장직에 대한 이전의 규례는 그것이 가진 "연약함"ESV, ἀσθενές으로 인해 폐하여졌다. 옛 체제에 본유적으로 내재해 있던 약점에서 자유롭고 새로운 질서가 도래했다.

새로운 제사장직의 탁월성 또한 분명하다. 기자는 예수 그리스도 안에서 도래한 것을 일컬어 "맹세의 약속"("맹세의 말씀", 개역개정)이라고 말한다. "맹세"라는 말은 바로 앞에서 주장한 것으로, 여기서 멜기세덱의 반차를 따르는 제사장직의 탁월함은 그것이 맹세와 함께하는 것으로 확증된다.7:20-22 레위 계통의 제사장직에서는 찾아볼 수 없는 특징이다. 이 맹세는 율법이 있은 뒤에 주어졌다. 하지만 맹세의 새로움은 그것의 열등성이 아닌 탁월함을 의미한다. 율법이 제정된 후에 이 맹세가 이루어졌다는시 110:4 사실은 맹세로 인쳐진 제사장직과 달리 이 율법이 일시적인 것임을 드러낸다.

이 맹세는 아들을 향한 것이다. 우리는 그분이 제사장이나 왕으로 말하기를 기대할 수도 있겠다. 시편 110편이 확증하는 것처럼 그분은 또한 왕이자 제사장이기 때문이다. 하지만 여기서 기자는 **아들**이라는 말에 주목한다. 아들이 천사들보다 탁월하기 때문이다. 이 맹세는 단지 한 명의 제사장이나 왕에게 주어진 것이 아니라 유일무이한 하나님의 아들에게 주어진 것이다.[376] 아들은 "영원히 온전하게 되셨다."εἰς τὸν αἰῶνα

376 아들의 신성에 대한 이런 강조에 대해서는 커크릴을 참조하라. *Hebrews*, 344. 그러나

τετελειωμένον 앞에서 기자는 예수께서 자신의 순종의 고난을 통해 "온전하게 되셨다"τελειωθείς고 가르쳤다.5:8-9 예수께서 그렇게 완전하게 되기 전에는 죄인이었다는 말이 아니다. 기자는 당연히 그분의 죄 없음을 단언했다.7:27; 참조. 4:15 여기서의 온전함은 종말론적이고 경험적이다. 예수는 인간 경험이라는 고뇌의 모루에서 자기 아버지를 신뢰하고 순종하셨다. 속죄를 위한 완벽한 제물로 합당하게 예비되었음을 나타내셨다. "온전하게 되다"라는 말은 또한 7:11-28의 주제들과도 상통한다. 레위 계통의 제사장직은 "온전함"7:11, τελείωσις을 가져올 수 없었고, "율법은 아무것도 온전하게ἐτελείωσεν 하지 못했다." 그러나 예수 그리스도를 믿는 신자들에게는 자신들을 하나님 앞으로 나아가도록 하는 온전한 제사장이 있다. 예수의 온전하게 되심은 "예수께서 인격적으로 준비되고, 부르심을 따라 하나님 앞에서 계속되는 사역을 위해 준비되는 전체 과정"을 가리킨다.[377] 그분이 단번에 드린 제사는 옛 질서가 종식되고 새 시대가 시작되었음을 증거한다.

성경신학적 적용

이 서신을 기록한 중심 목적 가운데 하나는 신자들이 자신들의 죄가 용서받았음을 확신하도록 하기 위함으로 보인다. 깨끗한 양심을 얻기 위해 다른 곳을 찾아갈 필요가 없다. 기자는 우리가 온전하고 죄 없는 제사장과 하나님 우편에서 다스리시는 이를 가졌음을 독자들과 우리에게 상기시킨다. 그분이 단번에 드린 제사로 우리의 죄가 영원히 속해졌다. 그런데 온전하게 되시고 완전하고도 최종적으로 우리 죄를 씻으신 하

우리는 1장의 주석에서 보인 것처럼, 예수의 아들됨 역시 그분의 왕권을 포함한다는 사실 또한 주목해야 한다.

377 Lane, *Hebrews 1-8*, 196.

나님의 아들의 사역을 통해 유익을 누리는 그들이 죄악되고 죽을 수밖에 없는 제사장들에게로 돌이켜 그들을 의지하는 것을 고민할 이유가 어디 있단 말인가?

8:1-6

I. 프롤로그: 아들을 통해 이루어진 결정적이고 최종적인 계시 1:1-4

II. 천사들보다 위대하신 아들을 저버리지 말라 1:5-2:18

III. 아들을 모세와 여호수아보다 더 위대한 대제사장으로 가진 너희는 마음을 완고하게 하지 말라 3:1-4:13

IV. 레위기의 율법이 정하는 대제사장직보다 더 위대한 멜기세덱의 반차를 따른 예수의 대제사장직으로부터 흘러 떠내려가지 않도록 하라 4:14-10:18

1 | 대제사장으로 계시는 예수를 힘입어 하는 권면 4:14-5:10

2 | 경고와 확증 5:11-6:20

3 | 예수께서 가지신 멜기세덱의 반차를 따른 더 위대한 제사장직 7:1-28

4 | 옛 언약보다 나은 새 언약 8:1-13

1) 예수께서 하늘에서 제사장으로 계신다는 사실은 그가 더 나은 언약의 중보자라는 사실을 보여줌 8:1-6

2) 새 언약에 대한 예언은 옛 언약의 연약함을 보여줌 8:7-13

5 | 새 언약 아래서 드리는 더 나은 제사 9:1-10:18

1 지금 우리가 하는 말의 요점은 이러한 대제사장이 우리에게 있다는 것이라. 그는 하
늘에서 지극히 크신 이의 보좌 우편에 앉으셨으니 2 성소와 참 장막에서 섬기는 이시
라. 이 장막은 주께서 세우신 것이요 사람이 세운 것이 아니니라. 3 대제사장마다 예물
과 제사 드림을 위하여 세운 자니 그러므로 그도 무엇인가 드릴 것이 있어야 할지니
라. 4 예수께서 만일 땅에 계셨더라면 제사장이 되지 아니하셨을 것이니 이는 율법을
따라 예물을 드리는 제사장이 있음이라. 5 그들이 섬기는 것은 하늘에 있는 것의 모형
과 그림자라 모세가 장막을 지으려 할 때에 지시하심을 얻음과 같으니 이르시되 삼가
모든 것을 산에서 네게 보이던 본을 따라 지으라 하셨느니라. 6 그러나 이제 그는 더 아

름다운 직분을 얻으셨으니 그는 더 좋은 약속으로 세우신 더 좋은 언약의 중보자시라.

문맥

독자들은 마땅히 믿음의 고백을 저버리지 말아야 한다. 결코 그래서는 안 된다. 예수께서 가지신 멜기세덱의 반차를 따르는 제사장직은 레위 계통의 제사장직보다 훨씬 탁월하기 때문이다.[7:1-28] 8:1-6에서는 성막과 새 언약이 갖는 예수의 제사장직과의 관계를 살핀다. 예수는 신자들을 참된 성소인 하늘에 있는 하나님 앞으로 데리고 가신다. 그분은 또한 새롭고 더 좋은 언약의 중보자다. 8:1에서 기자는 잠깐 멈추어 서서 이 요점을 강조한다. 이 서신을 읽는 독자로서 우리는, 기자가 자신이 말하는 요점을 명시적으로 강조할 때 그가 하는 말에 특별한 주의를 기울여야 한다! 그리스도 안에 있는 신자들은 지금 앞장에서 묘사한 멜기세덱의 반차를 따르는 제사장을 통한 은택을 누린다.[8:1] [378] 실제로, 예수는 지금 하늘에서 다스리시는 분의 우편에 좌정하셔서 자신이 왕이자 제사장 된 것을 나타내신다.[시 110:1] 하늘에서의 그분의 통치는 그분이 하늘에 있는 참 장막과 성소에서 섬기는 자임을 나타낸다.[8:2] 반대로, 레위 계통의 제사장들은 이 땅의 장막에서 예물과 제사로 섬겼다.[3절] 예수는 제사장이었기 때문에 그분은 또한 제물을 드려야 했다. 그분은 단순히 땅 위의 제사장만이 아니다. 땅에서는 모세의 율법을 따라 제사를 드려야 했기 때문이다.[4절] 그러나 제사장들이 섬기는 자리인 성소는 출애굽기 25:40이 말하는 것처럼 하늘 장막[5절]의 식양을 따라 기능한다. 하늘에서의 예수의 사역은 이 땅에서의 제사장의 사역보다 더 좋다.[6절] 그분이 더 좋은 언약을 중개하기 때문이고, 이 언약은 더 좋은 약속을 토대

378 기자는 수신자들이 누리는 존재론적이고 심리적인 유익을 주장한다(Attridge, *Hebrews*, 216).

로 제정되었기 때문에 더 좋은 언약이다.

주석

8:1 기자는 지금 앞에서 말한 "요점"Κεφάλαιον을 독자들을 위해 명시한다.[379] 요점은 이렇다. "이러한 대제사장이 우리에게 있다."참조. §2.3 여기서 기자의 말이 의미하는 것은, 멜기세덱의 반차를 따르는 제사장에 대한 7장의 묘사에 예수께서 정확히 들어맞는다는 사실이다. 그분은 영원히 사는 이시다. 항상 하나님의 뜻을 행했고, 그분의 희생으로 죄 사함이 이루어졌다. 시편 110:4의 맹세와 약속이 예수 안에서 이루어진다. 게다가 시편 110:1의 기록은 예수를 가리킨다. 그분은 다윗의 주요 자기 원수로 발등상을 삼기까지 하나님 우편에 앉아 계신다. 기자는 시편 110:1을 가리킴으로 예수께서 하늘의 하나님 우편에 앉으셨다는 사실을 확증한다. 예수는 통치하고 다스리는 제사장-왕이요 메시아이신 왕으로 권위를 행사하신다. "하늘에서 지극히 크신"이라는 표현은 하나님의 위엄과 그분의 초월성을 나타낸다. 이처럼 위대한 하나님 우편에 앉으신 예수 또한 초월적인 권위를 행사하신다.

8:2 예수는 성소, 다시 말해 하나님의 성소τῶν ἁγίων에서 섬기는 이로 계신다. 예수께서 섬기는 하나님의 성소는 또한 "참 장막"으로 묘사된

379 이 말이 "요점"을 의미한다는 개념을 옹호하는 논의에 대해서는 아트리지를 참조하라. *Hebrews*, 217. 존슨은 이 말이 5:1부터의 요지를 가리킨다고 말한다(*Hebrews*, 197; 참조. Koester, *Hebrews*, 375; Ellingworth, *Hebrews*, 400). 반면에 브루스는 이 말은 "요약"을 의미하는 것으로 생각한다(Hebrews, 161). 커크릴은 이 말이 이 책의 요점을 의미한다고 바르게 주장한다(*Hebrews*, 350-51). 아니면 이렇게 말하는 것이 더 나을 수도 있다. 예수께서 하나님 우편에 앉으셨다는 말은 신자들의 양심이 깨끗하게 되었음을 의미하기 때문에, 그들은 믿음에서 떨어져 나가지 말아야 한다. 따라서 이 책의 요점은 믿음을 저버리지 말라는 것이다. 하지만 여기서 우리는 이 명령을 뒷받침하는 신학적 요점을 발견한다.

다.τῆς σκηνῆς τῆς ἀληθινῆς [380] 예수는 하늘에서 다스리시는 이의 우편에 앉으셨고,[1절] 참 장막은 이 땅이 아닌 하늘에 있는 것이다. 여기서 우리는 기자가 가진 공간적이고 종말론적인 신학의 한 예를 본다. 한편으로 이 땅에 있는 장막은 궁극적인 것이 아니다. 공간적으로 하늘에 있는 것을 가리킨다. 동시에 기자의 생각에는 종말론적인 측면이 있다. 이 장막은 예수께서 자신의 죽음과 부활을 통해 들어가게 될 장막을 가리키기 위해 이스라엘 가운데 세워졌기 때문이다. 따라서 이 땅의 장막은 "거짓된" 것이 아니다. 더 위대한 어떤 것을 가리키기 위한 일시적인 것이다.[381] 주께서 장막을 세우셨다는 말을 통해 기자는 문자 그대로 하늘에 장막이 있다고 말하는 것이 아니다. 이 말은 단일한 의미를 갖는 것이 아닌 유비적인 표현이다. 그렇다면 참 장막이란 하나님이 다스리고 통치하시는 하나님 앞을 가리킨다. 예수는 가장 탁월한 제사장이다. 그분은 하나님 앞에 머물면서 하나님이 거하시는 하늘의 영역에서 섬기기 때문이다.

8:3 예수는 하나님의 참 장막에서 섬기는 자다. 하지만 섬기는 자라고 할 때는 그분이 섬기는 특별한 내용이 있다. 8:1과 7:1-28은 예수의 제사장으로서의 섬김을 강조한다. 기자는 여기서 일반적으로 대제사장들의 책무를 반추한다. 그들은 예물과 제사를 드리기 위해 이스라엘에서 세워졌다. 하나님께 감사를 표하고 이스라엘에서 저질러진 죄악들을 속하는 일 모두를 포함한다. 예수는 제사장이기 때문에 그 역시 제사를

380 나는 "성소"와 "참 장막"이 같은 실재를 가리키는 것으로 본다(Hughes, *Hebrews*, 281-82n55; Peterson, *Hebrews and Perfection*, 130-31; Koester, *Hebrews*, 376, Lane, *Hebrews 1-8*, 205; Ellingworth, *Hebrews*, 402). 하늘의 성소에 있는 어떤 구별을 나타내는 것으로 보기도 한다(Michel, *Der Brief an die Hebräer*, 95-96; Attridge, *Hebrews*, 218; Barnard, *The Mysticism of Hebrews*, 110-18). 보다 자세한 논의를 위해서는 휴즈를 참조하라. *Hebrews*, 283-90.

381 참조. Koester, *Hebrews*, 376; Lane, *Hebrews 1-8*, 205-6.

드려야 한다. 하나님께 제사를 드리는 것이 제사장직의 본질이다. 여기서 기자 편에서의 언급이 밝히 보여주는 것이 있다. 이 말은 속죄와 죄 사함을 얻기 위해 이스라엘에서 대제사장들이 제사를 드리는 것처럼,[레 16장] 기자가 제사장이 하는 핵심적인 역할을 이스라엘이 제사를 통해 하나님께로 나아가도록 하는 것으로 생각하고 있음을 분명히 보여준다.

8:4 예수는 제사장이다. 하지만 그분의 제사장직은 모세의 율법 아래서 섬겼던 제사장들과 달랐다. 기자는 "예수께서 만일 땅에 계셨더라면 제사장이 되지 아니하셨을 것"이라고 하면서 예수의 제사장직을 놀랍게 묘사한다. 앞에서 살핀 것처럼,[참조. 2:5-18] 예수의 인성은 히브리서의 주요 주제 가운데 하나다. 이런 의미에서 예수의 제사장직에는 이 땅의 측면이 있었다. 히브리서가 한결같이 확인하는 것처럼, 실제로 그분은 이 땅에서 고난받고 죽으셨다. 그럼에도 불구하고 기자는 예수는 이 땅의 제사장이 아니었음을 확언한다. 여기서 기자가 의미하는 것은 그의 보다 광범위한 주장을 통해 확인되어야 한다.[382] 땅 위의 제사장직은 모세의 율법에 따라 제사를 드렸던 레위 계통의 제사장들이 수행했다.[383] 반면에 예수는 참 장막, 하나님이 거하시는 하늘의 장막에서 제사장직

382 예수는 전혀 이 땅의 제사장이 아니었다고 하는 모핏의 주장과 상반된다(*Atonement and the Logic of the Resurrection in the Epistle to the Hebrews*, 198-99). 모핏은 하늘에서 예수의 제사장직이 갖는 중요성을 바르게 파악하고 있는 반면에, 그분이 이 땅에서 제사를 드린 것에 대해서는 그릇되게 과소평가한다. 예수께서 이 땅에서 드린 제사를 옹호하는 논의에 대해서는 리처드슨을 참조하라. *Pioneer and Perfecter of Faith*, 36-45. 보스는 여기서의 요지는 예수의 제사장 사역의 "전체"가 이 땅에서 이루어진 것이 아니라는 사실이라고 말한다("The Priesthood of Christ in Hebrews", 159).

383 "제사장들"τῶν ἱερέων이라는 말은 이 본문을 명확히 하기 위해 본문 전승의 증거자들이 더한 것이다. 하지만 이 말을 없애면 의미가 보다 덜 명확하다. 그렇기 때문에 원문에는 없는 표현이지만 해석상 이 말이 함축되어 있다고 할 수 있다. 그래서 필사하는 과정에서 첨가된 이 말은 원문의 바른 의미를 전달해 준다.

을 행하신다. 레위 계통의 제사장들은 궁극적인 참 장막이 아닌 땅 위의 장막에서 제사를 드렸다. 그러나 예수는 이 땅에서 섬기는 제사장이 아니다. 다시 말해, 그분은 모세 율법을 따라 세워진 제사장이 아니었다. 그분의 제사장직을 위한 자리는 따로 있었다(하늘). 그래서 더욱 효과적이다. 그렇다고 예수께서 하늘에서 제물로 드려졌다는 말은 아니다. 오히려 "이 땅에서 그분이 당한 고유한 죽음이 그분의 하늘에서의 사역을 위한 토대다."[384]

8:5 땅의 제사장들은 이 땅의 성소에서 섬긴다. 하나님께서 이스라엘에게 명하여 짓도록 하신 것이다.참조. 출 25-31, 35-40장 NIV는 이 절의 의미를 가장 명료하게 잡아낸다. "그들은 하늘에 있는 것의 모형과 그림자인 성소에서 섬긴다." 비록 "성소"라는 말이 헬라어에는 없지만, 출애굽기 25:40을 가리키는 말과 주장의 흐름상 이 말을 함축하고 있는 것이 분명하다. 하지만 이 땅의 성소는 결코 궁극적인 것으로 의도되지 않았다. 오직 "모형과 그림자"로만 기능한다. 여기서 다시 기자의 공간적 혹은 수직적 사고가 엿보인다. 이런 사고는 플라톤의 사고와 유사하다. 그러나 히브리서가 필로나 다른 사상가의 영향으로 플라톤적 사고를 전달해 주고 있다는 이해는 신빙성이 없다.[385] 그럼에도 불구하고 기자는 이 땅의 것을 하늘의 것을 반영하는 열등한 것으로 본다. 그러나 다시 말하지만, 수직적인 것은 또한 종말론적이다. 율법과 이 땅의 장막은 옛 언약 아래에서 효력을 갖도록 의도되었다. 일정한 기간 동안만 구원 역

384 Koester, *Hebrews*, 382. 예수의 제사장직이 하늘에 속한 것임에도 불구하고 그분의 희생은 땅에서 드려졌다(참조. Attridge, *Hebrews*, 216-17). 소시누스주의자들은 그리스도가 이 땅이 아닌 하늘에서 자신을 제물로 드렸다고 주장했다(참조. Koester, *Hebrews*, 35, 382n264).

385 참조. Ronald Williamson, *Philo and the Epistle to Hebrews*, ALGHJ (Leiden: Brill, 1970).

사에서 자리매김했다.

여기서 우리는 계시 역사에서 신적인 저자가 하는 역할을 본다. 성막을 완성하도록 모세가 가르침을 받았을 때, 그는 모든 것을 산에서 보이던 "본τύπον을 따라" 만들라는 명령을 받는다.[386]

세 가지 다른 단어를 통해 장막이 예표론적 역할을 하는 것을 알 수 있다. "모형",ὑποδείγματι "그림자",σκιᾷ "본."τύπον 장막을 위한 원래의 계획을 보면출 25:40 애초부터 그것을 통해 더 위대한 실체를 가리키고, 하나님이 거하시는 이 땅의 자리를 통해 하늘에서 하나님이 거하시는 곳을 상징적으로 나타내기 위한 것임이 드러난다.

8:6 이 절을 요약할 한 마디가 있다면, 그것은 "더 좋은"이다. "더 좋은 언약",κρείττονός…διαθήκης "더 좋은 약속",κρείττοσιν ἐπαγγελίαις "더 탁월한 직분."διαφορωτέρας…λειτουργίας 물론 마지막 구절은 다른 말을 사용하지만 역시 같은 개념을 전달한다. 실제로, 앞에서 보면 예수께서 천사들보다 더 탁월한 이름을 가진 것을 말하면서 같은 말을 사용한다.1:4, διαφορώτερον…ὄνομα 예수의 직분은 레위 계통의 제사장들의 직분보다 더 탁월하다. 앞선 절들이 예수의 사역은 참된 장막인 하나님 앞에서 이루어지고 있음을 분명히 하기 때문이다. 이 절을 시작하는 "지금"νυν이라는 말은 종말론적이다. 마지막 날에 더 좋은 것이 이르렀다.참조. 1:2

예수께서 가지신 더 좋은 직분은 더 좋은 언약과 이어지고, 이 언약의 중보자가 예수다.참조. §3 기자가 앞으로 분명히 밝히겠지만, 더 좋은 언약은 새 언약이다.8:7-13 이 언약의 중보자로서 예수의 역할은 자기 자신을 드림으로 효력을 발휘한다.[387] 그리스도를 하나님과 인간 사이의

386 문자 그대로 하늘에 실제 장막이 있다는 말이 아니다(참조. Schenk, *Cosmology and Eschatology in Hebrews*, 171-73).

387 아트리지는 소시누스주의자들이 히브리서가 하늘에서 드리는 그리스도의 제사를 강

유일한 중보자로 말하는 디모데전서 2:5과 마찬가지다. 두 가지 다른 경우에 있어서 기자는 예수를 새 언약의 중보자로 언급하고 있고, 이 두 곳 모두에서 중보자로서의 예수의 역할은 그분의 죽음과 이어져 있다. 이런 연결성은 예수께서 피를 흘리심으로 새 언약의 막을 여는 것으로 말하는 복음 전승들을 반영한다.[마 26:28, 막 14:24, 눅 22:20] 모세는 옛 언약을 중보했다. 하지만 우리는 이미 예수께서 모세보다 더 탁월하심을 보았고,[3:1-6] 이는 새삼스러울 것이 없는 사실이다. 하나님의 아들로서 자신을 희생으로 드리심으로 이 언약을 제정하시기 때문이다.

새 언약이 더 좋은 이유는 더 좋은 약속에 기반을 둔 언약이기 때문이다.[참조. §3] 사실 여기서 사용된 관계대명사[“which”, ἥτις]는 새 언약이 옛 언약보다 더 좋은 이유를 제공한다.[388] 이 관계대명사를 “왜냐하면”[since]으로 번역하는 ESV와 NIV 모두 이런 해석을 반영한 것이다. 더 좋은 약속들이 새 언약의 내용들을 통해 계시된다. 하나님께서 자기 백성들의 마음에 율법을 새기고,[8:10] 이 언약에 속한 모든 지체가 주를 알게 될 것이고,[8:11] 온전하고 결정적으로 죄를 용서받을 것이다.[8:12]

성경신학적 적용

신자들은 하늘에서 하나님 우편에 앉으신 대제사장을 누리고, 하나님의 참 장막인 그분 앞으로 나아간다. 예수는 레위 계통의 제사장들과는 차원이 다르다. 예수의 사역은 이 땅이 아닌 하늘에서 이루어진다. 더

조하고 그분의 죽음에는 속죄의 의미가 있다는 개념을 거부하는 것으로 주장했다고 말한다(*Hebrews*, 221n60). 아트리지는 “이런 해석들은 우리의 히브리서 기자가 그리스도의 희생에 대해 말하는 범주들을 세심하게 다루는 방식의 진가를 제대로 평가하지 못하는 것”이라고 바르게 말한다(220-21).

388 관계대명사 ἥτις가 원인을 나타내는 용법을 이해하기 위해서는 레인을 참조하라. *Hebrews 1-8*, 201.

좋은 약속에 기반을 둔 더 좋은 언약과 더 좋은 직분을 소개하셨다. 그런데 마치 땅의 장막과 그곳에서 섬기는 직분이 하늘의 장막과 사역보다 더 낫기라도 한 것처럼, 왜 독자들이 자신들을 위해 예수께서 하신 일을 저버릴 생각을 한단 말인가?

8:7-13

I. 프롤로그: 아들을 통해 이루어진 결정적이고 최종적인 계시1:1-4

II. 천사들보다 위대하신 아들을 저버리지 말라1:5-2:18

III. 아들을 모세와 여호수아보다 더 위대한 대제사장으로 가진 너희는 마음을 완고하게 하지 말라3:1-4:13

IV. 레위기의 율법이 정하는 대제사장직보다 더 위대한 멜기세덱의 반차를 따른 예수의 대제사장직으로부터 흘러 떠내려가지 않도록 하라4:14-10:18

1 | 대제사장으로 계시는 예수를 힘입어 하는 권면4:14-5:10

2 | 경고와 확증5:11-6:20

3 | 예수께서 가지신 멜기세덱의 반차를 따른 더 위대한 제사장직7:1-28

4 | 옛 언약보다 나은 새 언약8:1-13

1) 예수께서 하늘에서 제사장으로 계신다는 사실은 그가 더 나은 언약의 중보자라는 사실을 보여줌8:1-6

2) 새 언약에 대한 예언은 옛 언약의 연약함을 보여줌8:7-13

5 | 새 언약 아래서 드리는 더 나은 제사9:1-10:18

7 저 첫 언약이 무흠하였더라면 둘째 것을 요구할 일이 없었으려니와 8 그들의 잘못을
지적하여 말씀하시되 주께서 이르시되 볼지어다 날이 이르리니 내가 이스라엘 집과
유다 집과 더불어 새 언약을 맺으리라. 9 또 주께서 이르시기를 이 언약은 내가 그들
의 열조의 손을 잡고 애굽 땅에서 인도하여 내던 날에 그들과 맺은 언약과 같지 아니
하도다. 그들은 내 언약 안에 머물러 있지 아니하므로 내가 그들을 돌보지 아니하였노
라. 10 또 주께서 이르시되 그날 후에 내가 이스라엘 집과 맺을 언약은 이것이니 내 법
을 그들의 생각에 두고 그들의 마음에 이것을 기록하리라. 나는 그들에게 하나님이 되
고 그들은 내게 백성이 되리라. 11 또 각각 자기 나라 사람과 각각 자기 형제를 가르쳐

이르기를 주를 알라 하지 아니할 것은 그들이 작은 자로부터 큰 자까지 다 나를 앎이
라. [12] 내가 그들의 불의를 긍휼히 여기고 그들의 죄를 다시 기억하지 아니하리라 하셨
느니라. [13] 새 언약이라 말씀하셨으매 첫 것은 낡아지게 하신 것이니 낡아지고 쇠하는
것은 없어져 가는 것이니라.

문맥

8:6은 예수를 더 좋은 중보자라고 말한다. 8:7-13에서 기자는 예레미야 31:31-34을 인용하면서 왜 새 언약이 옛 언약보다 더 좋은지를 설명한다. 새 언약이 옛 언약보다 더 좋은 것은, 옛 언약으로 충분했다면 [7절] 새 언약을 세울 필요가 없었을 것이기 때문이다. 옛 언약이 갖는 약점은 이 언약 아래 살던 백성들의 연약함과 죄를 통해 분명히 드러난다. 새 언약의 약속이 옛 언약의 약점을 증거하고 있기 때문이다.[8절] 옛 언약을 통해 여호와께서는 이스라엘을 애굽에서 구하셨다. 하지만 이스라엘은 이 언약의 규례에 신실하지 않았다.[9절] 새 언약은 이와 전혀 다르다. 이제 새 언약 아래 있는 지체들의 순종은 하나님의 역사이기 때문이다. 주께서 자기 백성들의 마음에 자신의 법을 새길 것이고 그들의 하나님이 되실 것이다.[10절] 하나님께서 그들의 마음에 자신의 법을 새길 것이라는 말은, 곧 새 언약 아래에서 이 언약에 속한 각 지체들이 하나님을 알 것임을 의미한다.[11절] 새 언약 아래에서는 회심하지 않은 지체들이 없을 것이고, 그들의 새로운 삶은 죄 사함에 기반을 둔다.[12절] 그렇다면, 이런 사실로부터 "새" 언약으로의 변화는 곧 옛 언약의 폐기를 의미한다는 결론을 내릴 수 있다. 옛 언약이 새 언약을 통해 성취되는 것이 맞지만, 그럼에도 불구하고 새 언약과 옛 언약은 양립될 수 없다. 새 언약의 도래로 옛 언약은 폐기되었기 때문이다.

주석

8:7 8:6은 예수를 더 좋은 언약의 중보자라고 말한다. 이제 8:7-13에서 기자는 왜 그분이 중보하는 언약이 더 좋은지 이유를 설명한다. 여기서는 "더 좋은 언약"을 "둘째" 언약이라고 규정한다. 대조적으로 "첫" 언약은 불완전했다. 우리는 히브리서 앞부분에서도 이런 비슷한 주장을 접했다. 만약 첫 언약으로 충분했다면, 둘째 언약을 세울 필요가 없었을 것이다. 제사장직과 관련해서도 같은 주장을 하는 것을 보았다. 만약 레위 계통의 제사장직이 실제로 온전함을 가져왔다면, 멜기세덱의 반차를 따르는 제사장직이 필요 없었을 것이다.[7:11] 아니면 율법을 따라 드린 제사가 참된 죄 사함을 가져왔다면, 그리스도의 희생이 필요 없었을 것이다.[10:1-18] 각각의 주장들은 서로 긴밀하게 연결된다. 옛 언약, 레위 계통의 제사장직, 율법, 짐승을 제물로 드리는 제사들이 서로 엮여 있기 때문이다.

8:8 하나님이 이스라엘의 잘못을 책망하심으로 새 언약이 세워졌다. 그리고 이스라엘 집과 유다 집과 더불어 새 언약을 맺으실 것을 예언하신다.

이 절과 관련된 사본상의 증거는 논란거리다. 만약 NA[28]에 있는 이문[variant]을 받아들인다면, 문제는 이스라엘 백성이 아닌 모세의 언약에 있는 말이 된다.[389] NET는 이 이문을 반영하여 "그것의 잘못을 지적하여"에서 "그것"을 옛 언약이라고 번역한다. 이런 해석은 옛 언약의 열

389 모세의 언약에 문제가 있는 것을 말하고 있다는 입장을 옹호하는 견해에 대해서는 다음을 참조하라. Hughes, *Hebrews*, 298-99; Guthrie, *Hebrews*, 281. 중요한 초기 증거는 목적격의 "그들"αὐτούς 대신에 여격의 "그들"αὐτοῖς을 지지한다. 그러나 쾨스터는 두 경우 모두 백성들을 가리킨다고 주장한다(*Hebrews*, 385). 다행스럽게도, 위에서 내가 설명하는 것처럼 언약을 가리키든 백성들을 가리키든 본문의 의미에는 영향을 주지 않는다.

등함을 강조하고 있는 문맥과도 잘 부합한다. 그러나 사본상의 증거는 보다 난해한 해석을 지지하여, 잘못이 "그들에게" 곧 백성들에게 있는 것으로 이해한다. 그러나 문맥으로 볼 때 백성들의 죄와 옛 언약의 약점 사이를 분리해서는 안 된다.[390] 기자는 이스라엘의 불순종을 강조함으로, 그들의 도덕적 책임과 하나님의 뜻 행하기를 그들이 거부한 것에 주목하도록 한다. 그럼에도 불구하고 문맥은 옛 언약의 약점 역시 부각한다. 이 언약이 백성들을 새롭게 하는 데 필요한 자원들을 제공하지 못했기 때문이다. 어쨌든 가장 중요한 것은, 이 구절에서 이스라엘 백성들의 죄에 집중함에도 불구하고 기자가 이스라엘 백성과 옛 언약 모두에게서 잘못을 찾고 있다는 사실이다.

이스라엘의 영적인 상태, 즉 하나님의 뜻을 행하기를 거부하는 그들이 가진 고질적인 죄는 새 언약이 필요했음을 보여주었다. 기자는 새 언약이 필수적이라는 개념을 뒷받침하기 위해 예레미야 31:31-34을 인용한다. 새 언약 본문은 예레미야가 포로로 잡혀간 후에 이스라엘 백성을 위한 회복과 소망을 약속하는 예레미야 30-33장에서 비롯되었다. 포로로 잡혀간 것이 끝이 아니다. 여호와께서 이스라엘을 고토로 다시 데리고 오실 것이며 아브라함과 다윗에게 하신 약속들을 성취하실 것이기 때문이다.

이스라엘의 소망은 그들의 경건이 아니라, 자기 백성들의 마음을 능력으로 변화시키는 하나님의 새롭게 하시는 은혜에 있다.[391] 에스겔서

390 반대 참조. Attridge, *Hebrews*, 227. 참조. Lane, *Hebrews 1-8*, 209.

391 어쩌면 "내가……새 언약을 성취하리라"συντελέσω는 말로의 전환이 히브리서에서 자주 확증된 온전함이라는 개념을 의미하는 것일 수 있고, 그렇다면 이는 기자가 의식적으로 "내가……새 언약을 맺으리라"διαθήσομαι는 말을 이렇게 강조하여 말하고 있음을 나타내는 것일 수 있다. 참조. Attridge, *Hebrews*, 227. 아트리지의 이해와 관련하여 일어나는 한 가지 의문점은 8:9의 "맺은"ἐποίησα에서 8:10의 "맺을"διατίθημι로의 언약과 관련된 동사의 변화가 그리

에서는 여호와께서 자신의 영을 이스라엘 속에 두어 그들로 하나님의 율법을 순종하도록 하겠다[겔 36:26-27]는 약속이 일관된 주제로 언급된다. 예레미야서에 나오는 이 예언이 뜻하는 바를 주목해야 한다. 구약성경들 자체가 옛 언약으로는 충분하지 않다는 것을 인정하기 때문이다. 새 언약 개념은 기자가 고안해 낸 것이 아니다. 구약성경이 이스라엘과 유다를 위한 새날의 도래를 약속하기 때문이다. 이스라엘과 유다에 새로운 계약, 새로운 통치가 이루어질 것이다. 신약성경의 다른 저자들 역시 예수 그리스도의 죽음과 더불어 새 언약이 시작되었음을 가르쳤다.[마 26:28, 막 14:24, 눅 22:20, 고전 11:25; 참조. 고후 3:6] 따라서 히브리서는 다른 신약성경들의 증거와도 잘 부합한다.

8:9 옛 언약과 새 언약은 다르다. 시내 산에서 이스라엘과 맺어진 언약에는 은혜의 요소들이 있었다. 이 언약을 율법주의 언약이라고 규정하는 것은 잘못이다. 하나님께서는 자신의 은혜로 이스라엘을 애굽의 종살이에서 자유롭게 하셨다. 여호와께서는 "독수리 날개로" 그들을 업어 나르셨다.[출 19:4] 주께서 그들의 "손을 잡고 애굽 땅에서 인도하여" 내셨다.[히 8:9] 율법을 준행하라는 요구는 주께서 그들을 애굽의 종살이에서 건져 내신 **후에** 주신 것이다.[출 20:1] 주의 계명을 지키라는 부르심은 그들을 위한 주의 은혜로운 개입에 대해 그들이 보여야 할 **응답**[response]이었다.

시내 산에서 맺은 언약이 율법주의적인 것은 아니었음에도, 이 언약은 여전히 약점이 있는, 새 언약에 비해 열등한 언약이었다. 이스라엘이 복을 받기 위해서는 이 언약의 규례를 준행해야 했다. 이스라엘이 순종하면, 그들은 이 언약이 정하는 복을 받을 것이다. 하지만 불순종한다

의미심장한 것처럼 보이지 않는다는 것이다. 후자에 대한 사전적 의미를 보면, 전자보다 효과적으로 언약을 "맺는 것"을 뜻하지는 않는다.

면, 이 언약이 정하는 저주를 경험할 것이다.레 26장, 신 26-28장 예레미야서가 기록될 때, 이스라엘이 "내 언약 안에 머물러 있지 아니"했던 것이 분명하다. 북왕국 이스라엘은 주전 722년에 이미 포로가 되어 앗수르로 잡혀갔다. 주전 586년에 남유다는 바벨론에 포로로 잡혀가는 그들의 불순종에 대한 최종적인 심판을 경험했다. 이스라엘과 유다가 언약을 지키지 않았다는 주장은 추상적인 신학적 이론이 아니었다. 두 왕국 모두 그들의 불순종 때문에 포로로 잡혀갔다. 이 언약이 발하는 저주가 실체가 되었다. 이스라엘이 불순종한 결과, 주께서 "그들로부터 돌아섰다."NIV 하나님이 그들을 "돌아보지 아니하셨다"ἠμέλησα는 말은 그들이 이 언약이 정하는 저주를 경험했다는 또 다른 표현이다.

이스라엘과 유다는 그들이 자행한 불순종에 대한 책임이 있었다. 동시에 그들의 불순종은 옛 언약의 약점과 한계를 나타냈다. 물론 이스라엘은 포로에서 돌아왔다. 그럼에도 불구하고 이스라엘의 근본적인 문제는 여전히 달라지지 않았다. 이 백성들이 하나님께 순종하지 않았고, 이 언약이 주는 약속들이 실현되지 않았다. 신약성경을 열면, 이스라엘은 로마의 지배 아래 있으면서 주께서 약속하셨던 자유와 즐거움을 모르고 산다. 저들이 처했던 끔찍한 상태는 다름 아닌 그들의 죄 때문이다.

8:10 옛 언약과 대비되는 새 언약의 본질이 10절에서 상술되기 시작한다. 예레미야서가 말하는 것에 따르면, 새 언약을 세움으로 언약이 정한 것을 거스르는 이스라엘의 고질적인 문제가 해결될 것이다. 만약 이스라엘이 계속해서 하나님이 명하신 것을 거역한다면, 아브라함에게 주어진 약속들이 이루어지지 못할 것이다. 하지만 주께서는 새로운 계약, 새 언약을 이스라엘과 체결할 것을 약속하시면서 자신이 이 문제를 고치실 것이라고 선언하신다. 히브리서 기자는 새 언약이 예수 그리스도 때에 그분의 십자가와 부활로 성취되었다고 믿는다.

하나님이 자신의 율법을 자기 백성들의 마음과 생각에 새긴다는 점에서 옛 언약은 새 언약과 다르다.[392] 옛 언약 아래에서 이스라엘은 율법을 알되 그들 외부에 있는 성문법으로 알았다. 그러나 하나님의 계명이 무엇인지 안다고 해서, 그들에게 덩달아 하나님이 명령하신 것을 준행하고자 하는 어떤 성향을 갖게 되는 것은 아니었다. 예레미야는 그들이 할례받지 않은 마음을 가지고 있다고 탄식했다.렘 4:4, 9:25-26 새 언약은 옛 언약과 차원과 국면이 전혀 다르다. 이제 하나님께서 신명기 30:6의 약속을 따라 자기 백성의 마음에 할례를 베푸신다("네 하나님 여호와께서 네 마음과 네 자손의 마음에 할례를 베푸사 너로 마음을 다하며 뜻을 다하여 네 하나님 여호와를 사랑하게 하사 너로 생명을 얻게 하실 것이며"). 하나님의 명령은 무거운 것이 아니라 그들의 마음의 열망을 나타낸다. 하나님께서 그들의 마음에 율법을 심으셨기 때문이다. 하나님의 백성 안에 있는 치명적인 흠이 고침을 받았다. 이제 그들은 즐거이 하나님의 뜻을 행한다.[393]

새 언약의 조건 아래에서 이 언약 공식이 실체가 될 것이다. 하나님이 그들의 하나님이 되고 이스라엘은 그분의 백성이 될 것이다.참조. 창 17:8, 출 6:7, 렘 30:22; 32:38, 겔 11:20, 36:28, 37:23, 27 하나님은 자기 백성들을 모든 가능한 해로부터 지키고 보호하는 가운데 그들의 모든 필요를 채울 것이다. 동

392 여기서 토라가 새겨진다는 어떤 개념도 아트리지는 부정한다(*Hebrews*, 227). 보다 신빙성을 주는 이해를 위해서는 조슬린을 참조하라. "Transformation of the Law", 112.

393 조슬린은 여기서와 그리고 새 언약의 적용에 대해 말하는 후속 논의에서 기자는 죄 사함으로만 자신의 논의를 제한하지 않는다고 바르게 주장한다(참조. 특히 9-10장의 논의). 히브리서는 또한 하나님의 백성들의 마음이 변화되었다고 가르친다. Barry C. Joslin, *Hebrews, Christ, and the Law: The Theology of the Mosaic Law in Hebrews 7:1-10:18*, Paternoster Biblical Monograph Series(Carlisle, England: Paternoster, 2008), 132-262. 그럼에도 불구하고 히브리서는 이 주제를 강조하기보다는 새 언약에 있는 죄 사함에 초점을 맞춘다.

시에 이스라엘은 하나님의 백성이 될 것이다. 신약성경에서 이 약속은 새 이스라엘로 이해되는 예수 그리스도의 교회 안에서 성취된다.

8:11 새 언약은 옛 언약과 다르고 율법이 단지 그들 외부에 말씀으로 있는 것이 아니라 마음에 새겨진다는 점에서 옛 언약보다 탁월하다.참조. §3 새 언약이 갖는 옛 언약보다 더 탁월한 또 다른 측면이 여기서 전면에 등장한다. 옛 언약에 속한 하나님의 백성들은 혼합적인 공동체였다. 다시 말해, 옛 언약 아래에서 이스라엘은 언약 공동체에 속한 신자와 비신자로 구성되었다. 이 언약 공동체가 여호와를 알라고 촉구를 받은 것도 이 때문이다. 그중 많은 자들이 중생하지 못했기 때문이다. 새 언약 아래에서는 전혀 다른 상황이 전개된다. 자기 "나라 사람"πολίτην 혹은 자기 "형제"를 가리켜 주를 알라고 할 필요가 없을 것이다. 이 언약 공동체에 속한 모든 지체가 주를 알 것이기 때문이다. 다시 말해, "작은 자로부터 큰 자까지" 언약 공동체의 각 지체들이 거듭난 자들일 것이다.[394]

이 두 언약 사이의 차이가 쉽게 오해될 수 있다. 이스라엘이 야훼와 맺은 언약은 신정적이다. 따라서 할례를 받은 모든 자는 누구나 이 언약 공동체의 일원이었다.참조. 창 17장 그러나 할례를 받았다고 누구나 중생한 것은 아니었다. 옛 언약 아래에서 이스라엘은 하나님의 백성임과 동

394 퀘스터는 신자들이 여전히 가르침을 받아야 하기 때문에 새 언약의 이 측면이 아직 "실현되지 않았다"고 말한다(*Hebrews*, 387). 하지만 이런 주장은 히브리서가 이렇게 말하는 목적에 대한 오해에서 비롯된 것이다. 새 언약 아래에서는 가르침이 필요 없다는 말이 아니다. 새 언약의 지체들은 성령의 역사를 통해 이미 새 생명을 누리고 있기 때문에 중생에 대해서 배워야 할 필요가 없다는 말이다. 다시 말해, 모든 새 언약의 지체들이 주를 안다는 것이다. 여기서 기자가 말하는 것을 이해하는 것이 중요한 것이, 그래야 경고 메시지가 뜻하는 바를 제대로 이해할 수 있기 때문이다. 배도에 대한 경고가, 새 언약에서도 어떤 지체들은 진실로 구원받지 못했다거나 지금 그들이 누리고 있는 구원을 등질 수도 있다는 것을 의미하지는 않는다. 이런 경고의 메시지는 거듭난 자들을 믿음으로 보존되게 하는 방편이다(이런 견해와 관련하여, 본서의 앞부분에 있는 경고의 메시지에 대한 논의를 참조하라).

시에 정치적 실재였다. 새 언약 아래에서 하나님의 백성이 갖는 정치적 측면은 사라졌다. 교회는 신정적 실재가 아니라는 말이다. 교회는 하나의 교회와 국가의 결합물이 아니다. 교회는 모든 족속, 방언, 민족, 나라로부터 모인 신자들로 구성된다. 새 언약의 일원인 모든 신자가 주를 안다는 말이, 스스로 신자라고 주장하지만 실제로는 그리스도께 속하지 않은 사람들이 있다는 것을 부정하는 것은 아니다. 사실, 이런 주장을 한다고 해서 진정으로 그리고 참되게 새 언약의 지체인 것은 아니다. 정의에 따르면, 새 언약은 율법이 신자의 마음에 새겨지고 성령의 새 생명을 받는 것을 의미하기 때문이다. 새 언약에 대한 병행구절인 에스겔 36:26-27은 이런 사실을 다음과 같이 증거한다. "또 새 영을 너희 속에 두고 새 마음을 너희에게 주되 너희 육신에서 굳은 마음을 제거하고 부드러운 마음을 줄 것이며 또 내 영을 너희 속에 두어 너희로 내 율례를 행하게 하리니 너희가 내 규례를 지켜 행할지라." 새 언약의 탁월함은 성령께서 새 언약의 지체들이 하나님의 뜻에 순종하도록 하신다는 데 있다. 새 언약의 지체들은 배도에 빠지지 않는다. 마음에 율법이 새겨져 있고, 성령께서 그들을 거듭나게 하셨기 때문이다.

따라서 새 언약의 참된 지체는 누구도 타락하지 않을 것이고, 새 언약에 속한 모든 지체는 중생한 자들이다. 그렇기 때문에 주를 모르는 사람은 정의상 새 언약의 지체가 아니다. 여기서 본문이 말하는 바는 명확하다. 새 언약의 모든 지체는 큰 자로부터 작은 자에 이르기까지 다 주를 안다.[395]

이미와 아직이라는 신약성경 시대의 종말론적 성격 때문에 새 언약

395 오브라이언의 말처럼, 새 언약의 새로운 점은 하나님을 아는 보편적이고 인격적인 지식이다(*Hebrews*, 298-300).

에 속했다 할지라도 어떤 사람들은 배도에 빠질 수 있다고 말하는 것은 맞지 않다. 이미와 아직의 성격을 잘못 적용해서 하는 말이다. 물론 새 언약의 공동체에서 떨어져 나가는 사람들이 있다. 하지만 요한일서 2:19이 증거하는 것처럼, 이런 행동은 그들이 애초부터 참되게 거듭나지 않았음을 보여줄 뿐이다. "그들이 우리에게서 나갔으나 우리에게 속하지 아니하였나니 만일 우리에게 속하였더라면 우리와 함께 거하였으려니와 그들이 나간 것은 다 우리에게 속하지 아니함을 나타내려 함이니라." 오히려 새 언약이 갖는 이미와 아직의 성격은 새 언약에 속한 지체들이 아직 완전에 이른 것이 아니라는 사실에 적용될 수 있다. 여전히 죄를 지을 수 있기 때문이다. 하지만 종말론적 도식에는 진정한 새 언약의 지체들은 배도할 수 없다. 만약 그렇지 않다면, 새 언약 역시 옛 언약과 별로 다를 것이 없다. 옛 언약 아래 사는 것과 전혀 다르지 않을 것이기 때문에, 옛 언약에 비해 새 언약이 어떻게 더 좋은 것인지 알기가 어렵다.

8:12 NIV가 이 구절의 의미를 잘 잡아내고 있다. "왜냐하면 내가 그들의 사악함을 용서하고 그들의 죄를 더 이상 기억하지 않을 것이기 때문이다." "왜냐하면"ὅτι은 그들이 중생한 자들인 이유를 말하면서 하나님의 백성들이 진실로 주를 아는 토대를 설명한다. 그들이 누리는 새 생명은 그들의 죄가 용서받은 것에 뿌리를 둔다. 또한 진실로 용서받은 죄는 다시 기억되는 일이 없다. 이어지는 장들을 통해 기자는 이 문제를 보다 자세히 확장적으로 진술할 것이다. 옛 언약의 제사들은 온전하고 최종적으로 죄를 용서하지 못한다. 이와 대조적으로 그리스도의 희생은 참되고 영속적인 죄 사함을 가져온다. 신자들에게 심겨진 새 마음은 자신을 제물로 드리신 그리스도의 사역과 그분이 이룬 대속의 죽음을 통해 얻은 죄 사함을 토대로 한다. 구약성경의 제사들을 통해서는

결코 이런 용서를 이룰 수 없다. 실제로, 구약성경의 제의로는 죄 사함을 이루지 못한다.[10:4][396]

8:13 새 언약에 대한 예언은 곧 옛 언약이 낡아지고 쇠하는 것을 의미한다. 기자는 옛 언약과 새 언약이 공존하는 상황을 그리고 있지 않다.[397] 이런 의미에서 이 두 언약은 서로 상보적이라기보다는 하나가 다른 하나를 계승하는 관계다. 이 절에 따르면 시내 산 언약을 "첫"πρώτην 것이라고 한다. 세 차례에 걸쳐서 이 언약을 "옛"이라는 말로 묘사한다. 옛것은 더 좋지도 않고 열등한 것이 분명하다. 옛것은 대체되었고 "없어져" 간다. 기자가 지금 옛 언약이 여전히 발휘함을 암시하는 것이 아니다. 예레미야의 예언은 옛 언약이 폐하여질 것이 임박했음을 예고한다.[398] 새 언약이 이르면, 옛 언약은 낡아지고 더 이상 효력이 없다. 옛것이 곧 사라질 것이라는 예레미야의 예언은 이제 실체가 되었다. 따라서 히브리서는 옛 언약이 여전히 존재하고 있고 이제 곧 없어질 것이라고 말하는 것이 아니다. 법적인 구속력을 가진 계약으로서의 옛 언약은 이제 끝났다. 커크릴이 말하는 바와 같다. "그리스도 안에서 새 언약이 도래했기 때문에, 하나님과의 관계를 맺는 방편으로서 옛 언약은 "거의" 끝나가는 것이 아니라 결정적으로 **폐하여졌다.**"[399]

성경신학적 적용

새 언약에 대한 예언과 약속에는 옛 언약이 없어져 가는 것이 필연적이

396 참조. Attridge, *Hebrews*, 226.

397 반대 참조. L. Johnson, *Hebrews*, 209-10; Koester, *Hebrews*, 388. 휴즈는 지금 기자가 주후 70년까지 이어진 성전 예배를 가리키는 것일 수도 있다고 말하지만, 어쨌든 그는 이런 주장에 동의한다(*Hebrews*, 302).

398 참조. Attridge, *Hebrews*, 229.

399 Cockerill, *Hebrews*, 370.

다. 의심할 여지 없이 옛 언약은 새 언약보다 열등하다. 이스라엘 백성들이 율법을 준행하도록 할 수 없기 때문이다. 새 언약의 도래와 함께 율법이 마음에 새겨졌고 신자들은 하나님의 뜻 행하기를 열망한다. 게다가 언약에 속한 모든 지체가 주를 안다는 점에서 새 언약은 옛 언약과 다르다. 새 언약의 참된 지체들은 모두 중생한 자들이다. 신자들에게 있는 새 마음은 새 언약을 통해 성취된 죄 사함을 토대로 한다. 예수의 희생으로 단번에 속죄가 이루어졌다. 신자들인 우리는 자신이 새로운 피조물이며 우리의 죄가 더 이상 기억되지 않는다는 사실을 즐거워할 수 있다.

9:1-10

I. 프롤로그: 아들을 통해 이루어진 결정적이고 최종적인 계시 1:1-4

II. 천사들보다 위대하신 아들을 저버리지 말라 1:5-2:18

III. 아들을 모세와 여호수아보다 더 위대한 대제사장으로 가진 너희는 마음을 완고하게 하지 말라 3:1-4:13

IV. 레위기의 율법이 정하는 대제사장직보다 더 위대한 멜기세덱의 반차를 따른 예수의 대제사장직으로부터 흘러 떠내려가지 않도록 하라 4:14-10:18

1 | 대제사장으로 계시는 예수를 힘입어 하는 권면 4:14-5:10

2 | 경고와 확증 5:11-6:20

3 | 예수께서 가지신 멜기세덱의 반차를 따른 더 위대한 제사장직 7:1-28

4 | 옛 언약보다 나은 새 언약 8:1-13

5 | 새 언약 아래서 드리는 더 나은 제사 9:1-10:18

1) 옛 언약 아래서는 허락되지 않았던 하나님께로 자유롭게 나아감 9:1-10

2) 자기의 피로 하늘로 들어가신 예수 9:11-14

3) 새 언약의 중보자이신 예수께서 주시는 영원한 기업 9:15-22

4) 예수께서 드린 제사: 구약의 제사들보다 탁월함 9:23-10:18

V. 맺는말로서의 권면과 경고 10:19-12:29

[1] 첫 언약에도 섬기는 예법과 세상에 속한 성소가 있더라. [2] 예비한 첫 장막이 있고 그
안에 등잔대와 상과 진설병이 있으니 이는 성소라 일컫고 [3] 또 둘째 휘장 뒤에 있는 장
막을 지성소라 일컫나니 [4] 금 향로와 사면을 금으로 싼 언약궤가 있고 그 안에 만나를
담은 금 항아리와 아론의 싹난 지팡이와 언약의 돌판들이 있고 [5] 그 위에 속죄소를 덮
는 영광의 그룹들이 있으니 이것들에 관하여는 이제 낱낱이 말할 수 없노라. [6] 이 모든
것을 이같이 예비하였으니 제사장들이 항상 첫 장막에 들어가 섬기는 예식을 행하고

7 오직 둘째 장막은 대제사장이 홀로 일 년에 한 번 들어가되 자기와 백성의 허물을 위
하여 드리는 피 없이는 아니하나니 8 성령이 이로써 보이신 것은 첫 장막이 서 있을 동
안에는 성소에 들어가는 길이 아직 나타나지 아니한 것이라. 9 이 장막은 현재까지의
비유니 이에 따라 드리는 예물과 제사는 섬기는 자를 그 양심상 온전하게 할 수 없나
니 10 이런 것은 먹고 마시는 것과 여러 가지 씻는 것과 함께 육체의 예법일 뿐이며 개
혁할 때까지 맡겨 둔 것이니라.

문맥

이 긴 문단의 요지는 앞에 나온 경고에서 찾을 수 있다.[5:11-6:12] 독자들은 새 언약이 아닌 옛 언약을 취함으로 믿음에서 떨어져 나가서는 안 된다. 기자는 독자들에게 하나님이 주신 약속이 확실함을 분명히 한다.[6:13-20] 그들이 더 좋은 제사장직,[멜기세덱의 반차를 따르는, 7:1-28] 더 좋은 언약,[옛 언약이 아닌 새 언약, 8:1-13] 더 좋은 제물[9:1-10:18]을 가지고 있음을 가르친다. 이 문단은 장막에 자리한 가구와 기명들의 배치에 대한 언급으로 시작한다.[9:1-5] 그러고 나서 성막에서 이루어지는 제사장들의 섬김을 이야기한다.[9:6] 그러나 가장 중요한 것은 옛 언약 아래에서는 일 년에 단 한 차례, 그것도 단 한 사람만이 지성소에 들어간다는 사실이다.[대제사장, 9:7] 이런 한계는 장막이 남아 있는 한 여전히 하나님께로 나아갈 수 없음을 가리킨다.[9:8] 옛 언약 아래에서의 예물과 제사와 다른 규례들은 비유다.[9:9-10] 이런 것들은 성막에서 예배하는 자들의 양심이 여전히 깨끗하게 되지 못하고 모든 것이 달라지는 새 시대를 가리킨다.

주석

9:1 이제 초점이 옛 언약 아래에서 드려지던 제사들로 옮겨 간다. "이제"[μὲν οὖν]라는 말은 8:7에서 언급한 "옛 언약이라는 주제에 대한 논의

를 재개함"을 나타낼 것이다.[400] "첫"ἡ πρώτη이라는 말은 8:13에서 사용하는 명백히 옛 언약을 뜻하는 동일한 단어를 가리킨다.[401] 옛 언약은 특정한 방식을 따라 시행된다. 실제로 옛 언약 아래에서는 많은 계명들 혹은 "예배를 위한 규례들"ESV이 명시되었다. 이스라엘은 자신들의 지혜와 선호하는 바를 따라 하나님을 예배할 수 없었다. 하나님이 주신 규례들을 따라 하나님을 예배하도록 예배가 규정되고 정의되었다. 그렇게 요구된 예배는 "세상에 속한 성소"에서 드려졌다. 여기서 성소는 성막을 가리키는 것이 분명하다. 이 성소는 하나님이 거하시는 하늘 세상이 아닌 이 땅의 "세상에 속한"κοσμικόν 것으로서[402] 위에 있는 장래의 더 좋은 것을 가리킨다.[403]

9:2 성소로부터 시작해 기자는 곧바로 성소와 지성소에 대해 말한다. 법정이나 제사와 예물을 위한 제단과 같은 성막과 관련된 다른 기능들에 대해서는 여기서 고려하지 않고 있다. "성막"σκηνή 혹은 "장막"ESV은 하나님께서 주신 식양을 따라 세워졌다.출 25-31, 35-40장 지금 기자가 말하는 것은 성전이 아닌 성막일 것이다. 시내 산 언약을 맺음과 더불어 시작된 것이 바로 성막이고,[404] 또한 제사장이 제사를 드리는 것에 대한 규례들 역시 구약의 성막과 관계가 있기 때문이다. 우선, 성소에 있던 기구와 기명들을 언급한다. 등잔대,출 25:31-39, 37:17-24 상,출 25:23-29, 37:10-16 상 위의 진설병.출 25:30 등잔대와 상을 성소에 둔 것은 분명하다. "그 휘장 바깥 북쪽에 상을 놓고 남쪽에 등잔대를 놓아 상과 마주하게 할지며."출

400 참조. Ellingworth, *Hebrews*, 420.

401 참조. Attridge, *Hebrews*, 23.

402 "세상에 속한"이라는 말은 부정적인 의미를 내포한다(Attridge, *Hebrews*, 232; Peterson, *Hebrews and Perfection*, 132).

403 참조. O'Brien, *Hebrews*, 306-7.

404 같은 책, 307

26:35; 참조. 40:22-24

9:3 성소로부터 시작한 기자는 휘장 안에 있는 "지성소"Ἅγια Ἁγίων로 옮겨 간다.[405] 지성소는 성소와 지성소를 분리하고 있는 휘장 너머에 있다. "그 휘장을 갈고리 아래 늘어뜨린 후에 증거궤를 그 휘장 안에 들여놓으라. 그 휘장이 너희를 위하여 성소와 지성소를 구분하리라."출 26:33; 참조. 출 40:21

9:4 여기서는 분향할 제단, 언약궤, 만나를 담은 금 항아리, 아론의 싹 난 지팡이, 언약의 돌판들을 포함하는 지성소에 있는 기구와 기명들을 언급한다. 지성소의 기구들은 지금 말한 것의 역순으로 살펴갈 것이다. 여기서 분향할 제단을 설명하기가 가장 까다롭기 때문이다.

언약의 돌판들은 애초부터 증거궤 안에 두었고,출 25:16, 신 10:5 계속해서 증거궤와 더불어 성전의 지성소에 있었다. 사실 성전이 건축될 때 증거궤 안에 남아 있던 유일한 것이 바로 이 돌판들이었다.왕상 8:9, 대하 5:10 이런 사실은 지금 기자가 현재 성전의 지성소에 있었던 것이 아닌 성막의 지성소에 있었던 것에 대해 역사적으로 생각하고 있음을 확인해 준다. 십계명이 새겨진 이 두 돌판들은 이스라엘에게 요구되었던 언약의 주요한 규례를 나타내고 있었다.출 31:18; 34:28, 신 4:13; 5:22; 10:4

아론의 싹 난 지팡이는 여호와께서 그를 제사장직으로 택하신 것을 가리킨다.민 17:1-13 아론의 지팡이는 주께 반역하는 자들이 그렇게 하지 못하도록 하기 위해 지성소에 배치되었다. 여호와께서는 이스라엘을 보존하기 위해 광야에서 사십 년 동안을 만나로 먹이셨다.출 16:31-35; 참조. 신 8:3, 16, 시 78:24 엄밀히 말해서, 아론의 지팡이와 만나는 시간이 감에 따라

405 이 대목에 대한 사본 전승이 다양하다. ἁγία로 이해하는 것이 가장 제대로 이해한 것일 수 있다. 하지만 그럼에도 불구하고 이 말은 여전히 가장 거룩한 장소를 가리킨다.

언약의 돌판과 함께 증거궤 안에 자리하게 되었을 가능성이 있지만, 그럼에도 불구하고 이 둘은 증거궤가 아닌 지성소에 자리했다.[406]

언약궤는 여호와께서 지시하신 대로 만들어졌다.출 25:10-16, 37:1-5 증거궤는 지성소에 자리했다. "그 휘장을 갈고리 아래 늘어뜨린 후에 증거궤를 그 휘장 안에 들여놓으라. 그 휘장이 너희를 위하여 성소와 지성소를 구분하리라."출 26:33; 참조. 40:3, 21 증거궤는 여호와께서 이스라엘과 맺으신 언약, 그들에게 복 주시고 그들의 하나님이 되시겠다고 한 약속과 직결된다.[407]

분향단을 위한 가르침 역시 상세하게 묘사된다.출 30:1-5; 참조. 37:25-28 [408] 아침과 저녁, 하루에 두 차례 아론은 단에 향을 살라야 했다.출 30:7-9 대속죄일을 너무나 잘 아는 기자는 이 본문만으로도 분향단은 지성소에 있지 않았다는 사실을 여실히 보여주고자 했을 것이 분명하다.[409] 제단은 일 년에 한 차례 정결하게 되어야 했고,출 30:10 속죄 제물의 피를 분향단에 발라야 했다.레 4:7 출애굽기를 보면, 일부 구절들이 문맥과 상관없이 읽을 때 분향단이 지성소에 있는 것처럼 들리기도 한다. "또 금 향단을 증거궤 앞에 두고 성막 문에 장을 달고."출 40:5 물론 제단이 성소에 있는

406 그러나 엘링워스는 랍비 전승에서 이 항목들을 증거궤 안에 두지 못하도록 했다고 지적한다(*Hebrews*, 428). 기자는 아마도 이것들의 자리가 정확히 어디인지에 대해서는 별로 관심이 없었을 것이다.

407 참조. 민 10:33; 14:44, 신 10:8; 31:9, 수 3:3, 6, 8, 11; 4:7, 9; 8:33, 삿 20:27, 삼상 4:3-4, 5, 삼하 15:24, 왕상 3:15; 8:1, 대상 15:25-26, 28, 렘 3:16.

408 여기서 사용된 단어θυμιατήριον는 대개 향로를 의미하는 말이기 때문에, 여기서 언급하는 것은 향을 피우는 그릇이라고 주장하기도 한다(대하 26:9, 겔 8:11, 제4마카비 7:11). 그러나 분향단을 가리키는 것으로 볼 결정적인 이유들이 있다(Ellingworth, *Hebrews*, 425-26; Hughes, *Hebrews*, 311).

409 린다스에 반하여, *The Theology of Hebrews*, 86. 휴즈가 바르게 말한다. *Hebrews*, 312. 향은 하루에 두 차례 살랐지만 대속죄일을 위한 제사는 일 년에 단 한 차례만 드렸다.

것은 분명하다. 하지만 지성소는 아니다. "그 제단을 증거궤 위 속죄소 맞은편 곧 증거궤 앞에 있는 휘장 밖에 두라. 그 속죄소는 내가 너와 만날 곳이며."출 30:6; 참조. 레 16:8-19

물론 히브리서는 분향단을 지성소에 있는 것으로 말한다. 구약성경을 잘 알고 유대교 전통도 알고 있었을 기자가 분향단이 자리한 곳을 몰랐다고 믿기는 어렵다.[410] 어쨌든 제사장은 하루에 두 차례 분향단에 향을 살라야 했고, 끊임없이 속죄 제물들의 피를 제단 뿔에 발랐던 것은 분명하다. 분향단의 위치는 유대교를 따르는 사람이라면 누구나 알 수 있는 것이었다.참조. 유디트서 9:1, 제1마카비 4:49-50, 제2마카비 10:3 [411] 필로와 요셉푸스 모두 분향단을 지성소가 아닌 성소에 자리한 것으로 이야기한다.[412] 성전에서 이루어진 스가랴의 사역이 이를 확인해 준다.눅 1:5-23 분향단에서의 그의 사역이 지성소에서 이루어질 수 없었던 것이, 지성소는 일년에 단 한 차례만 나아갈 수 있었기 때문이다. 그렇다면, 기자가 분향단을 지성소와 긴밀하게 연관시키는 것처럼 보일 수 있다.참조. 왕상 6:20, 22 분향단은 하나님 앞과 관계가 있기 때문이다.[413] "대속죄일에는 제단으로부터 향을 가지고 왔고,레 16:12-13 속죄 제물의 피를 시은소는 물론 분향단 뿔에 뿌렸다."출 30:10, 레 16:15 [414] 해그너Donald A. Hagner가 말하는 바와 같

410 이에 관한 유용한 논의를 위해서 다음을 참조하라. Hughes, *Hebrews*, 309-14; Cockerill, *Hebrews*, 375-77. 칠십인역을 보면서 분향단이 지성소에 있다고 결론 내릴 수 있지만(L. Johnson, *Hebrews*, 220), 그렇게 말하는 전승들은 명확하지도 않을뿐더러 다수를 차지하는 것도 아니다(반대 참조. Attridge, *Hebrews*, 235).

411 참조. Attridge, *Hebrews*, 234.

412 Philo, *On the Life of Moses* 2.93-95, 101-4; *Who Is the Heir?*, 226; Josephus, *J.W.* 5:216-19; *Ant.* 3.139-47, 198-99.

413 대신에 엘링워스는 기자가 그런 세세한 부분에 주안점을 두지 않고 있기 때문에 이 부분에 대해 정확성을 기하지 않는 것뿐이라고 말한다(*Hebrews*, 426-27).

414 O'Brien, *Hebrews*, 309.

다. "하지만 대속죄일에 향을 사르는 일이 너무나 중요했기 때문에…… 기자는 반사적으로 분향단을 지성소와 연결시키고 있다."[415]

신약성경 시대에 증거궤는 더 이상 존재하지 않았다.[참조. 렘 3:16, 제2마카비 2:4-5] 성전에 들어간 폼페이Pompey는 거기에 아무것도 없는 것을 보고 적잖은 충격을 받았다.

9:5 영광스런 그룹들이 시은소ἱλαστήριον 위에서 하나님 앞을 지켰다.[출 25:18-20; 참조. 37:7-9, 왕상 6:23-28, 대하 3:10-13] 에덴 동산의 그룹들이 했던 일이었다.[창 3:24] 증거궤는 주께서 자기 백성들과 교제하시는 자리다. "거기서 내가 너와 만나고 속죄소 위 곧 증거궤 위에 있는 두 그룹 사이에서 내가 이스라엘 자손을 위하여 네게 명령할 모든 일을 네게 이르리라."[출 25:22; 참조. 삼상 4:4, 삼하 6:2] 성막의 이런 모든 기구와 기명들을 자세히 살펴볼 수도 있었겠지만, 그것은 기자가 하고자 하는 것이 아니었다.

9:6 독자들의 상황과 관련된 내용에 집중하기 위해 기자는 이런 전통에 선별적으로 접근한 것이 분명하다. 성소와 지성소에 자리한 기구들의 배치를 설명한 후에 기자는 장막에서 행해진 제사장들의 사역에 대해 진술한다. 제사장들은 정기적으로 "첫 장막"τὴν πρώτην σκηνήν 곧 "바깥쪽 장막"NET에서 섬기는 예식을 행했다. 상위에 진설병을 두는 일을 포함해서 성소에서 그들의 여러 가지 의무를 행해야 했고,[출 25:30] 역대상 9:32에 따르면 제사장들의 이런 의무는 안식일마다 달라졌다.[레 24:8, 대상 9:32; 참조. 대하 4:19, 13:11] 진설병을 굽는 것과, 어떻게 그것을 진설할지, 그리고 어떻게 유향을 상위에 둘지에 대한 가르침이 주어졌다.[레 24:5-7] 동시에 제사장들은 성소에 등잔들이 끊이지 않고 불을 밝히도록 돌아보아야 했다.[레 24:4, 민 8:2-3, 대하 13:11] 향은 날마다 드렸고,[출 30:8] 등불 역시 날마다

415 Hagner, *Hebrews*, 108.

끊이지 않고 켜져 있어야 했다.출 27:20, 레 24:2 또한 하루에 두 번씩 제사를 드려야 했다.출 29:38-42, 민 28:3-8 여기서 특별히 강조되고 있는 것은 그들이 "반복적으로"διὰ παντός 이렇게 섬겼다는 사실이다. 그들의 일은 결코 끝이 없었고 날마다 되풀이되어야 했다.

9:7 제사장들은 날마다 성소에서 섬겼다. 하지만 지성소는 문제가 다르다. 오직 대제사장만 지성소로 들어갈 수 있었고, 그렇다고 아무 때나 원한다고 들어갈 수 있는 것은 아니었다. 레위기 16:2이 말하는 바와 같다. "네 형 아론에게 이르라. 성소의 휘장 안 법궤 위 속죄소 앞에 아무 때나 들어오지 말라. 그리하여 죽지 않도록 하라. 이는 내가 구름 가운데에서 속죄소 위에 나타남이니라." 지성소에 들어가는 것은 일 년에 하루, 대속죄일로 제한되었다.출 30:10, 레 16:34; 23:27, 민 29:7 여기에 대해서는 레위기 16장이 자세히 설명한다. 죄 사함을 받기 위해서는 피뿌림이 있어야 했다.출 30:10, 레 16:14-15, 18-19, 27 대제사장은 먼저 자기 자신을 위해 수송아지로 속죄제를 드리고 나서레 16:3 백성들의 속죄 제물로 숫염소 둘을 드렸다.레 16:5 이를 통해 아론레 16:6, 11과 이스라엘 백성들레 16:9, 15, 21-22을 위한 대속이 이루어졌다. 오브라이언이 말하는 것처럼, 여기서 "드리다"προσφέρει라는 뜻으로 사용된 단어는 결코 제사장들이 바친 것을 가리키기 위해 사용된 적이 없다. 따라서 이 말은 그리스도가 십자가에서 자신을 제물로 드리는 것을 내다보고 예표한다.히 9:14, 25, 28, 10:12 [416] 엘링워스는 기자가 죄 사함을 부지중에 저질러진 죄를 위한 것으로만 잘못 제한하고 있다고 생각한다.[417] 그러나 히브리서 기자가 여기서 구약성경을 잘못 이해하고 있는 것은 아니다. 거역하고 훼방하는 죄는 용서를

416 O'Brien, *Hebrews*, 312.

417 Ellingworth, *Hebrews*, 435(엘링워스가 같은 책 436쪽에서 기자의 입장을 열거함에도 불구하고)

받을 여지가 없었고,민 15:30; 참조. 신 1:43; 17:12-13, 시 19:13 또한 기자에게 이런 죄들은 그가 지금 경고해 마지않는 배도에 비견될 수 있기 때문이다.

9:8 기자는 독자들이 대속죄일의 의식이 갖는 의미를 이해하도록 실마리를 제공한다. 성령께서는 옛 언약과 새 언약 사이의 차이를 계시하신다. 아마도 여기에는 성령께서 이전까지 감추어져 있던 것을 드러내신다는 개념이 있을 것이다.[418] 레위 계통의 제사장직과 그것이 명하는 제사들을 집행하는 것에 관해 읽을 때는 영적인 이해를 가지고 그렇게 해야 한다. 따라서 성령께서 구약성경의 제의와 언약을 통해 말씀하시는 것에 주의를 기울여야 한다. 이 경우, 일 년에 단 한 차례 대속죄일에만 지성소로 나아갈 수 있었다는 사실은 아직 하나님 앞으로 자유롭게 나아갈 수 없었다는 것을 의미한다. 처음 장막이 이어지는 한 이스라엘 백성들은 일 년에 한 차례, 그것도 단지 대제사장의 중보를 통해서만 하나님을 만날 수 있었던 것이다.[419] 이 장막이 계속되었다는 말은 그것이 계속해서 존재했다는 것이라기보다는 그것이 갖는 계속되는 효력을 가리킨다.[420] 그리스도가 오셔서 자신을 제물로 바친 지금, 이 장막의 효력이 다했다.

9:9 기자는 다시 독자들에게 성령이 말씀하시는 것을 깨닫기 위해 분별할 줄 알아야 한다고 촉구한다.[421] 제사라고 하는 의식을 통해 제한적

418 L. Johnson, *Hebrews*, 223.

419 이 말이 바깥쪽 성소만을 가리킨다고 보는 주장하는 학자들이 있다(Attridge, *Hebrews*, 240; Westcott, *Hebrews*, 252; Schenk, *Cosmology and Eschatology in Hebrews*, 149-50; Norman H. Young, "The Gospel According to Hebrews 9", *NTS* 27[1981]: 200). 하지만 그런 주장과 달리 여기서 말하는 것은 장막 전체를 가리킨다(Bruce, *Hebrews*, 194-95; Hughes, *Hebrews*, 322-23).

420 Attridge, *Hebrews*, 240.

421 이 절을 시작하는 지시대명사 "이"ἥτις는 9:8의 "길", "장막", "서 있을 동안" 등을 선행사로 가질 수도 있겠지만(Ellingworth, *Hebrews*, 439), 이것은 아마도 8절로부터 비롯된 생각 전

으로 하나님께 나아가는 것은 "상징"παραβολή 혹은 "예증"illustration, NIV 으로 기능한다. 이 땅의 성소가 효력 있게 남아 있는 한, 이 땅의 성소에든지 하늘의 성소에든지 일상적으로 하나님께 나아가는 일은 있을 수 없다.[422] 히브리서의 수신자들은 피상성의 위험에 직면해 있다. 옛 언약 아래에서의 제사들을 생각함에 있어서, 그들은 그런 제의들이 옛 언약 시대를 위해 말하는 것을 제대로 파악하지 못할 수 있다. 그런 제사들은 구원 역사에서 특정한 기간만을 위해 하나님께서 정하신 것이다. 하지만 더 위대하고 온전한 제사가 그런 제의들을 대체하는 새 시대가 도래했다("현재"). HCSB는 "현재"(바로 앞을 보라)를 옛 언약 시대를 가리키는 것으로 해석한다.[423] 그러나 NIV의 해석이 더 선호할 만해 보인다. "이는 현재를 위한 예증으로, 예물과 제사들로는 예배자들의 양심을 깨끗하게 할 수 없었음을 가리킨다." 이렇게 볼 때 현재는 새 언약의 시대를 가리킨다. 이렇게 해석하는 것이 기자가 하는 다른 진술에도 부합한다. 시내 산 언약은 새 언약의 새로움과 대비되는 "옛" 언약이기 때문이다.8:8, 10, 13, 9:15, 12:24 이 언약은 현재의 언약이 아닌 "첫" 언약이다.8:7, 9:1, 15, 18

시내 산 언약 아래에서 바쳐진 예물과 제사들은레 1-7, 16장 "섬기는 자를 그 양심상 온전하게" 할 수 없다. 양심의 온전함τελειῶσαι은 온전한 죄 사함을 포함한다. 7:19에서 온전하게 하지ἐτελείωσεν 못하는 율법의 무능력은 그것이 백성들을 하나님께로 가까이 데려갈 수 없는 것을 뜻한다. 10:1에서 기자는 우리가 여기서 보는 것과 같은 동사를 사용한다. 같

체를 가리킬 것이다(참조. L. Johnson, *Hebrews*, 225). 영은 8절에 대한 자신의 해석을 따라 성소를 가리킨다고 생각한다(Norman H. Young, "The Gospel According to Hebrews 9", 201).

422 이 점과 관련해서는 스탠리를 참조하라. Steve Stanley, "Hebrews 9:6-10: The 'Parable' of the Tabernacle", *NovT* 37(1995): 385-99.

423 참조. William L. Lane, *Hebrews 9-13*, WBC(Dallas: Word, 1991), 234.

은 제사들로는 "나아오는 자들을 온전하게 할 수τελειῶσαι" 없다.ESV 그렇기 때문에 율법을 의지하는 자들은 계속되는 죄에 대한 "의식"을 떨칠 수가 없고10:2 날마다 죄를 기억할 수밖에 없다.10:3 놀라울 정도로 9:9과 유사한 것이, 지금 기자는 양심을 온전하게 하는συνείδησιν 것에 대해 말하기 때문이다. 그리스도의 피가 "우리의 양심을 깨끗하게 한다"고 하는 9:14에서도 유사한 개념을 발견한다. 그렇다면, 구약의 제의가 가진 약점은 그것이 실제로 양심에서 죄를 깨끗하게 하지 않았다는 것이다.

9:10 근본적으로 구약성경의 규례들은 외부적이다. 음식참조. 레 11:1-44, 신 14:3-21과 음료들참조. 민 6:3과 정결과 다른 여러 종류의 씻는 것에 대한 규례들예. 출 29:4; 30:19-21; 40:12, 레 11:25; 13:6; 14:8-9; 15:5-8; 16:26; 17:16, 민 19:7-8, 신 23:11을 다룬다. 이런 "규례들"은 "물리적"σαρκός 혹은 "외부적"NIV이다. 다른 말로 하면 이런 규례들은 더 위대한 씻음과 정결, 죄로부터 정결하게 되고 깨끗하게 되는 것을 가리킨다. 구약성경 자체에서 "씻음"과 "정결"은 참된 죄 사함을 위한 유비다.예. 시 19:12; 51:2, 7, 겔 36:25, 33; 37:23, 슥 13:1 이와 같은 외적인 규례들은 구원 역사에서 일정한 기간 동안만 존재한다. 기자가 이런 규례들을 마치 하나님으로부터 온 것이 아닌 것처럼 폄하하는 것이 아니다. 기자는 지금 시간적으로 그리고 종말론적으로 주장하고 있다. 이런 규례들은 옛 언약 기간 동안에는 유용했으나, 성취의 날이 이름과 동시에 그 효력이 그치도록 의도되었다. "회복의 때"καιροῦ διορθώσεως; "개혁의 때", 개역개정 혹은 더 좋은 "새로운 질서의 때"NIV가 이르렀기 때문에, 이런 옛 규례들은 폐하여졌다. 옛 규례들이 대망하던 것들이 도래했기 때문이다.[424]

424 "현재"(9절)와 회복의 때(10절) 모두 예수 그리스도 안에서 도래한 성취의 때를 가리킨다(참조. here Ellingworth, *Hebrews*, 440-41; Cockerill, *Hebrews*, 384n60).

성경신학적 적용

기자는 장막—장막의 구성과 기구들—을 고찰한다. 놀라운 사실은 장막이 하나님께 자유롭고 온전히 나아가게 하지 못한다는 것이다. 일 년에 단 한 차례 대제사장만이 실제로 하나님 앞으로 나아간다. 더욱이 옛 언약의 규례들은 음식, 음료, 씻음과 같은 외적인 것들과 관계가 있다. 성령께서 이런 것들을 통해 말씀하신다. 옛 언약이 아닌 새 언약을 통해 우리는 하나님 앞으로 나아간다. 옛 언약의 의식들을 통해서는 우리의 양심이 깨끗하게 되고 온전하게 될 수 없다. 이런 의식들은 우리를 진실로 하나님 앞으로 나아가도록 하는 더 좋은 희생을 가리키는 것이기 때문이다.

9:11-14

I. 프롤로그: 아들을 통해 이루어진 결정적이고 최종적인 계시1:1-4

II. 천사들보다 위대하신 아들을 저버리지 말라1:5-2:18

III. 아들을 모세와 여호수아보다 더 위대한 대제사장으로 가진 너희는 마음을 완고하게 하지 말라3:1-4:13

IV. 레위기의 율법이 정하는 대제사장직보다 더 위대한 멜기세덱의 반차를 따른 예수의 대제사장직으로부터 흘러 떠내려가지 않도록 하라4:14-10:18

1 | 대제사장으로 계시는 예수를 힘입어 하는 권면4:14-5:10

2 | 경고와 확증5:11-6:20

3 | 예수께서 가지신 멜기세덱의 반차를 따른 더 위대한 제사장직7:1-28

4 | 옛 언약보다 나은 새 언약8:1-13

5 | 새 언약 아래서 드리는 더 나은 제사9:1-10:18

1) 옛 언약 아래서는 허락되지 않았던 하나님께로 자유롭게 나아감9:1-10

2) 자기의 피로 하늘로 들어가신 예수9:11-14

3) 새 언약의 중보자이신 예수께서 주시는 영원한 기업9:15-22

4) 예수께서 드린 제사: 구약의 제사들보다 탁월함9:23-10:18

V. 맺는말로서의 권면과 경고10:19-12:29

11 그리스도께서는 장래 좋은 일의 대제사장으로 오사 손으로 짓지 아니한 것 곧 이 창
조에 속하지 아니한 더 크고 온전한 장막으로 말미암아 12 염소와 송아지의 피로 하지
아니하고 오직 자기의 피로 영원한 속죄를 이루사 단번에 성소에 들어가셨느니라. 13 염
소와 황소의 피와 및 암송아지의 재를 부정한 자에게 뿌려 그 육체를 정결하게 하여
거룩하게 하거든 14 하물며 영원하신 성령으로 말미암아 흠 없는 자기를 하나님께 드
린 그리스도의 피가 어찌 너희 양심을 죽은 행실에서 깨끗하게 하고 살아 계신 하나

님을 섬기게 하지 못하겠느냐.

문맥

9:1-10:18의 요지는 그리스도의 제사가 옛 언약의 제사들보다 더 좋다는 것이다. 9:1-10에서 옛 언약 제사들의 약점들이 전면에 부각된다. 이 제사들은 사람들을 하나님 앞으로 데리고 가지 못할뿐더러, 죄책으로부터 그들의 양심을 깨끗하게 할 수도 없다. 9:11-14에서 그리스도가 드린 제사는 옛 언약의 제사들과 대조된다. 그리스도는 자신의 피로 하나님 앞으로 들어가셨고, 이를 통해 영원한 구속을 이루셨다.[9:11-12] 짐승들의 피로는 육체를 깨끗하게 하지 못하지만, 그리스도의 피는 이보다 훨씬 더 탁월하다. 그분은 자기에게 속한 자들이 살아 계신 하나님께로 자유롭게 나아가 그분을 섬기도록 그들의 양심에서 죄책을 없이 함으로 그들의 양심을 깨끗하게 한다.[9:13-14]

주석

9:11 예수 그리스도의 대제사장직을 통해 새 시대가 도래했다.[참조. §2.3] 그분은 하나님 앞으로, 즉 참되고 온전한 장막으로 들어가셨다. 땅에 있는 장막이 아니라 하늘에 있는 장막이다.[참조. §2.4] 예수의 제사장직은 적어도 부분적으로는 "장래 좋은 일의"[NET, τῶν γενομένων ἀγαθῶν] 성취를 나타낸다. 그리스도 안에서 종말론적인 좋은 일들이 시작되기는 했지만, 하늘 도성이 이르기까지는 아직 완성된 것은 아니다. 옛 시대가 새 시대로 대체되었고 그리스도 안에서 더 좋은 것이 시작되었다는 것을 가리켜 주는 표시가 있다.

이 땅의 장막은 하늘 장막에 대한 서술이다.[425] 이 개념은 공간적이며 종말론적이다. 이 땅의 장막은 "더 크고 온전한 장막"을 가리킨다. 하늘의 장막은 이 땅의 장막보다 훨씬 더 좋다.[425] 예수께서 들어가신 장막은 이 창조에 속한 것도 아니고, 사람의 손으로 지은 것도 아니기 때문이다.[426] 엄밀하게 말해서, 하늘에는 장막이 없다.[427] 하늘의 장막이라는 말은 도무지 묘사가 불가능한 하나님 앞을 묘사하기 위해 사용한 것이다.[428] "새 장막에서는 하늘의 '성소'가 필요 없다. 그리스도께서 자기 백성들을 하나님 앞으로 데려가시기 때문이다. 따라서 '더 크고 온전한 장막'이 하늘의 '성소'를 나타낸다는 제안은, 어떤 것이든 기자가 묘사하는 옛 장막과 새 장막 사이의 유사성에서 비롯된 잔존물과 흔적에 지나지 않는다."[429]

425 여기서 장막은 그리스도의 물리적 몸(Vanhoye, *Structure and Message of Hebrews*, 66-67)이나 성만찬(James Swetnam, "'The Greater and More Perfect Tent': A Contribution to the Discussion of Hebrews 9, 11", *Bib* 47[1966]: 91-106)을 가리키지 않는다. 참조. Attridge, *Hebrews*, 246; Peterson, *Hebrews and Perfection*, 141-43.

426 "말미암아"διά라는 말은 여기서 움직임을 강조하는 공간적인 표현이다. 참조. Attridge, *Hebrews*, 246; Lane, *Hebrews 9-13*, 236-38; Ellingworth, *Hebrews*, 450-551. 이 말이 공간이 아닌 수단을 나타내는 것으로 이해하는 주장에 대해서는 퀘스터를 참조하라(*Hebrews*, 408-9). 여기서 이 전치사가 공간을 나타내는 용법으로 사용되기는 하지만 그렇다고 예수께서 문자 그대로 하늘의 성막으로 들어가셨다고 단정하지 말아야 한다. 이 말은 문자적이 아닌 은유적인 표현이기 때문이다.

427 반대 참조. Otfried Hofius, *Der Vorhang vor dem Thron Gottes: Eine exegetisch-religionsgeschichtliche Untersuchung zu Hebräer 6,19f. und 10,19f.*, WUNT 14(Tübingen: Mohr Siebeck, 1972), 50-73; Moffitt, *Atonement and the Logic of the Resurrection in the Epistle to the Hebrews*, 223-25. "더 크고 온전한 장막"은 장막의 앞마당이 아닌(반대 참조. Lane, *Hebrews 9-13*, 237-38; O'Brien, *Hebrews*, 320; W. Michaelis, "σκηνή", *TDNT* 7:376-77) 전체 장막을 가리킨다(Koester, *Hebrews*, 409; Ellingworth, *Hebrews*, 446-47; Schenk, *Cosmology and Eschatology in Hebrews*, 159). 기자가 종종 구약 제의들의 특징을 불명확하게 묘사하는 것에 주목하고, 그가 사용하는 언어를 여기에 억지로 대입하는 실수를 하지 말아야 한다(참조. Schenk, *Cosmology and Eschatology in Hebrews*, 164).

428 기자가 사용하는 용어를 지나치게 문자 그대로 받아들이는 것에 대해 경고하는 온스워스의 언급을 참조하라(*Joshua Typology*, 94).

여기에도 물론 종말론적 실체가 있다. 종말에 예수 그리스도의 십자가와 부활과 승천을 통해 더 온전한 하늘의 장막으로 나아가기 때문이다.[430]

9:12 이 땅의 장막에는 "염소와 송아지의 피"로 들어갔다.참조. 출 29:10, 레

429 Cockerill, *Hebrews*, 391.

430 여기서 하늘의 장막이 실재한다고 주장하는 리벤스의 세심한 연구에 주목해야 한다. 그는 유대 묵시문학에서 하늘 장막이 등장한다고 지적하고, 제2성전기 유대교 문헌 가운데 두 군데 본문에서 볼 수 있는 하늘 장막의 제사들을 언급하는 대목들과 히브리서의 핵심 본문들에 대한 주석을 근거로 자신의 주장을 옹호한다. 참조. Ribbens, "Levitical Sacrifice and Heavenly Cult in Hebrews", esp. 1-182. 또한 예수의 희생에서 하늘에서와 땅에서의 역할 모두를 주목한다는 점에서, 리벤스는 모펏과는 구분되어야 한다. 지면상 여기서 리벤스의 주장에 자세하게 응대할 수는 없기 때문에 두 가지 정도만 언급하고 지나가려고 한다. 우선, 유대교 문헌으로부터의 증거는 결정적인 것이 아니다. 단 두 가지의 예를 가지고 하늘에서 드려지는 제사를 위한 증거로 삼기에는 한계가 있기 때문이다. 신약성경 시대의 유대교가 가진 다양성을 생각해 볼 때, 이런 예들이 히브리서 기자에게 영향을 주었는지도 명확하지 않다. 두 장막 사이에 있는 유사성들은 이 주장을 증명할 만큼 충분히 설득력이 있거나 강력하지도 않다. 물론 리벤스처럼 본문을 이해할 수도 있다. 그러나 그가 제시하고 있는 증거들을 통해서는 확증하기가 어렵다. 심지어 히브리서 기자가 그런 전승들을 알고 있었다 할지라도, 그것을 문자 그대로 해석했을지는 미지수다. 둘째, 더욱 중요한 것은 다른 연구에서와 마찬가지로 히브리서 연구에 있어서도 개인이 가진 이해는 배경이라고 주장된 것에 영향을 받는다. 히브리서가 필로나 중기 플라톤주의를 직접 의존하지 않는다는 리벤스의 주장에 동의한다. 하지만 유대교의 묵시문학적 문헌들이 이 서신을 해석할 주된 배경인지에 대해서는 확신할 수가 없다. 본 주석서의 앞부분에서 제안한 것처럼, 이 서신에 중기 플라톤주의로부터의 영향을 암시하는 필론주의적이고 플라톤적인 성격이 있는 것이 사실이다. 어떤 기술적인 의미에서 이 서신이 필론주의적이고 중기 플라톤주의적 사고를 나타내고 있다고 말하는 것이 아니다. 하지만 이 서신의 배경이 구약성경의 묵시문학적 전승과 중기 플라톤주의적 사고 간의 창조적 혼합을 보여주고 있다고 제안하는 것이다. 그렇기 때문에 마찬가지로 하늘에서의 성전과 제사를 말하는 것을 문자 그대로 해석하지 말아야 한다. 기자가 필론주의적이라거나 묵시문학적이라고 말할 수 없다. 기자는 아주 독특한 조합을 이룬다. 또한 이 서신에서 플라톤주의적 특징을 완전히 배제하기는 어렵다. 따라서 셋째, 내가 보기에 하늘 장막에 대한 말들을 문자적으로 해석하지 않는 것이 옳아 보인다. 오히려 기자는 은유적인 언어를 사용하고 있을 가능성이 크다. 따라서 무리해서 예수께서 실제로 자신의 피를 하늘 장막으로 가져가셨다고 말해서는 안 된다.

1:5; 3:12; 4:3, 23; 8:2; 16:3 짐승들의 피는 "그것들을 잡아 피를 쏟도록 제물로 바치는 자들의 생명을 나타낸다."[431] 그러나 예수는 하늘 장막으로 들어가셨다. 그분이 드린 희생은 짐승들의 피보다 훨씬 더 가치가 있기 때문이다. 그분은 자기 백성들을 위해 자신의 생명을 죽음에 내어 주었다. 더욱이 그분은 "단번"ἐφάπαξ에 "지성소로"εἰς τὰ ἅγια 들어가셨다. 예수는 실제로 자신의 피를 가지고 하늘로 들어가신 것이 아니다. 여기서 피는 제물로 드려진 자신의 생명을 내어 주신 것을 나타낸다.[432] 다시 말하지만, 장막에서 가장 거룩한 곳은 모든 곳 가운데 가장 거룩한 자리이자 초월적인 영역인 하나님 앞을 가리킨다. 죄 사함을 얻기 위해 예수께서 반복적으로 자신의 피를 흘리신 것이 아니다. 어쨌든 사람으로서 그분은 한 번만 죽을 수 있었다. 단번에 드리신 예수의 희생으로 그분은 "영원한 속죄"αἰωνίαν λύτρωσιν를 이루셨다.[433] 단번에 드린 희생은

431 Cockerill, *Hebrews*, 393.

432 아트리지도 이렇게 말한다. *Hebrews*, 248. "그러나 기자는 지금 그리스도께서 자신의 피를 가지고 하늘로 들어가신 인상을 주지 않기 위해 주의를 기울인다"(Cockerill, *Hebrews*, 394). 피는 예수의 순종의 죽음을 뜻하는 것이 아니라 자신의 생명을 하나님께 드리는 것을 의미한다고 모핏은 주장한다(*Atonement and the Logic of the Resurrection in the Epistle to the Hebrews*, 218-19, 256-78). 이런 해석은 잘못된 것이다. 먼저, 피를 흘린다는 것은 죽음을 가리킨다(참조. Guthrie, *Hebrews*, 318). 사람이 피를 흘리면 죽는다. 둘째, 여기에는 생명의 개념이 있다. 하지만 여기서 등장하는 생명의 개념은 이렇다. 예수께서 피를 흘리셨을 때, 그분은 다른 자들이 살도록 자신의 생명을 내어 주신 것이다. 예수께서 흘리신 피의 역할에 대한 보다 설득력 있는 논의를 위해서는 모리스Leon Morris를 참조하라. *The Apostolic Preaching of the Cross*, 3rd ed.0, 112-29. 피가 생명(죽음이 아닌)을 나타낸다는 개념에 대해서는 다음을 참조하라. Christian A. Eberhart, "Characteristics of Sacrificial Metaphors", in *Hebrews: Contemporary Methods—New Insights*, ed. G. Gelardini(Leiden: Brill, 2005), 37-64; Ekkehard W. Stegemann and Wolfgang Stegemann, "Does the Cultic Language in Hebrews Represent Sacrificial Metaphors? Reflections on Some Basic Problems", in *Hebrews: Contemporary Methods—New Insights*, ed. G. Gelardini(Leiden: Brill, 2005), 18-23.

433 여기서 분사는 후속 행위를 나타내지만(Lane, *Hebrews 9-13*, 230; Hughes, *Hebrews*,

죄 사함을 이루는 효과적이고 결정적인 희생이었다.[434] 구약성경에서 구속은 유월절,[출 12-14장] 희년,[레 25:29, 48] 애굽으로부터의 자유[시 111:9]와 관계가 있다. 희년을 통해 얻는 해방과 애굽으로부터의 자유는 영원한 것이 아니다. 따라서 예수께서 이루신 구속은 희년이나 출애굽 때 일어난 것보다 훨씬 탁월하다. 이 두 사건 모두 예표론적으로 예수 그리스도 안에서 성취된 구속을 가리킨다.

9:13 여기서 기자는 열등한 것에서 더 위대한 것,[9:13-14] 이 땅의 것에서 하늘의 것으로 논증해 가고 있다. "의식적으로 부정한 자들"[NIV, τοὺς κεκοινωμένους]에게 염소와 황소의 피를 뿌린다. 마찬가지로 암송아지의 재가 부정한 것을 제거한다. 암송아지와 관련된 의식은 민수기 19장이 설명한다. 재는 속죄제로서 부정함을 제거하고,[민 19:9, 17] 시체를 만진 것에서 비롯된 부정함을 제거한다.[민 19:12] 그러나 이런 모든 제물로도 속사람이나 양심을 실제로 깨끗하게 하지는 못한다. 기껏해야 부정하게 된 사람의 육신이나 몸을 정결하게 할 뿐이다. 의식적인 부정함을 제거할 뿐이다. 그렇다면 여기서 육신은 우리가 바울 서신에서 보는 것처럼 하나님을 대적하는 죄의 원리가 아닌 외부적이고 외양적인 것을 가리킨다.[435]

9:14 그리스도의 피는 황소와 염소와 암송아지와 같은 제물보다 훨씬 탁월하다. 무엇보다 이것은 사람의 피다. 하지만 여느 사람의 피가 아니다. 이스라엘과 온 세상의 왕이신 메시아의 피다.[시 110:1] 여기서 피는 "죽음을 통해 하나님께 드려진 생명의 원리"이신 예수의 죽음을 가리킨

328n84), "동시에 일어나는" 것으로 보는 것이 낫다(Ellingworth, *Hebrews*, 453).

434 여기서 구속은 포로된 상태로부터의 구원과 죄 사함 모두를 포함할 것이다(Koester, *Hebrews*, 408; Cockerill, *Hebrews*, 395). 오브라이언은 죄 사함을 강조한다고 한다(*Hebrews*, 322).

435 참조. Hughes, *Hebrews*, 356.

다.[436] 제물로 드려진 짐승들은 흠이 없어야 했다.ἄμωμον [437] 짐승들은 물리적으로 흠이 없었지만, 그리스도는 도덕적으로 흠이 없었다.참조. 벧전 1:19 여기서 기자는 다시금 그리스도의 죄 없음을 언급한다.히 4:15, 7:26-28

예수는 "자기를 드리셨다."προσήνεγκεν "드리셨다"는 이 말은 구약성경의 제물을 드리는 것을 가리킬 때 자주 사용된다.예. 출 32:6, 레 1:2, 5, 13-15; 3:6 등 따라서 이 말은 제사 용어가 분명하다. 이 제물은 "영원한 영으로 말미암아" 드려졌다.διὰ πνεύματος αἰωνίου, "영원하신 성령으로 말미암아", 개역개정 이 말은 예수께 있던 인간 영혼을 가리키는 말로, 예수께서 주저 없이 자신을 하나님께 드렸다는 의미일 수 있다.[438] 하지만 "영원하신"이라는 말은 예수의 인성과는 잘 맞지 않는다. 오히려 성령을 가리키는 언급으로 이해하는 것이 잘 맞을 듯하다.참조. §4 [439] 한 걸음 더 나아가 기자가 예수의 인간 영혼을 염두에 두고 한 말이라면, "그의"라는 소유격 대명사를 덧붙임으로 자신의 의도를 분명히 했을 것이다. 하지만 기자가 그렇게 하지 않았다는 것은 이 말이 성령을 가리키는 것임을 암시한다.[440] 히브리서에서 성령을 가리켜 말할 때는 대개 성령을 가리키는 것이 분명하

436 Ellingworth, *Hebrews*, 456. 참조. Morris, *Apostolic Preaching of the Cross*, 112-29; J. Behm, "αἷμα", *TDNT* 1:174-75; Hughes, *Hebrews*, 335-36. 벰J. Behm이 말하는 바와 같다. "신약성경은 그리스도의 물리적인 피가 아닌 그분이 생명을 폭력적으로 강탈당했을 때 흘리신 피에 관심을 갖는다"(174). 여기에는 실제로 그분의 피를 실제로 장막으로 가지고 들어가 영원히 보존한다는 개념은 전혀 없다(참조. Hughes, *Hebrews*, 329-34; O'Brien, *Hebrews*, 321).

437 출 29:1, 레 1:3, 10; 3:1, 6; 4:3, 23, 28; 5:15; 9:2; 14:10; 22:19, 민 6:14; 19:2; 28:3, 9, 11, 19, 27, 31, 겔 43:22, 23, 25.

438 해석사를 보면 많은 해석들이 이런 견해를 취했다. 참조. Westcott, *Hebrews*, 261-62. 이와 비슷한 견해를 취한 것으로 보이는 휴즈의 논의 또한 참조하라(*Hebrews*, 358-60).

439 참조. Koester, *Hebrews*, 410-11; Lane, *Hebrews 9-13*, 240. 반대 참조. Attridge, *Hebrews*, 250-51. 존슨은 이 말을 성령에 대한 언급으로 보지 않고 "그리스도가 자신을 드린 양태"를 가리킨다고 생각한다(*Hebrews*, 236).

440 Hagner, *Hebrews*, 120.

게 드러난다.[2:4, 3:7, 6:4, 9:8, 10:15, 29; 비교 참조. 4:12] 히브리서의 다른 곳을 보면 성령은 복음을 확증하는 것을 통해서든,[2:4] 새로운 시대의 은사를 통해서든,[6:4] 성경을 통해 새로운 공동체에게 말씀하시는 것을 통해서든[3:7, 9:8, 10:15] 마지막 때의 시작과 긴밀하게 연결된다. 성령을 욕되게 하는 것은[10:29] 현저한 죄다. 예수 그리스도께서 이루시고 성령께서 적용하시는 구원을 거부하는 일이기 때문이다. 그렇다면 왜 기자는 "영원하신" 성령이라고 말하는가? 이 물음에 답하기에 앞서, 성령은 예수께서 자신을 하나님께 제물로 드릴 수 있도록 그분을 강하게 하고 능력 있게 한 것처럼 보인다.[441] 이런 개념은 예수의 생애 전반에 걸친 성령의 역사를 통해 그분의 사역이 권능 있게 된 것으로 진술하는[눅 1:35, 3:22, 4:1, 14, 18, 10:21] 성령에 대한 누가의 이해와 잘 부합한다. 또한 "영원하신"이라는 말은 성령의 신성을 강조하는 것처럼 보인다. 여기에는 또한 예수께서 자신을 드리신 것이 하나님의 영원한 계획에 따른 것이었음을 의미하는 예언의 성취에 대한 강조도 있을 것이다. 더구나 단순히 인간이어서는 죄를 속할 수 없음도 암시한다. 속죄는 신인 동시에 인간인 누군가에 의해서만 이루어질 수 있다. 속죄를 위한 제사는 효력이 있는 것이어야 하기 때문이다.[442] "영원하신 성령"을 통해 드려진 제물이라야 "영원한 구속",[9:12, "영원한 속죄", 개역개정] "영원한 구원",[5:9] "영원한 기업"[9:15]을 얻도록 한다.

이 절 후반부에서는 예수께서 드린 희생을 통해 얻는 유익을 진술한다. 예수는 죄책으로 더럽혀진 양심을 자신의 피로 깨끗하게 하신다.[443]

441 참조. Ellingworth, *Hebrews*, 457; 참조. Martin Emmrich, *Pneumatological Concepts in the Epistle to the Hebrews: Amtscharisma, Prophet, and Guide of the Eschatological Exodus*(Lanham, MD: University Press of America, 2003), 1-13.

442 Hughes, *Hebrews*, 359.

443 모핏은 "피"가 예수의 죽음을 가리키는지 묻는다. 이 피가 의식을 통해 적용될 때라야 죄 사함을 얻기 때문이다(*Atonement and the Logic of the Resurrection in the Epistle to the*

양심은 "마음 곧 신자의 내면의 실체로부터 죄를 제하는 것"을 가리킨다.[444] 깨끗하게 하는 것은 구약성경에서 대개 제단을 깨끗하게 하고출 29:36-37; 30:10, 레 8:15; 16:18 사람을 부정함으로부터레 12:7-8, 13:6-7, 13, 17, 14:2, 4, 15:13, 28 그리고 죄로부터레 16:30 정결하게 하는 것을 가리킨다. 구약성경에서 부정함은 전형적으로 육신의 오염에서 비롯된다. 이런 오염이 죄와 관련되지만, 예수께서 이루신 정결함은 훨씬 더 깊다. 양심을 죽음에 이르게 하는 일들로부터 깨끗하게 하셨기 때문이다.참조. 히 6:1 새 언약은 죄를 결정적으로 깨끗하게 하는 것을 대망한다.참조. §2.4 "내가 그들을 내게 범한 그 모든 죄악에서 정하게καθαριῶ 하며 그들이 내게 범하여 행한 모든

Hebrews, 271-73). 이런 반론은 타당성이 없다. 예수의 죽음(그분이 피를 흘림)은 초월적인 효력, 다시 말해 그분의 죽음과 속죄를 위해 필요한 피를 바르는 것 모두를 포함하기 때문이다. 피가 죽음이 아닌 생명과 관련이 있다는 사실이 제의적으로 피를 바르고 적용해야 할 필요성에 따른 논리적인 귀결은 아니다. 죽음은 단지 준비적인 단계이고 희생 제사의 일부가 아닌 것처럼, 피를 발라야만 속죄를 얻을 수 있다고 하는 것 역시 옳지 않다(반대 참조. Walter Edward Brooks, "The Perpetuity of Christ's Sacrifice in the Epistle to the Hebrews", *JBL* 89[1970]: 208-9). 죽음을 희생 제사와 분리하는 것은 인위적이고 설득력이 없다. 죄 사함을 위해서는 피(그리스도의 죽음)를 바르는 일이 있어야 한다. 하지만 이 피는 그분의 죽음과 불가분으로 연결된다. 이처럼 생생한 묘사가 곧 실제로 하늘에서 피를 발랐다는 것을 뜻하지는 않는다. 조슬린이 바르게 말한다. "Christ Bore the Sins of Many: Substitution and Atonement in Hebrews", *SBJT* 11(2007): 82. 이런 해석은 예표론적 언어를 너무 경직되게 이해하는 데서 비롯된다. 조슬린은 대속죄일이든(레 16장), 언약 체결이든(출 24장), 붉은 암송아지를 통한 정결 의식이든(민 19장) 구약의 어떤 의식도 그리스도께서 드린 희생과 완벽하게 일치하지는 않는다고 바르게 지적한다. 성취가 예표보다 위대하다는 사실은, 그리스도께서 드리신 대속의 희생이 구약의 어떤 의식이나 관습을 통해 발휘된 효력보다 훨씬 더 위대하다는 것을 보여준다. 히브리서는 독자들이 예수 그리스도의 십자가를 통해 구약성경이 성취된 것을 보도록 다양한 구약성경 본문들과 관습들을 합해 놓고 있다. 히브리서는 구약성경의 여러 의식과 관습들을 취사선택하여 죄인들의 용서를 위해 흘리신 그리스도의 피로 말미암아 양심이 깨끗하게 된다는 사실을 강조한다. 또한 그리스도께서 구약성경에 기록된 모든 의식적이고 제의적인 행위들을 성취하신다고 말할 수 있다.

444 Cockerill, *Hebrews*, 401.

죄악을 사할 것이라."렘 33:8 이렇게 정결하게 된 자들은 자유롭게 되어 살아 계신 하나님을 섬긴다. 죄책으로부터 정결하게 된 이들에게는 죄책이 없기 때문에 하나님 앞에서 확신과 기쁨으로 살고 즐거이 그분을 섬길 수 있다.

성경신학적 적용

예수는 자신의 피로 하나님 앞인 하늘 장막으로 들어가셨다. 그렇기 때문에 우리는 신자로서 영원한 구속을 누린다. 우리의 양심은 예수의 피를 힘입어 우리를 더럽히는 모든 것으로부터 깨끗하게 되고, 이를 통해 우리는 자신의 과거로부터 자유롭게 되어 마음껏 살아 계신 하나님을 섬긴다. 독자들은 구약성경의 제사와 의식들로 돌아가지 말아야 한다. 그것들은 외적인 것으로 예수의 희생과 실제로 우리를 죄로부터 깨끗하게 하는 피를 가리킬 뿐이기 때문이다.

9:15-22

I. 프롤로그: 아들을 통해 이루어진 결정적이고 최종적인 계시[1:1-4]

II. 천사들보다 위대하신 아들을 저버리지 말라[1:5-2:18]

III. 아들을 모세와 여호수아보다 더 위대한 대제사장으로 가진 너희는 마음을 완고하게 하지 말라[3:1-4:13]

IV. 레위기의 율법이 정하는 대제사장직보다 더 위대한 멜기세덱의 반차를 따른 예수의 대제사장직으로부터 흘러 떠내려가지 않도록 하라[4:14-10:18]

1 | 대제사장으로 계시는 예수를 힘입어 하는 권면[4:14-5:10]

2 | 경고와 확증[5:11-6:20]

3 | 예수께서 가지신 멜기세덱의 반차를 따른 더 위대한 제사장직[7:1-28]

4 | 옛 언약보다 나은 새 언약[8:1-13]

5 | 새 언약 아래서 드리는 더 나은 제사[9:1-10:18]

1) 옛 언약 아래서는 허락되지 않았던 하나님께로 자유롭게 나아감[9:1-10]

2) 자기의 피로 하늘로 들어가신 예수[9:11-14]

3) 새 언약의 중보자이신 예수께서 주시는 영원한 기업[9:15-22]

4) 예수께서 드린 제사: 구약의 제사들보다 탁월함[9:23-10:18]

V. 맺는말로서의 권면과 경고[10:19-12:29]

15 이로 말미암아 그는 새 언약의 중보자시니 이는 첫 언약 때에 범한 죄에서 속량하
려고 죽으사 부르심을 입은 자로 하여금 영원한 기업의 약속을 얻게 하려 하심이라.
16 유언은 유언한 자가 죽어야 되나니 17 유언은 그 사람이 죽은 후에야 유효한즉 유언
한 자가 살아 있는 동안에는 효력이 없느니라. 18 이러므로 첫 언약도 피 없이 세운 것
이 아니니 19 모세가 율법대로 모든 계명을 온 백성에게 말한 후에 송아지와 염소의 피
및 물과 붉은 양털과 우슬초를 취하여 그 두루마리와 온 백성에게 뿌리며 20 이르되 이

는 하나님이 너희에게 명하신 언약의 피라 하고 [21] 또한 이와 같이 피를 장막과 섬기는
일에 쓰는 모든 그릇에 뿌렸느니라. [22] 율법을 따라 거의 모든 물건이 피로써 정결하게
되나니 피 흘림이 없은즉 사함이 없느니라.

문맥

그리스도가 드린 제사는 구약성경의 제사들보다 훨씬 더 탁월하다. 장막과 성전 제도가 여전히 유효할 때인[9:1-10] 구약성경 시대의 예배자들은 죄로부터 깨끗하게 되지 못했고, 하나님께로 자유롭게 나아가지도 못했기 때문이다. 반면에 그리스도는 하늘에 있는 하나님 앞인 참 장막으로 들어가셨고, 자신의 피로 자기에게 속한 자들의 양심을 깨끗하게 하신다.[9:11-14] 예수께서 자신이 드린 속죄의 제사로 말미암아 새 언약의 중보자 되시기 때문에, 부르심을 입은 자들은 영원한 기업의 약속을 누린다.[9:15] 그러고 나서 기자는 옛 언약 아래에서 죽음이 필요했던 이유를 설명한다.[9:15] 사람이 남긴 최후의 뜻과 유언은(언약에 대한 유비로서) 그 사람이 죽은 후에야 효력을 발휘한다.[9:16-17] 그렇기 때문에 바로 이어서 첫 언약은 희생 제물의 피(죽음)로 시작되었다는 진술이 따른다.[9:18] 기자는 모세가 언약책과 백성들에게 피를 뿌리면서 이스라엘과 언약을 세우는 대목인 출애굽기 24:8에 호소함으로 이런 사실을 뒷받침한다.[9:19-20] 모세는 "이는……언약의 피라"고 선언하면서,[9:20] 이 언약이 피 뿌림을 의지하고 있음을 보여준다. 실제로 장막에 딸린 제의와 관계된 거의 모든 기구에 제물의 피를 뿌렸고,[9:21] 이는 피 뿌림이 없이는 사함이 없다는 것을 보여준다.

주석

9:15 예수께서 하나님 앞으로 나아가시고 자신의 피로 양심을 깨끗하게

하셨기 때문에 그분은 새 언약의 중보자다.참조. 12:24 [445] 8:6은 예수를 "더 좋은 언약의 중보자"라고 한다. 예수께서 하나님 앞으로 나아가셨기 때문에 이 언약이 새로운 것은 분명하다. 옛 언약에서는 이루어지지 않았던 일이다. 그렇다면 새 언약은 예수의 죽음으로 시작되었고, 이는 곧 출애굽기 24장에서 세워진 이전의 언약은 더 이상 효력 있게 역사하지 않는 것을 의미한다.

예수께서 언약의 역사를 이루신 목적이 이 절의 요점이다. 새 언약의 중보자로서 예수는 부르심을 입은 자들이 영원한 기업을 약속으로 받을 것임을 분명히 하셨다.참조. §9 "부르심을 입은 자들"οἱ κεκλημένοι은 신자들의 삶에서 이루어지는 하나님의 삶을 변화시키는 능력 있고 효과적인 부르심을 뜻하는,참조. §2.5 바울 서신이 말하는 부르심과 같은 의미를 가질 것이다.예. 롬 4:17; 8:30; 9:7, 12, 24-26, 고전 1:9, 갈 1:6, 15, 엡 4:1, 살전 5:24, 살후 2:14, 딤후 1:9 예수께서 중보자로서 하시는 새 언약의 역사를 힘입어 하나님의 부르심을 입은 자들은 "영원한 기업"αἰωνίου κληρονομίας을 얻을 것을 보증받는다.[446] **영원하신** 성령으로 말미암아 자신을 드린 분께서 **영원한** 기업을 얻으셨다. 원래 이 기업은 애초에 아브라함에게 약속되었다.참조. 6:17, 11:8 하지만 이 기업은 아브라함의 자손된 모두에게 속한 것이다. 이 기업은 신자들에게 약속된 하늘 도성을 묘사하는 또 다른 방식이다.11:10, 13-16, 12:22, 13:14 [447] 예수께서 자기 피로 하늘 장막으로 들어가신 것은 신자들

445 "그러므로"διὰ τοῦτο라는 말은 앞서 진술한 것들을 돌아다본다(참조. Ellingworth, *Hebrews*, 460).

446 "영원한 기업"이라는 말이 이 약속이 무엇인지를 보여준다. 바꾸어 말하면, 영원한 기업은 약속과 동격을 이룬다(O'Brien, *Hebrews*, 328). 근본적으로 이 기업은 장래의 실체이지만, 신자들은 바로 지금 여기서부터 얼마간의 은택을 누린다(Ellingworth, *Hebrews*, 461). 그들은 바로 지금 하늘 도성의 일원으로 있기 때문이다(12:22).

447 참조. Koester, *Hebrews*, 417. 히브리서가 말하는 기업이라는 주제에 대해서는 해리스

이 하늘 도성으로 들어갈 근거가 된다. 아브라함, 이삭, 야곱에게 주어진 모든 약속이 예수 그리스도께 속한 자들을 위해 성취될 것이다. 이런 약속들은 옛 언약을 통해서는 실체가 되지 않았다. 오히려 새 언약을 통해 이루어졌다.

서신 전반에서 드러나는 것처럼, 기자는 이 두 언약 사이의 연속성과 불연속성을 발견한다. 옛 언약은 백성들을 하나님 앞으로 데려갈 효력이 없다. 하지만 이 두 언약 사이에는 예표론적이고 상징적인 관계가 있다. 옛 언약은 새 언약을 고대하는 새 언약의 그림자였다. 첫 언약 아래에서는 이 언약 아래에서 범한 범과들로부터 구속을 받기(기자의 이 말은 죄 사함을 가리킬 것이다) 위해서 죽는 것이 필요했다. 죄, 정결례, 구별, 대속죄일을 위해 드려졌던 제사들을 볼 때, 옛 언약 아래에서는 죽는 것이 필요했던 것이 분명하다.레 1-7, 16장

9:16 옛 언약 아래에서 구속(곧 죄 사함)을 위해서는 죽음이 필수적이었다. 기자는 죽음과 언약의 관계를 계속해서 설명해 간다. 유언은 그 유언을 남긴 사람이 죽어야 효력이 있다. 옛 언약 아래에서도 이는 마찬가지였다. 희생으로 드려지는 짐승들은 언약을 맺는 자의 죽음을 나타낸다. 물론 새 언약 아래에서는 예수의 죽음을 토대로 언약이 세워졌다.

대부분의 해석들참조. HCSB, NIV, ESV에 반해 16-17절의 언급은 유언이 아닌 언약을 가리켜 말한 것이라고 주장하는 주석가들이 있다.[448] 주석

Dana M. Harris를 참조하라. "The Eternal Inheritance in Hebrews: The Appropriation of the Old Testament Inheritance Motif by the Author of Hebrews"(Ph.D. diss., Trinity Evangelical Divinity School, 2009).

448 참조. Lane, *Hebrews 9-13*, 231-32, 242-44; J. J. Hughes, "Hebrews IX 15ff. and Galatians III 15ff.: A Study in Covenant Practice and Procedure", *NovT* 21(1976-77): 27-96; O'Brien, *Hebrews*, 329-32; Cockerill, *Hebrews*, 405-7. 한Scott W. Hahn은 이 말이 보다 구체적으로 시내 산 언약을 가리킨다고 말한다. "Covenant, Cult, and the Curse-of-Death:

가들이 이렇게 주장하는 몇 가지 이유가 있다. 첫째, 그리스-로마 시대에 유언은 기록됨과 동시에 효력을 가졌다. 유언자가 죽어야만 효력을 갖는 것은 아니었다. 둘째, 이런 주장은 언약에서 유언으로의 전환이 없어야 가장 잘 이해될 수 있다. 히브리서 어디에도 "언약"διαθήκη이라는 말이 유언을 가리키는 경우는 없기 때문이다. 셋째, 17절의 "죽은 후에야"ἐπὶ νεκροῖς는 복수다. 따라서 이 절은 언약이 "죽은 짐승들을 근거로 승인되었다"는 것을 가리키고, 이런 사실은 기자가 유언보다는 언약을 염두에 두고 있음을 나타낸다. 넷째, "죽어야 되나니"φέρεσθαι라는 말은 결코 죽음이 확인되거나 입증되는 것을 말하지 않는다.

이 문제에 대해 뭐라 결론을 내리기가 쉽지 않지만, 내 생각은 16-17절의 언급이 유언이나 유서를 가리킨다는 쪽으로 기운다.[449] 무엇보다 우리는 지금까지 히브리서 기자가 기술적이거나 엄밀하지 않은 것을 종종 볼 수 있었다. 따라서 기자는 여기서도 일반적인 이해에 따라서 진술하고 있을 것이다. 유언은 보통 누군가가 죽어야 효력을 발휘한다. 이와는 대조적으로, 언약들은 흔히 언약 당사자가 죽지 않아도 효력을 발휘한다.[450] 따라서 어떻게 기자가 여기서 언약을 유언과 구별 없이 사용할 수 있는지를 알기란 쉽지 않다. 둘째, "죽은"ἐπὶ νεκροῖς이 복수라는

Διαθήκη in Hebrews 9:15-22", *in Hebrews: Contemporary Methods—New Insights*, ed. G. Gelardini(Leiden: Brill, 2005), 65-88. 한의 주장에 대한 타당한 비판을 위해서는 오브라이언을 참조하라. *Hebrews*, 331-32. 오브라이언은 ἐπι νεκροις가 언약을 거스른 이스라엘 백성들이 아닌 도살된 짐승들의 피를 가리킨다고 주장한다. 그는 또한 18-22절은 시내 산 언약을 가리키지만, 16-17절은 깨어진 언약 일반을 가리킨다고 주장한다.

449 Attridge, *Hebrews*, 255-56; Bruce, *Hebrews*, 209-14.

450 참조. Ellingworth, *Hebrews*, 462; Schenk, *Cosmology and Eschatology in Hebrews*, 101. 그러나 언약에 대한 언급으로 보는 사람들은, 제사에 대해 이렇게 진술하는 것이 언약을 체결하신 이의 죽음을 상징한다고 주장한다(J. Hughes, *Hebrews*, 40-46; Lane, *Hebrews 9-13*, 243).

사실 때문에 너무 성급하게 결론을 내려서는 안 된다. "죽은"이라는 말의 복수형은 종종 추상적으로 쓰이기 때문이다.[451] 즉 죽은 짐승들에 대한 언급인지가 분명하지 않다. 셋째, 유비는 유비다. 유비가 모든 상황에 다 적용되거나 모든 것을 다 설명하지는 않는다. 기자는 지금 유언과 계약들 간의 접촉점을 말하는 것일 뿐, 유언이 모든 경우에 유언을 작성한 사람의 죽음을 요구한다고 암시하는 것은 아니다.[452] 엘링워스가 말하는 것처럼, 여기서 이 말은 유동적이고, 기자는 은유를 통해 설명하고 있다.[453] 다행스럽게도, 이 문단 전체의 의미는 여기서 이 말이 언약을 가리키는지 유언을 가리키는지 여부에 따라 크게 영향을 받지 않는다. 두 경우 모두 유업을 받기 위해 죽음이 필요하다는 것이 이 문단의 요지다.

9:17 유언을 논하면서 기자가 법률적 용어에 호소하는 것은 새삼스러울 것이 없다. 유언이라 함은 전형적으로 유언을 남긴 자가 죽은 후에 효력을 발휘한다. 유언자가 살아 있는 동안에는 유언에 적힌 것은 아직 효력이 없다. 여기서 기자는 유언과 언약 사이의 유비를 구축한다. 보통 언약을 세운 이가 죽었을 때라야 언약이 약속하는 유익이(유언에 기록된 유익과 마찬가지로) 언약의 지체들에게 돌아간다.

9:18 이 유비가 이제 옛 언약 혹은 기자가 부르는 것처럼 "첫"ἡ πρώτη 언약에 적용된다. "첫"이라는 말은 중요하다. 후속되는 언약이 있고 이 첫 언약은 일시적인 것임을 말해 주기 때문이다. 심지어 첫 언약 곧 시

451 반대 참조. J. Hughes, "A Study in Covenant Practice and Procedure", 43-46; Lane, *Hebrews 9-13*, 243.

452 "확증되다"φέρεσθαι는 말은 여기서 "등록되다"(Attridge, *Hebrews*, 256) 혹은 "인정되다"(Ellingworth, *Hebrews*, 464)라는 뜻이다. 이 말이 뜻하는 바는 문맥을 통해 확인되어야 한다.

453 Ellingworth, *Hebrews*, 462-63.

내 산 언약은 피로 세워졌다(혹은 "효력을 발휘"했다).[454] 이 언약은 제물로 바쳐진 짐승들의 죽음을 힘입어 세워졌다.

9:19 기자는 구약성경으로부터 첫 언약이 피로 세워졌음을 보인다. 이 언약에 따른 규례들은 율법에 담겨 있고 모세는 그것을 온 백성들에게 전했다.[출 24:3, 7] 이스라엘 백성들은 다 함께 이 언약을 지키고 여호와께서 명령하신 모든 것을 준행하겠노라 다짐했다.[출 24:3, 7] 이에 따라 모세는 여호와의 말씀을 기록하고 제단을 세웠다.[출 24:4] 모세는 자신이 가지고 온 피의 절반을 제단에 뿌렸다.[출 24:6] 히브리서는 "물과 붉은 양털과 우슬초"를 함께 취하였다고 말한다. 암송아지를 불사르는 의식에 이 세 가지가 모두 포함됨에도 불구하고,[민 19:6, 18] 출애굽기 24장에는 이중 어느 것도 언급되지 않는다. 아마도 기자는 출애굽기 24장의 의식에서도 동일한 것들이 사용되었다고 생각했을 것이다.[455] 히브리서 기자는 모세가 백성들과 언약 책에 피를 뿌렸다고 하는 반면, 출애굽기는 모세가 제단과 백성들[출 24:6, 8]에게 뿌렸다고 한다. 두 경우 모두에서 피는 백성들과 언약의 다른 요소들 모두를 정결하게 했다. 히브리서가 피를 죄사함과 연결하는 것으로 보아,[히 9:22] 피 뿌림은 이스라엘의 부정함을 제하는 것으로 이해할 수 있다. 이런 정결함을 토대로 이스라엘은 여호와 하나님과의 언약 관계로 들어갔다.

9:20 출애굽기 24:8 본문을 인용한다. 이 인용이 칠십인역이나 마소라 사본을 정확히 반영하는 것은 아니다. "언약을 체결하다"[διέθετο, כָּרַת]라고 하는 대신에 기자는 "명하셨다"[ἐνετείλατο]고 한다. "명하셨다"는 동사를 사용한 것은 이스라엘이 만족시켜야 했던 언약의 요구들을 강조한

454 O'Brien, *Hebrews*, 332.

455 기자가 레위기 14:1-9을 참고했을 수도 있다(참조. Ellingworth, *Hebrews*, 468).

다. 하지만 기자가 참으로 강조한 것은 "피"αἷμα다. 이 언약은 오직 백성들과 다른 언약의 대상들에게 피가 뿌려졌을 때라야 효력이 있다.

9:21 정결함을 받기 위한 피의 필요성을 계속해서 다루고 있다. 언약을 체결할 때 장막과 예배를 위한 다른 기구들 모두에 피를 뿌렸다. 정결함을 위해 피를 뿌리는 예식은 노상 하는 절차였다. 제단 위에,레 8:19, 24, 30, 9:12 대제사장의 옷에,출 29:21, 레 8:30 회막 앞에,민 19:4 성소의 휘장 앞에,레 4:6, 17 일 년에 한 번 시은소 위에,레 16:14-15 전 문설주에겔 45:19 피를 뿌려야 했기 때문이다. 예배를 위한 모든 기구와 기명에 피를 뿌려야 했던 것 같지는 않다. 어쩌면 기자가 당대에 행해지던 것을 반영하거나 일반화시켜 말하는 것일 수 있다. 어쨌든 기자는 피 뿌림이 없이는 정결함도 없다는 것을 강조하고 있다.

9:22 이 문단을 마무리하는 진술에서 피의 중요성이 분명히 드러난다. 우리는 이미 첫 언약이 피로 세워지고 인침을 받았음을 보았다. 다시 말해, 이 언약이 효력을 발휘하기 위해서는 죽는 일이 필요했다. 율법을 따라 피를 통해 실제로 모든 것 하나하나가 정결하게 함을 받는다. 제사 의식에서 피가 관련되지 않는 부분이 없다. 실제로, 구약성경의 제사 의식은 피 흘림이 없이는 죄 사함도 없음을 가르친다.[456] 이런 사실은

456 "피 흘림"αἱματεκχυσίας은 기자가 조합해 낸 말일 것이다(Attridge, *Hebrews*, 259). 여기 이 말의 어원은 피를 쏟는 이미지를 떠오르게 한다. 이 말은 "피"αἷμα라는 명사와 "쏟다"ἐκχέω라는 동사가 결합된 동사형 명사이기 때문이다. 열왕기상 18:28과 집회서 27:15을 보면 "피 흘림"이라는 어구가 사용된다(각각 ἐκχύσεως αἵματος과 ἔκχυσις αἵματος). 히브리서 9:22에서 기자가 지어낸 이 말은 이 두 단어가 조합된 것으로, 이런 사실은 기자가 피 흘림을 염두에 두면서 이 말을 했다는 사실을 보여준다. 이런 이해가 피를 의식적으로 적용하거나 피를 제사장들에게 바르는 것을 반드시 배제하지는 않는다(Koester, *Hebrews*, 420). 엘링워스는 피 흘림과 피를 제의적으로 바르는 것은 긴밀하게 연결되고 그리스도의 죽음에서 동시에 일어난다고 말한다(*Hebrews*, 474; 추가 참조. Ribbens, "Levitical Sacrifice and Heavenly Cult in Hebrews", 209). 흘린 피는 제단 바닥에서 흘러나왔고, 이런 모습은 제물로 드려진 짐승의 죽음과 구별되어야 한다

레위기 1-7장에 나오는 여러 제사들과 대속죄일[레 16장]로부터 분명하게 드러난다. 모든 제사가 피를 흘리는 제사였다는 말이 아니다. 소제는 피와 상관없이 드린 것이 분명하기 때문이다.[레 2:1-16] 하나님께 감사와 헌신을 표현하기 위해 드린 제사들이 있었다. 그럼에도 불구하고 대속죄일이 가리키는 바와 같이, 죄 사함을 받기 위해서는 피를 흘려야만 했다. 생명이 죽어야 했던 것이다.[457]

개중에는 피가 죄 사함을 가져다준다고 주장한 학자들도 있다. 생명이 피에 있기 때문이다.[레 17:11] 다시 말해, 피의 초점은 사실상 죽음이 아닌 생명의 풀려남이다.[458] 이런 이해는 거의 분명히 잘못되었다. 피를 흘리고 쏟는 것은 희생 제물의 죽음을 의미했기 때문이다. 고대 세계의 사람들은 현대인들보다 이런 일들을 직접 봤다. 이들은 짐승들이 피를 쏟으며 죽어 가는 것을 자주 목도했기 때문이다. 따라서 생명이 피에 있다고 말하는 레위기 17:11은 죄 사함이 희생 제물의 죽음으로부터 온다는 것을 나타낸다. 짐승의 죽음이 인간의 죽음을 대신하는 것으로 기능한다는 생각을 피하기가 어렵다. 제물로 바쳐진 짐승은 인간이 당해 마땅한 운명을 당했고, 이런 사실은 죄가 얼마나 심각한지 그리고 죄 사함을 위해 치른 대가가 얼마나 큰지를 보여준다.[459]

(참조. T. C. G. Thornton, "The Meaning of αἱματεκχυσίας in Heb. ix.22", *ExpT* 15[1964]: 63-65).

457 그레이엄 휴즈는 새 언약에서는 제사를 드릴 필요가 완전히 없어졌다고 주장하지만, 이는 분명히 잘못된 이해에서 비롯된 것이다(*Hebrews and Hermeneutics*, 88-89). 이런 이해에 대한 엘링워스의 설득력 있는 논박을 위해서는 다음을 참조하라. *Hebrews*, 472.

458 반대 참조. Morris, *Apostolic Preaching of the Cross*, 112-29.

459 여기서 ἄφεσις가 "죄 사함"이 아닌 풀어 주는 것이나 정결하게 하는 것을 뜻한다고 주장하는 학자들이 있다. 죄 사함을 가리킨다는 견해를 뒷받침하는 결정적인 주장에 대해서는 리벤스를 참조하라("Levitical Sacrifice and Heavenly Cult in Hebrews", 210-12).

성경신학적 적용

예수는 새롭고 더 좋은 언약의 중보자다. 이 언약은 그분이 피를 흘림으로 세워졌기 때문이다. 따라서 예수께 속한 자들은 영원한 기업을 얻을 것이다. 옛 언약 아래 있는 자들은 잠시 지나가는 것이고, 하늘에 속한 더 좋은 기업의 그림자인 땅 위의 기업으로 제한된다. 기자는 유언이 유언자가 죽은 후에 효력을 발휘하듯이, 옛 언약이 피로 시작되고 확증되었음을 자세히 설명한다. 이 문단이 말하는 피와 죽음 간의 밀접한 관계는 피 흘림이 죽음을 의미한다는 것을 나타낸다. 죄 사함은희생제물의 죽음을 대가로 얻는다. 기자가 말하고자 하는 것은 더 좋은 제물을 가진 독자들이 영원한 기업 또한 가졌다는 사실이다. 메시아의 피는 짐승의 피보다 훨씬 더 가치가 있다. 실제로 옛 언약의 제사 의식은 그리스도의 죽음을 예고하고 내다보며, 죄 사함을 위해서는 죽음이 필요함을 증거한다.

9:23-28

I. 프롤로그: 아들을 통해 이루어진 결정적이고 최종적인 계시1:1-4

II. 천사들보다 위대하신 아들을 저버리지 말라1:5-2:18

III. 아들을 모세와 여호수아보다 더 위대한 대제사장으로 가진 너희는 마음을 완고하게 하지 말라3:1-4:13

IV. 레위기의 율법이 정하는 대제사장직보다 더 위대한 멜기세덱의 반차를 따른 예수의 대제사장직으로부터 흘러 떠내려가지 않도록 하라4:14-10:18

1 | 대제사장으로 계시는 예수를 힘입어 하는 권면4:14-5:10

2 | 경고와 확증5:11-6:20

3 | 예수께서 가지신 멜기세덱의 반차를 따른 더 위대한 제사장직7:1-28

4 | 옛 언약보다 나은 새 언약8:1-13

5 | 새 언약 아래서 드리는 더 나은 제사9:1-10:18

1) 옛 언약 아래서는 허락되지 않았던 하나님께로 자유롭게 나아감9:1-10

2) 자기의 피로 하늘로 들어가신 예수9:11-14

3) 새 언약의 중보자이신 예수께서 주시는 영원한 기업9:15-22

4) 예수께서 드린 제사: 구약의 제사들보다 탁월함9:23-10:18

① 예수께서 단번에 드리신 하늘의 제사9:23-28

② 구약에서 제사들이 반복된 것은 이 제사들이 충분하지 않음을 보여줌10:1-4

③ 예수께서 단번에 드리신 제사로 첫째 것을 폐함10:5-10

④ 예수께서 드리신 온전한 제사10:11-14

⑤ 새 언약에 약속된 최종적인 죄 사함이 실현됨10:15-18

V. 맺는말로서의 권면과 경고10:19-12:29

23 그러므로 하늘에 있는 것들의 모형은 이런 것들로써 정결하게 할 필요가 있었으나

하늘에 있는 그것들은 이런 것들보다 더 좋은 제물로 할지니라. 24 그리스도께서는 참
것의 그림자인 손으로 만든 성소에 들어가지 아니하시고 바로 그 하늘에 들어가사 이
제 우리를 위하여 하나님 앞에 나타나시고 25 대제사장이 해마다 다른 것의 피로써 성
소에 들어가는 것같이 자주 자기를 드리려고 아니하실지니. 26 그리하면 그가 세상을
창조한 때부터 자주 고난을 받았어야 할 것이로되 이제 자기를 단번에 제물로 드려
죄를 없이하시려고 세상 끝에 나타나셨느니라. 27 한번 죽는 것은 사람에게 정해진 것
이요 그 후에는 심판이 있으리니. 28 이와 같이 그리스도도 많은 사람의 죄를 담당하시
려고 단번에 드리신 바 되셨고 구원에 이르게 하기 위하여 죄와 상관 없이 자기를 바
라는 자들에게 두 번째 나타나시리라.

문맥

앞의 문단에서 우리는 예수께서 부르심을 입은 자들이 영원한 기업을 얻도록 보증하는 더 좋은 언약의 중보자이심을 보았다. 그러고 나서 기자는 심지어 첫 언약 아래에서조차 속죄를 위해서는 피를 흘리는 것(죽음)이 필요했음을 설명한다. 여기서 옛 언약은 예표론적으로 더 좋고 보다 효력 있는 제물을 가리키는 기능을 한다. 유사하게, 이 땅의 장막은 하늘에 있는 것의 모형으로 기능한다. 예수는 자신의 피로 이 땅에 있는 장막이 아닌 하늘에 있는 장막을 정결하게 하셨다.[9:23-24] 다시 말해, 그분이 우리를 하나님 앞으로 데려가신 것이다. 또 다른 측면에서, 예수께서 드린 제사는 대제사장이 대속죄일에 드린 제사와 다르다. 두 경우 모두 제물이 있다. 하지만 대속죄일의 제물은 해마다 드려야 했다. 이와 대조적으로 예수는 자신을 단번에 드리심으로 죄를 영원히 제하셨다.[9:25-26] 마지막으로, 한 번의 죽음과 한 번의 심판이 있는 것과 마찬가지로, 예수의 죽음은 죄들을 영원히 제하셨다. 그렇기 때문에 그분이 다시 오시는 것은 죄를 위해 죽기 위해서가 아니라, 그분을 대망하는 자

들에게 최종적인 구원을 주시기 위함이다.[9:27-28]

주석

9:23 여기서 "그러므로"[οὖν]는 어떤 기능을 하는가? 이 말은 9:15-22까지 거슬러 올라간다. 옛 언약이 세워지기 위해서는 피 흘림이 있어야 했고 새 언약 아래에서 신자들이 영원한 기업을 받기 위해서도 피 흘림이 있어야 하는 것을 볼 때, 죄 사함을 위해서는 죽는 것이 불가피함을 알 수 있다. "필요하다"[Ἀνάγκη]는 말은 하나님의 관점과 요구를 나타낸다. 심지어 하늘에 있는 것들의 "모형들"[ὑποδείγματα] 역시 피로 정결하게 되어야 했다. 앞에서 "모형"은 옛 언약 아래에서의 장막을 가리켰고,[8:5] 이는 하늘에 있는 것의 모형과 그림자로 기능했다. 다시 한 번 기자는 땅에 있는 장막과 피로 정결하게 되어야 했던 이와 관련된 모든 것을 생각한다.[9:19-22] [460] 옛 언약 아래 있는 이런 것들이 하늘에 있는 초월적인 실체의 모형들에 불과했음에도 불구하고 이렇게 정결하게 되는 것이 필요했다. 바꾸어 말하면, 이런 것들 자체가 실체와 본질은 아니었지만 수직적으로 그리고 잠정적으로 더 위대한 실체를 가리켰다.

반면에 하늘의 실체를 위해서는 더 나은 제물을 드려야 함을 의미한다. 옛 언약 아래에서 바쳤던 제물들은 이 땅에 있는 것들을 정결하게 하는 데는 충분했지만, 하늘에 있는 것들을 그렇게 할 수는 없다. 여기서 기자가 하늘의 장막이 세워지는 것을 생각하고 있다고 하는 것은 설득력이 없다. 하늘의 장막을 세우는 것보다는 죄 사함과 관련하여 정결하게 하는 것에 대해 말하고 있기 때문이다.[461] 여기서 하늘에 있는 것

460 이 절에 대한 유익한 요약과 분석은 매클라우드David J. MacLeod를 참조하라. "The Cleansing of the True Tabernacle", *BSac* 152(1995): 60-71.

461 반대 참조. Ellingworth, *Hebrews*, 477.

들은 하나님의 백성이나 그들의 양심을 가리키는 말이 아니다.[462] 하늘의 장소가 부정하게 되었기 때문에 실제로 깨끗하게 될 필요가 있다고 말하는 것도 아니다.[463] 이 말은 하늘 자체, 곧 하나님 앞을 가리킨다.[464] 반복적으로 사용된참조. 7:19 "더 좋은"κρείττοσιν이라는 핵심 단어가 여기 또 등장한다. 그럼에도 불구하고 인간의 죄 때문에 어떤 식으로든 하늘 역시 부정하게 된 것처럼 이 이미지를 성급하게 적용해서는 안 된다. 기자는 그리스도의 희생이 갖는 효력을 알리기 위해 공간적이고 예표론적인 용어를 사용한다. 하지만 이 말이 곧 하늘에 문자적으로 정결함을 받아야 할 신자들이 있다고 결론 내릴 근거가 되는 것은 아니다. 휴즈가 말하는 바와 같이, 하나님 앞은 "어떤 종류의 정결하게 함"도 필요가 없는 곳이다.[465] 기자가 구약성경을 인용할 때 자주 예표론적으로 진술하는 것을 보아 왔다. 따라서 하늘의 장소를 정결하게 하는 것에 대한 이 언급은, 문자적으로나 단일한 의미를 가진 것으로가 아닌 유비적으로 이해해야 한다.

462 참조. Bruce, *Hebrews*, 218-19; Attridge, *Hebrews*, 262; O'Brien, *Hebrews*, 337.

463 반대 참조. Lane, *Hebrews 9-13*, 247. 셍크는 이렇게 바르게 제안한다. "기자는 지금 하늘에 있는 문자 그대로의 구조물을 실제로 정결하게 하는 것을 말하는 것이 아니다"(*Cosmology and Eschatology in Hebrews*, 8; 참조. Hagner, *Hebrews*, 129). 그는 지금 기자가 은유적 언어를 사용하여 말하고 있다고 말한다(168-81). 참조. Aelred Cody, *Heavenly Sanctuary and Liturgy in the Epistle to the Hebrews: The Achievement of Salvation in the Epistle's Perspectives*(St Meinrad, IN: Grail, 1960). 하늘 장막이 실제로 존재한다는 개념을 옹호하는 주장에 대해서는 매키를 참조하라. *Eschatology and Exhortation in Hebrews*, 157-68; George W. MacRae, "Heavenly Temple and Eschatology in the Letter to the Hebrews", *Semeia* 12(1978): 179-99. 유대교 문서들에서 발견되는 하늘 장막에 대한 간략한 논의를 위해서는 맥켈비R. J. McKelvey를 참조하라. *Pioneer and Priest*, 202-5.

464 커크릴이 말하는 바와 같다. "이 말은 지금 기자가 두 부분으로 이루어진 하늘 장막을 말하는 것이 아니라는 분명한 증거다"(*Hebrews*, 418n19).

465 Hughes, *Hebrews*, 379.

9:24 24절은 23절을 보다 자세히 설명한다. 그리스도는 사람의 손으로 만든 성소로 들어가신 것이 아니다. 앞에서 "성소"ἅγια는 장막의 가장 안쪽에 자리한 지성소에Ἅγια Ἁγίων, 9:3 대비되는 장막의 바깥쪽 부분을 가리켜 한 말이다.9:2 그러나 ἅγια는 또한 소유격이 더해지지 않은 지성소를 가리켜 말하는 것으로 보인다.9:12 기자가 예수께서 자신의 피를 가지고 지성소(물론 하늘 자체를 가리켜 한 말이다)로 들어가신 것을 말하고 있기 때문이다. 이어지는 구절이 이런 이해를 확인해 준다. 여기서 또다시 사용된 이 말은 "지성소"NIV, ἅγια를 가리키기 때문이다. 분명한 것은, 독자들이 문맥을 통해 지금 자신이 의미하는 것을 이해할 것으로 믿기 때문에 기자가 지금 기술적으로 진술하고 있지 않다는 것이다.

땅에 있는 성소는 "손으로 만들어진"χειροποίητα 것이다. 놀랍게도, 구약성경에서 이 말은 한결같이 우상숭배를 가리킬 때 사용되었다.레 26:1, 30, 사 2:18; 10:11; 16:2; 19:1; 21:9; 31:7; 46:6, 단 5:4, 23; 6:8; 참조. 유디트 8:18, 지혜서 14:8, 벨과 용 1:5 사도행전 17:24에서 바울은 아덴 사람들의 우상숭배를 정죄하기 위해 그들의 손으로 지은 신전들을 가리켜 이 말을 사용한다. 하지만 지금 히브리서 기자가 위와 같이 우상을 가리키는 의미로 이 말을 사용하고 있는 것 같지는 않다. 무엇보다 장막은 하나님이 명령하신 것이고 예표론적으로 하늘의 하나님 앞을 가리킨다. 그럼에도 불구하고 기자가 이 말을 사용한 데는 비판적인 의미가 내포되어 있다. 이미 "더 좋은" 것이 도래했음에도 불구하고, 만약 이 서신의 수신자들이 레위 계통의 제의들로 돌이킨다면 그런 움직임은 우상숭배에 비견될 수 있다. 바울이 할례에 대해서 말할 때에 이 말을 사용한 것과 마찬가지로,엡 2:11 스데반 역시 성전을 지나치게 소중히 여기는 자들을 비판하는 가운데 이와 같은 의미로 "손으로 지은"이라는 말을 사용한다.행 7:48 그렇기 때문에 장막에 대한 비판은 공간적(하늘이 아닌 땅에 있는 것이다)이고 종말론적(새 시대가 아닌 옛 시대에 속한 것이다)이다. 그럼에도 불구하고 히브리서는 장막 그 자체를 비난하지는 않는다. 구원 역사에서 일정한 기간 동안 장막에는 합당한 기능이 있었다. 장막에는 예표론적인 기능이 있다. 하늘 자체(하나님이 거하시는 자리인)를 가리키는 "참된" 성소를 나타내는 "모델"ἀντίτυπα이다. 이처럼 예수는 우리를 위해 하나님 앞에 계신다. 하늘에 있는 하나님의 좌소를 나타내는 땅 위의 장막에 계시지 않는다. 신자들은 자기의 피로 하나님께로 직접 나아갈 수 있게 하신 이를 의지한다.

여기서 기자가 상징적인 언어를 사용하고 있는 것 역시 간과해서는 안 된다. 정결하게 되어야 하는 하늘의 기구나 하늘의 장막이 실제적으로 있다는 말이 아니다. "어느 정도 유비적인 의미로 말한다고 할지라도 우리의 기자가 계속해서 속죄일Yom Kippur 제사의 이미지를 가지고 이야기하는 것도 아니고, 십자가에서 이룬 죽음과 별개의 행위로 하늘에서 그리스도가 자신의 피를 뿌리고 있다고 제안하는 것도 아니다."[466] 이런 말은 초월적인 영역에 있는 하나님의 좌소를 나타내고 이런 하나님께 나아가는 자는 반드시 정결하게 되어야 함을 강조하기 위해 유비적으로(여자적이 아닌) 이런 표현을 사용하고 있다.

9:25 여기서 기자는 하늘의 장막과 땅의 장막 사이의 또 다른 차이점을 이야기한다. 예수께서 하늘(하나님 앞)에 들어가셨을 때, 자신을 반복

466 Attridge, *Hebrews*, 263; O'Brien, *Hebrews*, 339. 여기서 또한 그리스도의 제사가 땅이 아닌 하늘에서 이루어진 것으로 보는 소시누스주의자들의 견해에 답하는 휴즈를 참조하라(*Hebrews*, 337, 341-44). 기자가 이 제사가 하늘에서가 아닌 땅에서 드려진 것으로 이해하고 있다고 말하는 스토트 또한 참조하라(Wilfrid Stott, "The Conception of 'Offering' in the Epistle to the Hebrews", *NTS* 9[1962-63]: 62-69). 모펏이 소시누스주의를 옹호하지는 않지만, 이와 대비되는 견해에 대해서는 모펏을 참조하라(*Atonement and the Logic of the Resurrection in the Epistle to the Hebrews*, 280-81). 전체 내용에 대한 유익한 논의를 위해서는 키베Michael Kibbe를 참조하라. "Is It Finished? When Did It Start?", 25-61.

적으로πολλάκις 드릴 필요가 없었다. 여기서 기자가 말하는 것을 오해할 수 있다. 커크릴은 이렇게 말한다. "기자는 지금 그리스도께서 자신을 드리신 것을 하늘로 들어가신 것과 동일시할 의도가 없다.[467] 하지만 그분이 십자가에서 자신을 드린 것이 하늘로 들어가는 토대이고, 그렇게 하늘로 들어감으로 자신의 희생을 성취했기 때문에 이는 자신을 드린 것의 효력을 나타낸다."[468] 영Norman H. Young은 이 희생이 땅에서 드려져야 했음을 바르게 고찰하는데, 이는 예수의 고난26절과 죽음27절을 의미하기 때문이다.[469] 과연 13:12은 예수의 고난과 죽음과 그분이 드려진 것이 땅에서 일어났음을 분명히 한다. 예수께서 예루살렘 성문 밖에서 죽었다(자신을 드리셨다)고 분명히 말하기 때문이다. 기자는 대제사장이 제사를 드리는 것과 예수께서 자신을 드리는 것을 대조한다. 대제사장은 해마다 "지성소"τὰ ἅγια로 들어갔고, 들어갈 때마다 새로운 제물을 드려야 했다.레 16:3, 5-11, 14-20, 24-25 하지만 예수께서 자신을 드리신 것은 새롭게 할 필요가 없다. 단번의 결정적인 제사로 그분은 단번에 정결하게 함을 이루셨기 때문에 더 이상 제물을 드릴 필요가 없다.

9:26 한 번의 제사가 아닌 예수께서 반복적으로 자신을 드려야 했다면, 그분은 태초부터 빈번하게 자신을 드려야 했을 것이다. 한 번의 드림으로 충분하지 않다면, 예수의 희생과 깨끗하게 하는 역사는 결코 끝나지 않을 것이다.

이런 상태는 사실이 아니다. 그리스도께서 자신의 성육신을 통해 이루신 일의 효력은 탁월하다. 그분은 역사의 특정한 시점에 "나타나셨다."πεφανέρωται 이러한 그리스도의 성육신은 요한복음 1:14에 보다 분명

467 Cockerill, *Hebrews*, 421n8.

468 같은 책.

469 Young, "The Gospel According to Hebrews 9", 209.

하게 표현되어 있다. 실제로 예수의 나타나심은 "세상 끝에"ἐπὶ συντελείᾳ τῶν αἰώνων 이루어졌고, 이런 사실은 이 서신을 여는 말과 맥을 같이한다. "이 모든 날 마지막에는 아들을 통하여 우리에게 말씀하셨으니."1:2 이 모든 날 마지막에, 마지막 때와 하나님이 약속하신 것들이 예수 그리스도 안에서 성취되었다. 독자들은 레위 제사장들의 제의로 돌이키고자 하는 유혹을 받았지만, 기자는 그들이 "이제"νυνί 곧 예수 그리스도 안에서 밝아온 오는 세대에 살기를 바란다. 베드로도 유사하게 예수 그리스도의 오심과 더불어 말세가 도래했다고 주장한다.벧전 1:20 바울 또한 말세가 도래했다고 말한다.고전 10:11 예수 그리스도 안에서 마지막 때가 도래했다는 개념은 신약성경 전반에서 볼 수 있는 가르침이다. 히브리서는 우리에게 그리스도께서 이루신 것과 그분이 이 땅에 오셨을 때 하신 일을 상기시킨다. 그분은 자신을 제물로 드리심으로 죄를 없이하셨다.ἀθέτησιν 죄는 대제사장이 바친 짐승을 통해서가 아니라 메시아가 자신을 제물로 드림으로 없어진다.

9:27 인간의 삶과 예수 그리스도의 사역을 비교 대조한다. 이 비교의 첫 번째 부분은 27절에서 발견되고 28절에서 끝난다. 인간의 삶에 대해 생각하면서 기자는 인간이 한 번 죽는 것은 정해진 것이고, 그 후에는 심판이 있다고 말한다. 인간의 삶은 언제고 되풀이되는 것이 아니다. 인간 존재는 끝이 있는 독특한 것이다. 이 부분을 보면 환생에 대한 어떤 개념도 배제된다. 유신론적인 세계관이다. 만물의 창조자이시며 한분이신 참 하나님 앞에서의 삶은 단 한 번뿐이고, 그 후에는 심판이 있다. 죽음은 무로 끝나는 것도 아니고, 조건 없는 행복이 죽음에 뒤따르지도 않는다. 오히려 인간은 죽으면 만물의 심판자이신 창조자 하나님을 대면한다. 그분이 모든 이의 삶을 평가하고 장래에 그들이 있을 곳을 정하실 것이다.

9:28 이 비교의 하반부가 여기서 끝난다. 27-28절의 요지가 여기서 제시된다. 죽음은 단회적인 일이기 때문에 그리스도의 죽음 역시 반복될 수 없다. 그분이 이룬 독특한 죽음이 죄를 영원하고도 결정적으로 없이했다. 그렇기 때문에 그분은 다시 죽지 않을 것이다(죽음은 단회적인 사건이기 때문이다). 오히려 최종적이고 완전한 구원을 이루기 위해 오실 것이다.

그리스도의 죽음을 묘사하면서 기자는 여기서 "죽는다"ἀποθανεῖν는 말을 사용하지 않는다. 27절에서 이미 사용했기 때문이다. 그리스도의 죽음에 담긴 희생적 성격을 주목하면서 "드려졌다"προσενεχθείς는 동사를 사용한다. 인간은 누구나 죽는다. 그러나 예수의 죽음은 다른 사람들을 위한 희생 제물로 죽으셨다는 점에서 독특하다. 따라서 "단번에"ἅπαξ는 예수의 희생이 갖는 최종성을 말해 주는 강조적인 표현이다. 예수의 죽음이 갖는 희생 제사의 성격은 "많은 사람의 죄를 담당하시려고"εἰς τὸ πολλῶν ἀνενεγκεῖν ἁμαρτίας라는 말에서 확인된다. 목적을 나타내는 단락으로, 왜 예수께서 자신을 드리셨는지를 설명하고, 그분의 죽음이 희생적인 것이었음을 확인해 준다. 이 문구는 여호와의 종이 "많은 사람의 죄를 담당한"ἁμαρτίας πολλῶν ἀνήνεγκεν 것을 말하는 이사야 53:12을 가리킴이 거의 확실하다. 이 종의 드린 희생이 갖는 대속적 성격은 이사야 53장에 너무나 분명히 드러난다.4-6, 8, 10-12절 [470] 여기서 기자는 암묵적으로 구약성경 자체가 이미 이 종의 고난에서 레위기의 제사들이 배제되는 것을 그리고 있음을 암시한다. 이 종이 자신을 제물로 드림으로 모든 이의

470 히브리서가 말하는 대속에 대한 논의에 대해서는 조슬린을 참조하라. "Christ Bore the Sins of Many", 74-103. 조슬린은 히브리서에 보면 죄를 용서받지 못한 인간은 죽음(2:14-15)과 하나님의 진노와 최후의 심판을 대면한다고 바르게 주장한다(참조. 2:1-4, 3:7-4:13, 6:4-8, 10:26-31, 12:25-29; 참조. 91-95쪽).

죄를 담당하고, 이로 말미암아 레위 계통의 제사를 드릴 필요가 사라지기 때문이다.

여기서는 그리스도의 재림 개념 또한 분명히 전달된다. 예수는 다시 오실 것이다. 하지만 자신의 삶을 다시 제물로 드리기 위함이 아니다. 자신을 제물로 드린 그리스도의 역사는 영원히 완결되었다. 따라서 그리스도는 "죄를 담당하기 위해서" 다시 오시는 것이 아니다. 죄책에 대한 형벌에 대한 보상이 이미 완전히 이루어졌기 때문이다. 문자적으로 이 말은 "죄가 없이"χωρὶς ἁμαρτίας라는 뜻이다. 예수는 "죄가 없이" 두 번째 나타나실 것이다. 이 구가 예수께서 처음 오셨을 때는 죄가 있었음을 의미하는 것은 아니다. 히브리서만큼 예수께서 이 땅에 사는 동안 죄와 상관이 없는 분이었다는 사실을 강조하는 책도 드물 것이다.4:15, 7:26-28, 9:14 HCSB(사실상 모든 영어 번역들이)는 이 대목을 예수께서 죄를 다루기 위해 혹은 죄를 속하기 위해 두 번째 오시는 것이 아니라는 의미로 바르게 해석한다. 두 번째 나타나실 때 예수는 자기를 기다리는 자들을 구원에 이르게 하실 것이다. 여기서 기자가 말하는 구원은 종말론적 구원이다. 예수의 희생으로 깨끗하게 되고 죄 사함을 받은 신자들은 예수께서 두 번째 오시면 새 창조를 누릴 것이다.11:10, 13-16, 12:22, 13:14 "바라다"ἀπεκδεχομένοις라는 말은 신약성경에서 사용되는 경우마다 하나같이 종말론적 의미를 내포한다.롬 8:19, 23, 25, 고전 1:7, 갈 5:5, 빌 3:20

성경신학적 적용

그리스도께서 드린 제사는 옛 언약 아래에서 드린 제사들보다 훨씬 더 좋다. 먼저, 그분의 제사는 우리를 하나님 앞으로 데려간다. 그리스도인의 삶은 궁극적으로 하나님과의 교제와 하나님을 누리는 것에 관한 것이고, 그리스도의 희생으로 말미암아 이런 관계는 실체가 된다. 둘째,

그리스도이신 예수의 희생으로 말미암아 죄가 결정적이고 최종적으로 다루어졌다. 죄가 용서되었는지 의아해하거나 의심할 필요가 없다. 예수의 희생은 반복될 필요가 없다. 그분이 죄에 대한 온전한 대속을 이루었기 때문이다. 셋째, 신자들은 죽음을 두려워할 이유가 전혀 없다. 임박한 심판을 두려움과 염려로 맞이할 필요가 없다. 예수께서 자기에게 속한 자들에게 최종적인 구원을 가지고 오시는 것을 알기에 오히려 소망과 확신 가운데 죽음을 맞이한다.

10:1-4

I. 프롤로그: 아들을 통해 이루어진 결정적이고 최종적인 계시1:1-4

II. 천사들보다 위대하신 아들을 저버리지 말라1:5-2:18

III. 아들을 모세와 여호수아보다 더 위대한 대제사장으로 가진 너희는 마음을 완고하게 하지 말라3:1-4:13

IV. 레위기의 율법이 정하는 대제사장직보다 더 위대한 멜기세덱의 반차를 따른 예수의 대제사장직으로부터 흘러 떠내려가지 않도록 하라4:14-10:18

1 | 대제사장으로 계시는 예수를 힘입어 하는 권면4:14-5:10

2 | 경고와 확증5:11-6:20

3 | 예수께서 가지신 멜기세덱의 반차를 따른 더 위대한 제사장직7:1-28

4 | 옛 언약보다 나은 새 언약8:1-13

5 | 새 언약 아래서 드리는 더 나은 제사9:1-10:18

1) 옛 언약 아래서는 허락되지 않았던 하나님께로 자유롭게 나아감9:1-10

2) 자기의 피로 하늘로 들어가신 예수9:11-14

3) 새 언약의 중보자이신 예수께서 주시는 영원한 기업9:15-22

4) 예수께서 드린 제사: 구약의 제사들보다 탁월함9:23-10:18

① 예수께서 단번에 드리신 하늘의 제사9:23-28

② 구약에서 제사들이 반복된 것은 이 제사들이 충분하지 않음을 보여줌10:1-4

③ 예수께서 단번에 드리신 제사로 첫째 것을 폐함10:5-10

④ 예수께서 드리신 온전한 제사10:11-14

⑤ 새 언약에 약속된 최종적인 죄 사함이 실현됨10:15-18

V. 맺는말로서의 권면과 경고10:19-12:29

1 율법은 장차 올 좋은 일의 그림자일 뿐이요 참 형상이 아니므로 해마다 늘 드리는 같

은 제사로는 나아오는 자들을 언제나 온전하게 할 수 없느니라. [2]그렇지 아니하면 섬기는 자들이 단번에 정결하게 되어 다시 죄를 깨닫는 일이 없으리니 어찌 제사 드리는 일을 그치지 아니하였으리요. [3]그러나 이 제사들에는 해마다 죄를 기억하게 하는 것이 있나니 [4]이는 황소와 염소의 피가 능히 죄를 없이하지 못함이라.

문맥

히브리서 10:1-4은 기자가 예수께서 드린 제사가 레위 제사장들이 드린 제사들보다 더 좋다고 하는 주장 가운데 자리한다. 구약성경의 제의는 열등하다. 누구도 실제로 하나님 앞으로 데리고 가지 못하기 때문이다.[9:1-10] 반면에 그리스도는 하나님 앞으로 나아가셨고, 자기 피로 양심을 깨끗하게 하셨다.[9:11-14] 새 언약의 은택을 받은 자들인 신자들은 그리스도의 희생을 통해 영원한 기업의 약속을 누린다. 옛 언약과 새 언약 모두에서 발견되는 하나님의 언약의 약속들은 피 흘림에 토대를 두기 때문이다.[9:15-22] 피 흘림이 있어야 하기 때문에 그리스도께서는 자기 피를 흘려 신자들이 하늘 자체로 나아갈 수 있도록 하셨다.[9:23-24] 더욱이 그분의 제사는 단번에 죄를 속하고 따라서 되풀이될 필요가 없다.[9:25-26] 신자들은 이제 최종적인 구원을 맛볼 것을 대망한다.[9:27-28] 10:1-4에서 기자는 그리스도의 제사와 레위기의 제사들 간의 극적인 차이를 묘사한다. 율법은 되풀이되는 제사들을 통해 하나님께로 나아가는 자들을 결코 온전하게 하지 못한다. 이런 제사들은 실체가 아니라 그림자에 불과하기 때문이다.[10:1] 옛 언약의 제사들이 죄들로 더럽혀진 양심을 진실로 깨끗하게 했다면 계속해서 제사를 드릴 필요가 없었을 것이다.[10:2] 제사를 반복하는 사실 자체가 이런 문제를 예증한다. 해마다 백성들은 제사를 통해 자신의 죄들을 떠올렸다.[10:3] 그러고 나서 이런 제사들로 죄를 속할 수 없는 이유를 설명한다. 짐승들을 제물로 드린 제사로는 결코

죄들을 없이하지 못하기 때문이다.[10:4]

주석

10:1 율법의 불충분성과 그에 따른 제사들에 대해 설명한다.[참조. §2.4] 율법은 더 좋은 것, 참된 죄 사함을 가리킨다. 그러나 율법 자체는 죄를 진실로 용서하지 않는다. 제사들이 되풀이되는 것을 볼 때 이런 사실은 명백하다.

율법은 단지 장차 오는 좋은 일의 "그림자"[Σκιάν]일 뿐이다. 율법은 나쁜 것이 아니다. 하나님의 뜻과도 배치되지 않는다. 율법은 실제로 장차 오는 더 좋은 것들을 위한 전조요, 그런 의미에서 율법은 선하다.[471] 그럼에도 불구하고 율법은 궁극적이거나 최종적이지 않다. 그것은 다른 어떤 것의 도래를 예고하는 그림자다. 율법은 종말론적으로 볼 때 지나간 일이다. 율법이 고대하던 선한 일이 도래했기 때문이다.[472] 마지막 날과 세대의 마지막이 예수 그리스도 안에서 도래했다.[1:2, 9:26] 앞에서 기자는 아론 계통의 제사장들은 하늘에 있는 것의 "모형과 그림자"로 섬겼다고 했다.[8:5] 골로새서 2:17에서 바울은, 안식일은 "장래 일의 그림자"였다고 선언하면서 우리가 여기서 발견하는 것과 같은 표현을 사용한다. 히브리서는 독자들이 "좋은 일"을 등지고 그림자로 돌이켜서는 안 된다고 주장한다. 율법은 "실제 형상"[εἰκόνα]이나 예수 그리스도 안에서 이제 시작된 실체의 "참된 형상"[NRSV]도 아니다. 여기 이 말은 종종 "형상"[image]으로 번역된다. 우리 마음의 이미지는 우리가 상상한 것의 실체에 참여하지 않는다. 하지만 물론 이것이 기자가 지금 의도하는 것

471 여기서 "좋은 일"이란 율법의 입장에서 보면 장래다. 하지만 이 장래는 예수 안에서 신자들에게 도래했다—적어도 시작되었다(Attridge, *Hebrews*, 259).

472 여기서 사용된 표현이 갖는 플라톤적 성격에 대해서는 존슨을 참조하라. *Hebrews*, 249.

은 아니다. 사실 그는 오히려 정반대를 의미한다. 율법은 그림자요, 그리스도 안에서 도래한 것은 NIV가 말하는 바와 같이 "실체 자체"realities themselves다.[473] "형상"이라는 말은 그리스도를 "보이지 않는 하나님의 형상"이라고 하는 골로새서 1:15에서 말하는 바와 같은 의미다. 골로새서에서 그리스도가 이 형상이라는 말은 그분이 하나님의 본질과 본성에 참여하고 있음을 의미한다. 여기서도 마찬가지다. 율법은 열등하다. 그것이 나타내거나 전조가 되는 실체에 참여하지 않기 때문이다.

율법과 그것에 따른 제사들이 가진 근본적인 문제를 여기서 드러낸다.[474] 율법은 하나님께 나아가는 자들을 "온전하게"τελειῶσαι 할 수 없다. 앞에서 우리는 "온전함"τελείωσις은 레위 계통의 제사장직으로는 얻을 수 없다는 것을 보았다.[7:11] "율법은 아무것도 온전하게ἐτελείωσεν 못할지라."[7:19] 율법이 정한 제사들은 그리스도께서 드리신 제사와 달리[10:14] "섬기는 자를 양심상 온전하게τελειῶσαι 할 수 없다."[9:9] "온전하게 하다"라는 말은 여기서 사람을 하나님 앞으로 데려가는 양심을 진실로 깨끗하게 하는 개념을 전달한다.[475] 율법과 그것이 정하는 제사들은 그런 완전함을 이루지도 못했고 그렇게 할 수도 없다. 따라서 이런 것들은 그런 완전함이 실체가 된 예수 그리스도 안에서 장차 오게 될 좋은 것의 그림자로서 기능한다.

놀라운 것은 율법의 열등성을 강조하는 표현을 얼마나 강조하는가

473 Attridge, *Hebrews*, 270.

474 조슬린은 율법의 연속성을 보지 못하는 사람들을 경고하면서, 기자의 율법 이해가 갖는 복합성을 바르게 강조한다("Transformation of the Law", 100-117). 하지만 조슬린의 주장과 달리(114-15) 기자는 단순히 제의적 율법뿐만 아니라 전체 율법을 장차 오는 것의 그림자로 본다. 조슬린의 탁월한 논문을 참조하라(Joslin, *Hebrews, Christ, and the Law*).

475 "어떤 것을 '온전하게 하는' 것은 그것이 의도된 목적을 향해 데려가는 것이다"(Cockerill, *Hebrews*, 430)

하는 것이다. 이런 이해를 나타내기 위한 시간과 관련된 부사적 표현들이 많이 나온다. 율법은 예배로 나아오는 자들을 "결코"οὐδέποτε 온전하게 하지 못한다. 옛 언약 아래에서는 "늘"εἰς τὸ διηνεκές 제사가 드려지지만 참된 죄 사함을 얻지는 못한다. 실제로, "같은" 제사들이 "해마다"κατ᾽ ἐνιαυτόν 드려졌다. 율법은 악한 것이 아니다. 하지만 율법과 그것에 따른 제사들은 무익하고 좌절을 가져다준다. 결코 멈추는 일이 없는 회전목마와 같다.

10:2 1절에 따르면, 율법과 그것이 정하는 제사들은 결코 하나님께 나아오는 자들을 온전하게 할 수 없다. 이제 2절은 율법이 결코 온전하게 하지 못한다는 주장을 예증한다. 만약 온전하게 하는 일이 실제로 있었다면 제사들이 더 이상 계속되지 않았을 것이다. 그렇게 되면 제사가 더 이상 필요 없기 때문이다. 여기서 기자는 문제의 핵심을 건드리고 있다. 율법이 정하는 제사들이 효력이 있었다면 예배로 나아오는 자들을 정결하게 했을 것이고,κεκαθαρισμένους 더 이상 자신들의 죄들로 인한 죄의식에 사로잡히지 않았을 것이다. 이 구절과 달리 그리스도의 제사의 효력을 적극적으로 진술하는 히브리서 9:14의 내용과 놀랍도록 유사한 주장이다. 10:2에서 사용된 두 단어인 "정결하게 되다"κεκαθαρισμένους 와 "깨달음" 혹은 "양심"συνείδησιν 은 9:14에서도 사용된다. 그리스도의 피가 "우리의 양심을 깨끗하게"καθαριεῖ τὴν συνείδησιν ἡμῶν 하기 때문에 신자들은 하나님을 섬길 수 있다. 혹은 10:22이 말하는 바와 같이, 신자들은 그리스도의 피로 "마음에 뿌림을 받아 악한 양심으로부터 벗어난다."10:22 반면에, 구약성경의 제사들은 "섬기는 자를 그 양심상 온전하게 할 수 없다."9:9 구약성경의 제사들은 사람을 죄로부터 실제로 깨끗하게 하지 못한다.

10:3 구약의 제사들은 죄로부터 깨끗하게 하고 정결하게 하는 대신에

사람들에게 그들의 죄를 생각나게 한다. 그리고 이렇게 죄를 생각나게 하는 것이 "해마다"κατ᾽ ἐνιαυτόν 반복된다. 이 어구는 1절에서 사용된 단어로 대속죄일을 가리키는 것이 분명하다. 해마다 레위기 16장이 명시하는 전체 의식을 치른 다는 것은 곧 계속해서 죄가 남아 있다는 증거다. 독자들이 레위기 제사들에 이끌린 것은 아마도 그것들이 죄 사함을 위해 보다 뚜렷하고 구체적으로 "드려졌기" 때문일 것이다. 그러나 기자에 따르면 오히려 그 반대다. 이런 제사들은 죄를 생각나게 한다. 이런 사실은 참으로 정결하게 되는 일은 레위기의 제사 제도를 통해서는 이루어지지 않는다는 것을 보여준다.

10:4 그렇다면 레위기의 제사들이 양심을 깨끗하게 하지 않는 이유가 무엇인가? 왜 해마다 제사를 반복해야 하는가? 기자는 제물로 바쳐지는 짐승들의 피로는 죄를 없이하지 못하기 때문이라고 답한다. 자신의 대답에 부연하지는 않지만, 기자가 그렇게 단언하는 이유는 분명해 보인다. 무엇보다 그리스도의 제물과 대비를 이룬다.10:5-10 짐승들로는 속죄를 이루지 못한다. 짐승들은 자신들이 왜 그렇게 도살되었는지 영문도 모르고 그런 죽음의 의미도 알지 못한다. 죄인들을 위해 자원해서 목숨을 내놓는 것이 아님은 두말할 것도 없다. 오히려 죽음이 강제된다.[476] 엄밀하게 말해서 기자가 제사들 자체를 거부하는 것은 아니지만, 이스라엘이 드리는 제사를 향한 선지자들의 호된 질책이 떠오르는 것은 어쩔 수 없다.사 1:10-15; 66:3, 렘 7:21-23, 호 6:6, 암 5:22, 미 6:6-8

히브리서는 짐승들의 죽음이 애초에 잘못된 것이라거나 하나님의 뜻에 반하는 것이라고 하지 않는다. 어쨌든 제사 제도는 하나님이 친히 주신 것이다. 그렇기 때문에 짐승들의 피는 진실로 죄들을 깨끗하게 하

476 참조. Hughes, *Hebrews*, 392.

는 그리스도의 피를 가리키는 예표론적이고 상징적인 기능을 한다. 구약성경의 제사들은 그리스도가 오기 전까지는 의미가 있었다. 하지만 좋은 것들이 도래한[1절] 지금은 더 이상 필요가 없다. 죄인의 마음에서 죄를 깨끗하게 하기 위해서는 더 좋은 것, 더 좋은 이가 필요하다.

성경신학적 적용

기자는 율법과 율법이 정하는 제사들의 불충분성에 주목한다. 제사들을 통해서는 양심의 죄를 깨끗하게 하지 못한다. 해마다 죄를 생각나게 할 뿐이다. 궁극적으로 짐승으로 드린 제사로는 죄를 없이하지 못한다. 율법과 율법이 정하는 제사들은 예표론적으로 그리스도의 제사를 대망한다. 오늘날 대부분의 신자들은 물론 짐승 제물들을 통해 죄를 용서받는 유혹을 받지 않는다. 하지만 히브리서는 오늘날도 여전히 신자들에게 말한다. 예수 그리스도의 희생이 아니고는 죄 사함을 받으려는 어떤 길도 효력이 없다고 선언한다. 오직 예수의 죽음만이 진실로 마음을 죄에서 깨끗하게 하고 하나님과의 바른 관계에 대한 확신을 준다.

10:5-10

I. 프롤로그: 아들을 통해 이루어진 결정적이고 최종적인 계시 1:1-4

II. 천사들보다 위대하신 아들을 저버리지 말라 1:5-2:18

III. 아들을 모세와 여호수아보다 더 위대한 대제사장으로 가진 너희는 마음을 완고하게 하지 말라 3:1-4:13

IV. 레위기의 율법이 정하는 대제사장직보다 더 위대한 멜기세덱의 반차를 따른 예수의 대제사장직으로부터 흘러 떠내려가지 않도록 하라 4:14-10:18

1 | 대제사장으로 계시는 예수를 힘입어 하는 권면 4:14-5:10

2 | 경고와 확증 5:11-6:20

3 | 예수께서 가지신 멜기세덱의 반차를 따른 더 위대한 제사장직 7:1-28

4 | 옛 언약보다 나은 새 언약 8:1-13

5 | 새 언약 아래서 드리는 더 나은 제사 9:1-10:18

1) 옛 언약 아래서는 허락되지 않았던 하나님께로 자유롭게 나아감 9:1-10

2) 자기의 피로 하늘로 들어가신 예수 9:11-14

3) 새 언약의 중보자이신 예수께서 주시는 영원한 기업 9:15-22

4) 예수께서 드린 제사: 구약의 제사들보다 탁월함 9:23-10:18

① 예수께서 단번에 드리신 하늘의 제사 9:23-28

② 구약에서 제사들이 반복된 것은 이 제사들이 충분하지 않음을 보여줌 10:1-4

③ 예수께서 단번에 드리신 제사로 첫째 것을 폐함 10:5-10

④ 예수께서 드리신 온전한 제사 10:11-14

⑤ 새 언약에 약속된 최종적인 죄 사함이 실현됨 10:15-18

V. 맺는말로서의 권면과 경고 10:19-12:29

5 그러므로 주께서 세상에 임하실 때에 이르시되 하나님이 제사와 예물을 원하지 아니

하시고 오직 나를 위하여 한 몸을 예비하셨도다. 6 번제와 속죄제는 기뻐하지 아니하
시나니 7 이에 내가 말하기를 하나님이여, 보시옵소서. 두루마리 책에 나를 가리켜 기
록된 것과 같이 하나님의 뜻을 행하러 왔나이다 하셨느니라. 8 위에 말씀하시기를 주
께서는 제사와 예물과 번제와 속죄제는 원하지도 아니하고 기뻐하지도 아니하신다 하
셨고(이는 다 율법을 따라 드리는 것이라) 9 그 후에 말씀하시기를 보시옵소서 내가 하
나님의 뜻을 행하러 왔나이다 하셨으니 그 첫째 것을 폐하심은 둘째 것을 세우려 하
심이라. 10 이 뜻을 따라 예수 그리스도의 몸을 단번에 드리심으로 말미암아 우리가 거
룩함을 얻었노라.

문맥

기자는 계속해서 그리스도가 드린 제사와 구약성경의 제사들의 불충분성을 대조한다. 9장에서 기자가 주장하는 본질은, 구약의 제사들과 달리 그리스도께서는 자기 피를 통해 신자들을 실제로 하나님 앞으로 데리고 가신다는 것이다. 10:1-4은 죄를 없이함에 있어서 율법과 그것이 정하는 제사들이 가진 무능력을 말한다. 이제 10:5-10은 왜 그리스도의 죽음이 절대적으로 필요한지를 시편 40편으로 뒷받침한다. 세상으로 오셨을 때 그리스도는 하나님께서 제사를 드리라고 자신을 부르신 것이 아니라 자신의 생명을 내어 주라고 부르신 것을 깨달았다.[5-6절] 그러므로 그분은 하나님의 뜻을 행하러 오셨다.[7절] 기자는 시편 40편의 의미를 더 풀어 놓는다. 이 시편이 말하는 제사와 제물은 모세의 율법을 따라 드려진다.[8절] 하지만 하나님이 제사와 예물을 기뻐하지 않으심을[9절] 이미 언급한 시편 기자는 예수께서 하나님의 뜻을 행하러 오셨음을 말한다. 히브리서 기자에 따르면, 전자(모세의 율법에 따라 드려진 제사들)는 후자(예수께서 자신을 제물로 드림으로 하나님의 뜻을 성취하심)로 대체되는 것을 의미한다. 10절에서 이 주장은 절정에 이른다. 신자들은 예수

그리스도께서 자신을 단번에 드리심으로 거룩하게 된다. 신자들은 예수 그리스도의 희생을 힘입어 거룩한 자들의 나라에 선다. 그들은 부정하지 않다. 하나님 앞에서 그들은 정결하다.

주석

10:5 세상에 임하실 때 그리스도는 하나님께서 제사나 예물을 원치 않으신다는 것을 깨달았다. 대신, 하나님은 자기 백성들을 위해 자기 몸을 제물로 바치도록 예수를 부르셨다. "그러므로"Διό라는 말은 앞 문단과 연결된다. 율법과 그것에 따른 제사들은 예배자들을 온전하게 할 수 없고 양심에서 죄를 없이하지 못하고, 짐승 제물들로는 죄를 속하지 못하기 때문에, "그러므로" 예수는 짐승 제물로 제사를 드리기 위해서가 아니라 자기 자신을 제물로 드리기 위해 세상으로 오신 것이다.

그리스도께서 세상에 임하신 것은 그분의 성육신을 가리킨다.[477] 성육신을 이야기하는 것을 히브리서의 신학과 맞지 않는 것으로 생각하면 안 된다. 이미 이 서신의 처음 두 장이 예수 그리스도의 신성과 인성 모두를 분명히 이야기하기 때문이다. 그리스도의 선재성이 여기에 전제되어 있을 것이다. 세상으로 오신 이가 자신이 세상으로 온 의도를 선언하는 가운데 말하고 있기 때문이다. 기자는 6절부터 자신의 주장을 뒷받침하기 위해 시편 40편을 소개한다. 히브리서에 따르면, 이 시편 기자가 하는 말은 성육신 때 하신 예수의 말씀이다. 그리스도는 세상에 임하실 때 하나님께서 제사와 예물을 원치 않으심을 깨달았다. 구약성경에서 명하는 예물들을 바치라는 요구를 받지 않았다. 오히려 하나님은 예수를 위해 한 "몸"을 예배하셨다. 바꾸어 말하면, 예수는 자기 자

477 참조. Attridge, *Hebrews*, 273.

신을 하나님께 제물로 드리도록 요청받은 것이다.

여기서 시편 40편을 사용하는 것이 매우 흥미롭다.[478] 시편 40편은 다윗이 여호와께 원수들에게서 구해 주실 것을 호소하는 탄원시다.[11-17절] 이 시편의 첫 대목에서 다윗은 과거에 자신이 곤경에 처했을 때 하나님이 구해 주신 것을 떠올린다.[1-5절] 히브리서 기자는 이 시편의 중간 부분과[6-8절] 다윗이 하나님의 의로우심과 성실하심과 구원을 하나님의 백성들 중에서 선포했던 것을 회상하는 대목을 사용하고 있다.[9-10절] 이 시편에서 6-8절은 어떤 역할을 하고 있는가? 하나님이 다윗을 구원하셔야 할 또 다른 이유를 말하는 것 같아 보인다. 다윗이 단지 제사와 예물만 드리고 있는 것이 아니다. 자기 자신을 드리고 있다. 자신의 삶 전체를 하나님께 드리고 있다. 하나님의 뜻을 행하기로 서약했다. 그리고 하나님께서는 의로우심 가운데 자기에게 속한 자를 구원하고 건지실 것이다.

역사적 배경으로 보아 그것이 명백한 예언이 아님에도 어떻게 히브리서 기자는 이 시편을 예수께 적용할 수 있는가?[479] 이 시편이 직접적으로 예수를 메시아라고 말하는 것은 아니다. 실제로 다윗은 이 시편에서 자신의 많은 죄를 인정한다.[40:12] 이 시편이 구약의 제사 제도가 폐하여졌다고 가르치는지도 분명하지 않다. 다윗 자신은 물론 다른 유대인들 역시 이 시편을 그렇게 이해하지는 않았던 것만은 분명하다.

이 물음에 대한 대답으로 몇 가지를 말할 수 있다. 먼저, 신약성경은 시편을 예수 그리스도 안에서 이루어진 성취의 맥락에서 이해한다. 시

478 기자는 특별히 칠십인역을 사용한다(참조. Attridge, *Hebrews*, 274).

479 이 부분에 대해 본 주석이 말하는 바와 일정 측면 부합하는, 여기서 구약성경을 사용하는 것을 이해하는 또 다른 접근법에 대해서는 카이저Walter C. Kaiser Jr.를 참조하라. "The Abolition of the Old Order and Establishment of the New: Psalm 40:6-8 and Hebrews 10:5-10", in *Tradition and Testament: Essays in Honor of Charles Lee Feinberg*, ed. J. S. and P. D. Feinberg(Chicago: Moody, 1981), 19-37.

편은 반드시 역사적으로 이해해야 한다고 믿은 것은 아니다. 기독론적이고 종말론적으로 이해해야 한다고 생각한 것도 사실이다. 역사적 문법적 해석학만이 성경을 읽는 "유일하게 바른 길"은 아니라는 인식이 오늘날 갈수록 늘고 있다. 성경은 또한 신적 저자와의 관계에서도 이해되어야 한다. 즉 메시아가 오신 이상 구약성경의 의미는 이제 분명해졌다. 둘째, 그러나 이 시편을 작위적이고 임의적으로 해석해도 된다는 말은 아니다. 시편이 다윗에 대해 말하는 것들은 더 위대한 다윗, 예수 그리스도를 가리킨다. 다윗에 대한 시편들은 다윗을 단순히 역사적 인물로만 그리지 않는다. 다윗은 그의 왕조가 영영할 것이라는 약속을 받은 왕이었기 때문이다.삼하 7장, 대상 17장, 시 89, 132편 등 그렇기 때문에 다윗에 대한 시편들은 예표론적이고 종말론적이고 메시아와 관련해서messianically 읽어야 한다. 다윗에 대해 말해진 것들은 그리스도의 오심을 고대한다. 모형은 또한 대개 점층을 포함한다. 따라서 예수는 더 위대한 다윗이다. 따라서, 다윗의 죄악들에 대한 언급이 있다고 해서 이 시편을 예수를 가리키는 시편들에서 배제할 필요는 없다. 예수께서 다윗보다 더 위대하고 다윗의 허물들이 예수의 삶에서 되풀이되지 않았다는 사실을 쉽게 알 수 있다.

셋째, 이 시편에 대해서 구약의 제사 제도를 배제하는 것을 지지하는 것으로 인용하는 저자를 어떻게 설명해야 할까? 다시 말하지만, 다윗에 대한 시편은 종말론적이고 기독론적으로 읽어야 한다는 데 답이 있다. 앞에서 언급한 것처럼, 역사적으로 보면 구약의 제사 제도가 더 이상 필요 없음을 가르치는 것으로 이 시편을 이해할 하등의 정당한 근거가 없다. 이 시편을 쓴 후에도 다윗은 계속해서 제사를 드렸다! 그러나 히브리서 기자는 이 시편을 그리스도의 사건에 비추어 읽는다. 예수는 더 위대한, 사실 가장 위대한 다윗 계열의 왕이다. 따라서 이 시편의 말들은 예수 자신이 여호와를 향하여 발한 것이다. 여호와께서는 예수께서 제사와 예물을 드리기를 원치 않으셨다. 오히려 예수 자신의 몸을 제물로 바칠 것을 요구하셨다. 히브리서는 이 시편의 말들이 예수 그리스도와 관계되는 한 이 말들을 여자적으로 이해한다. 물론 예수는 죄가 없는 분이기 때문에 제사와 예물을 드릴 필요가 없었다. 하나님은 옛 언약과의 연속성이 있음에도 불구하고 예수의 오심과 더불어 지금 새로운 어떤 일을 하시는 것이다. 제사와 예물로는 충분하지 않다는 다윗의 인식은 새 시대에는 더 분명하고 선명하게 이해된다.

칠십인역과 마소라 사본을 충실하게 따르는 히브리서가 흥미롭게도 여기서는 이 두 사본으로부터 약간 갈린다. 마소라 사본의 내용은 HCSB가 잘 살려낸다. "주께서 내 귀를 열어 듣게 하십니다."시 40:6 다시 말해, 여호와께서 다윗 안에서 역사하심으로 그가 하나님의 뜻에 순종하고 순복했다. 그러나 히브리서에서는 귀를 연다는 개념을 "몸"σῶμα이라는 말로 대체한다.[480] 기자는 지금 부분(귀)으로 전체(몸)을 나타내고 있는 것이다.[481] 실제로 이 절의 의미는 대부분이 동일하게 남는다. 하나님께서는 예수께 제사와 예물이 아닌 순종을 원하셨다. 하지만 보다 구체적으로 하나님은 예수를 부르사 그 몸을 제사로 드리도록 하셨기 때문에, 이 서신에서 "몸"이라는 말은 예수의 희생 제물로서의 죽음에 주목하는 것에 잘 부합한다.

480 히브리서 기자가 처음에 "몸"이라는 말을 삽입하고 나중에 칠십인역에 더해졌을 것 같지는 않다. 참조. Karen H. Jobes, "Rhetorical Achievement in the 'Misquote' of Psalm 40", *Bib* 72(1991): 387-96. 참조. Karen H. Jobes, "The Function of Paronomasia in Hebrews 10:5-7", *TrinJ* 13(1992): 181-91. 참조. Jared Compton, "The Origin of σῶμα in Heb 10:5: Another Look at a Recent Proposal", *TrinJ* 32(2011): 19-29; Koester, Hebrews, 432-33; Richardson, *Pioneer and Perfecter of Faith*, 92n310.

481 참조. Koester, *Hebrews*, 433; Cockerill, *Hebrews*, 436.

10:6 6절은 5절 내용에 대한 부연이다. 하나님은 번제나 속죄제를 기뻐하지 않으셨다.[482] 이 시편이 제사를 무조건적으로 거부하는 것은 아니다. 처음부터 이 시편에서 제사가 하나님의 뜻에 배치된다는 인상은 찾아보기 어렵다. 어쨌든 번제는 이스라엘 백성들이 드리는 예배에서 통상적으로 행해지는 부분이었다.[참조. 레 1:1-17] 매일 아침과 저녁에 번제를 드렸다.[출 29:40-42] 따라서 속죄제 또한 정기적으로 여호와께 드렸고[레 4:1-35] 대속죄일에도 포함되었다.[레 16:3, 5, 9, 11, 15, 25, 27] 다윗은 순종과 구별된 삶이 없이 여호와께 드리는 이런 예물은 무의미하다고 말한다. 마음의 변화 없는 종교적 예식은 하나님 앞에서 아무런 소용이 없다.

그러나 같은 말들이 다른 의미로 예수 그리스도와 관련하여 적용된다. 하나님은 그분에게 짐승으로 드리는 제사들을 원하지 않으셨다. 하나님을 향한 순종은 예수께서 짐승 제물이 아닌 자신의 생명을 제물로 드리도록 부르심을 받았다는 것을 의미했다. 여기서 우리는 자연스럽게 이사야 53장을 생각한다. 여호와의 종이 "찔림은 우리의 허물 때문이요 그가 상함은 우리의 죄악 때문이라. 그가 징계를 받음으로 우리는 평화를 누리고."[사 53:5] 이 종은 명백히 "속건제물"로 죽었다.[사 53:10, NIV] 이 종이 드린 제사는 최종적이고 효과적이었다. 그분이 자기 백성들의 죄악을 친히 담당했기 때문이다.[사 53:11-12] 하지만 그분이 자기 백성들의 죄악을 담당했다면, 짐승 제물로 제사를 드릴 필요가 사라진다. 히브리서는 예수 그리스도의 오심과 자기 몸을 제물로 드림으로 자기 백성들의 구속을 이루신 종에 대한 이사야의 말들에 비추어 시편 40편을 읽는다.

10:7 기자는 계속해서 시편 40편을 인용한다.[7-8절] 여기서 마소라 사본

482 히브리서와 구약성경 간의 상당한 차이가 나는 유일한 절이다. 마소라 사본과 칠십인역 모두 동사는 "요구하다"라는 동사를 쓰지만 히브리서는 "즐거워하다"라는 말을 쓴다.

과 칠십인역과 히브리서 간의 차이는 상대적으로 미미하다. 곧 살펴보겠지만, 시간의 부사인 "그때"τότε. "이에", 개역개정는 기자에게 중요한 의미를 갖는다. 예수의 부르심은 짐승 제물을 가지고 제단으로 나아가는 것이 아니라, 그것과는 전혀 다른 일을 하는 것이다. 그분은 자신의 사명과 삶의 목적을 선언하신다. 그분은 하나님의 뜻을 행하러 이 땅에 오셨다. 5절의 "세상에 임하실 때"εἰσερχόμενος εἰς τὸν κόσμον와 짝을 이루는 "내가 왔나이다"ἥκω라는 말은 예수의 성육신과 사명을 가리킨다.

이 절에서 가장 흥미로운 대목은 "두루마리 책"에 대한 언급이다. 지금 히브리서 기자가 염두에 두고 있는 책은 무엇인가? 분명하게 대답하기가 어렵다. 이 문구가 포함된 것은 하나님의 뜻을 행하러 오신 것이 예수의 운명이었음을 가리킨다. 그분이 하나님의 뜻에 순종하신 것은 기록된 바와 같다. 아마 히브리서 기자는 구약성경 전체를 염두에 두고 있을 것이다. 시편 40편의 문맥을 보면, 다윗은 아마도 여호와께서 그와 맺으신 언약을 말하고 있을 것이다. 영원한 나라의 약속은 또한 예수를 가리키고, 히브리서 역시 특별히 다윗에게 주어진 약속들을 염두에 두고 있을 것이다. 백성들을 대표하는 자로서 다윗 계열의 왕은 자기 전체를 하나님께 드리고 그분의 뜻을 행하도록 특별한 부르심을 받았다. 그러나 이 시편 자체가 증거하는 것처럼,시 40:12 다윗은 실패했다. 다윗 언약은 궁극적으로 순종하는 왕, 순종하는 아들을 통해 성취될 것이다.삼하 7:14, 시 89:30-32; 132:12 다윗 왕조와 다윗 계열의 왕에 대해 기록된 것은, 자신의 이기적인 뜻을 추구하기보다 기꺼이 자신을 하나님께 드린 이에게서 성취될 것이다.

10:8 기자는 앞에 기록된 것들5-6절로 독자들의 주의를 환기시키는 가운데 이제 시편 40편으로부터 인용한 절들을 설명한다. 하나님은 번제와 속죄제를 포함한 레위기의 의식에 따른 제사들을 바라지도 기뻐하

지도 않으신다. 그래서 기자는 이런 제사들에 대해 언급한다. 이는 "율법을 따라 드리는 것이라." 하나님께서 기뻐하지 않으시는 제사들은 옛 언약에서 비롯되었다. 하나님께서 그것들을 기뻐하지 않으시는 것은 옛 언약 시대의 이런 제사들이 하나님의 뜻에 배치된다는 것을 말하지는 않는다. 이런 제사들이 영속적이 아니라 일시적이라는 것이 요지다. 이런 제사들은 죄를 참되고 최종적으로 구속하지 못한다. 옛 언약의 불충분성을 나타낸다. 하나님께서 율법을 따라 드려졌던 것을 기뻐하지 않으셨기 때문에 더 위대한 제사가 와야 한다.

10:9 히브리서는 본문의 표현을 면밀히 살피는데, 특히 본문이 배열된 순서에 주목한다. 예수 그리스도의 제사로 대체된("성취된"으로 하는 것이 나을 것이다) 짐승을 제물로 드린 제사들이 배제되는 것을 본다. 본문에서 "그 후"는 중요하다. 예수께서 하나님의 뜻을 행하는 것이, 구약의 제사들이 요구되었던 율법 시대를 뒤이어 온 것임을 나타낸다. 예수를 향한 하나님의 뜻은 자신의 몸과 생명을 바치는 것이다. 앞에서 6절에 대해 적은 바와 같이, 예수께서 자기 자신을 드리신 대목은 자연스럽게 이사야 53장을 생각나게 한다. 여기에는 또한 강제하는 것을 가리키는 언급이라고는 전혀 찾아볼 수가 없다. 9:28에서 기자는 이사야 53:12을 넌지시 암시하고 있는 것이 분명하기 때문이다. 이런 사실은 그가 이사야 53장이 갖는 제사적인 의미를 인지하고 있었음을 보여준다.

여기서 우리는 히브리서가 이 시편 본문에 매기는 순서로 다시 돌아온다. "첫째" 것, 즉 율법이 명하는 제사와 예물들이 폐하여졌다. "첫 언약"8:7, 13, 9:1, 15, 18과 "첫 장막"9:8과 "첫" 제사들이 "둘째" 언약,8:7 하늘의 장막, 최종적이고 결정적인 제사로 대체되었다. 둘째 되고 나중에 오는 것이 더 좋고 탁월하다.[483] "첫째" 것은 둘째 것을 가리키고 대망한다. 하지만 일단 둘째 것이 온 이상, 신자들은 첫째 것으로 돌이켜서는 안 된다. 여호와의 종이 하나님의 백성들을 위한 제물로 자신을 드리셨기 때문에, 다시 첫째 것들로 돌이키는 일은 없다. 예수 그리스도 안에서 위대하고 최종적인 죄 사함이 도래했기 때문에, 구약성경의 제사들이 다시 시행되는 일은 결코 없을 것이다.

10:10 둘째 것의 탁월성과 최종적 제사에 대해 부연한다. 예수는 자신의 몸과 영혼 전부를 하나님께 드리는 제물로 죽음에 내어 주셨다.[484] 하나님의 뜻은 예수께서 친히 최종적이고 효과적인 제물로 드려지는 것이었다.[485] 그분이 드린 희생은 새 언약을 시작한 둘째 것, 더 좋은 것, 새로운 제사다. 그분이 드린 제사는 효과적이고 결정적이다. 그분은 죄가 없고, 점이나 흠이 없는 제물이었기 때문이다. 이 절들과 관련하여 앞에서 말한 것처럼, 그분은 강제로 생명을 바치고 영문도 모르고 도살당한 짐승 제물들과 달리 스스로 자원하여 제물이 되었다. 예수는 기꺼이 그리고 자원하여 자신을 내어 주사 다른 이들이 깨끗하게 되고 죄를 용서받게 하셨다. 따라서 그분이 드린 희생은 "단번에" 드린 희생이었다. 더 이상의 제사가 필요 없도록 하는 결정적이고 최종적인 제사였다. 그렇기 때문에 다윗 계열의 왕, 하나님의 아들, 대제사장이신 그분이 죄인들을 위해 자기 목숨을 속전으로 내어 주신 지금 다시 짐승 제물들로 돌이키는 것은 어리석은 일이 될 것이다. 기자는 여기서 예수께서 자기

483 기자는 여기서 직접적이고 구체적으로 첫 언약과 둘째 언약을 가리키는 것이 아니다(반대 참조. Käsemann, *Wandering People*, 57). 그리스도가 제물로 드려진 이제는 더 이상 필요가 없는 폐하여진 구약성경의 제사들을 가리키고 있다(O'Brien, *Hebrews*, 352).

484 여기서 가리키는 것은 예수의 죽음이지 예수의 생애가 아니다(Hughes, *Hebrews*, 399; Peterson, *Hebrews and Perfection*, 148).

485 모핏의 주장과 반대로, 지금 기자는 예수께서 하늘에서 하나님 앞으로 나아가는 것을 배타적으로 언급하는 것이 아니다(*Atonement and the Logic of the Resurrection in the Epistle to the Hebrews*, 230-56).

를 드림으로 신자들이 "거룩하게 되었다"ἡγιασμένοι ἐσμέν고 강조한다. 여기서 말하는 성화는 확정적으로,positional 회심할 때 참된 신자들에게 주어지는 것이다. 지금 기자는 신자들이 점차 예수 그리스도와 같이 되어 가는 점진적인progressive 성화를 말하고 있지 않다.[486] 이제 신자들은 예수의 희생을 힘입어 거룩한 자들의 나라에 있다. 이제 하나님 앞에서 악하거나 부정하지 않다. 오히려 예수 그리스도의 사역으로 말미암아 거룩하다. 그리스도의 희생 제사를 힘입어 신자들은 하나님 앞에서 거룩하고 정결하기 때문에 죄 사함을 얻기 위해 다른 제사를 드릴 필요가 없다.

성경신학적 적용

예수 그리스도가 오셨을 때, 하나님께서는 짐승을 제물로 바쳐 헌신을 나타내라고 하지 않으셨다. 오히려 자신의 몸, 자신의 생명을 제물로 바치도록 그분을 부르셨다. 예수께서 자기를 바치신 것은 짐승을 제물로 드리는 때가 끝났음을 의미한다. 새로운 시대, 새로운 언약, 새로운 질서가 시작되었다. 이전의 언약과 이 언약 아래에서의 제사들이 폐하여졌다. 예수의 제사는 효력이 있다. 신자인 우리는 단번에 드리신 예수의 희생으로 말미암아 거룩하게 되었고, 거룩한 자들의 나라에 있다. 예수 그리스도로 말미암아 하나님은 우리를 죄책 아래 있는 부정한 죄인이 아닌 거룩하고 정결한 자들로 보신다.

486 피터슨이 바르게 말한다. *Hebrews and Perfection*, 148. 커크릴에 따르면, 기자는 주장의 절정을 위하여 "예수 그리스도"라는 말을 아끼고 있다(*Hebrews*, 444).

10:11-14

11 제사장마다 매일 서서 섬기며 자주 같은 제사를 드리되 이 제사는 언제나 죄를 없게

하지 못하거니와 [12] 오직 그리스도는 죄를 위하여 한 영원한 제사를 드리시고 하나님 우편에 앉으사 [13] 그 후에 자기 원수들을 자기 발등상이 되게 하실 때까지 기다리시나니 [14] 그가 거룩하게 된 자들을 한 번의 제사로 영원히 온전하게 하셨느니라.

문맥

그리스도의 피가 신자들을 단번에 효과적으로 정결하게 하는 반면에, 옛 언약의 제사들은 신자들을 하나님 앞으로 데려가지 못한다.[9:1-28] 짐승 제물로 드린 제사는 열등하다. 참으로 죄를 없이하지 못하기 때문이다.[10:1-4] 그러므로 예수는 짐승을 제물로 바치기 위해서가 아니라 자신의 몸을 제물로 드리기 위해 오셨다.[10:5-10] 이를 통해 신자들은 거룩하게 된다. 반대로, 제사장들과 그들이 드린 제사는 끝이 없이 계속되었다. 제사장마다 매일 서서 같은 제사를 드렸다.[10:11] 반면에, 자신을 제물로 바치는 사역이 끝난 예수는 하나님 우편에 앉으셨다.[10:12] 이제 그분은 자신의 모든 원수로 발등상을 삼을 대단원의 날을 기다리고 계신다.[10:13] 예수께서 자신을 제물로 드리시는 사역이 끝난 것은 분명하다. 죄를 없이하는 효력 있는 제사였기 때문이다. 예수의 단번의 희생으로 거룩하게 된 자들이 영원히 온전하게 되었다.[10:14]

주석

10:11 옛 언약과 그에 따른 제사들과의 대조가 이어진다. 옛 언약 아래에서는 섬기는 제사장마다 서서 섬긴다.[참조. 신 10:8, 18:7] 그들이 서서 섬기는 것은, 섬기는 일이 이루어지는 때가 없어서 계속해서 제사를 드려야 하기 때문이다. 부분적으로 죄 사함을 얻기 위해[레 1:4] 드렸던 번제는 매일 드려야 했다.[출 29:38, 민 28:3] 기자는 제사장마다 "매일" 서서 섬겼다고 말한다. 옛 언약 제사들이 갖는 불충분성이 이보다 더 강조될 수 없다.

제사장들이 섬기는 일은 진보를 나타내는 일이 아니기 때문에 그들은 다음 일들로 나아가지 못한다. 이들은 "같은 제사"τὰς αὐτὰς...θυσίας를 드린다. "자주"πολλάκις 그렇게 한다. 이런 사실은 그들의 섬김의 무용성을 예증한다. 만약 동일한 제사들이 되풀이해서 드려졌다면, 이런 것들을 통해서는 최종적이고 결정적인 죄 사함을 얻지 못하는 것이 분명하다. 기자는 10:4의 개념을 재진술하는 가운데 짐승들의 피로는 죄를 없이하지 못함을 단언한다. 여기서 그는 옛 언약의 제사들로는 죄를 없이할 수 없음을 본다.

10:12 그리스도가 드린 제사와 제사장직의 효력은 옛 언약 아래에서 제사장들이 드린 제사와 현저한 대조를 이룬다. 그들은 "많은 제사"("같은 제사", 개역개정)를 드리지만, 그리스도는 "한 제사"를 드렸다. 그분이 드린 한 제사는 "죄를 위하여"ὑπὲρ ἁμαρτιῶν 곧 인간을 죄로부터 깨끗하게 하기 위한 것이었다. 이 제사를 통한 유익은 다함이 없다. 옛 언약의 제사장들이 드린 제사들이 "결코"οὐδέποτε 죄를 없이하지 못하는 것과 달리,10:11 이 제사는 "영원한"εἰς τὸ διηνεκές 죄 사함을 얻는 제사이기 때문이다.[487] 예수께서 드린 제사는 그 목적을 이루었기 때문에, 그분의 사역은 끝났다. 그분의 사역이 끝났기 때문에 더 이상 옛 언약의 제사장들처럼 계속해서 서 있을 필요가 없다.10:11 오히려 그분은 하나님 우편에 좌정해 계신다.시 110:1 제사장-왕으로서 죄와 사망을 이기셨기 때문이다. 예수께서 하나님 우편에 앉으셔서 하나님과 더불어 다스리신다는 사실은 그분의 신성을 나타내고 그분의 사역이 끝났음을 확인해 준다.[488]

487 "영원한"이라는 말은 또한 "앉으사"를 가리킬 수 있다(참조. Attridge, *Hebrews*, 280; Ellingworth, *Hebrews*, 509-10; Cockerill, *Hebrews*, 449n9). 여기서 채택하고 있는 견해에 대해서는 다음을 참조하라. Peterson, *Hebrews and Perfection*, 148-49; O'Brien, *Hebrews*, 355.

488 예수께서 하나님 우편에 앉으신 사실이 갖는 포괄적인 기독론적 의미에 대해서는 헹엘

10:13 자신을 희생 제물로 드리는 예수의 사역이 끝났기 때문에 그분은 하나님 우편에 승리자로 앉으셨다. 부활하신 주로서 지금 그분은 구속 드라마를 완결할 대단원의 행위를 기다리고 계신다. 이 절은 예수의 단번에 드린 희생이 많은 백성들의 죄를 대속하고, 이를 힘입어 신자들은 이제 예수께서 다시 나타나셔서 자신들의 구원을 완성하시는 때를 기다린다[ἀπεκδεχομένοις]고 말하는 9:28에 대한 반향이다. 9:28과의 유사성이 10:13에서 분명히 드러난다. 예수는 지금 자신의 구원 역사를 완성하러 다시 오시기 전에 원수들이 굴복하게 될 것을 기다리신다.[ἐκδεχόμενος] 기자는 예수의 원수들을 굴복시키고 멸하시는 것을 이야기함에 있어서 자신이 가장 좋아하는 시편[110:1]을 넌지시 언급한다.[참조. 마 22:44, 고전 15:25] 오스카 쿨만[Oscar Cullman]은 신약성경의 종말론을 결정적으로 승기를 잡은 날[D-Day]과 최종적인 승리의 날[V-Day]에 비교한다.[489] 예수의 죽음과 부활은 결정적으로 승기를 잡은 날이다. 하나님이신 그리스도의 결정적인 승리를 나타낸다. 하지만 아직 마지막 소탕 작전이 남아 있다. 최종적인 승리의 날이 아직 이르지 않았지만 임박한 것 역시 분명한 사실이다.

10:14 이 서신에서 가장 유명한 문장들 가운데 하나인 이 절을 통해 기자는 예수의 사역이 끝난 이유를 말한다. 예수께서 자신의 몸을 제물로 드리고[10:5, 10] 피를 흘리신[9:14] "한 번의 제사"로 신자들은 영원히 온전하게 되었다.[참조. §2.5] "온전하게 하다"[τετελείωκεν]라는 말은 기자가 가장 좋아하는 표현이다. 율법과 그것이 정하는 제사들은 온전하게 하지 못한다.[7:19, 10:1; 참조. 7:11] 이런 제사들로는 양심을 온전하게 하지 못하기 때

을 참조하라. *Studies in Early Christology*, 119-225.

489 Oscar Cullmann, *Christ and Time: The Primitive Christian Conception of Time and History*, trans. F. V. Filson (Philadelphia: Westminster, 1950), 84.

문이다.9:9 히브리서에서 완전은 죄가 정결하게 되고 제해지는 개념으로 양심이 더 이상 죄책으로 더럽혀지지 않는 것을 말한다. 신자들은 그리스도가 드린 제사를 힘입어 이제 자유롭고 담대하게 하나님 앞으로 나아갈 수 있다. 신자들을 온전하게 하는 것이 목적이고 "영원히"εἰς τὸ διηνεκές 그렇게 되었다. 여기서 기자는 그리스도의 완전하게 하는 역사가 성취한 현재의 결과들을 강조하지만, 그렇다고 장래를 배제하는 것은 아니다. 최종적인 온전함은 신자들이 하늘 도성에 입성하는 때라야 최종적이고 완전하게 이루어질 것이기 때문이다.[490] 따라서 여기에는 그리스도의 온전하게 하시는 역사로 신자들이 최종적인 상급을 얻는다는 사실이 함축되어 있다.

그리스도의 온전하게 하는 역사가 "거룩하게 된 자들"τοὺς ἁγιαζομένους 을 위해 이루어졌다. 히브리서는 칭의라는 표현을 사용하지 않지만,참조. 10:38, 11:7 여기에 나오는 **온전함**과 **성화**라는 표현은 바울이 칭의를 말하는 방식과 유사하게 사용된다. 칭의가 종말론적 실체임에도 불구하고, 바울은 칭의를 신자의 삶에서 이루어진 완전한 역사로 강조한다.예. 롬 5:1, 8:30 히브리서가 사용하는 온전함에 대해서도 비슷한 말을 할 수 있다. 신자들은 예수 그리스도의 사역으로 온전하게 된다. 그리고 이 사역에는 예수의 죽음, 부활, 승귀가 포함된다. 그렇다면, 온전함은 근본적으로 주관적 실체가 아니라 예수께 속한 자들의 삶에서 이루어지는 하나님의 구원하시는 역사임을 나타내는 객관적 실체다.

490 여기서 완전함이란 아마도 상태로 묘사되어야 할 것이다. 이런 구분을 위해서는 캠벨 Constantine R. Campbell을 참조하라. *Basics of Verbal Aspect in Biblical Greek*(Grand Rapids, MI: Zondervan, 2008), 106-7. 참조. Peterson, *Hebrews and Perfection*, 149-53. 그는 말한다. "온전함이라는 용어 자체는 꽤나 자연스럽게 사람의 본성과 상태에 대한 어떤 종말론적이거나 궁극적인 조정을 암시한다. 하지만 10:14은 이렇게 온전하게 하는 것을 **그것의 성취와 관련해서는 과거에, 그리고 그것을 누리는 것과 관련해서는 현재에 자리하게 한다**"(167, 원저자 강조).

온전함의 객관적이고 결정적인 성격은 신자들의 일상을 끊임없이 오염시키는 죄의 실체와 모순되는 것이 아니다. 히브리서에 언급되는 경고들은 이 절대적 온전함이 아직 신자들의 것이 아님을 보여준다. 그들은 여전히 죄와 씨름하고 있음에도 불구하고 그리스도께서 이루신 일 덕분에 하나님 앞에서 온전하다. 여기서 우리가 보는 것은, 그리스도 예수 안에서 신자들에게 사실인 것과 지금 신자들이 일상에서 실제로 겪는 것 사이의 긴장을 뜻하는 신약성경이 말하는 이미와 아직의 성격이다.

거룩하게 하는 예수의 역사는 히브리서에서 자주 등장하는 주제로,[10:10, 29, 13:12] 특별히 이 말이 "정결하게 함",[9:14, 22, 23; 10:2, καθαρίζω; 10:22, καθαρός] "씻음",[10:22, λούω] "뿌림"[9:13, 19, 21; 10:22, ῥαντίζω; 12:24, ῥαντισμός]과 같은 말과 같은 의미 영역에 자리한다는 사실을 생각하면 더더욱 그렇다. 예수의 피는 신자들을 정결하게 했다. 이제 그들은 거룩한 자들의 나라에 있다. 여기서 현재분사를 ESV는 "거룩하게 되어 가는 자들",[τοὺς ἁγιαζομένους] NIV는 "거룩하게 만들어져 가는 자들"[참조. NLT]로 번역한다.[491] 다른 한편으로 다수의 성경번역들은 이 분사의 시제를 강조하지 않는다. "거룩하게 된 자들"[HCSB, NRSV]; "거룩하게 만들어진 자들."[NET] 여기서 분사의 시제를 지나치게 강조해서는 안 될 것처럼 보인다. 히브리서 기자는 전형적으로 **거룩하게 함**, **정결하게 함**, **씻음**과 같은 말들을 신자들이 이미 누리는 정결하고 거룩한 상태를 묘사하면서 사용하기 때문이다.[492] 그렇기 때문에 여기서 분사는 계속되는 경과가 아닌 "완결된

491 이런 이해를 위해서는 다음을 참조하라. Ellingworth, *Hebrews*, 511; Cockerill, *Hebrews*, 452.

492 그렇다면 이 분사는 시제와 상관없는 것으로 이해되어야 한다(참조. O'Brien, *Hebrews*, 357; Peterson, *Hebrews and Perfection*, 150). 이제 대부분의 학자들은 헬라어 동사들이 원래 시간이 아닌 상태를 나타낸다는 데 동의한다. 신약성경 헬라어 연구에 있어서 너무나 잘 알려진 사실이다. 이 부분에 대한 훌륭한 입문서로 캠벨을 참조하라. *Basics of Verbal Aspect*.

상태"를 나타낸다.[493] 앞에서 말했듯이, 히브리서는 신자들이 하나님 앞에서 정결하고 깨끗한 것을 강조하기 위해 바울이 칭의를 말한 것만큼이나 제의적 용어를 많이 사용한다. 여기서 기자가 하는 말도 아마 그런 경우일 것이다. 신자들은 예수 그리스도가 단번에 드린 제사로 거룩하게 되었다. 그들은 불결하거나 부정하지 않다. 하나님 앞에서 정결하고 흠이 없는 자들이다.

성경신학적 적용

신자들에게 가장 큰 위로 가운데 하나는 예수 그리스도의 제사로 말미암아 그들이 영원히 온전하게 되었다는 사실이다. 신자들은 자신들이 이룬 것 때문에 온전하게 되는 것이 아니다. 옛 언약은 결정적인 확신을 주지 않는다. 제사장들의 사역이 끝이 없이 이어지기 때문이다. 그들은 계속해서 서 있어야 하고, 제사를 드려야 하고, 날마다 그렇게 해야 한다. 하지만 예수는 서 계시지 않고 하나님 우편에 좌정하신다. 그분의 일이 끝났기 때문이다. 이제 그분은 자신의 모든 원수가 자신의 발등상이 될 날을 기다리신다. 신자들은 예수를 만물을 통치하시는 자신들의 제사장-왕으로 의지한다. 신자들은 죄 사함을 위해 자신들이 한 일로 만족하지 않는다. 자신들에게 있는 정결함, 깨끗함, 성화는 예수 그리스도가 단번에 드린 제사로부터 오는 것임을 깨닫는다.

493 리벤스가 바르게 말한다. "Levitical Sacrifice and Heavenly Cult in Hebrews", 292-93.

10:15-18

I. 프롤로그: 아들을 통해 이루어진 결정적이고 최종적인 계시 1:1-4

II. 천사들보다 위대하신 아들을 저버리지 말라 1:5-2:18

III. 아들을 모세와 여호수아보다 더 위대한 대제사장으로 가진 너희는 마음을 완고하게 하지 말라 3:1-4:13

IV. 레위기의 율법이 정하는 대제사장직보다 더 위대한 멜기세덱의 반차를 따른 예수의 대제사장직으로부터 흘러 떠내려가지 않도록 하라 4:14-10:18

1 | 대제사장으로 계시는 예수를 힘입어 하는 권면 4:14-5:10

2 | 경고와 확증 5:11-6:20

3 | 예수께서 가지신 멜기세덱의 반차를 따른 더 위대한 제사장직 7:1-28

4 | 옛 언약보다 나은 새 언약 8:1-13

5 | 새 언약 아래서 드리는 더 나은 제사 9:1-10:18

1) 옛 언약 아래서는 허락되지 않았던 하나님께로 자유롭게 나아감 9:1-10

2) 자기의 피로 하늘로 들어가신 예수 9:11-14

3) 새 언약의 중보자이신 예수께서 주시는 영원한 기업 9:15-22

4) 예수께서 드린 제사: 구약의 제사들보다 탁월함 9:23-10:18

① 예수께서 단번에 드리신 하늘의 제사 9:23-28

② 구약에서 제사들이 반복된 것은 이 제사들이 충분하지 않음을 보여줌 10:1-4

③ 예수께서 단번에 드리신 제사로 첫째 것을 폐함 10:5-10

④ 예수께서 드리신 온전한 제사 10:11-14

⑤ 새 언약에 약속된 최종적인 죄 사함이 실현됨 10:15-18

V. 맺는말로서의 권면과 경고 10:19-12:29

15 또한 성령이 우리에게 증언하시되 16 주께서 이르시되 그날 후로는 그들과 맺을 언

약이 이것이라 하시고 내 법을 그들의 마음에 두고 그들의 생각에 기록하리라 하신
후에 17 또 그들의 죄와 그들의 불법을 내가 다시 기억하지 아니하리라 하셨으니 18 이
것들을 사하셨은즉 다시 죄를 위하여 제사 드릴 것이 없느니라.

문맥

그리스도께서 드린 제사의 탁월성에 대한 마지막 단락이 여기서 마무리된다. 9장에서 우리는 그리스도의 피가 하나님께로 나아가게 하는 반면, 옛 언약의 제사들은 그렇게 하지 못한다는 것을 보았다. 레인이 10:1-18에서 드러난 주장의 흐름을 잘 잡아낸다. 아래 교차대구법은 그의 주장을 인용한 것이다.[494]

A 되풀이되는 제사들을 통해 알 수 있는 율법이 제공하는 것의 불충분성[10:1-4]

B 되풀이되는 제사들은 하나님의 뜻을 따라 단번에 드린 그리스도의 제사로 폐지되었다[10:5-10]

B¹ 레위 계통의 제사장들은 하나님 우편에 좌정하신 한분 제사장으로 대체되었다[10:11-14]

A¹ 속죄제가 더 이상 필요 없도록 하는 새 언약이 제공하는 것의 충분성[10:15-18]

15절에 따르면, 예레미야 31:33-34 말씀에서 성령이 새 언약의 탁월성을 증거하신다. 하나님께서는 율법을 자기 백성들의 가슴과 마음에 새길 것을 약속하신다.[15-16절] 실제로, 하나님은 자기 백성의 죄와 불법을 기억하지 않으실 것이라고 말한다.[17절] 기자는 마지막 줄을 움켜잡는다. 새 언약 아래에서 죄 사함을 얻었기 때문에, 속죄를 위한 제사는 더 이

494 Lane, *Hebrews 9-13*, 258

상 필요가 없다.[18절] 결정적이고 최종적인 제사가 예수 그리스도 안에서 이루어졌다.

주석

10:15 결정적이고 최종적인 제사가 드려졌다는 사실을 성령이 증언으로 확인해 준다. 성령은 구약성경의 예언의 말씀을 통해 말씀하시는데, 여기서는 특별히 예레미야 31:33-34이다. 성령이 성경을 통해 말씀하신다는 개념에 대해서는 성령이 시편 95편의 말씀을 통해 말씀하시는 대목인[참조. §4] 히브리서 3:7을 참조하라. 유사하게, 성령은 구약성경의 제의를 통해 하나님께로 자유롭게 나아가는 길이 없음을 계시하신다.[9:8] 베드로후서 1:21을 통해서도 비슷한 개념이 전달된다. 사람들이 하나님으로부터 말하며 그들이 성령의 감동을 받아 그분의 인도하심을 따라 말할 때 참된 예언이 일어난다. 구약성경 자체가 예언을 성령의 사역으로 그린다.[민 11:25-26, 29; 24:2, 삼상 10:6, 10; 19:20, 23; 23:2, 대상 12:18, 대하 15:1; 20:14; 24:20, 사 61:1, 겔 11:5, 욜 2:28, 미 2:7; 3:8, 슥 7:12] 예레미야를 통해 말씀하시는 성령에 대해서는 일언반구도 없지만, 히브리서 기자는 예언의 말씀을 통한 성령의 말씀에 대한 빈번한 언급들로부터 바른 결론을 내린다. 실제로 성령은 계속해서 그분의 능력으로 성경 말씀 안에서 예수 그리스도의 교회에 계속해서 말씀하신다.

10:16 앞에서 기자는 예레미야 31:31-34을 인용했다.[8:8-12] 보다 선택적이기는 하지만, 여기서도 다시 이 본문을 인용한다. 이 인용은 약간의 차이가 있기는 하지만 칠십인역과 마소라 사본과 가깝다. "이스라엘 집과" 맺은 언약과 달리[렘 31:33] 이 언약은 "그들과" 맺어졌다.[10:16] 아마도 이 서신의 수신자들을 가리키는 대명사일 것이고, 이는 곧 독자들을 새 이스라엘로 생각하고 있음을 암시한다. 예레미야 31장의 언약은 "새 언

약"렘 31:31 이고, 하나님이 주도적으로 이 언약을 세우신다. 이 언약이 갖는 새로움은 "그날 후로는"이라는 표현을 통해 확인되는데, 옛 언약이 새 언약으로 대체되었다는 것을 가리킨다. 새 언약은 하나님의 백성을 위한 새로운 질서와 체제와 경륜을 의미하기 때문이다.

하나님의 주권적인 은혜가 이 언약의 특징을 이룬다. 하나님은 자기 백성들의 마음과 생각에 자신의 법을 새기신다.[495] 순종하고자 하는 열망은 인간으로부터 오는 것이 아니라 하나님의 능력으로부터 온다. "이런 사실은 옛 언약 아래에서 기대되었던 마음으로부터의 순종을 가리킨다. 하지만 이제 하나님이 그것을 이루실 것이다."[496] 기자는 아마도 하나님과 이웃을 사랑하라는 대계명을 특별히 염두에 두고 있을 것이다.신 6:4-5, 레 19:18 [497]

10:17 그러고 나서 기자는 예레미야 31:33-34에서 앞서 인용했던 몇 줄을 건너뛰어 죄 사함에 대한 말로 마무리한다. 주께서 자기 법을 그들의 마음에 기록하실 것이고, 더 이상 그들의 죄악들과 불법의 행위들을 기억하지 않으실 것이다. "기억하다"μνησθήσομαι라는 말은 구약성경에서 자기 백성을 위해 행하시는 하나님의 돌보심을 가리키기 위해 자주 사용된다.창 8:1; 30:22, 삼상 1:19, 느 5:19; 13:14, 렘 15:15 몇 군데 본문에서는 이 말이 하나님께서 그들과 세우신 언약 때문에 그들을 위해 행하신다는 개념과 더불어 사용된다.참조. 창 9:15-16, 29, 출 2:24; 6:5; 32:13; 26:14, 45, 신 9:27, 시 74:2; 105:8, 42; 106:45; 111:5, 렘 14:21, 애 5:1, 겔 16:60 특히 죄 사함을 나타내기 위해 사용될 수 있다. "내 젊은 시절의 죄와 허물을 기억하지 마시고."시 25:7 "우리 조상들

495 아트리지는 신자들의 마음에 새겨지는 법은 옛 언약 법이 아닌 그리스도의 자원하는 순종이라고 말한다(*Hebrews*, 281). 하지만 이 본문이 명시적으로 그렇게 말하는 것은 아니다.

496 O'Brien, *Hebrews*, 359.

497 참조. Cockerill, *Hebrews*, 457.

의 죄악을 기억하지 마시고."시 79:8 "나 곧 나는 나를 위하여 네 허물을 도말하는 자니 네 죄를 기억하지 아니하리라."사 43:25 "여호와여, 너무 분노하지 마시오며 죄악을 영원히 기억하지 마시옵소서."사 64:9 "그 범죄한 것이 하나도 기억함이 되지 아니하리니."겔 18:22 아니면 역으로 여호와께서 "내가 모든 악을 기억하였음을 그들이 마음에 생각하지 아니하거니와"라고 하신다.호 7:2 즉 그들은 죄 사함을 받지 못할 것이라는 말이다.참조. 호 8:13, 9:9 이처럼 새 언약에서 독특한 것은 죄들이 사함받는 것이다.

10:18 기자는 하나님께서 더 이상 자기 백성들의 죄악들을 기억지 않으실 것이라는 약속을 특별히 주목하는 가운데 예레미야서의 새 언약의 약속으로부터 감동적인 결론을 내린다. 기자는 이미 앞에서 죄 사함의 약속은 옛 언약이 아닌 새 언약에 속한 것임을 보였다.8:7-13 그렇다면 여기서 말하는 것을 옛 언약의 제사들에 적용할 수 없다. 오직 예수 그리스도가 드린 새 언약의 제사에만 적용된다.

새 언약이 죄 사함을 약속하기 때문에,[498] 다른 어떤 제사도 더 이상 필요가 없다. 최종적이고 온전한 죄 사함이 예수 그리스도의 제사를 통해 이루어졌다. 죄들을 없애기 위해 다른 어떤 것도 할 필요가 없고 그래서도 안 된다. 하나님이 우리의 죄를 더 이상 기억하지 않으시기 때문에 신자들은 자신들에게 값없이 주어진 죄 사함을 누려야 한다.

성경신학적 적용

기자는 독자들이 죄 사함과 마음의 화평을 위해 그리스도로부터 돌이

498 물론 죄 사함을 받은 자들은 또한 하나님을 기쁘시게 하는 삶을 살 능력을 하나님으로부터 받는 것이 신학적으로는 맞지만, 여기서 "죄 사함"ἄφεσις 혹은 "방면"은 범법들에서 사면되는 것에 초점을 맞춘 말이기 때문에 새로운 삶을 살 능력까지 포함하는 것은 아니다(반대 참조. Cockerill, *Hebrews*, 459).

켜 레위 계통의 제의들로 돌이키지 않도록 자신의 독자들에게 확신을 주기를 원한다. 그래서 그는 독자들에게 새 언약의 말씀들 안에서 하나님이 하시는 일을 증거하시는 성령의 말씀을 상기시킨다.렘 31:33-34 그 무엇보다 새 언약을 새롭게 만드는 것은 예수 그리스도의 희생을 통해 죄악들이 단번에 결정적으로 깨끗하게 된다는 사실이다. 만약 독자들이 예수를 거부한다면, 죄를 진실로 깨끗하게 할 유일한 제사에 대한 그들의 자격을 상실하는 것이다. 하지만 예수와 함께 남아 있다면, 그들의 죄가 영원히 제하여지고 깨끗하게 되었음을 확신할 수 있다.

10:19-25

I. 프롤로그: 아들을 통해 이루어진 결정적이고 최종적인 계시[1:1-4]

II. 천사들보다 위대하신 아들을 저버리지 말라[1:5-2:18]

III. 아들을 모세와 여호수아보다 더 위대한 대제사장으로 가진 너희는 마음을 완고하게 하지 말라[3:1-4:13]

IV. 레위기의 율법이 정하는 대제사장직보다 더 위대한 멜기세덱의 반차를 따른 예수의 대제사장직으로부터 흘러 떠내려가지 않도록 하라[4:14-10:18]

V. 맺는말로서의 권면과 경고[10:19-12:29]

1 | 하나님께로 가까이 나아가고, 믿음의 도리를 굳게 잡고, 서로 돌아볼 것을 권면함[10:19-25]

2 | 경고: 그리스도를 저버린 자들에게는 사죄의 소망이 없음[10:26-31]

3 | 끝까지 믿음으로 견딜 것을 촉구함[10:32-12:3]

4 | 믿음으로 인내할 것을 독자들에게 권면함[12:4-29]

19 그러므로 형제들아, 우리가 예수의 피를 힘입어 성소에 들어갈 담력을 얻었나니 20 그
길은 우리를 위하여 휘장 가운데로 열어 놓으신 새로운 살 길이요 휘장은 곧 그의 육체
니라. 21 또 하나님의 집 다스리는 큰 제사장이 계시매 22 우리가 마음에 뿌림을 받아 악
한 양심으로부터 벗어나고 몸은 맑은 물로 씻음을 받았으니 참 마음과 온전한 믿음으
로 하나님께 나아가자. 23 또 약속하신 이는 미쁘시니 우리가 믿는 도리의 소망을 움직
이지 말며 굳게 잡고 24 서로 돌아보아 사랑과 선행을 격려하며 25 모이기를 폐하는 어떤
사람들의 습관과 같이 하지 말고 오직 권하여 그날이 가까움을 볼수록 더욱 그리하자.

문맥

5:1-10:18로부터 기자는 예수의 멜기세덱의 반차를 따르는 제사장직

에 대해 설명해 왔다. 독자들이 영적인 둔감함 때문에 자신이 말해야 했던 것들을 제대로 알아듣지 못할 것을 두려워함에도 불구하고, 기자는 독자들에게 이 주제에 대해 알려 주고 싶어 한다.[5:11-14, 6:12] 그는 예수께서 더 좋은 제사장이 되신다고 주장한다. 그분은 사람들을 하나님께로 데려가고 그들을 온전히 구원할 수 있는 멜기세덱의 반차를 따르는 제사장이기 때문이다.[7:1-28] 예수는 자신의 구원 역사를 온전히 이루시고 하나님 우편에 앉으신 제사장일 뿐 아니라, 더 좋은 언약인 새 언약의 중보자다.[8:1-13] 새 언약에서는 율법이 사람들의 마음에 새겨지고 사람들은 죄를 용서받는다. 따라서 옛 언약은 더 이상 효력이 없는 것이 분명하다. 마지막으로, 예수는 더 좋은 제사를 드렸다. 그분의 피는 실제로 신자들을 하늘 장막 곧 하나님 앞으로 데리고 간다. 신자들은 예수의 희생의 피로 말미암아 진실로 양심의 깨끗하게 함을 입었다. 옛 언약 아래에서는 제사장들이 일은 결코 끝나는 일이 없다. 날마다 서서 똑같은 제사를 드린다. 그러나 예수는 그분이 드린 한 번의 제사로 단번에 죄 사함을 이루었기 때문에 하나님 우편에 좌정하셨다.

이렇게 길게 설명을 한 기자는 독자들에게 촉구한다. 앞에서 본 것처럼, 10:19-25은 4:14-16과 많은 점에서 서로 연결된다. 커크릴은 이 절들이 앞에서 한 주장들에 대한 함축과 결론으로 기능함에도 불구하고,[5:1-10:18] 또한 이 서신에서 일관된 간곡한 권고로 이끌어들인다고 주장한다.[499] 히브리서 4:14-16은 이어지는 대제사장에 대한 주장을 위해 독자들을 준비시킨다. 커크릴이 말하는 바와 같다. "4:14-16은 수신자들에게 그리스도의 대제사장직을 소개하기 위한 것이지만, 10:19-

499 Cockerill, *Hebrews*, 461n2. 반대 참조. Guthrie, *Structure of Hebrews*, 117, 136, 144; Cynthia Long Westfall, *A Discourse Analysis of the Letter to the Hebrews: The Relationship Between Form and Meaning*, LNTS 297(London: T&T Clark), 238-44.

25은 그들을 이 대제사장직으로부터 믿음의 인내로 이끌기 위한 것이다."[500] 실제로, 이 서신의 나머지 부분은 촉구로 이루어져 있다. 이 서신을 쓴 주된 목적이 독자들이 예수를 저버리지 않도록 경고하는 것임을 생각할 때 놀라운 일은 아니다. 기자는 예수께 있는 멜기세덱의 반차를 따르는 제사장직이 위대한 만큼이나, 독자들이 이 예수께 더 가까이 나아가고, 그분을 견고히 붙잡고, 끝까지 견디도록 다른 사람들을 격려하도록 촉구한다.[10:19-25]

끝까지 인내하는 것이 너무나 중요하다. 그렇지 못하고 만약 믿음에서 떨어져 나간다면, 그들에게는 죄 사함이 아닌 심판만이 있을 뿐이다.[10:26-31] 기자는 독자들이 처음 회심했을 때 그들이 가졌던 열정과 영적인 생명력을 기억하고 그들이 보였던 담대함을 저버리지 말라고 격려한다.[10:32-39] 그들은 인내하고 최종적인 구원에 이를 것을 믿어야 한다. 끝까지 견디는 자들은 하나님을 의지하는 자들이다. 떨어져 나가는 자들은 하나님을 의지하지 않는 자들이다. 그러고 나서 독자들을 격려하기 위해 믿음의 조상들을 기록하고 있다.[11:1-40] 독자들은 그들의 믿음을 본받고 계속해서 믿음에 거해야 한다. 심지어 약속된 것들이 이루어지지 않을 것처럼 보이는 상황에서조차도 계속해서 믿어야 한다. 물론 예수는 그러한 인내하는 믿음을 위한 최고의 모범이다.[12:1-3] 독자들은 성숙한 믿음과 거룩을 위해 훈련받는 자들과 같이 인내해야 한다.[12:4-11] 상급을 받지 못한 에서와 같이 되지 않도록 약한 손을 강하게 하고 곧은길을 가고 성화를 추구해야 한다.[12:12-17] 12:18-24에서 기자는 왜 그들이 끝까지 인내해야 하는지를 설명한다. 시내 산보다 더 좋은 어떤 것에 다다랐기 때문이다! 그들이 다다른 곳은 시온, 하나님의 성, 새 예

500 Cockerill, *Hebrews*, 461n2.

루살렘이다. 참으로 그들은 아벨의 피보다 더 좋은 것을 말하는 피를 뿌리신 예수께 이르렀다. 이런 놀라운 특권을 가졌기에, 독자들은 하늘로부터 오는 경고의 소리에 귀를 기울여야 한다.[12:25-29] 진동치 않을 나라가 이르렀고, 독자들은 소멸하는 불이신 하나님의 진노를 맞닥뜨리기를 원치 않는다.

간곡한 권고에 해당하는 단락 전체의 흐름을 개괄했기 때문에 지금부터는 10:19-25의 논리를 좀 더 상세히 살펴볼 필요가 있다. 19-21절에서 기자는 왜 독자들이 끝까지 견뎌야 하는지를 설명하면서, 앞서 전개한 주장[7:1-10:18]을 다시 되짚어 봄과 동시에 몇 가지 요점을 다시 언급한다. 첫째, 신자들은 예수의 피를 힘입어 하나님 앞인 성소로 담대하게 들어갈 수 있어야 한다.[19절] 하나님과 사람 사이를 분리하던 휘장이 예수의 육체를 통해 갈라졌다.[20절] 기자는 앞선 장들에서 옛 언약 아래에서는 불가능했던 하나님 앞으로 나아가는 일이 지금은 예수를 통해 그들의 것이 되었음을 힘써 설명한다. 둘째, 예수는 하나님의 집을 다스리는 큰 제사장이다.[21절] 그분은 온전함을 가져온 멜기세덱의 반차를 따르는 제사장이다. 하나님께로 나아가도록 하고 그분을 통해 하나님께로 나아가는 자들을 능히 구원할 수 있는 제사장이다.[7:25] 하나님께로 나아갈 길을 얻고 위대한 제사장을 가진 신자들에게 세 가지 권면이 주어진다. 하나님께로 가까이 나아가고,[22절] 믿는 도리의 소망을 굳게 잡고,[23절] 서로 사랑과 선행을 격려하는[24-25절] 것이다.

이 세 가지 권면을 이제 하나씩 간략하게 살펴보려고 한다. 먼저, 신자들은 확신과 자신을 가지고 하나님께로 가까이 나아가야 한다. 그리스도의 피로 그들이 정결하게 씻겼기 때문이다.[22절] 어떤 수치와 죄책도 신자들이 하나님께로 가까이 나아가는 것을 막을 수 없다. 둘째, 신자들은 믿음의 고백의 도리를 굳게 잡고 흔들리지 말아야 한다.[23절] 그들을 부르신 하나님은 미쁘시고 그들을 붙드실 것이다. 셋째, 신자들은 서로를 사랑과 선행으로 격려해야 한다.[24-25절] 모이기를 폐하지 말아야 한다. 그렇게 하는 것은 배도로 나아가는 길이기 때문이다. 오히려 마지막 날(심판과 구원의 날)을 생각하고 서로를 믿음 안에서 격려해야 한다.

주석

10:19 앞에서 설명한 것처럼, 여기서 사용된 "그러므로"[οὖν]는 새로운 문단을 시작한다. 이 문단에서 시작하는 권면들은 예수의 제사장직과 희생에 근거를 두고 있다. 실제로, 이런 실체들은 너무나 중요하기 때문에 독자들을 권면하기에 앞서 기자는 잠시 멈추고 그것들을 다시 열거한다. 기자는 여기서 독자들을 "형제들"[참조. 3:1, 12, 13:22]이라고 부른다. 그들은 단순히 "독자들"이나 수신자들, 혹은 심지어 친구들도 아니다. 그들은 가족이고 기자의 형제자매들이다.

독자들은 담대함[παρρησίαν]과 확신에 차 있고, 이 담대함은 특별한 종류의 담대함,[501] 예수의 피를 힘입어 "지성소"[τῶν ἁγίων, NIV]로 들어가는 담대함이다. 이 말은 또한 "권한"[authorization]으로 번역할 수 있다. 신자들이 갖는 접근할 수 있는 권리를 강조하는 말이다.[502] 서신의 앞부분에서 독자들은 예수께서 그들의 대제사장이기 때문이 은혜의 보좌로 담대히 나아가라는 격려를 받는다.[4:15-16] "성소"라고 번역된 말은 여기서 "지성소"를 가리킨다.[NIV] 기자는 지금 장막에 있는 가장 거룩한 곳을 가리킨다. 하지만 기자는 이 말을 예표론적으로 사용한다. 하나님이 자기 백성

501 레인은 담대함을 객관적으로만 잘못 이해하기 때문에 그것이 갖는 주관적인 측면을 보지 못한다(*Hebrews 9-13*, 274). 여기서 객관적이거나 주관적이거나 하는 식으로 양자택일할 필요는 없다. 엘링워스가 바르게 말한다. *Hebrews*, 517.

502 Cockerill, *Hebrews*, 466.

과 만나는 회막은 하나님 앞으로 나아갈 수 있는 하늘의 성소를 가리키기 때문이다. 여기서 사용된 표현을 문자적으로 보고 하늘에 실제로 지성소나 장막이 있기라도 한 것처럼 이해해서는 안 된다. 땅 위의 장막은 하늘의 장막 곧 하나님 앞을 가리킨다. 하나님 앞으로 나아가는 것은 즐거운 일이지만 동시에 두려운 일이다. 인간의 죄 때문이다. 기자는 우리에게 하나님이 소멸하는 불이심을 상기시킨다![12:29] 그렇기 때문에 7:1-10:18에서 기자가 자세히 주장한 바와 같이, 신자들은 오직 예수의 피를 통해서만 그분 앞으로 나아간다. 예수는 멜기세덱의 반차를 따르는 제사장으로 레위 계통의 제사장보다 훨씬 좋다. 그분의 피는 실제로 단번에 죄 사함을 얻고 자기 백성들을 하나님 앞으로 데리고 가기 때문이다. 하나님 앞으로 나아가는 담대함과 확신은 인간 덕목이 아닌 하나님의 은혜로부터 비롯된다.

10:20 예수는 인간과 하나님 사이를 가르는 휘장을 지나 하나님께로 나아가는 새로운 길을 여셨고,[503] 그분의 육체 곧 예수의 죽음을 통해 하나님께로 나아갈 길을 얻는다. 신자들이 누리는 길은 "새로운 산 길"이다. 기자가 다른 단어를 써서 "새로운"πρόσφατον이라는 말을 나타내지만, 기자는 거의 틀림없이 새 언약을 마음에 두고 있다. 예수는 새 언약의 중보자였다. 그리고 이 언약은 옛 언약보다 좋으며 옛 언약보다 낫다. 죄 사함을 이루기 때문이다.[504] "산"ζῶσαν이라고 번역된 분사는 여기서 예수의 부활을 가리킬 것이다. 예수는 멜기세덱의 반차를 따르는 제

503 "열다"ἐνεκαίνισεν라는 동사는 그리스도가 자신를 제물로 드림으로 하나님께로 나아가는 새로운 길을 여신 것을 의미할 수 있다(Attridge, *Hebrews*, 285; Ellingworth, *Hebrews*, 518). 아니면 하나님께로 나아가는 "열린" 길을 의미할 수 있다(O'Brien, Hebrews, 363-64; Lane, *Hebrews 9-13*, 284). 6:19-20과의 유사성 때문에 후자가 약간 더 선택의 여지가 있어 보인다.

504 따라서 새 언약은 단순히 "새로울" 뿐 아니라 "질적으로 전혀 다른" 언약이다(O'Brien, *Hebrews*, 364).

사장이고 더 좋은 제사장이다. 그분은 "영원한" 제사장이기 때문이다.시 110:4 예수는 항상 살아 계신다.7:25 그리고 불멸의 생명을 가지고 있다.7:16 신자들은 하나님과의 교제를 누린다. 예수께서 사망을 이기셨으며,창 2:14-15 항상 살아 계시기 때문이다.

이 절의 후반부는 해석하기가 쉽지 않다. 예수는 "휘장 가운데로" 신자들을 데리고 가신다. 여기서 "휘장"καταπετάσματος은 성소와 지성소를 구분하는 막을 가리킨다.히 6:19, 9:3; 참조. 출 26:33; 30:6; 35:12; 40:3, 21-22, 26, 레 16:2, 12, 15; 24:3, 민 3:10 기자는 다시 장막의 기구들을 예표론적으로 사용한다. 성소와 지성소를 구분하는 장막은 옛 언약 아래에서 하나님께로 나아가는 것이 제한된 것을 나타낸다. 기자는 9:6-10에서 하나님께로 나아가는 것이 일 년에 한 날(대속죄일), 단 한 사람(대제사장)으로 제안된 것을 분명히 하고 있다. 모든 신자는 이제 하나님께로 자유롭게 나아간다. 하지만 문자 그대로의 휘장을 통해서 나아가는 것은 아니다.

이 절의 부가문에서 휘장은 예수의 "육체"σαρκὸς αὐτου로 묘사된다. 하지만 이 문장을 통해 기자가 의미하는 것은 무엇인가? 예수의 육체를 지성소와 성소를 구분하는 휘장과 같다고 하는 것은 어딘가 거북하고 맞지 않아 보인다. "그의 육체"는 "길"ὁδόν을 가리킨다고 말하고 싶은 마음이 든다. 그렇게 보면 휘장을 통해 난 새로운 살 길은 예수의 육체, 곧 그분의 십자가 죽음이다. 이렇게 해석할 때의 문제는, "길"이라는 말이 "휘장"이라는 말보다 의미상 "육체"와의 개연성이 더 떨어진다는 데 있다. 더욱이 "휘장"과 "육체"라는 단어가 속격으로 쓰인 데 반해, "길"이라는 단어는 목적격이다. "육체"가 "휘장"을 수식한다 할지라도 이 표현을 문자 그대로 취해서는 안 된다. 기자는 예수의 육체가 우리를 하나님으로부터 분리하는 것으로 말하지 않는다. 기자는 아마 하나님께로 나아가는 것이 궁극적으로 휘장을 지나가는 것을 통해 주어진 것은 아님을 말하고 있는 중일 것이다. 찢기고 피투성이가 된 예수의 죽은 육체를 통해 하나님께로 나아가게 되었다.[참조. 요 6:50-58] [505] "예수는 자신의 육체를 '수단으로 하여'[by means of] 하나님께로 나아가는 길을 열었다."[506]

10:21 신자들은 예수의 피와 죽음을 힘입어 하나님께로 나아간다. 그들에게는 또한 하나님의 집을 다스리는 위대한 제사장이 있다.[참조. 3:6] 이 서신 전반을 통해 기자는 예수를 멜기세덱의 반차를 따르는 제사장이라고 주장한다.[시 110:1, 히 5:6, 10; 6:20; 7:17, 21; 참조. §2.3] 그분은 백성들의 죄악들을 속량한 "자비하고 신실한 대제사장"이다.[2:17] 죄 없는 제사장이요 하나님의 아들로서[1:4-14, 3:1, 7:26] 그분은 자기 자신을 다른 자들의 죄를 속하는 제물로 하나님께 드리셨다.[9:11, 26] 부활하신 이로서 그분은 하늘로 올리우셔서 하나님 우편에 좌정하시고 대제사장으로 다스리신다.[4:14, 7:16, 8:1, 10:12] 그 어떤 레위 계통의 제사장도 이런 제사장적 자질에 비견될 수 없다. 대제사장은 일 년에 단 한 번 대속죄일에만 하나님께로 나아갈 수 있었고,[레 16:1-34, 히 9:6-8] 이전의 제사장들은 모두 죽어서 제사장으로서의 사역을 계속하지 못하기 때문이다. 그러나 예수의 제사장직은 영원히 계속된다. 사망을 이기셨고, 따라서 그분이 드린 희생의 효력은 결코 다함이 없기 때문이다.

10:22 신자들은 예수의 죽음을 힘입어 하나님께로 나아가고, 그분은

505 참조. L. Johnson, *Hebrews*, 257. 이 표현의 의미에 대해서는 논란이 분분하다(참조. Attridge, *Hebrews*, 286-87). 하지만 이 대목의 헬라어 문장 구조는 동격으로 보아야 한다. 참조. Norman H. Young, "Tout Estin Sarkos Autou(Heb. X.20): Apposition, Dependent, or Explicative?" *NTS* 20(1973): 100-104. 이 문장이 자리한 문맥을 보면 성육신에 대한 언급이 없다. 반대 참조. Mark A. Jennings, "The Veil and the High Priestly Robes of the Incarnation: Understanding the Context of Heb 10:20", *PRSt* 37(2010): 85-97.

506 Koester, *Hebrews*, 443. 참조. Lane, *Hebrews 9-13*, 284.

하나님의 우편에서 다스리고 우리를 위해 중보하는 위대한 대제사장이기 때문에,[7:25] 그들은 자신들의 죄가 용서받았음을 확신하고 하나님께로 나아갈 수 있다.[참조. §8] "나아가자"[προσερχώμεθα]는 말은 기자가 가장 즐겨 쓰는 표현 가운데 하나다. 그는 독자들에게 담대함으로 은혜의 보좌 앞에 "나아가자"고 말한다.[4:16] 신자들이 "다다른" 곳은 시내 산이 아닌 시온 산이다.[12:18, 22] 율법은 "나아오는" 자들을 온전하게 할 수 없기 때문이다.[10:1] 부활하신 주만이 그렇게 하실 수 있다.[7:25] 독자들은 "참 마음과 온전한 믿음으로" 하나님께 나아가도록 격려를 받는다. 이는 하나님께 담대하게,[4:16] 확신을 가지고, 기쁜 마음으로 나아가야 한다고 말하는 것과 다름 아니다.[507] 의심이 그들을 괴롭게 하도록 내버려 두어서는 안 된다. 그들은 "마음에 뿌림을 받아 악한 양심으로부터 벗어난" 자들이기 때문이다.

독자들에게 있는 확신과 담대함의 근원은 그들 자신이 아니다. 만약 독자들이 자신들이 가진 가치 때문에 하나님 앞으로 나아간다고 여긴다면, 두려워 떠는 것이 맞다. 하지만 두려워할 필요가 없다. 그리스도의 피로 뿌려 깨끗하게 된 자들이기 때문이다.[12:24] 옛 언약 아래에서 이스라엘에게 피를 뿌린 것처럼,[출 24:8] 새 언약에 속한 신자들은 그리스도의 피를 뿌려 정결하게 된다. 양심을 더럽혔던 악이 깨끗하게 씻겼다.[508] 그러나 옛 언약의 피와 달리 새 언약 아래에서 뿌리는 예수의 피는 영원히 효력이 있다. 옛 언약 아래에서 드리는 제물들은 예배자의 양심

507 퀘스터는 말한다. "'확신'은 개인의 성향과 그것의 외적인 표현을 포함하는 말이다"(*Hebrews*, 444). 이 말이 단순히 충만함이 아닌 확신을 가리킨다는 주장에 대해서는 엘링워스를 참조하라. *Hebrews*, 523.

508 여기서 말하는 두 표현(뿌림과 씻음)은 같은 것으로 여겨야 한다(참조. Ellingworth, *Hebrews*, 523). 이 두 표현은 동일한 실체를 두 가지로 묘사하는 것이다.

을 온전하게 하지 못하기 때문이다.9:9 반면에 예수의 피는 양심을 깨끗하게 하기 때문에9:14 더 이상 죄를 깨닫는 일이 없다.10:2 몸이 "맑은 물로 씻음을 받았다"는 것은 예수께서 자신을 바침으로 오는 깨끗함을 또 다르게 묘사하는 것이다. "씻음"이라는 표현은 정결함을 위해 씻음을 요구하는 구약성경에까지 거슬러 올라간다.출 29:4; 40:12, 레 8:6; 11:40; 14:8-9; 15:5-6; 16:4, 24, 26; 17:15; 22:6, 민 19:7-8, 신 23:12 구약성경에서의 물리적인 씻음은 히브리서 9:10이 증거하는 것처럼 하나님 앞에서 사람들을 진정으로 깨끗하게 하지 못한다. 이런 씻음들은 개혁할 때까지 맡겨 둔 "육체의 예법"fleshly ordinances, NKJV일 뿐이다. 이런 씻음들은 더 중요한 씻음, 예수 그리스도를 통해 이루어진 죄 씻음을 가리키는 것이었다. 예수는 죽음으로써 자기 백성들을 죄로부터 "정결하게" 하고,1:3 그들의 양심을 단번에10:4 깨끗하게 하셨다.9:14

대부분의 주석가들은 이 말이 죄를 깨끗하게 하는 것을 상징하는 세례를 가리킨다고 생각한다.[509] 한편 이 말은 예수의 죽음을 통해 신자들

509 Attridge, *Hebrews*, 289; Koester, *Hebrews*, 449; Lane, *Hebrews 9-13*, 287. 라잇하르트Peter J. Leithart는 이 말이 세례를 가리키는 것으로 바르게 보지만, 세례를 받은 자들은 제사장들로 세워진다고 잘못 결론을 내린다("Womb of the World: Baptism and the Priesthood of the New Covenant in Hebrews 10.9-22", *JSNT* 78[2000]: 49-65). 그러나 히브리서 기자는 제사장직을 예수 그리스도에게만 돌릴 뿐, 그리스도의 제사장직으로부터 모든 신자의 제사장직을 주장하지 않는다. 이런 이해는 또한 히브리서는 신자들을 장래의 제사장들로 여긴다는 쉘러John M. Scholer의 이해와 배치된다. John M. Scholer, *Proleptic Priests: Priesthood in the Epistle to the Hebrews*, JSNTSup 49(Sheffield: Sheffield Academic, 1991); 참조. John Dunnill, *Covenant and Sacrifice in the Letter to the Hebrews*, SNTSMS 75(Cambridge: Cambridge University Press, 1992), 259; Emmrich, *Pneumatological Concepts in Hebrews*, 13-16. 신자들이 하나님께 제사장들로 나아가기 때문에 어떤 면에서 신자들은 제사장적인 행위에 참여한다. 신학적으로 말하자면, 신약성경 전체의 내용으로 보아(참조. 벧전 1:9) 신자들을 제사장들로 묘사하는 것을 반대할 이유는 없다. 하지만 히브리서 기자는 신자들을 제사장들로 묘사하는 것을 의도적으로 지양한다. 구약성경에는 많은 제사장들이 있었다. 그러나 신약성경에는 오직 한 제

이 누리는 깨끗하게 하는 것을 말하는 에스겔 36:25-26을 기자가 묘사하는 것이라고 주장하면서, 이 본문을 세례를 가리키는 것으로 보면 안 된다고 주장하는 학자들도 있다.[510] 하지만 후자에 호소한다고 해서 전자를 배제할 이유는 없다. 그리스도의 몸된 지체로서의 삶을 시작하는 의식으로서의 세례는 신자들에게 십자가를 통해 얻게 된 정결함을 상기시키기 때문이다. 몸을 씻는 것이 언급될 때 신자들이 세례를 떠올리는 것은 자연스러운 일로 보인다. "몸"이라는 말이 세례가 사람들을 물리적으로 깨끗하게 하는 것을 의미하는 것은 아니다. 세례 시에 일어나는 몸을 물리적으로 깨끗하게 하는 것은 이 절의 전반부에서 말하는 것처럼 마음을 깨끗하게 하는 것을 상징하고, 이 일은 신자들이 죄를 용서받을 때 일어난다. 그렇다면 "몸"은 십자가에서 성취된 깨끗하게 하는 사역을 힘입어 하나님 앞에 정결하게 서는 전인을 나타낸다. 기자는 자신의 독자들이 자신들의 죄가 예수 그리스도로 말미암아 용서받았음을 알고 하나님 앞에서 확신에 차고 담대할 것이라는 소망에 차 있다.

10:23 둘째로, 우리는 독자들에게 하는 "움직이지 말며" 그들이 고백한 믿는 도리를 굳게 잡으라는 권면을 듣는다. 이 서신에서 세 번째로 나오는 "굳게 잡으라"κατέχωμεν; 참조. 3:6, 14는 독자들을 향한 권면이다. 4:14에서도 유사한 표현을 볼 수 있다. "우리가 믿는 도리를 굳게 잡을지어다.κρατῶμεν" "믿는 도리"는 믿음, 곧 신자들이 진리로 인정하는 교리를

사장만이 있는데, 바로 예수 그리스도다. 기자는 하나님과 우리가 누리는 관계의 영광이 그리스도의 제사장적인 사역에만 돌아가도록 하기 위하여 이 제사장직을 예수 그리스도께만 돌리기 위해 애를 쓴다.

510 참조. O'Brien, *Hebrews*, 367-68. 바너드의 주장과 달리, 기자는 반복되는 제의적인 씻음들을 유대교에서 흔히 있었던 것으로 이야기하지 않는다(*The Mysticism of Hebrews*, 196-208). 9-10에서 유난히 두드러지는 그리스도께서 성취하신 정결함의 단회적인 성격은 이런 개념을 배제한다.

가리킨다.[참조. 3:1] 여기서는 소망의 고백으로 이야기한다. 소망은 끝까지 견디는 자들이 누리는 종말론적 기쁨에 대한 확실한 약속이다. 또한 다른 곳에서 기자는 독자들에게 그들이 가진 소망을 견고하게 붙잡으라고 격려한다.[3:6, 6:11, 18; 참조. 6:19, 7:19] 여기서 소망은 객관적인 실체로 이해된다.[511] 처음 가졌던 소망에 신실하게 남아 있어야 한다. 끝까지 믿음을 잃지 않는 자들을 위해 하늘 도성이 예비되었다.[11:10, 13-16, 12:22, 13:14] "움직이지 말며"라는 말을 "죄를 짓지 말며"라고 이해해서는 안 된다. 끝까지 믿음을 잃지 않는 것에 대한 또 다른 표현일 뿐이다. 마지막 때의 안식을 누릴 자들은[4:1-11] 계속해서 믿고 끝까지 순종할 것이다. 기자는 "생명을 약속한 이는 미쁘시다"라는 진리로 독자들에게 끝까지 견디라고 격려한다.[참조. 11:11] 하나님은 틀림없이 자기 백성들에게 약속한 상급을 주실 것이며, 바로 이런 약속을 통해 그들이 끝까지 믿음에 남아 있도록 독려하신다.

10:24 이제 세 번째 권면이 나온다. 신자들은 어떻게 서로를 사랑과 선행으로 격려할지 생각하고 숙고해야 한다. 따라서 다른 사람들을 격려하는 것은 충동적으로 될 일이 아닌 것이 분명하다. 기자는 독자들에게 다른 사람들을 사랑과 선행으로 격려할 수 있는 길을 숙고하라고 요청한다. "격려하다"[promote, HSBC—옮긴이]라는 말은 여기서 사용된 헬라어 단어[παροξυσμόν]가 뜻하는 것을 전달하기에는 너무 표현이 약하다. "박차를 가하다"[spur]라고 하는 NIV나 "분발시키다"[stir up]라고 하는 ESV가 보다 정확하게 의미를 잡아내고 있다. 이 말은 바울과 바나바가 각각 따로 길을 나설 수밖에 없도록 만들었던 강한 이견을 나타낼 때 사용된다.[행 15:39] 여기서 이 말은 서로를 사랑과 선행으로 몰아붙이는 보다 긍정적

511 여기서 초점은 "소망의 객관적인 내용"에 있다(O'Brien, *Hebrews*, 368).

인 의미로 사용된다.[512] 히브리서의 그리스도인들은 성도들을 섬기고[6:10] 감옥에 있는 자들을 돌아봄으로[10:32] 서로를 향한 사랑을 나타내었다. 사랑은 그리스도인 제자도의 표지요,[요 13:34-35] 신자들에게서 나타나야 할 최상의 덕목이다.[마 22:34-40, 고전 13:1-13, 골 3:15] 믿음에 끝까지 견디는 자들은 또한 사랑에도 끝까지 견딘다. 사랑은 그저 감정이나 느낌이 아니다. 사랑은 "선행"으로 나타난다. 선한 행실이 신자들 중에 역사하는 하나님의 은혜를 증거하는 반면, "죽은 행실"은 영적인 사망으로 귀결된다.[6:10, 9:14] 살아 있고 활력 있는 믿음의 표현인 이런 선행은 최종적인 구원을 위해 필요하다. 물론 선한 행실을 완전과 혼동해서는 안 된다. 신자들이 가진 확신의 토대는 그리스도의 피다. 하지만 선한 행실은 신자들이 참으로 그리스도를 의지한다는 증거다.

10:25 신자들이 서로 모이기를 폐한다면 공동체적인 격려와 사랑과 선행은 좀처럼 드러날 수 없다. 차별과 핍박에 대한 두려움은 왜 일부 신자들이 모이기를 폐하려고 했는지에 대한 적어도 부분적인 설명을 제공한다. 이런 상황에서 다른 신자들과 만나기를 거부하는 것은 곧 기독교 믿음을 거부하는 배도를 의미한다. 만약 신자들이 다른 그리스도인들과 모이기를 거부한다면, 그 이유가 특히 그로 인해 차별과 부당한 대우를 받을 것에 대한 두려움이라면, 이는 실제로 그리스도를 등지는 것을 의미한다. 일부가 벌써 이런 행실을 나타내 보이고 있었던 것이 분명하다. 그들은 습관적으로 모이기를 거부하고 있었기 때문이다. 히브리서 기자에게 이는 결코 가벼운 문제가 아니었다. 이렇게 모이기를 폐하는 것은 더 큰 위험을 의미했다. 이런 자들이 돌이켜 다시 동료 신

512 존슨이 지적하는 대로 이 말은 또한 헬라어 문학에서도 긍정적인 의미로 사용된다 (*Hebrews*, 259; 참조. Xenophon, *Memorabilia* 3.3.13).

자들과의 모임에 함께하지 않는다면, 결국 심판과 멸망을 피하지 못할 것이다. 이 땅에서 다른 신자들과 함께 모임으로 종말론적 모임을 대망한다. 오브라이언은 교회로 함께 모이는 것의 중요성을 이렇게 말한다. "그들이 함께 모임으로 하나님 백성들의 최종적인 집회를 대망한다. 이 모임은 하늘에서의 하나님 백성들의 모임*ekklēsia*을 반영하는 이 땅의 모임이다."[513]

모이기를 폐하는 대신에 신자들은 서로를 격려해야παρακαλοῦντες 한다. 3:13이 증거하는 것처럼 격려는 인내를 위해 없어서는 안 될 것이다. "오직 오늘이라 일컫는 동안에 매일 피차 권면하여 너희 중에 누구든지 죄의 유혹으로 완고하게 되지 않도록 하라." 종말의 날이 가까웠음은 서로를 위한 격려의 긴급성을 나타낸다. 여기서 말하는 종말의 날은 주의 날이다. 구약성경에서 여호와의 날은 심판과 구원의 날을 말한다.사 13:6-13; 34:8, 겔 13:5; 30:2-3, 욜 1:15; 2:1-2, 11, 28-31; 3:14, 암 5:18, 20, 옵 15, 습 1:7, 14; 3:11, 16 신약성경에서 주의 날 혹은 그리스도의 날은 예수께서 다시 오셔서 자기에게 속한 자들을 구원하고 자기를 대적하던 자들을 심판하는 날이다.행 2:20, 고전 1:8; 5:5, 고후 1:14, 살전 5:2, 살후 2:2, 벧후 3:10 따라서 신자들은 서로를 격려해야 한다. 현재의 세상은 지속되지 않을 것이기 때문이다. 그러므로 신자들은 끝까지 예수 그리스도께 진실되게 남아 있도록 서로를 격려해야 한다.

성경신학적 적용

신자인 우리는 예수의 피로 말미암아 마음의 안식과 화평을 누린다. 우리의 죄로 인해 정죄받지 않고 하나님께로 나아갈 수 있게 되었음을 알기 때문이다. 우리의 죄를 위한 최종적이고 결정적인 제사를 드리시고

513 O'Brien, *Hebrews*, 371.

항상 살아 계셔서 우리를 위해 중보하시는 우리의 위대한 대제사장이신 예수를 기뻐한다. 우리의 죄로부터 깨끗하게 되었기 때문에 우리는 확신과 담대함과 기쁨으로 하나님께로 나아간다. 수치와 죄책은 더 이상 우리와 상관이 없다. 우리는 또한 하나님이 결코 우리를 저버리지 않으시고, 우리에게 주신 모든 약속에 미쁘신 분으로 남아 계실 것을 알고 마지막까지 믿음을 견고히 붙잡아야 한다. 마지막으로, 우리는 어떻게 다른 신자들을 사랑과 선행과 인내로 격려할지를 숙고해야 한다. 모이기를 폐함으로 그리스도의 교회와의 교제를 저버린 자들은 최후의 심판을 받을 위험에 처했다. 끝까지 견디는 것은 단지 개인적인 문제가 아니다. 이는 또한 신자들이 서로 공적으로 만나는지의 여부에 따라 영향을 받는다. 공적으로 다른 신자들과 정기적으로 만나지 않고 그렇게 하기를 거부하는 사람은 그가 진실로 하나님께 속했는지 의구심을 갖도록 한다. 이는 단순히 그리스도인이 행하는 괜찮은 일 정도가 아니다. 심판의 날을 위해 필요한 준비를 하는 것이다.

10:26-31

I. 프롤로그: 아들을 통해 이루어진 결정적이고 최종적인 계시 1:1-4

II. 천사들보다 위대하신 아들을 저버리지 말라 1:5-2:18

III. 아들을 모세와 여호수아보다 더 위대한 대제사장으로 가진 너희는 마음을 완고하게 하지 말라 3:1-4:13

IV. 레위기의 율법이 정하는 대제사장직보다 더 위대한 멜기세덱의 반차를 따른 예수의 대제사장직으로부터 흘러 떠내려가지 않도록 하라 4:14-10:18

V. 맺는말로서의 권면과 경고 10:19-12:29

1 | 하나님께로 가까이 나아가고, 믿음의 도리를 굳게 잡고, 서로 돌아볼 것을 권면함 10:19-25

2 | 경고: 그리스도를 저버린 자들에게는 사죄의 소망이 없음 10:26-31

3 | 끝까지 믿음으로 견딜 것을 촉구함 10:32-12:3

4 | 믿음으로 인내할 것을 독자들에게 권면함 12:4-29

26 우리가 진리를 아는 지식을 받은 후 짐짓 죄를 범한즉 다시 속죄하는 제사가 없고
27 오직 무서운 마음으로 심판을 기다리는 것과 대적하는 자를 태울 맹렬한 불만 있으
리라. 28 모세의 법을 폐한 자도 두세 증인으로 말미암아 불쌍히 여김을 받지 못하고
죽었거든 29 하물며 하나님의 아들을 짓밟고 자기를 거룩하게 한 언약의 피를 부정한
것으로 여기고 은혜의 성령을 욕되게 하는 자가 당연히 받을 형벌은 얼마나 더 무겁
겠느냐 너희는 생각하라. 30 원수 갚는 것이 내게 있으니 내가 갚으리라 하시고 또다시
주께서 그의 백성을 심판하리라 말씀하신 것을 우리가 아노니 31 살아 계신 하나님의
손에 빠져 들어가는 것이 무서울진저

문맥

10:19-12:29의 보다 큰 문맥은 10:19-25을 다루는 문맥 부분에서 간략하게 살펴보았고, 또한 우리는 10:19-12:29은 예수께서 가진 멜기세덱의 반차를 따르는 제사장직이라는 신학에 따른 독자들에게 주는 권면으로 이루어져 있다는 것도 보았다.[7:1-10:18] 10:19-25이 기록하는 세 가지 주된 권면은 다음과 같다. (1)가까이 나아감; (2)견고하게 붙듦; (3)다른 사람들을 도와 견고하게 붙들도록 함. 이제 기자는 왜 이런 권면이 그토록 중요한지를 설명한다. 26절의 "왜냐하면"[γάρ]은 기자가 지금 19-25절에 기록된 권면들의 이유 혹은 근거를 제공하고 있음을 보여준다. 만약 그들이 의도적으로 복음에서 떠난다면, 그들은 용서받지 못할 것이다.[26절] 대신에 하나님의 최후의 심판에 맞닥뜨릴 것이다.[27절] 모세의 율법을 거부한 자들이 이 땅에서 심판을 받았다면, 하나님의 아들을 짓밟고 언약의 피를 부정한 것으로 여기고 성령을 욕되게 하는 자들은 더욱 심각한 심판을 직면할 것이다.[28-29절] 구약성경이 말하는 것처럼, 그들은 하나님의 원수 갚는 것과 심판을 경험하고 살아 계신 하나님의 손에 떨어질 것이다.[30-31절, 신 32:35-36]

주석

10:26 가까이 나아와 복음을 견고히 붙잡으라고 독자들을 격려한 기자는 이제 복음에서 떨어져 나가는 위험을 경고한다.[참조. §5 514] 회심한 후에 복음을 저버리고 떠나가는 자들은 용서를 받지 못할 것이다. "짐짓"[Ἑκουσίως] 죄를 짓는다는 말은 범해진 모든 각각의 죄를 말하는 것이

514 독자들이 믿음을 저버린 것은 아니다. 그렇게 하지 않도록 경계를 받고 있다(참조. O'Brien, *Hebrews*, 374).

아니다. 기자가 기독교의 믿음을 거부하는 배도를 염두에 두고 하는 말이다.[515] 자신의 악을 회개하는 자들은 여기서 경고하고 있는 배도의 죄책 아래 있지 않음을 나타내는 것이다.[516] 기자는 구약성경에서 반역적인 죄로 인해 멸망에 이르는 대목을 사용한다. "본토인이든지 타국인이든지 고의로 무엇을 범하면 누구나 여호와를 비방하는 자니 그의 백성 중에서 끊어질 것이라."민 15:30, NASB; 참조. 신 1:43; 17:12-13, 시 19:13 "진리를 아는 지식"은 구원받을 때 기독교 믿음을 받아들이는 회심을 가리킨다.참조. 딤전 2:4, 딤후 2:25; 3:7, 딛 1:1 구원을 받은 후 완고하게 그리스도로부터 돌아서는 사람의 죄를 위한 제사는 없다. 그들의 죄를 위한 제사가 없을 것이라는 말은 저들에게는 죄 사함이 없다는 말이다. 레위기의 제사들로는 충분치 않을 것이다. 짐승들의 피로는 죄를 없이하거나10:4, 11 예배자들의 양심을 온전하게 하지 못할 것이기 때문이다.9:9 이런 제사들은 사람들에게 자신이 지은 죄를 반복해서 생각하게 할 뿐이다.10:3 그리고 이들은 예수 그리스도로부터 용서를 받지 못한다. 그분을 거부했기 때문이다. 예수를 완고하게 거부하는 사람은 예수의 단번에 바치는 제사를 통한 죄 사함을 받을 수 없다. 오직 죄 사함을 위해 계속해서 예수를 의지하는 자들에게만 죄 사함이 있다.

10:27 그리스도와 복음을 부인하고 고의적으로 죄를 짓는 자들은 그 죄를 용서받지 못할 것이다. 오직 "무서운 마음으로 심판을 기다리는 것"과 "대적하는 자를 태울 맹렬한 불"만 있을 것이다. 이 말은 하나님의 원수들이 완전히 멸망당하는 최후의 심판 날을 가리키는 것이 분명하다. 여기서도 역시 기자는 구약성경의 표현을 사용한다. 예를 들면,

515 존슨은 기자가 "경미한 범죄가 아닌 배도"를 가리켜 말하는 것이라고 주장한다(*Hebrews*, 262). 참조. Lane, *Hebrews 9-13*, 292; O'Brien, *Hebrews*, 374.

516 Hughes, *Hebrews*, 420.

스바냐 3:8은 말한다. "나 여호와가 말하노라. 그러므로 내가 일어나 벌할 날까지 너희는 나를 기다리라. 내가 뜻을 정하고 나의 분노와 모든 진노를 쏟으려고 여러 나라를 소집하며 왕국들을 모으리라. 온 땅이 나의 질투의 불에 소멸되리라."참조. 습 1:18 또한 이사야 26:11은 선언한다. "불이 주의 대적들을 사르리이다."참조. 사 64:2 만약 독자들이 레위기의 제의로 돌이키고 예수로부터 돌아선다면, 스스로 주의 원수가 되는 것이다. 이런 자들은 하늘 도성에 들어가지 못하고 영원히 멸망을 당할 것인데, 하나님의 "원수들"ὑπεναντίους은 항상 믿지 않는 자들이기 때문이다.예. 창 22:17; 24:60, 출 15:7; 32:25, 레 26:16, 민 10:9, 신 32:27, 수 5:3, 대하 1:11; 20:29; 26:13, 에 8:13, 나 1:2, 사 1:24; 59:18; 63:18

10:28 기자는 모세 율법을 새 언약에 비교하고 대조하기를 좋아한다.2:2-3, 4:2, 12:25; 참조. 3:1-6 또한 여기서 모세 율법 아래에서의 심판들을 예수 그리스도를 통해 주신 계시를 거부한 자들이 받게 될 심판과 대조시킨다. 모세 율법을 거부한 자들은 두세 사람의 증인들의 증거를 근거로 죽음에 이르도록 정죄되었다. "폐하다"ἀθετήσας라는 말을 단순히 모세 율법을 범한 것으로 생각해서는 안 된다. 이 동사는 여호와를 향한 이스라엘의 배도를 나타내는사 1:2, 렘 3:20; 5:11; 9:1; 12:1; 15:16, 칠십인역, 겔 22:6; 39:23, 단 9:27[Th] 노골적이고 명백한 반역삼상 2:17, 대상 2:7; 5:25을 묘사하기 위해 사용된다.[517] 마찬가지로, 바리새인들은 그리스도 안에 있는 하나님의 뜻을 거부했고,눅 7:30 어떤 이들은 예수께서 보내신 이들의 말을 거부했다.눅 10:16; 참조. 요 12:48 바울은 갈라디아 교인들에게 구원받기 위해 율법을 의지함으로 하나님의 은혜를 저버리지 말라고 경고한다.갈 2:21; 참조. 살전 4:8 모든 이스라엘 백성이 각각 율법을 거슬렀지만, 율법이 정한 바를 현저히 거

517 참조. L. Johnson, *Hebrews*, 263.

스르는 자들만 사형에 처해졌다.예. 민 35:30, 신 17:2-7

10:29 모세의 율법에서 특정한 조항들을 거스른 자들은 사형을 받았다. 하지만 사형은 이 땅에서 받는 심판이었고, 더욱 극심한 심판이 예수 그리스도 안에서 주신 하나님의 계시를 거부한 자들을 위해 예비되었다. 히브리서에서 자주 볼 수 있는 바와 같이, 이 땅에서의 심판은 하늘 심판의 전조이고 그것을 내다본다.[518] 더욱이 여기에는 예표론적 점층이 자리하고, 따라서 더 위대한 계시에 대한 거부는 더 큰 심판으로 귀결된다. "더 무거운 심판"을 받는 것이 "당연"ἀξιωθήσεται하고, 따라서 그리스도와 그분의 희생으로부터 돌이키는 자들에게 진노가 가해지는 것은 정당하고 바르다.

기자는 세 가지 어구를 통해 이 배도의 가증함을 강조한다. 첫째, 그들이 고의적으로 죄를 범하고 복음을 거부한다면, 이는 "하나님의 아들"을 짓밟는 것이다. "이 동사는 마카비 시대에 이교도들이 성전을 짓밟은 것을 상기시킨다."[519] 예수의 아들됨은 그분의 신성과 그분이 갖는 하나님과의 특별한 관계를 가리키고, 히브리서는 자주 예수를 하나님의 아들로 지칭한다.1:2-3, 5, 8, 3:6, 4:14, 5:5, 8, 6:6, 7:3, 28 예수를 짓밟는 자들은 명백히 그분을 부정하고 경멸한다. 존슨이 말하는 바와 같다. "정식 명칭은[하나님의 아들] 배도가 갖는 경악스런 성격을 강조한다. 배도는 은혜에서 떨어져나가는 것일 뿐 아니라 은혜를 주신 이를 조롱하는 것

518 글리슨은 독자들이 예루살렘 성의 문자적인 파괴를 경고받고 있다고 주장하면서, 예루살렘이 옛 언약 아래에 있었던 것과 같이 마치 이 심판이 물리적인 것처럼 이 경고를 실제적으로 이해한다. 참조. Randall C. Gleason, "The Eschatology of the Warning in Hebrews 10:26-31", *TynB* 53(2002): 97-120. 그러나 여기서 사용된 언어들은 이 땅에서 이루어지는 심판보다 더 큰 심판을 염두에 두고 있음을 보여준다. 참조. O'Brien, *Hebrews*, 380n200; Mackie, *Eschatology and Exhortation in Hebrews*, 129-32.

519 Ellingworth, *Hebrews*, 540. 열거된 본문들은 제1마카비 3:45, 4:60을 포함한다.

이다."[520]

둘째, 이들은 "언약의 피"를 "부정한" 것으로 여긴다.[κοινόν] "부정한"이라는 말은 유대교[제1마카비 1:47, 62]와 신약성경[막 7:2, 5, 행 10:14, 28; 11:8, 롬 14:14, 계 21:27] 모두에서 정결하지 못한 것을 가리킬 때 쓰인다. 서신 전반에 걸쳐서 기자는 예수의 피가 "영원한 속죄"[9:12]를 이루고, 양심을 정결하게 하고,[9:14; 참조. 12:24] 죄를 없이하고,[9:25-26] 하나님 앞으로 나아가게 하고,[10:19] 거룩하게 한다[10:29, 13:12]고 주장한다. 예수의 죽음으로 하나님과 그분의 백성 간의 새 언약이 시작되고 인쳐졌다는 의미에서, 이 피는 죄 사함을 이룬[8:13] 언약의 피다.[참조. 13:20] 하지만 예수를 거부하는 자들은 그분의 피로 정결하게 되기를 구하지 않는다. 여인이 생리의 분비물로 더럽혀진 천조각을 쓰레기더미에 버리듯이, 그분의 피를 부정한 것으로 거부한다.

셋째, 그들은 예수를 거부함으로 "은혜의 성령"을 욕되게 한다. 여호와께서는 마지막 날에 다윗의 집과 예루살렘에 "은혜의 영을 부어 주셔서"("은총의 심령", 개역개정) 그들이 찌른 자를 인정하도록 할 것을 약속하신다.[슥 12:10] 여기서 "은혜의 영"은 아마도 은혜를 허락하고 수여하시는 성령을 의미할 것이다.[참조. §4] 다시 말하지만, 놀랍도록 강한 표현이다. 예수의 피를 거부하는 자들은 단순히 성령을 거스르는 죄를 범하는 것만이 아니다. 성령을 모욕하고 멸시하는 것이다. 명예와 수치를 소중하게 생각하는 문화에서는 이 죄의 끔찍함은 더욱 두드러진다. 여기서 이 죄는 성령을 모독하는 것을 표현하는 또 다른 방식[마 12:31-32, 막 3:29, 눅 12:10]이거나 스데반의 설교를 들은 자들에게서 성령을 거부하는 모습으로 드러난 것과 같은 죄이다.[행 7:51; 참조. 행 5:3] 의심할 여지 없이 기자는 배

520 L. Johnson, *Hebrews*, 264. 하지만 기자가 그리스도의 신성을 거부하는 것을 염두에 두고 한 말이라고 하는 것은 지나치게 구체적이다(반대 참조. Hughes, *Hebrews*, 422).

도를 끔찍한 죄로 여긴다. 모세보다 더 위대한 아들을 거부하는 죄이기 때문이다.[3:1-6]

우리는 또한 기자가 독자들을 "거룩하게 한"[ἡγιάσθη] 피를 말하고 있음을 주목해야 한다. 이는 또한 수신자들이 참 신자들이었음을 말해 주는 6:4-5을 확증하는 강력한 증거다. 예수의 피가 거룩하게 하고 구별한 자들이기 때문이다.[참조. 2:11, 13:12] [521] 예수는 한 번의 제사로 "거룩하게 된 자들을 영원히 온전하게 하셨다."[10:14] 여기서 말하는 성화는 점진적인 성화가 아닌 결정적이고 절대적인 성화다. 여기서 신자들이 아닌 예수를 가리키는 대명사를 사용하는 것은 어색하고 자연스럽지 않다. 예수께서 자기 피로 정결하게 되었다고 말하는 것은 이해가 안 된다. 히브리서에서 예수는 거룩하게 하시는 자이지,[2:1] 거룩하게 되는 이가 아니다. 실제로, 10장과 13장에서 기자는 세 번이나 분명하게 예수의 죽음이 신자들을 거룩하게 한다고 말한다.[10:10, 14, 13:12] 이 성화를 외적으로만 정결하게 하는 옛 언약 아래에서의 거룩하게 되는 것과[9:13] 비교하면서 이 성화가 구원하는 성화가 아닌 것으로 말하는 것 또한 설득력이 떨어진다. 그럴 수밖에 없는 것이, 예수의 희생을 옛 언약의 제사들과 대비되는 것으로 말하는 것이 히브리서의 요지이기 때문이다. 그분의 제사는 효력이 있고 실제로 거룩하게 한다. 그분의 희생을 옛 언약 아래에서의 제사들과 마찬가지로 외적으로만 거룩하게 하는 것이라고 말하는 것은 이 서신의 주요 주제들 가운데 하나를 간과하는 것이다. 구약의

521 여기서 말하는 거룩하게 하는 일이 개인의 인격과 관계가 없이 일어나고 따라서 구원과 관계가 없는 것이라는 개념은, 본문을 지나치게 신학적으로 해석한 것이며 본문에 대한 자연스런 이해가 아니다(반대 참조. Guthrie, *Hebrews*, 230, 357; Grudem, "Perseverance of the Saints", 177-78). 이런 견해와 반대되는 피터슨의 주석을 참조하라. "The Prophecy of the New Covenant in the Argument of Hebrews", *RTR* 38(1979): 79.

제사들과 달리, 예수께서 드린 제사는 진실로 양심을 깨끗하게 한다.

10:30 30절은 고의로 죄를 범하는[26절, "짐짓 죄를 범한", 개역개정] 자들은 더 무거운 심판을 받을 것이라는[29절] 개념을 뒷받침한다.["왜냐하면", γάρ] 구약성경으로부터 두 본문을 인용한다.[신 32:35, 32:36] 첫 번째 인용은 마소라 사본을 번역한 것처럼 보인다. 칠십인역보다 마소라 사본에 더 가깝기 때문이다. 두 번째 인용은 칠십인역과 마소라 사본 모두와 일치한다. 두 인용 모두 이스라엘과 여호와를 대적한 이스라엘의 반역에 대해 보여주신 여호와의 선하심과 은혜를 노래하는 모세의 노래를 인용한 것이다.[신 32:1-43] 하나님의 아들을 짓밟고, 그분의 피를 부정한 것으로 여기고, 은혜의 성령을 멸시하는 자들은 하나님의 보응과 정의를 맞닥뜨리게 될 것이다. 이런 자들은 용서받지 못하고 주의 저주를 받을 것이다.[522] 두 번째 인용은 같은 생각을 확인해 준다. 주께서 자기를 떠나는 자기 백성들을 심판하실 것이다. 하나님의 백성들은 "그의 백성"이라는 말을 그들이 "그의 백성"이기 때문에 하나님을 떠나도 최후의 심판을 받지 않을 것임을 말하는 것으로 이해하지 말아야 한다. 하나님을 떠남으로 그들은 자신들이 단지 현상학적으로만, 다시 말해 겉으로만 하나님의 백성이었음을 보여주고 있다. 물론 기자가 독자들이 떠나갈 것이라고 말하는 게 아니다. 이 본문은 **경고**다. 독자들은 이스라엘이 그랬던 것처

522 아트리지는 신명기 32장 원래의 문맥에서 이 두 인용문은 모두 이스라엘에게 여호와께서 자기 백성들을 심판하시는 것이 아니라 그들을 신원하실 것을 확신시키는 대목이기 때문에, 히브리서에서는 이 구약성경의 의미가 달라진 것이라고 주장한다(*Hebrews*, 295-96). 오브라이언은 아트리지의 이런 주장이 갖는 세 가지 약점을 지적한다. (1)신명기의 문맥은 이스라엘이 하나님으로부터 떠나면 심판을 받을 것을 강조한다. (2)만약 하나님이 신실한 자기 백성을 신원한다면, 그렇지 못할 때 그들을 심판하는 것은 당연하다. (3)히브리서에서 원수들에 대한 하나님의 심판은 또한 신실한 자들을 신원하시는 것을 의미한다(*Hebrews*, 381-82). 참조. Allen, *Deuteronomy and Exhortation*, 61-62.

럼 하나님을 저버리지 말아야 한다.

10:31 대참사들에 익숙해진 우리가 사는 세상은 대수롭지 않은 양 재앙들을 무시하곤 한다. 하지만 최후의 심판만큼은 두려워할 수밖에 없다. 존슨이 말하는 바와 같다. "이 경고의 마지막 문장은 등골이 오싹할 만큼 단순하다."[523] "무서울진저"φοβερόν라는 말은 장차 임할 심판과 관련하여 10:27에서 이미 사용되었다. 여기서 두려워할 일은 살아 계신 하나님의 손에 빠져 들어가는 것이다. "손에 빠져 들어간다"라는 표현은 다른 누군가의 능력 아래 놓이는 것을 말한다.[524] 여호와의 손에 빠지는 것이 그분의 긍휼을 가리키는 문맥도 있다.삼하 24:14, 대상 21:13; 참조. 집회서 2:18 하지만 이 문맥에는 분명히 최후의 심판을 염두에 둔 표현이다. 기자가 단순히 상급을 잃어버리는 것을 말하고 있다고 보는 것은 여기에 사용되는 언어의 엄중함에 비추어 볼 때 설득력이 없다. 하나님은 "살아 계신 하나님"참조. 3:12, 9:14, 12:22이고, 그분을 떠나는 것은 결코 대수롭게 여길 문제가 아니다. 이 위협은 12:29에 대한 예고다. "우리 하나님은 소멸하는 불이심이라." 존슨이 변절로 기우는 독자들의 성향에 대해 말하는 바와 같다. "지금 무슨 게임에 대해 말하는 것이 아니다. 가장 궁극적인 실체에 대해 말하는 것이고, 따라서 '지극히 두려워하는' 것이 맞다."[525]

성경신학적 적용

10:19-25에서 신자들은 하나님께로 가까이 나아가고 믿음의 도를 견고히 붙들라는 격려를 듣는다. 그러나 여기서는 그리스도를 저버리지

523 L. Johnson, *Hebrews*, 266.

524 같은 책, 266.

525 같은 책, 267.

말라는 경고와 위협을 받는다. 신자들은 경고도 받고 위로도 받아야 한다. 그래서 목회적 도구로서 당근과 채찍 모두 사용된다. 그리스도를 부인하면서 죄를 용서받기를 기대할 수는 없다. 배도하는 자들이 받을 심판은 실로 끔찍할 것이다. 이 심판이 끔찍한 것은 하나님의 아들을 짓밟고, 그분의 피를 조롱하고, 성령을 모독하는 것을 포함하는 가공할 죄이기 때문이다. 하나님의 일들을 멸시하는 죄이기에 끔찍한 결과가 따를 수밖에 없다. 기자는 독자들이 고백한 믿음의 도에 신실하게 남아 있으라고 촉구하면서 자애롭게 독자들에게 도래하는 심판을 경고한다.

10:32-39

I. 프롤로그: 아들을 통해 이루어진 결정적이고 최종적인 계시 1:1-4

II. 천사들보다 위대하신 아들을 저버리지 말라 1:5-2:18

III. 아들을 모세와 여호수아보다 더 위대한 대제사장으로 가진 너희는 마음을 완고하게 하지 말라 3:1-4:13

IV. 레위기의 율법이 정하는 대제사장직보다 더 위대한 멜기세덱의 반차를 따른 예수의 대제사장직으로부터 흘러 떠내려가지 않도록 하라 4:14-10:18

V. 맺는말로서의 권면과 경고 10:19-12:29

1 | 하나님께로 가까이 나아가고, 믿음의 도리를 굳게 잡고, 서로 돌아볼 것을 권면함 10:19-25

2 | 경고: 그리스도를 저버린 자들에게는 사죄의 소망이 없음 10:26-31

3 | 끝까지 믿음으로 견딜 것을 촉구함 10:32-12:3

1) 확신을 저버리지 말고 믿음으로 인내하라 10:32-39

2) 끝까지 견디는 믿음에 대한 묘사와 모범 11:1-12:3

4 | 믿음으로 인내할 것을 독자들에게 권면함 12:4-29

32 전날에 너희가 빛을 받은 후에 고난의 큰 싸움을 견디어 낸 것을 생각하라. 33 혹은
비방과 환난으로써 사람에게 구경거리가 되고 혹은 이런 형편에 있는 자들과 사귀는
자가 되었으니 34 너희가 갇힌 자를 동정하고 너희 소유를 빼앗기는 것도 기쁘게 당한
것은 더 낫고 영구한 소유가 있는 줄 앎이라. 35 그러므로 너희 담대함을 버리지 말라.
이것이 큰 상을 얻게 하느니라. 36 너희에게 인내가 필요함은 너희가 하나님의 뜻을 행
한 후에 약속하신 것을 받기 위함이라. 37 잠시 잠깐 후면 오실 이가 오시리니 지체하
지 아니하시리라. 38 나의 의인은 믿음으로 말미암아 살리라. 또한 뒤로 물러가면 내
마음이 그를 기뻐하지 아니하리라 하셨느니라. 39 우리는 뒤로 물러가 멸망할 자가 아

니요 오직 영혼을 구원함에 이르는 믿음을 가진 자니라.

문맥

10:19에서 시작하는 권면 부분은 지금까지 두 가지 유형으로 요약할 수 있다. 첫째, 독자들은 하나님께로 가까이 나아가고 그들의 믿음의 도를 견고히 붙들라는 권면을 들었다.[10:19-25] 둘째, 복음을 거부하면서 반역적이고 현저한 죄를 범하지 말아야 한다.[10:26-31] 이제 세 번째로 독자들은 그리스도인으로의 삶을 살기 시작했을 때 그들이 기꺼이 고난을 감내한 것과 그들이 발휘했던 믿음을 향한 열심을 기억해야 한다.[10:32-34] 10:35-39에서 기자는 지난날 그들이 기꺼이 고난을 감내하고자 했던 것으로부터 이렇게 결론을 내린다. 확신을 가지고 끝까지 계속해서 하나님을 의지해야 한다.

10:32-39을 보다 자세히 살펴보면, 기자가 독자들에게 살아 계신 하나님을 저버리는 것은 지난날 그들의 삶을 특징지었던 놀라운 변화와 도무지 맞지 않는다는 것을 상기시킨다.[10:32-34] 만약 독자들이 자신들의 회심 후 그리스도인으로서 어떻게 살았는지를 떠올려 보면, 그들은 고난의 큰 싸움을 견디어 냈다.[10:32] 비방을 당했고 사람들에게 멸시를 받는 자들과 함께했다.[10:33] 옥에 갇힌 자들을 동정하고 심지어 최종적으로 받을 상급을 고대하는 즐거움에 자신들의 소유를 부당하게 빼앗기는 일도 기쁘게 당했다.[10:34] 지난날 이렇게 많은 것들을 감당한 그들이기에, 지금 그 담대함뿐 아니라 이를 통해 얻게 될 상급 역시 잃어버리지 말아야 한다.[10:35] 약속받은 최종적인 기업을 얻으려면 끝까지 인내해야 하기 때문이다.[10:36] 약속한 날이 도래할 것을 독자들은 확신해야 한다. 예수께서 다시 오실 것이기 때문이다.[10:37] 의인들은 끝까지 그분을 믿음으로 의지할 것이다. 그러나 돌아서는 자들은 하나님이 기뻐하

지 않으실 것이다.[10:38] 기자는 확신의 말로 이 단락을 맺는다.[10:39] 그는 독자들이 하나님을 저버리고 멸망당할 자들이 아님을 확신한다. 그들은 믿음을 발휘하고 종말의 때에 보존되는 즐거움을 누릴 것이다.

주석

10:32 이 서신을 쓴 목적은 독자들이 끝까지 인내하도록 독려하기 위함이다. 독자들을 격려하고[10:19-25] 경고할 뿐 아니라,[10:26-31] 또한 여기서는 지난날들의 삶—아마도 신자로서 살아가기 시작한 때를 가리킬 것이다—을 기억해 보라고 요구한다. 그들이 품었던 주를 향한 열심을 떠올리고 하나님의 일들을 향한 뜨거운 마음을 재점화해야 한다. 지금 당하는 고난 때문에 전날에 그들을 둘러싼 상황에 어떻게 반응했는지를 망각해 버렸다. 기자는 그들이 "빛을 받은"φωτισθέντες 때를 상기시킨다. 6:4에서도 같은 말을 사용했는데, 독자들이 처음 복음을 영접했을 때 그들에게 밝아 왔던 깨달음과 조명을 가리킨다. 이때에 그들은 고난을 당했지만 "견디어 냈다."ὑπεμείνατε 그때 그들이 그렇게 견뎠다면, 당시 그렇게 고난의 "큰 싸움"ἄθλησιν을 견디어 내게 했던 헌신을 재점화하기만 한다면 지금도 여전히 그렇게 견디어 낼 수 있다. 이 말은 경주를 했던 운동경기에서 사용된다.[526] 이 말은 "도전"으로도 번역될 수 있을 것이다.[527] 다행스럽게도 이 동사의 의미가 두 가지 경우에 따라 크게 달라지지 않는다. 독자들은 새로운 싸움과 도전에 직면해 있다. 전날에 그렇게 진실되게 남아 있을 수 있었다면, 나중에도 그럴 수 있다.

10:33 이전에 독자들이 겪었던 고난과 분투의 성격을 열거한다. 그들

526 L. Johnson, *Hebrews*, 268.

527 참조. the two entries in LN 50.3 and 74.13.

은 "비방과 환난으로써 사람에게 구경거리가 되었다[θεατριζόμενοι]" 독자들은 그들에게 있는 그리스도를 믿는 믿음과 복음에 대한 헌신을 숨기지 않았고, 그 결과 다른 사람들에게 모욕과 학대를 받았다. 여러 가지로 차별을 받고 악담을 들어야 했다. 그리스도에 대한 충성 때문에 모욕과 멸시와 업신여김을 받았다. 명예와 수치를 소중히 여기는 사회에서 이런 경멸은 견디기가 여간 어려운 것이 아니었다.[528] 아마도 그들은 "갇힘과 매 맞음과 빼앗김"을 당했을 것이다."[529] 개인적으로 욕설과 비난을 견뎠을 뿐 아니라, 같은 방식으로 취급되는 동료 신자들과 자신들을 동일시했다. 두려운 나머지 같은 처지에 있는 동료 신자들로부터 물러나지 않았다. 고난받는 자들을 담대하게 형제와 자매라고 주장했다. 기자는 전날에 그들이 보여주었던 용기를 상기시킴으로 계속해서 현재의 고난을 모진 마음으로 맞닥뜨릴 수 있도록 독자들을 격려한다.

10:34 회심 후 독자들이 당한 고난과 자신들이 처한 상황에 대해 그들이 보여준 긍정적인 반응이 보다 자세히 설명된다. 첫째, 그들은 갇힌 자들에게 "동정하거나" 혹은 "깊은 연민"을 느꼈다.[ESV, NRSV] 이 말은 독자들 자신이 감옥에 갇히지는 않았지만 그렇게 고난당하는 동료 신자들에게 마음을 썼음을 함축한다. 이런 해석은 13:3과 잘 부합한다. "너희도 함께 갇힌 것같이 갇힌 자를 생각하라."[NIV; 참조. NET, NLT] 동정이란 어려움에 처한 사람과 같은 상황에 있는 것은 아니지만 그들을 염려하는 것을 말하지만,[참조. 제4마카비 4:13-14, 18, 20, 15:4, 7, 11] 같은 고난에 참여하는 것을 의미할 수도 있다.[히 4:15] 둘 중 어느 경우를 말하고 있는지 결정하기가 어렵지만, 두 경우 모두 신자들이 보여주는 믿음 때문에 박해받는

528 드실바를 특별히 참조하라. *Despising the Shame: Honor, Discourse and Community Maintenance in the Epistle to the Hebrews*, SBLDS 152(Atlanta: Scholars, 1995), 146-64.

529 O'Brien, *Hebrews*, 385.

자들과의 연대가 두드러진다. 이 땅을 사는 동안 그들은 포로와 나그네로 살기를 마다하지 않았다.[참조. §6]

수신자들의 삶을 들여다볼 수 있는 아주 매력적인 기회가 열렸다. 보다 활짝 열리기를 우리가 바라마지 않는 것이다. 회심한 후 그들은 자신들의 "소유"를 "기쁨으로" "빼앗기는 것"을 받아들였다. 무엇 때문에 그들의 소유를 빼앗겼는지는 모른다. 하지만 놀라운 사실은 그들의 소유를 빼앗긴 것이 아니라 이에 대한 그들이 보인 반응이다. 그들은 기쁨으로 가득했다. 핍박을 당할 때 기뻐하고 즐거워하라는 예수의 계명을 이룬 것이다.[마 5:12] 하나님과 예수 그리스도를 즐거워하는 그들의 기쁨이 이보다 더 명백하게 드러날 수도 없을 것이다. 이 땅에 있는 그들의 소유보다 더 나은 것이 있다는 것을 알았다. 그들이 받은 하늘의 기업을 바라보았다. 도래하고 있던 새로운 창조와 하늘 도성[11:10, 13-16, 12:22, 13:14]을 "더 좋고" 영원한 소유로 알았기 때문이다. 히브리서에서 주요한 역할을 하는 "더 좋다"[κρείττονα]는 표현이 다시 한 번 사용된다. 하늘의 소유가 이 땅의 소유보다 더 좋다. 더 좋은 기쁨이 그들을 기다리고 있음을 알기에 신자들은 기뻐했다. 더구나 그들을 기다리고 있는 것은 영속적인 것이었다. "영구한[μένουσαν] 소유"였다. 기자가 "우리가 여기에는 영구한 도성이 없으므로 장차 올 것을 찾나니"라고 하는 13:14에서도 같은 말이 사용된다. 기자는 독자들이 그들의 영적인 열심과 기쁨을 회상하고 현재의 상황을 위해 그것들을 다시 주장하기를 바란다. 그들은 인간 도성에 지나친 소망을 두는 바람에 도래하는 하늘 도성 곧 하나님의 도성에 대한 소망을 잊고 지냈다.

10:35 기자는 지난날 기꺼이 그리스도를 나타내고 고난받는 다른 신자들과 함께하려고 했던 독자들의 모습으로부터[10:32-34] 결론을 내린다.["그러므로", οὖν] 그들은 "확신"[confidence, παρρησίαν] 혹은 "담대함"[abandon, NRSV]을

버리지 말아야 한다. 여기서 하는 권면은 이 서신의 중심 주제와 부합하고, 따라서 경고하는 본문의 다른 구절들의 한 부분을 이룬다. "확신"이라는 말은 이 서신에서 중요한 역할을 한다. 독자들은 마지막까지 그들이 가진 "확신"을 붙들어야 하고[3:6] "은혜의 보좌"로 담대하게 나아가야 한다.[4:16] 존슨의 말과 같이, 이 권면은 독자들이 아직 배도에 이른 것은 아니지만 그렇게 하고자 하는 유혹 아래 있음을 나타낸다.[530] 그들이 담대하게 하나님 앞으로 나아간다고 확신하는 이유는 예수의 피 때문이다.[10:19] 10:32-34에 보면 그리스도를 위해 당하는 고난 속에서 그들의 확신이 표현된다. 공개적으로 그리스도를 위해 살기를 마다하지 않은 담대함으로 이런 고난이 초래되었기 때문이다. 이런 담대함 혹은 확신을 끝까지 버리지 않는다면 "큰 상"[great reward]을 얻을 것이다. 여기서 "상"[μισθαποδοσίαν]은 종말론적이다. 또한 문맥에 따르면[참조. 10:39] 이 상은 영생을 말한다.[참조. §9] "그리스도를 위하여 받는 수모를 애굽의 모든 보화보다 더 큰 재물로 여겼"기에 모세는 기꺼이 "수모"를 당했다.[11:26, NIV] 최후의 이런 상급을 받기 위해서는 독자들 역시 처음 그리스도인의 삶을 시작한 대로 삶을 마감해야 한다.

10:36 끝까지 인내해야만 최후의 큰 상을 받는다. 구원을 얻기 위해서는 끝까지 인내하고 견뎌야 한다. 인내는 신실하게 하나님의 뜻을 행하는 모습을 통해 드러난다. 신자들은 그들의 삶 전체를 통해 하나님의 뜻을 행하도록 부름을 받았다. 간간이 하나님을 위한 열심이 일어나는 때에만 그렇게 하도록 제한된 것이 아니다. 신자들이 계속해서 믿음으로 인내한다면 하나님이 약속하신 것을 받을 것이다. 히브리서에서 자주 볼 수 있는 것처럼, 여기서 말하는 "약속"[ἐπαγγελίαν]은 종말론적이다.

530 L. Johnson, *Hebrews*, 272.

몇 개의 본문들은 놀랍도록 유사하다. 독자들은 약속된 안식을 받지 못하는 일이 없도록 마음을 굳게 하지 말아야 한다.[4:1] "믿음과 인내"를 연습하는 자들은 "약속된 것들을 유업으로 받을 것이다."[6:12, NRSV] 여기서 "약속"이란 "영원한 기업"을 말한다. 신자들은 "영원한 기업의 약속"을 받았다.[9:15] 이스라엘 족장들이 받았던 약속들은 궁극적으로는 종말론적인 것이기도 하다. 이 땅을 살아가는 동안 그들이 약속받은 것들을 받지는 못했다.[11:9, 13, 17] 따라서 이 약속은 궁극적으로 하늘에 있는 도성과 나라인 것이 분명하다.[11:10, 13-16, 12:22, 13:14] [531] 실제로 구약성경의 믿음의 영웅들 가운데 어느 누구도 이 약속을 받지 못했다.[11:39] 예수 그리스도를 믿는 신자들이 없이는 약속을 받지 못할 것이기 때문이다.

10:37 이 약속이 이제 곧 이루어질 것이다. 이런 주장을 위해 기자는 하박국 2:3-4을 인용한다. 인용된 첫 구절인 "잠시 잠깐"은 이사야 26:20으로부터 왔을 것이다.[532] 이사야를 통해 주께서는 그분이 곧 오셔서 자기 백성을 신원하고 원수들을 심판하실 것을 약속하신다. 주께서 곧 그들을 위해 개입하실 것을 아는 유다는 역경 속에서도 계속해서 주를 의지해야 한다. 마찬가지로 독자들은 그들에게 약속된 다함이 없는 상급에 비하면 외국인과 나그네[11:13]로 살아가는 때는 잠깐임을 깨달아야 한다.

이사야 26장에 대한 언급은 하박국 2:3을 인용한 대목과 부합한다. 본문의 역사적 상황 속에서, 하박국은 유다가 하나님의 뜻을 행하기를 거부함으로 그가 여호와로부터 받은 환상—그들에게 임박한 심판으로 구성된—을 언급한다.[합 1:5-17] 그러나 히브리서에서 기자는 유다에게 선언된 심판을 최후의 심판에 대한 예표로 본다. 다시 말해, 유다에 대한

531 여기서 약속은 약속의 성취를 가리킨다(참조. O'Brien, *Hebrews*, 388).

532 참조. Hughes, *Hebrews*, 434.

역사적 심판과 도래하는 최후의 심판 사이에는 종말론적 점층이 자리한다. 따라서 히브리서에서 장차 도래하는 것은 단순히 하박국 2:3이 말하는 환상의 실현이 아니라 예수 자신이다. 히브리서는 예수 자신이 장차 오신다는 의미를 명확히 하기 위해 하박국 2:3의 분사를 남성형의 형용사적 분사로 바꾼다. 예수께서 오실 때, 역사에서 그리스도께 신실한 자들이 상을 받고 그분을 의지하지 않거나 혹은 순종하지 않은 자들이 형벌을 받는 최후의 심판이 있을 것이다.[9:27-28] 본문은 하박국이 말한 것을 급격하게 재정향시키지 않는다. 하박국은 하나님의 오심을 말하고 있고,[합 3:3, 8] 신약성경의 신자들에게 이는 곧 장차 예수의 오심과 더불어 성취될 것이기 때문이다.[533] 지체되는 것처럼 보일지 모르지만, 예수는 이내 오실 것이다. 따라서 신자들은 그날이 이르기까지 인내해야 한다.

10:38 예수께서 이내 오실 것이기 때문에 계속해서 하나님을 의지하고 불신앙으로 뒤로 물러나서는 안 된다고 독자들을 촉구한다. 만약 그들이 뒤로 물러나면 하나님이 그들을 기뻐하지 않으실 것이며, 그들은 심판을 받을 것이다.

계속해서 하박국 2:4을 인용한다. 히브리서는 칠십인역에 기록된 순서와 두 문장의 순서를 바꾸어 기록한다. "또한 뒤로 물러가면 내 마음이 그를 기뻐하지 아니하리라"는 말은 마소라 사본에서는 반영되지 않은 것으로 칠십인역을 따르고 있다. "나의 의인은 믿음으로 말미암아 살리라"는 말은[NIV] 마소라 사본과 칠십인역 모두와 아주 비슷하다. 대명사 "나의"와 관련하여 한 가지 중요한 차이가 있다. 마소라 사본이 "의인은 그의 믿음(혹은 신실함)으로 말미암아 살리라"고 해석되는 반면, 칠십인역 랄프스[Alfred Rahlfs]판은 다음과 같이 해석되어야 한다. "의인

533 O'Brien, *Hebrews*, 388.

은 나의 신실함으로 말미암아 살 것이다." 히브리서는 여기서 칠십인역과는 분명히 다르다. 여기서 신실함은 하나님의 신실함을 가리킨다고 보는 어떤 개념도 의도적으로 배제한다. 물론 바울은 대명사를 전적으로 배제하고 "의인은 믿음으로 말미암아 살리라"고 한다.[롬 1:17, ESV, 갈 3:11]

예수께서 이내 오실 것이다. 하지만 하나님께 속한 자들 곧 하나님 앞에서 의로운 자들은 믿음으로 말미암아 산다. 여기서 기자가 "믿음"이라고 할 때는 단순히 "신실함"만을 가리키는 것이 아니라는 사실은 분명하다. 최후의 상을 받는데 어떻게 믿음이 필요한지를 강조하는 38절은 11장에 대한 서론의 일부이기 때문이다. 물론 참된 믿음은 필연적으로 신실함으로 이끈다. 따라서 개념적으로는 이 두 말이 구분되지만 신자들의 삶에서는 분리될 수가 없다. 구원하는 것은 끝까지 인내하는 믿음이지 한 번 하고 마는 결정이 아니다. 하나님은 믿음을 저버리는 사람을 기뻐하지 않으실 것이기 때문이다. 하나님 의지하기를 저버린 사람은 하나님의 기쁨을 누리지 못하고 그분의 진노를 경험하게 될 것이다. 이런 자들은 구원이 아닌 심판을 마주하게 될 것이다.

10:39 이제 기자는 독자들에 대한 확신을 드러낸다. 그들은 뒤로 물러나 하나님의 진노를 맞닥뜨리는 자들이 되지 않을 것이다. "뒤로 물러감"[ὑποστολῆς]이라는 명사는 38절의 "뒤로 물러가다"[ὑποστείληται]라는 동사에서 따온 것이다. 뒤로 물러나는 자들은 단순히 상급을 잃어버리는 것으로 끝나지 않는다. 이런 자들은 "멸망받는다." 여기서 사용된 "멸망"[ἀπώλειαν]이라는 명사는 비신자들을 기다리는 종말론적 파멸을 가리킬 때 한결같이 사용되는 말이다.[마 7:13, 요 17:12, 행 8:20, 롬 9:22, 빌 1:28; 3:19, 살후 2:3, 딤전 6:9, 벧후 2:1, 3; 3:7, 16, 계 17:8, 11] 38절의 경우에서와 같이 뒤로 물러감의 반대는 믿음이다. 기자는 독자들이 마지막까지 믿을 것이라 확신한다. 그래서 마침내 "생명을 얻을 것이다." 보다 문자적으로 말하자면, 그들은

"자신들의 영혼을 보존할 것이다.περιποίησιν"ESV 이 표현은 그들이 "구원 받을 것"이라는 말이다.NIV, NRSV [534] 이 절의 처음 부분에서 위협하는 "멸망"ἀπώλειαν과 대비를 이룬다는 점에서 구원을 뜻하는 것이 분명하다.

성경신학적 적용

기자는 독자들이 지난날의 자신들의 모습을 기억하고 장래를 기대하기를 바란다. 그들이 작금의 상황에 낙담하고 실망한 것은 사실이다. 그래서 기자는 복음을 위해 비방과 업신여김을 기꺼이 견디던 지난날을 기억하라고 말한다. 그들이 보여준 고난받는 다른 그리스도인들과의 연대를 상기시켜 준다. 독자들은 그런 자신들의 지난날을 망각하고 있었을 뿐 아니라 장래에 대한 기대도 갖지 못하고 있었다. 지난날 자신들의 소유를 빼앗김에도 기뻐했던 자들이다. 장래를 대망하고, 도래하는 하늘 도성을 바라보았기 때문이다. 그러나 이제는 인간의 도성에서 이어지는 고난에 마음을 빼앗겨 하나님의 도성을 대망하지 못하는 지경이 되었다. 독자들이 이전의 열심을 기억하고 장래에 그들이 누릴 기쁨을 대망한다면, 그들은 기쁨으로 다시 채워질 수 있다.

기자는 독자들이 지금 포기하는 것을 원치 않는다. 주님과 그분의 백성들을 향한 놀라운 헌신을 보여주었던 자들이 아닌가![10:32-34; 참조. 6:9-10] 기자는 그들이 끝까지 인내해서 영생의 최종 상급을 받기를 원한다. 뒤로 물러나 믿기를 그쳐서는 안 된다. 멸망과 최종적인 파멸의 길이기 때문이다. 비록 기자가 독자들을 신랄하게 촉구함에도 불구하고, 그들이 믿음을 지키고 영원한 구원을 누릴 것을 확신한다. 하나님께서 이런 경고들을 사용해 그들을 마지막까지 의지하고 믿도록 하실 것을 확신한다.

534 Koester, *Hebrews*, 463.

11:1-2

I. 프롤로그: 아들을 통해 이루어진 결정적이고 최종적인 계시1:1-4

II. 천사들보다 위대하신 아들을 저버리지 말라1:5-2:18

III. 아들을 모세와 여호수아보다 더 위대한 대제사장으로 가진 너희는 마음을 완고하게 하지 말라3:1-4:13

IV. 레위기의 율법이 정하는 대제사장직보다 더 위대한 멜기세덱의 반차를 따른 예수의 대제사장직으로부터 흘러 떠내려가지 않도록 하라4:14-10:18

V. 맺는말로서의 권면과 경고10:19-12:29

1 | 하나님께로 가까이 나아가고, 믿음의 도리를 굳게 잡고, 서로 돌아볼 것을 권면함10:19-25

2 | 경고: 그리스도를 저버린 자들에게는 사죄의 소망이 없음10:26-31

3 | 끝까지 믿음으로 견딜 것을 촉구함10:32-12:3

1) 확신을 저버리지 말고 믿음으로 인내하라10:32-39

2) 끝까지 견디는 믿음에 대한 묘사와 모범11:1-12:3

① 믿음의 본질11:1-2

② 노아로 말미암은 창조11:3-7

③ 아브라함과 그의 후손들의 믿음11:8-22

④ 모세의 믿음과 약속의 땅으로 들어간 자들11:23-31

⑤ 그 밖에 믿음의 모범들11:32-40

⑥ 탁월한 믿음의 모범이신 예수를 바라보면서 경주하라12:1-3

4 | 믿음으로 인내할 것을 독자들에게 권면함12:4-29

1 믿음은 바라는 것들의 실상이요 보이지 않는 것들의 증거니 2 선진들이 이로써 증거
를 얻었느니라.

문맥

일반적인 개요들을 보면 종종 히브리서 11장이 이 서신의 나머지 부분과 분리되기도 하지만, 사실 11장은 10:19에서부터 시작되는 권면 단락과 잘 어우러진다. 10:19-39에서 우리는 기자가 독자들에게 믿는 도리의 소망을 굳게 잡으라고 권면하고 뒤로 물러나지 말 것을 경고하는 것을 보았다. 10장은 믿음을 요구함으로 마친다. 믿는 자들은 종말론적인 삶을 누릴 것이지만, 뒤로 물러나는 자들은 멸망으로 귀결될 것이다. 11장은 구원하는 믿음의 본질과 성격을 강조함으로 권면 단락의 마지막 부분을 구성한다. 하지만 11장 자체는 권면이 아니라 믿는 자들의 모범을 제공함으로 권면 부분을 보강한다.[535] 기자는 구약성경이 기록하고 있는 이 같은 믿음의 많은 모범들을 가지고 이 믿음의 본질을 예증한다.[536] 이 서신의 앞부분에서 기자는 "믿음과 오래 참음으로 말미암아 약속들을 기업으로 받는" 자들을 본받으라고 독자들을 격려한다.[6:12] 11장의 이런 믿음의 모범들은 예수를 최고의 믿음의 모범으로 언급하는 가운데 12장에서 마무리된다. 독자들은 마지막 날에 구원을 받을 것을 계속해서 믿어야 한다. 또한 최종적인 구원을 얻기 위해 구약의 신자들과 예수께서 보여준 믿음의 모범을 따라야 한다. 존슨은 11장이 가져오는 문학적 효과를 잘 짚고 있다. "이 문단이 갖는 극적인 효과는 부분적

535 참조. Cockerill, *Hebrews*, 518. 결국 가장 중요한 것은 이 둘 사이의 차이가 크지 않다는 것이다. 11장의 예들과 그에 따른 해설이 포함된 것은 독자들이 믿음을 따라 살도록 동기를 불러일으키기 위한 것이기 때문이다(Guthrie, *Structure of Hebrews*, 40).

536 예들을 열거한 이런 목록들은 당시 그리스-로마와 유대교 그룹들에서 흔히 찾아볼 수 있는 것이었다. 유대교 배경이 특히 중요하다(참조. 집회서 44-50장, 지혜서 10장). 참조. Cockerill, *Hebrews*, 516. 이 문제에 대한 논의를 위해서는 코스비Michael R. Cosby를 참조하라. *The Rhetorical Composition and Function of Hebrews 11: In Light of Example Lists in Antiquity*(Macon, GA: Mercer University Press, 1988).

으로는 하나님의 약속과 상급을 강조하는 가운데 믿음의 인물들의 이름을 나열함으로 다소 여유 있게 시작한 후에 믿음으로 끝까지 견딘 무명의 신자들이 겪은 고초와 결핍들의 목록으로 내닫는 데서 기인한다."[537]

기자는 어떻게 믿음이 역사하는지를 설명함으로 시작한다. 믿음은 바라는 것이 틀림없이 주어질 것을 확신하는 것이다. 보이지 않지만 약속된 것이 이루어질 것에 대한 확신이다.[1절] 아직 드러나지 않았거나 주어지지 않은 것을 신뢰하는 믿음이다. 구약의 믿음의 조상들은 아직 드러나지 않거나 주어지지 않은 것을 신뢰하는 믿음으로 하나님 앞에서 증거를 얻었다.[2절]

주석

11:1 1절은 믿음을 완벽하게 정의함으로가 아니라 어떻게 믿음이 역사하는지를 설명함으로 믿음의 본질을 설명하고 있다. 많은 주석가들이 이렇게 말하기를 꺼림에도 불구하고, 부분적이기는 하지만 여기서 믿음의 정의가 드러난다.[538] 믿음은 바라는 바가 실체로 드러날 것을 확신하는 것이다. 보이지 않는 하나님의 약속들이 이루어질 것을 확신한다.

많은 학자들이 이 절을 이렇게 해석하는 것에 대해 반론을 제기하고 다른 해석을 제안하는 것이 사실이다. HCSB가 이런 다른 해석을 반영한다. "이제 믿음은 바라는 것의 실체요, 보이지 않는 것의 증거다." 여기서 "실체"[ὑπόστασις]라고 하는 말이 다른 번역서들에서는 "확

537 L. Johnson, *Hebrews*, 275. 또한 히브리서 11장이 갖는 문학적 효과와 특징에 대한 탁월한 연구를 위해서는 코스비를 참조하라. *Rhetorical Composition and Function of Hebrews 11*.

538 참조. Koester, *Hebrews*, 479("종합적인 정의를 기대할 수는 없어도 이런 정의를 통해 주장이 보다 설득력을 갖게 된다"); Attridge, *Hebrews*, 307-8.

신"^{"confidence" NIV, NLT}이나 "보증"^{"assurance" ESV, NRSV}으로 번역되었다.[539] HCSB에 반영된 해석을 지지하는 학자들은 여기서 사용된 단어^{ὑπόστασις}는 결코 주관적인 확신이나 보증의 개념을 가지고 사용된 적이 없다고 주장한다. 일례로, BDAG는 확신이라는 말이 "반드시 배제되어야 하는 것은 이런 용례를 찾아볼 수가 없기 때문이다"라고 한다.[540] 하지만 너무나 성급한 판단이다. 시편 38:8의 칠십인역을 보면 이 단어가 확신을 나타내기 때문이다. 또한 이 본문에 해당하는 히브리어 역시 "소망"^{תּוֹחַלְתִּי}을 의미한다.[541] 칠십인역의 이 단어^{ὑπόστασις}가 소망을 뜻하는 또 다른 히브리어 단어^{תִּקְוָתָהּ}로 표현되고 있는 에스겔 19:5에서도 같은 현상을 본다. 또한 "확신"이라는 단어는 고린도후서 9:4과 11:7에서도 잘 들어맞는다. 앞에서 나는 이런 해석이 히브리서 3:14과도 부합한다고 주장했다. 그렇다면 이는 "확신"과 "보증"이 여기서 사용된 단어가 담고 있는 의미상의 범주에서 벗어나지 않는다는 증거다.[542] 가장 중요한 사실은 "확신"이나 "보증"이라는 말이 11장의 문맥에 잘 부합한다는 것이다. 기자는 끝까지 견디는 믿음이 필요함을 강조하는 말로 10장을 끝맺었다. 11장에서 구약의 신자들을 칭송하는 것은, 그들이 심지어 받은 바 약속이 이루어질 것이라는 증거가 전무한 상황에서조차 하나님의 약속을 신뢰했기 때문이다. 그렇기 때문에 11:1에 대한 전통적 해석은 실제로 11장의 문맥에 가장 잘 부합한다.

539 이 대목의 해석에 대한 여러 가지 견해들에 대한 논의에 대해서는 아트리지를 참조하라. *Hebrews*, 308-10. 객관적인 해석을 강하게 옹호하는 논의에 대해서는 다음을 참조하라. Lane, *Hebrews 9-13*, 325-26, 328-29; O'Brien, *Hebrews*, 398-400; Cockerill, *Hebrews*, 520-21.

540 BDAG. 추가 참조. LN 58.1.

541 이 절에 대한 탁월한 논의를 위해서는 존슨을 참조하라. *Hebrews*, 277-79.

542 참조. Richardson, *Pioneer and Perfecter of Faith*, 120-25.

그렇다고 해서 나의 이런 주장을 객관적인 견해가 전혀 기여하는 바가 없다는 말로 들어서는 안 된다. 주관적인 의미와 객관적인 의미가 여기서 서로 긴밀하게 엮여 있기 때문이다. 쾨스터의 다음 말은 이런 점을 잘 잡아낸다. 히포스타시스*hypostasis*가 '믿음'과 연결될 때는 믿는 사람과 관련되기 때문에 주관적인 측면이 부각되며, '바라는 것들'과 연결될 때는 객관적인 측면이 부각된다. 바라는 대상은 신자들 외부에 자리하기 때문이다."[543]

이어지는 대목 역시 주관적인 의미를 암시한다. 심지어 첫 번째 어구에서 "확신"과 "보증"을 의미하는 증거를 찾아볼 수 없다고 하는 BDAG조차 두 번째 어구는 "보지 못하는 것들에 대하여 확신하는 것ἔλεγχος"을 의미한다고 한다.[544] 본문의 헬라어 단어ἔλεγχος에 내포된 주관적인 의미는 첫 번째 어구의 확신이나 보증의 개념과 잘 맞는다. 믿음이란 하나님이 약속하시는 것이 확실히 이루어질 것을 확신하는 것이다.[545] 보지 못하는 것이란 장래에 대한 약속들만을 가리키는 것으로 볼 수 없는 것이, 창조와 같은 과거의 실체11:3나 하나님의 존재,11:6, 27 그분의 신실함,11:17 능력11:9과 같은 현재의 실체 역시 보지 못하는 것으로 말할 수 있기 때문이다.[546]

11:2 하나님의 약속에 대한 믿음과 확신을 갖는 것이 중요하다. 구약성경에 기록된 조상들은 그들이 가진 믿음으로 증거를 얻었기 때문이

543 Koester, *Hebrews*, 472.

544 이 말은 "증거"proof를 의미하고 여기에는 어떤 주관적인 의미도 없다고 주장하는 학자들도 있다(Attridge, *Hebrews*, 310; F. Büchsel, "ἔλεγχος", *TDNT* 2:476; Käsemann, *Wandering People*, 41-42; Koester, *Hebrews*, 473). 하지만 이 어구가 뜻하는 바는 문맥을 통해 이해되어야 한다.

545 리처드슨은 이 의미군이 유죄가 입증된다는 의미를 가지고 있고 양심으로 확신한다는 개념과 비슷하다고 바르게 주장한다(*Pioneer and Perfecter of Faith*, 125-28).

546 아트리지가 바르게 지적한다. *Hebrews*, 311.

다. 또한 기자는 이어지는 절들을 통해 지금부터 이 조상들의 긴 목록을 읊어 갈 참이다. "증거를 얻었다"ἐμαρτυρήθησαν고 번역된 말은 종종 이런 의미로 사용된다.행 6:3; 10:22; 16:2; 22:12, 딤전 5:10 히브리서 11장의 문맥을 볼 때, 기자는 저들이 믿음으로 하나님 앞에서 인정을 받았다고 말하는 것이다. 분명히 말해서, 기자는 독자들이 자신들의 훌륭한 믿음의 조상들을 본받아 저들 역시 마지막 날에 하나님 앞에서 인정받기를 바란다.

성경신학적 적용

지금 우리 앞에 있는 것은 이 서신의 나머지 부분의 흐름과 맞지 않는 믿음에 대한 논문이 아니다. 여기서 믿음을 소개하는 것은 배도와 반대되는 것이 믿음이기 때문이다. 기자는 독자들에게 마지막까지 견디도록 각자가 스스로를 의지하고 모든 노력을 기울일 것을 요구하는 것이 아니다. 견딘다는 것은 곧 마지막까지 하나님을 의지하기를 쉬지 않는다는 것이다. 능력을 얻기 위해 우리가 하나님을 바라보고 그분의 약속들을 의지할 때 인내하는 일이 가능하다. 믿음이란 비록 하나님이 약속하신 것들이 우리 눈에는 불가능하게 보인다 할지라도 하나님이 약속하신 것들을 계속해서 의지하는 것을 의미한다. 11장은 이런 믿음의 여정은 우리가 처음으로 시작하는 것이 아님을 상기시켜 준다. 우리 앞서 많은 신자들이 이 길을 지나갔다. 그렇기 때문에 믿음의 여정은 우리만 홀로 가는 것이 아니다.

11:3-7

I. 프롤로그: 아들을 통해 이루어진 결정적이고 최종적인 계시 1:1-4

II. 천사들보다 위대하신 아들을 저버리지 말라 1:5-2:18

III. 아들을 모세와 여호수아보다 더 위대한 대제사장으로 가진 너희는 마음을 완고하게 하지 말라 3:1-4:13

IV. 레위기의 율법이 정하는 대제사장직보다 더 위대한 멜기세덱의 반차를 따른 예수의 대제사장직으로부터 흘러 떠내려가지 않도록 하라 4:14-10:18

V. 맺는말로서의 권면과 경고 10:19-12:29

1 | 하나님께로 가까이 나아가고, 믿음의 도리를 굳게 잡고, 서로 돌아볼 것을 권면함 10:19-25

2 | 경고: 그리스도를 저버린 자들에게는 사죄의 소망이 없음 10:26-31

3 | 끝까지 믿음으로 견딜 것을 촉구함 10:32-12:3

1) 확신을 저버리지 말고 믿음으로 인내하라 10:32-39

2) 끝까지 견디는 믿음에 대한 묘사와 모범 11:1-12:3

① 믿음의 본질 11:1-2

② 노아로 말미암은 창조 11:3-7

③ 아브라함과 그의 후손들의 믿음 11:8-22

④ 모세의 믿음과 약속의 땅으로 들어간 자들 11:23-31

⑤ 그 밖에 믿음의 모범들 11:32-40

⑥ 탁월한 믿음의 모범이신 예수를 바라보면서 경주하라 12:1-3

4 | 믿음으로 인내할 것을 독자들에게 권면함 12:4-29

3 믿음으로 모든 세계가 하나님의 말씀으로 지어진 줄을 우리가 아나니 보이는 것은
나타난 것으로 말미암아 된 것이 아니니라. 4 믿음으로 아벨은 가인보다 더 나은 제사

를 하나님께 드림으로 의로운 자라 하시는 증거를 얻었으니 하나님이 그 예물에 대하
여 증언하심이라. 그가 죽었으나 그 믿음으로써 지금도 말하느니라. 5 믿음으로 에녹
은 죽음을 보지 않고 옮겨졌으니 하나님이 그를 옮기심으로 다시 보이지 아니하였느
니라. 그는 옮겨지기 전에 하나님을 기쁘시게 하는 자라 하는 증거를 받았느니라. 6 믿
음이 없이는 하나님을 기쁘시게 하지 못하나니 하나님께 나아가는 자는 반드시 그가
계신 것과 또한 그가 자기를 찾는 자들에게 상 주시는 이심을 믿어야 할지니라. 7 믿음
으로 노아는 아직 보이지 않는 일에 경고하심을 받아 경외함으로 방주를 준비하여 그
집을 구원하였으니 이로 말미암아 세상을 정죄하고 믿음을 따르는 의의 상속자가 되
었느니라.

문맥

기자는 뒤로 물러나지 않도록[10:26-31] 믿는 도리의 소망을 견고하게 붙잡으라고[10:19-25] 독자들을 격려한다. 최종적인 상급을 받도록 끝까지 신뢰하기를 쉬지 말아야 한다.[10:32-39] 11장에서 기자는 끝까지 하나님을 신뢰했던 구약의 많은 모범들을 제공한다. 하나님이 약속하신 것들을 붙잡고 보이지 않는 일들이 실현될 것을 믿는 것이 믿음이다. 믿음은 세상이 하나님의 말씀으로 지어진 것을 안다.[3절] 가인의 불신앙과 달리 아벨은 믿음을 통해 의로운 자라 하는 증거를 얻었다.[4절] 하나님을 의지함으로 에녹은 하나님을 기쁘시게 했고, 하나님은 죽음을 보지 않도록 그를 땅에서 옮겨 가셨다.[5절] 비록 죽었지만 아벨은 하나님을 기쁘시게 했고, 에녹은 하나님을 기쁘시게 하고 죽음을 보지 않았다.[547] 아벨과 에녹은 히브리서 11장의 전체 메시지를 내다보게 한다.[548] 커크릴이 말하

547 참조. Lane, *Hebrews 9-13*, 335.

548 참조. Cockerill, *Hebrews*, 526.

는 바와 같다. "모든 신자는 아벨처럼 하나님이 약속한 것이 온전히 이루는 것을 보지 못한 채 죽는다. 에녹처럼 모든 신자는 사망을 이기는 승리를 약속받는다."[549] 기자는 잠시 멈추고 믿음이 얼마나 중요한지를 숙고한다.6절 믿음이 없이는 하나님을 기쁘시게 하지 못한다. 하나님을 기쁘시게 하기 위해서는 그분이 계신 것과 자기를 찾는 자들에게 상 주시는 이심을 믿어야 한다. 노아의 믿음 역시 두드러진다.7절 그는 하나님이 세상에 대한 심판을 선언하셨을 때, 아직 눈에 보이게 드러나지는 않았지만 그것을 믿었다. 노아는 자기 가족을 구원하는 방주를 건조함으로 세상을 정죄하여 믿음으로 의롭다 함을 받았다.

주석

11:3 이제 기자는 창조로부터 믿음의 모범들을 나열하기 시작한다.참조. §7 창조를 본 사람은 아무도 없다. 세상이 처음 시작될 때 무슨 일이 있었는지는 확인되거나 실험실에서 재연될 수 있는 것이 아니다. 신자들은 세상이 하나님의 말씀으로 "지어진"κατηρτίσθαι, "created" 혹은 "조성된""formed", NIV 혹은 "준비된""prepared", NRSV 것을 "믿음으로"by faith 이해하고 "안다."understand; 참조. 시 73:16; 88:8, 롬 9:22 [550] 여기서 기자는 하나님이 말씀하시고 그분의 말씀이 역사하여 그 하신 말씀이 실체가 되어 세상 만물이 있게 되는 창세기 1장을 반추한다.창 1:3, 6-7, 9, 11, 14-15, 20-21, 24, 26-27 시편 33:6에서 이와 유사한 개념을 볼 수 있다. "여호와의 말씀으로 하늘이 지음이 되었으며."참조. 시 148:5

여기서 결과절은 다양하게 이해될 수 있다. HCSB 번역은 보이는 세

549 같은 책, 526.

550 두 시편 본문은 모두 칠십인역으로부터 온 것이다.

상이 보이지 않는 "것들"로부터 비롯되는 것을 가리킨다. "보이는 것은 보이지 않는 것들로부터 비롯되었다."[551] 보이는 현실은 "실재하는 것들", 곧 하나님의 말씀으로부터 비롯된다고 말하는 것으로 이해될 수 있다.[552] 이런 이해가 갖는 문제는 보이지 않는 것들은 복수형ἐκ φαινομένων이고 하나님의 말씀은 단수형이라는 것이다.[553] 또한 지금 기자가 창세기 1:2에 묘사된 혼돈에 둘러싸인 이 땅을 가리키는 것 같지도 않다.[554] 혼돈에 휩싸여 있음에도 불구하고 이 땅은 여전히 보이는 것의 일부였고, 이 땅과 창조 기사에 나오는 혼돈을 분리해서는 안 되기 때문이다.창 1:1-2:3

NIV와 ESV는 이 절의 부정어를 부정사와 함께 취한다. "보이는 것은 보이지 않은 것으로부터 지어졌다." 문법적으로 볼 때, NIV와 ESV의 이해가 더 바람직하다. 여기서 부정어는 "나타난 것들"ἐκ φαινομένων이라는 전치사구가 아닌 "되다"γεγονέναι라는 부정사를 수식하기 때문이다.[555] 이런 해석은 이 장에서 기자가 말하고 있는 것에도 잘 부합한다. 세상이 창조된 것은 기적이다. 창조 이전부터 존재하던 질료로부터 비롯된 것이 아니다.[556] 무로부터의 창조는 경험적으로 논증할 수 있는 것이 아니라(배치되는 것도 아니지만) 믿음으로 받아들여야 한다.참조. §1

11:4 기자는 이제 창조에서 아벨과 가인에 대한 진술로 나아간다. 아

551 참조. Attridge, *Hebrews*, 315-16.

552 참조. Koester, *Hebrews*, 474; Ellingworth, *Hebrews*, 569; O'Brien, Hebrews, 401-2. 이런 이해에 따르면 "아니"μή라는 부정어는 "보이는"φαινομένων이라는 분사를 수식한다.

553 Adams, "Cosmology of Hebrews", 128.

554 같은 책, 127-28.

555 참조. Lane, *Hebrews 9-13*, 326-27; Hughes, *Hebrews*, 443. 둘 중에 무엇을 택해야 할지에 대해서는 엘링워스를 참조하라. *Hebrews*, 569.

556 기자가 여기서 무로부터의 창조를 주장하고 있는지를 분간하기란 쉽지 않다(참조. Philip E. Hughes, "The Doctrine of Creation in Hebrews 11:3", *BTB* 2[1972]: 164-77; Lane, *Hebrews 9-13*, 332). 나에게는 이것이 최선의 해석으로 보이지만 확실히 그렇다고 말하기는 어렵다.

벨은 그의 믿음 때문에 가인보다 "더 나은" 제사를 드렸다.창 4:3-5 놀라운 것은 창세기에는 아벨의 믿음에 대한 언급이 전혀 없다는 사실이다. 아벨이 한 일을 기록하고 있을 뿐이다. 가인이 자신의 곡물 중에서 제일 좋은 것으로 바치지 않은 반면에, 아벨은 "양의 첫 새끼와 그 기름으로" 드렸다는 진술을 통해 창세기는 아마도 아벨의 제사가 받아들여졌음을 나타내고 있을 것이다.창 4:4 [557] 그렇다면 창세기에서 침묵하고 있음에도 불구하고 어떻게 히브리서 기자는 아벨의 믿음을 보았는가? 하나님을 기쁘시게 하는참조. 뒤의 11:8에 대한 논의 그 어떤 순종의 행위도 믿음에서 비롯되는 것으로 보인다.참조. 3:12-4:11에 대한 논의 순종은 항상 믿는 마음을 원천으로 해서 흘러나온다. 그렇다면, 가인이 범한 보다 원천적인 죄는 불신앙이었다. 그의 제물이 받아들여지지 않은 것은 그가 하나님을 믿지 않았기 때문이다.

아벨은 하나님으로부터 의로운 자라 하시는 증거를 얻었다. 여기서 기자는 창세기 4:4의 말씀을 참작한다. "여호와께서 아벨과 그의 제물은 받으셨으나." 비록 히브리서가 그런 의로움이 그의 믿음에서 기인한 것으로 강조함에도 불구하고, 하나님께서 아벨을 그렇게 여기셨다는 사실은 아벨이 하나님이 보시기에 의로웠음을 보여준다. 이런 측면에서 히브리서는 믿음으로 말미암는 의를 말하는 바울의 가르침과 맥을 같이한다. 아벨이 드린 제물은 그가 가진 믿음의 진정성을 증명하고 인치는 그의 믿음에 대한 가시적인 표현이었다. 이제 아벨은 살아 있지

557 참조. L. Johnson, *Hebrews*, 280; Richardson, *Pioneer and Perfecter of Faith*, 170. 이와 달리 모벌리Walter L. Moberly는 아벨이 가인보다 더 나은 제사를 드린 어떤 근본적인 이유도 마소라 사본에서 찾아볼 수 없다고 여긴다("Exemplars of Faith in Hebrews 11: Abel", in *The Epistle to the Hebrews and Christian Theology*, ed. R. Bauckham, D. R. Driver, T. A. Hart, and N. MacDonald [Grand Rapids, MI: Eerdmans, 2009], 356-58).

않지만, 그가 가졌던 믿음은 그 이후 오늘날까지도 그를 믿음의 모범으로 천거된다.[558] 히브리서를 읽는 독자들은 아벨로부터 영감을 얻고 하나님을 신뢰한 그의 모범을 따라야 할 것이다.

11:5 아벨을 이어 믿음의 모범으로 인용된 인물은 에녹이다.[창 5:21-24] 창세기에 따르면 에녹은 65세에 그의 아들 므두셀라를 보았다. 므두셀라가 태어난 이후로 300년간을 에녹은 "하나님과 동행"했다.[5:22, 24] 에녹이 365세 되던 해에 하나님은 그를 땅에서 데려가셨기 때문에 에녹은 결코 죽음을 맛보지 않았다.

히브리서는 우리를 위해 에녹의 일화를 해석해 준다. 기자는 이 절에서 에녹이 죽지 않았다는 사실을 다섯 차례에 걸쳐서 다른 방식으로 언급하면서 이 사실에 주목한다. 기자는 독자들이 죽음을 피할 수 있을 것이라 기대하지 않았다. 따라서 그의 요지는 에녹에게 주어진 상급과 신자들에게 약속된 상급 간의 유사성을 보는 것이다. 에녹이 죽음을 맛보지 않았던 것처럼, 죽은 자 가운데서 다시 일어나는 날 독자들은 최종적으로 사망을 이길 것이다. 에녹과 관련하여 놀라운 것은, 그가 하나님을 "기쁘시게 했다"[εὐαρεστηκέναι]는 사실이다. 지금 기자는 칠십인역을 인용하고 있다. 마소라 사본은 에녹이 하나님과 동행했다고 말한다. 하지만 에녹은 자신의 믿음으로 하나님을 기쁘시게 했다. 하나님에 대한 믿음을 힘입어 하나님과 동행하고 하나님을 기쁘시게 하도록 북돋움을 받았다. 기자는 지금 에녹이 죽음을 맛보지 않도록 하나님이 그에게 상을 베푸신 것을 강조함으로,[559] 독자들에게 주를 섬기는 것이 "가치 있는" 일임을 상기시키는 것이 분명하다. 또한 기자는 지금 예수의 승귀

558 참조. O'Brien, *Hebrews*, 403-4; Richardson, *Pioneer and Perfecter of Faith*, 172.

559 참조. L. Johnson, *Hebrews*, 282.

를 내다보고 이렇게 말하는 것인지도 모른다. 에녹이 그의 믿음으로 상을 받았던 것처럼, 예수 역시 하나님 우편에 좌정하는 상을 받았다.[560]

11:6 믿음의 긴요함을 설명한다. 믿음이 없이는 하나님을 기쁘시게 못한다. 다시 말하지만, 이 개념은 바울 신학에서 볼 수 있는 것과 아주 가까운 것처럼 보인다.참조. 롬 14:23 인간은 자신의 삶 전체를 하나님의 주되심과 사랑에 의탁하고 하나님을 의지할 의무가 있다. 하나님이 믿음을 기뻐하시는 이유는 하나님을 신뢰하는 것은 곧 하나님을 사랑하는 것을 의미하기 때문이다. 하나님의 선하심을 믿는 것 없이 하나님을 향한 신뢰는 꽃피우지 못한다.

본문은 믿음과 관련하여 두 가지를 언급한다. 첫째, 믿음은 믿음의 대상을 토대로 한다. 하나님이 계시는 것을 믿지 않으면 하나님께로 나아갈 수가 없다. 하나님에 대한 이런 믿음은 근본적이고 기초적이지만, 그것만으로는 충분할 수가 없다. 하나님에 대한 믿음은 필요하다. 하지만 그것이 충분조건은 아니다. 하나님을 믿는 자들은 또한 하나님이 "자기를 찾는 자들에게 상 주시는 이심"을 믿어야 한다. 하나님을 의지함에 따라 얻는 유익이 없다면, 하나님에 대한 믿음은 존재할 수 없을 것이다. 하나님은 "지금 신자들을 위해 능력으로 역사하시는 이심"을 믿는다.[561] 독자들이 진실로 하나님을 의지한다면, 그리스도를 떠나 영원한 생명의 상급을 잃어버리려 하지 않을 것이다.10:35 모세는 하나님의 백성과 함께 고난받는 길을 택했다. 하나님이 주시는 상에 그의 마음을 두었기 때문이다.11:26 기자는 독자들에게 하나님을 의지하도록 초청한다. 그렇게 함으로 궁극적으로 가장 큰 기쁨을 맛볼 수 있기 때문이다.

560 참조. Richardson, *Pioneer and Perfecter of Faith*, 176-77.

561 Cockerill, *Hebrews*, 531.

저들은 "주의 복락의 강물을 마실" 것이다.[시 36:8, NRSV]

11:7 다음으로 기자가 믿음을 묘사하는 모범은 노아다. 하나님은 온 세상이 홍수로 멸망할 것이라는 아직 눈앞에 닥치지 않는 사실을 그에게 알리면서 어떻게 그 일을 준비할지를 가르치셨다.[창 6:13-18] 노아는 믿음을 발휘해 아직 일어나지 않아 눈으로 볼 수 없는 사실임에도 그것을 확신했다. 앞에서 우리는 믿음이란 보이지 않는 하나님의 약속들을 의지하고 그것을 확신하는 것임을 보았다.[11:1] 믿음은 세상이 어떻게 지어졌는지 볼 수 없지만 하나님이 만물을 지으셨음을 믿는다. 노아는 온 세상을 집어삼킬 멸망시키는 홍수가 무엇인지 개념조차 없었다. 하지만 전혀 본 적조차 없음에도 불구하고 그는 하나님이 말씀하신 것을 믿었다. 마찬가지로 독자들은 보이지 않는 하나님의 약속을 바라보고 그것들이 이루어질 것을 믿어야 한다.

"경외함"[εὐλαβηθείς]으로 노아는 하나님이 말씀하신 것을 믿었다. 또한 임박한 심판을 확신함으로 그는 자신의 가족을 구원할[σωτηρίαν] 방주를 건조했다. 독자들은 이런 노아를 본받아야 한다. 그들에게 구원은 단순히 육체적인 구원이 아니라, 그들이 하늘 도성에 들어가느냐의 여부가 달린 일이기 때문이다. 노아는 자신의 믿음으로 세상을 정죄했다. 믿음으로 노아는 자신이 하나님을 신뢰하고, 하나님께 자신을 의탁하고, 하나님께 속했음을 보여주었기 때문이다. 노아 당대의 문화가 그랬던 것과 달리 노아는 자신을 악에게 내어 주지 않았다. 자신의 의지를 하나님께 복종하도록 했다. 이를 통해 그는 "믿음으로 얻는" 하나님과의 바른 관계를 받아 누렸다.[ESV] 하나님과 바른 관계를 맺지 않은 세상은 정죄를 당했다. 그런 세상의 거민들 역시 하나님과 바른 관계를 맺지 않았다. 하나님을 의지하고 순종하지 않았기 때문이다.[562] 반면에, 여기서 묘사되는 기업은 앞에서 언급한 "바울이 말하는" 범주와 맞지 않을 수도 있다.[563] 아마도 노아는 죽을 때에 자신의 기업을 부분적으로 받았을 것이고,[12:23] 마지막 날에 그것을 온전하게 누릴 것이다.[10:25] 그렇다면 기자는 지금 노아가 신자들에게 약속된 나라를 받은 것을 강조하고 있는 것일 수 있다.[12:28] 또 다른 가능성은 기자가 홍수 후의 세상을 노아가 받은 기업으로 인식하는 것이다. 홍수 후의 세상은 소위 정결하게 되고 회복된 새로운 세상이었기 때문이다. 만약 이 마지막 가능성을 취한다면, 히브리서 기자는 장차 받게 될 나라와[12:28] 하늘 도성[11:10-16, 12:22, 13:14]을 대망하는 것을 노아가 받은 기업으로 보고 있을 것이다.

성경신학적 적용

믿음은 하나님의 약속을 의지함으로 보이지 않는 것을 바라보는 것이다. 믿음은 비합리적이지 않다. 진실로 세상을 창조하고, 에녹을 죽음으로부터, 노아를 홍수로부터 건지신 하나님을 믿는다. 하지만 믿음이 처음부터 이런 것들을 보는 것은 아니다. 믿음은 하나님이 자기를 찾는 자들에게 상 주실 것을 믿는다. 믿음의 결과로 죽음을 맞이할 것을 알면서도 아벨이 했던 것처럼 하나님을 의지한다. 믿음은 당대에 유행하는 관점이나 일어난 사건들을 의지하지 않고, 하나님의 말씀과 자기 백성들에게 주신 하나님의 약속에 소망을 둔다.

562 여기에는 노아가 당대의 거민들에게 설교했다는 개념이 전혀 나타나지 않는다(O'Brien, *Hebrews*, 408; Cockerill, *Hebrews*, 533).

563 여러 다양한 선택 가능성에 대한 탁월한 논의를 위해서는 리처드슨을 참조하라. *Pioneer and Perfecter of Faith*, 179-83.

11:8-22

I. 프롤로그: 아들을 통해 이루어진 결정적이고 최종적인 계시 1:1-4

II. 천사들보다 위대하신 아들을 저버리지 말라 1:5-2:18

III. 아들을 모세와 여호수아보다 더 위대한 대제사장으로 가진 너희는 마음을 완고하게 하지 말라 3:1-4:13

IV. 레위기의 율법이 정하는 대제사장직보다 더 위대한 멜기세덱의 반차를 따른 예수의 대제사장직으로부터 흘러 떠내려가지 않도록 하라 4:14-10:18

V. 맺는말로서의 권면과 경고 10:19-12:29

1 | 하나님께로 가까이 나아가고, 믿음의 도리를 굳게 잡고, 서로 돌아볼 것을 권면함 10:19-25

2 | 경고: 그리스도를 저버린 자들에게는 사죄의 소망이 없음 10:26-31

3 | 끝까지 믿음으로 견딜 것을 촉구함 10:32-12:3

1) 확신을 저버리지 말고 믿음으로 인내하라 10:32-39

2) 끝까지 견디는 믿음에 대한 묘사와 모범 11:1-12:3

① 믿음의 본질 11:1-2

② 노아로 말미암은 창조 11:3-7

③ 아브라함과 그의 후손들의 믿음 11:8-22

④ 모세의 믿음과 약속의 땅으로 들어간 자들 11:23-31

⑤ 그 밖에 믿음의 모범들 11:32-40

⑥ 탁월한 믿음의 모범이신 예수를 바라보면서 경주하라 12:1-3

4 | 믿음으로 인내할 것을 독자들에게 권면함 12:4-29

8 믿음으로 아브라함은 부르심을 받았을 때에 순종하여 장래의 유업으로 받을 땅에 나
아갈새 갈 바를 알지 못하고 나아갔으며 9 믿음으로 그가 이방의 땅에 있는 것같이 약

속의 땅에 거류하여 동일한 약속을 유업으로 함께 받은 이삭 및 야곱과 더불어 장막
에 거하였으니 10 이는 그가 하나님이 계획하시고 지으실 터가 있는 성을 바랐음이라.
11 믿음으로 사라 자신도 나이가 많아 단산하였으나 잉태할 수 있는 힘을 얻었으니 이
는 약속하신 이를 미쁘신 줄 알았음이라. 12 이러므로 죽은 자와 같은 한 사람으로 말
미암아 하늘의 허다한 별과 또 해변의 무수한 모래와 같이 많은 후손이 생육하였느니
라. 13 이 사람들은 다 믿음을 따라 죽었으며 약속을 받지 못하였으되 그것들을 멀리서
보고 환영하며 또 땅에서는 외국인과 나그네임을 증언하였으니 14 그들이 이같이 말하
는 것은 자기들이 본향 찾는 자임을 나타냄이라. 15 그들이 나온 바 본향을 생각하였더
라면 돌아갈 기회가 있었으려니와 16 그들이 이제는 더 나은 본향을 사모하니 곧 하늘
에 있는 것이라. 이러므로 하나님이 그들의 하나님이라 일컬음 받으심을 부끄러워하
지 아니하시고 그들을 위하여 한 성을 예비하셨느니라. 17 아브라함은 시험을 받을 때
에 믿음으로 이삭을 드렸으니 그는 약속들을 받은 자로되 그 외아들을 드렸느니라. 18
그에게 이미 말씀하시기를 네 자손이라 칭할 자는 이삭으로 말미암으리라 하셨으니 19
그가 하나님이 능히 이삭을 죽은 자 가운데서 다시 살리실 줄로 생각한지라. 비유컨대
그를 죽은 자 가운데서 도로 받은 것이니라. 20 믿음으로 이삭은 장차 있을 일에 대하
여 야곱과 에서에게 축복하였으며 21 믿음으로 야곱은 죽을 때에 요셉의 각 아들에게
축복하고 그 지팡이 머리에 의지하여 경배하였으며 22 믿음으로 요셉은 임종시에 이스
라엘 자손들이 떠날 것을 말하고 또 자기 뼈를 위하여 명하였으며

문맥

권면 부분은 그리스도께 계속해서 견고하게 붙어 있고 믿음의 도에서 떨어져 나가지 말라는 촉구와 함께 시작한다.[10:19-31] 독자들은 그들이 가진 담대함을 저버리지 말고 최종 상급을 받기까지 계속해서 하나님을 의지해야 한다.[10:32-39] 11장에서 기자는 구원하는 믿음의 성격을 나열한다. 믿음은 보이지 않는 하나님의 약속들을 확신한다.[11:1] 이런 믿음

을 통해 오래전 아벨이나[11:3-4] 에녹이나[11:5-6] 노아와[11:7] 같은 믿음의 조상들이 증거를 얻었다.[11:2] 8-22절까지는 아브라함과 그의 후손들의 믿음을 반추한다. 아브라함은 자기에게 약속된 땅이 어디 있는지조차 몰랐지만 믿음으로 본토를 떠났다.[11:8] 아브라함, 이삭, 야곱은 약속의 땅에서 이방인으로 살았다.[11:9] 그들은 나그네로 살 힘을 얻었다. 하나님의 도성을 바랐기 때문이다.[11:10] 믿음으로 아브라함과 사라는 후손을 주신다는 약속을 믿었다. 그것도 하늘의 별과 같이 많은 후손을 주신다는 약속이었다.[11:11-12] 그럼에도 불구하고 그들은 여전히 이 약속이 성취되는 것을 보지 못했고 외국인과 나그네로 살다 갔다.[11:13] 이런 사실로부터 그들이 과연 하늘 본향을 찾는 자들이었음이 분명히 드러난다.[11:14-15] 이로 말미암아 하나님은 기꺼이 그들의 하나님이 되셨고 그들을 위한 한 성을 예비하셨다.[11:16] 아브라함은 필요하다면 하나님께서 이삭을 죽음에서 다시 살리실 것을 기대하고 믿음으로 이삭을 바쳤다.[11:17-19] 이삭, 야곱, 요셉 역시 믿음을 발휘했다. 그들은 장래를 바라고 하나님께서 자신의 약속을 이루실 것을 확신했기 때문이다.[11:20-22] 이 부분이 특별히 강조하는 바와 같이 믿음은 장래에 대한 하나님의 약속을 믿는 것이다. 장래의 상급을 바라고 하나님을 의지하는 것이다.

주석

11:8 믿음의 행렬은 계속된다. 또한 아브라함이 자연스럽게 노아의 뒤를 잇는다. 기자는 창세기 12:1[NASB]을 반추한다. "여호와께서 아브람에게 이르시되 너는 너의 고향과 친척과 아버지의 집을 떠나 내가 네게 보여 줄 땅으로 가라." 그리고 창세기 12:4은 말한다. "이에 아브람이 여호와의 말씀을 따라갔고." 히브리서는 이때 일어난 일을 이렇게 요약한다. "믿음으로 아브라함은 부르심을 받았을 때에 순종하였다." 그가 하나님

의 부르심에 순종한 것은 분명하다. 그러나 히브리서는 아브라함의 순종이 그의 믿음에서 비롯된 것이라고 덧붙인다. 기자가 여기서 말하는 것을 볼 때 아브라함이 믿었다는 언급이 창세기 15:6에서 처음 나오지만, 그럼에도 불구하고 아브라함의 처음 믿음의 행위는 창세기 15:6에서 일어나지 않았다. 그가 자신의 본토를 떠나는 일을 무릅쓸 수 있었던 것은 하나님을 믿었기 때문이다. 이런 언급은 창세기 15:6에 호소하여 아브라함이 믿음으로 의롭다 여김을 받았다고 하는 바울의 선언과 배치되지 않는다.[롬 4:3, 갈 3:6] 오히려 믿음이 뿌리이고 순종은 열매라는 사실을 보여줌으로 바울의 가르침을 확증한다.

아브라함은 그의 유업이 될[11:8] 땅을 약속받았지만,[창 12:1] 그 땅을 향해 나설 때 그곳이 어디인지조차 알지 못했다.[564] 아브라함은 하나님이 그가 유업으로 받을 땅을 알려 주시고 그곳을 자기에게 주실 것이라 믿었다. 기자는 처음에는 그 끝을 볼 수 없는 것이 믿음이라고 독자들에게 교훈한다. 믿음은 항상 하나님의 약속을 의지한다. 심지어 그 약속이 이루어지지 않을 것처럼 보이는 때조차 그렇게 한다. 독자들 역시 그렇게 해야 한다. 하나님께 전적으로 자신을 맡기고 그분이 최종적인 유업을 주실 것을 믿어야 한다.

11:9 약속의 땅에 이른 아브라함은 곧바로 그 땅을 소유로 취한 것이 아니다. 사실, 그는 전혀 이 땅을 소유하지 않았다! 하나님의 약속이 잘못된 것처럼 보였을 수 있다. 그 땅에서 아브라함은 나그네와 이방인으로 살았다.[참조. 창 17:8; 20:1; 21:34; 24:37, 대상 16:19] 한곳에 자리를 잡지 않고 목자로 장막을 치고 끊임없이 옮겨 다니며 살았다. 이삭과 야곱도 다르지 않았다. 그들 역시 전체 삶을 통틀어 그 땅을 소유하지 않았고, 이곳저

564 여기서 우리는 믿음이 가진 미래지향성을 본다. 참조. Attridge, *Hebrews*, 322.

곳을 거류하는 나그네로 살았다.창 26:3, 37:1, 47:9 살아생전에 자신들이 받은 약속이 이루어지지 않았음에도 불구하고 이 약속을 견고하게 붙들었다.

11:10 어떻게 아브라함은 땅에 대한 약속이 이루어지지 않은 때조차 계속해서 하나님을 의지할 수 있었는가? 기자는 아브라함이 장차 이루어질 어떤 것, 가나안이라는 이 땅보다 더 위대한 것을 바라보았다고 주장한다. 도래하는 한 도성을 바라보았을 것이다. 이 도성은 "터"가 있는 성, 곧 진동치 않는 성이다. 성에 대한 약속은, 장차 견고하게 될 것이라고 우리가 듣는 예루살렘에 대한 구약의 약속들을 상기시킨다.사 33:20, 54:11-12; 참조. 시 87:1-3 장차 임하게 될 새 예루살렘에 대한 기대는 제2성전기의 유대교에서도 발견되고,제2바룩 4:1-7, 제4에스라 13:36, 단의 증거 5:12, 시빌의 신탁 5.420-33 신약성경의 다른 곳에서도 찾아볼 수 있다.갈 4:26, 빌 3:20, 계 21:1-22:5 이 성을 훼파하거나 대체할 것은 아무것도 없다. 12:28에서도 이 나라에 대해 유사한 이야기를 한다. 이 나라는 "흔들리지 않는 나라"다. 이 성을 훼파할 자가 없는 것은 "하나님이 계획하시고 지으신" 성이기 때문이다.[565] 어떤 인생도 하나님의 도성을 전복시킬 수 없다. 인간의 도성은 일시적이지만 하나님의 도성은 영원하다. 여기서 우리는 다시 기자의 예표론을 볼 수 있다. 가나안 땅은 보다 위대한 것, 이 땅의 그 어떤 곳보다 심오하고 영속적인 무엇을 가리킨다. 그것은 바로 하나님의 도성이다. 아브라함은 가나안보다 더 위대한 무엇이 자기를 기다리고 있음을 깨닫기 시작했다. 하나님의 도성을 유업으로 받을 것이라는 사실을 깨닫기 시작한 것이다.

11:11 대부분의 역본들은 사라를 주동사의 주어로 본다.[566] 하지만 이

565 여기서 사용된 "계획자"와 "건축자"는 그 의미가 거의 비슷하다(참조. L. Johnson, *Hebrews*, 290).

566 이런 이해를 위해서는 다음을 참조하라. p^{13vid}, א, A, D^2, M, Augustine. 사라를 주어

동사가 의미하는 바에 대해서는 의견이 분분하다.[567] 가능한 또 다른 해석을 NRSV가 잘 보여준다. "나이가 너무 많음—사라 역시 불임 상태였다—에도 불구하고 믿음으로 그[아브라함]는 잉태할 수 있는 힘을 얻었는데, 이는 그가 약속하신 이를 미쁘다 여겼기 때문이다."[568] NRSV와 다른 해석자들에 따르면, 이 절에서 주어는 사라가 아닌 아브라함이다. 이 말이 아브라함을 가리키는 것으로 보는 가장 중요한 이유는 "잉태할 수 있는 힘"δύναμιν εἰς καταβολὴν σπέρματος이라는 표현 때문이다. 문자적으로는 "생식력"lay down of seed이다. 여기서 묘사된 행위는 자녀를 갖는 데 있어서 여자보다는 남자가 하는 역할에 부합한다.[569] 이렇게 이해하면, 아브라함은 나이가 들었음에도 불구하고 자녀를 가질 수 있는 정자를 생산할 능력을 받은 것이다. 아브라함을 주어로 한다면, 사라에 대한 어구는 대격으로 "불임 상태였던 사라 자신과 더불어"라고 번역할 수 있다. 아니면 여성 분사 "being"οὖσα을 함축하는 것으로, 사라가 불임 상태였음에도 불구하고 아브라함이 생산할 수 있는 능력을 받았다고 말하는 것이다.[570] 11:12의 "한 사람으로 말미암아"가 분명히 아브라함을 가리킨

로 옹호하는 입장에 대해서는 다음을 참조하라. L. Johnson, *Hebrews*, 291-92; Hughes, *Hebrews*, 472-75. 히브리서가 반여성적인 입장이 아니라는 이해를 옹호하는 논의에 대해서는 모서를 참조하라. "No Lasting City: Rome, Jerusalem and the Place of Hebrews in the History of Earliest 'Christianity'"(Ph.D. diss., St. Andrews University, 2004), 245-52.

567 이 절에 대한 나의 논의는 상당 부분 존슨의 저작을 따른다. *Hebrews*, 291-92.

568 이 경우 불임 상태였던 사라 자신은 대격으로 이해된다(Bruce, *Hebrews*, 299-302; Attridge, *Hebrews*, 324-26; Ellingworth, *Hebrews*, 586-88). 아니면 사라에 대한 언급은 삽입구다(Koester, *Hebrews*, 488). 레인은 이 대목을 양보절로 본다(*Hebrews 9-13*, 344-45). 엘링워스는 레인의 제안은 문맥상으로는 문제가 없으나 덕분에 헬라어 문장 구조를 과도하게 왜곡하고 있다고 말한다(*Hebrews*, 587).

569 참조. Thayer; BDAG.

570 이 분사는 양보를 나타내는 것으로 이해되어야 한다.

다는 사실 또한 아브라함을 주어로 보는 해석을 뒷받침한다. 창세기 16장에서 사라는 자신의 여종 하갈을 아브라함에게 줄 정도로 믿음이 없었고, 주의 천사가 나타나 그녀가 아들을 낳을 것이라 했을 때 불신앙으로 웃었다는 사실[창 18:9-12] 또한 주목해 볼 수 있다.

하지만 아브라함이 주어임을 뒷받침하는 주장들에도 불구하고, 다음과 같은 이유들을 볼 때 여기서 주어는 사라라고 보아야 할 것이다. 첫째, 헬라어 본문은 분명히 "사라"를 주격으로 기록하고 있고, 이 말을 대격으로 볼 본분상의 증거가 전무하다. 양보의 분사가 함축된 것으로 보고 "being"[οὖσα]을 삽입하는 것 역시 해결책은 못되는 것이, 이 절을 읽을 때 이 분사가 생략된 것이 명확하게 드러나지 않기 때문이다. 따라서 문법적으로 가장 타당한 해결책은 사라를 주어로 보는 것이다. 둘째, 처음 아들에 대한 약속을 듣고 사라가 웃었을 것이다. 하지만 아브라함 역시 하갈과 이스마엘의 사건과 관련하여 사라와 마찬가지로 믿음이 없었을 것이고,[창세기 16장] 아들에 대한 약속을 들었을 때는 그도 역시 웃었다.[창 17:17] 어쨌든 그들 모두 처음에는 의심했지만 결국 믿음에 이르렀다. 셋째, 12절이 말하는 한 사람의 역할이 후손을 갖는 데 있어서 사라의 참여와 믿음을 배제하는 것은 아니다.[571] 네 번째 마지막 이유로, 가장 어려운 난제는 씨를 심는다는 표현이다. 이 말을 목적절로 이해해서 아브라함이 생산한 정자를 사라가 받아들여서 잉태하는 것을 가리키는 것으로 볼 수 있다. 아니면 씨를 심는다는 이 표현을 강조하지 않고 이 절에서 기술적으로 사용하고 있지 않다고 보는 것이다. 기자는 자녀를 잉태하는 능력을 일반적으로 말하고 있다.

571 덧붙여 말하자면, 유대 전승에서는 여성들 역시 임신을 위해 필요한 씨를 제공하는 것으로 언급된다(Ellingworth, *Hebrews*, 587; F. Hauck, "καταβολή", *TDNT*, 3.621n3).

어느 경우든 자녀를 갖는 선물은 아브라함과 사라의 믿음에서 기인한다. 그들이 자녀를 가질 것이라 약속하신 하나님을[창 12:2, 15:1-6, 17:5-6, 15-21, 18:10-14] 미쁘시다 여겼고, 기적 같은 이 일이 실제로 일어났다.

11:12 따라서[διό] 하나님의 약속을 믿는 아브라함의 믿음 때문에, 그를 통해 많은 후손들이 태어났다. 아브라함이 그토록 많은 후손들을 갖게 된 것은 기적이었다. 아브라함은 자녀를 낳을 수 있는 생식력에 있어서는 죽은 자와 같았기 때문이다. 그러나 하나님은 놀라운 일을 이루신다. 자신의 약속이 이루어지지 않을 것처럼 보이는 때에 특별하게 역사하신다. 이사야 51:2은 바로 이 기적을 가리켜 하는 말이다. "너희의 조상 아브라함과 너희를 낳은 사라를 생각하여 보라. 아브라함이 혼자 있을 때에 내가 그를 부르고 그에게 복을 주어 창성하게 하였느니라."[572] 그 결과 아브라함의 후손들이 하늘의 별과 같고 해변의 모래와 같이 많아졌다. 여기서의 표현은 창세기 22:17과 유사하고, 기자가 이 본문에 호소하여 말하는 것이 분명하다.[참조. 창 15:5] 독자들은 믿음에 약해지지 말아야 한다. 그들이 구약성경을 읽는다면, 하나님께서 자신의 약속을 이루시는 것을 떠올릴 것이다. 하지만 하나님은 누구도 예상하지 못하는 때와 장소에서 그렇게 일하시는 때가 많다. 아브라함은 이스마엘을 약속의 성취로 생각했다.[창 17:15-21] 하지만 하나님은 아브라함과 사라에게 이삭을 주심으로 이 약속을 이루셨다. 그들이 가장 예상하지 못한 때에 이 약속이 이루어진 것이다. 하지만 생의 마지막에 이르러 그들은 하나님이 자신이 약속하셨던 것을 이루실 수 있고 또 이루실 것을 믿었다.

11:13 한편으로 하나님이 자신의 약속들을 이루시지만, 다른 한편으로 족장들은 자신들이 받은 약속들이 이루어지는 것을 보지 못하고 죽

572 참조. Ellingworth, *Hebrews*, 590.

었다. 자녀들을 받기는 했지만 하늘의 별과 같이 많은 자녀는 아니었다. 그들은 "땅에서는 외국인과 나그네"로참조. 창 23:4, 시 39:12, §6 살았지만 그들의 사회적 지위 때문에 한탄하거나 하지 않았고, 오히려 자신들이 이 땅의 시민들이 아닌 외국인으로 살고 있음을 "고백했다." 이 절에서 외국인임을 나타내는 두 단어는 문맥상 서로 구별되지 않는다.[573] 비록 가나안 땅을 소유하지는 못했음에도, 족장들은 냉소와 불신앙으로 생을 마감하지 않았다. 오히려 그들은 약속된 것들을 받지 못했음에도 불구하고 믿음으로 생을 마감했다. 그럼에도 불구하고 그들은 믿음의 눈으로 약속된 것들을 "보았다."ἰδόντες [574] 그렇다고 저들이 주변의 실재에 대해 눈을 감아 버린 것이 아니다. 약속의 실현이 아직 멀었음πόρρωθεν을 인식했기 때문이다. 약속들이 이미 이루어진 것처럼 하지도 않았다. 하지만 그들은 하나님이 신실하신 분임을 알았다.[575] 자신들이 받은 약속들이 마침내 이루어질 것을 알았다는 의미에서 그들은 약속을 "환영했다."NIV, ἀσπασάμενοι 기자는 독자들이 이 대목이 갖는 그들의 상황과의 유사성을 보기를 바란다. 그들은 작금의 어려움 속에서 하나님이 자신이 약속하신 것들을 이루지 않고 있다고 느낄 수도 있다. 하지만 보다 큰 그림은 하나님은 항상 자신이 하신 말씀에 대해 신실했음을 보여준다.

573 L. Johnson, *Hebrews*, 292.

574 보크뮤엘Markus Bockmuehl은 믿음이 말 그대로 맹목적인 것을 뽐내지 않는다고 생각한다. 중요한 것은, 하나님이 약속하신 것을 신자들이 지금 보지는 못하지만 멀리서나마 약속된 것들을 믿음으로 **본다**는 것이다. "Abraham's Faith in Hebrews 11", in *The Epistle to the Hebrews and Christian Theology*, ed. R. Bauckham, D. R. Driver, T. A. Hart, and N. MacDonald(Grand Rapids, MI: Eerdmans, 2009), 369-71.

575 기자는 6:15에서 아브라함이 약속을 받았다고 말한다. 하지만 여기서 기자는 이삭과 관련된 약속을 말하고 있고, 여기 히브리서 11:13에서 초점은 땅에 대한 약속이다(Attridge, *Hebrews*, 329).

11:14 이 땅에서 외국인과 나그네와 이방인으로 살아가는 것을 인정하는 사람들은 자신들이 다른 "본향"πατρίδα을 찾는 자들임을 분명히 한다. 이 땅에 소망을 두고 살아간다면 하늘에 정주하기를 열망하지 않을 것이다. 다시 한 번 이 말은 또한 독자들을 위한 것이기도 하다. 그들의 유업은 하늘에 속한 종말론적인 것이다. 바로 지금 그들은 이방인으로 살아간다. 또한 도래하는 유업을 기다린다.

11:15 족장들은 자신들이 세상의 그 어떤 땅도 바라보지 않았음을 보여주었다. 그렇지 않다면 가나안에서 나그네와 외국인으로 사는 동안, 자신들이 처음 살던 땅으로 다시 돌아갈 수도 있었을 것이기 때문이다. 아브라함은 우르나 하란 땅으로 돌아갈 수 있었을 것이지만, 기어이 자신의 종에게 이삭을 데리고 다시 그곳으로 돌아가지 못하도록 했다.창 24:6 [576] 야곱 역시 가나안으로 다시 돌아오는 대신 라반과 함께 그곳에 눌러앉을 수 있었을 것이다. 이런 그들의 모습은 그들이 여호와께 깊이 헌신했음을 보여준다. 반면에 히브리서 독자들은 이와 반대 방향으로 기울어져 있었다. 이 세상의 안정감과 위안을 누릴 수 있는 유대교로 돌아갈 유혹을 받고 있었다. 로마 제국 당시 유대교는 합법적인 종교였고, 핍박을 면하고자 독자들은 유대교로 돌이키는 쪽으로 기울어져 있었을 것이다. 어쩌면 반복되는 구체적인 레위기의 제사 의식들을 통해 그들의 죄가 사해졌다는 보다 손에 잡히는 확신을 얻기를 원했을 수도 있다. 자신의 조상들의 신앙으로 돌이킨다고 말함으로 자신들의 행위를 정당화했을 수도 있다. 그러나 기자에 따르면, 사실 그들의 조상들은 뒤를 돌아본 것이 아니라 앞을 내다보는 자들이었다. 이 땅의 도성이 아닌 하늘의 도성을 신뢰했고, 독자들은 아브라함과 이삭과 야곱이 보

576 O'Brien, *Hebrews*, 421.

여준 모범을 따라가야 한다.

11:16 족장들은 새로운 바람으로 고무되었고 경건한 열망으로 타올랐다. 그들은 "더 나은" 본향을 바랐다. "더 나은"κρείττονος이라는 말은 히브리서에서 중요한 역할을 한다. 예수는 천사보다 훨씬 더 뛰어나다[1:4]; 멜기세덱은 아브라함보다 더 높다[7:7]; "더 좋은 제물"을 드리셨기 때문에[9:23] 예수는 "더 좋은 소망"[7:19]과 "더 좋은 언약"을 가져다주신다[7:22, 8:6]; 예수의 피는 아벨의 피보다 "더 낫다."[12:24] 또한 이 절과 부합하게 신자들은 "더 나은 소유"를 대망하고,[10:34] 구약성경의 성도들은 새 언약의 신자들과 더불어 "더 좋은 부활"과[11:35] "더 좋은 것"을[11:40] 대망한다. 더 나은 본향은 하나님이 자기 백성들을 위해 예비하신 "도성"이다. 하나님은 이 도성을 계획하고 지으신 이시고, 그것은 바로 하늘 도성이다.[12:22] 사람이 지은 이 땅의 도성은 하나님의 도성인 더 나은 하늘의 도성의 전조다.[13:14] 같은 방식으로 요한은 자신의 독자들을 도래하는 하늘 도성에 대한 약속으로 위로했다.[계 21:1-22:5]

하늘 도성의 약속은 예루살렘에 대한 놀라운 약속들이 있는 구약성경에 뿌리박고 있다. 구약성경에서 우리는 예루살렘의 장래와 관련된 기도와 약속들을 볼 수 있는데,[시 51:18; 122:6; 128:5; 137:5-6; 147:2, 사 30:19; 33:20; 52:1, 9, 단 9:25, 욜 3:1, 20, 습 3:16-17, 슥 1:14; 2:2, 4, 12; 8:4, 15; 9:9; 12:2-3, 6, 8-10] 이처럼 "여호와께서 시온 산과 예루살렘에서 왕이 되시고" 다스리실 것이다.[사 24:23] 예루살렘은 거룩하고,[사 4:3-4, 욜 3:17, 슥 8:3] 용서받고,[슥 13:10] 위로 넘치고,[사 66:13] 안전하고,[렘 33:15, 슥 14:11-12] 기쁨이 넘치고,[사 65:18] 하나님의 놀라운 복을 받는[사 62:1-12, 슥 1:17] 우주의 중심이 될 것이다.[사 2:3, 미 4:2; 참조. 렘 3:17, 슥 8:22; 14:16-17] 히브리서에 따르면, 구약성경에서 이 땅의 예루살렘에 대해 말하는 것들이 하늘의 예루살렘에서 성취된다. 이런 사실은 히브리서에서 너무나 자주 드러나는 땅과 하늘의 형식과도 잘 맞는다. 이는 또한 히브리서에서 말하는 예표론의 성격에도 부합한다. 이처럼 여기에도 이 땅의 도성에서 하늘 도성으로의 점층이 자리한다.

조상들이 하늘 본향과 도성을 바랐고 하늘은 하나님의 처소이기 때문에, 그들이 바란 이 세상의 어떤 것보다도 하나님을 바랐던 것이 분명하다. 그들이 이렇게 하나님을 바랐기 때문에 하나님은 그들의 하나님으로 불리우기를 부끄러워하지 않으셨다. 하나님 앞에 거하는 것은 그들의 가장 큰 갈망이었기에, 하나님은 그들의 하나님으로 드러나기를 부끄러워하지 않으셨다. 실제로, 하나님은 그들이 자기와 함께 영원히 거하도록 그들을 위해 하늘 도성을 마련하셨다. 기자는 독자들에게 동일한 것을 권면한다. 그들은 이 땅의 위안이 아니라 하나님이 계시는 하늘의 처소를 열망해야 한다. 마지막까지 믿음과 소망 가운데 인내하고, 하나님이 그들을 위해 한 성을 예비하신 것을 깨달아야 한다.

11:17 이제 기자는 구약성경에 기록된 가장 중요한 사건들 가운데 하나로 눈을 돌린다. 아브라함이 이삭을 바친 사건이다.[창 22장] 기자는 하나님이 아브라함을 "시험했다"고 하고, 창세기 22:1의 이야기는 "그 일 후에 하나님이 아브라함을 시험하셨다"라는 진술로 시작한다. 아브라함은 하나님으로부터 약속들을 받았다. 땅과 후손과 복의 약속들이었다.[창 12:1-3, 13:14-16, 15:4-5, 16, 17:5-6, 15-21, 18:18, 21:10-12, 22:16-18] 이런 약속들의 중심에는 후손에 대한 약속들이 있었다. 앞에 인용한 본문은 이 약속이 이스마엘이 아닌 이삭을 통해 실현될 것을 분명히 한다. 이런 의미에서 이삭은 아브라함의 "독자",[τὸν μονογενῆ] 혹은 NIV가 말하는 것처럼 그의 "유일한 아들"이었다. 그러나 아브라함이 이삭을 제물로 드린다면 이런 약속들이 이루어지지 못할 참이었다. 아브라함의 여느 다른 아들을 통해서는 이루어질 수 없는 약속들이었기 때문이다. 바로 **이 아들** 이삭에게만 확증된 약속들이었다. 따라서 여호와께서 아브라함에게 하신 명

령은 도무지 이해가 될 수 없는, 하나님이 말씀하신 모든 것과 정면으로 배치되는 것이었다. 그럼에도 불구하고 아브라함은 하나님의 명령을 준행함으로 하나님을 의지했다. 아브라함은 하나님으로부터 약속들을 받았고, 그래서 그는 하나님이 약속하신 것과 정면으로 배치됨에도 불구하고 하나님이 명하신 것을 준행했다.

11:18 기자는 이 약속들이 고유하고 배타적으로 이삭에게만 주어진 것임을 확인한다. 기자는 창세기 21:12을 인용하는데, 칠십인역과 그대로 일치한다. 여기서 우리는 사라가 이삭을 희롱하고 놀리는 이스마엘을 내치기를 바라는 이야기를 볼 수 있다.[창 21:9-10] 아내 사라의 요구대로 하기를 원치 않았기에 아브라함의 근심은 깊어만 갔다.[창 21:11] 그러나 하나님이 사라의 요구를 확인해 주셨다. 아브라함은 사라의 요구를 들어야 했다. 이스마엘이 아닌 이삭을 통해 약속이 주어질 것이기 때문이다. 흥미롭게도, 바울은 로마서 9:7과 갈라디아서 4:30에서 같은 주장을 하기 위해 동일한 진술을 인용한다. 여호와께서 아브라함과 사라에게 아들을 약속하는 대목인 창세기 17장을 보면 아브라함은 이 약속에 그렇게 큰 관심을 보이지 않았다.[15-18절] 이스마엘을 통해 이 약속이 이루어져도 그는 무방했다. 하지만 여호와께서 아브라함의 생각을 거부하셨다. 비록 이스마엘에게도 복을 약속하셨지만, 그분의 언약은 이삭과만 맺은 것이고 이삭을 통해서만 이루어질 것이었다.[19-21절] 그렇기 때문에 이 약속들은 이삭을 통해서만 이루어져야 했다. 그런데 지금 하나님께서 그런 이삭을 바치라고 하신다. 독자들이 하나님을 의심할까봐, 그들이 처한 상황으로 인해 최종적인 상급을 받을지 의아해할까봐, 기자는 지금 그들에게 아브라함의 상황을 상기시킨다. 하나님이 마치 친히 하신 약속과 모순되고 그것을 파기하는 것처럼 보였기 때문이다.

11:19 이처럼 당혹스럽고 힘겨운 상황을 맞닥뜨리고도 아브라함은 하

나님의 약속을 의심하지 않았다. 하나님께서 주신 약속을 **이삭을 통해** 이루실 것을 여전히 확신했다. 그가 받은 약속에서 이삭을 통해서라는 바로 이 점 때문에 그는 일생 동안 하나님이 신실하게 그를 반복해서 건지시는 것을 경험했다. 예를 들어, 하나님은 그의 아내를 바로와 아비멜렉의 손아귀에서 구하셨다.[창 12:10-20, 20:1-18] 아브라함이 하나님을 의지하고 롯이 자신이 보기에 "가장 좋은" 땅을 선택했을 때도 아브라함이 실제로 더 나은 땅을 얻었고, 롯의 선택은 소돔이 멸망되는 것으로 막을 내렸다.[창 13장] 이제 막 열 왕들을 격파하고 중요한 승리를 얻은 왕들의 손에서 아브라함이 몇 안 되는 장정들(318명)로 롯을 구하려고 했을 때도 그는 성공을 거두었다.[창 14:1-24] 무엇보다도 가장 놀라운 일은 하나님이 아브라함과 사라에게 생산의 능력을 주신 것이다. 이삭은 자녀를 낳을 수 있는 때가 오래 지난 후 기적적으로 얻은 아들이었다.[창 17:14-17, 18:9-15, 21:1-7] 이처럼 아브라함은 이삭을 통해 주신 약속들을 이루실 것이라는 하나님의 약속을 의심하지 않았다. 자신이 이삭을 바친다고 해도 하나님이 그를 다시 죽은 자 가운데서 살리셔서 기적적으로 그분의 약속들을 이루실 것이라 확신했다. 창세기의 담화가 이런 이해의 증거다. 창세기 22:5은 이렇게 말한다. "이에 아브라함이 종들에게 이르되 너희는 나귀와 함께 여기서 기다리라. 내가 아이와 함께 저기 가서 예배하고 우리가 너희에게로 돌아오리라 하고." 이 담화의 이런 진술은 대수롭지 않게 치부할 수 있는 부차적이거나 우연적인 것이 아니다. 이렇게 진술하는 이유가 있다. 아브라함은 이삭을 다시 돌려받으리라 믿었다.[577] 어떤 이유로든, 어떤 식으로든 하나님이 이삭을 통해 주신 약속을 이룰 것이다.

577 참조. Hughes, *Hebrews*, 484; O'Brien, *Hebrews*, 424.

그래서 이삭은 하나님의 아들 예수 그리스도의 부활에 대한 "예증",παραβολῇ 모형, 그림자 역할을 한다.[578] 즉 아브라함은 이삭을 죽은 자 가운데서 다시 받았다. 하지만 이 사건은 또 다른 아들Son과 또 다른 아버지Father를 대망한다. 후자의 경우 아버지가 실제로 자기 아들을 제물로 바쳤고, 아들은 기꺼이 그리고 기쁨으로 자기 생명을 자신의 형제자매들의 구원을 위해 바쳤다.2:10-18 하나님께 순종하는 자들은 항상 상을 받는다. 그래서 아버지는 자기 아들을 죽은 자 가운데서 일으키셨다. 아브라함이 이삭을 되돌려 받은 것은 예표론적으로 더 위대한 부활을 가리킨다. 아브라함과 같이 독자들은 하나님을 의지하도록 부름을 받는다. 심지어 모든 것이 이 약속의 성취를 훼방하려고 하는 것처럼 보일 때도 그것은 마찬가지다. 하나님의 말씀은 항상 이루어진다. 심지어 부활을 통해서라도 하나님은 반드시 그 말씀을 이루신다. 하나님이 아브라함에게 하신 약속을 성취하셨고 예수께 신실하셨다면, 약속을 믿는 독자들에게도 역시 신실하실 것이다.

11:20 자신이 하신 약속에 항상 신실하신 하나님 때문에 장래가 좋게 드러날 것을 믿는 것이 믿음이다. 그렇기 때문에 이런 믿음은 항상 장래를 바라본다.참조. §7 기자는 이삭이 야곱창 27:27-29과 에서창 27:39-40에게 복을 빌어 준 것을 생각한다. 두 경우 모두에 있어서 이삭은 장래에 하나님이 그들에게 주신 약속을 이루실 것을 확신했다. 아브라함이 그랬던 것처럼 이삭 역시 하나님의 약속을 신뢰했고, 아브라함과 맺은 언약에 따라 자손과 땅과 우주적인 복을 주실 것을 확신했다.

11:21 믿음이 가진 장래 지향적인 성격은 야곱의 생애에서도 이어진다. 이삭과 마찬가지로, 야곱은 나이가 들었을 때 자신의 아들들을 위해

578 참조. Lane, *Hebrews 9-13*, 363.

복을 빌었다. 그러나 자신의 죽음을 하나님의 약속에 배치되는 것이나 그것에 대한 거부로 보지 않았다. 하나님이 장래에 요셉의 아들들의 삶에서 이루실 것에 대해 그가 예언한 것을 보면 알 수 있다.[창 48:1-22] 창세기 47:31과 관련하여 칠십인역에서는 야곱이 자신의 지팡이 머리를 의지하여 경배하는 데 반해, 마소라 사본을 보면 야곱은 "자신의 침상 머리에서" 경배한다. 히브리서는 표현까지 그대로 칠십인역을 따른다. 이 말이 실제로 야곱의 지팡이를 가리키도록 히브리어에 모음 부호를 붙여 읽는 것이 가능하다. 그러나 사실 야곱이 당시 침상에 있었다는 증거가 있다.[창 48:2, 49:33] 이 경우든 저 경우든 이 절의 요지는 다르지 않다. 믿음은 장래를 바라고 하나님이 하신 약속들을 의지한다.

11:22 요셉의 믿음은 이삭과 야곱에 대해 말한 것과 비슷하다. 이삭과 야곱과 요셉의 삶에서 언급될 수 있는 모든 것을 생각할 때, 기자가 각각의 경우 그들이 노년에 한 말이나 마지막 죽음의 침상에 있었을 때를 생각하는 것은 주목할 만하다. 그는 이들이 생애를 통해서 **행한** 믿음을 나타내는 일에 대해 말하지 않는다. 오히려 그들이 **했던 말**과 죽음을 맞이하면서 그들이 장래에 대해 어떻게 예언한 것으로 바로 들어간다. 매 경우 그들은 죽음의 침상에 이르기까지 계속해서 하나님의 약속을 믿었고, 심지어 그런 약속들이 자신의 생전에 이루어지지 않을 것이 분명한 때조차도 그것은 다르지 않았다. 요셉은 임종을 앞두고[창 50:24-25] 자신의 형제와 이스라엘 자손에게 이스라엘의 출애굽에 대한 약속을 상기시킨다. 하나님이 이스라엘을 애굽에서 해방하시고 가나안 땅으로 데려가실 것인데, 요셉은 그 길에 자신의 뼈도 함께 가져가 주기를 원했다. 이를 통해 요셉은 사실 애굽이 자신의 본향이 아님을 말하고 있는 것이다. 가나안이 그의 본향이다. 히브리서의 수신자들을 위한 교훈은 분명하다. 요셉과 같이 그들도 하나님이 장차 하실 일들을 바라고 의지

해야 한다. 그분은 틀림없이 자기 백성들을 구하실 것이다. 더욱이 그들의 본향은 이 땅에 있지 않다. 요셉은 애굽을 다스리는 위치에 있었지만, 그럼에도 불구하고 자신은 그곳에서 외국인인 것과 그의 진정한 본향은 가나안이라는 것을 알았다. 마찬가지로, 독자들은 자신의 참된 본향은 하늘 도성임을 알아야 한다. 이삭, 야곱, 요셉과 같이 그들은 죽음을 목전에 둔 때조차도 하나님의 약속을 의지해야 한다.

성경신학적 적용

여기서 기자는 믿음은 장래를 바라보며 하나님을 의지하는 것임을 강조한다. 아브라함은 하나님이 자신을 불러 살라고 하시는 땅이 어딘지도 몰랐지만 우르를 떠났다. 아브라함, 이삭, 야곱은 약속이 실현되는 것을 보지 못하고 죽었다. 하지만 그들은 하나님의 약속을 무시하거나 허구로 치부하지 않았다. 하나님께서 그들을 위한 본향인 하늘 도성을 예비하신 것을 믿었다. 그랬기 때문에 아브라함은 여호와께서 이삭을 바치라고 명령하셨을 때 불신앙으로 뒤로 물러나지 않았다. 하나님께서 이삭을 통해 자신이 하신 약속들을 이루실 것임을 중단 없이 믿었고, 필요하다면 하나님께서 그를 죽은 자 가운데서 다시 살리실 것을 믿었다. 마찬가지로, 이삭, 야곱, 요셉 역시 죽음의 침상에 이르기까지 하나님의 약속이 이루어지는 것을 목도하지 못했지만, 한결같이 장래에 대해서 확신과 믿음으로 이야기했고, 하나님께서 그 말씀하신 것을 이루시리라 확신했다. 믿음은 장래에 대해 하나님을 신뢰하고, 아무리 일어날 것 같지 않게 보일지라도 하나님께서 자신이 약속하신 것을 이루실 것을 믿는다.

11:23-31

I. 프롤로그: 아들을 통해 이루어진 결정적이고 최종적인 계시 1:1-4

II. 천사들보다 위대하신 아들을 저버리지 말라 1:5-2:18

III. 아들을 모세와 여호수아보다 더 위대한 대제사장으로 가진 너희는 마음을 완고하게 하지 말라 3:1-4:13

IV. 레위기의 율법이 정하는 대제사장직보다 더 위대한 멜기세덱의 반차를 따른 예수의 대제사장직으로부터 흘러 떠내려가지 않도록 하라 4:14-10:18

V. 맺는말로서의 권면과 경고 10:19-12:29

1 | 하나님께로 가까이 나아가고, 믿음의 도리를 굳게 잡고, 서로 돌아볼 것을 권면함 10:19-25

2 | 경고: 그리스도를 저버린 자들에게는 사죄의 소망이 없음 10:26-31

3 | 끝까지 믿음으로 견딜 것을 촉구함 10:32-12:3

1) 확신을 저버리지 말고 믿음으로 인내하라 10:32-39

2) 끝까지 견디는 믿음에 대한 묘사와 모범 11:1-12:3

① 믿음의 본질 11:1-2

② 노아로 말미암은 창조 11:3-7

③ 아브라함과 그의 후손들의 믿음 11:8-22

④ 모세의 믿음과 약속의 땅으로 들어간 자들 11:23-31

⑤ 그 밖에 믿음의 모범들 11:32-40

⑥ 탁월한 믿음의 모범이신 예수를 바라보면서 경주하라 12:1-3

4 | 믿음으로 인내할 것을 독자들에게 권면함 12:4-29

[23] 믿음으로 모세가 났을 때에 그 부모가 아름다운 아이임을 보고 석 달 동안 숨겨 왕
의 명령을 무서워하지 아니하였으며 [24] 믿음으로 모세는 장성하여 바로의 공주의 아들

이라 칭함 받기를 거절하고 [25] 도리어 하나님의 백성과 함께 고난 받기를 잠시 죄악의
낙을 누리는 것보다 더 좋아하고 [26] 그리스도를 위하여 받는 수모를 애굽의 모든 보화
보다 더 큰 재물로 여겼으니 이는 상 주심을 바라봄이라. [27] 믿음으로 애굽을 떠나 왕
의 노함을 무서워하지 아니하고 곧 보이지 아니하는 자를 보는 것같이 하여 참았으며
[28] 믿음으로 유월절과 피 뿌리는 예식을 정하였으니 이는 장자를 멸하는 자로 그들을
건드리지 않게 하려 한 것이며 [29] 믿음으로 그들은 홍해를 육지 같이 건넜으나 애굽 사
람들은 이것을 시험하다가 빠져 죽었으며 [30] 믿음으로 칠 일 동안 여리고를 도니 성이
무너졌으며 [31] 믿음으로 기생 라합은 정탐꾼을 평안히 영접하였으므로 순종하지 아니
한 자와 함께 멸망하지 아니하였도다.

문맥

앞에서 언급한 대로, 10:19은 최종적인 상급을 얻도록 믿음에 견고하게 남아 있고 그리스도께 신실하며 끝까지 믿음으로 인내하라고 독자들에게 촉구하는 긴 권면 부분의 시작이다.[10:19-39] 11장은 이 최종적인 상급을 받은 믿음을 예증한다. 3-7절은 믿음이 하나님을 기쁘시게 하고, 보이지 않는 것을 보고, 믿음을 발휘하는 자들은 하나님과 동행하고 하나님 앞에서 의로운 자라고 말한다. 8-22절은 주께 속한 자들에게 주어진 장래에 이루어질 복의 약속에 특별히 주목하며 믿음의 미래적 성격을 이야기한다. 반면에 23-31절은 믿음은 심지어 고난 중에도 하나님을 의지한다는 사실을 강조한다. 믿음은 지금 세상의 반대를 직면해 있지만 마침내 상급을 얻을 것을 믿는다.

모세의 삶에서 믿음은 고난 중에서도 분명히 드러난다. 예를 들어, 모세의 부모는 바로의 위협 아래서도 담대하게 자기 자녀의 생명을 보존했다.[23절] 모세는 바로의 권속의 일원으로 영화와 특권을 누릴 수 있었다.[24절] 하지만 이 세상의 잠시 지나가는 낙을 누리기보다 하나님의 백

성들과 고난받는 길을 택했다.[25절] 자신을 위해 예비된 장래의 상급을 바라보았기 때문에 그렇게 할 수 있었다.[26절] 또한 바로의 위협에도 굴하지 않고 애굽을 떠남으로 믿음을 나타내었고,[27절] 유월절을 준행해 이스라엘의 장자들을 보전함으로 자신의 믿음을 보여주었다.[28절] 홍해의 위험에 맞닥뜨렸을 때, 애굽의 병사들은 홍해에 수장되었음에도 불구하고 이스라엘은 믿음으로 홍해를 건넜다.[29절] 여리고를 정복하는 것은 불가능한 일이었다. 성벽으로 둘러싸인 이 도성은 이스라엘에게 더 큰 위험이었다. 하지만 이스라엘이 하나님을 의지하였을 때 성벽이 무너졌다.[30절] 마지막으로, 라합은 자신이 인간의 도성(여리고)이 아닌 하나님의 도성을 위해 사는 자임을 나타내었다. 라합은 용감하게 이스라엘 정탐꾼들을 숨겨 주었고, 자신은 여리고와 함께 멸망당하지 않았다.[31절]

주석

11:23 기자는 계속해서 이스라엘 역사 속에서 믿음의 모범들을 나열해 간다. 그중에서도 여러 절을 들여 모세를 이야기하는 것은 그리 놀랄 일이 아니다. 여기서 모세에 대한 예증은 출애굽기 2:2-3의 진술과 아주 비슷하다. 모세가 태어났을 때, 바로는 히브리 소년들이 태어나자마자 나일 강에 던져 죽이라고 명령했다.[출 1:22] 그러나 모세의 부모는 자신들의 자녀의 아름다움을 보고 석 달간 그를 숨겼다. 가장 흥미로운 것은 이 대목을 기자가 언급하는 방식이다. 그는 모세의 부모가 "왕의 명령을 무서워하지 아니"했다고 결론 내린다. 앞의 문맥 부분에서 11:23-31의 진술들을 서로 이어 주는 고리는 고난 가운데서 사람들이 어떻게 믿음을 발휘했는지 아는 것임을 언급했다. 아마도 기자는 독자들이 세상 권위로부터 해를 당할까봐 그들의 요구를 거부하지 못하고 주를 의지하기를 두려워하기 때문에, 믿음의 모범으로 두려움으로 행동할 수

있는 상황에서도 옳은 일을 행했던 모세의 부모를 그들에게 제시하고 있는지도 모른다.

11:24 24-29절의 중심 주제는 모세가 가졌던 믿음이다. 28-29절이 이스라엘을 애굽에서 인도하여 내도록 한 모세의 믿음을 진술하는 반면, 24-27절은 그로 하여금 이스라엘 백성과 하나되도록 몰아갔던 모세의 믿음을 이야기한다. 24절은 애굽에서 모세가 가졌던 지위를 이야기한다. 그는 바로 공주가 입양한 아들이었다.[출 2:4-10] 공주의 아들로서의 특권을 누리며 자란 그는 애굽 왕가에 속한 지위와 온갖 부귀를 누렸다. 그러나 모세는 자신의 이런 출신이나 지위를 의지하지 않았다. 오히려 하나님을 의지했고 자신을 바로의 딸의 아들이라고 주장하기를 거부했다.

11:25 모세의 믿음은 피동적이지 않았다. 애굽 사람들이 아닌 자기 백성인 이스라엘 편에 섰다. 기자는 아마도 모세가 히브리인을 치는 애굽의 부역 감독자를 죽인 것을 두고 말하고 있을 것이다.[출 2:11-12] 잘못된 측면이 있음에도 불구하고, 모세의 이런 행위를 단순히 순간적인 충동이나 흥분에서 촉발된 것으로 볼 수는 없다. 모세가 애굽 사람들과 짝하기보다는 하나님의 백성들과 자신을 하나로 여기는 것을 나타내는 이 사건은 그의 마음이 어디에 가 있는지를 보여준다. 이스라엘 백성들 편에 섬으로 모세는 온갖 영화와 안락함, 애굽에서의 쾌락과 즐거움을 거부했다. 기자는 죄가 가져다주는 강렬한 즐거움과 기쁨을 인정한다. 그럼에도 불구하고 이런 즐거움은 일시적이고 순간적이다. 죄가 주는 즐거움의 무상함을 모세는 알았던 것이다.[579]

579 존슨은 이 말이 죄가 주는 일시적인 즐거움이 아니라 죄를 통해 얻는 일시적인 이득을 가리킨다고 주장한다(*Hebrews*, 300). 둘 중 어떤 의미도 될 수 있는 것이, 전반적인 의미에서는 큰 차이가 나지 않기 때문이다.

11:26 모세의 선택을 궁극적으로 자기부인의 모범으로 여겨서는 안 된다. 모세는 그리스도를 위해 받는 "수모"ὀνειδισμόν를 "애굽의 모든 보화보다 더 큰 재물로" 여겼다. "재물"은 그가 장차 받을 것이 분명한 "상"μισθαποδοσίαν을 말한다. 모세는 일시적인 즐거움을 거부하고 장차 누릴 영원한 재물을 바랐다. 모세가 그리스도의 수치를 당했다는 기자의 말이 아주 흥미롭다. 이 이야기에서 메시아에 대한 언급이 전혀 나오지 않기 때문이다. 신약성경의 저자들에 따르면, 구속과 이스라엘의 왕에 대한 약속은 예수 자신 안에서 성취된다. 그분은 모세보다 더 나은 선지자다.3:1-6, 신 18:15-22 그분은 모세오경에 약속된 왕이다.창 17:6, 16, 35:11 유다에게 약속된 규가 예수께 속했고,창 49:10 그분은 이 규를 휘두르고 주의 원수들을 쳐서 무찌를민 24:17-18 야곱에서 난 별이다.민 24:17 우리는 또한 기자가 주를 가리키는 시편 102편의 말들을 취하여 예수 그리스도께 적용할 수 있음을 이미 보았다.히 1:10-12 여기서도 기자는 비슷한 일을 하고 있다. 하나님으로 인해 모세가 당한 수모를 예수 그리스도를 위해 받은 것으로 말한다.

그리스도의 수치를 언급함으로 이 이야기는 독자들과도 관계를 갖게 된다. 기자는 독자들이 그리스도를 위해 고난받기를 바란다. 그는 또한 독자들이 모세와 같기를 바란다. 기자가 이 세상에서 안전하게 거하고 싶은 그들의 바람을 모르거나 공감하지 못하는 바가 아니다. 핍박을 당하는 것이 즐거운 일일 수는 없다. 모세 역시 고난당하는 것을 즐기지 않았음을 기자도 안다. 죄가 주는 즐거움은 실재한다. 그 길을 따를 때 맛보게 되는 즐거움도 상당하다. 하지만 그런 즐거움은 일시적이고 지나가는 것이다. 모세가 그랬던 것처럼, 결코 폐하지 않을 행복을 가져올 영구한 상을 바라보는 것이 훨씬 낫다.

11:27 모세는 애굽에서의 권세를 통해 누리는 즐거움을 마다하고 히

브리 노예를 학대하는 애굽 사람을 쳐 죽였다.출 2:11-12 그가 한 일이 드러나 온 나라에 알려지자 그는 두려움에 사로잡혔다.출 2:14 모세가 애굽 사람을 살해한 것을 알게 된 바로는 그를 죽이려고 했고, 모세는 미디안으로 도망쳤다.출 2:15 출애굽기를 읽은 기자의 이 사건에 대한 언급이 미묘한 것은, 출애굽기의 진술을 볼 때 그가 두려움에 사로잡힌 것이 명백해 보임에도 불구하고 모세가 "왕의 노함을 무서워하지 않았다"고 하기 때문이다. 여기서 모세가 떠났다고 하는 언급을 나중에 온 이스라엘 백성과 더불어 떠나는 출애굽을 가리키는 것으로 본다면 일리가 있다.[580] 이 경우 모세는 바로를 두려워하지 않고 애굽을 나섰다. 본문을 이렇게 이해하는 것이 가능하고, 또 이렇게 이해할 때 문제를 해결할 수 있다.[581] 기자가 "특정한 몇 가지 사건들을 포함하는 일반적인(떠남의) 범주"를 말하고 있을 수 있다.[582]

또한 기자는 모세가 애굽 사람을 살해하고 떠나는 것을 말하고 있을 수 있다.출 2:15 기자가 사건들을 진술하는 시간적인 순서는 이런 해석을 뒷받침한다.[583] 만일 이런 이해를 받아들인다면, 기자가 출애굽기 2:14에 기록된 모세의 두려움에 대해서 몰랐을 리가 없다. 기자는 여러 차례 문자 그대로 구약성경을 인용할 정도로 구약성경을 잘 알았기 때문이다. 어떤 점에서 그가 분향단을 지성소 안에 위치한 것으로 말하는 것과 문제가 비슷하다. 사실 히브리서에서도 어느 정도는 모세가 느꼈을 두려움을 감지할 수 있다. 그렇지 않았으면 그가 도망쳤다는 말이 없었을 것이기 때문이다. 만약 이런 해석이 맞다면, 기자는 아마도 모세

580 Westcott, *Hebrews*, 373.

581 O'Brien, *Hebrews*, 434; Cockerill, *Hebrews*, 574-75.

582 L. Johnson, *Hebrews*, 302(그럼에도 불구하고 존슨은 이런 이해를 꼭 바르다고 보지는 않는다).

583 참조. Bruce, *Hebrews*, 321-22; Hughes, *Hebrews*, 497-500.

가 느꼈던 두려움이 그의 삶에서 궁극적인 실체가 아니었음을 말하고 있는 것인지도 모른다. 죽을까봐 두려웠지만, 그 두려움보다 더 깊은 차원에서 그는 하나님이 그를 보호하실 것과 그의 생명이 보존될 것을 믿었다. 모세는 볼 수 없는 분을 본 것처럼 하여 그 당한 시련을 이겨 냈다.[584] 기자는 독자들도 모세와 동일하게 행하기를 바랐다.[585] 보이지 않는 이가 자신들을 보호하고 있음을 독자들은 보아야 한다. 모세를 위험에서 보호하신 것처럼, 그들 역시 보존하실 것이다. 기자는 모세가 그랬던 것처럼 그들 역시 위험에서 도망칠 수 있을 것이라 말하지 않는다. 오히려 비록 생명을 잃게 된다 할지라도 최종적이고 더 나은 상을 받을 것이라 확증하다.

11:28 물론 유월절은 이스라엘 역사에서 가장 중요한 사건들 가운데 하나다.[출 12장] 여호와께서 애굽의 모든 장자를 치셨지만,[출 11:5-6, 12:12, 29-30] 자신의 집에 양의 피를 바른 자들만큼은 멸하지 않으시고 그냥 넘어가셨다.[출 12:13, 22-23] 유월절을 기념하는 것은 그들이 자유자가 된 것을 의미하는 애굽으로부터의 이스라엘의 해방을 기념하는 것이다. 유월절을 지키는 것은 모세의 입장에서는 믿음의 행위였다. 하나님을 의지하고 유월절 피를 바름으로 이스라엘의 장자들이 죽지 않았다.

11:29 애굽에서 도망쳐 나오던 이스라엘 백성들은 홍해를 맞닥뜨리고는 망연자실해졌다.[출 14:3-13] 그들을 순순히 도망치게 했던 애굽 사람들은 후회가 이만저만이 아니었고, 급기야 복수를 위해 그들을 추격했다. 그리고 여호와께서 홍해를 말리시고 이스라엘은 마른 땅을 밟으며 홍

584 "보다"sees, ὡς ὁρῶν라는 분사를 '본 것처럼'과 같이 가정적으로 해석하는 읽기를 옹호하는 입장에 대해서는 오브라이언을 참조하라. *Hebrews*, 434.

585 레인은 모세가 처음에 그를 엄습했던 두려움을 극복하고 하나님의 보이지 않는 약속들을 의지했다고 제안한다(*Hebrews 9-13*, 375).

해를 건넜다.[출 14:16, 21-22, 29] 애굽 사람들이 그들을 추격해 들어오자, 물이 그들을 집어삼켜 수장시켰다.[출 14:23-28] 이스라엘은 생명을 걸고 홍해 속으로 나아갔다. 그들이 그렇게 한 것은 여호와께서 구하시고 그들을 대신해 애굽 사람들과 싸우실 것을 믿었기 때문이다.[출 14:14] 이스라엘 백성들과 모세가 그랬던 것처럼[출 14:15] 독자들도 두려움에 빠졌지만, 주를 의지하면 구원을 받을 것이다.

11:30 이스라엘이 애굽에서 탈출하고 구속된 사실로부터 기자는 가나안 정복을 위한 첫 번째 전투로 나아간다. 그것은 여리고 전투다.[수 6장] 이 전투 계획은 너무나 기묘했다. 이스라엘은 엿새 동안 이 성읍을 둘러 행진해야 했다.[수 6:3, 6-14] 일곱째 날, 이스라엘은 이 성읍을 일곱 번 돌며 행진할 것을 명령받았고, 그렇게 하는 가운데 제사장들은 나팔을 불어야 했다.[수 6:4, 15-16] 명령받은 대로 행진을 다 한 후 그들은 "길게 울려 퍼지는 양각 나팔" 소리에 맞추어 크게 함성을 질렀다.[수 6:5, 20] 성벽이 무너졌고 이스라엘은 이 성읍을 취했다. 여호수아는 이 성읍을 취하는 모습을 진술하면서도 백성들의 믿음에 대해서는 일언반구도 없다. 하지만 전혀 정통적이지 않은 이런 전투 계획 자체가 이스라엘의 믿음을 증거한다. 이와 같은 "전술"로 원수를 정복할 자는 아무도 없기 때문이다.

11:31 여리고 성의 파괴는 라합이 보존된 이야기와 함께 엮어져 있다. 이스라엘 정탐꾼들이 여리고에 잠입했을 때 라합은 여리고 사람들 눈에 띄지 않도록 그들에게 은신처를 제공하고 어떻게 여리고에서 안전하게 빠져나갈지를 알려 주었고,[수 2장] 그렇게 함으로 이 도성이 파괴될 때 라합 자신과 그에게 속한 모든 권속은 멸망을 면했다.[수 6:22-25] 라합이 창기였다는 것은 결코 잊혀질 수 없는 사실이었다. 하지만 라합은 자신이 당할 재앙에서 건짐을 받은 창기다. 여호와를 의지하고 자기를 드렸기 때문이다. 여기서 우리는 부정한 과거를 가졌다고 해서 용서를 누리

고 장래의 상급을 바라볼 수 없는 것은 아니라는 힌트를 얻는다. 라합의 믿음은 주의 말씀을 믿고수 2:9-11 정탐꾼들을 안전하게 나가도록 도왔다는 사실에서 드러난다. 라합은 위험한 때를 당해 주를 의지한 또 다른 사람이었다. 부랑자와 같은 무리가 여리고와 같이 견고한 성벽으로 유명한 성읍을 폐퇴시키는 것은 전혀 있을 수 없는 일처럼 보였다. 그럼에도 라합은 위험을 무릅쓰고 정탐꾼들을 숨겨 주었다. 라합을 11장에 등장하는 최고의 믿음의 모범으로 여기는 모서가 바르게 본 것인지도 모른다.[586] 라합은 자신이 속한 사회와 관습을 기꺼이 떠나 하나님의 백성과 하나가 되고자 하는 사람을 나타낸다. 다시 말해 라합은 독자들을 위한 모범이다. 기꺼이 "영문 밖으로"13:13 나아가 하나님의 백성과 하나가 되는 불명예를 감수했기 때문이다.

성경신학적 적용

모세의 부모든, 모세 자신이든, 여리고 전투든, 라합이든, 믿음은 위험에 처했을 때 하나님을 의지할 만한 분으로 여기는 것을 볼 수 있다. 바로에게서 모세를, 홍해에서 이스라엘을, 여리고 전투에서 이스라엘을, 여리고 성의 지도자들로부터 라합을 건지신 것처럼, 믿음은 하나님께서 자기 백성을 구원하고 건지실 것을 안다. 믿음은 위험을 감수하고 하나님께 자신을 맡긴다. 인정을 받기 위해 사회나 문화를 바라보지 않는다. 죄악된 삶에서 기쁨을 찾기보다 여호와의 말씀을 의지한다. 여기서 우리는 다시금 장래를 대망하는 믿음의 성격과 마주한다. 모세와 이스라엘과 라합은 아직 어떻게 해야 할 바를 알지 못했을 때 여호와를

586 참조. Carl Mosser, "Rahab Outside the Camp", in *The Epistle to the Hebrews and Christian Theology*, ed. R. Bauckham, D. R. Driver, T. A. Hart, and N. MacDonald(Grand Rapids, MI: Eerdmans, 2009), 384-404.

신뢰했다. 믿음이 먼저 오고 구원이 그 뒤를 따른다. 독자들의 상황도 마찬가지였다. 그들은 당시 사회의 주류를 구성하는 사람들이 아니었다. 욕을 먹고 차별을 당했다. 그보다 더한 고난이 이어졌을 수도 있다. 소유가 주는 안정감과 편안함을 누리고 싶었다. 기자는 하나님께서 그들을 건지시고 하늘 도성으로 데려가실 것을 믿는 가운데 하나님을 의지하라고 촉구한다.

11:32-40

I. 프롤로그: 아들을 통해 이루어진 결정적이고 최종적인 계시 1:1-4

II. 천사들보다 위대하신 아들을 저버리지 말라 1:5-2:18

III. 아들을 모세와 여호수아보다 더 위대한 대제사장으로 가진 너희는 마음을 완고하게 하지 말라 3:1-4:13

IV. 레위기의 율법이 정하는 대제사장직보다 더 위대한 멜기세덱의 반차를 따른 예수의 대제사장직으로부터 흘러 떠내려가지 않도록 하라 4:14-10:18

V. 맺는말로서의 권면과 경고 10:19-12:29

1 | 하나님께로 가까이 나아가고, 믿음의 도리를 굳게 잡고, 서로 돌아볼 것을 권면함 10:19-25

2 | 경고: 그리스도를 저버린 자들에게는 사죄의 소망이 없음 10:26-31

3 | 끝까지 믿음으로 견딜 것을 촉구함 10:32-12:3

1) 확신을 저버리지 말고 믿음으로 인내하라 10:32-39

2) 끝까지 견디는 믿음에 대한 묘사와 모범 11:1-12:3

① 믿음의 본질 11:1-2

② 노아로 말미암은 창조 11:3-7

③ 아브라함과 그의 후손들의 믿음 11:8-22

④ 모세의 믿음과 약속의 땅으로 들어간 자들 11:23-31

⑤ 그 밖에 믿음의 모범들 11:32-40

⑥ 탁월한 믿음의 모범이신 예수를 바라보면서 경주하라 12:1-3

4 | 믿음으로 인내할 것을 독자들에게 권면함 12:4-29

32 내가 무슨 말을 더 하리요. 기드온, 바락, 삼손, 입다, 다윗 및 사무엘과 선지자들의
일을 말하려면 내게 시간이 부족하리로다. 33 그들은 믿음으로 나라들을 이기기도 하

며 의를 행하기도 하며 약속을 받기도 하며 사자들의 입을 막기도 하며 34 불의 세력을 멸하기도 하며 칼날을 피하기도 하며 연약한 가운데서 강하게 되기도 하며 전쟁에 용감하게 되어 이방 사람들의 진을 물리치기도 하며 35 여자들은 자기의 죽은 자들을 부활로 받아들이기도 하며 또 어떤 이들은 더 좋은 부활을 얻고자 하여 심한 고문을 받되 구차히 풀려나기를 원하지 아니하였으며 36 또 어떤 이들은 조롱과 채찍질뿐 아니라 결박과 옥에 갇히는 시련도 받았으며 37 돌로 치는 것과 톱으로 켜는 것과 시험과 칼로 죽임을 당하고 양과 염소의 가죽을 입고 유리하여 궁핍과 환난과 학대를 받았으니 38 (이런 사람은 세상이 감당하지 못하느니라) 그들이 광야와 산과 동굴과 토굴에 유리하였느니라. 39 이 사람들은 다 믿음으로 말미암아 증거를 받았으나 약속된 것을 받지 못하였으니 40 이는 하나님이 우리를 위하여 더 좋은 것을 예비하셨은즉 우리가 아니면 그들로 온전함을 이루지 못하게 하려 하심이라.

문맥

위대한 믿음 장은 기자가 독자들에게 뒤로 물러나지 말고[10:19-39] 마지막까지 계속해서 믿을 것을 촉구하는 권면 부분[10:19-12:29]의 한가운데 자리한다. 독자들이 믿음의 영웅들을 본받고 끝까지 믿음에 거하도록 하기 위해 이들을 소개한다.[11:1-40] 믿음은 비록 인간의 눈에는 보이지 않는다 할지라도 하나님의 주신 약속들이 반드시 실현될 것임을 확신한다.[11:1-2] 믿음은 장래를 위하여 하나님을 신뢰한다. 또한 믿는 자들은 하나님을 기쁘시게 하는 삶을 산다.[11:3-7] 8-22절은 특별히 믿음은 장래의 상을 바라보며 하나님을 의지한다는 사실을 강조한다. 아브라함, 이삭, 야곱은 인간적으로 그들을 위한 약속들이 성취되지 않을 것처럼 보이는 상황에서도 그것을 의지했다. 23-31절에서 장래를 대망하는 믿음의 성격이 계속해서 강조된다. 하지만 여기서 기자는 삶이 힘겨울 때 믿음이 얼마나 중심 역할을 하는지 강조한다.

11장의 마지막 부분에서 기자는 이런 믿음의 퍼레이드가 영원히 이어질 수 있음을 깨닫고, 이제 구약성경의 나머지 부분과 그 이후의 유대 전승을 요약한다.[32-40절] 32-35절에서 기자는 믿음을 발휘한 자들의 위대한 무용담에 초점을 맞춘다. 본문은 35-38절에서 정점에 이른다. 믿는 자들이 당했던 고난과 핍박을 묘사하는 대목이다. 39-40절은 11장 전체와 믿음으로 산 조상들과 독자들 사이의 관계를 생각한다. 11:2의 도입부로 다시 돌아가는 이 대목에서 조상들이 믿음으로 증거를 받았음을 확증하는 본 장의 구조를 확인할 수 있다.[11:39] 그럼에도 그들은 약속된 것을 받지 못했다. 그들의 믿음은 장래를 바라본다. 십자가와 부활 사건이 있은 이후의 시대를 살아가는 신자들은 "더 좋은 것"을 가지고 있고, 이런 믿음의 조상들은 신약시대의 신자들이 아니면 온전함을 이루지 못한다.[11:40]

주석

11:32 "내가 무슨 말을 더하리요"는 기자가 믿음의 퍼레이드를 계속해 갈 수 있지만 그것을 줄여서 이야기했다는 것을 말해 준다. 그래서 기자는 구약성경에서 더 많은 믿음의 인물들을 말할 수 있지만 라합을 이야기하는 것으로 그친다. 지면과 시간상 보다 자세한 설명을 하지 못한다고 한다. 기자는 믿음의 모범으로 거론될 수 있는 몇몇의 이름들을 나열한다. 하지만 연대순으로 그렇게 하지는 않는다. 바락[삿 4-5장]이 기드온[삿 6-8장]보다 선대의 사람이고, 입다[삿 11-12장]가 삼손[삿 13-16장]보다 앞서 살았고, 사무엘[삼상 1-28장]이 다윗[삼상 16장-삼하 24장]보다 먼저 살았기 때문이다. 아마도 기자는 무엇보다 자신이 보다 중요하다고 생각하는 인물들의 경우들을 각각 나열하고 있을 것이다. 많은 사람들을 포함하고 있는 "선지자들"이라는 범주는 기자가 실제로 계속해서 믿음의 모범들을 오

랫동안 나열할 수 있음을 보여준다.

이 목록에서 볼 수 있는 놀라운 특징들 가운데 하나는, 믿음의 사람으로 규정된 자들에게서 드러난 연약함과 죄악들이다. 바락은 드보라와 함께 전투에 나갈 만큼 용감하지는 못했다.삿 4:8 표증을 나타내 보이기를 요구할 정도로 기드온은 믿음이 부족했고,삿 6:36-40 또한 이스라엘을 죄로 이끄는 금으로 된 에봇을 만들었다.삿 8:24-27 삼손은 성적인 부정함과 충동적인 행위들로 잘 알려져 있다.삿 13-16장 입다는 어리석게도 자신의 딸을 제물로 바치겠다고 맹세했다.11:30-31, 34-40 사무엘에게서는 허물을 발견하기가 어렵다. 하지만 그의 아들들의 모습이 좋지 않게 드러나고 있고, 그럼에도 불구하고 그는 자신의 아들들을 사사로 세웠다.삼상 8:1-3 다윗은 밧세바와 간음을 저질렀고 우리야를 살해했다.삼하 11장 하지만 지금까지 기억되는 것은 그들이 지은 죄와 허물이 아니라(기자는 이들 중 어느 누구의 허물도 언급하지 않는다!) 그들이 보여준 하나님에 대한 믿음과 신뢰다. 이런 사실은 기자가 믿음으로 인내한다고 할 때 완전을 염두에 두고 말하는 것이 아님을 보여준다. 현저한 죄를 지었다고 해도 여전히 믿음으로 인내할 수 있다. 삼손을 그 예로 생각할 수 있다. 사사기 기자는 들릴라와의 희롱거림에도 불구하고 여호와께서 삼손을 버리지 않으셨음을 암시한다. "그의 머리털이 밀린 후에 다시 자라기 시작하니라"고 말하고 있기 때문이다.삿 16:22 삼손이 기둥을 더듬어 의지했을 때 여호와께서 그와 함께하지 않았다면 그는 아무것도 할 수 없었을 것이다.삿 16:25-30 들릴라와의 이야기는 여호와께서 함께하지 않았다면 그는 아무런 쓸모가 없었을 것임을 예증한다. 그의 모든 결함에도 불구하고 삼손은 여호와를 의지하면서 죽었다.

11:33 믿음은 볼 수 없는 것을 의지한다. 하지만 현실 세상에 그 결과가 드러난다. 믿음은 구체적인 방식으로 그 모습을 나타낸 보인다. 믿음

이 "나라들"을 이기기도 하는 것은 그 때문이다. 기자는 지금 시세라를 이긴 바락의 승리삿 4-5장와 믿기지 않을 만큼 적은 숫자로 이길 확률이 거의 없는 미디안과의 전투에서 이긴 기드온의 믿음을 염두에 두며 말하고 있다.삿 6-8장 입다가 암몬 사람들을 무찌른 것에 더하여,삿 11-12장 삼손은 블레셋에 대하여 무용담이 될 만한 많은 일을 했고,삿 13-16 사무엘은 블레셋에 대하여 놀라운 승리를 거두었다.삼상 7장 물론 다윗은 용사와 이스라엘의 왕으로서 많은 전투에서 승리를 거두었다.

"의"δικαιοσύνην를 수종드는 것이 사사들과 왕들의 책무였다. 사사들은 왕은 아니었지만, 사무엘과 같이 이스라엘에 참되고 옳은 일이 행해지도록 감독할 책임이 있었다. 다윗은 왕으로서 특별히 그런 책임을 가지고 있었다. 이스라엘 지도자들이 하는 주요한 기능들 가운데 하나가 그 땅에 의가 행해지도록 하는 것이었기 때문이다.삼하 8:15, 대상 8:14 [587]

이런 사람들에게 주어진 약속들은 특별히 그들의 원수들에 대한 승리에 초점을 맞추고 있다. 바락은 시세라의 군대에 대한 승리를 약속받았다.삿 4:6-7 여호와의 천사는 기드온이 미디안을 이길 것을 약속했다.삿 6:12-16 삼손이 블레셋으로부터 이스라엘을 구하기 시작할 것이라는 약속이 주어졌다.삿 13:5 다윗은 왕으로 기름부음을 받고,삼상 16:13 나라에 대한 약속을 받는 것을 포함한 많은 약속을 받았다.삼하 7장 [588]

또 다른 무용담으로 그들은 "사자들의 입"을 막기도 했다. 삼손은 맨손으로 사자를 찢어 죽였다.삿 14:6-7 다윗은 자신이 돌보는 양 떼에게 해를 가하는 사자를 쳐 죽였다.삼상 17:34-36 너무나 놀랍게도, 다니엘이 사자굴에 던져졌을 때 사자들은 그를 찢어놓지 않았다.단 6장, 특히 6:19 참조 믿음

587 지금 기자는 특히 다윗을 염두에 두고 있을 것이다(Attridge, *Hebrews*, 348).

588 하나님의 이스라엘과의 관계는 아브라함에게 주신 약속들과 더불어 시작되었다(창 12:1-3 등).

은 아슬아슬하고 위험한 상황에서도 하나님의 약속을 의지한다.

11:34 어떤 이들은 불의 세력을 "멸했다." 느부갓네살의 금 신상에 절하기를 거부한 사드락, 메삭, 아벳느고를 가리키는 말이다.단 3장 풀무불에 던져졌을 때, 그들은 심지어 머리카락 한 올도 그슬리지 않았다. 하나님께서 느부갓네살로부터 건지실 것을 그들은 확신했다.단 3:16-18 칼을 피하고, 전쟁에서 용감하게 되고, 이방 사람들의 진을 물리치는 등의 역사는 이스라엘이나 개인들이 그들의 원수들을 이기는 구약성경의 많은 이야기들에 잘 부합한다. 엘리야와 엘리사에 대한 위협은 위협으로 그쳤다.왕상 19:2, 왕하 6:31-32; 참조. 렘 36:26 자주 이런 진술의 요지는 하나님의 백성들이 그들의 연약함에도 불구하고 승리를 거두었다는 것이다. 예를 들어, 기드온은 그의 연약함에도 불구하고 승리했다.삿 6-7장 여호와께서는 때로 자기 백성들을 절박한 상황에 두시어 자신들을 의지하지 않고 하나님을 의지하도록 하신다. 구약성경에는 이스라엘에서 여호수아, 바락, 기드온, 다윗을 포함해 이스라엘에서 전쟁에서 강하게 되고 이방 군대를 정복한 많은 경우들이 있다. 이런 사실이 이 서신을 읽는 독자들에게 무엇을 의미하는지는 분명하다.

11:35 여인들이 죽은 자들을 부활로 받아들인 두 경우가 있다. 엘리야는 사렙다 과부의 아들을 죽음에서 다시 일으켰고,왕상 17:17-23 엘리사는 수넴 여인의 아들이 죽은 후 그를 다시 살렸다.왕하 4:18-36

믿음을 통해서 얻은 위대한 무용담과 승리들을 열거한 후, 기자는 고난 중에서 계속해서 하나님을 의지한 자들에게로 관심을 돌린다.[589] 하나님을 향한 충성 때문에 고문을 당한 자들도 있었다. NLT가 번역하는 것처럼, 그들은 "자유를 얻겠다고 하나님을 등지지"ἀπολύτρωσιν 않았다.

589 영예/수치에 대해서는 드실바를 참조하라. *Despising Shame*, 195-202.

지금 기자는 아마도 결국 죽음으로 귀결된 엘리아살이 당한 고문을 생각하고 있을 것이다.제2마카비 6:18-31 또한 한 어머니와 일곱 형제들도 "채찍과 가죽끈"으로 고문당했다.제2마카비 7:1, NRSV [590] "그들을 대표해서 말한 이의 혀를 뽑았다." 그들은 "그의 두피를 벗기고 수족을 절단했다."제2마카비 7:4 그러고 나서 요리하듯 팬에 기름으로 튀겼다.제2마카비 7:5 그들은 또한 둘째 아들의 두피도 벗겼다.제2마카비 7:7 어머니와 다른 형제들은 고문당하는 가운데 죽음을 당했다.제2마카비 7:8-42 그러나 이들의 삶의 끝은 고문이 아니다. 하나님을 위해 고난을 받는 자들은 다시 부활하여 생명을 얻을 것이다.7:9, 14, 36 하나님을 위해 고난을 받는 자들은 "더 좋은 부활"κρείττονος ἀναστάσεως을 얻는다. "더 좋은"은 기자가 예표론적으로 주장하고 있음을 나타내는 말이다. 이 부활은 엘리야와 엘리사를 통해 그 아들들이 받은 것보다 "더 좋은" 것이다. 어쨌든 엘리야와 엘리사를 통해 다시 살아난 소년들은 다시 죽었다. 하지만 저들이 다시 살아난 것은 더 좋은 영구한 부활, 다함이 없는 생명으로의 부활을 가리킨다.[591] 이 서신의 독자들이 아직 그리스도를 위한 죽음을 경험한 것은 아니다.12:4 하지만 만약 그들이 그리스도를 위하여 고통당하고 죽음을 당한다면, "더 좋은 부활"을 얻도록 그들 역시 상급을 바라보아야 한다.

11:36 여전히 다른 이들은 조롱과 채찍질을 당했다. 선지자들이 하는 말은 조롱거리가 되기 일쑤였고 계속해서 무시를 당했다.대하 36:15-16; 참조. 대하 30:10 예레미야를 "때리고" "나무 고랑으로 채웠다."렘 20:2; 참조. 37:15 감옥에 갇히는 이들도 있었다.참조. 렘 37:14-21 아사 왕은 선지자 하나니가 여호와를 의지하지 않는 자신을 책망하자 그를 감옥에 가두었고,대하 16:7-10

590 지금 언급하는 모든 제2마카비서는 NRSV의 인용이다.

591 참조. Attridge, *Hebrews*, 350.

아합 왕은 그의 죽음을 예언한다는 이유로 선지자 미가야를 감옥에 가두었다.왕상 22:26-27 이들은 모두 고초를 당하는 것을 감수하면서도 주의 약속을 신뢰함으로 믿음으로 이 모든 것을 견뎠다.

11:37 고난의 목록은 계속된다. 어떤 자들은 주께 헌신하는 것 때문에 돌에 맞아 죽었다. 스가랴 선지자는 백성들을 책망한다는 이유로 죽임을 당했다.대하 24:20-21; 참조. 왕상 21:13, 마 23:37, 눅 13:34 전승에 따르면, 예레미야는 애굽에서 돌로 치는 죽음을 당했다.[592] 어떤 자들은 톱으로 켜는 죽임을 당했다. 유대 전승에 따르면, 이사야가 이렇게 죽었다고 한다.이사야의 순교와 승천서 5:11-14 어떤 자들은 칼에 죽임을 당했다.참조. 왕상 19:10, 렘 26:23 하나님의 백성들이 착용했던 옷참조. 왕하 1:8은 그들의 가난과 사회로부터 무시된 자들임을 나타낸다. 그들은 궁핍했고, "환난과 학대"를 받았다.NRSV; 참조. 왕상 18:4, 13, 느 9:26, 30, 암 2:12, 7:10-17

11:38 기자는 빈번히 의인들을 멸시하고 그런 사람들을 "감당하지 못하는" 세상은 하나님을 의지하는 자들을 학대하고 거부함으로 자신들의 가치 없음을 드러낸다는 사실을 독자들에게 일깨워 준다. 엘리야와 엘리사,왕상 19:4, 왕하 2:8 그리고 마카비서에 기록된 자들처럼 광야에서 유리한 자들도 있었다.제1마카비 2:29, 31; 5:24; 9:33, 62, 제2마카비 5:27 오바댜가 많은 선지자들을 숨겨 주고왕상 18:4, 13 다윗이 자신의 원수들을 피해 동굴로 몸을 숨긴 것처럼,삼상 22:1; 참조. 제2마카비 6:11, 10:6 경건한 자들은 때로 핍박을 피해 동굴과 토굴을 유리해야 했다. 유사하게, 이스라엘 사람들은 사울이 왕이 된 후 블레셋 사람들을 피해 몸을 숨겼다.삼상 13:6; 참조. 삼상 14:11 만약 독자들이 믿음 때문에 환영받고 칭찬받기를 기대한다면, 구약성경에 비추어 다시 생각해 보아야 한다. 하나님의 백성들은 항상 주류가 아닌,

592 이런 전승의 출처들에 대해서는 아트리지를 참조하라. *Hebrews*, 350n74.

소수의 사람들, 이방인, 그리고 자주 멸시와 천대를 받는 사람들이었다.

11:39 기자는 11:2의 주제로 다시 돌아간다. 하나님은 여기서 그들의 믿음으로 기리고 있는 구약 성도들에게 증거를 주셨다. 좋은 때나 궂은 때나, 번성할 때든 고난당할 때든 그들을 지탱해 주는 것은 믿음이었다. 구약성경의 성도들은 "약속된 것"ἐπαγγελίαν을 신뢰했다. 하지만 약속된 것을 받지는 못했다. 놀라운 것은 약속된 것을 받지 못했음에도 불구하고, 그들은 믿기를 그치지 않았다. 특정한 약속들이 이루어지는 것을 경험하기는 했지만,11:11, 33 약속의 궁극적인 성취를 맛본 것은 아니었다.[593] 약속의 성취를 위해서는 기다려야 하고, 종말에 이르러서야 성취될 것임을 그들은 알았다. 여기서 약속이란 최종적인 기업에 대한 또 다른 표현이고,참조. 6:12, 17에서는 "약속을 기업으로 받는"과 "약속을 기업으로 받는 자들"로 표현된다 9:15에서는 "영원한 기업"이라고 표현된다.[594] 유사하게 이 약속은 종말론적 안식,4:1 최종적 구원의 실현,10:36 진동치 않을 나라의 도래12:26, 28로 이해된다.

11:40 신약시대의 신자들이 없이는 구약시대의 신자들이 온전해지지 못하도록 하나님이 정하셨다. 구약의 성도들의 놀라운 믿음에도 불구하고, 새 언약과 더불어서만 "더 좋은" 어떤 것이 이른다. "더 좋은" 어떤 것은 예수의 죽음과 부활, 그분을 통해 죄를 최종적으로 깨끗하게 하는 것과 더불어 도래한다.[595] 따라서 그리스도께서 오신 지금, 예수를 의지하는 자들은 심지어 지금 벌써 더 좋은 어떤 것을 경험했다.[596] 이런 사실은 기자가 완전을 하늘 도성에서의 최종적인 완성의 때로 제한

593 참조. Peterson, *Hebrews and Perfection*, 156.

594 참조. Lane, *Hebrews 9-13*, 392.

595 참조. Cockerill, *Hebrews*, 598-600.

596 Peterson, *Hebrews and Perfection*, 156-57.

하는 것과 대비된다.[597] 대신에 여기서 묘사되는 완전을 39절의 종말론적 약속과 동등하게 놓아서는 안 된다. 현재의 악한 시대에 신자들의 완전은 장차 이루어질 하늘 도성의 약속에 대한 보증으로 기능한다.[598] 피터슨에 따르면, 완전은 현재의 죄 사함과 최종적 구원을 모두 포함하는 "그리스도 사역의 총체"를 가리킨다.[599] 완전은 하나님께로 나아가는 것을 가리킨다는 리벤스Benjamin J. Ribbens의 말이 보다 정확한 것일 수 있다.[600] 옛 언약의 성도들은 그리스도의 희생이 없이는 하나님께로 온전하고도 자유롭게 나아갈 수 없었고, 이 희생은 지금 그리스도의 사역으로 말미암아 양심을 깨끗하게 한 새 언약의 신자들이 하나님께로 나아가는 길을 열어 놓았다.

성경신학적 적용

믿음은 승리할 때와 비참할 때, 생의 정점과 저점 모두에서 하나님을 의지한다. 믿음은 그 자체를 전적으로 하나님께 드린다. 사사기의 많은 경우와 다윗에게서 볼 수 있는 것처럼, 하나님께서 믿음을 통해 승리로 정하셨다면, 믿음은 하나님이 베푸신 선하심을 즐거워한다. "더 좋은 부활"이 도래하고 있고 이 세상에서 당하는 고통과 괴로움이 영영히 계속될 것이 아님을 아는 믿음은, 고문과 죽음과 고통을 받을 때 하나님을 단단히 부여잡는다. 독자들은 그들 앞서간 믿음의 선진들을 본받고 하나님께 자신을 맡기도록 부름을 받는다. 하나님을 의지하는 자들은 약속된 것을 받을 것이고, 부활 그 자체가 바로 궁극적으로 약속된 것이다.

597 참조. Lane, *Hebrews 9-13*, 393.

598 피터슨이 바르게 말한다. *Hebrews and Perfection*, 156-57.

599 같은 책, 158.

600 Ribbens, "Levitical Sacrifice and Heavenly Cult in Hebrews", 296-97.

12:1-3

I. 프롤로그: 아들을 통해 이루어진 결정적이고 최종적인 계시 1:1-4

II. 천사들보다 위대하신 아들을 저버리지 말라 1:5-2:18

III. 아들을 모세와 여호수아보다 더 위대한 대제사장으로 가진 너희는 마음을 완고하게 하지 말라 3:1-4:13

IV. 레위기의 율법이 정하는 대제사장직보다 더 위대한 멜기세덱의 반차를 따른 예수의 대제사장직으로부터 흘러 떠내려가지 않도록 하라 4:14-10:18

V. 맺는말로서의 권면과 경고 10:19-12:29

1 | 하나님께로 가까이 나아가고, 믿음의 도리를 굳게 잡고, 서로 돌아볼 것을 권면함 10:19-25

2 | 경고: 그리스도를 저버린 자들에게는 사죄의 소망이 없음 10:26-31

3 | 끝까지 믿음으로 견딜 것을 촉구함 10:32-12:3

1) 확신을 저버리지 말고 믿음으로 인내하라 10:32-39

2) 끝까지 견디는 믿음에 대한 묘사와 모범 11:1-12:3

① 믿음의 본질 11:1-2

② 노아로 말미암은 창조 11:3-7

③ 아브라함과 그의 후손들의 믿음 11:8-22

④ 모세의 믿음과 약속의 땅으로 들어간 자들 11:23-31

⑤ 그 밖에 믿음의 모범들 11:32-40

⑥ 탁월한 믿음의 모범이신 예수를 바라보면서 경주하라 12:1-3

4 | 믿음으로 인내할 것을 독자들에게 권면함 12:4-29

1 이러므로 우리에게 구름같이 둘러싼 허다한 증인들이 있으니 모든 무거운 것과 얽매
이기 쉬운 죄를 벗어 버리고 인내로써 우리 앞에 당한 경주를 하며 2 믿음의 주요 또 온

전하게 하시는 이인 예수를 바라보자. 그는 그 앞에 있는 기쁨을 위하여 십자가를 참으사 부끄러움을 개의치 아니하시더니 하나님 보좌 우편에 앉으셨느니라. [3] 너희가 피곤하여 낙심하지 않기 위하여 죄인들이 이같이 자기에게 거역한 일을 참으신 이를 생각하라.

문맥

이 서신 전체 설교의 요지는 다음과 같다. 예수를 저버리지 말라. 독자들은 예수를 견고히 붙잡고[10:19-25] 놓지 말아야 한다.[10:26-31] 그들이 가진 확신을 버리지 말고 최종적인 상급을 받을 것을 계속해서 믿어야 한다.[10:32-39] 믿음 장[11장]은 끝까지 인내하는 믿음이 어떻게 드러나는지를 묘사한다. 하나님이 약속하신 것들이 어떻게 이루어질지 보지는 못하지만 그분이 말씀하신 것을 믿기에, 믿음은 하나님이 약속하신 것들을 의지한다. 현재의 상황에 휘둘리는 대신 하나님의 말씀을 의지하기에, 믿음은 장래를 바라본다. 하나님이 자기 백성들에게 상급을 주실 것을 알기에, 믿음은 위험과 비탄 가운데서도 하나님을 의지한다. 구약의 선진들은 믿음의 위대한 모범을 보여준다. 하지만 최고의 모범은 예수 자신이다. 12장을 시작하면서 기자는 모든 무거운 것과 죄를 벗어 버리고 인내로 앞에 당한 경주를 할 것을 독자들에게 촉구하면서[12:1] 구약성경의 믿음의 영웅들에 대해 자신이 말한 것을 독자들에게 적용한다.["이러므로", Τοιγαροῦν] 기자는 이제 모범들을 제시하는 것에서 촉구하는 것으로 옮겨 간다.[601] 예수는 하나님 우편에 앉는 상을 얻기 위해 십자가의 고통을 참으셨기에 그들은 예수를 바라보아야 한다.[12:2] 예수께 가해진 온갖 적대를 기억하고, 경주하면서 낙심하거나 포기하지 말아야 한다.[12:3]

601 참조. O'Brien, *Hebrews*, 448.

주석

12:1 문맥을 따라 생각할 때 이 절을 시작하는 "이러므로"Τοιγαροῦν는 기자가 지금 11장에 묘사된 믿음의 조상들로부터 적용을 이끌어 내고 있는 것을 알 수 있다. 역사적인 목적을 위해 11장을 그렇게 진술한 것이 아니다. 이 서신의 독자들에게 동기를 불러일으키기 위한 것이었다. 그들을 앞서간 구름같이 허다한 증인들을 생각하고, 경주를 방해하는 죄와 모든 장애물을 벗어 버리고 끝까지 인내로 앞에 당한 경주를 하라고 독자들을 격려한다.

구약의 선진들은 "구름같이 허다한 증인들"이라고 묘사한다. 독자들을 위한 모범들로 기능한다는 의미에서 그들은 증인들이다. "이 증인들이 그리스도인들 안에서 목도하는 것이 아닌, 그리스도인들이 허다한 증인들 안에서 목도하는 것에 방점이 찍혔다."[602] 하지만 이 증인들은 또한 관중으로도 이해될 수 있다. 이들은 자신들의 삶으로 증거하고, 믿음의 경주를 하는 자들을 "응원한다."[603] 실제로 "증인들"μαρτύρων이라는 말은 11:2, 39에서 11장의 틀을 구성하는 장치로 사용된 "증거를 얻었다"μαρτυρέω는 말과 관련이 있다. 저들은 독자들에게 자신들의 믿음과 인내로 증거하고 있고, 독자들은 그들이 보인 모범의 자취를 따라야 한다. 기자는 많은 증인들이 있음을 강조한다. 아마도 기자는 독자들에 앞서 이미 많은 믿음의 선진들이 각자의 경주를 성공적으로 마쳤음을 강조

602 O'Brien, *Hebrews*, 451.

603 여기서 특히 크로이가 제시하는 증거를 참조하라. *Endurance in Suffering: Hebrews 12:1-3 in Its Rhetorical, Religious, and Philosophical Context*, SNTSMS 98(Cambridge: Cambridge University Press, 1998), 58-62. 퀘스터는 이 두 개념이 모두 여기서 나타난다고 말한다. 이미 앞서간 자들은 자신들의 삶으로 증거하는 증인이고, 독자들의 경주에 증거를 제공하는 자이며, 관중이다(*Hebrews*, 522). 참조. Cockerill, *Hebrews*, 602-3. 레인은 그들의 삶의 증거를 강조한다(*Hebrews 9-13*, 408).

함으로 그렇게 하고 있을 것이다. 그들이 혼자거나 그들만 고난을 겪고 인내하는 것이 아니다. 11:32이 나타내는 것처럼, 이루 셀 수 없이 많은 선진들이 믿음의 경주를 했다.

이 절의 말미에서 발견되는 중심 명령은 이 서신 전체의 취지와 부합한다. 독자들은 인내로써 끝까지 앞에 당한 "경주를"해야 한다. 11장에 열거된 믿음의 선진들은, 이기지 못할 것처럼 보이는 때에 고난과 적대에도 불구하고 믿음의 경주를 계속했다. 이 절의 중간 절은 **어떻게** 이 경주를 해야 할지를 설명한다. 독자들은 그들을 방해하는 "모든 것을 던져 버려야" 한다.[NIV] 지금 기자는 신자들이 경주를 할 때 그들의 경주를 지연하는 죄를 가리켜 말하고 있을 것이다.[604] 아니면, 죄가 아니라 그 자체로는 선하나 경주를 하지 못하도록 하는 것들을 가리키는 것일 수 있다.[605] 아마도 기자는 죄, 혹은 죄는 아니라 할지라도 그 자체로 악은 아니지만 인내로 경주하는 우리를 더디게 하는 무엇이나 믿음의 경주를 방해하는 것들 일반을 가리켜 말하고 있을 것이다.

신자들은 또한 "얽매이기 쉬운 죄"를 벗어 버려야 한다. "얽매다"εὐπερίστατον라는 말은 죄가 믿음의 경주를 하는 신자들을 쉽게 올무에 걸어 넘어뜨리는 개념을 담고 있다.[606] 기자는 죄의 능력과 미혹하는 능력을 인정한다. 그리스도인의 삶은 쉽지 않다. 경주하는 선수들에게 단호한 결심과 열심이 있어야 하는 것처럼, 그리스도인의 삶을 살기 위해

604 참조. Attridge, *Hebrews*, 355; Ellingworth, *Hebrews*, 638.

605 참조. L. Johnson, *Hebrews*, 316-17.

606 또 다른 "쉽게 주의를 흐트러뜨리는"(εὐπερίσπαστον, 𝔓46 and 1739)이라는 해석은 부차적인 해석임이 분명하다(Ellingworth, *Hebrews*, 638-39; but see Lane, *Hebrews 9-13*, 398-99). "얽매이기 쉬운"εὐπερίστατον이라는 말은 신약성경에서 여기에만 등장한다. 하지만 처음부터 사용된 표현임이 분명하다. HCSB가 지지하는 의미는 휴즈(Hughes, *Hebrews*, 520n11)와 대부분의 주석가들의 주석들을 참조하라.

서는 훈련과 강력한 힘이 필요하다.

12:2 중심적인 권면은 1절에 드러나 있다. 신자들은 인내로써 경주를 해야 한다. 끝까지 인내해야 함을 말하는 또 다른 표현이다. 그러고 나서 기자는 이제 **어떻게** 경주해야 하는지를 말한다. 먼저 1절에 보면, 경주를 잘하기 위해서는 모든 짐을 내려놓아야 한다. 경주하는 신자를 걸려 넘어지게 하는 죄를 말한다. 둘째, "계속해서 예수를 바라보면서" 인내로 경주해야 한다. 예수는 믿음의 경주에 대한 최고의 모범이다. 그런 그분을 바라볼 때, 신자들은 자신들의 경주를 계속해 가도록 자극을 받을 것이다.

예수를 "우리 믿음의 원천이요 온전하게 하시는 이"τὸν τῆς πίστεως ἀρχηγόν καὶ τελειωτήν로 묘사한다. HCSB에 "원천"이라고 번역된 말은 "창시자""founder", ESV, "선구자""pioneer", NIV, NRSV, NET, "승리자""champion", NLT 등 다양하게 번역된다."주", 개역개정 예수는 믿음의 모범으로 역할을 하는 믿음의 선구자다. 이런 이해는 2:10과도 부합한다. 또한 예수를 최고의 모범으로 제시하는 이 문맥에도 잘 부합하는 것이 분명하다.[607] 그러나 HCSB와 ESV의 번역 역시 잘 맞는다.[608] "온전하게 하시는 이"라는 말과 짝을 이루어 사용된 것을 보면, 이 절이 예수께서 믿음의 모범과 신자들의 믿음을 시작하고 완성하시는 분임을 교훈하도록 이 두 단어는 함께 읽어야 한다.[609] 린다스Barnabas Lindars가 말하는 것처럼, 예수는 그들의 믿음을 완전하게 하시는 이다. "그분이 기독교 신앙고백을 견고하게 붙드는 자들로 동일한 목적지에 이를 수 있도록 하기 때문이다."[610] 기

607 참조. Lane, *Hebrews 9-13*, 411-12.

608 2:10에 대한 주석 참조.

609 참조. Attridge, *Hebrews*, 356-57; Koester, *Hebrews*, 523; Ellingworth, *Hebrews*, 640; Richardson, *Pioneer and Perfecter of Faith*, 96-101.

자는 신자들에게 그들의 믿음의 원천과 창시자 되시는 이가 또한 그들의 믿음을 완성하고 완전하게 하실 것을 상기시키면서 그들을 격려한다.

여기서 요지는 여전히 신자들을 위한 예수의 모범이다. 예수께서 자신의 경주를 마치신 것처럼, 신자들 역시 마지막까지 자기 앞에 놓인 경주에 진력해야 한다.[611] 그분은 고난과 십자가에서 수치를 감당하셨다. 고대 세계에서 십자가의 수치가 얼마나 엄청난 것인지는 익히 잘 알려져 있었다.[612] 이처럼 엄청난 죽음의 비통함을 감당하도록 그분을 강력하게 붙들고 받쳐 준 것은 "그 앞에 있는 기쁨"이었다. 이를 통해 그분은 용감하게 잠시 지나가는 고통을 멸시하고 비웃을 수 있었다. 더 좋은 무엇이 임박한 것을 알았기 때문이다.[613] 예수께서 십자가의 수치를 멸시하셨다는 것은 곧 "자신에 대한 사람들의 평판에 개의치 않을 뿐 아니라, 자신의 행위를 부끄러운 것으로 판단하려는 자들에 대해 그에 걸맞게 부정적으로 하찮게 여기는 것을 포함하는" 것을 의미한다.[614] 예수는 그분의 순종으로 말미암아 하나님 우편에 앉는 상을 받았다. 기자는 이 책의 중심 주제 가운데 하나를 다시 한 번 언급한다. 시편 110:1의 예언은 하나님 우편에 좌정하셔서 만물을 다스리시는 예수 안에서 성취된다.참조. 1:3, 13, 8:1, 10:12 모세가 자기 앞에 놓인 상을 위해 일시적으로 죄의 낙을 누리기를 거부한 것처럼, 예수 역시 앞에 있는 상을 바라고 십자가를 감당하셨다.[615] 고대 세계에서 경멸의 대상인 십자가는

610 Lindars, *The Theology of Hebrews*, 45.

611 12장에 나오는 운동경기에 대한 이미지의 중요성과 그것의 배경이 되는 그리스-로마 세계는 크로이를 참조하라. *Endurance in Suffering*, 40-70.

612 참조. Martin Hengel, *Crucifixion* (Philadelphia: Fortress, 1977).

613 수치를 멸시하는 개념은 용감하거나 두려워하지 않는 것을 의미한다. 참조. Lane, *Hebrews 9-13*, 414.

614 deSilva, *Despising Shame*, 172.

수치스러운 죽음을 의미했다. 종국에 위대한 상을 받을 것을 알기에 신자들 역시 어떤 고난이라도 기꺼이 감내하고 마지막까지 견뎌야 한다.

12:3 신자들의 모범으로서의 예수의 역할이 계속해서 확장된다. 독자들은 십자가를 참으신 예수를 바라봄으로 끝까지 경주에 진력해야 한다. 기자는 예수를 생각하라고 독자들에게 촉구하면서 예수의 인내를 다시 한 번 언급한다. 예수를 본받은 인내야말로 독자들에게 필요한 것이기도 하다. 예수는 죄인들에게 이루 말할 수 없는 "거역"ἀντιλογίαν을 당하셨다. 기자가 아마도 독자들이 겪은 유사한 적대 행위들을 가리켜 하는 말일 것이다. 독자들에게 그들의 형제2:10-18, 4:14-16와 죄인들로부터 동일한 적대를 당하신 주를 생각할 것을 요구하는 것도 그 때문이다. 기자는 독자들이 "피곤하여 낙심할" 것을 우려한다. 예수께서 고난당하신 것을 생각함으로 계속해서 비우호적이고 적대적인 태도를 견지하는 세상에서 새롭게 마음을 다잡을 수 있을 것이다. 포기한다는 것은 끝까지 참는 것과 배치되고 종국에 받게 될 상을 바라보고 십자가를 참으신 예수의 모습과도 상반되는 배도를 묘사하는 또 다른 방식이다.

성경신학적 적용

신자들은 경주 가운데 있다. 힘겹고 지난하고 긴 경주다. 상을 받기 위해서는 끝까지 달려야 한다. 그들만 이 경주를 하는 것이 아니다. 많은

615 이런 해석에 대해서는 다음을 참조하라. Hughes, *Hebrews*, 523-24n117; Koester, *Hebrews*, 523-24; O'Brien, *Hebrews*, 455-56; deSilva, *Despising Shame*, 173-78; Croy, *Endurance in Suffering*, 177-85. 그러므로 기자는 지금 예수께서 이 땅에서의 삶이 가져다주는 기쁨을 붙잡는 대신 십자가를 감당했다고 말하지 않는다(반대 참조. Lane, *Hebrews 9-13*, 399-400). 레인의 견해를 따른다고 하더라도, 이 절이 말하는 중심 주장은 여전히 히브리서 메시지와 부합한다. 본문을 이렇게 이해한다면, 신자들은 지금 이 땅의 즐거움을 추구하면 안 되고 약속된 최종적인 상급을 바라보며 고난을 인내해야 한다.

신자들[11장]이 이미 앞서 이 경주를 마쳤다. 그렇게 하기 위해서는 경주를 방해하는 모든 무거운 것을 벗어 버려야 한다. 예수야말로 경주 중인 신자들을 위한 최고의 모범이다. 자신을 미워하는 자들의 거역과 비통함을 견디고 끝까지 인내로 경주를 마쳤기 때문이다. 그분은 자신의 순종과 인내로 상을 받으셨고, 이제 하나님 우편에서 다스리신다. 마찬가지로, 독자들 역시 예수와 더불어 또 그분을 위해 기꺼이 고난을 감당해야 한다. 예수는 신자들이 가진 믿음의 원천이요, 그 믿음을 온전하게 하시는 분이다. 동시에 신자들은 중단 없이 예수를 바라보고 그분을 믿어야 한다. 이 경주가 영영히 계속되지는 않을 것이다. 또한 이 경주의 결승선에 위대한 상이 기다리고 있는 것을 앎으로, 신자들은 계속해서 경주에 매진할 용기를 얻게 될 것이다.

12:4-13

I. 프롤로그: 아들을 통해 이루어진 결정적이고 최종적인 계시[1:1-4]

II. 천사들보다 위대하신 아들을 저버리지 말라[1:5-2:18]

III. 아들을 모세와 여호수아보다 더 위대한 대제사장으로 가진 너희는 마음을 완고하게 하지 말라[3:1-4:13]

IV. 레위기의 율법이 정하는 대제사장직보다 더 위대한 멜기세덱의 반차를 따른 예수의 대제사장직으로부터 흘러 떠내려가지 않도록 하라[4:14-10:18]

V. 맺는말로서의 권면과 경고[10:19-12:29]

1 | 하나님께로 가까이 나아가고, 믿음의 도리를 굳게 잡고, 서로 돌아볼 것을 권면함[10:19-25]

2 | 경고: 그리스도를 저버린 자들에게는 사죄의 소망이 없음[10:26-31]

3 | 끝까지 믿음으로 견딜 것을 촉구함[10:32-12:3]

4 | 믿음으로 인내할 것을 독자들에게 권면함[12:4-29]

1) 거룩을 위한 연단을 감당하라[12:4-13]

2) 최후의 복을 바라고 화평과 거룩을 추구하라[12:14-17]

3) 너희가 다다른 곳은 시내 산이 아닌 시온 산이다[12:18-24]

4) 최종적인 경고: 말씀하시는 이를 거역하지 말라[12:25-29]

4 너희가 죄와 싸우되 아직 피 흘리기까지는 대항하지 아니하고 5 또 아들들에게 권하
는 것같이 너희에게 권면하신 말씀도 잊었도다. 일렀으되 내 아들아, 주의 징계하심을
경히 여기지 말며 그에게 꾸지람을 받을 때에 낙심하지 말라. 6 주께서 그 사랑하시는
자를 징계하시고 그가 받아들이시는 아들마다 채찍질하심이라 하였으니 7 너희가 참
음은 징계를 받기 위함이라. 하나님이 아들과 같이 너희를 대우하시나니 어찌 아버지
가 징계하지 않는 아들이 있으리요. 8 징계는 다 받는 것이거늘 너희에게 없으면 사생

자요 친아들이 아니니라. [9] 또 우리 육신의 아버지가 우리를 징계하여도 공경하였거든
하물며 모든 영의 아버지께 더욱 복종하며 살려 하지 않겠느냐. [10] 그들은 잠시 자기의
뜻대로 우리를 징계하였거니와 오직 하나님은 우리의 유익을 위하여 그의 거룩하심에
참여하게 하시느니라. [11] 무릇 징계가 당시에는 즐거워 보이지 않고 슬퍼 보이나 후에
그로 말미암아 연단 받은 자들은 의와 평강의 열매를 맺느니라. [12] 그러므로 피곤한 손
과 연약한 무릎을 일으켜 세우고 [13] 너희 발을 위하여 곧은길을 만들어 저는 다리로 하
여금 어그러지지 않고 고침을 받게 하라.

문맥

히브리서 12:4-29은 기자가 에필로그를 더하기는 하지만 권면으로 마무리된다. 10:19-25에서 기자는 독자들에게 믿음의 도를 견고하게 붙들라고 촉구한다. 10:26-31은 독자들에게 타락할 경우 최후의 심판이 있을 것을 경고하고 있다. 10:32-39은 독자들에게 그들이 가진 확신을 저버리지 말라고 권면한다. 최종적인 구원을 얻기 위해서는 계속해서 끝까지 믿어야 한다. 11:1-40이 말하는 믿음의 영웅들은 최종적인 구원에 이르는 인내하는 믿음을 예증한다. 그들은 고난을 당하면서도 하나님이 약속하신 것이 이루어질 것을 믿는 가운데 하나님의 약속들을 의지했다. 12:1-3은 예수를 믿음의 최고의 모범으로 제시하고 있고, 여기서 요지는 믿음의 경주는 그것이 끝날 때까지 인내함으로 중단 없이 계속되어야 한다는 것이다.

지금 우리가 살펴볼 문단은 독자들에게 끝까지 경주할 것을 권면한다. 기자는 독자들에게 아직 순교에 이를 만큼 고난을 받은 것은 아님을 상기시킨다.[12:4] 기자는 독자들에게 운동 경기의 이미지들을 적용한다. 고대 그리스의 연무장에서는 신체 훈련과 더불어 도덕 교육을 병행했기 때문이다.[616] 그들 앞에 놓인 어려움을 하나님의 심판으로 보면 안

되고, 아버지의 징계로 이해해야 한다.12:5 617 크로이N. Clayton Croy는 문맥을 볼 때 여기서 언급되는 징계는 죄의 결과로 받는 것을 가리키지 않는다고 주장한다.[618] 하나님은 신자들을 징계하심으로 벌하지 않는다. 하지만 여기서 말하는 징계는 보다 일반적이기 때문에 신자들이 죄를 지을 때 받는 징계 역시 포함하고 있을 것이다. 이 편지를 받는 공동체가 당면한 곤경은 외부로부터 오는 것으로, 감옥에 갇히고 소유를 빼앗기고 비방을 받는 것을 포함한다.10:32-34 예수께서도 친히 고난을 감당하셨다.12:1-3 하지만 이 경우 자신의 죄 때문에 징계를 받으신 것은 아니었다. 신자들이 받는 징계는 그들을 향한 하나님의 사랑에 뿌리박고 있다.12:6 이 문단의 요지는 7절에서 드러난다. 독자들은 하나님의 사랑받는 자들로서 징계를 감당해야 한다. 사실, 징계는 독자들이 하나님의 참 자녀들임을 증거해 보인다.12:8 독자들이 자신을 징계하는 땅 위의 아버지를 공경하는 것과 마찬가지로, 종말론적 생명을 받도록 기쁨으로 하나님께 순복해야 한다.12:9 부모들은 자신들의 제한적인 지혜를 따라 자녀들을 징계한다. 하지만 하나님은 자녀들이 장차 자신의 거룩하심에 참여하도록 하기 위해 그들을 징계하신다.12:10 징계가 당장에는 유쾌하지 않고 슬퍼 보이지만, 궁극적으로 의로 인도한다.12:11 그러므로 독자들은 징계를 받을 때 낙심하지 말고 피곤한 손과 연약한 무릎을 일으켜 세우고 계속해서 곧은길을 가야 한다.12:12-13

주석

12:4 독자들은 복음을 위해 고난을 받았지만 아직 피 흘리기까지 고난

616 참조. L. Johnson, *Hebrews*, 319.

617 참조. Cockerill, *Hebrews*, 617.

618 Croy, *Endurance in Suffering*, 2-3.

받은 것은 아니다. 흥미롭게도, 기자는 그들의 삶을 이처럼 죄를 대적하는 싸움으로 묘사한다.[619] 바꾸어 말해, 뒤로 물러나도록 하는 시험 역시 죄로 미혹하는 것으로 묘사될 수 있다. 독자들이 맞닥뜨린 상황은 그리 녹녹하지 않았다. 그들을 집어삼키려고 위협하는 죄와 싸우고 있었기 때문이다. 사회의 압력에 영합하여 핍박을 피하고자 하는 유혹 아래 있었다. 그럼에도 불구하고 기자는 그들이 아직 가장 힘든 시험에 이른 것은 아님을 상기시켜 준다. 그들 중 아직 믿음 때문에 순교에 이른 사람은 없었다. 바로 이 점에서 그들의 상황은 십자가를 지고 최악의 수치를 당하신 예수의 상황과 대비된다.[12:2]

12:5 독자들은 성경이 그들에게 권면한 말씀을 망각했다.[620] 기자가 잠언 3:11-12에 기록된 말씀이 당시 독자들에게 격려로 다가간다고 믿은 것이 분명하다. 이런 말씀은 단순히 이전 세대만을 위해 주어진 고리타분한 말들에 불과한 것이 아니다. 오래전에 기록되었지만 오늘날 독자들에게도 말하고 있다. "아들"에 "내"라는 일인칭 단수 소유격을 더한 것 말고는 칠십인역을 그대로 인용하고 있다. 마소라 사본이 칠십인역과 비슷함에도 불구하고, 기자가 여기서 칠십인역을 인용하고 있는 것이 분명하다. 기자는 이 말씀이 그들을 하나님의 "아들들"[υἱοῖς]로 교훈하고 있는 것을 지적하면서 잠언의 문맥을 부각시킨다.

독자들은 주의 징계를 경히 여겨 물리치는 일이 없어야 한다. 여기서 말하는 징계는 징벌적인 것이 아닌 교훈적이고 훈육적인 것으로 이해해야 한다. 그럼에도 불구하고 여기서 말하는 징계는 일반적인 경건을 위한 훈련과 죄로 인한 징계를 역시 포함한다. 징계라고 해서 다

619 여기서 기자가 권투를 가리키고 있다고 생각하는 사람들이 있지만, 크로이는 여기서 사용되는 운동의 이미지는 보다 일반적인 것이라고 주장한다(*Endurance in Suffering*, 69-70)

620 역으로 이 절을 질문으로 볼 수도 있다(L. Johnson, *Hebrews*, 320).

죄 때문에 주어지는 것은 아니지만, 어떤 징계는 신자가 죄를 떠나도록 하기 위해 주어지기도 한다. 징계는 하나님의 자녀들이 의로운 가운데 자라 가도록 하나님이 계획하신 훈련의 일부다. 독자들은 이런 징계의 목적과 유익을 생각하고, 하나님으로부터 "꾸지람을 받을 때" 낙심하거나 "힘들어하지"ἐκλύου 말아야 한다. 지금 기자는 독자들이 "낙심하지"ἐκλυόμενοι 않도록 예수께서 당하신 방해와 적대를 생각하라고 한 3절의 권면을 다시 언급하고 있다. 기자가 여기서 설명하는 것처럼, 그들을 기진하고 무기력하게 할 수 있는 당면한 어려운 상황 때문에 오히려 하나님이 자녀를 징계하시는 의도와 상반되는 결론에 이르러서는 안 된다. 그들이 당하는 어려움은 그들이 참으로 하나님께 속했고, 그들이 하나님의 깊은 사랑 가운데 있는 자녀라는 것을 의미한다.

12:6 기자는 왜 독자들이 주의 징계를 경히 여기거나 이로 인해 낙심해서는 안 되는지 설명한다. 징계가 독자들을 향한 하나님의 진노를 의미한다면 낙심하는 것이 당연하다. 하지만 정반대다. 주께서 독자들을 징계하시는 것은 그들을 사랑하시기 때문이다. 하나님은 자신이 받아들이시는 "아들마다" "채찍질하신다.""chastise", ESV, μαστιγοῖ 621 하나님의 자녀로서 그들이 겪는 압제와 긴장은 새삼스러울 것이 없고, 오히려 하나님의 권속에 속한 각 사람의 삶의 여정을 나타낸다. 이런 문맥으로 볼 때, 여기서 말하는 징계는 하나님의 진노나 심판이 아니라 하나님이 그들을 받으셨고 사랑하심을 나타낸다.[622]

621 징계와 심판을 구약성경과 제2성전기 유대교 문헌에서 살피고 있는 크로이를 참조하라. 크로이는 심판과 시험과 훈육을 포함하는, 죄를 속하고 다른 사람들이 받아야 할 형벌을 담당하기 위해 고통당하는 여러 가지 이유를 보여준다(*Endurance in Suffering*, 83-133). 그는 잠언 3:11-12의 칠십인역은 징벌적인 성격을 띠고 있다고 말한다(89). 반면에 그리스-로마 작가들의 경우 형벌로 인한 고통을 말하는 경우가 전혀 없는 것은 아니지만, 고통과 형벌 사이를 연결시키는 경우는 보다 드물다(133-58).

12:7 7절의 주동사인 "참는다"ὑπομένετε는 직설법이나 명령법일 수 있다. ESV는 이 동사를 직설법으로 번역한다. "이것은 징계이기 때문에 너희가 감내해야 한다."참조. KJV, NKJV, RSV, NLT 623 하지만 문맥을 보면 명령법이 더 맞아 보인다. "징계로써 고난을 감내하라."HCSB; 참조. NIV, NET, NRSV 624 이런 이해는 전체 서신의 내용과도 잘 부합한다. 기자는 독자들이 지금 **감내하고 있다**고 하지 않는다. 그들이 인내로 견디는지의 여부

622 참조. Koester, *Hebrews*, 538. 피츠제럴드는 여기서 체벌을 가리키는 언급을 본다. 참조. John T. Fitzgerald, "Proverbs 3:11-12, Hebrews 12:5-6 and the Tradition of Corporal Punishment", in *Scripture and Traditions: Essays on Early Judaism and Christianity in Honor of Carl R. Holladay*, ed. Patrick Gray and Gail R. O'Day, NovTSup 129(Leiden: Brill, 2008), 291-317. 크로이는 비록 잠언 3:11-12이 문맥상 징벌적인 의미를 가지고 있음에도 불구하고, 히브리서 독자들의 잘못된 행실에 대한 언급이 없기 때문에 히브리서에서 이 본문은 비징벌적이고 훈육적으로 사용되고 있다고 주장한다. 더욱이 여기 사용된 운동과 관련된 용어들은 징벌이 아닌 경기에서 인내하는 것을 나타낸다. 또한 11장에서 기리는 자들은 죄로 책망받은 것 때문이 아니라 신실한 인내의 모범으로 제시되고 있다(Croy, *Endurance in Suffering*, 196-99, 210-14; 참조. Peeler, *You Are My Son*, 151-53). 크로이는 히브리서에서 모든 징계가 다 죄 때문은 아니라는 것을 바르게 보고 있다. 징계는 경건한 자들을 더욱 경건하게 훈련한다. 그럼에도 불구하고 크로이는 완전히 배제할 정도로 과도하게 이 본문에서 죄로 인한 징계의 비징벌적인 부분에만 치우쳐 있다. 죄로 인한 징계는 징벌적이 아니라 훈련하고 바르게 하는 것을 나타낸다. 물론 잠언 3:11-12에서의 징계는 바르게 하는 징계를 나타내고, 이런 사실은 히브리서에서도 마찬가지로 적용되고 있다고 결론 내리는 것이 자연스럽다. 여기서 사용된 운동 경기의 이미지가 죄로 인한 징계를 배제하는 것이 아니다. 운동 경기를 사용하는 예증 자체가 징벌적인지 아닌지의 성격을 분명히 가리는 것은 아니기 때문이다. 여기에 죄로 인한 징계가 포함되어 있음에도 불구하고, 크로이는 징계는 다양한 목적을 가지고 있기 때문에 징계가 항상 개인의 특정한 죄와 결부되는 것은 아님을 상기시켜 준다. 징계와 훈련은 때로 이미 강한 자들을 더욱 강하게 만들기 위해 사용되기도 한다.

623 명령법으로 보는 해석에 대해서는 크로이를 참조하라. *Endurance in Suffering*, 199-200. In support of the indicative, 참조. L. Johnson, *Hebrews*, 320-21; 참조. Ellingworth, *Hebrews*, 650). 존슨은 사람들이 징계를 받거나 훈육을 받기 위해 견디는 것은 아니기 때문에 이 동사를 명령법으로 보는 것은 뜻이 통하지 않는다고 주장한다.

624 참조. Lane, *Hebrews 9-13*, 421; O'Brien, *Hebrews*, 464-65.

는 그들이 현재 직면한 상황이기 때문에 지금 기자는 그들이 잘 감당했다고 칭찬하는 것이 아니라 잘 감당하라고 권면하고 있다. 기자는 지금 이 문단의 요지를 이해시키고 있고, 그것은 이 서신 전체의 목적과도 부합한다. 1-3절에서 독자들은 경주에 매진하도록 부름을 받고 있는데, 여기서도 비슷하다. 인내가 어려움과 고통을 포함하는 훈련인 줄 알고 끝까지 잘 감당하라는 독자들에게 주는 명령이다.

이 같은 징계를 받는다고 놀라서는 안 된다. 하나님이 그들을 자신의 자녀로 대하시는 것을 가리키기 때문에참조. 잠 13:24, 29:17 징계는 그들이 하나님의 가족의 일원임을 나타내는 증거로 기능한다. 기자는 계속해서 아들이라는 말이 아버지의 징계와 훈육을 받는다는 의미임을 설명한다. 바르게 이해된 징계는 격려의 요소를 가지고 있다. 하나님의 사랑을 가리키기 때문이다.

12:8 기자는 계속해서 어려운 환경에 직면해 있는 독자들을 격려한다. 그들은 하나님께 속한 자들이 "다" 징계를 받는 것을 알고 그것을 참아야 한다.7절 친아들이면서 아버지로부터 징계를 받지 않는 자가 없다. 징계가 없다는 것은 그 가족이 아니라는 말이고, 사생자νόθοι라는 말이다. 고대 세계에서 교육은 합법적인 자녀들에게만 주어졌다. 사생자들에게는 그런 기회를 주지 않았다.[625] 더욱이 사생자들은 어떤 유업도 물려받지 못했다.[626] 하나님의 참된 자녀이기 때문에 그들은 자애로운 아버지의 손길로부터 비롯되는 징계를 경험하는 것이다.

12:9 이 땅의 아버지들과 그들이 행하는 징계와 하나님이 자기 자녀들에게 행하시는 징계 사이의 유비가 등장한다. 이 땅의 아버지들은

625 L. Johnson, *Hebrews*, 321.

626 참조. Koester, *Hebrews*, 528.

τοὺς…τῆς σαρκὸς ἡμῶν πατέρας 자신의 자녀들을 징계하고 자녀들은 그들을 존경하고 공경한다. 징계를 받는 자녀들이 이 땅의 아버지들에게 이렇게 할진대, 하나님 아버지의 징계에 대해서는 더더욱 그렇게 하는 것이 마땅하지 않겠는가? 이 서신에서 종종 땅 위의 것은 하늘의 것과 대비를 이루는데, 여기서도 이런 대비가 등장한다. 그리고 하늘의 것은 항상 이 땅의 것보다 우월하다. 따라서 독자들이 자신들을 위해 지혜롭게 징계를 베푸시는 하나님을 존경하고 공경하는 것이 마땅하다. 심지어 한 걸음 더 나아가, 독자들은 하나님이 사랑과 지혜로 징계하시는 것을 알고 이런 아버지께 "복종"해야 한다. 참으로 하나님은 그들을 파괴하고 도살하기 위해서가 아니라 그들이 "살도록" 하기 위해 징계하신다. 징계는 종말론적 삶을 위태롭게 하는 것이 아니라 삶이 실현되는 좁은 길이다.

기자는 여기서 "영들의 아버지"τῷ πατρὶ τῶν πνευμάτων라는 다소 생소한 표현을 사용한다. 대개 "영들"이라는 말만 쓰일 때는 천사들이나 천상의 존재들을 가리킨다. 하지만 이 문맥에서 이 표현은 분명히 인간을 가리킨다. 왜 기자가 여기서 인간들을 가리키면서 "영들"이라고 표현했는지는 알기가 어렵다. 아마도 이 땅의 것들과 하늘의 것을 대비시키기 위해 그렇게 하고 있을 것이다. 어쨌든 기자는 인간의 삶에 드리운 하나님의 주권과 사랑을 강조하고 있다.

12:10 10절은 9절에서 한 걸음 더 나아간다. 자녀들을 징계하는 이 땅의 아버지들은 자녀들의 존경을 받지만,9절 그들이 하는 징계의 유익은 제한적이다. 부모는 자기 자녀들을 징계하되 "잠시 자기의 뜻대로" 그렇게 한다. 그렇기 때문에 그들의 징계는 불완전하고 흠이 있을 수밖에 없다. 세상에서 가장 숭고한 의도로 징계를 한다고 할지라도 부모들은 잘못 징계할 때가 있다. 부모의 징계가 제한적인 또 다른 측면이 있다. 이 땅의 부모가 하는 징계는 일시적이고 자녀가 부모의 슬하에 있

는 기간으로 한정된다. 반면에, 하나님의 징계는 전체를 보지 못하는 부분적인 이해로 인한 제약을 받지 않는다. 하나님은 항상 자기 자녀의 필요를 아시기 때문에 그분이 하는 징계는 항상 "우리의 유익"이 된다. 이 유익을 기자는 하나님의 거룩하심에 참여하는 것으로 묘사한다. 하나님은 신자들이 더욱 의롭게 되도록 그들을 징계하신다. 따라서 신자들은 자신들의 유익을 위해서 이루어지는 하나님의 징계에 복종하고[9절] 그것을 감내해야 한다.

12:11 기자는 징계가 당시에는 즐거워 보이지도 않고 기쁨보다는 슬픔을 가져다준다는 것을 인정한다. 그럼에도 불구하고 종국에 징계는 힘겨운 연단을 가치가 있는 것으로 여기게 할 만큼 결실을 가져온다. HCSB는 징계가 "화평함과 의로움의 열매"를 맺는다고 말한다.[καρπὸν εἰρηνικόν…δικαιοσύνης, 참조. NET, NIV] 이 대목은 또한 "평화로운 의의 열매"[ESV, NRSV; 참조. NLT]로 번역할 수 있는데, 후자가 더 잘 맞아 보인다. 헬라어 본문에는 "and"가 분명하지 않기 때문이다. 다른 말로 하면 "평화로운 열매"는 의로움이다.[627] 그렇기 때문에 의로움은 거룩함을 묘사하는 또 다른 방식이다. 여기서는 이런 의로움은 "평화롭다"는 사실이 강조되고 있다. 기쁘고 만족스러움을 가져다준다는 말이다. 현재 당하는 고통과 장차 누리게 될 은택 간의 대비가 11:24-26에서 모세에 대해 한 말을 상기시킨다. 그는 현재의 즐거움을 거절하고 장래의 상을 위해 하나님의 백성들과 함께 고난당하는 길을 택했다.

12:12 징계가 자신들의 유익을 위한 것이라는 사실을 인식한 신자들은 "그러므로"[Διό] 자신들이 처한 환경에도 불구하고 용기를 내야 한다.[628]

627 참조. Lane, *Hebrews 9-13*, 425.

628 아트리지는 12:12-13이 4-11절을 결론짓고 이 부분과 관계가 있다고 바르게 주장한다(*Hebrews*, 366n6). 반대로 브루스[Bruce]는 12-13절이 14-17절과 관계되는 것으로 본다

독자들은 미약하고 연약한 손과 무릎을 강하게 해야 한다. 기자는 여기서 이사야 35:3을 가리켜 말한다. "너희는 약한 손을 강하게 하며 떨리는 무릎을 굳게 하며." 그들의 연약함은 "낙심과 의기소침"한 모습으로 드러난다.[629] 이사야의 말씀은 도래하는 하나님 나라를 약속하는 문맥에 자리한다. 광야에 꽃이 피고, 저는 자가 치료받고, 광야에 시내가 흐르고, 이스라엘은 시온으로 돌이킬 것이다. 포로 시대가 종식될 것이다. "기쁨과 즐거움을 얻으리니 슬픔과 탄식이 살아지리로다."[사 35:10] 히브리서 기자가 자신이 가진 종말론적 틀에 맞게 표현함에도 불구하고 이와 유사한 방식으로 주장한다. 이 나라는 예수 그리스도 안에서 도래했다. 하지만 이 나라의 최종적 복이 여전히 독자들을 기다린다. 예수와 같이 그들은 앞에 놓인 즐거움을 참았다.[12:2] 지금 당장은 장차 이루어질 약속을 힘입어 용기를 내고 약한 자들을 강건하게 해야 한다. 지금 자신들 앞에 놓인 경주를 위해 팔과 무릎을 강하게 해야 한다.

12:13 포로로 잡혀갔던 이스라엘이 시온으로 돌아오는 장면을 묘사하는 이사야 35장을 인용하는 이 절에서도 기자는 계속해서 경주의 이미지를 생각하고 있었을 것이다. 하지만 히브리서에서 하나님의 백성들은 하늘의 도성인 새로운 시온으로의 여정 가운데 있다.[11:10, 13-16, 12:22, 13:14] 이 여정을 계속하기 위해서는 "곧은길"[τροχιὰς ὀρθάς]을 가야 한다. 기자는 여기서 또한 잠언의 표현을 사용하는 것처럼 보인다. 악인들은 "구부러"지고 "패역한" "길"을 따른다.[잠 2:15] 히브리서의 이 대목에서 우리는 아버지가 아들에게 "곧은길"에 대해 교훈하는 잠언 4:15에 있는 구절을 히브리서에서 그대로 사용하는 것을 본다.[참조. 잠 4:26, 칠십인역 630] 이

(*Hebrews*, 366).

629 L. Johnson, *Hebrews*, 323.

630 참조. Lane, *Hebrews 9-13*, 433.

런 관계는 또 다른 이유에서 아주 흥미롭다. 기자가 바로 전까지 독자들에게 자녀들로서 그들의 하늘 아버지가 베푸시는 징계를 주의하여 살피라고 권면했기 때문이다. 곧은길은 곧 의로움과 거룩의 길을 말한다. 이런 사실은 이사야 35:8과 부합한다. 독자들은 계속해서 각자의 도덕 교육에 힘써야 한다.[631] 포로로부터 돌아오는 자들은 "거룩한 길"로 다니는데, "이 길"은 "부정한" 자들을 위한 것이 아니다. 퀘스터가 말하는 바와 같다. "여기서 강조는 이 길을 다른 사람을 위해 부드럽게 하는 것이 아니라……계속해서 스스로 곧은길을 가는 것이다."[632]

저는 다리가 "고침을 받는다"는 표현 역시 이사야 35장을 상기시킨다. "저는 자는 사슴같이 뛸 것"이라고 하기 때문이다.사 35:6 독자들은 길을 곧게 해야 한다. 다시 말해 의로움을 따라 저는 자가 "걷지 못하는 자가 되지 않고"NIV 고쳐지기 위함이다.[633] 히브리서는 이사야서가 갖는 상징적인 의미를 가져온다. 영적으로 저는 자들은 곧은길로 행하고, 예수를 계속해서 따르면 고침을 받게 될 것이다. "어그러지다"ἐκτραπῇ, "disabled" NIV로 번역된 단어를 "빠지다"turn aside라는 의미로 번역하는 것도 가능하다. 이 단어의 전형적인 다른 용례들과도 부합하기 때문이다.딤전 1:6; 5:15; 6:20, 딤후 4:4; 참조. 암 5:8 [634] 그렇다면 "빠지다"라는 말은 저버리는 것이나 배도를 묘사하는 또 다른 방식이다. 독자들은 주를 저버리지 않고 영적인 치료를 경험하도록 의로움을 추구해야 한다. 아니면, 이 동사는 치료의 문맥과 관계가 있기 때문에 이런 문맥에서는 "어그러지다"나 바른 상태를 벗어나 있는 것을 의미할 가능성이 더 크다.[635] 이 단어의

631 L. Johnson, *Hebrews*, 323.

632 Koester, *Hebrews*, 530; Hughes, *Hebrews*, 535-36(다른 것에 대한 염려라는 의미를 함축한다).

633 "고침받다"라는 말을 옹호하는 견해에 대해서는 커크릴을 참조하라. *Hebrews*, 630.

634 Hughes, *Hebrews*, 535.

의미와 관련하여 어떤 결론에 이르든지 간에 여기서 말하는 것은 동일하다. 독자들은 배도에 빠지지 않기 위해 의의 길로 행해야 한다.

성경신학적 적용

독자들은 지금까지 자신들이 겪어 온 어려움을 지나치게 크게 생각할 수 있다. 하지만 아직 순교에 이를 정도로 어려움을 당한 것은 아니다. 자신이 처한 어려운 상황에 대한 새롭고 바른 이해가 필요하다. 아버지가 자녀들을 징계하듯, 하나님은 자녀들을 징계하신다. 하나님이 우리를 징계하실 때, 우리는 그것을 참고 감당함으로 유익을 얻도록 부름을 받는다. 징계는 하나님의 눈 밖에 나게 되었다는 증거가 아니다. 오히려 그분의 사랑 안에 있다는 증거다. 징계는 하나님의 자녀들에게 거룩과 의로움을 가져오기 위한 것이다. 당장은 고통스럽고 힘들지만 독자들은 궁극적으로는 그것이 유익이라는 것을 알고 징계를 하나님의 사랑을 나타내는 것으로 끌어안아야 한다. 징계로 인해 필요 이상으로 낙심하면 신자들이 배도로 이끌릴 수 있다. 이럴 때 신자들은 손과 발을 강하게 함으로 믿음의 경주를 계속해야 한다.

635 Attridge, *Hebrews*, 365; Westcott, *Hebrews*, 405; Bruce, *Hebrews*, 363; O'Brien, *Hebrews*, 471.

12:14-17

I. 프롤로그: 아들을 통해 이루어진 결정적이고 최종적인 계시 1:1-4

II. 천사들보다 위대하신 아들을 저버리지 말라 1:5-2:18

III. 아들을 모세와 여호수아보다 더 위대한 대제사장으로 가진 너희는 마음을 완고하게 하지 말라 3:1-4:13

IV. 레위기의 율법이 정하는 대제사장직보다 더 위대한 멜기세덱의 반차를 따른 예수의 대제사장직으로부터 흘러 떠내려가지 않도록 하라 4:14-10:18

V. 맺는말로서의 권면과 경고 10:19-12:29

1 | 하나님께로 가까이 나아가고, 믿음의 도리를 굳게 잡고, 서로 돌아볼 것을 권면함 10:19-25

2 | 경고: 그리스도를 저버린 자들에게는 사죄의 소망이 없음 10:26-31

3 | 끝까지 믿음으로 견딜 것을 촉구함 10:32-12:3

4 | 믿음으로 인내할 것을 독자들에게 권면함 12:4-29

1) 거룩을 위한 연단을 감당하라 12:4-13

2) 최후의 복을 바라고 화평과 거룩을 추구하라 12:14-17

3) 너희가 다다른 곳은 시내 산이 아닌 시온 산이다 12:18-24

4) 최종적인 경고: 말씀하시는 이를 거역하지 말라 12:25-29

14 모든 사람과 더불어 화평함과 거룩함을 따르라. 이것이 없이는 아무도 주를 보지 못
하리라. 15 너희는 하나님의 은혜에 이르지 못하는 자가 없도록 하고 또 쓴 뿌리가 나
서 괴롭게 하여 많은 사람이 이로 말미암아 더럽게 되지 않게 하며 16 음행하는 자와
혹 한 그릇 음식을 위하여 장자의 명분을 판 에서와 같이 망령된 자가 없도록 살피라.
17 너희가 아는 바와 같이 그가 그 후에 축복을 이어받으려고 눈물을 흘리며 구하되 버
린 바가 되어 회개할 기회를 얻지 못하였느니라.

문맥

기자는 독자들에게 그들이 고백하는 믿음의 도를 견고하게 붙잡고,[10:19-25] 믿음에서 타락하지 않도록 삼가하고,[10:26-31] 믿음을 저버리지 말라고 권면한다.[10:32-39] 구약성경의 성도들은 인내하는 믿음의 모범으로 기능하고, 예수는 가장 탁월한 믿음의 모범이기 때문에,[11:1-12:3] 독자들은 끝까지 믿음의 경주에 매진해야 한다. 12:4-13에서 기자는 하나님이 그들의 아버지로서 그들을 자녀를 징계하고 계시기 때문에, 징계가 유익이라는 것을 깨닫고 끝까지 인내하라고 촉구한다. 그렇기 때문에 14-17절은 끝까지 믿음의 경주를 하고[12:1] 인내하라는[12:7] 부르심을 새롭게 하는 대목이라고 할 수 있다. 독자들은 화평과 거룩을 추구해야 한다. 거룩 없이는 마지막 날에 주를 보지 못할 것이기 때문이다.[12:14] 하나님의 은혜가 공동체에 가득하게 하고, 배도로 이끌어 많은 사람들을 부정하게 하는 쓴 뿌리가 자라지 못하도록 해야 한다.[12:15] 하나님께 속한 것들보다 이 세상의 것들을 사랑해서 자신의 장자권을 저버린 에서가 그 한 예다.[12:16] 그래서 에서는 눈물을 흘리며 장자로서의 축복을 구했지만 받지 못했다.[12:17]

주석

12:14 이어지는 권면이 문맥의 흐름과 잘 맞지 않아 보일 수 있다. 화평을 추구하라는 부름은 이제까지 촉구해 온 내용에 비추어 볼 때 부자연스럽게 보일 수 있기 때문이다.[636] 그러나 화평을 추구하라는 요청은 의와 거룩을 추구하는 개념과 부합한다.[12:12-13] 구약성경의 신자들은 역시 "화평을 찾아 따르라"는 부르심을 받았고,[시 34:14, ESV; 참조. 롬 12:18] 11절에서

636 레인은 여기서 "모든 사람"은 동료 신자들을 가리킨다(*Hebrews 9-13*, 450).

우리는 징계를 받은 자들이 "평화로운 의의 열매"를 낸다는 사실을 본다. 기자는 아마도 앞으로 갈 길에 초점을 맞추고, 발을 위하여 길을 곧게 하고,참조. 히 12:13 바른 길을 가고, 그 결과 평화를 누리는 것을 강조하고 있는 칠십인역의 잠언 4:25-27을 가리켜 말하고 있을 것이다.[637] 주를 찾는 자들은 다른 사람들과 화평하고, 앞에서 언급한 것처럼, 여기서 기자는 아마도 동료 신자들을 염두에 두고 있을 것이다.[638]

동시에 신자들은 "거룩"ἁγιασμόν을 찾고 추구해야 한다. 거룩은 선택사항이 아니다. 거룩이 없이는 "아무도 주를 보지 못하기" 때문이다. 거룩을 추구하는 것은 타락이나 배도와 상반된다. 여기서 거룩을 죄 없는 것으로 이해해서는 안 된다. 끊임없이 주를 찾고 구하는 것을 묘사하는 것이다. 여기서 상은 개인적인 언어로 묘사된다. 거룩을 추구하는 자들은 주를 볼 것이다. 다시 말해, 그들은 "영원한 생명을 경험할 것"이다.[639] 요한계시록은 성도들이 새 세상에서 하나님의 얼굴을 볼 것이라고 말한다.계 22:4; 참조. 요일 3:3, 고전 13:12 유사한 생각이 마태복음 5:8에서 발견된다. "마음이 청결한 자는 복이 있나니 그들이 하나님을 볼 것임이요."

12:15 계속해서 바른 길을 가고 거룩을 추구하는 것은 선택사항이 아니다. 기자에 따르면, 생명과 사망이 여기에 달려 있다. 그러므로 신자들은 "하나님의 은혜에 이르지 못하는 자가 없도록" 서로를 권면하는 가운데 "돌아보아야"ἐπισκοποῦντες 한다. 쓴 뿌리는 문자 그대로 이해해야 한다. 이런 마음이 퍼져 갈수록 괴로워하고 부정하게 되는 것이 분명하다. 그러나 여기서 쓴 뿌리는 은유적으로 사용되었을 가능성이 큰데, 신명기 29:18-19에서 영감을 얻은 기자가 끔찍한 결과를 낳는 쓴 뿌리

637 참조. Koester, *Hebrews*, 531.

638 Attridge, *Hebrews*, 367.

639 참조. O'Brien, *Hebrews*, 473.

를 염두에 두고 하는 말일 것이다.[640] "너희 중에 남자나 여자나 가족이나 지파나 오늘 그 마음이 우리 하나님 여호와를 떠나서 그 모든 민족의 신들에게 가서 섬길까 염려하며 독초와 쑥의 뿌리가 너희 중에 생겨서 이 저주의 말을 듣고도 심중에 스스로 복을 빌어 이르기를 내가 내 마음이 완악하여 젖은 것과 마른 것이 멸망할지라도 내게는 평안이 있으리라 할까 함이라."

여기서 독초와 쓴 뿌리는 여호와를 버리고 다른 신들을 섬기는 자들을 가리킨다. 이들은 여호와를 버렸으면서도 자신들은 안전하고 심판을 받지 않을 것이라 생각한다. 히브리서 기자는 자신의 독자들이 이와 동일한 올무에 빠질 것을 우려하고 있다. 그래서 기자는 만약 그들이 주를 저버리면 심판을 면할 수 없음을 분명히 한다. 구약성경에서 "부정하게 된다"μιανθῶσιν는 말은 정결하지 못한 자들을 가리키고,참조. 레 5:3; 11:24, 43-44; 13:3, 8, 44; 15:31; 18:24-25, 27; 20:3; 21:1, 민 5:3, 14; 6:7, 신 21:23, 호 5:3; 9:4, 학 2:13, 사 43:28, 렘 2:7, 겔 4:14; 7:24 부정함이 제의적인 부정함을 가리킬 때도 있고 도덕적인 부정함을 가리킬 때도 있다. 그러나 히브리서에서 이 말은 도덕적인 의미로 자신을 배도에 내어 준 자들이 부정하고 언약과 상관 없는 자들임을 의미한다.

12:16 신자들은 에서와 같이 성적 부도덕이나 음란에 빠지지 않도록 조심해야 한다. "그는 11:1-40에 묘사된 신실한 자들과 같이 되기를 거부한 자다."[641] 여기서 사용된 "음행"πόρνος은 항상 성적 문란함을 가리키는시락 23:17, 고전 5:9-11; 6:9, 엡 5:5, 딤전 1:10, 히 13:4, 계 21:8; 22:15 말로 사용되기 때문에 여기서도 그런 의미를 가질 것이다.[642] 그러면 어떻게 에서가 성적으

640 구약성경 본문을 사용한 것에 대한 논의를 위해서는 다음을 참조하라. Allen, *Deuteronomy and Exhortation in Hebrews*, 83-88; Attridge, *Hebrews*, 368.

641 Cockerill, *Hebrews*, 633.

로 부도덕했는가? 아마도 헷 족속 여인들과 결혼하기로 마음먹는 것을 통해서였을 것이다.[창 26:34] [643] 거룩한 일에 대해 무관심한 그의 태도는 장자권을 무시하는 데서 명확히 드러난다. 죽 한 그릇에 팔아 버릴 만큼 그에게는 하찮은 것이었고,[창 25:29-34] 그래서 그는 "장자의 명분을 가볍게 여겼다."[창 25:34] "하나님이 에서의 복을 박탈하신 것이 아니다. 에서가 그것을 팔아먹은 것이다. 그리고 하나님은 그의 그런 행동에 대해 책임을 지도록 하신 것이다."[644] 기자는 독자들이 동일한 올무에 빠져 들어갈 것을 우려하고 있다. 퀘스터가 말하는 바와 같다. "에서가 육신의 불편함을 해소하고자 약속을 저버린 것처럼, 수신자들 역시 사회적 불편함을 완화할 요량으로 약속을 저버리는 것을 생각할 수 있었다."[645] 그들은 복음을 통해 아름답고 소중한 것을 받았다. 악한 현세대의 안정과 즐거움을 위해 그것을 저버려서는 안 된다.

12:17 장자의 명분을 멸시한 결과를 설명한다. 에서는 자신의 아버지로부터 복을 물려받기를 원했지만, 야곱이 속임수로 그것을 취했다.[창 27:27-30] 야곱이 계략으로 그것을 취한 것을 알게 된 에서는 자신을 위해서도 복을 빌어 달라고 이삭에게 통렬하게 호소했다.[창 27:34] 하지만 장자의 명분과 같은 복은 뒤집어질 수 있는 것이 아니었다. 이 이야기에서 서로 긴밀하게 얽혀 있는 복과 장자의 명분이[창 27:36] 야곱에게로 갔기 때문에 에서는 야곱을 그의 주인으로 섬겨야 했다.[창 27:36-40] 이런 이야기

642 하지만 이 말이 은유적인 것이라고 제안하는 사람들도 있다(Lane, *Hebrews 9-13*, 439; Ellingworth, *Hebrews*, 665; O'Brien, *Hebrews*, 475). 이런 제안에 대한 반대 의견은 휴즈를 참조하라. *Hebrews*, 540. 이 말은 일반적으로 육신적 정욕을 가리키지 않는다(커크릴에 반대하는 의견은 다음을 참조하라. *Hebrews*, 639).

643 참조. L. Johnson, *Hebrews*, 325.

644 Koester, *Hebrews*, 542.

645 같은 책, 542.

로부터 히브리서는 독자들을 위해 교훈을 이끌어 낸다. 회개할 수 있는 기회가 언제나 있는 것은 아니다. 하나님의 은혜를 받을 수 없는 때가 온다.[646] 에서가 장자의 명분을 거절한 것을 그저 불행한 일을 당해서 그런 것처럼 추상적으로 생각해서는 안 된다. 본문에서 "이삭에게 복을 호소하는 에서가 자신이 한 일에 대한 책임이나 죄책이 얼마나 큰지 깨달았다는 인상을 받을 수 없기 때문이다.[창 27:36] 그의 유일한 관심은 빼앗긴 복을 되찾는 것이었다."[647]

에서가 무엇을 구했는지는 분명하지 않다. 여성형 대명사 "그것"[αὐτήν]은 회개나 복을 가리킬 것이다. 이 둘 모두 여성형 명사이기 때문이다. HCSB는 마치 그가 회개를 구한 것처럼 이해될 수 있다. 본문에서 여성형 대명사 "그것"과 가장 가까이 자리한 선행사이기 때문이다.[648] 그러나 그가 찾은 것은 복이었을 가능성이 크다.[649] NIV가 바로 짚고 있는 것 같다. "그가 눈물로 복을 구했으나 그가 한 일을 되돌릴 수는 없었다."[참조. NET, NRSV] "그는 죄 때문이 아니라 그가 잃어버린 것 때문에 슬퍼했다."[650] 여기서 가리키는 것이 복이 아니라 회개라 할지라도 의미가 크게 달라지는 것은 아니다. 복을 얻기 위해서는 회개가 있어야 했기 때문이다.[651] 에서는 복을 원했다. 하지만 기회가 이미 지나갔다. 기자는 하나님께서 사람들이 회개하기를 원하지 않으면 회개하도록 하지 않으신다고 하는 것이 아니다. 그가 말하는 것은 에서가 회개할 수 있

646 Lane, *Hebrews 9-13*, 458.

647 O'Brien, *Hebrews*, 476.

648 많은 주석가들이 이렇게 본다. 예. Attridge, *Hebrews*, 370.

649 참조. Westcott, *Hebrews*, 409; Bruce, *Hebrews*, 368n120; Koester, *Hebrews*, 533; Lane, *Hebrews 9-13*, 440.

650 Hughes, *Hebrews*, 541.

651 참조. Hagner, *Hebrews*, 208; Allen, *Deuteronomy and Exhortation in Hebrews*, 137.

는 기회가 지나갔고, 독자들에게 동일한 일이 일어나지 않기를 바란다는 것이다. 퀘스터가 말하는 바와 같다. "본문은 사람들에게 위험을 일깨우기 위한 것이지 소망을 꺾기 위함이 아니다. 경고는 약속과 짝을 이룬다. 이 둘 모두 장래와 관계가 있다. 약속이 용기를 주는 반면, 경고는 사람들을 뒤흔들어 놓는다. 하지만 이 둘은 함께 동일한 목적을 섬긴다. 그것은 믿음으로 인내하도록 사람들에게 용기를 주는 것이다."[652]

혹은 커크릴이 말하는 바와 같다. 그가 "거부한 것은 회개하거나 자신의 반역하는 삶의 방식에서 돌이키기를 구하지 않는 무정한 삶에서 드러난다.……따라서 자신의 구원에 대해 진실로 우려하는 사람은 누구나 에서의 삶을 답습하지 않는다."[653] 만약 그들이 그리스도를 저버린다면, 에서와 같이 쓰라린 후회로 가득할 것이다.

성경신학적 적용

독자들이 앞둔 결정은 너무나 중요하다. 에서는 스스로 복을 차버렸기 때문에 그것을 받지 못했다. 그것을 다시 얻으려고 했을 때에는 기회가 이미 지나가 버렸다. 독자들은 세상이 주는 안락함에 미혹되어 예수 그리스도가 아닌 그런 안락함을 택해서는 안 된다. 주를 등지고 스스로 부정하게 되어 하늘 도성에 합당하지 못하게 되어서는 안 된다. 하나님을 보고 그분을 영원토록 즐거워하도록 스스로 강건하게 하여 주와 거룩을 추구해야 한다.

652 Koester, *Hebrews*, 542.

653 Cockerill, *Hebrews*, 641.

12:18-24

I. 프롤로그: 아들을 통해 이루어진 결정적이고 최종적인 계시[1:1-4]

II. 천사들보다 위대하신 아들을 저버리지 말라[1:5-2:18]

III. 아들을 모세와 여호수아보다 더 위대한 대제사장으로 가진 너희는 마음을 완고하게 하지 말라[3:1-4:13]

IV. 레위기의 율법이 정하는 대제사장직보다 더 위대한 멜기세덱의 반차를 따른 예수의 대제사장직으로부터 흘러 떠내려가지 않도록 하라[4:14-10:18]

V. 맺는말로서의 권면과 경고[10:19-12:29]

1 | 하나님께로 가까이 나아가고, 믿음의 도리를 굳게 잡고, 서로 돌아볼 것을 권면함[10:19-25]

2 | 경고: 그리스도를 저버린 자들에게는 사죄의 소망이 없음[10:26-31]

3 | 끝까지 믿음으로 견딜 것을 촉구함[10:32-12:3]

4 | 믿음으로 인내할 것을 독자들에게 권면함[12:4-29]

1) 거룩을 위한 연단을 감당하라[12:4-13]

2) 최후의 복을 바라고 화평과 거룩을 추구하라[12:14-17]

3) 너희가 다다른 곳은 시내 산이 아닌 시온 산이다[12:18-24]

4) 최종적인 경고: 말씀하시는 이를 거역하지 말라[12:25-29]

18 너희는 만질 수 있고 불이 붙는 산과 침침함과 흑암과 폭풍과 19 나팔소리와 말하는
소리가 있는 곳에 이른 것이 아니라 그 소리를 듣는 자들은 더 말씀하지 아니하시기
를 구하였으니 20 이는 짐승이라도 그 산에 들어가면 돌로 침을 당하리라 하신 명령을
그들이 견디지 못함이라. 21 그 보이는 바가 이렇듯 무섭기로 모세도 이르되 내가 심히
두렵고 떨린다 하였느니라. 22 그러나 너희가 이른 곳은 시온 산과 살아 계신 하나님의
도성인 하늘의 예루살렘과 천만 천사와 23 하늘에 기록된 장자들의 모임과 교회와 만

민의 심판자이신 하나님과 및 온전하게 된 의인의 영들과 [24]새 언약의 중보자이신 예수와 및 아벨의 피보다 더 나은 것을 말하는 뿌린 피니라.

문맥

이 문단은 믿음을 견고히 붙잡고 뒤로 물러나지 말 것을 권고하는 문맥에 자리한다[10:19-31]. 구약성경의 성도들과 예수께서 그랬던 것처럼, 믿고 끝까지 믿음의 경주를 한다면 독자들은 견고히 설 것이다.[11:1-12:3] 하나님을 대면하고 최후의 상을 얻도록 아버지의 징계를 달게 받고[12:4-13] 계속해서 거룩과 경건을 추구하라고 독자들을 향한 촉구가 이어진다.[12:14-17] 18-24절은 그들이 왜 계속해서 거룩함으로 인내해야 하는지를 강조한다. 따라서 이 절들이 그 자체로 권면을 이루는 것은 아니다. 오히려 이 부분은 "이 서신의 신학적 부분들 전반에 걸쳐 드러나는 "천사들", "하늘", "장자", "완전", "새 언약의 중보자 예수", 뿌린 피"와 같은 주제들을 요약한다."[654] 신자들이 인내해야 하는 근본적인 이유는 그들이 이른 곳은 시내 산[12:18-21]이 아닌 시온 산[12:22-24]이라는 데 있다.[655] 하나님의 엄위하고 거룩한 임재로 인해 시내 산은 너무나 두려운 곳이었고, 산의 경계를 범한 자들을 향한 하나님의 심판의 위협이 있었다. 다시 말해, 하나님께로 자유롭게 나아갈 수 없었다. 그러나 시온 산은 하나님의 도성, 하늘 예루살렘이다. 하늘에 있는 예수 그리스도의 교회가 이미 모여 있는 곳이다. 시내 산보다 더 좋은 이곳에 이르기 위해 신자

654 O'Brien, *Hebrews*, 478. 이 문단이 이 서신을 해석하는 해석적 열쇠는 아니다. 하지만 요약하고 극적인 역할을 한다(참조. Son, *Zion Symbolism in Hebrews*). 멜기세덱이 하늘 시온에서 제사장으로 기능한다고 하는 견해에는 동의할 수 없지만, 손Son은 어떻게 이 서신의 앞장들이 12:18-24의 시내 산/시온의 주제를 대망하고 가리키는지 보여준다.

655 커크릴은 여기서 표현된 것의 새로움을 과소평가한다(*Hebrews*, 643).

들은 끝까지 믿음의 경주를 계속해 가야 한다. 그들은 새롭고 더 좋은 언약의 중보자이신 예수께로 나아온 자들이다. 죄를 용서받음으로 말미암아 하나님 앞에 거하는 산에 이른 자들이다.

주석

12:18 이제 기자는 독자들에게 바른 길을 가고 거룩을 추구하며 에서가 살았던 것과 다르게 살라고 촉구한다. 그들이 시내 산보다 훨씬 나은 산에 이르렀기 때문이다. 그래서 기자는 18-21절에서 독자들에게 그들이 이르지 **않은** 곳을 말한다. 그들이 이른 곳은 시내 산이 아니라 시온 산이다. 기자가 문자적으로 "시내 산"을 언급하지는 않는다. 하지만 지금 이 글을 쓰는 그의 마음에 자리하고 있었던 것이 분명하다. "이르다"προσεληλύθατε는 말은 기자가 좋아하는 말 가운데 하나다.[656] 그들은 "은혜의 보좌 앞에 담대히 나아가야" 한다.[4:16] 또한 예수는 "자기를 힘입어 하나님께 나아가는 자들을" 온전히 구원하실 것이다.[7:25] 율법이 요구하는 제사들로는 하나님께 나아가는 자들을 온전하게 할 수 없다.[10:1] 독자들은 "참 마음과 온전한 믿음으로" 하나님께 나아가야 한다.[10:22] 하나님께 나아가는 자들은 그분이 계신 것과 자기를 찾는 자들에게 상 주시는 이심을 믿어야 한다.[11:6]

시내 산은 이 땅에 있는 눈에 보이는 산이다. "만질 수" 있고 손을 댈 수 있다. 하지만 여호와께서 임하셨을 때, 누구든 그것을 만지는 자는 죽임을 당할 수밖에 없었다.[출 19:12] 여호와께서 모세와 이스라엘에게 말씀하기 위해 임하셨을 때, 이 산은 "불이 붙어 불길이 충천"했고 "어둠

656 완료시제는 현저함을 위한 것이다(참조. O'Brien, *Hebrews*, 479; 참조. Campbell, *Basics of Verbal Aspect*, 111).

과 구름과 흑암이" 덮였다.[참조. 출 19:16; 20:21, 신 4:11; 5:22] 어둠과 흑암은 그것을 보는 백성들로 두려워 떨게 하는 하나님의 능력과 힘을 나타냈다. 연기가 산으로부터 올라왔고, 지진이 일어났을 때와 같이 산이 진동했다.[출 19:18]

12:19 기자는 계속해서 시내 산 근처에 있는 자들에게 임했던 두려움과 공포에 대해 진술한다. 온 산을 진동하여 울리는 소리는 나팔소리와 같았고, 하나님이 말씀하시자 백성들은 말씀을 듣다가 죽지 않도록 모세가 대신 듣고 자신들에게 말해 주도록 간청했다.[출 19:16, 19; 20:18-19, 신 5:24-27] 그들은 여호와의 말씀을 들음으로 죽게 될까봐 두려웠다. 이스라엘은 스스로 정결하게 하고,[출 19:10] 여인을 가까이하지 말아야[출 19:15] 했다. 또한 그들은 산을 만져서는 안 되었고,[출 19:12] 여호와를 보려고 산의 경계를 침범해서도 안 되었다. 그렇게 하다가는 죽음을 면치 못할 것이었다.[출 19:21, 24]

12:20 기자는 독자들에게 옛 언약 아래서는 여호와께 나아갈 수 없었음을 상기시킨다.[9:8] 오직 대제사장만이 그분 앞으로 나아갈 수 있었고, 그것도 일 년에 단 한 차례만 그렇게 할 수 있었다.[9:6-7] 하나님 앞으로 나아가기에 합당하지 않거나 잘못 나아가는 자들은 죽음의 위험을 감수해야 했다.[참조. 레 10:1-2] 시내 산 가까이에 이른 이스라엘 백성들이 여호와께 그만 말씀하시도록 간청했다는 사실은 전혀 놀랄 만한 일이 아니다. 그들은 하나님의 계명을 감당할 수 없었기 때문이다. 심지어 이 산을 침범하는 짐승조차 돌로 쳐 죽여야 했다.[출 19:12-13] 출애굽기 10:13은 실제로 이 산을 침범하면 인간이나 짐승 할 것 없이 모두 살 수가 없고 돌로 쳐 죽여야 한다고 말한다. 히브리서 기자는 계명이 요구하는 엄밀함과 백성들이 느꼈을 두려움을 강조하기 위해 짐승들을 죽이라는 명령을 인용한다. 하나님이 금하신 땅을 배회하면, 심지어 앞뒤 분간 못하

는 짐승들조차 심판을 면치 못했던 것이다.

12:21 이 두려움은 이스라엘의 평범한 백성들에게만 한정되지 않았다. 심지어 그들의 지도자요 이스라엘의 구원자였던 모세조차 두려움과 공포에 사로잡혔다. 하나님 앞으로 나아갈 때 세상 어느 누구도 예외 없이 공포와 떨림에 사로잡힐 수밖에 없을 만큼 하나님의 거룩은 두려운 것이다.

폭풍이 산자락을 훑고 지나가는 것을 목도하고 천둥소리와 산이 진동하는 것을 느끼는 두려움은 가공할 만한 것이었다. 모세는 자신이 공포와 떨림에 사로잡혔음을 고백했다. 구약성경은 실제로 이스라엘 백성들이 공포로 모세보다 더 떨었다고 강조한다.출 19:16; 20:18, 신 5:5 모세의 두려움에 대한 언급이 금송아지 사건에 나온다.신 9:19 아마도 모세가 느꼈던 두려움은 그가 말하고 하나님께서 천둥으로 응답하시는 대목인 출애굽기 19:19에 함축되어 있을 것이다. 이런 우뢰와 같은 응답은 틀림없이 모세 안에 두려움을 불러일으켰을 것으로 해석될 수 있다. 그러나 기자가 시내 산 사건과 금송아지 사건을 의도적으로 함께 언급하고 있을 가능성이 더 크다. 이를 통해 기자는 "이스라엘에 대해 시내 산 사건이 갖는 온전한 의미를 환기시키고 있는 것이다."[657] 주를 경홀이 여기고 그분의 언약의 규례들을 업신여기는 자들은 멸망당할 것이다. 앨런이 말하는 바와 같다. "시내 산 담화에 그것이 갖는 한계를 설정하고 옛 언약 시대 전체를 회상함으로……히브리서는 하나님의 심판 앞에서 죄를 다룸에 있어서 시내 산 언약이 갖는 본유적 무능력을 나타내 보이고 있다."[658] 요지는 비록 개중에는 시내 산 언약을 통해 하나님께 가까

657 Allen, *Deuteronomy and Exhortation*, 66.

658 같은 책, 66.

이 나아가거나 최소한 그분 발 아래를 본 자들이 있기는 하지만, 그럼에도 불구하고 신자들은 시내 산 언약을 통해서는 하나님께로 나아갈 수 없다는 것이다.출 24:9-11 [659] 옛 언약 시대에는 전혀 그렇게 할 수 없었다.

12:22 시내 산과 시온 산의 대조가 정말 놀랍다. 히브리서는 이 둘 사이의 차이를 상상해 보도록 우리를 돕는다. 기자가 온몸을 마비시킬 정도의 두려움과 엄청난 즐거움 간의 차이를 놀라운 색채로 그려 보이고 있다.

두려움과 불길한 느낌이 있는 시내 산으로 나아가는 대신 독자들은 기쁨으로 "이르렀다." 이 말προσεληλύθατε은 12:18에서 시온 산을 가리키며 사용된 바로 그 단어를 사용한다. 여기서 말하는 약속에는 이미와 아직의 측면이 있다. 독자들은 시온 산에 이르렀지만, 아직은 시온 산의 충만함을 자신들의 것으로 누리지 못하기 때문이다.[660] 역사적으로 시온 산은 다윗이 빼앗은 예루살렘의 일부이고,삼하 5:7; 참조. 왕상 8:1 그 이래로 이곳은 예루살렘과 동일시되었다. 구약성경에서 시온은 하나님의 "거룩한 산"시 2:6; 9:12; 20:2; 74:2; 76:2; 132:13, 미 4:2, 욜 3:17, 21; 사 8:18 으로 하나님이 특별히 거하시는 곳이다. 여기 히브리서에서 시온 산은 하늘 도성인 새 예루살렘과 연결된다. 구약성경에서 우리는 이곳을 위해 준비된다. 시온 산은 "큰 왕의 성읍"과 동일시된다.시 48:2; 참조. 사 60:14 시온을 재건축하시겠다는 약속은시 102:16 궁극적으로 하늘의 시온에서 완성된다. 시편 110:2에서 우리가 여호와와 그의 메시아가 시온으로부터 다스리는 것을 볼 수 있기 때문이다. 시온은 요동하거나 멸망되지 않고 영원히 있을 것이

659 O'Brien, *Hebrews*, 482.

660 그들이 아직 물리적으로 시온 산에 이른 것이 아니라고 하는 퀘스터에 반하여, 해리스의 견해를 참조하라(*Hebrews*, 550; 참조. Harris, "The Eternal Inheritance in Hebrews", 230-32). 그들이 아직 물리적으로 시온 산에 이른 것은 아니지만, 회심을 통해 그들은 영적으로 시온 산에 이르렀다(참조. O'Brien, *Hebrews*, 482n200).

다.[시 125:1; 참조. 사 24:23]

하나님의 도성은 실패할 수 없다. 살아 계신 하나님이 거기 계시며, 어느 누구도 그분을 이길 수 없기 때문이다. 시편 48:8은 하나님의 성을 "하나님이 영영히 견고케 하실" 것을 확증한다. 히브리서에 따르면 이 성은 영영이 계속될 것이다. 하늘 도성이기 때문이다. 이 도성이 하늘 도성인 것은 "하늘의 예루살렘"으로도 묘사되기 때문이다. 우리는 여기서 기자의 수직적이고 시간적인 종말론을 본다. 이 땅의 예루살렘은 하늘의 예루살렘을 가리킨다. 동시에 시간 속에서 하늘 예루살렘, 하나님의 목적의 완성을 대망한다. 신자들이 "바라는"[11:10] 장차 "올" 도성으로[13:14] 묘사되기 때문이다. 바울에게 있어서 "위에 있는" 예루살렘은 신자들의 어머니다.[갈 4:26] 유사한 종말론적 관점을 반영하는 한편, 바울은 동일한 수직적 그림을 공유한다. 요한계시록은 예루살렘이 하늘로부터 오는 하나님의 거룩한 도성임을 강조한다.[계 3:12, 21:2, 10; 참조. 제2바룩. 4:2] 한편으로 이 도성은 신자들이 바라는 것이다. 하지만 동시에 그들은 이미 이 하늘 도성에 이르렀고 이미 이 도성의 시민들이다.

신자들은 또한 "천만 천사의 즐거운 모임"[μυριάσιν ἀγγέλων, πανηγύρει]에 이르렀다. 하늘 예루살렘이 살아 계신 하나님의 도성과 동격인 것처럼, "즐거운 모임"은 "천만 천사들"과 동격이다.[661] 하늘 도성에는 이루 셀 수 없는 많은 천사들이 산다. 또한 하늘에 하나님과 함께 수많은 사람들이 하나님과 함께 있다는 말은 구약성경에 뿌리를 두고 있다.[참조. 신 33:2, 단 7:10; 추가 참조. 유 14, 계 5:11] "즐거운 모임"[πανηγύρει]이라는 말은 구약성경에서 이스라엘이 하나님을 예배했던 축일들을 위해 사용된다.[호 2:13; 9:5, 암 5:21, 겔 46:11] 하지만 여기서 우리는 하나님을 예배하기 위해 열심을 다해 모인

661 Attridge, *Hebrews*, 375; Lane, *Hebrews 9-13*, 467.

천사들을 그려 볼 수 있다.[ESV, NIV, NRSV] 아니면, "즐거운 모임"이라는 표현은 이어지는 줄에 속해 교회—"장자들의 모임과 교회"[NET]—를 묘사하고 있다. 이런 해석을 따르면, 즐거운 모임은 신자들이 이미 속해 있는 예수 그리스도의 교회다. 그들은 이미 하늘에 있는 즐거운 모임에 속한 지체들이다. 그러나 이런 후자의 해석은 본문의 구조와 맞지 않는다. 천사들을 가리키는 말 뒤에 "…와"[καί]가 빠져 있는데, 이는 "즐거운 모임"이 천사들의 모임을 가리킨다는 말이다. HCSB의 번역을 보면 본문의 구조를 이해하기가 더욱 까다롭다. 여기에는 나열된 목록들을 분리해 주는 접속사들이 없기 때문이다.["and"; 참조. ESV, NRSV]

12:23 기자는 옛 언약의 신자들과 달리 신자들이 누리는 즐거운 확신을 강조하면서 계속해서 신자들에게 속한 특권들을 기뻐한다. 신자들은 하늘의 총회와 하늘에 있는 하나님께 속한 자들의 이름이 새겨져 있는 자리에 이르렀다. 하늘에 기록된 것은 인간들만이 가진 특징으로,[눅 10:20, 빌 4:3, 계 21:27] 지금 기자가 천사들이 아닌 인간들에 대해 말하고 있음을 나타낸다.[662] "장자들의 모임"[πρωτοτόκων]이라는 말에서 "장자"는 신자들이 하나님의 사랑받는 자들임을 가리킨다.[663] 에브라임이 하나님의 "장자"였고[렘 31:9] 이스라엘이 여호와의 장자였던 것처럼,[출 4:22] 신자들은 하나님의 자녀다.[664]

신자들이 그저 하늘 도성, 이루 셀 수 없는 천사들, 하늘의 모임에 이른 것이 아니다. 그들은 만민을 심판하시고 개인의 최종 운명을 결정

662 O'Brien, *Hebrews*, 485.

663 L. Johnson, *Hebrews*, 332. 여기서 이 말은 천사들이 즐거움으로 모이는 것을 가리키는 것이 아니다. 반대 참조. Käsemann, *Wandering People*, 50; Spicq, *L'Épître aux Hébreux*, 2:407.

664 지금 기자는 역사 속의 모든 신자를 염두에 두고 있다(Hughes, *Hebrews*, 555; O'Brien, *Hebrews*, 485).

하시는 하나님 그분께 이른 것이다. 덧붙여 말하자면, 여기서 하나님과 예수께 나아오는 것을 가리키는 말은 완료시제 동사 "이르다"가 이미와 아직의 측면을 가지고 있음을 말해 주는 중요한 증거를 구성한다.[προσεληλύθατε, 22절] 독자들이 아직 하나님과 예수 그리스도께 이르지 않았다고 하는 것은, 이 서신의 나머지 부분과 모순된 진술이 될 것이기 때문이다. 전체 서신의 요지는, 신자들이 이제 예수 그리스도가 대제사장으로 행하신 속죄 사역을 통해 하나님께로 나아간다는 것이다.

"심판자"라는 말이 하나님 앞에 와서 하나님의 엄위로우신 거룩함을 강조하고 있다. 하나님 앞으로 나아가는 즐거움을 강조하는 문단에서 기자는 왜 하나님을 심판자로 언급하는가? 기자는 독자들에게 마지막 날에 그들이 신원될 것을 상기시키고 있다.[665] "하나님과의 즐거운 교제를 가볍게 받아들여서는 안 된다. 하나님은 그분의 거룩함을 조금도 누그러뜨리지 않으신다."[666] 그들은 예수로 말미암아 은혜를 베푸시는 하나님의 보좌로 담대하게 나아간다.[4:16] 그들의 몸은 이미 깨끗하게 씻기고 정결하게 되어 심판을 받지 않을 것임을 알기에 그들은 확신을 가지고 나아간다.[10:22]

그들은 또한 "온전하게 된 의인의 영들"에게로 나아간다.[667] "영들"이라는 말을 사용한 것을 보면 그들이 더 이상 죽을 육신을 가지고 있지 않음을 나타낸다.[668] 한편으로, 신약시대의 신자들 없이 구약의 성도들은 온전하게 되지 못한다.[11:40] 다른 한편으로, 기자는 모든 신자가 예수

665 참조. O'Brien, *Hebrews*, 486.

666 Cockerill, *Hebrews*, 656.

667 의인의 영들이 하나님 앞에 있다는 개념은 유대교 문학에서 흔히 볼 수 있다(Attridge, *Hebrews*, 376). 그는 여러 본문을 인용한다(376nn82-83).

668 L. Johnson, *Hebrews*, 332.

그리스도의 제사장으로서의 사역을 힘입어 이미 완전하게 된 것으로 말할 수 있다.10:14 그러므로 기자는 "그들은 하나님과의 관계를 누림에 있어서 아무것도 부족함이 없다"는 것을 의미한다.[669] 그들은 "죄로부터 깨끗하게 되었고, 따라서 그리스도의 사역을 통해 하나님 앞으로 나아간다."[670] 여기서 기자는 모든 세대를 통틀어 존재하는 신자들에 대해 말하고 있다.[671] 여기서 묘사된 온전함은 신자들이 이미 그들을 위해 하나님이 예비하신 모든 것을 누리고 있음을 말하지 않는다. 그들을 위해 성취된 온전한 역사가 그들로 하여금 하늘 도성으로 나아가도록 보증한다는 의미다.[672] 독자들을 그 이름이 하늘에 새겨진 하나님의 백성이요 하늘의 총회로 묘사한다. 영들을 말하는 마지막 구절은, 죽었지만 그들을 위한 예수의 희생으로 온전하게 된 신자들로 제한된다.

12:24 기자가 말하는 목록은 예수를 가리키는 말로 절정에 이른다. 예수의 사역으로 말미암아 앞의 절들에서 묘사된 하나님께로 즐거이 나아가는 길이 열렸다.[673] 독자들은 예수와 그분이 제사장으로서 하신 일을 저버려서는 안 된다. 그들이 시내 산이 아닌 시온 산에 이르렀기 때문이다. 시내 산은 가공할 만큼 두려운 곳이었다. 하지만 시온 산은 위로가 넘친다. 신자들은 이미 하늘 도성, 새 예루살렘의 지체들이다. 그들은 하늘의 천사들의 총회와 예수 그리스도의 교회의 모임에 참여했다. 그들은 하나님과 다른 의로운 신자들에게 이르렀다. 가장 중요하게 "새 언약의 중보자"이신 예수께 이르렀다. 그분은 단순히 새 언약의 중

669 Lane, *Hebrews 9-13*, 471.

670 Cockerill, *Hebrews*, 657.

671 Hughes, *Hebrews*, 550; O'Brien, *Hebrews*, 487; Peterson, *Hebrews and Perfection*, 164.

672 참조. Peterson, *Hebrews and Perfection*, 166.

673 Cockerill, *Hebrews*, 658.

보자가 아니다.참조 9:15 그분은 또한 "더 좋은 언약의 중보자"다.8:6; 참조 7:22 하나님과 그분의 백성들 사이에 맺은 옛 언약은 대체되었다. 그들은 새롭고 더 좋은 언약을 맺으시고 "영원한 기업"을 인치신9:15 분께 이르렀기 때문에 예수를 저버려서는 안 된다. 완전하고 최종적인 죄 사함을 보증하는 것이기 때문이다.10:15-18 예수의 피로 말미암아 새 언약 안에서 죄가 용서되었다. 이런 사실은 왜 예수의 피가 아벨의 피보다 더 나은 것인지를 설명해 준다. 아벨의 피는 그의 믿음과 자신의 희생을 드림으로 그가 하나님을 의지했음을 증거한다.창 4:4, 히 11:4 예수의 피가 아벨이 흘린 피보다 더 나은 것은, 그분을 의지하는 자들을 깨끗하게 하는 뿌린 피이기 때문이다.참조 10:22 [674] 우리는 다시 한 번 기자가 가장 좋아하는 말들 가운데 하나와 마주한다. "더 나은."κρεῖττον 예수의 피는 죄 사함을 보증하기 때문에 아벨의 피보다 더 낫고, 시온 산이 시내 산보다 더 나은 것은 우리를 하나님 앞으로 데려가기 때문이다.

성경신학적 적용

이 부분에서 기자는 이 서신에서 자주 등장하는 또 다른 주제를 언급한다. 하나님께로 확신을 가지고 자유롭게 나아가는 것은 옛 언약이 아닌 새 언약을 통해 주어졌다. 옛 언약 아래 있는 자들은 시내 산에서 하나님께로 나아가기를 두려워했다. 하나님의 거룩과 심판을 강조하는 우리

674 Son, *Zion Symbolism in Hebrews*, 101. 예수의 피가 더 나은 것은, 아벨의 피는 보응을 부르짖는 반면에 예수의 피는 용서를 보증하기 때문일 것이다(창 4:10; Westcott, *Hebrews*, 417; Spicq, *L'Épître aux Hébreux*, 2:409; Cockerill, *Hebrews*, 658-59). 아트리지는 마카비 순교자들과 같이 아벨의 피가 속죄하는 의미가 있었을 것이라고 제안한다. 하지만 예수의 속죄는 훨씬 더 뛰어나다(*Hebrews*, 377; 참조. Moberly, "Exemplars of Faith in Hebrews 11", 360). 쾨스터는 이 피가 하나님이 아닌 귀를 기울이는 자들에게 말한다고 본다(*Hebrews*, 546). 후자의 해석이 갖는 불충분성에 대해서는 오브라이언을 참조하라. *Hebrews*, 489-91.

와 지진 가운데 하나님을 만나는 것이 그들에게는 그야말로 가공할 만한 두려운 경험이었다. 새 언약 아래 있는 자들은 담대하게 하나님 앞으로 나아간다. 그들의 모든 죄를 깨끗하게 하신 예수의 피를 힘입어 만물의 재판장이신 하나님 앞에 담대히 나아간다. 그들은 이미 하늘 예루살렘인 하나님의 도성의 지체들이다. 이미 천사들과 더불어 하늘 예배에 참여하고 있는 하늘에 있는 종말론적인 하나님의 총회의 일원들이다.

12:25-29

I. 프롤로그: 아들을 통해 이루어진 결정적이고 최종적인 계시1:1-4

II. 천사들보다 위대하신 아들을 저버리지 말라1:5-2:18

III. 아들을 모세와 여호수아보다 더 위대한 대제사장으로 가진 너희는 마음을 완고하게 하지 말라3:1-4:13

IV. 레위기의 율법이 정하는 대제사장직보다 더 위대한 멜기세덱의 반차를 따른 예수의 대제사장직으로부터 흘러 떠내려가지 않도록 하라4:14-10:18

V. 맺는말로서의 권면과 경고10:19-12:29

1 | 하나님께로 가까이 나아가고, 믿음의 도리를 굳게 잡고, 서로 돌아볼 것을 권면함10:19-25

2 | 경고: 그리스도를 저버린 자들에게는 사죄의 소망이 없음10:26-31

3 | 끝까지 믿음으로 견딜 것을 촉구함10:32-12:3

4 | 믿음으로 인내할 것을 독자들에게 권면함12:4-29

1) 거룩을 위한 연단을 감당하라12:4-13

2) 최후의 복을 바라고 화평과 거룩을 추구하라12:14-17

3) 너희가 다다른 곳은 시내 산이 아닌 시온 산이다12:18-24

4) 최종적인 경고: 말씀하시는 이를 거역하지 말라12:25-29

VI. 에필로그: 최종적인 권면13:1-25

25 너희는 삼가 말씀하신 이를 거역하지 말라. 땅에서 경고하신 이를 거역한 그들이 피
하지 못하였거든 하물며 하늘로부터 경고하신 이를 배반하는 우리일까보냐. 26 그 때
에는 그 소리가 땅을 진동하였거니와 이제는 약속하여 이르시되 내가 또 한 번 땅만
아니라 하늘도 진동하리라 하셨느니라. 27 이 또 한 번이라 하심은 진동하지 아니하는
것을 영존하게 하기 위하여 진동할 것들 곧 만드신 것들이 변동될 것을 나타내심이라.

[28]그러므로 우리가 흔들리지 않는 나라를 받았은즉 은혜를 받자. 이로 말미암아 경건
함과 두려움으로 하나님을 기쁘시게 섬길지니 [29]우리 하나님은 소멸하는 불이심이라.

문맥

권면 부분은 기자가 이 서신을 에필로그로 마무리하기에 앞서 나오는 최종 경고로 끝난다.13:1-25 독자들은 복음을 견고히 붙잡으라는 권면10:19-25과 타락의 결과에 대한 경고를 들었다.10:26-31 믿음을 저버리지 말아야 한다. 구약의 성도들과 예수께서 그랬던 것처럼10:32-12:3 끝까지 믿음을 지켜야 한다. 그래서 끝까지 앞에 당한 경주를 하고,12:1 그들의 유익을 위해 오는 징계를 달게 감당해야 한다.12:4-13 에서와 달리 최종적인 상급을 누리도록 거룩을 추구해야 한다.12:14-17 뒤로 물러나는 것은 도무지 생각할 수도 없다. 그들이 이른 곳은 시내 산이 아니라 그들의 죄가 깨끗하게 된 시온 산이요, 은혜와 보좌이기 때문이다.

이제 기자는 독자들에게 마지막으로 최종적인 경고를 한다.12:25-29 그들은 말하신 이를 거역하지 말아야 한다. 이 땅에서 경고를 받은 이스라엘이 피하지 못하였다면, 신자들이 하늘로부터 경고하신 이를 피하지 못할 것이 당연하기 때문이다.12:25 만약 순종하기를 거부한다면, 아무도 하늘로부터 경고하신 이를 피하지 못할 것이다. 시내 산에서 땅을 진동하게 하셨던 이가 또한 하늘을 진동시킬 것을 약속하셨기 때문이다.12:26 진동시킨다는 말은 하나님이 피조된 것들을 폐하실 것임을 의미한다.12:27 새 세상이 오고 있다. 새 나라가 가까웠다. 따라서 신자들은 하나님이 소멸하는 불이심을 알고 감사를 드리고 경건함과 두려움으로12:28 하나님을 기쁘시게 섬겨야 한다.

주석

12:25 히브리서가 가지고 있는 교훈적인 성격이 "삼가"Βλέπετε라는 말로 시작하는 마지막 경고에서 드러난다. 독자들은 그들에게 말씀하시는 하나님을 거부하지 않도록 삼가해야 한다.참조. §5 하나님의 말씀을 듣는 특권을 가지고 있는 그들은 말씀에 귀를 기울여야 한다. 앞에서 그랬던 것처럼2:1-4, 3:12-4:11 기자는 이스라엘과 교회, 땅에 있는 자들과 하늘에 있는 자들 사이를 대비시킨다.[675] 하나님은 땅의 이스라엘에게 경고하시되, 언약의 규례를 준행하기를 거부하는 자들에게 특별히 언약이 정하는 저주로 경고하셨다.레 26:14-39, 신 28:15-68 여기서 경고하는 내용은 기근, 전쟁에서의 패퇴, 흉년, 질병과 같은 땅에서 겪는 저주들이었다. 의미심장하게도 이런 저주의 정점은 포로로 잡혀가는 것이었다. 하나님의 말씀은 효력 있는 말씀이다. 그분이 약속한 저주들은 참으로 이스라엘에게 임했다. 그들은 이 저주들을 "피하지"ἐξέφυγον 못했다. 기자는 점층적인 주장을 한다. 땅에서 경고를 받은 자들이 하나님의 심판을 면치 못했다면, 하늘로부터 말씀하는 이를 "배반"하는 자들에게 심판이 임하는 것은 더더욱 분명하다. 여기서 이 서신의 첫 번째 경고와 수미상관을 이루는 것이 발견되는데, 이 경고 역시 주의 구원을 등한히 여기는 자들은 보응을 "면하지" 못할 것이라고 말한다.2:3 예수께서 "하늘을 통과해" 지금은 "하늘에 계신" 하나님 우편에 앉으셨기 때문에4:14; 참조. 7:26, 9:24 독자들은 지금 하늘의 말씀을 듣는다. "하늘의 것들"이8:1 예수의 희생으로 깨끗하게 되었다면,9:23 그들이 하늘에서 말씀하시는 것을 거절하는 것은 곧 하나님께서 자기 아들을 통해 하신 일을 거절하는 것이다.

12:26 하늘과 땅의 대조가 계속된다. 첫째, 기자는 옛 언약을 체결할

675 하지만 여기서 발하는 경고는 2:1-4에서 보는 것보다 더 강하다(Cockerill, *Hebrews*, 662-63).

때 시내 산에서 있었던 일을 생각한다.[참조. 12:18-21] 하나님은 마치 큰 지진이 시내 산을 진동시키는 것처럼 소리로 땅을 진동하셨다.[출 19:18, 삿 5:5, 시 68:8; 114:4, 6] 그러나 주께서 장래에 더 큰 진동이 있을 것을 약속하셨다. 기자는 여기서 주께서 땅과 하늘을 모두 진동시키실 것을 약속하시는 대목인 학개 2:6을 인용한다.

학개 2장에서 이스라엘은 성전을 완성하기 위해 합심하여 온 노력을 기울인다. 하나님께서 그들과 함께하고 하나님의 영이 그들 가운데 계신다는 약속을 받았기 때문이다.[학 2:5] 이 약속 뒤에는 주께서 땅과 하늘을 진동하시겠다는 약속이 이어진다.[학 2:6] 세상의 열국들을 심판하시겠다는 의미다. 열국들을 진동시키실 때 온 열방의 보화로 성전이 채워질 것이고,[학 2:7] 옛 성전이 가졌던 것보다 더 위대한 영광이 새 성전에 머물 것이다.[학 2:9] 이 책은 하나님께서 하늘과 땅을 진동시키실 것을 약속하는 또 다른 예언으로 맺는다.[학 2:21] 하나님은 이방 나라들을 폐하고 그들의 군사력을 멸할 것을 약속하신다.[학 2:22] 그 일이 있은 후, 주께서 자신의 택한 자인 스룹바벨을 통해 다스리실 것이다.[학 2:23]

여기서 인용된 구절의 처음 네 단어는 학개 2:6로부터 왔다. 하지만 나머지 말들은 여전히 학개가 말하고자 하는 의미를 반영하기는 하지만 다소 느슨하게 인용된다. 학개는 천지를 진동시킨다는 개념을 다시 사용하기 때문에,[학 2:21] 이 두 본문이 바로 여기를 가리킬 가능성도 있는 것처럼 보인다. 히브리서 기자는 이 예언의 말씀들을 종말론적으로 이해했다. 그렇다면 이 말씀은 궁극적으로는 하나님 나라의 도래를 가리킨다. 이 절의 중심은 임박한 심판이다. 주께서 다시 진동하실 것이다. 하지만 이 진동은 시내 산의 진동보다 훨씬 더 심오하고 지어진 모든 것을 포함할 것이다. 그렇다면, 히브리서는 최후의 심판을 말하기 위해 이런 말들을 사용하는 것이다.[676]

12:27 예언이 갖는 일시적인 성격을 언급한다. 히브리서는 학개 2:6로부터 "이 또 한 번이라"는 말에 주목한다. 현재의 세상과 천지가 사라질 날이 오고 있다. 세상은 진동하고 변할 것이며, 오직 진동하지 않을 것만 남아 있을 것이다. 이 말이 현 세상의 멸절을 뜻한다고 해석하기도 하지만, 꼭 그렇게 볼 필요는 없다.[677] 이 말은 아마도 새 창조, 새 하늘과 새 땅이 현저한 아름다움으로 빛나도록, 부패하고 타락한 현재의 모든 피조물이 사라질 것임을 말할 것이다.[참조. 사 65:17; 66:22, 롬 8:18-25, 벧후 3:10-13, 계 21:1-22:5] 독자들은 이런 현재의 세상에 소망을 두어서는 안 된다. 언제나 지금과 같이 있지는 않을 것이기 때문이다. 새로운 세상이 시작되기 전에 거대한 붕괴가 있을 것이다.

12:28 하나님의 나라는 영영히 진동하지 않을 것이다. 이 나라의 도래는 하나님이 약속하신 안식과[4:1-11] 하늘 도성이 임하는 것을[13:14, 11:10, 13-16, 12:22] 말하는 또 다른 방식이다.[678] 아무것도 하나님의 나라의 승리를 막을 수 없다. 다니엘이 예언한 것처럼, 모든 다른 열방들을 쳐서 멸하고 세상을 충만하게 할 뜨인 돌과 같다.[단 2:35, 44-45] 아니면 학개 2:21-23에서 본 바와 같이, 하나님이 인간 나라와 군왕들을 무너뜨리고 영원한 자신의 나라를 세우실 것이다. 이미 이 나라를 받았고, 만약 그들이 끝까지 이기면 이 나라를 누릴 것을 확신하기에 신자들은 감사하는 마음으로 가득해야 한다.[참조. ESV, NIV, NRSV, NET, NLT] HCSB는 이 구절을 "은혜를 견고히 붙들자"고 번역한다. "감사"[χάριν, NRSV]로 표현된 이 말은 종종 은혜를 의미하기도 한다. 하지만 여기서도 그런 의미로 사용되고 있는

676 같은 책, 666.

677 참조. Attridge, *Hebrews*, 381; Moffatt, *Hebrews*, 221; Schenk, *Cosmology and Eschatology in Hebrews*, 125-32.

678 참조. Cockerill, *Hebrews*, 670.

지는 미지수다. 이 명사와 더불어 사용된 "가지다"라는 동사가 다른 문맥에서는 "감사하다"를 뜻하는 말로 쓰이고 있고,눅 17:9, 딤전 1:12, 딤후 1:3, 제2마카비 3:33; 참조. 고전 10:30 이 말이 하나님의 은혜를 가리키는 분명한 예는 없다.예외 참조. 제3마카비 5:20

이런 감사를 통해 신자들은 하나님이 기뻐하시는 방식으로 하나님을 섬긴다. 하나님은 자기에게 속한 자들이 그분의 자비에 감사와 찬양을 돌려드릴 때 영광을 받으신다. "경외함과 두려움"으로 버무려진 감사다. 겸손한 감사, 거룩한 두려움이 혼합된 감사, 이 나라는 자신들에게 전혀 과분한 소중한 선물임을 절감하는 감사다. 그렇기 때문에 이런 감사에 거만함이나 자부심이 들어설 자리는 없다. 오직 경외함으로 정제된 기쁨뿐이다.

12:29 이 감사가 경외함과 두려움과 혼합된 감사인 이유를 설명한다. "우리의 하나님", 그리스도인들이 자신들의 하나님으로 놀랍게 주장할 수 있는 하나님은 "소멸하는 불"이시다. 기자가 시내 산을 묘사할 때 사용한 말을 여기서 다시 쓰고 있다. 모세는 이스라엘 백성들에게 하나님은 "소멸하는 불이시요 질투하시는 하나님"이심을 알림으로신 4:24 왜 자신이 약속의 땅으로 들어가지 못하고 왜 백성들이 우상숭배로 전락하게 되었는지를 설명한다.신 4:22-23 출애굽기 24장에 보면 이스라엘과의 언약이 세워지고, 하나님의 영광이 시내 산에 드리웠는데,출 24:16-17 이 영광은 "맹렬한 불같이 보였다."출 24:17 기자는 독자들에게 하나님을 경홀히 여겨서는 안 된다는 사실을 상기시킨다. 하늘로부터의 경고를 주의하여 듣고 삼가는 자들은 영원히 그분의 나라를 누릴 것이지만, 이 경고를 발하는 이를 저버리는 자들은 그분의 진노의 불을 대면해야 할 것이다. 커크릴은 이 말들이 "감사함으로의 부르심을 강화한다"고 바르게 말한다. "이런 심판에 이를 수도 있다는 인식은, 하나님은 피할 길을 주

실 뿐 아니라 백성들이 자신과 영원한 교제를 누릴 수 있는 길을 열어 주시는 선하신 분이심을 절감하도록 한다."[679] 이제 저 옛날 이스라엘 백성들과 마찬가지로 약속의 땅(하늘 도성)의 문턱에 다다랐기에 독자들은 믿고 순종하지 않았던 그들이 맞이했던 끔찍한 결과들을 기억해야 한다.[680]

성경신학적 적용

히브리서로부터 우리는 경고가 그리스도인의 삶을 위해 유익한 것임을 배운다. 이런 권면과 경고는 너무나 긴급한 것이다. 이는 다름 아닌 하늘로부터 오는 경고요, 이 땅에서 경고를 받았던 자들이 멸망을 피하지 못했다면, 하늘의 경고를 받은 자들이 멸망을 피하지 못할 것은 당연하기 때문이다. 현재의 세상은 진동할 것이고, 오직 진동하지 않는 나라만이 남아 있을 것이다. 진동하지 않을 나라는 다름 아닌 하나님 나라다. 이 나라가 반드시 도래하고 성취될 것이다. 따라서 신자들은 하나님은 자기를 대적하는 모든 자를 멸하시는 소멸하는 불이심을 깨달아 하나님께 감사하고 두려움과 경외함으로 가득해야 한다.

679 Cockerill, *Hebrews*, 673.

680 참조. Allen, *Deuteronomy and Exhortation*, 68.

13:1-6

I. 프롤로그: 아들을 통해 이루어진 결정적이고 최종적인 계시[1:1-4]

II. 천사들보다 위대하신 아들을 저버리지 말라[1:5-2:18]

III. 아들을 모세와 여호수아보다 더 위대한 대제사장으로 가진 너희는 마음을 완고하게 하지 말라[3:1-4:13]

IV. 레위기의 율법이 정하는 대제사장직보다 더 위대한 멜기세덱의 반차를 따른 예수의 대제사장직으로부터 흘러 떠내려가지 않도록 하라[4:14-10:18]

V. 맺는말로서의 권면과 경고[10:19-12:29]

VI. 에필로그: 최종적인 권면[13:1-25]

1 | 교회에서 이루어지는 실제적인 사랑의 표현[13:1-6]

2 | 너희의 지도자들을 기억하고 성문 밖에서 고난을 받으신 예수와 더불어 고난을 받자[13:7-17]

3 | 결언[13:18-25]

1 형제 사랑하기를 계속하고 2 손님 대접하기를 잊지 말라. 이로써 부지중에 천사들을
대접한 이들이 있었느니라. 3 너희도 함께 갇힌 것같이 갇힌 자를 생각하고 너희도 몸을
가졌은즉 학대받는 자를 생각하라. 4 모든 사람은 결혼을 귀히 여기고 침소를 더럽히지
않게 하라. 음행하는 자들과 간음하는 자들을 하나님이 심판하시리라. 5 돈을 사랑하지
말고 있는 바를 족한 줄로 알라. 그가 친히 말씀하시기를 내가 결코 너희를 버리지 아
니하고 너희를 떠나지 아니하리라 하셨느니라. 6 그러므로 우리가 담대히 말하되 주는
나를 돕는 이시니 내가 무서워하지 아니하겠노라. 사람이 내게 어찌하리요 하노라.

문맥

13장은 이 서신의 에필로그 역할을 한다. 이 장이 서신의 나머지 부분

에 속한 것인지 의구심을 제기하는 학자들이 있기는 하지만, 아주 소수에 불과하고 또 당연히 그래야 한다.[681] 13장의 내용은 이 서신의 나머지 부분에 잘 부합한다. 이런 사실은 이 장이 앞선 장들과 한 서신의 일부임을 보여준다. 13장은 12장에서 소개된 내용을 확장해서 설명한다. 다시 말해, "하나님을 기쁘시게 하는 예배 혹은 섬김의 핵심 이슈를 다루고, 특히 13:1-21에서는 그것을 명시적으로 전개한다."[682]

이 서신에서 기자는 아들이 천사들보다 더 위대하고,[1:1-2:18] 모세와 여호수아보다 더 위대하고,[3:1-4:13] 멜기세덱의 반차를 따르는 제사장인 그분이 레위 계통의 제사장들보다 더 탁월하다[4:14-10:18]고 주장했다. 이런 설명은 경고들을 통해 강조된다.[2:1-4, 3:12-4:13, 5:11-6:8] 기자는 독자들이 믿음을 저버리지 않도록 그리스도의 탁월함을 찬송하기 때문이다. 따라서 이 서신의 마지막 주요 부분의 대부분이[10:19-12:29] 간곡한 권고들로 구성된다는 사실이 새삼스러운 일은 아니다.[683]

13장을 이 서신의 에필로그로 묘사하는 것이 맞다. 물론 이 서신의 일부임에도 불구하고 이 서신의 나머지 부분과 긴밀하게 하나로 합쳐지지는 않기 때문이다. 하지만 동시에 여기서 볼 수 있는 권면들은 이 서신의 성격과 잘 부합한다. 실제로 여기서 드러나는 권면들은 12:28이 말하는 하나님을 섬기고 기쁘시게 하는 것이 무엇인지를 풀어 보여

681 참조. Filson, *Yesterday*; Attridge, *Hebrews*, 384-85; Mosser, "No Lasting City", 278-83. 반대 참조. A. J. M. Wedderburn, "The 'Letter' to the Hebrews and Its Thirteenth Chapter", *NTS* 50(2004).

682 O'Brien, *Hebrews*, 503.

683 이런 권면들은 신자들이 소수로 살아가는 문화에서 그들의 연대를 강조하는 가운데 교회를 독특한 사회적 단일체로 그리고 있다. 참조. Knut Backhaus, "How to Entertain Angels: Ethics in the Epistle to the Hebrews", in *Hebrews: Contemporary Methods—New Insights*, ed. G. Gelardini(Leiden: Brill, 2005), 149-75.

주는데, 이런 사실은 12:28과 이어지는 부분 사이가 긴밀하게 이어져 있음을 나타내는 것이다.[684]

이 서신은 13:1-6의 사랑의 실천적 표현으로 시작되는 몇 가지 권면들로 끝을 맺는다. 어떤 면에서 이런 권면들은 보다 일반적이다. 하지만 동시에 사랑과 환대로의 부름과 갇힌 자들에게 그들과 함께하는 것을 보이라는 요청은 독자들을 고난받는 이방인으로 묘사하는 이 서신의 나머지 부분과 부합한다.[13:1-3] 돈을 사랑하지 말라는 명령이 교회가 재정적인 압박을 받고 있었음을 암시하기는 하지만,[참조. 10:34] 그럼에도 불구하고 성적인 죄를 멀리하고 탐심을 갖지 말라는 명령은 일반적이다.[13:4-6]

세상을 떠난 그들을 인도하던 자들을 기억하라는 요청은[13:7-8] 믿음을 가진 자들을 본받을 것을 격려하는 11장과 맥을 같이한다. 이 부분은 지도자들에 대한 언급으로 시작하고[13:7] 끝맺는다.[13:17] 13:9-16에서 독자들은 옛 제단이 아닌 새 제단에서 예배함으로 예수를 따를 것을 요청한다. 옛 언약의 제단과 음식들에서 은혜를 찾으려고 할 것이 아니라, 예수 그리스도 안에서 그들의 소유가 된 은혜를 의지해야 한다. 그러므로 장차 오는 도성이 그들의 영구한 본향인 것을 깨닫고, 예수께서 했던 바와 같이 기꺼이 공동체 밖에서 수치를 당해야 한다. 하나님이 바라시는 것은 선을 행하고 서로 나누어 주기를 힘쓰는 가운데 드리는 찬송의 제사다.[13:15-16] 13:17에서 기자는 독자들의 관심을 지도자들에게로 돌린다. 하지만 여기서는 아직 살아 있는 지도자들에 대해 언급한다. 독자들은 그들에게 순복해야 한다. 그것이 바로 기쁨의 길이기 때문이다. 이런 권면은 서신의 나머지 부분과도 부합한다. 이런 순종은

684 Mosser, "No Lasting City", 329.

독자들이 예수를 따르고 있고, 그릇된 길로 가는 것이 아님을 가리켜 주기 때문이다.

기자는 서신들의 결론부에서 자주 발견되는 몇 가지 전통적인 주제로 서신을 끝맺는다. 독자들에게 자신을 위해서, 그리고 그들에게 속히 돌아갈 수 있도록 기도를 부탁한다.[13:18-19] 그는 예수를 죽음에서 살리신 하나님께서 그들을 구비시켜 주셔서 그들이 하나님 앞에서 기쁘시고 선한 일을 할 수 있기를 기도한다.[13:20-21] 서신의 나머지 내용을 생각해 볼 때, 이런 기도는 무엇보다 그들이 배도하지 않을 것을 의미한다. 기자는 독자들에게 이 서신의 권면들에 귀를 기울이도록 촉구하고,[13:22] 디모데에 대해서도 기별한다.[13:23] 이 서신은 인사말과[13:24] 그들에게 은혜가 있기를 기원함으로 끝난다.[13:25]

이 첫 번째 부분에서 우리는 13:1-6을 보다 자세히 살피려고 한다. 기자는 계속해서 형제 사랑에 힘쓰라는 권면으로 시작한다.[13:1] 이 절들의 나머지 권면들은 사랑의 성격을 보여준다. 사랑은 환대로 그 모습을 드러낸다. 기자는 나그네에게 환대를 베푼 사람들이 있음—실제로는 그렇게 부지중에 천사들을 대접했다—을 상기시킨다. 신자들은 자신들이 감옥에 갇힌 것처럼 감옥에 있는 동료 신자들을 돌아보고, 학대받는 자들을 기억해야 한다. 그들 자신 역시 육신의 고통이 가져다주는 어려움을 알기 때문이다.[13:3]

하나님께서 간음하는 자들을 심판하실 것을 알고 결혼과 결혼 생활에서의 정절을 귀히 여겨야 한다.[13:4] 신자들은 그 가진 것으로 만족해야 한다. 하나님께서 그들을 결코 떠나거나 버리지 않을 것이라 약속하시기 때문이다.[13:5] 그러므로 신자들은 하나님께서 그들을 돌보실 것을 확신할 수 있다.[13:6]

주석

13:1 히브리서의 중심 주제는 인내다. 또한 여기서도 독자들에게 "형제 사랑하기를 계속하라"고 권면한다. "계속하다"μενέτω라는 말은 "인내하다"라는 말과 동의어다. 기자는 독자들에게 아무 종류의 사랑이든 하라고 하지 않는다. 그들은 "형제 사랑"을 실천해야 한다.φιλαδελφία; 참조. 롬 12:10, 살전 4:9, 벧전 1:22, 벧후 1:7; 추가 참조. 제4마카비 13:23, 26, 14:1 형제 사랑에 대한 강조는 초기 기독교 운동을 특징지었던 고유한 기독교적 사랑이다.[685] 13:1-6에서의 나머지 권면들은 여러 가지 상황에서 사랑이 어떻게 그 모습을 드러내는지를 보여준다.

13:2 사랑은 다른 사람들을 환대하는 모습으로 나타난다. 환대는 여행중인 신자들을 붙들어 주고 그들의 필요를 채우는 모습으로 드러난다. 특별히 여행중인 지도자들은 그들의 섬김을 받는 자들의 돌봄을 받을 필요가 있었다.참조. 제1클레멘트 1:2; 10:7; 11:1; 12:1, 디다케 11:4-6 형제와 자매로 살아가는 자들은 실제적인 필요를 채움으로 서로를 향한 관심을 나타낸다. 초대 교회 운동에서 환대가 얼마나 중요했는지는 그리스도인의 덕목으로 일관되게 언급되는 것만 보아도 알 수 있다.롬 12:13, 벧전 4:9; 참조. 마 25:35 [686] 나그네를 대접하지 않는다면 감독으로 섬길 수 없다.딤전 3:2, 딛 1:8 마찬가지로, 나그네를 환대하지 않는 과부는 교회의 돌봄을 받아서는 안 된다.딤전 5:10 기자는 독자들에게 구약성경 신자들이 나그네를 환대한 예를 상기시킨다. 결국 천사들로 드러나기는 했지만, 아브라함과 롯 모두 나그네들을 환대했다.창 18:1-8, 19:1-9; 참조. 삿 6:11-14, 욥 31:32, 사 58:7 롯의 예를 통해

685 Attridge, *Hebrews*, 385.

686 J. Koenig, "Hospitality", ABD 3:299-301; G. Stählin, "ξένος", *TDNT* 5:17-25; Wayne Meeks, *The First Urban Christians: The Social World of the Apostle Paul*(New Haven, CT: Yale University Press, 1983), 109-10.

우리는 고대 세계에서 나그네를 환대하는 것이 얼마나 중요했었는지를 본다. 그는 자기 집에 들인 손님들을 위해서라면 자신의 여식들조차 기꺼이 희생시키려 했기 때문이다. 자신의 딸들을 희생시키려고 했던 그의 행동은 칭찬할 만한 것이 못되지만, 손 대접할 책임을 그가 얼마나 심각하게 여겼는지를 여실히 보여주는 예라 하겠다.

13:3 형제 사랑은 또한 갇힌 자들을 기억하는 것을 의미한다. 기자는 아마도 감옥에 갇힌 동료 신자들을 생각하고 있을 것이다.[687] 감옥에 갇힌 자들과 관계가 있는 것이 알려지면 당하게 될 수치 때문에 그들을 외면하거나 잊고자 하는 유혹이 있었을 것이다.[688] 독자들이 과거 갇힌 자들을 향해 보여주었던 연민과 관심은 이 서신의 앞부분에서 이미 언급되었고,[10:34] 그들이 보여준 이런 동정은 그 안에 있는 믿음의 생명력을 보여주는 것이었다.[10:32-33] 저들은 아마도 예수 그리스도에 대한 믿음 때문에 수감되었을 것이고, 따라서 신자들은 다른 신자들을 돌아봄으로 믿음 안에서 인내와 그들과의 연대를 나타내었을 것이다. 이제 그들은 마치 자신들도 "함께 갇힌 것같이" 갇힌 자들을 돌아보고 있다. 이 표현은 동료 신자들이 감옥에 갇혀 있다는 이해를 확인시켜 준다. 신자들이 갇힌 자들의 고통에 참여하고 있기 때문이다. 10:32-34에서 우리는 갇힌 자들을 동정하는 것이 믿음 안에서 인내하는 한 표현인 것을 보았는데, 그것은 여기서도 마찬가지다. 독자들은 고난을 모면하고 사회에 동화되려는 유혹을 받았다. 기자는 독자들에게 감옥에 있는 신자

687 참조. O'Brien, *Hebrews*, 508. 그리스-로마 세계의 감옥이 어떤 상태였는지에 대해서는 퀘스터를 참조하라. *Hebrews*, 564. 특히 랍스케Brian M. Rapske를 참조하라. *The Book of Acts and Paul in Roman Custody*, vol. 3 in *The Book of Acts in Its First Century Setting*, ed. B. W. Winter(Grand Rapids, MI: Eerdmans, 1994).

688 L. Johnson, *Hebrews*, 340.

들과 동화됨으로 그들의 마음이 인간의 도성이 아닌 하나님의 도성을 향해 있음을 나타낼 것을 요구한다.

마찬가지로 그들은 "학대받는"τῶν κακουχουμένων 자들을 적극적으로 돌아보아야 한다. 구약의 성도들이 "학대받은"κακουχούμενοι 것을 말하는 11:37 같은 언급은 기자가 지금 박해를 가리키고 있음을 나타낸다. 독자들이 복음을 위해 고난당하는 자들을 돌보고 그들과 자신들을 동일시한다면, 다시 한 번 그들은 복음을 향한 헌신을 나타내게 될 것이다. 이 서신에 드러난 윤리는 막연하거나 감상적이지 않고 구체적이고 실제적이다. 신자들은 고난받는 자들을 동정하고 돌아보아야 한다. 그들 역시 "몸을 가졌기" 때문이다.ESV 학대받는 자들의 물리적인 어려움을 짐작할 수 있었던 그들이었기에, 기회가 닿는 대로 그들의 고통을 덜어 줄 수 있었다.

13:4 앞에서 나온 몸에 대한 언급을 통해 기자는 자연스럽게 결혼과 성도덕으로 생각이 이어졌을 것이다. 여기서 우리는 기독교의 권면을 특징짓는 일반적인 권면을 볼 수 있다. 하지만 동시에 기자가 지금 일상의 평범하면서도 지극히 중대한 측면에 대해 말하고 있음을 주목해야 한다. 그리스도인들은 결혼을 귀히 여기고 그것을 보존하기 위한 모든 노력을 경주해야 한다. 부부의 침소가 성적인 죄악과 부정으로 더럽혀져서는 안 된다. 이 권면이 얼마나 심각한 것인지는 마지막 줄을 통해서 분명히 드러난다. 성적인 부도덕과 문란함에 빠진 자들을 하나님이 심판하실 것이다.[689] 믿음을 저버리도록 하는 한 가지 방식은 성적인 죄에 자신을 내어 주는 것이다.참조. 갈 5:19, 21, 엡 5:5-6, 고전 6:9, 계 22:15

13:5 계속해서 삶에서 겪는 실제적인 경험들에 주목하는 기자는 이제

689 "음행"πόρνους이라는 말은 일반적으로 성적인 죄를 가리킨다(Ellingworth, *Hebrews*, 698).

재정적 어려움으로 관심을 돌린다. 고대 세계에서 성적인 죄와 탐욕은 종종 서로 긴밀하게 연결되었다.[참조. 고전 5:1-6:20, 엡 5:3-5, 골 3:5, 살전 4:3-7] [690] 앞에서 우리는 독자들이 그들이 가진 기독교 신앙 때문에 자신들의 소유를 빼앗겼다고 들었다.[10:34] 그렇다면 지금 그들이 처한 재정적 어려움은 그리스도에 대한 헌신으로부터 비롯된 것이라고도 할 수 있다. 독자들이 돈을 사랑하지 말라는 권면을 듣는 것도 이 때문이다.[참조. 딤전 6:10] 인간의 도성이 아닌 하나님의 도성에 헌신되었다는 것은 하나님이 주신 것으로 만족하고, 날마다 하나님이 주신 선물들로 인한 감사와 찬송을 그분께 돌려드린다는 뜻이다. 독자들은 다른 인간들이나 비인격적인 경제 구조에 휘둘리지 않았다. 하나님께서 그들을 결코 버리거나 떠나지 않을 것을 약속하셨기 때문에 그들은 만족한다. 날마다 우리가 필요로 하는 것을 하나님이 채우실 것이다. 가장 어렵고 힘든 때에 하나님이 그들과 함께하신다. 고통을 겪을 때는 그것을 하나님이 그들을 버린 의미로 받아들여서는 안 된다.

여기서의 인용은 구약성경의 본문과 정확히 일치하는 것이 아님에도 불구하고, 신명기 31:6에서 발견되는 것과 가장 가깝다.[추가 참조. 신 31:8, 수 1:5] [691] 사실상 여호수아 1장과 같은 문맥인 신명기의 문맥에서 이스라엘은 임박한 가나안 정복을 두려워할 필요가 없음을 확신했다. 하나님께서

690 L. Johnson, *Hebrews*, 341.

691 참조. Attridge, *Hebrews*, 388-89. 존슨 역시 신명기 31:6, 8이 "보다 잘 들어맞는 선행사"라는 것을 인정하지만, 그럼에도 불구하고 창세기 28:15를 가리킬 수도 있다고 본다(*Hebrews*, 343-44). 오브라이언은 여호수아 1:5을 가장 가까운 본문으로 여긴다(*Hebrews*, 511-12; 추가 참조. Cockerill, *Hebrews*, 686-87). 여호수아 1:5 또한 포함될 것이지만, 신명기 31:6을 염두에 두고 있기 때문에 기자는 지금 가나안으로 들어가기 전에 이스라엘에게 주어진 약속들에 호소한다고 앨런은 주장한다(*Deuteronomy and Exhortation*, 68-71). 유사하게 이런 약속들을 교회가 받았기 때문에, 기업을 받기까지 신자들은 끝까지 인내해야 한다.

그들을 떠나거나 버리지 않을 것이기 때문이다. 가나안 정복에서 하나님이 이스라엘을 돌보신 것처럼, 기자는 하나님이 날마다 독자들의 필요를 돌보실 것을 확신한다.

13:6 하나님은 자기 백성들을 떠나거나 버리지 않으시기 때문에, 그들은 확신을 가지고 주께서 그들을 돕는 이시라 말할 수 있다. 그리고 만약 주께서 그들을 돕는 이시라면 두려워할 필요가 없다. 하나님의 손을 거치지 않고 인간이 신자들에게 할 수 있는 일은 없기 때문이다. 여기서 제공하는 위로는 독자들이 처한 환경과 잘 맞는다. 그들은 이미 신자라는 이유로 자신들이 가진 소유를 빼앗겼고,10:34 안전을 얻고 어려움을 피하기 위해 복음에서 돌이키려는 유혹을 받았다. 이 절의 후반부는 시편 118:6의 인용이다. 시편 118편은 메시아 시편으로 신약성경에서 자주 인용되거나 언급되는 시편이다.참조. 마 21:42, 막 12:10-11, 눅 20:17, 행 4:11, 벧전 2:7 그러나 지금 여기서 이 시편은 독자들의 삶에 적용된다. 시편 118편에서 시편 기자는 그를 죽이려고 하는 원수들에게 에워싸였다. 그러나 여호와께서 그에게 원수들을 이기는 승리를 허락하셨고, 시편 기자는 하나님의 선하심을 찬양한다. 이 시편과 히브리서와의 연결이 가장 흥미롭다. 독자들이 원수들을 대면하는 문맥에서 기자가 돈에 대한 태도를 기록하고 있기 때문이다. 다시 말해 그들은 아마도 그리스도인이라는 이유로 경제적으로 어려움을 겪고 있고, 동시대 사람들이 그들을 적대시하고 있을 것이다. 그러나 시편으로부터의 이 말은 그들이 두려워할 필요가 없음을 상기시킨다. 궁극적으로 인간이 그들을 향하여 그들을 대적하여 할 수 있는 것이 아무것도 없다. 주께서 그들을 돕는 이시며, 모든 어려움 가운데 그들을 강건하게 하실 것이다.

성경신학적 적용

학대와 압제를 맞닥뜨린 공동체에게 기자는 실제적인 권고를 한다. 독자들은 자신들이 한 가족임을 기억하고 형제자매로 서로를 사랑해야 한다. 그리스도인이라는 것은 다른 신자들의 필요를 돌아보고 채우는 가운데 형제자매를 환대하는 것을 의미한다. 동시에 감옥에 갇힌 신자들과 연대를 이룬다. 자신들도 어려운 일을 당할까봐 동료 신자들이 당하는 어려움을 외면하지 말아야 한다. 물리적인 어려움이 가져다주는 고통이 얼마나 힘든 것인지를 아는 그들이기에 핍박받는 자들을 돌보아야 한다. 하나님이 성적인 죄에 스스로를 방임하는 자들을 심판하실 것을 아는 그리스도의 교회는 성적 순결과 신실한 결혼생활을 지켜야 한다. 동시에 신자들은 돈과 일상의 필요 때문에 염려할 필요가 없다. 하나님께서 우리를 버리지 않으실 것을 알기에 신자들은 안심하고 만족해야 한다. 어떤 원수나 대적들도 궁극적으로 우리의 필요를 앗아갈 수 없다. 주께서 우리를 도우시기 때문이다. 우리는 두려워할 필요가 없다. 하나님과 상관없이 인간이 할 수 있는 일은 아무것도 없다. 항상 모든 상황을 주관하시는 주이신 그분이 우리를 돌보시고 모든 필요를 채우신다.

13:7-17

I. 프롤로그: 아들을 통해 이루어진 결정적이고 최종적인 계시[1:1-4]

II. 천사들보다 위대하신 아들을 저버리지 말라[1:5-2:18]

III. 아들을 모세와 여호수아보다 더 위대한 대제사장으로 가진 너희는 마음을 완고하게 하지 말라[3:1-4:13]

IV. 레위기의 율법이 정하는 대제사장직보다 더 위대한 멜기세덱의 반차를 따른 예수의 대제사장직으로부터 흘러 떠내려가지 않도록 하라[4:14-10:18]

V. 맺는말로서의 권면과 경고[10:19-12:29]

VI. 에필로그: 최종적인 권면[13:1-25]

1 | 교회에서 이루어지는 실제적인 사랑의 표현[13:1-6]

2 | 너희의 지도자들을 기억하고 성문 밖에서 고난을 받으신 예수와 더불어 고난을 받자[13:7-17]

3 | 결언[13:18-25]

7 하나님의 말씀을 너희에게 일러 주고 너희를 인도하던 자들을 생각하며 그들의 행
실의 결말을 주의하여 보고 그들의 믿음을 본받으라. 8 예수 그리스도는 어제나 오늘
이나 영원토록 동일하시니라. 9 여러 가지 다른 교훈에 끌리지 말라. 마음은 은혜로써
굳게 함이 아름답고 음식으로써 할 것이 아니니 음식으로 말미암아 행한 자는 유익을
얻지 못하였느니라. 10 우리에게 제단이 있는데 장막에서 섬기는 자들은 그 제단에서
먹을 권한이 없나니 11 이는 죄를 위한 짐승의 피는 대제사장이 가지고 성소에 들어가
고 그 육체는 영문 밖에서 불사름이라. 12 그러므로 예수도 자기 피로써 백성을 거룩하
게 하려고 성문 밖에서 고난을 받으셨느니라. 13 그런즉 우리도 그의 치욕을 짊어지고
영문 밖으로 그에게 나아가자. 14 우리가 여기에는 영구한 도성이 없으므로 장차 올 것
을 찾나니 15 그러므로 우리는 예수로 말미암아 항상 찬송의 제사를 하나님께 드리자.

이는 그 이름을 증언하는 입술의 열매니라. [16] 오직 선을 행함과 서로 나누어 주기를 잊지 말라. 하나님은 이같은 제사를 기뻐하시느니라. [17] 너희를 인도하는 자들에게 순종하고 복종하라. 그들은 너희 영혼을 위하여 경성하기를 자신들이 청산할 자인 것같이 하느니라. 그들로 하여금 즐거움으로 이것을 하게 하고 근심으로 하게 하지 말라. 그렇지 않으면 너희에게 유익이 없느니라.

문맥

기자는 형제 사랑에 대한 실천적인 가르침들로 에필로그를 시작한다.[13:1-6] 여기서 그는 잠깐 주제를 바꿔 독자들에게 이제는 죽고 없는 이전의 지도자들을 상기시킨다. 그들에게 복음을 선포했던 자들로 그들을 기억하라고 독자들에게 촉구한다.[13:7] 이 문단은 그들의 지도자들과 관련된 권면의 말들로 이루어진다.[13:7과 13:17] [692] 그들을 기억한다는 것이 단순히 그들이 한 말들을 떠올리는 것을 의미하는 것은 아니다. 그들의 가르침은 그들의 삶과 일치했다. 독자들 역시 "그들의 믿음을 본받아야" 한다. "예수 그리스도는 어제나 오늘이나 영원토록 동일하시니라"는 확증은[13:8] 그들의 지도자들을 기억하라는 명령과 연결된다. "어제" 그들의 지도자들이 보여준 가르침과 삶은 "오늘" 독자들의 삶과 여전히 관계가 있다. 그들의 지도자들이 섬겼던 그리스도는 변하지 않고 항상 동일하기 때문이다.

9절의 번역은 다소 느닷없이 등장하는 느낌이다. 예수 그리스도는 동일하지만 언약은 바뀌었다! 또한 독자들은 뒤로 물러나 옛 언약 아래서 살아가면 안 된다. 다른 교훈에 이끌리지 말고 음식으로써가 아니라 은혜로 마음이 강해져야 한다.[13:9] 레인은 여기서 흥미로운 교차대구를 제

692 Cockerill, *Hebrews*, 689.

시한다.[693]

A (13:10) 우리에게는 장막에서 섬기는 자들은 먹을 권한이 없는 제단이 있다.	C¹ (13:13) 그런즉τοίνυν 우리도 그의 치욕을 짊어지고 영문 밖으로ἔξω 그에게 나아가자.
B (13:11) 왜냐하면γάρ 짐승의 육체는 영문 밖에서ἔξω 불살라지기 때문이다.	B¹ (13:14) 왜냐하면γάρ 땅 위에는 우리의 영구한 도성이 없고, 우리는 장차 임할 영구한 도성을 의식적으로 기대하기 때문이다.
C (13:12) 그러므로διό 예수도 성문 밖에서ἔξω 고난을 받으셨다.	A¹ (13:15-16) 그러므로οὖν 예수로 말미암아 항상 찬송의 제사를 하나님께 드리자.

독자들은 이상한 가르침에 이끌리거나 옛 언약의 음식들을 통해 힘을 얻으려고 해서는 안 된다. 그리스도인인 우리에게는 짐승들을 바쳤던 제단보다 더 좋은 제단이 있기 때문이다.[13:10] 옛 언약 아래에서는 성소에서 짐승들의 피를 바쳤고, 짐승들의 몸은 영문 밖에서 살라졌다.[13:11] 예수 또한 성문 밖에서 고난을 당하셨다.[13:12] 그렇기 때문에 독자들은 장차 올 도성을 기다리며[13:14] 그리스도의 제자들로서 기꺼이 영문 밖으로 나아가고, 그분의 수치를 담당하는 가운데[13:13] 예수를 따르고 본받아야 한다. 독자들은 새로운 제사인[13:15-16] 환대와 찬송의 제사를 드려야 한다. 레인은 13:15-16에서 다시 한 번 유용한 교차대구를 발견한다.[694]

A 그러므로 예수를 통해 항상 찬송의 제사를 하나님께 드리자(15절 상)	B¹ 선을 행함과 서로 나누는 행위를 잊지 말라(16절 상)
B 이는 그의 이름을 찬송하는 입술의 열매다(15절 하)	A¹ 하나님은 그런 제사를 기뻐하신다(16절 하)

693 Lane, *Hebrews 9-13*, 503. 레인이 제시하는 교차대구를 표로 그려 보았다.

694 같은 책, 504.

7절은 독자들에게 이전의 지도자들을 기억하라고 권면하고, 이 문단은 지금 있는 그들의 지도자를 기억하라는 권면으로 끝을 맺는다. 지도자들은 자신들의 권위 아래 있는 사람들의 삶에 대한 특별한 책임이 있다. 독자들이 복음을 순종할 때 그들의 지도자들은 탄식이 아니라 기쁨을 누린다. 이런 순종은 단순히 지도자들에게만 유익이 되는 것이 아니다. 독자들 역시 이를 통해 자신들의 최종적인 구원에 이르는 유익을 얻는다.

주석

13:7 독자들에게 그들의 지도자를 기억하라고 권면한다. 여기서 말하는 지도자들은 13:17이 말하는 지도자들과는 다를 것이다. 여기서는 그들에게 순종할 것을 요구하지 않고 기억하라고 하기 때문이다. 그렇다면 여기서 말하는 지도자들은 이미 세상을 떠난 사람들을 가리킬 수 있다. 기억한다는 것은 단순히 지적인 회상이 아니라 그들의 전 인격을 받는 것을 말한다. 그렇게 기억하는 사람들에게 변화를 불러오는 것을 말한다. 기자는 "지도자들"τῶν ἡγουμένων이라는 말을 13:17과 13:24에서도 사용한다. 신약성경에서 이 말은 다윗 계열의 왕,마 2:6; 참조. 창 49:10 지도자 일반,눅 22:26 애굽을 다스리는 지도자 요셉,행 7:10 바사바라고 하는 유다와 실라를 지도자로 묘사할 때 사용된다.행 15:22 구약성경에서도 이 말은 지도자를 가리키는 말로 사용되고 있다.신 1:13; 5:23, 수 13:21, 삿 9:51; 11:6, 11, 삼상 15:17; 22:2; 25:30 등 이 말은 정치 지도자들을 포함해 지도자를 가리키는 일반적인 말이기는 하지만, 여기서는 분명히 교회의 지도자들을 가리킨다.

독자들이 광야 세대와 에서가 보여준 나쁜 모범을3:7-4:13, 12:16-17 피하고 옛 언약 성도들11:1-40과 예수12:1-3를 본받아야 하는 것처럼, 그들은 또한 과거 경건한 지도자들의 삶을 본받아야 한다. 또한 지금 그들의 지도자들을 본받아야 한다. 그들이 "하나님의 말씀을 너희에게 일러 주기" 때문이다.[ESV] 지도자들의 구두로 하는 설교가 강조되고, 하나님의 말씀은 죄 사함을 위한 예수 그리스도의 죽음과 부활에 초점을 맞추는 가운데 그분의 복음을 중심으로 한다. 지금 기자는 교회를 세운 지도자들을 염두에 두고 말하는 것이다.[695] 독자들은 앞서간 그들의 지도자들이 선포한 말씀을 저버리지 말아야 한다. 지도자들의 가르침에 신실하게 남아 있을 뿐 아니라 "그들의 믿음을 본받아야" 한다. "그들의 행실의 결말[ἔκβασιν]"을 잘 살피고 기억한 후에 그들이 살았던 삶을 본받아야 한다. "결말"은 삶의 끝[지혜서 2:17]을 가리키거나 혹은 보다 일반적으로 그들의 삶의 결과나 귀결을 가리킬 수 있다. 이 말 자체만으로는 죽은 지도자를 가리키는지 분명히 알기가 어렵지만, 기억하라는 요청과 13:17과의 대조는 그들이 죽었음을 가리킨다.[696] 지도자들이 남긴 변화된 삶은 그들에게 있던 믿음과 하나님을 향한 급진적인 신뢰에서 기인한다. 11:1-40이 진술하는 구약 성도들의 믿음이 바로 이런 믿음이었고, 앞에서 기자가 강조한 것처럼, 이스라엘은 믿음이 없었기 때문에 하나님의 안식에 들어가지 못했다.[3:12, 19, 4:2-3]

13:8 8절에서는 예수 그리스도가 동일하게 계신다는 1:11-12의 내용을 다시 주장한다. 기자는 여기서 별안간 문맥과 상관이 없는 약간 추상적인 조직신학을 언급한다. 복음과 더 이상 그들과 함께 있지 않은 지도자들을 기억하라고 독자들에게 권면한다.[7절] 독자들은 세상을 떠난 지도자들이 살았던 환경과 시대가 다르므로 그들의 삶은 더 이상 자신들과 관계가 없는 것처럼 생각한 나머지 이런 말들을 물리쳐서는 안 된

695 참조. Attridge, *Hebrews*, 391; Cockerill, *Hebrews*, 689.

696 Attridge, *Hebrews*, 392.

다. 오히려 그들이 섬겼던 그리스도는 어제나 오늘이나 동일하시다.[697] 외적인 환경은 변할 수 있다. 하지만 그리스도는 변하지 않는다. 지도자들은 죽는다. 하지만 예수는 동일하게 남아 계시고 항상 미쁘시다.[698] 12:1-3이 나타내는 바와 같이 그들은 "신실함과 항상성에 대한 최고의 모범"이신 예수를 바라보아야 한다.[699] 실제로 그분은 영원히 동일한 분이다. 지도자들로 하여금 하나님을 의지하고 그분을 기쁘시게 하는 삶을 살 수 있도록 한 은혜는 여전히 역사하고 있고, 앞으로도 항상 역사할 것이다.

13:9 독자들은 이전의 지도자들의 가르침에 신실하게 남아 있고,[13:7] 그들에게 증거된[참조. ἐβεβαιώθη, 확증된] 메시지와 다른 가르침들에 "끌리지 말아야"[NIV] 한다.[2:3] "끌리다"라는 말은 물과 바람이 힘으로 사물을 옮겨다 놓는 것을 묘사할 때도 사용된다.[참조. 엡 4:14-16][700] 언뜻 보면 생소한 가르침이 무엇을 말하는지가 분명하지 않다. 하지만 기자가 자신의 주장을 전개해 가는 이어지는 절들을 통해 볼 때, 구약의 율법으로부터 비롯된 가르침들을 가리키는 것이 분명하다.[701] 이 가르침들이 기자가 독자들에게 옛 언약과 레위기의 제의들로 돌아가지 말라고 독자들을 격려하는 이 서신의 중심 목적과 부합한다는 분명한 증거다. 독자들은

697 레인은 이 말이 예수 그리스도에 대한 존재론적 진술이 아니라 불변하는 복음 메시지를 가리킨다고 잘못 주장한다(*Hebrews 9-13*, 528). 어떤 경우에든 이 둘 사이를 나누는 것을 원치 않지만, 그럼에도 불구하고 본문은 실제로 선포된 메시지가 아닌 예수 그리스도께 초점을 맞춘다.

698 참조. Attridge, *Hebrews*, 392; Cockerill, *Hebrews*, 691.

699 Filson, *Yesterday*, 31.

700 Attridge, *Hebrews*, 393.

701 아트리지는 "생소한"이라는 말을 "이상한"이라는 말과 동일하게 보아서는 안 된다고 바르게 말한다(*Hebrews*, 393). 이 말은 이교도의 음식이나 금욕주의를(Michel, *Der Brief an die Hebräer*, 224) 말하는 것이 아니다. 심지어 음식에 대한 일반적인 묘사도 아니다. 이 서신의 나머지 문맥들을 보면 유대교 관습을 염두에 두고 말하는 것을 알 수 있다(Lane, *Hebrews 9-13*, 532).

이런 가르침에 휘둘리지 말아야 한다. 이런 것들을 통해서는 도움을 얻을 수 없기 때문이다.

마음(곧 전인)은 오직 은혜로만 "굳게 되고"βεβαιοῦσθαι 확증을 얻는다. 사람을 강건하게 하는 것은 예수 그리스도께서 당하신 희생 제물로서의 죽음과 부활에서 탁월하게 드러난 하나님의 은혜다. 반면에 음식은 이렇게 하는 유익이 전혀 없다. 음식은 아마도 옛 언약의 음식들을 가리킬 것이다. 앞에서 기자는 "육체의 예법"과 "먹고 마시는 것"으로는 "섬기는 자를 양심상 온전하게" 할 수 없다고 말했다.9:9-10 이런 외적인 규례가 악한 것이 아니다.[702] 이런 규례들은 이방 나라들로부터 이스라엘을 하나님의 백성으로 구별했다. 하지만 이중 어느 것도 영속적인 것으로 의도되지도 않았을 뿐더러 효과적인 것도 아니었다.

13:10 옛 언약의 먹고 마시는 것에는 유익이 없었다. 이런 것들이 은혜를 주지 않기 때문이다. 외적인 예법일 뿐이다.9:9-10 반면에, 신자들은 이보다 훨씬 더 좋은 제단을 가졌다. 물론 지금 기자가 문자 그대로의 제단을 말하는 것은 아니다. 제사를 드렸던 제단은 죄를 위해 그리스도가 죽으신 더 좋은 제단을 가리킨다.[703] 기자가 하늘에 있는 문자 그대로의 제단을 말하는 것도 아니다. 하늘의 성소에 실제로 제단이 있음을 말하는 것으로 보아서는 안 되기 때문이다.[704] 히브리서는 결코 하늘 제단을 말하지 않는다.[705] 오브라이언이 말하는 바와 같다. "하늘 성소에

702 존슨은 기자가 먹는 것들로 옛 언약의 외적이고 물질적인 규례들을 나타내는 제유법을 사용한다고 말한다(*Hebrews*, 347-48). 추가 참조. Ellingworth, *Hebrews*, 708. 여기서 성찬에 대한 언급은 없는 것처럼 보인다(참조. Hughes, *Hebrews*, 573).

703 참조. Hughes, *Hebrews*, 575, 578. 성만찬을 가리킨다고 볼 하등의 근거가 없다(참조. Hughes, *Hebrews*, 577).

704 참조. Koester, *Hebrews*, 568-69.

705 "눈에 보이는 한에 있어서 그리스도인들은 제단을 소유하지 않았다. 그렇다고 제단이

희생을 드리는 제단이 있음을 암시하는 곳은 히브리서에 한 군데도 없다."[706] 이 땅의 장막에 참여하는 자들은 그리스도의 제단에서 "먹을 권한"이 없다. 그들은 "구시대"를 살고 있고 여전히 옛 언약의 제단에서 먹는 자들이기 때문이다.[707] 반면에 신자들은 더 좋은 제단에서 "먹는다." 지금 기자는 그리스도의 희생을 가리켜 말하고 있고, 이 희생의 성격에 대해서는 이 서신의 앞에서 이미 설명을 했다.[708] 다시 "먹는다"는 말은 문자적으로 그렇게 한다는 말이 아니다. 신자들이 그리스도의 희생을 통해 누리는 은혜를 다채롭게 묘사하는 것이다. 기자는 지금 그리스도의 "제단"과 그분의 제단에서 "먹는 것"이 옛 언약의 음식과 제단보다 훨씬 낫다는 것을 보이는 가운데 멜기세덱의 반차를 따르는 예수 그리스도의 제사장직을 다시 한 번 새롭게 묘사하고 있다.참조. §2.4

13:11 11-12절에서 기자는 두 가지 다른 제단에서 드려진 제물을 생각하면서 둘 사이의 유사성(두 희생 제물 모두 영문 밖에서 부수어졌다)과 차이점(예수의 희생은 그들을 거룩하게 했다)을 발견한다. 11절은 기자가 향을 사르는 제단이 아닌 짐승 제물을 바치는 제단을 생각하고 있음을 확인해 준다. 대제사장은 짐승들의 피를 "지성소"εἰς τὰ ἅγια로 가지고 갔다. HCSB는 이 피가 "속죄제"περὶ ἁμαρτίας를 위해 사용되었다고 바르게 말한다. 기자는 아마도 죄 사함을 위해 짐승의 피를 지성소로 가지고 가는 레위기 16장의 의식을 염두에 두고 있을 것이다. 다른 제사장들

그리스도인과 아무 상관 없다고 천명하기보다, 히브리서는 그리스도인들에게는 오직 믿음을 통해서만 분명히 드러나는 제단이 있다고 말한다.……어떤 의미에서 이 제단은 예수께서 십자가에 못 박힌 자리다"(Koester, *Hebrews*, 575).

706 O'Brien, *Hebrews*, 521.

707 제단에서 섬기는 자들은 레위 계통의 제사장들이다. 하지만 기자는 첫 번째 언약의 제사들에 참여하는 자들을 염두에 두고 대강 말하고 있다(참조. O'Brien, *Hebrews*, 521-22).

708 참조. Attridge, *Hebrews*, 396.

이 일반적인 제물들을 바칠 수 있었던 반면에,[레 1:5, 7-8, 3:2, 8] 속죄는 대제사장을 통해[레 16:15-16, 27] 드려져야 하는 것을 언급하기 때문이다. 다시 한 번 앞에서 논의된 것을 떠올린다.[히 9:7] 속죄제를 위해 영문 밖에서 수소를 사르는 것은 늘 하는 일이었다.[출 29:14, 레 4:12, 21; 9:11] 그러나 우리는 문맥에 있는 다른 요소들이 레위기 16장과의 연결성을 암시하고 있음을 본다. 기자가 피를 제외한 수소의 나머지 부분은 "진 밖에서" 살라야 한다고 특정하여 말하기 때문이다.[레 16:27]

13:12 예수의 고난과 짐승 제물의 운명 사이의 유사성과 차이점을 언급한다. 제물로 드려지는 짐승들이 영문 밖에서 살라진 것처럼, 예수는 "성문 밖에서 고난을" 받으셨다. 여기서 성문은 예루살렘 성벽을 가리키는데, 이런 사실은 예수께서 예루살렘 도성 밖에서 죽으셨음을 가리킨다.[요 19:17-20] 기자는 아마도 예수께서 겪으신 것과 독자들이 겪은 것 사이를 연결하기 위해 "고난당하다"라는 말을 사용했을 수도 있다. 독자들이 자신들의 믿음 때문에 죽은 것은 아니지만,[12:3] 그들 역시 실제로 고난 가운데 있었기 때문이다.

예수의 희생 역시 옛 언약의 속죄 제물들과 구별된다. 예수의 피는 백성들을 "거룩하게"[ἁγιάσῃ] 했다. 예수의 희생을 통해 그들은 거룩한 곳에 이르렀다. 기자는 지금 "예수 그리스도의 몸을 단번에 드리심으로 말미암아 우리가 거룩함을 얻었노라"고[10:10] 하고 10:29에서 신자들은 예수의 피로 거룩하게 된다고 확증한 이 서신 앞부분에서 자신이 가르쳤던 것을 반복하고 있다. 참된 정결함은 짐승 제물을 통해서는 이룰 수 없고 오직 속죄제가 가리키는 이의 희생을 통해서만 이룰 수 있다. 짐승의 피가 아닌 예수의 피가 죄를 깨끗하게 한다.

13:13 예수께서 영문 밖에서 고난을 당하셨기 때문에 그러므로[ESV, τοίνυν] 신자들 역시 영문 밖에서 그리스도를 따라야 한다.[709] 구약성경에

서 영문 밖에 있다는 것은 하나님이 특별히 자기 백성들과 거하신 곳으로부터 배제되었다는 말이고, 따라서 부정한 것은 진 가운데 머물 수 없음을 의미한다.레 4:12; 10:4-5; 13:46; 14:3; 16:26, 민 5:2-4; 19:7 예수의 고난과 죽음은 그분이 사람들에게 멸시를 받은 "부정한" 자였음을 보여준다. 독자들은 예수와 같이 영문 밖에 머물러야 한다. 그들은 자신들의 정체성을 이스라엘 공동체 안에서 찾고, 사회에서 환영받은 그룹 안에서 발견하려는 유혹을 받았다.[710] 기자가 이 말을 통해 의미하는 것이 무엇인지에 대해서는 몇 가지 다른 해석들이 있어 왔다. 신자들은 이 세상에 집착해서는 안 된다는 보다 일반적인 말이라고 하는가 하면, 다른 사람들은 특정한 가르침으로 해석하기도 한다. 예를 들어 모서는 기자가 문자적으로 독자들에게 라합이 여리고를 떠난 것처럼 예루살렘을 떠나라고 촉구한다고 주장한다.[711] 이 구절이 가리키는 것을 이처럼 구체적으로 말할 수도 있지만 그럴 가능성은 적어 보인다. 기자는 독자들에게 예수를 따르라고 촉구한다. 그들의 안전과 안정감을 옛 언약의 제사들에서 찾으면 안 된다. 자신들의 죄 사함을 이런 제사들에서 찾지 말아야 한

709 윈터Bruce W. Winter와 달리("Suffering with the Saviour: The Reality, the Reasons and the Reward", in *The Perfect Savior: Key Themes in Hebrews*, ed. J. Griffiths[Nottingham: InterVarsity, 2012], 151), 나는 수신자들을 나그네로 언급한 대목을 그들이 문자적으로 자신들의 본향에서 쫓겨나 나그네가 되는 것을 의미하는 것으로 보지 않는다.

710 여기 말들은 신자들을 향한 일반적 권면이 아니라, 유대교가 주는 안정감과 편안함을 떠나라는 촉구다. 반대 참조. Attridge, *Hebrews*, 399; James W. Thompson, "Outside the Camp: A Study of Heb 13:9-14", *CBQ* 40(1978): 53-63. 톰슨James W. Thomson은 여기에 이단적 가르침을 향한 논박이 없다고 말하지만, 오브라이언을 참조하라. *Hebrews*, 524-25.

711 Mosser, "No Lasting City", 290-320. 모서는 또한 여러 가지 해석들에 대한 유익한 개관을 제공한다(285-89). 퀘스터는 세속적인 세상을 받아들이고 성스러운 세상을 뒤로하고 떠날 것을 독자들에게 촉구한다고 생각한다. 그리스도인들은 "비세상적"unworldly이 아니라 "세상적"worldly이 되라고 부름받았다("'Outside the Camp': Hebrews 13.9-14", *HTR* 55[1962]: 299-315). 그러나 이런 이해는 성화 속의 현대 개념에 따라 본문을 억지로 갖다 붙이는 것이다.

다. 오히려 예수의 "치욕"ὀνειδισμόν을 짊어지고 예수의 제자들로 드러나야 한다. 모세는 애굽에서 높은 신분과 권세를 누리는 사람들에게 속하여 누릴 수 있는 즐거움을 기꺼이 포기하고 "그리스도를 위하여 받는 수모ὀνειδισμόν"를 짊어졌다.[11:26] 마찬가지로 독자들 역시 과거에 자신들의 믿음이 불러온 "비방"ὀνειδισμοῖς을 마다하지 않았다.[10:33] 독자들은 기꺼이 그리스도를 위해 고난당함으로 그분을 향한 헌신을 새롭게 해야 한다.

13:14 지금 기자는 왜 독자들이 기꺼이 그리스도의 수치를 짊어지고 그분과 더불어 진영 밖으로 나가야 하는지를 설명한다.[712] 기자가 자기부인을 주장하지만, 그것 자체를 목적으로 그렇게 하는 것은 아니다. 모세가 다시 독자들을 위한 모범으로 등장한다. 그는 바로 공주의 아들로 자란 권세로부터 돌아섰다. 더 이상 애굽 생활의 안락함에 소망을 두지 않고 자신이 장차 받게 될 상을 바라보았기 때문이다.[11:26] 마찬가지로, 독자들 역시 그리스도의 수치를 짊어져야 한다. 인간의 도성인 이 세상의 도성은 영구한 도성이 아니기 때문이다. 신자들은 종말론적 도성, 하나님의 도성, 하늘 예루살렘을 기다린다.[11:10, 13-16, 12:22; 참조. §9]

13:15 신자들은 현세의 도성이 아니라 도래하는 도성을 위해 살기 때문에 그리스도로 말미암아 "찬송의 제사"를 항상 하나님께 드려야 한다. 속죄를 위한 제사를 드릴 필요가 없다.[13:9-10] 그리스도께서 이미 죄를 대속했고 자신이 단번에 드린 제사로 최종적인 죄 사함을 얻으셨기 때문이다.[9:25-26, 10:10, 14, 18] 신자들은 예수 그리스도로 말미암아 하나님을

712 휘틀락은 기자가 암묵적으로 로마 제국 권력을 비판하고 있다고 주장한다(Jason A. Whitlark, "'Here We Do Not Have a City That Remains': A Figured Critique of Roman Imperial Propaganda in Hebrews 13:14", *JBL* 131[2012]: 161-79). 이 논문에서 휘틀락은 아주 흥미로운 주장을 하지만, 지금 기자가 그리스의 수사학을 차용하고 있다는 주장은 수긍하기 어렵고, 오히려 그런 주장으로 인해 자신의 논제를 약화시키고 있다.

찬송한다. 예수께서 그들의 양심을 깨끗하게 함으로 죄책에서 자유롭게 하셨기 때문이다. 옛 언약 아래에서 날마다 번제를 드려야 했던 것처럼,[출 29:38-42] 신자들은 찬송의 제사를 항상 드려야 한다.

기자는 암묵적으로 하나님을 기쁘시게 하는 제사와 그렇지 못한 제사를 대조한다.[713] 이 본문은 전반적으로 히브리서의 신학과 부합하는 시편 50편을 반영하고 있다. 주께서는 짐승으로 드리는 제물을 원하지 않으신다. 하나님은 인간들로부터 아무것도 받으실 필요가 없기 때문이다.[시 50:9-13] 새 언약이 도래했고 그리스도께서 자신을 제물로 드리신 지금은 더더욱 그렇다. 시편 기자는 히브리서 13:15에서 발견되는 동일한 표현을 두 차례나 사용한다. 하나님은 자기 백성들에게 "찬송의 제사"를 요구하신다.[θυσίαν αἰνέσεως and θυσία αἰνέσεως in 신 50:14, 23. "감사의 제사", 개역개정] 다른 곳을 보면, 하나님이 자기 백성을 건지신 것 때문에 찬송의 제사를 드린다.[시 107:22, 116:17] 히브리서는 그것을 예수 그리스도의 대속 사역에 대한 반응으로 해석한다. 이런 찬송은 하나님의 이름을 고백하고 인정하는 입술의 열매다.[714] 이와 같은 공적인 고백은 예수께서 하나님의 아들이고 멜기세덱의 반차를 따르는 대제사장임을 인정하는 사람들 가운데서 이루어진다.

13:16 속죄를 위한 제사는 더 이상 필요하지 않다. 하지만 하나님은 선을 행하고 다른 이들과 함께 좋은 것을 나누는 자들을 기뻐하신다. 또한 이런 행위를 제사로 명명한다. "나누다"[κοινωνίας]라는 말은 거의 틀림없이 다른 사람의 필요를 채우기 위해 나누어 주는 것을 가리킬 것이다.[참조. 롬 15:26, 고후 8:4; 9:13] 빌립보서 4:18은 바울의 사역을 위해 빌립보 교

713 Mosser, "No Lasting City", 327-28.

714 커크릴에 따르면, 여기서 말하는 이름은 예수께 속한 이름이다(*Hebrews*, 706).

인들이 거둔 연보를 "향기로운 제물"과 "받으실 만한 제물"로 묘사한다. 독자들에게 주변 사람들에게 관심을 갖고 그들의 필요를 돌아보는 것의 중요성을 상기시킬 필요가 있었다.

13:17 초대교회에서 여러 은사들이 드러났다고 해서 지도자나 권위에 대해 순복할 필요를 배제하는 것은 아니다. 기자는 여기서 현재 교회의 지도자들에 대해 적고 있다. 독자들은 그들에게 순종하고 복종해야 한다.참조. 고전 16:16, 살전 5:12-13, 벧전 5:5 이 명령을 하면서 기자는 지도자들이 이 서신에서 진술하고 있는 신학에 부합하게 가르치고 또 그렇게 살아가는 것을 가정하고 있다. 그렇기 때문에 교회의 지도자들에게 순복하라는 이 부르심이 무조건적인 것은 아니다. 독자들은 지도자들이 복음에서 어긋나갈 때는 순종하지 말아야 한다. 바꾸어 말하면, 히브리서에서 말하는 지도자들에 대한 순복은 독자들이 그들에게 설교된 메시지를 거부하지 않는다는 것을 가리킨다.

교회의 지도자들에게 순복하는 이유는 그들이 가진 독자들의 영적인 삶을 위해 "경성하는"ἀγρυπνοῦσιν 특별한 책임 때문이다. 이런 사실은 지도자들을 무리들을 돌아보는 책임을 행사하는벧전 5:2; 참조. 행 20:28 "감독들"로 규정하는 신약성경의 다른 본문들ἐπίσκοποι, 행 20:28, 빌 1:1, 딤전 3:2, 딛 1:7과 부합한다. 그러나 지도자라고 해서 제한 없이 권위를 행사하는 것은 아니다. 그들의 사역이 다하는 날, 자신들이 한 일들에 대해 설명해야 할 것이기 때문이다. 그렇기 때문에 지도자들은 하나님 앞에서 자신들의 사역을 행해야 한다.참조. 약 3:1

독자들이 지도자들에게 순복할 때, 그들은 슬픔과 탄식이 아닌 기쁨으로 가득한 사역을 할 것이다. 이 기쁨은 자신의 이기적인 뜻대로 개인적이고 독재적인 권위를 행사하는 데서 오는 것이 아니다. 지도자들은 하나님 때문에 기뻐하거나 탄식한다. 만약 독자들이 타락하고 배도에 빠진다면, 그들의 지도자들은 탄식할 것이다. 하지만 그리스도께 신실하게 남아 있다면, 그들은 기뻐할 것이다. 독자들의 순종은 단지 지도자들의 유익을 위한 것만이 아니다. 이 서신의 수신자들 자신에게 유익한 일이다. 그들의 지도자들이 탄식한다면, 그것은 수신자들이 복음에 신실하지 않다는 말이다. 독자들이 복음에서 어긋나간다면, 그들은 이 서신이 경고하는 끔찍한 심판을 대면하게 될 것이고, 독자들에게 전혀 "유익이 없다."[715]

성경신학적 적용

우리를 고취시키는 지도자들의 삶과 가르침을 잊지 말아야 한다. 그들의 믿음은 계속해서 우리가 본받을 모범과 예가 된다. 지도자들의 변화된 삶을 볼 때, 복음의 진리가 우리에게 확증된다. 또한 우리는 예수 그리스도는 결코 변하지 않는다는 진리 안에서 위로를 얻는다. 사도들과 교회사에서 드러난 다른 신실한 믿음의 선진들에게 주어진 은혜는 지금도 동일하게 역사한다. 예수께서 변하시지 않기 때문이다.

오늘날과 같은 반권위주의 시대에 지도자들에게 순복하라는 부르심은 종종 오해되기 십상이다. 기자가 지도자들의 방종한 권위를 옹호하는 것이 아니다. 독자들이 지도자들의 권위를 업신여긴다면, 그들은 복음 자체를 거부하는 것이고 배도의 위험에 직면해 있는 것이다. 다시 말해, 교회의 지도자들이 복음에 신실하기 때문에 그들에게 순복하는 것은 하나님과 복음에 순복하는 또 다른 방식이다. 따라서 이 절은 모든 상황에서 그리스도인들은 그들의 지도자들에게 순복해야 한다고 가

715 "유익이 없다"는 말이 독자들의 타락을 가리킨다는 이해를 뒷받침하는 논의에 대해서는 아트리지를 참조하라. *Hebrews*, 402.

르치지 않는다. 지도자들이 복음에 신실하다면, 그리스도인들은 자신들의 지도자들에게 순복해야 한다. 신자들이 복음에 신실하게 살아갈 때 지도자들은 기뻐한다. 하지만 만약 그들이 복음에서 돌아선다면 지도자들은 탄식할 것이다.

음식과 같은 외적인 문제들은 신자들을 강건하게 하지 못한다. 그들에게 필요한 것은 하나님의 은혜이고, 이 은혜는 땅 위의 제단이 아닌 하늘 제단으로부터 온다. 하나님은 짐승 제물을 기뻐하지 않으시고, 하나님을 찬송하고 다른 사람들의 물질적 필요를 돌아보고 채우는 것과 같은 예수 그리스도 안에서 주시는 은혜에 화답하는 제사를 기뻐하신다. 주류 사회에 편승하고자 하는 유혹이 있지만, 신자들은 예수 그리스도와의 관계를 분명히 하고 그분이 담당했던 것과 동일한 수치를 짊어지도록 부름을 받았다. 신자들은 자신들의 상은 이 땅이 아닌 도래하는 하늘 도성에서 발견될 것임을 깨닫고 기꺼이 고난을 감당해야 한다.

13:18-25

I. 프롤로그: 아들을 통해 이루어진 결정적이고 최종적인 계시[1:1-4]

II. 천사들보다 위대하신 아들을 저버리지 말라[1:5-2:18]

III. 아들을 모세와 여호수아보다 더 위대한 대제사장으로 가진 너희는 마음을 완고하게 하지 말라[3:1-4:13]

IV. 레위기의 율법이 정하는 대제사장직보다 더 위대한 멜기세덱의 반차를 따른 예수의 대제사장직으로부터 흘러 떠내려가지 않도록 하라[4:14-10:18]

V. 맺는말로서의 권면과 경고[10:19-12:29]

VI. 에필로그: 최종적인 권면[13:1-25]

1 | 교회에서 이루어지는 실제적인 사랑의 표현[13:1-6]

2 | 너희의 지도자들을 기억하고 성문 밖에서 고난을 받으신 예수와 더불어 고난을 받자[13:7-17]

3 | 결언[13:18-25]

18 우리를 위하여 기도하라. 우리가 모든 일에 선하게 행하려 하므로 우리에게 선한 양
심이 있는 줄을 확신하노니 19 내가 더 속히 너희에게 돌아가기 위하여 너희가 기도하
기를 더욱 원하노라. 20 양들의 큰 목자이신 우리 주 예수를 영원한 언약의 피로 죽은
자 가운데서 이끌어 내신 평강의 하나님이 21 모든 선한 일에 너희를 온전하게 하사 자
기 뜻을 행하게 하시고 그 앞에 즐거운 것을 예수 그리스도로 말미암아 우리 가운데
서 이루시기를 원하노라. 영광이 그에게 세세무궁토록 있을지어다. 아멘. 22 형제들아,
내가 너희를 권하노니 권면의 말을 용납하라. 내가 간단히 너희에게 썼느니라. 23 우리
형제 디모데가 놓인 것을 너희가 알라 그가 속히 오면 내가 그와 함께 가서 너희를 보
리라. 24 너희를 인도하는 자들과 및 모든 성도들에게 문안하라. 이달리야에서 온 자들
도 너희에게 문안하느니라. 25 은혜가 너희 모든 사람에게 있을지어다.

문맥

지금까지 기자는 교회 공동체에서의 삶과 관련된 실제적인 권면을 하고,[13:1-6] 옛 언약의 규례들을 행함으로 힘을 얻으려고 하는 것에 대해 독자들을 경고했다.[13:7-17] 독자들은 계속해서 예수의 "제단"에서 먹고 그분과 함께 수치를 짊어져야 한다. 지도자들에게 순종함으로 기꺼이 그런 수치를 감당하고자 함을 나타내게 될 것이다.[13:17] 이 서신은 기자를 위한 기도 요청,[13:18-19] 기원하는 기도,[13:20-21] 마지막 권면,[13:22] 인사,[13:23-24] 축도[13:25]로 마친다. 이런 주제들은 서신들을 마무리하는 내용으로 자주 등장한다. 13:18-19에서 기자는 자신을 위해 기도해 줄 것을 부탁한다. 자신 역시 세상 권세로 인한 어려움에 직면할 수 있기 때문이다. 기자는 자신이 선한 양심을 가지고 있음을 말하고 모든 일에 선하게 행하기를 바라는 자신의 열망을 표현한다. 또한 수신자들을 볼 수 있도록 그들에게 돌아가는 것을 위해 기도를 부탁한다.

앞에서 언급한 바와 같이, 에필로그의 마지막 절들은 서신들을 맺는 말에서 흔히 사용되는 몇 가지 요소들을 포함한다. 13:20-21에서는 기원하는 기도를 볼 수 있다. 신약성경의 서신들의 종결부에서 전형적으로 볼 수 있는 내용이다.[롬 16:25-27, 고후 13:14, 엡 6:23, 빌 4:20, 살전 5:23, 살후 3:16, 벧전 5:10] 물론 이 기원 기도는 신약성경에서 볼 수 있는 신학적으로 가장 풍성하고 아름다운 기도들 가운데 하나다. 하나님께서 독자들이 그분의 뜻을 행할 수 있도록 그들을 구비시키고 강하게 하는 것이 이 기도의 요지다. 이 서신의 나머지 부분에 비추어 볼 때, 기자는 독자들이 마지막까지 신실하게 남아 있기를 바란다. 그의 기도를 들으시는 분은 예수 그리스도를 양들의 목자로 인정하시고 그분을 죽은 자 가운데서 살리신 하나님이다.

주석

13:18 기자는 독자들에게 자신을 위해 기도해 줄 것을 요청한다. 여기서 "우리"라는 복수 대명사는 아마도 기자 자신을 가리키고, 따라서 문학적 복수형literary plural일 것이다. 서신의 기자를 위해 기도할 것을 요청하는 것은 신약성경 서신들에서 흔히 볼 수 있는 특징이다.롬 15:30-32, 엡 6:19, 골 4:3, 살전 5:25, 살후 3:1 여기서 볼 수 있는 권고는 보다 일반적이다. 신약성경의 다른 참고 구절들에서 보는 바와 같이, 기자를 위한 이런 기도는 아마도 복음 전파와 관련되어 있을 것이다. 기자가 "선한 양심"을 가지고 있다는 언급은 그가 통치 권세로부터 공격을 받고 있음을 암시한다. 특히 13:19에서 독자들에게 돌아가도록 기도를 부탁하는 것에 비추어 볼 때 더욱 그럴 개연성이 크다. 아마도 그는 복음 때문에 감옥에 갇혀 있을 것이다. 기자의 의로운 삶이 복음을 천거하기 때문에 그가 선한 양심을 지키고 모든 일에 선하게 행하는 것이 중요하다. 그 어떤 죄악된 행위 때문에 복음 전파에 걸림돌이 되기를 원치 않는다.

13:19 기자는 지금 감옥에 있거나 아니면 다른 이유로 독자들을 방문하지 못하고 있을 것이다. 어쨌거나 그는 독자들에게 자신이 독자들에게 속히 돌아가 그들을 대면할 수 있도록 기도해 줄 것을 촉구한다. 복귀를 나타내는 표현은 기자가 이 교회의 일원이었거나 다시 그들과 함께 있고자 열망하는 것을 암시한다.[716]

13:20 기자는 하나님을 "평강의 하나님"으로 칭함으로 기도를 시작한다. 바울 서신에서 상당히 자주 쓰이고 있는 이 표현은롬 15:33; 16:20, 빌 4:9, 살전 5:23 평강을 주시는 하나님을 뜻하는 것으로 이해할 수 있다. 독자들은 사회의 변방에 있었기 때문에 상당한 압박에 시달리고 있었을 것이고,

716 참조. Attridge, *Hebrews*, 403.

따라서 기자는 그런 독자들에게 하나님은 신자들에게 평강을 주시는 분임을 떠올린다. 더욱이 이미 몇 가지 권면들을 통해 교회 내에서 화평의 중요성을 이야기했기에,[12:14, 13:1, 17] [717] 기자는 독자들에게 참 평강은 하나님이 부으시는 것임을 상기시킨다.

기자는 또한 예수의 부활을 강조한다.[참조. §2.6] 일부 학자들의 견해와 달리 부활은 히브리서에서 중요한 역할을 한다. 예수는 하나님께 간구했고 죽음에서 다시 일으킴을 받았다.[5:7] 예수는 부활하시고 존귀하게 되신 주님으로 하늘 장막으로 들어가신다.[6:20] 그분은 부활로 말미암아 멜기세덱의 반차를 따르는 영원한 대제사장으로 거한다.[시 110:4, 히 7:3] 제사장인 예수를 구별하는 것은 "그가 산다"는 것이다.[7:8] 그분에게는 "불멸의 생명"이 있기 때문이다.[7:16] 예수는 죽음 때문에 제사장의 일을 그쳐야 했던 레위 계통의 제사장들과 같지 않다. "영원히 계시는" 그분은 "항상 살아 계신다."[7:23-25] 예수는 하나님 우편에 좌정하신 부활하신 주님이다.[1:3, 13, 8:1, 10:12, 12:2] 예수의 부활은 레위 계통의 제사장들보다 그분이 탁월하심을 나타낸다.

예수는 또한 "양들의 큰 목자"이시다. 구약성경에서 하나님은 모세를 이스라엘의 목자 삼아 그들을 애굽에서 해방하셨다.[사 63:11, 칠십인역] [718] 목자로서 예수의 역할은 에스겔 34:23의 성취로, 그분이 새롭게 참된 다윗이고, 목자로서 그분이 자신의 양 떼를 돌보실 것을 보여준다.[추가 참조. 슥 13:7] 실제로 "선한 목자"이신 그분은 자기 양 떼를 위해 목숨을 버렸고,[요 10:11, ESV; 참조. 10:14, 벧전 2:25] 기자는 이런 개념들을 생각하고 있었을 것이다. 바로 이어 그가 예수께서 피를 흘린 것을 언급하기 때문이다. "영원

717 참조. 같은 책, 405.

718 참조. O'Brien, *Hebrews*, 533-34.

한 언약의 피로"라는 말이 "우리 주 예수를……죽은 자 가운데서 이끌어 내신"이라는 말에 더해진다. "…로"ἐν는 문맥상 예수께서 죽은 자 가운데서 다시 일으킴을 받은 이유를 나타낸다. 예수의 부활은 그분이 드린 제사를 인치고, 이는 하나님이 다른 사람을 위해 자신의 목숨을 바친 예수의 희생을 인정하셨음을 나타낸다. 이 대목에서 우리는 "네 언약의 피를 말미암아ἐν αἵματι διαθήκης 내가 네 갇힌 자들을 물 없는 구덩이에서 놓았나니"라고 하는 스가랴 9:11을 떠올려 볼 수도 있겠다.[719] 목자 주제는 또한 스가랴 9:16에서도 나타난다. "이날에 그들의 하나님 여호와께서 그들을 자기 백성의 양 떼같이 구원하시리니."[ESV]

기자는 이 서신의 중심 주제로 다시 돌아간다. 신자들이 하나님 앞으로 담대히 나아갈 수 있도록 예수의 죽음, 그분의 피가 새 언약을 시작하고 효과적이고 최종적인 죄 사함을 제공하기 때문이다.[9:12, 10:19] 짐승들의 피는 예수의 피와 달리 죄를 깨끗하게 하지 못한다.[9:14] 더욱이 새 언약과 옛 언약 간의 대비가 히브리서를 관통하여 흐른다. 예수는 새롭고 더 좋은 언약을 시작했다.[8:1-13, 10:15-18] 그분은 "더 좋은 언약"의 보증이고,[7:22; 참조. 8:6] 온전하고 최종적인 죄 사함을 통해 이런 특징이 드러난다.[10:18] 예수께서 자신의 피로 "영원한 언약"을 세우셨기 때문에[13:20] 신자들은 "영원한 구원",[5:9] "영원한 속죄",[9:12] 그리고 "영원하신 성령으로 말미암아" 얻게 된 "영원한 기업"[9:15]을 누린다.

13:21 독자들이 예수를 자신들의 "큰 목자"요 "주"로 가졌고, 그분의 대속의 죽음으로 말미암아 그들의 죄가 용서를 받았고, 지금 예수께서 부활하신 주로 다스리기 때문에, 그들은 여기서 드린 기도가 응답될 것

719 여기서 내가 스가랴서에 대한 인유를 언급할 수 있는 것은, 나에게 그것을 가르쳐 준 오브리 세케이라Aubrey Sequeira 덕분이다.

을 확신할 수 있다. 기자는 하나님께서 예수 그리스도로 말미암아 독자들 안에서 그 기쁘신 뜻대로 행하시기를 간구하는 가운데, 그의 독자들이 모든 선한 일에 하나님의 뜻을 이루도록 그들을 온전하게 하시기를 기도한다. 이 서신의 나머지 부분을 생각해 볼 때, 기자는 아마도 물론 이 한 가지로만 제한되지는 않겠지만 특별히 그들이 끝까지 견디는 것을 생각하고 있을 것이다. 독자들이 여기에 기록된 것을 성취할 스스로의 능력을 가지고 있지 않기 때문에, 기자는 하나님의 능력이 그들 안에서 역사하기를 기도하고 있고 동시에 예수 그리스도를 통해 자신의 간구가 이루어지기를 기도한다. 신자들을 위해 이런 위대한 일을 이루시고 그들의 죄를 속하려고 "큰 목자"를 보내시고 새 언약을 세우신 하나님은 항상 모든 영광과 찬송을 받으시기에 합당하다. 그분의 놀라운 사랑이 독자들에게 나타났고, 그분의 구원 계획의 경이로움은 사람의 마음을 고취시켜 이제와 또 영원히 그들로 하여금 하나님께 큰 찬송과 영광을 돌리도록 한다. 여기서 이 영광이 하나님께 속한 것인지 예수 그리스도께 속한 것인지가 약간 모호하다. 그럼에도 불구하고 이 영광은 하나님께로 돌아갈 것이다. 13:15에서는 예수 그리스도로 말미암아 찬양이 하나님께로 돌아가고, 여기서는 예수로 말미암아 영광이 하나님께로 돌아간다.[720]

13:22 신약성경의 권면에서 자주 볼 수 있는 동사인 "내가 권하노니"Παρακαλῶ를 사용하고 있다.참조. 13:19, 롬 12:1; 15:30; 16:27, 고전 1:10; 4:16; 16:15, 고후 2:8; 10:1, 엡 4:1, 빌 2:2, 딤전 2:1, 몬 9-10, 벧전 2:11; 5:1 여기서 이 말은 이어지는 가르침을 준행하는 것의 중요성을 나타내는 것으로 잘 번역되었다. 기자는 독자들을 하나님의 한 백성된 지체인 "형제들"이라고 부른다. 기자는 독

720 참조. O'Brien, *Hebrews*, 537; Cockerill, *Hebrews*, 718-19.

자들에게 "권면의 말"λόγου παρακλήσεως을 "용납하라","bear with", ESV "받으라""receive", HCSB고 격려한다. 권면의 말이란 설교나 강론을 가리킨다. 이 말은 사도행전 13:15에서 바울이 비디시아 안디옥의 회당에서 한 설교를 가리켜 사용된다. 그렇다면 히브리서는 신학 논문이나 신학 소론이 아니라 독자들에게 행한 설교요, 그들에게 주는 긴급한 경고와 권면의 말이다. "우리의 기자는 자신이 수신자들과 한 모임에 있고 실제로 그들에게 설교를 하고 있는 듯한 인상을 주고자 한다."[721] 처음 받은 메시지에서 떠나가지 말아야 한다는 것이 이 설교의 요지이고, 기자는 왜 그 메시지에서 떠나가는 것이 치명적이고 어리석은 일인지를 설명하기 위해 이 편지를 이런 식으로 구성하고 있다. 물론 편지에서 보통 쓰는 말이기는 하지만, 기자는 자신이 간단하게 적은 것으로 생각하고 있는 것이 분명하다.참조. 벧전 5:12 만약 기자가 자신이 전달하고 싶은 것들을 그대로 다 적었다면 이 편지가 어떤 모양으로 드러났을지 상상할 수 있을 것이다.

13:23 "알라"는 동사는 명령형으로 사용되었을 것이다.[722] 기자는 디모데가 감옥에서 풀려난 것을 독자들이 알기를 원한다. 여기서 디모데를 언급하는 것이 흥미로울 뿐 아니라, 바울이 그와 가졌던 친밀한 관계를 고려할 때 왜 혹자들이 이 서신을 바울이 썼을 것이라 생각하는지 이해할 수 있다. 디모데는 신약성경에서, 특별히 바울의 사역에서 중요한 역할을 한다.행 16:1, 3; 17:14-15; 18:5; 19:22; 20:4, 롬 16:21, 고전 4:17; 16:10, 고후 1:1, 19, 빌 1:1; 2:19, 골 1:1, 살전 1:1; 3:2, 6, 살후 1:1, 딤전 1:2, 18; 6:20, 딤후 1:2, 몬 1 디모데가 감옥에 갇혔다가 나중에 풀려난 것은 분명하다.[723] 아쉽게도 그가 감옥에 갇힌 것이나 풀려난 이유에 대해서는 더 이상의 정보가 없다. 기자는 디모데가 빨리

721 O'Brien, *Hebrews*, 538.

722 Cockerill, *Hebrews*, 720.

723 참조. Lane, *Hebrews 9-13*, 569.

자기에게 오기를 바라고 있다. 디모데가 오면 그와 함께 독자들을 방문할 참이다.

13:24 마지막 인사말은 초기 기독교 지도자들의 저작에 있어서 예수 그리스도 안에 있는 신자들을 특징짓는 형제 관계와 사랑을 나타내는 기본 양식이었다.롬 16:3-16, 21-23, 고전 6:19-20, 고후 13:12, 빌 4:21-22, 골 4:10-15, 살전 5:26, 딤후 4:19, 21, 딛 3:15, 몬 23, 벧전 5:13-14, 요이 13, 요삼 15 흥미롭게도, 문안인사를 위해 "지도자들"τοὺς ἡγουμένους을 특정하여 말한다. 실제로 "모든" 지도자가 문안을 받아야 한다. 독자들은 이런 동일한 "지도자들"13:17에게 복종해야 한다. 그들은 기자가 전달한 메시지를 가르치고 그 메시지를 살아내는 사람들이기 때문이다. 또한 "모든 성도들"에게 문안한다 "성도들"οἱ ἅγιοι이라는 말은 그리스도인을 가리킬 때 흔히 사용되는 또 다른 말로, 그들이 하나님께 헌신되었고 세상으로부터 구별되었음을 나타낸다.예. 행 9:13, 32, 41; 26:10, 롬 1:7; 12:13; 15:25-26, 고전 1:2; 6:1; 16:1, 고후 1:1, 엡 1:1; 5:3, 살전 3:13, 살후 1:10, 히 6:10

서로를 향한 신자들의 사랑과 열망이 분명히 묻어난다. 기자와 함께 있던 자들 역시 이 서신의 독자들에게 문안을 전하고 있기 때문이다 "이달리야에서 온 자들"οἱ ἀπὸ τῆς Ἰταλίας이 누구를 가리키는지를 파악하기가 조금 모호하다. 기자가 이달리야, 아마도 로마에서 편지를 보내고 있고, 그런 기자와 함께한 사람들이(아마도 로마에서) 독자들에게 문안을 건네는 것을 말하고 있을 수 있다. 이런 시나리오에 따르면, 편지를 받아보는 독자들이 있는 곳은 아마도 팔레스타인이나 이집트 혹은 다른 지역일 것이다. 다른 한편으로, 이 사람들은 이달리야(곧 로마)로부터 온 사람들을 가리키고, 기자와 그와 함께한 벗들이 그들의 모교회에 문안을 건네는 것일 수 있다. 후자가 보다 개연성이 있어 보인다. 이 표현은 "이달리야로부터 온 자들"로만 제한되기 때문이다.[724] 기자는 "이달리야로부터 온 모든 자들이 너희에게 문안한다"거나 "이달리야의 교회들이 너희에게 문안한다"고 하지 않는다. 신약성경에 나오는 다음과 같은 인사말들과 대조를 이루는 것을 알 수 있다. "아시아의 교회들이 너희에게 문안하고."고전 16:19 "모든 형제도 너희에게 문안하니."고전 16:20 "모든 성도가 너희에게 문안하느니라."고후 13:12 "모든 성도들이 너희에게 문안하되."빌 4:22 "나와 함께 있는 자가 다 네게 문안하니."딛 3:15 "바벨론에 있는 교회가 너희에게 문안하고."벧전 5:13 따라서 이달리야로부터 와서 지금 이 서신을 쓰는 기자와 함께 있는 사람들이 그들의 모교회에 문안 인사를 건네는 것처럼 보인다.

13:25 신약성경의 서신들은 대개 마지막 혹은 결론부를 은혜를 비는 축도로 마친다.롬 16:20, 고전 16:23, 고후 13:14, 갈 6:18, 엡 6:24, 빌 4:23, 골 4:18, 살전 5:28, 살후 3:18, 딤전 6:21, 딤후 4:22, 딛 3:15, 몬 25; 추가 참조. 계 22:21 바울에게서 볼 수 있는 은혜를 비는 많은 축도들은 예수 그리스도에 대한 언급들을 포함하거나, 그런 언급들을 보다 복합적으로 만드는 다른 진술들을 포함한다. 히브리서에 있는 은혜를 비는 축도는 보다 간결하고 짧다. 하지만 실제로 이 축도는 디도서 3:15의 축도와 표현이 정확히 일치한다. "은혜가 너희 무리에게 있을지어다."Ἡ χάρις μετὰ πάντων ὑμῶν 디모데전서 6:21과 디모데후서 4:22에서 바울은 심지어 더 간결하게 "은혜가 너희와 함께 있을지어다"ESV라는 축도로 편지를 마친다. 아마도 그가 자신의 친구들에게 적었을 때의 형태를 축약한 것이리라. 히브리서 기자는 하나님의 은혜가 그의 서신을 받아보는 모든 독자와 함께하기를 기도한다. 하나님의 은혜가 그들을 배도로부터 지키고, 예수 그리스도의 피로 말미암아 세워진 새 언약의 은혜가 그들을 모든 죄에서 깨끗하게 하기 때문이다.

724 아트리지는 여기서 옹호하는 해석을 조금 더 선호한다(*Hebrews*, 409-10). 추가 참조. Lane, *Hebrews 9-13*, 571; Ellingworth, *Hebrews*, 735-36.

성경신학적 적용

기독교 신앙은 서로를 돌아보고 사랑하는 것을 통해 드러난다. 따라서 신자들은 기도로 하나님께로 나아가, 하늘 도성을 향한 순례의 길을 가는 동료 그리스도인들을 강건하게 하고 도와주시기를 기도한다. 우리는 또한 세상 속에서 신자들의 증거는 신자들의 경건한 삶을 통해 이루어지고, 이렇게 성도들의 삶에서 윤리적 덕목들이 드러남으로 하나님이 영광을 받으시는 것을 깨닫는다. 마지막으로, 기자는 독자들의 얼굴을 대면하고 그들을 섬길 수 있도록 속히 그들을 볼 수 있기를 원한다. 일반적으로 이렇게 하는 사역이 가장 효과적이다. 예수 그리스도의 교회는 가족이다. 문안 인사와 서로에 대한 소식이 중요하다. 문제가 없는 사람이 없고, 각 사람이 중요하기 때문이다. 서로를 사랑하는 것은 부분적으로는 서로 사랑으로 따뜻하게 문안하는 것을 의미한다.

20-21절의 표현에서 이 서신이 말하는 중요한 주제들의 일부가 다시금 드러난다. 기자는 독자들에게 하나님은 일상의 염려와 걱정 가운데서도 평강을 주신다고 말한다. 신자들에게는 사망을 이기셔서 살아 계신 대제사장이 계신다. 이 대제사장은 또한 그들의 목자다. 그들의 "큰 목자"로서 예수는 그들을 위해 자기 피를 흘리셔서 그들로 하여금 죄 사함을 누리고 새 언약의 지체들이 되게 하셨다. 하나님은 자기 백성들 중에서 그 기쁘신 뜻대로 행하신다. 모든 선행에 힘쓰도록 그들을 구원하셔서 강건하게 하신다. 따라서 예수로 말미암아 구원을 베푸시는 하나님께 모든 영광과 찬송과 존귀가 돌아간다.

히브리서는 설교다. 신약성경을 읽어 보면, 삶과 분리된 추상적인 신학이 없다. 목회적인 문제로 이 서신을 기록하게 되었다. 동일한 목회적 정신으로 이 서신을 받을 때라야 우리는 이 서신에 바로 다가가는 것이다.

성경적·신학적 주제들

본 주석서의 시작과 함께 히브리서에 나타난 몇 가지 주제들을 고찰하면서 우리는 약속과 성취, 이미와 아직의 종말론, 예표론의 역할, 공간적이거나 수직적인 사고의 역할과 같이 이 서신에 흐르는 사고 구조들의 측면에서 그런 주제들을 살폈다. 이런 렌즈들을 통해 이 서신에 드러나는 몇 가지 주제들을 살피는 가운데, 우리는 이런 주요한 몇 가지 주제들이 이 책의 근본적인 구조에 어떻게 잘 들어맞는지를 살펴보았다. 하지만 이 서신에 담긴 주요한 신학적 주제들을 그 자체로 살펴보는 것 또한 중요하기 때문에 지금부터는 그 일을 해보고자 한다.

§1 히브리서가 말하는 하나님

히브리서에 나오는 중심 인물들 가운데 하나가 하나님임에도 불구하고, 하나님을 간과하면서 히브리서를 읽기가 쉽다. 그런 이유 가운데 하나는 이 서신에 드러나는 그리스도의 중심성 때문이다. 우리가 그리스도께 초점을 맞추는 것은 당연하다. 하지만 그렇게 하는 가운데 이 서신이 말하는 하나님의 역할을 소홀히 하기가 쉽다.[1] 이 서신이 말하는 것을 면밀하게 살펴보면, 서신 전반에 걸쳐 하나님이 자리하고 있는 것을 볼 수 있다. 히브리서에서 말하고 있는 하나님을 살펴보면, 몇 가지 주제들이 두드러진다. 기자는 하나님을 세상의 창조주로 자주 이야기한다.1:2, 2:10, 3:4, 4:3-4, 9:26, 11:3 [2] 하나님은 자기 아들, 예수 그리스도로 말미

1 참조. Harold W. Attridge, "God in Hebrews", in *The Epistle to the Hebrews and Christian Theology*, ed. R. Bauckham, D. R. Driver, T. A. Hart, and N. MacDonald(Grand Rapids, MI: Eerdmans, 2009), 95-110.

2 이 서신에서 하나님의 창조 역사가 두드러진다고 강조하는 아담스를 특히 참조하라(Edward Adams, "Cosmology in Hebrews", in *The Epistle to the Hebrews and Christian Theology*, ed. R. Bauckham, D. R. Driver, T. A. Hart, and N. MacDonald[Grand Rapids, MI: Eerdmans, 2009], 124-30).

암아 세상을 지으셨다.[1:2] 또한 세상의 창조자로서 온 세상을 다스리시는 것 또한 분명하다. 하나님의 창조의 능력과 주권 또한 분명하다. 만물이 그분으로 인하여, 그분으로 말미암아 존재하기 때문이다.[2:10] 창조주로서 하나님의 역할은 4장에서도 두드러진다. 창조 사역이 끝난 후 하나님이 쉬셨다고 한다.[4:3-4, 10] 하나님이 쉬셨다는 말은 창조가 있은 후 하나님이 움직이지 않고 가만히 있었다는 의미가 아니다. 오히려 이 말은 하나님이 하신 창조라고 하는 최초의 행위가 끝났음을 나타낸다. 또한 하나님을 우주를 지으신 자로 묘사하는 것을 본다.[3:4] 하나님이 만물을 지으셨음을 말하는 또 다른 표현이다.[참조. 사 40:28; 43:7; 45:7, 9, 지혜서 9:2, 11:24, 13:4]

창조와 관련해서 가장 흥미를 불러일으키는 절은 11:3이다. 창세기를 따라 기자는 세계가 하나님의 말씀으로 지어졌다고 주장한다.[참조. 창 1:3, 6, 9, 11, 14, 20, 24, 26] 과연 이 절이 무로부터*ex nihilo*의 창조를 가르치느냐에 논의의 대부분이 집중되었다. 가장 유력한 제안들 가운데 하나는, 눈에 보이는 세상을 창조한 눈에 "보이지 않는 것들"을 하나님의 말씀으로 보는 것이다.[3] 하지만 이런 제안이 가진 문제는 보이지 않는 것들ἐκ φαινομένων이 복수를 말하기 때문에 하나님의 말씀을 가리키는 말이라고 보기가 어렵다는 것이다. 한편 보이지 않는 것들이 창세기 1:2의 혼돈을 가리킨다고 하는 제안이 있어 왔지만, 혼돈은 보이지 않는 것이 아니기 때문에 이 또한 맞지 않다. 확실하게 말하기는 어렵지만, 무로부터의 창조가 이 절을 설명하는 가장 좋은 선택으로 보인다. 어쨌든 히브리서는 하나님이 세상을 창조하신 것을 기리고 있고, 창조자로서 하나님은 우주의 주권적인 통치자이자 왕이시다.

세상을 다스리는 하나님의 통치는 이 서신의 다른 곳에서도 드러난

3 참조. 11:3에 대한 주석.

다. 천사들은 하나님께 속했다. 하나님의 사자[1:6, 13]인 그들의 임무는 하나님이 부여하신다.[1:7] 하나님은 세상이 천사들의 지배 아래 있지 않고 인간이 다스리도록 주권적으로 정하셨다.[2:5, 7, 9] 유사하게 구속과 용서는 천사들에게는 주어지지 않고 오직 인간들에게만 주어지는 것으로 제한되었다.[2:16] 하나님이 원하셨다면 천사들 역시 구원하기로 하셨을 것이지만, 하나님은 타락한 천사들이 아닌 인간들만을 구원하기로 하셨다. 심지어 "천사들"이라는 말은 그들의 종속적인 역할을 가리킨다. 하나님의 사자와 사신으로서 하나님의 뜻을 수행하기 때문이다. 마찬가지로, 대제사장들은 자의로 섬기는 것이 아니라 하나님의 세우심을 따라 대제사장으로 섬긴다.[5:1, 4, 8:3; 참조. 7:1] 하나님은 자신의 고유한 권위와 선하신 기쁨을 따라 새 언약을 세우시고 옛 언약이 폐하여진 것으로 선언하셨다.[8:8-13, 10:15-18] 주께서는 표적과 기사들을 허락하시고 성령을 나누어 주심으로 예수 그리스도 안에 있는 자신의 계시가 진실함을 확증하셨고,[2:4] 이는 예수 그리스도 안에서 세워진 언약의 탁월성을 가리킨다. 하나님의 주권과 통치가 이 서신을 관통한다는 사실은, 이 주제가 히브리서 기자의 사고의 근본적인 축들 가운데 하나를 형성하고 있음을 보여준다.

이 서신의 열여덟 군데에서 하나님의 약속들을 언급한다.[4:1, 6:12-13, 15, 17, 7:6, 28, 8:6, 9:15, 10:23, 36, 11:9, 11, 13, 17, 33, 39, 12:26] 이런 약속들은 하나님께 그리스도 안에 있는 하나님의 은혜를 나타내는 세상을 향한 계획이 있으심을 가리킨다. 하나님은 아브라함을 통해 세상을 복 주시기로 계획하셨고, 예수 그리스도를 통해 그 계획을 이루셨다. 이 약속들은 인간들을 향한 하나님의 후하심을 나타내고, 심지어 자기에게 반역한 자들에게까지 은혜와 사랑과 긍휼을 나타낸다. 그렇기 때문에 하나님의 은혜로 예수는 인간들이 죽음을 이기도록 모두를 위한 죽음을 경험하셨다.[2:9, 14-15] 하나님으로부터 은혜를 얻기 위해 하나님을 구하라고 사람들에게 촉구한다.[4:16] 하나님의 뜻을 행하도록 하나님의 은혜가 사람들을 강하게 하기 때문이다.[13:9, 25] 하나님의 은혜를 저버리지 말고,[10:29, 12:15] 그것을 끝까지 견고하게 붙들어야 한다.[12:28]

이 약속의 또 다른 특징을 주목해야 한다. 하나님의 약속과 맹세는 변할 수 없고,[6:17-18, 7:21] 따라서 인간은 하나님이 선언하신 대로 될 것을 믿어야 한다. 유사하게, 하나님의 약속은 또한 그분의 성품을 가리킨다. 당연히 하나님이 약속하시는 것은 반드시 그대로 될 것이기 때문이다. 하나님의 약속에는 불확실성이 없다. 하나님은 거짓말을 하실 수 없기 때문이다.[6:18] 거짓말은 하나님이신 그분의 성품과 배치된다. 그분은 항상 미쁘시기 때문이다.[11:11]

하나님의 약속들과 은혜는 또 다른 진리를 가리킨다. 하나님은 약속하신 것을 이루실 수 있다. 하나님은 세상을 다스리시고 약속하신 것들을 이루실 수 있다. 하나님의 주권과 위대함이 그분의 은혜로운 약속들이 성취되는 배경이다. 하나님은 위엄이 넘치시고 위대하고, 그분의 지극히 크신 위엄으로 말미암아 찬송과 영광을 받으시기에 합당하다.[1:3, 8:1] 하나님은 그분의 보좌에 좌정하셔서 만물을 다스리신다.[4:16, 8:1, 12:2] 그분의 주권은 세상의 창조에서 분명히 드러난다. 창조주는 또한 당연히 스스로 지으신 만물을 다스린다.[1:2, 11:3] 하나님은 주권적인 통치자이시기 때문에, 존재하는 각각의 모든 것은 그분의 영광과 찬송을 위해 존재한다.[13:15, 21] 또한 아무것도 하나님의 허락이 없이는 일어날 수 없다. 심지어 영적인 성장도 마찬가지다.[6:3] 실제로, 하나님의 이름과 영광은 근원적인 중요성을 갖는다. 예수는 모든 자에게 하나님의 이름을 "선포하기 위해" 오셨고,[2:12] 하나님의 이름은 그분의 성품과 존재를 나타내기 때문이다. 유사하게, 신자들은 하나님을 찬송하고 그분 이름의 영광을 위해 살도록 부름받았다.[6:10, 13:15] 하나님의 영광, 곧 그분의 이름을 찬송하는 것은 이 땅에 사는 모든 자에게 생명력을 불어넣는 원리가 되어야 한다.

그 무엇도 하나님의 약속들이 이루어지는 것을 방해하지 못한다. 잉태하지 못하거나 생식능력이 없는 자들이라 할지라도 자녀를 잉태할 수 있도록 강건하게 하시고,[11:11] 원하시면 죽은 자라도 살리실 수 있기 때문이다.[11:19] 신자들은 확신으로 가득해야 한다. "살아 계신 하나님"을 섬기는 자들이기 때문이다.[3:12, 9:14, 10:31, 12:22] 그분은 잠잠히 계시는 하나님이 아니라, 자신이 약속하신 대로 행하고 위협하신 대로 보응하시는 분이다. 새 언약을 통해 하나님은 자기 백성들이 하나님의 뜻을 행하도록 구비시키고, 강건하게 하기 위해 그들의 마음에 율법을 새김으로[8:8-10, 9:20] 자신이 하신 약속을 이루신다.[13:21] 마찬가지로 하나님의 자녀들이나 예수의 형제자매들은 하나님이 예수께 주신 자들이다.[2:13] 다시 말해, 하나님의 은혜와 하나님께서 그들의 마음을 변화시킴으로 그들은 예수 가족의 일원이 된다. 마찬가지로, 하나님의 백성,[2:17, 4:9, 8:10, 11:25] 하나님의 권속[3:6, 10:21]은 하나님께 속한다. 그들은 하나님의 백성이고, 하나님은 그들의 하나님이다.[8:10] 그들이 하나님의 언약 백성임을 말하는 또 다른 방식이다. 그렇기 때문에 평강은 인간이 열심히 수고함으로 이룬 것이 아니다.[13:20] 하나님께서는 세상에 보편적인 복을 가져오겠다고 아브라함에게 하신 약속을 성취하시는 가운데 자기 백성을 위해 도성을 예비하셨다.[11:10, 13-16, 12:22, 13:14]

세상에서의 하나님의 활동은 그분의 음성과 말씀으로 드러난다.[4] 하나님은 세상에 부재하는 것이 아니라 세상에 불가결한 영향을 미치신다. 히브리서는 하나님이 말씀하시고, 세상에 자신의 뜻과 목적을 선포

4 참조. Jonathan Griffiths, "The Word of God: Perfectly Spoken in the Son", in *The Perfect Savior: Key Themes in Hebrews*, ed. J. Griffiths(Nottingham: InterVarsity, 2012), 35-48.

하신다고 반복해서 강조한다. 옛적에 선지자들을 통해 말씀하셨던 하나님이 마침내 결정적으로 자기 아들 안에서 말씀하셨다.[1:1-2] 그리피스가 잘 본 것처럼, 하나님은 자기 아들 안에서 전혀 예기치 않은 방식으로 말씀하신다. 하나님은 특별히 아들의 정체성과 그분의 역사를 통해 말씀하기 때문이다.[5] 따라서 히브리서 기자가 그리스도께 있는 멜기세덱의 반차를 따르는 제사장직과 그분이 이룬 속죄 사역의 의미를 펼쳐 보이는 것처럼, 하나님은 이 말씀을 통해 독자들에게 말씀하신다!

구약성경을 인용하면서 기자가 성경이 "기록되었다"고 하지 않고 하나님이 성경을 통해 "말씀하신다"고 함으로 구약 인용절들을 소개한다.[1:5-8, 13, 5:5-6, 8:5, 8, 11:18; 참조. 4:8 6] 말하는 것에 대한 강조는 하나님이 말씀하시는 것이 갖는 현대적 의미를 전달하는 히브리서가 가진 설교적 성격에 부합한다. 하나님의 말씀은 "살아있고 활력이 있어" 그 말씀하신 바가 실제로 이루어진다.[추가 참조. 6:5] 예를 들어, 그분의 음성이 땅과 하늘을 뒤흔들 것이고,[12:26] 그렇기 때문에 인간들은 하나님이 말씀하시는 것에 귀를 기울여야 한다.[3:7, 15, 4:7] 하나님의 말씀이 이 서신을 통해 독자들에게 오고, 설교나 "권면의 말"[13:22]을 통해 수신자들에게 읽혀 들린다.[7] 기자는 하나님께서 자신이 독자들에게 전하는 말씀을 사용하셔서 그들을 배도에 빠지지 않도록 하시기를 소망한다. 하나님은 경고를 통해 그들에게 말씀하신다.[12:25] 또한 기자는 예수 그리스도의 대제사장으로서의 사역을 상술한다. 흥미롭게도, 하나님의 말씀은 또한 독자들에게 하나님의 뜻과

5 같은 책, 36-42.

6 히브리서가 말하는 성경의 신학에 대한 다음의 탁월한 에세이를 참조하라. Ken Schenk, "God Has Spoken: Hebrews' Theology of the Scriptures", in *The Epistle to the Hebrews and Christian Theology*, ed. R. Bauckham, D. R. Driver, T. A. Hart, and N. MacDonald(Grand Rapids, MI: Eerdmans, 2009), 321-36.

7 참조. Griffiths, "The Word of God", 40-46.

그 뜻이 이루어지는 방식을 선포하는 지도자들을 통해 전해진다.[13:7, 17] [8]

하나님은 비인격적이거나 멀리 계시지 않고, 인간들은 하나님과의 관계를 누리도록—그분을 알도록[8:11]—부르심을 받는다. 삶의 목적은 하나님을 보는 것이고,[12:14] 이는 다름 아닌 하나님을 즐거워하는 것보다 더 기쁜 것은 없다는 말이다. 인간들은 하나님을 기쁘시게 하고,[11:5-6, 13:16] 하나님께 인정을 받고,[11:2, 4-5, 39] 하나님의 뜻을 행하고,[10:7, 9, 36, 12:9, 13:21; 참조. 10:6, 8] 하나님 앞에서 선한 양심을 갖는 것을 그들의 목적으로 삼아야 한다.[13:18] 그분이 주이시기 때문이다. 신자들은 하나님을 친근히 하고[7:19, 10:22] 하나님께로 나아가야 한다. "은혜의 보좌"에서 도움을 발견할 것이기 때문이다.[4:16] 하나님은 예수를 자신의 대제사장으로 의지하는 자들을 용서하신다.[8:12, 10:22] 하나님은 인간들을 도우시고 자기를 의지하는 자들을 떠나거나 저버리지 않으신다.[13:5-6] 인간들은 하나님을 향해 기도한다. 이런 사실은 하나님이 그들을 돌보시며 그들의 간구에 응답하는 능력이 그분께 있음을 보여준다.[5:7, 13:18-19] 복은 하나님으로부터 오기 때문에[6:7, 14, 12:14] 인간들은 하나님이 계신 것과 그분을 추구할 가치가 있음을 믿어야 한다.[11:6] 하나님을 의지하고 신뢰하도록 하나님이 우리를 부르시기 때문이다.[3:12, 19, 4:1, 6:1, 10:39, 11:1-40] 예수를 믿고 하나님을 의지하는 자들이 그분의 자녀 혹은 아들들이다.[2:10, 13-14, 12:5, 7-8] 하나님은 그들이 거룩하게 되도록 징계하심으로 자신의 사랑을 나타내시는[12:4-11] 그들의 아버지다.[2:11]

하나님을 기만하거나 조종할 자는 아무도 없다. 아무것도 하나님 앞에서 드러나지 않는 것이 없기 때문이다.[4:13] 하나님은 이 땅에서 일어나는 모든 일을 아신다. 하나님은 눈으로 볼 수 없고 인간들이 조정할 수

8 같은 책, 46-48.

있는 분이 아니다.[11:27] 하나님은 의로우시고 죄를 참지 않으신다.[6:10] 하나님은 악을 향해 무정하지 않으시다. 악은 하나님의 화를 촉발시키고 하나님은 죄를 짓는 자에게 진노하신다.[3:1, 10, 17, 4:3] 하나님의 진노는 악을 자행하는 자들을 향한 심판으로 이어진다. 그래서 지도자들은 자신이 한 사역을 가지고 하나님 앞에 설명해야만 하는 것이다.[13:17] 스스로를 성적인 부도덕과 간음에 내어 준 자들은 하나님의 심판을 받을 것이다.[13:4] 하나님은 "만민의 심판자"이시다.[12:23] 예수 안에 있는 구원을 저버리는 자들은 그분의 의로운 심판을 면치 못할 것이다.[2:3, 12:25] 이런 자들은 하나님의 심판과 진노와 보응을 받을 것이다.[10:29-30] "살아 계신 하나님의 손에 빠져 들어가는 것"은 과연 "무서운" 일이다.[10:31] 하나님은 "소멸하는 불"이시기 때문이다.[12:29] 그러므로 인간들은 "경건함과 두려움으로" 하나님을 예배해야 한다.[12:28]

기자가 하나님이 자기 아들인 예수와 갖는 관계의 의미를 자세히 열어 보이지는 않는다. 하지만 여러 차례 예수를 아들로 말함으로[1:8, 13, 3:6, 4:14, 6:6, 7:3, 10:29] 예수를 향한 아버지의 궁극적인 권위와 사랑을 암시한다. 예수를 아들로 하나님을 아버지로 부르고 있기 때문이다.[1:5, 2:11, 5:5] 아들로서 예수는 자신의 사역 내내 아버지께 순종했고[5:8] 그분의 고난을 통해 하나님이 온전하게 하셨다.[2:10] 하나님은 예수를 세상을 다스리는 아들로 기름을 부으심으로,[1:9] 자신의 후사[1:2; 참조. 3:2]와 대제사장[5:6, 10, 7:17, 28]으로 세우셨다. 하나님의 영광의 광채이신 아들은 그분의 성품을 세상에 나타내신다.[1:3] 그분의 순종으로 말미암아 성부께서 아들을 죽은 자 가운데서 살리셨다.[13:20]

필러[Amy L. B. Peeler]는 히브리서가 하나님을 아버지로 가르치는 것을 잘 요약한다. "히브리서에서 하나님은 예수의 아버지이고, 바로 이 관계 안에서 고난이 완전으로, 승귀가 영광으로 소용된다. 정확히 동일한 방식으로, 하나님은 히브리서를 받아보는 회중을 구성하는 지체들의 아버지로 그들을 자기의 영광 앞으로 인도하시는 가운데 완전에 이르도록 그들을 징계하신다. 예수의 아버지로서 하나님의 지위는 하나님의 성품을 드러낸다. 그분은 능력이 있으시고, 자기 자녀와 친밀한 관계를 누리시는 자애로운 분이다. 자녀들을 부르시고, 그들의 기도를 들으시는 분이고, 상을 베푸시고, 징계하시는 분이다. 구원을 위해 고난과 수고를 허락하시는 분이다. 그분과 함께 거하는 것은 온전한 기쁨이다. 그분은 고통과 분노와 연민을 아시는 분이다. 하나님이 예수의 아버지로 계시는 것 때문에 그분은 또한 실제로 인간들의 아버지로 계신다."[9]

§2 예수 그리스도

예수 그리스도는 히브리서에서 중심 역할을 한다. 독자들이 예수 그리

9 Amy L. B. Peeler, "The Ethos of God in Hebrews", *PRSt* 37(2010): 50. 필러는 또한 이렇게 말한다. "아버지가 아들과 누리는 관계를 살펴봄으로 하나님의 성품에 대한 몇 가지 사실을 알 수 있다. 먼저, 그분이 능력의 아버지이신 것이 분명하다. 그분은 제사장들이 섬기는 하나님이고, 만물이 마침내 자기 아들에게 복종하게 하시는 만물의 창조자와 다스리는 자로 계시는 제사장들의 섬김을 받으시는 하나님이시다. 둘째, 타자와의 관계, 곧 예수를 자기 아들로 부르시는 친밀한 관계를 누리기로 선택하신 분이다. 셋째, 이 관계에 있어서 그분은 자기 아들을 자신의 통치에 참여시키고 자기의 영광을 나누기로 선택하셨다. 넷째, 아들을 후사와 대제사장으로 세우신 하나님이다. 이렇게 하심으로 하나님은 자녀들의 기도에 귀를 기울이시는 아버지로서 묘사된다. 하지만 자녀들의 기도를 들으신다는 것이 곧 그들을 고통에서 건지신다는 의미는 아니다. 오히려 하나님은 자녀들이 온전해지고 그들을 향한 계획이 이루어질 수 있도록 고통을 지나가도록 하신다. 자신의 처음 난 아들과 누리는 하나님의 아버지로서의 마음 ethos은 능력 있고, 관계적이고, 자애롭고, 세우시고, 친절하고, 온전하게 한다. 아버지로서 아들과 누리시는 이런 관계는 여러 가지 면에서 인간들과 누리시는 관계와 비슷하다. 처음 난 자임에도 불구하고 그리스도 역시 아들이기 때문이다"(45). 히브리서에 드러난 가족관계에 대한 필러의 면밀한 가르침에 대해서는 다음을 참조하라. Amy Peeler, *You Are My Son: The Family of God in the Epistle to the Hebrews*, LNTS 486(New York: Bloomsbury T&T Clark, 2014).

스도와 그분의 희생에 신실하게 남아 있느냐, 아니면 자신들의 속죄를 위해 구약의 제사들로 돌이키느냐가 핵심 문제이기 때문이다. 기자는 열정적이면서도 기품 있게 예수 그리스도께 진실하게 남아 있어야 한다고 주장한다. 그의 주장에는 다채로운 면이 있다. 하지만 여기서와 이어지는 부분에서는 그리스도의 정체성만을 개략한다. 인성과 신성이 기자가 예수에 대해 가르치는 모든 것이라고 주장하지 않는다. 기자는 예수를 메시아, 대제사장, 하나님의 아들, 주로 묘사하기 때문이다. 다른 한편으로 예수의 신성과 인성이 기자가 말하는 중심적이고 주요한 주제들인 것은 분명하다. 예수의 제사장으로서의 사역과 희생에 대한 논의를 따라가 보면, 이 서신에서 예수 그리스도에 대해 기자가 전달하는 내용을 표로 정리해 볼 수 있다.

예수 그리스도에 대한 기자의 관점을 숙고하는 데 있어서 다른 관점을 생각해 보는 것도 도움이 된다. 스몰Braian C. Small은 그리스-로마 문학의 수사학적 표현들*topoi*을 사용한다면 예수께서 이 서신에서 어떻게 특징지어질지를 연구했다.[10] 스몰은 서사비평을 사용하여 기자가 예수의 탁월함을 나타내고 있다고 주장한다. 독자들은 예수를 생각하고3:1, 12:2 그분을 바라보라12:2는 요청을 받는다. 스몰은 그들의 확신을 얻고,3:14, 6:11, 10:22, 11:1 마지막까지 인내하고 견고히 서서3:6, 4:16, 10:19, 32, 35-36, 12:1-3 타락하지 않기 위해서2:1-4, 6:1-8, 10:26, 31, 12:15-17 예수를 생각해야 한다고 말한다. 스몰은 키케로Marcus Tullius Cicero와 테온Alexandria Theon으로부터 온 빌려 온 여러 표

10 Brian C. Small, "The Use of Rhetorical *Topoi* in the Characterization of Jesus in the Book of Hebrews", *PRSt* 37 (2010): 53-69. 나는 스몰의 저작을 요약하면서 그가 말하는 것을 정확히 나타내 보려고 했다. 그의 글을 읽은 사람이라면 누구나, 내가 지금 그가 말하는 것을 거의 그대로 요약하고 있다는 것을 알 것이다. 심지어 그가 사용한 단어들을 그대로 사용하는 것도 자주 볼 수 있을 것이다. 히브리서에서 사용하고 있는 단어들이기 때문이다.

현들을 사용한다. 계속해서 예수의 신성과 인성을 살펴보기 전에, 그가 발견한 것들을 여기서 간략하게 나타내 본다.[11] 첫째, 우리는 예수의 기원 혹은 인종을 생각한다.

기원/인종	본문
아들(God's Son)	1:2, 5, 8, 3:6, 5:5, 8, 7:28
하나님의 아들(Son of God)	4:14, 6:6, 7:3, 10:29
하나님이 낳은 아들(Begotten)	1:5, 5:5
하나님의 맏아들(Firstborn)	1:6

이 부분이 과연 예수의 신성을 묘사하려고 한 것인지에 대해서 나는 의구심을 가지고 있지만, 그럼에도 불구하고 스몰은 7:3의 멜기세덱에 관한 내용("아버지도 없고 어머니도 없고 족보도 없고 시작한 날도 없고 생명의 끝도 없어")에 호소한다.[12] 예수는 또한 인간, 유다 지파로부터 난 사람으로 묘사된다.[7:14]

둘째, 예수의 본성이 나타난다. 스몰은 ἀπαύγασμα를 사용하여 예수를 하나님의 영광의 반사라고 하지만,[1:3] [13] 그래도 나는 이 말이 그분의 광채를 언급할 것이라고 생각한다. 동시에 예수는 하나님의 성품을 그대로 나타낸다.[1:3] 히브리서는 그분을 하나님[1:8-12]이라고 하며 영원하다

11 인용된 본문과 여기서 사용된 표현은 전반적으로 스몰이 사용한 것들이다.

12 Small, "Rhetorical *Topoi*", 60-61. 그러나 네이리Jerome H. Neyrey가 이 개념을 열정적이고 아주 흥미롭게 옹호하는 것을 참조하라. "'Without Beginning of Days or End of Life'(Hebrews 7:3): Topos for a True Deity", *CBQ* 53(1991): 439-55. 7:3에 대한 나의 이해에 대해서는 해당 절에 대한 주석을 참조하라.

13 Small, "Rhetorical *Topoi*", 61.

1:11-12, 7:8, 16, 24-25고 한다. 하지만 그분은 또한 인간으로 나타나셨다.[2:9, 14] 셋째, 스몰은 예수의 연단을 말한다. 그분은 고난을 통해 온전하게 되셨고[참조. 2:10, 18, 5:8-9, 7:28] 이제 다른 자들을 온전하게 하실 수 있다.[10:14, 12:2]

넷째, 다양한 이름과 명칭과 역할들이 예수께 주어졌다.

이름/명칭	본문
예수	2:9, 3:1, 4:14, 6:20, 7:22, 10:19, 12:2, 24, 13:12, 20
그리스도	2:9, 3:1, 4:14, 6:20, 7:22, 10:19, 12:2, 24, 13:12, 20
예수 그리스도	10:10, 13:8, 21
주	7:14, 13:20; 참조. 1:10-12
대제사장	2:17, 3:1, 4:14-15, 5:5, 10, 6:20, 7:26, 8:1, 9:11
제사장	5:6, 7:17, 21, 10:21
왕	1:3, 8:1, 10:12, 12:2; 참조. 시 110:1; 참조. 1:5, 8-9
만유의 상속자	1:2
천사보다 훨씬 뛰어남	1:4
믿음과 구원의 창시자	2:10, 12:2
사도	3:1
선구자	6:20
새 언약의 중보자	8:6, 9:15, 12:24
더 좋은 언약의 보증	7:22
참 장막에서 섬기는 이	8:2
양들의 큰 목자	13:20

스몰은 기자가 예수의 삶과 운명의 다양한 측면을 담아내기 위해 여러 가지 명칭을 사용한다고 지적한다. 예를 들어, "피"라는 말은 예수의 피[10:19, 12:24, 13:12, 20]와 그리스도의 피[9:14] 모두에 사용한다. 대제사장이라는 말도 예수[3:1, 4:14, 6:20]와 그리스도[5:5, 9:11] 모두에 사용된다. 예수는 하늘로 들어가셨다.[4:14, 6:20] 하지만 그리스도에 대해서도 역시 동일한 말을 한다.[9:11, 24] 제사장에 합당하게 되기 위해 예수는 인간이셔야 했고,[2:14, 27] 유혹을 받으셔야 했고,[2:18, 4:15] 죄가 없으셔야 했고,[4:15, 7:26-27] 고난받고,[2:10, 18, 5:8] 죽으시고,[9:12, 10:12] 하늘로 들어가셔야[6:20, 9:11] 했다. 히브리서에서 예수는 또한 하나님 우편에 앉으신 왕으로 묘사된다.[1:3, 13, 8:1, 10:12, 12:2]

다섯째, 스몰은 예수께서 하신 행위와 사건들을 열거한다. 나는 이런 부분들에 대해서 다른 곳에서 묘사했다. 하지만 간략하게 이 목록들을 열거하면 예수께서 하신 일을 일목요연하게 이해하는 데 도움이 된다.

행위/사건	본문
창조	1:20
세상에 들어오심	1:6, 10:5
하나님의 이름을 선포하고 찬송함	2:12
하나님을 의지함	2:13
하나님의 뜻을 행함	10:7, 9
죄가 없이 시험을 받으심	2:18, 4:15
하나님께 기도함	5:7
순종을 배우고 온전함을 입기 위해 고난을 받음	2:10, 5:8
죽음	2:9, 14, 9:15, 26, 12:2

자기 피를 흘림으로 스스로를 희생 제물로 죽음에 내어줌	7:27, 9:12, 14, 25-26, 28, 10:10, 12, 13:12
자신의 죽음으로 다른 자들을 구원함	5:9, 7:25
구속으로서의 죽음	9:12, 15
다른 자들의 죄를 담당함	9:28
죄를 깨끗하게 함	1:3, 9:14
속죄	2:17
인간들이 죽음을 두려워하지 않도록 마귀를 멸함	2:14-15
인간들을 영광으로 인도함	2:10
인간들을 온전하게 함	10:14
인간들을 거룩하게 함	2:11, 10:10, 13:12
죽은 자 가운데서 다시 살아남	13:20
하늘로 들어가심	4:14, 6:19-20, 9:11-12, 24
영광과 존귀로 관을 쓰심	2:9
하나님 우편에 앉으심	1:3, 13, 8:1, 10:12, 12:2
대제사장으로 세워짐	5:10, 6:20, 9:11
새 언약의 중보자	8:6, 9:15, 12:24
인간들을 도우심	2:16, 18, 4:15, 7:25
성도들과 하늘에 있는 것들을 섬김	8:5-6
장차 오심	9:28

여섯째, 스몰은 예수의 담화를 고찰한다. 예수는 하나님의 이름을 선포

하고 찬송하면서 시편 22:22의 말을 자기 형제들에게 말한다.[2:12] 2:13에서는 이사야 8:17-18의 말을 예수께로 돌린다. 아마도 가장 주목할 만한 대목은 시편 40:7-8의 말을 그분이 친히 말하신 것으로 돌리는 10:5-7이다. 예수는 또한 5:7에서 기도로 말씀하신다.

마지막으로, 예수의 죽음이 갖는 서로 다른 측면들을 강조한다.

행위/사건	본문
제사로서의 그의 죽음	7:27, 9:14, 25, 28, 10:10
자원하는 제사	10:7, 9
모든 사람을 위한 그의 죽음	2:9
마귀의 권세를 멸함	2:14
인간들을 두려움과 노예됨에서 풀어줌	2:15
죄를 없이함	7:27, 9:26, 28
거룩하게 함	13:12
단번에	9:26, 28, 10:10, 12, 14

§2.1 하나님의 아들

히브리서 기자의 구상을 생각해 볼 때, 이 책의 시작부터 기자는 예수의 신성을 강조하고 싶었던 것이 분명하다. 다른 어느 장보다 1장에서 예수의 신성을 더 많이 강조하기 때문이다. 기자가 예수의 신성을 언급하고 있는지에 대한 의구심은 1장에서부터 사라진다. 하나님은 "그로 말미암아 모든 세계를 지으셨기" 때문이다.[1:2] 하지만 이런 이해에 여전히 의문을 제기하는 학자들이 있다. 이런 학자들은 지혜를 기자의 언급을 위한 틀과 배경으로 가정하기 때문이다. 구약성경을 보면 주께서 지혜로 세상을 창조하셨다.시 104:24, 잠 3:19; 8:22-31 그럼에도 불구하고 어떻게 여기서 그리스도의 신성과 선재성까지 부인될 수 있는지 잘 모르겠다. 구약성경이 지혜를 인격화함에도 불구하고 예수는 분명히 사람이기 때문이다.[14] 그분은 단순히 관념적 인간이 아니라 실제 사람이다. 창조의 작인으로서 아들의 역할은 그분의 신성을 나타낸다. 창조는 하나님의 역사이고, 구약성경을 보면 하나님의 천지창조는 하나님을 한분이신 참 하나님으로 우상들과 구별되게 한다.창 1:1-2:3, 사 45:7, 8, 12, 18 [15] 또한 하나

14 반대 참조. James D. G. Dunn, *Christology in the Making: A New Testament Enquiry into the Origins of the Doctrine of the Incarnation*, 2nd ed.(Grand Rapids, MI: Eerdmans, 1996), 206-9. 케네스 셍크는 선재성이라는 표현은 유대교에서 두드러지는 지혜와 로고스라는 주제들로부터 착안된 것이기 때문에, 아들이 선재했다는 말은 어떤 면에서 단지 그가 인격적으로 선재하지 않았다는 인상을 줄 뿐이라고 말한다("Keeping His Appointment: Creation and Enthronement in Hebrews", *JSNT* 66[1997]: 104-15). 셍크는 계속해서 여러 본문들이 창조를 하나님께로 돌리고 있고(예, 2:10, 3:4, 11:3), 그리스도를 창조의 작인으로 본다고 말한다. 그러나 나에게는 그가 그리스도의 영원한 선재성을 강조하는 본문들을 약화시키는 것처럼 보인다. 예를 들어, 1:10-12을 보면 셍크의 주장과 달리 창조를 분명히 아들에게로 돌리고 있다. 이 본문을 단지 그분의 영원성을 말하는 것으로 축소시킬 수 없다. 유사하게, 아들을 하나님이라고 하는 대목은(1:8) 분명히 영원한 인격으로서 그분의 선재성을 가리킨다. 그렇기 때문에 기자가 예수에 대해 말하는 것은, 그것이 비록 지혜와 로고스의 주제에서 착안한 것이라 할지라도 예수께서 구약의 지혜와 말씀을 넘어선다는 것을 나타낸다. 참조. John P. Meier, "Symmetry and Theology in the Old Testament Citations of Heb 1,5-14", *Bib* 66(1985), 531-33. 린다스는 하나님의 아들은 선재했지만 예수는 아니었다고 말한다(Barnabas Lindars, *The Theology of the Letter to the Hebrews*, New Testament Theology(Cambridge: Cambridge University Press, 1991, 34). 이렇게 엄밀하게 말하는 린다스가 옳은 것은, 하나님의 아들은 성육신을 통해 인성을 입었을 뿐이기 때문이다.

15 1장은 그리스도의 신성이 아닌 인성을 말할 뿐이라고 주장에 반하는 의견에 대해서는 다음을 참조하라. G. B. Caird, "Son by Appointment", in *The New Testament Age: Essays in Honor of Bo Reicke*, ed. W. Weinrich, 2 vols.(Macon, GA: Mercer University Press, 1984), 73-81; Lincoln D. Hurst, "The Christology of Hebrews 1 and 2", in *The Glory of Christ in the New Testament: Studies in Christology*, ed. L. D. Hurst and N. T. Wright(Oxford:

님은 "예수 그리스도로 말미암아" 신자들 안에서 그 기쁘신 뜻을 행하신다.[13:21] 예수의 중보자로서의 역할은 그분이 하나님과 동등되심을 나타낸다.

창조에서 예수의 역할은 기자가 시편 102:25-27을 인용하는 1:10-12에서 진술되는데, 예수를 주라고 말한다. 다시 기자는 창조 사역에서 행한 지혜의 역할을 상기시키는 표현을 사용한다.[잠 8:29] 태초에 아들이 땅의 기초를 놓았다.[1:10] 그분의 이런 사역이 "실재"가 아닌 단순히 "관념"일 뿐이라고 할 이유가 없다. 기자가 창조를 야훼께 돌리는 구약성경의 시편을 인용하고 있고, 야훼의 창조 역사는 단순히 관념적인 것이 아니기 때문이다. **왜** 기자가 이 시편에서 창조 사역을 예수께로 돌리는지는 밝히기가 어렵다. 여기서 아들이 창조자인 것은 의문의 여지가 없다. 아마도 지혜 전승들에서 비롯된 창조를 언급하는 어느 본문에서도 창조를 아들에게로 돌릴 수 있을 것이다. 이 표현은 제유법을 사용하는 창세기 1:1을 상기시킨다. 하나님은 "태초에 천지를 지으신" 창조자이시기 때문이다.[ἐν ἀρχῇ] 동일한 포괄성이 여기서도 분명히 드러난다. "태초에"[κατ' ἀρχάς] 아들이 땅의 기초를 놓고 하늘을 창조했다. 창세기 1:1에 대한 인유는 예수께서 하나님과 동일한 지위와 정체성을 가지고 계신 분임을 나타낸다.

피조된 세계는 영원히 계속되지 않을 것이지만, 아들은 "영존할 것"

Clarendon, 1987), 151-64. 이런 이해에 대한 설득력 있는 비판을 위해서는 다음을 참조하라. John Webster, "One Who Is Son: Theological Reflections on the Exordium to the Epistle to the Hebrews", in *The Epistle to the Hebrews and Christian Theology*, ed. R. Bauckham, D. R. Driver, T. A. Hart, and N. MacDonald(Grand Rapids, MI: Eerdmans, 2009), 69-94; 참조. Jody A. Barnard, *The Mysticism of Hebrews: Exploring the Role of Jewish Apocalyptic Mysticism in the Epistle to the Hebrews*, WUNT 2/331(Tübingen: Mohr Siebeck, 2012), 264-66; Peeler, *You Are My Son*, 26-28.

이다.[1:11] 아들은 신이시다. 그분이 영원하기 때문이다. 그분의 “연대가 다함이 없을 것”이고 그분은 항상 “여전할” 것이다.[1:12] 이 시편이 원래는 야훼와 관련하여 기록된 것임을 항상 기억해야 한다. 그러므로 아들에게 있는 영원성과 불변성은 신의 성품인 것이 분명하다.[참조. 말 3:6, 약 1:17] 히브리서 13:8의 잊을 수 없는 표현이 동일한 개념을 전해 준다. “예수 그리스도는 어제나 오늘이나 영원토록 동일하시니라.” 예수의 불변성은 그분의 신성을 가리킨다. 시간이 감에 따라 피조물은 변할 수밖에 없지만, 예수 그리스도는 과거(어제)나 현재(오늘)나 미래(영원토록)나 결코 변하지 않는다. 예수 그리스도의 신성, 창조자로서의 그분의 역할, 그분의 영원성과 불변성은 기자가 단순히 독자들이 그런 개념을 기억하도록 하기 위해 기록한 것이 아니다. 기자는 하나님의 아들을 저버리는 것은 치명적인 일이 될 것임을 가르치고 있는 것이다. 그들이 배도에 이른다면, 그것은 단지 하나의 종교를 떠나는 것이 아니다. 결코 변하지 않는 세상의 창조자로부터 돌아서는 것이요, 어제도 역사했고, 오늘도 역사하고 있고, 앞으로도 항상 구원할 그분의 구원 역사를 저버리는 것이다.

예수는 세상을 창조하셨을 뿐 아니라 지금도 그것을 붙드신다. “그의 능력의 말씀으로 만물을 붙드시며.”[1:3] 바울도 그리스도에 대해 이와 비슷한 말을 한다. “만물이 그 안에 함께 섰느니라.”[골 1:17] 어떤 인간이나 천사도 피조된 세상을 붙들거나 보존한다고 일컬어지지 않는다. 그렇기 때문에 아들이 우주를 붙든다는 사실은 그분의 신성을 나타낸다.

아들의 신성은 1:3에서 확증되고 강화된다. 아들은 “하나님의 영광의 광채”다. “광채”라는 말은 예수께서 하나님의 영광을 “반사”[ἀπαύγασμα]한다는 말일 수도 있고,[NRSV] 혹은 하나님의 영광이 아들로부터 비춘다는 의미일 수 있다.[HCSB, NIV, NET, ESV, NLT] 동일한 단어가 지혜서 7:26에서 지혜와 관련하여 사용된다. 여기서 우리는 이 말이 "반사"reflection를 말하는지, 아니면 "비추임"radiance을 뜻하는지의 문제에 봉착한다. 두 경우 모두 그리스도의 신성을 확인해 준다. 그분이 하나님의 영광을 반사하든 비추든, 어쨌든 그분은 하나님의 영광을 나누고 있다. 반사의 개념이라면, 예수는 하나님의 영광을 완전하게 반사한다는 말이고, 온전히 신이어야만 가능한 일이다. 만약 이 말이 내가 보다 선호하는 입장인 광채를 뜻한다면, 예수는 하나님의 바로 그 영광을 비춘다. 그분이 온전히 하나님의 영광을 소유하고 있기 때문이다.

이어지는 구절은 예수의 신성에 대한 언급을 확증한다. 그분은 "그 본체의 형상"이다.1:3 신약성경 학자들이 존재론적 진술을 경계하는 경향이 있음에도 불구하고, 이 대목이 존재론적 진술임을 부정하기가 어렵다. "본체"nature, ὑποστάσεως라는 말에는 분명히 존재론적 성격이 있고, 또한 본문은 예수께서 하나님의 본성을 정확히 나타내거나χαρακτήρ 재생산한다고 말한다. 예수께서 하나님의 본성을 함께 가지셨고, 그분은 참되고 온전한 하나님이기 때문이다. 그분은 하나님과 동일한 정체성을 갖는다. 하지만 아버지와 아들은 또한 구별된다. 기자가 지금 삼위일체 교리를 말하려는 것이 아니다. 하지만 지금 우리는 이 교리를 위한 가공되지 않은 자료의 일부를 대면하고 있다.

기자가 천사들에게 아들을 예배하라고 부르는 대목인 신명기 32:43을 인용하고 있는 1:6 역시 아들의 신성을 가르친다. 이 절이 구약성경을 사용하는 것과 이 절이 갖는 다른 특징들에 대해서는 본문에 대한 주석 부분에서 논하고 있다. 여기서 주목해야 할 것은 천사들이 아들을 예배한 것이다. 천사들의 이런 행위는 아들이 하나님과 동일한 정체성을 가진다는 사실을 나타낸다. 그렇기 때문에 독자들이 아들이 주신 계시를 의지하지 않고 천사들이 중개한 계시로 돌이켜서는 안 되는 것이다. 유대교 사고에 있어서 예배는 오직 하나님께로만 돌아가야 한다. 요한이 천사를 경배하려다가 도리어 그 천사에게 책망을 듣고 잘못을 바로잡게 된 것도 바로 이 때문이다.계 19:10, 22:8-9 이런 사실은 오직 한분 하나님만 계시고 그분만이 예배를 받으셔야 한다고 가르치는 구약성경의 가르침에 부합한다.출 20:3, 5, 신 5:7; 6:13; 7:16; 8:19; 10:12; 11:13, 수 24:14-16, 20-21, 왕하 17:35, 사 43:10; 45:21, 22; 46:9 히브리서를 기록한 유대적이고 성경적인 틀에서 기자가 아들을 하나님으로 확인해 주는 것이 분명하다.

1:8에서 특별히 아들의 신성을 가르친다. 시편 45:6 말씀이 메시아와 왕이신 예수를 "하나님"으로 확인시켜 주기 때문이다. 시편 45편의 원래 문맥을 보면, 다윗 계열의 왕을 "하나님"으로 부른다. 이 말씀이 기록된 역사적 정황 속에서 이 말씀을 문자적으로 읽어서는 안 된다. 이 시편 역시 왕의 자리를 그의 아들들이 물려받을 것이라 가르치기 때문이다.시 45:16 [16] 출애굽기 7:1에서 모세는 "바로에게 신과 같았다." 또한 이 명칭이 문자적인 의미를 가진 것이 아님은 분명하다. 유사하게, 이스라엘의 재판장들이 행사하는 사법적 책임 때문에 그들을 "신들"이라고 했다.시 82:6 시편 82편에서 이 명칭은 유비적인 표현이 분명하다. 다음 절에서 재판장들의 임박한 죽음을 상기시키기 때문이다.시 82:7 이런 모든 사실에도 불구하고, 히브리서 1장의 문맥에서 기자가 문자 그대로 아들을 하나님으로 묘사하고 있고 은유적이거나 시적인 용어를 사용하지 않고 있음이 분명하다. 앞에서 언급했듯이, 1장에서 아들을 우주의 창조자, 하나님의 본성을 가진 하나님으로 예배받으셔야 하는 분으로 말하는 것이 분명하다. 물론 기자는 시편 45편을 예표론적으로 이해한다. 한편으로 다윗 계열의 왕들에게 사실인 것은 다윗의 위대한 아들의

16 보다 상세한 논의를 위해서는 1:8에 대한 주석 부분을 참조하라.

더 심오하고 깊은 수준에서도 사실이다. 여기서 우리는 예표론적 점층의 한 예를 본다. 구약성경 자체에서 이를 위한 약간의 준비를 한다. 기자가 가장 좋아하는 시편 110편은 시작 절에서 다윗의 후손 가운데 하나가 그의 주가 될 것임을 확언한다. 유사하게 이사야 9:6은 다윗 계열에서 난 아들이 "전능하신 하나님"일 것이라고 말한다. 히브리서 11:26은 이런 판단을 뒷받침한다. 모세가 그리스도를 위해 수치를 감당했기 때문이다. 이런 진술은 그리스도와 하나님의 동일성을 의미한다. 모세오경의 담화에서 그리스도가 명시적으로 언급되지 않고 있고, 이 절은 또한 모세가 자기를 위해 고난받을 수 있도록 그리스도께서 선재하셨음을 암시하기 때문이다. 히브리서 기자는 신성을 예수께로 돌리고 그분을 하나님으로 간주한다. 따라서 독자들은 이처럼 존귀하게 되신 이의 메시지를 거부하지 말아야 한다.

히브리서는 자주 예수를 아들 혹은 하나님의 아들로 말한다. 아들이라는 명칭이 예수의 신성을 가리키는가? 구약성경을 생각해 본다면, 이스라엘은 하나님의 아들이자 그분의 장자이고,출 4:22, 렘 31:9, 호 11:1 여기서는 신성에 대한 암시를 찾아볼 수 없다. 유사하게 다윗 계열의 왕 또한 하나님의 아들과 장자로 언급된다.삼하 7:14, 시 2:7; 89:27, 대상 22:10 하지만 여기서도 역시 아들됨이 신성을 가리키는 것은 아니다. 반면에, 우리는 이미 성경 계시가 갖는 예표론적이고 종말론적인 성격을 보았다. 예표론은 점층을 특징으로 하고, 따라서 구약성경에서 인간들로만 제한하고 있는 명칭들이 신약성경에 와서는 보다 중요한 의미를 가질 수 있다.[17]

나는 히브리서에서 아들이라는 명칭이 일차원적인 말이라고 생각하

17 비록 셍크가 내가 말한 모든 결론을 지지하지는 않겠지만, 나는 정체성에 있어서 예수는 항상 하나님의 아들이었다고 하는 그의 말에 동의한다. 하지만 예수는 또한 그분의 부활/승천으로 더불어 아들로서 보좌에 좌정하신다("Creation and Enthronement in Hebrews", 92-100).

지 않는다. 따라서 이 말은 예수의 신성과 인성을 모두 가리킨다. 이는 칼케돈 기독론이 신약성경에 신학을 덮어씌운 것이 아니라 오히려 신약성경이 가르치는 바와 부합한다는 말과 다름 아니다. 계속해서 예수의 인성에 대해 더 많은 것들을 이야기하겠지만, 아들에 대한 이 책의 처음 언급이 그분의 신성과 인성 모두를 염두에 두고 있다는 사실을 뒷받침한다. 아들은 "만물의 후사"(인성)이자 우주의 창조자[신성, 1:2]이기 때문이다. 그렇다면, 아들을 통해 하나님이 하신 말씀은 단순히 인간의 말이 아니라 신적인 말이기도 하다. 하나님이 자기 아들을 작인으로 해서 우주를 창조하신 것처럼, 자기 아들을 통해 인간들에게 말씀하신다.

"아들"이라는 단어를 사용한 모든 경우가 다 신성을 강조한다고 주장하는 것이 아니다. 신성의 개념이 분명히 나타나는 경우들에 한해서 그렇다는 것이다. 앞의 해석의 경우, 인성과 신성 간의 날카로운 구분이 기자가 의도하지 않았던 양분을 보여준다. 아들됨과 신성 사이의 긴밀한 관계가 1:8에서 명백히 드러난다. "아들에 관하여는 하나님이여, 주의 보좌는 영영하며 주의 나라의 규는 공평한 규이니이다." 물론 기자가 여기서 아들됨을 신성과 날카롭게 구분하고 있을 수 있다. 하지만 아들됨이 신성의 개념을 포함한다. 아들이 하나님과 동일시되기 때문이다. 만일 이런 이해가 맞다면, 예수께서 아들로서 모세보다 탁월한 것은 그분이 모세보다 더 좋다는 개념을 포함한다. 그분은 신이시고 모세는 인간일 뿐이기 때문이다. 3:6이 이런 해석을 뒷받침한다. 그리스도는 단순히 하나님의 집의 일원이 아니라 이 집을 맡은 아들이기 때문이다.

예수의 제사장직 역시 동일한 방식으로 해석되어야 한다. "하나님의 아들"로서 그분은 "승천"하셔서 하나님 앞으로 나아가셨다.[4:14] 물론 유다 지파로부터 난 예수는 인간 제사장이셨다.[7:13-14] 하지만 기자의 주장은 단순히 예수께서 인간 제사장직을 가장 잘 나타내는 이상이었다고 말하는 것보다 훨씬 더 심오하다. 제사장으로서 그분은 신인 동시에 인간이다. 이어지는 부분에서 예수의 인성을 더 다룰 것이다. 하지만 지금 7:3을 생각해 보는 것이 맞다. 기자는 멜기세덱을 가리켜 "아버지도 없고 어머니도 없고 족보도 없고 시작한 날도 없고 생명의 끝도 없어 하나님의 아들과 닮아서"라고 말한다. 이 절을 주석하면서 주장한 것처럼, 기자는 지금 문자적으로 이렇게 생각하는 것이 아니다. 멜기세덱이 아버지와 어머니가 있었다고 기자가 믿었기 때문이다. 그는 지금 본문이 이 부분에 대해 언급하지 않는 것에 착안하여 말하고 있다. 동시에 이 부분에 대한 본문의 침묵은 멜기세덱보다 더 위대한 누군가를 가리킨다. 인간으로서 예수는 어머니도 있었고 그 몸의 시작도 있었다. 하지만 하나님의 아들로서 그분은 영원하다.참조 1:10-12 그분은 하나님인 동시에 인간 제사장이다. 아타나시우스Athanasius는 자신의 에세이 「성육신에 관하여」에서 히브리서의 메시지를 바르게 표현한다(비록 이 에세이가 성경 전체에 관한 것이었지만). 예수께서 참된 인간인 동시에 참된 신이신고로 인간들을 죄로부터 구원하기 때문이다. 그분은 인간인 동시에 신이신 제사장이다. 그렇기 때문에 하나님의 아들을 짓밟는 것은 결코 가벼운 문제가 아니다.10:29 이런 끔찍하고 악독한 죄는 종말론적 심판을 불러온다.

아들이 하나님 우편에 앉은 것이 신성을 나타내는가? 히브리서 기자는 이 책의 주된 강조점들 가운데 하나를 통해 예수는 속죄 사역을 마치시고 높아지셨기 때문에 하나님 우편에 좌정했음을 확증한다.1:3, 13, 8:1, 10:12, 12:2 신약성경의 다른 곳을 보면, 시편 110:1을 근거로 예수께서 하나님 우편에 앉으신 것에 중요한 의미를 부여한다.마 22:44; 26:64, 막 12:36; 14:62, 눅 20:42; 22:69, 행 2:33-34; 5:31; 7:55-56,[18] 롬 8:34, 엡 1:20, 골 3:1, 벧전 3:22 [19] 하나님이 천사들에게 물으실 때, 천사들은 하나님의 좌우편에 모시고 선다.왕상 22:19, 대하

18:18 밧세바는 솔로몬의 우편에 앉았는데,왕상 2:19 이는 당시 밧세바가 솔로몬의 통치에 참여하고 있었음을 나타내는 것으로 보인다. 신약성경에서는 하나님 우편에 앉는 것은 또한 신성에 대한 주장으로 사용되었다. 하나님 우편에 앉아 권능 가운데 올 것이라고 하는 예수의 주장에 신성모독이라는 비난이 따른다.마 26:64-65, 막 14:62-64, 눅 22:69-71 [20] 실제로 하나님 우편에 앉으신 그분은 회개함과 죄 사함을 주신다. 하나님의 권위로만 할 수 있는 일이다.행 5:31 유사하게, 신자들을 위한 그분의 중보 역시 하나님으로서의 행위로 보인다.히 7:25; 참조. 롬 8:34 또한 천사적인 권세들이 그분께 복종하는 것 역시 그분이 가진 신적인 위치를 가리킨다.히 1:4-14, 2:5, 16; 참조. 벧전 3:22

히브리서에 나오는 예수께서 하나님 우편에 앉으신 것에 관한 본문들 중에 어느 것도 필연적으로 그분의 신성을 가리키지는 않는다. 이런 본문들은 또한 분명히 인간으로서 그리고 다윗 계열의 왕으로서 그분이 존귀하게 되신 것과 관계되기 때문이다. 동시에 하나님 우편에 앉으셨다는 표현은 아마도 다음 세 가지 이유에서 그분의 신성을 나타낼 것이다. 첫째, 우리가 본 바와 같이 히브리서의 다른 곳에서 예수의 신성을 강조하고 있다. 그렇기 때문에 여기서도 그런 강조가 있을 수 있다. 둘째, 신약성경의 다른 곳에서 예수께서 하나님 우편에 앉으신 것은 그분의 신성을 나타낸다. 또한 그렇기 때문에 히브리서에 나오는 이 표현

18 사도행전 7:55-56에서 예수는 하나님 우편에 서신 것으로 나온다. 하지만 지면이 부족한 관계로 여기서 이 주제를 다루지는 못한다.

19 이중 어떤 본문들은 예수께서 좌정한 것에 대해 명시하지 않고 있다(참조. 행 2:33, 롬 8:34, 벧전 3:22).

20 참조. Darrell Bock, *Blasphemy and Exaltation in Judaism and the Final Examination of Jesus: A Philological-Historical Study of the Key Jewish Themes Impacting Mark 14:61-64*(Grand Rapids, MI: Baker, 2000).

역시 동일한 기능을 할 것이다. 셋째, 시편 110:1의 의미는 신성을 암시한다. 여기서 언급되는 이는 단순히 다윗의 자손이 아니라 또한 그의 주가 되신다.

§2.2 아들의 인성

연구의 편의를 위해 예수의 인성을 신성과 구분하는 데는 추상화의 위험이 있는 것이 사실이다. 독자들이 누리는 그리스도는 그리스도 전체이지 부분적인 그리스도가 아니다. 반면에 기자가 교훈하는 요소들을 식별하고 구분하는 것은 그것이 갖는 다른 측면들을 보다 선명하게 보도록 도움을 줄 수 있다. 히브리서가 말하는 아들의 인성에 대한 강조가 놀랍다. 여기서 나는 예수의 인성을 논하는 가운데 그분의 대제사장으로서의 사역을 언급할 것이다. 하지만 그분의 대제사장직에 대해 내가 말할 수 있는 대부분은 이어지는 부분에서 다루게 될 것이다.

히브리서가 말하는 예수의 인성을 이해하는 데 가장 중요한 부분은 2:5-18이다. 여기서 기자는 천사들을 위한 하나님의 계획과 인간들을 위한 하나님의 계획 사이를 구분한다. 천사들이 하나님을 대신해 세상을 다스리는 것은 전혀 하나님의 계획이 아니었다.[2:5] 반면에, 처음부터 아담과 하와를 부르시고 자신의 대리 통치자로 삼으셔서 하나님의 권위 아래서 세상을 다스리도록 하셨다.[1:26-27, 2:15] 히브리서는 2:6-8에서 세상을 향해 하나님이 가지고 계시는 계획을 진술하기 위해 시편 8편을 인용한다. 시편 8편은 피조 세계에서 인간의 역할을 숙고하는 창조 시편으로, 창세기 1-2장에서 가르친 것을 되풀이한다. 인간들은 창조의 경이와 하나님의 위엄을 생각할 때 자신의 미미함을 절감한다. 하지만 하나님은 그들을 세상의 통치자로 삼으셨다. 그러나 세상이 지금은 인간들에게 복종하지 않는다는 것을 인식하는 히브리서 기자는 시편 8편을 성경 전체의 이야기에 비추어 이해한다.[2:8] 세상은 무엇이 잘못되어도 크게 잘못되어 있고, 우리가 계속해서 읽듯이 죽음[2:14-15]과 죄[2:17]가 인간 가능성을 좌절시킨 것을 안다. 세상을 향한 하나님의 계획은 실현되지 않았다.

동산에서 인간들을 위해 의도된 역할은 예수 그리스도로 말미암아 성취되었다. 인간으로서 그분은 모든 인간이 실패한 영역에서 성공을 거두었다. 고난받고 죽임을 당함으로 그분은 "영광과 존귀로 관을" 쓰셨다.[2:9] 아담을 위해 의도된 세상을 다스리는 역할을 십자가 고난으로 말미암아 예수께서 이룩하셨다. 2:10이 말하는 바와 같이, 예수는 자신의 고난으로 말미암아 온전하게 되셨다. 이런 고난은 예수께서 "혈과 육을" 함께 지니신 것을 말해 준다.[2:14] 예수는 모든 신자의 맏형이고,[2:11-12] 그분은 "범사에 자기 형제들과 같이" 되셨다.[2:17] 인간으로서 친히 고난과 시험을 겪으셨기 때문에 시험당하는 자들을 능히 도우실 수 있다. 인간으로서 예수는 인간들이 처한 상황을 동정하신다. 그 자신도 인간 생명의 연약함과 약점을 경험하셨고[4:15] 여느 인간과 마찬가지로 시험을 당하셨기 때문이다.[5:7] 인간으로서 그분은 순종을 배우셔야 했고, 그렇게 함으로 자신의 순종으로 말미암아 완전을 이루셨다.[5:8-9]

예수의 인성은 그분의 죽음을 통해 분명히 드러난다.[12:2] 히브리서는 특별히 예수께서 희생 제물로 자기 목숨을 드리셨음을 강조한다.[참조, 9:11-10:18] 하나님은 불멸하는 분이다. 그러므로 예수의 죽음은 그분이 가진 참된 인성을 확증하고 이는 또한 그분이 고난받은 것을 통해 분명히 드러난다.[2:9, 14, 5:7, 6:6, 13:20]

참된 인간으로 살아가셨기에 예수는 인간이 당하는 고통과 시험을 아신다. 이 땅에서 그분은 평범한 인간들이 겪는 어려움으로부터 분리된 특전을 누리며 살지 않았다. 시험당하는 고통과 황폐한 인간 존재의 슬픔을 아셨다. 자신의 고난과 유혹을 통해 순종을 배우셨다. 예수의 인성은 그분이 태어나 자란 가족의 배경을 통해서도 확인된다. 그분은 유다 지파에서 태어났다.[7:13-14] 예수의 인성과 그분이 시험을 받았다는 사실이 곧 그분이 죄를 범했다는 의미는 아니다. 오히려 그 반대다. 히브리서는 그분이 죄가 없었다고 강조한다.[4:15, 7:26] 예수께서 인간으로 살아가신 그림을 보면 죄가 처음부터 인간 본성에 있었던 것이 아님을 알 수 있다. 예수는 온전한 인간이었지만 죄는 없으셨다. 이런 사실은 죄가 처음 지어진 인간의 원래 본성이 아니었음을 보여준다. 죄는 타락한 인간의 특징이기는 하지만 인간 본연의 본성은 아니다

앞에서 나는 예수의 신성과 인성에 대해 우리가 갖는 범주에 있어서 단순히 이것 아니면 저것이라는 식으로 접근하지 말아야 한다고 주장했다. 히브리서 기자가 이런 문제들을 신학적으로나 철학적으로 다루지 않음에도 불구하고, 예수께서 온전한 인간인 동시에 온전한 신이라는 사실은 분명히 드러난다. 앞부분에서 그 증거를 분명히 보았다. 예수께서 대제사장이라는 사실은 그분이 신이심을 말하는 동시에 그분이 인간인 대제사장임을 뜻한다. 5:1-4에서 기자는 대제사장은 인간임을 강조하고 계속해서 대제사장으로서 예수의 인성을 보여준다.[5:7-9]

예수의 인성은 또한 그분이 다윗의 자손—유다 지파로부터 난—인 메시아라는 사실에서 분명히 드러난다.[7:13-14] 물론 메시아가 인간 이상의 존재인 것은 아무런 문제가 되지 않는다. 하지만 최소한 그분이 인간이어야 하는 것은 분명하다. 구약성경은 메시아가 다윗의 계보에서 날 것을 가르친다.[삼하 7장, 호 3:5, 미 5:2-4, 사 9:1-7; 11:1-10; 55:3, 렘 23:5-6; 30:9; 33:15-17, 겔 34:23-24; 37:24-25, 슥 9:9] "그리스도"라는 타이틀은 예수께서 다윗의 자손이요 인간이었음을 보여준다.[3:6, 14, 5:5, 6:1, 9:11, 14, 24, 28, 10:10, 11:26, 13:8, 21] 예수는 다윗

에게 주어진 약속을 이루시고, 궁극적으로는 아브라함에게 주어진 약속을 이루신다. 그런 의미에서 예수는 "만물의 상속자"다.[1:2] 세상을 새롭게 하고 구원하신다는 약속은 다윗의 자손인 예수 안에서 실현될 것이다. 그리스도로서 예수는 세상을 다스리는 왕이고, 이런 사실은 메시아가 "땅 끝까지" 유업으로 받으리라는 구약성경의 약속들을 성취하는 것이다.[시 2:8; 참조. 16:6] 인간으로서 예수는 하나님의 우편에 좌정하심으로 천사들보다 더 존귀하게 되셨다.[1:4, 9, 13] 하나님의 집을 맡은 신실한 아들로서 그분은 상을 받았다.[3:2, 6]

그렇기 때문에 아들됨을 말하는 표현은 단순히 그분의 신성만을 말하지 않고 예수의 인성 역시 포함한다. 히브리서의 용례와 같이 이 용어는 단순하게 접근할 수 없는 복합적인 것이다. 조직신학의 결과물을 본문에 무리하게 적용하는 것이 아니다. 오히려 하나님의 아들로서 예수와 관계된 신성과 인성은 그분을 하나님의 아들과 대제사장으로 부를 때 이미 내포된 것이고, 그 결과 독자들에게 깊이 각인되고 강조되는 주제들이다.

§2.3 예수의 제사장직[21]

히브리서의 중심 주제들 가운데 하나는 예수께서 위대한 대제사장이

21 학자들은 종종 예수의 대제사장직이 시작된 시점에 대한 논의를 벌인다. 비록 여기서 그리고 본 주석에서 이 문제를 언급하기는 하지만 상세히 살펴보기는 어렵다. 서신 자체가 이 문제에 대해서 모호하기 때문에 여러 가지 결론이 도출된다. 보스에 따르면, 예수께서 자신의 죽음과 관련하여 제사장으로 기능한 것이 맞지만 히브리서는 예수의 승귀 시의 제사장직을 강조한다고 주장한다. 그러나 히브리서 기자가 예수께서 죽음 이전에 제사장으로 있었던 것에 대해서는 강조하지 않고 있기 때문에, 히브리서에는 예수께서 이 땅에서의 사역 내내 제사장으로 섬겼다는 개념이 없다고 보스는 말한다(Geerhardus Vos, "The Priesthood of Christ in

기 때문에 신자들은 그 어떤 다른 대제사장에게 이끌리거나 의지해서는 안 된다는 것이다. 린다스가 말하는 바와 같다. "신약성경에서 독특한 두 가지 개념이 있다. 멜기세덱의 반차를 따르는 예수의 제사장직은 전혀 새로운 것이다.……유사하게, 대속죄일의 의식을 통한 예수의 속죄의 죽음에 대한 주해는 '그리스도께서 우리 죄를 위하여 죽었다'는 것을 믿는 믿음에 대한 그 이전까지의 모든 주해를 뛰어넘는 것이다.고전 15:3"[22] 대제사장에 대한 주제의 중요성은 히브리서 8:1에서 분명히 드러난다. "지금 우리가 하는 말의 요점은 이러한 대제사장이 우리에게 있다는 것이라. 그는 하늘에서 지극히 크신 이의 보좌 우편에 앉으셨으니." 여기서 놀라운 것은 예수께서 하나님의 우편에 앉으신 대제사장이심을 담화의 요지로 기자가 말한다는 것이다. 다시 말해, 예수는 레위 계통의 제사장들과 전혀 다른 차원의 제사장이다. 대제사장으로서 그분의 사역이 완성되고 끝났기 때문이다.[23] 반면에 레위 계통의 대제사장들은 계속해서 서서 섬긴다.10:11 제사장으로서 그들의 사역은 결코 끝나는 일이 없기 때문이며, 이런 사실은 그들의 제사장직이 갖는 불충분성과 효력 없음을 나타낸다.

Hebrews", in *Redemptive History and Biblical Interpretation: The Shorter Writings of Geerhardus Vos*, ed. R. B. Gaffin Jr.[Phillipsburg, NJ: Presbyterian & Reformed, 1980], 154-59). 추가 참조. Richard B. Gaffin Jr. "The Priesthood of Christ: A Servant in the Sanctuary", in *The Perfect Savior: Key Themes in Hebrews*, ed. J. Griffiths(Nottingham: InterVarsity, 2012), 49-68.

22 Lindars, *The Theology of Hebrews*, 1.

23 쉘러는 예수의 하늘에서의 제사장직은 이 땅에서 행한 제사장으로서의 사역에 달려 있고 그것을 토대로 한다고 바르게 말한다(John M. Scholer, *Proleptic Priests: Priesthood in the Epistle to the Hebrews*, JSNTSup 49[Sheffield: Sheffield Academic, 1991], 88). 따라서 우리는 예수께서 승천하신 후에야 비로소 제사장이 되었다는 이해를 거부할 수 있을 뿐 아니라, 이런 이해는 예수께서 이 땅에서의 사역 내내 제사장이었는지 아니면 십자가에서 고난받을 때만 제사장으로 그렇게 하셨는지에 대한 문제에 답을 주지 못한다.

그렇기 때문에 레위 계통의 제사장직은 "더 좋은 언약"8:6을 시작한 더 좋은 제사장직8:5인 하늘의 제사장직에 대한8:4 "모형과 그림자"다. 레위 계통의 제사장직은 악하거나 하나님의 뜻에 반하지 않는다. 구원 역사의 일정 기간 동안 기능하도록 하나님께서 정하신 것이기 때문이다. 하지만 결코 영원토록 이어질 것으로 정하신 것은 아니다. 예수는 더 좋은 제사장이다. 아론으로부터 비롯된 대제사장은 일 년에 한 차례만 지성소로 나아갈 만큼 하나님 앞으로 나아가는 것이 제한된 반면에,9:7, 25 그분은 하나님 앞으로 나아가 "영원한 구속"을 확보하기 때문이다.9:11-12

기자는 독자들에게 하나님께로 가까이 나아가라고 격려한다. 그들에게는 이처럼 위대한 대제사장이 있기 때문이다.10:21-22 예수는 "하늘을 지나서" 하나님 앞으로 나아갔다.4:14 이 서신 전반에 걸쳐서 대제사장에 대해 가르치는 것을 보면, 하나님께 가까이 나아가라는 권면이 이해가 된다. 독자들은 하나님 앞에서 확신으로 가득해야 한다. 그들의 대제사장이신 예수께서 그들을 위해 영원토록 하나님 앞으로 나아갈 수 있는 길을 열어 놓았기 때문이다. 다른 곳에서 기자가 왜 예수를 "우리가 믿는 도리의 대제사장"이라고 하는지 우리는 이해할 수 있다.3:1

예수의 대제사장직은 그분의 희생과 긴밀하게 연결되어 있다. 이 주제에 대해서는 이어지는 부분에서 다룰 것이다. 예수의 제사장직은 효과적이다. 그분이 자기 백성들의 죄를 속량했기 때문이다.2:17 히브리서에는 여러 가지 주제들이 서로 엮여 있고, 예수의 제사장직은 그분의 인성과 연결되어 있다. 그분이 만약 "범사에 형제들과 같이" 되셨다면,2:17 "자비하고 신실한 대제사장"이 될 수밖에 없다. 대제사장은 인간이어야 하고,5:1 예수는 자비하고 긍휼이 가득했다. 모든 인간과 같이 시험을 받았기 때문이다.4:15 그분은 인간 상태의 고통이 범접할 수 없는 지극히 높아진 대제사장이 아니다. 대제사장으로서 그분은 유혹받는 것의 비통함과 십자가의 고통을 아셨다.

예수는 평범한 제사장이 아닌 멜기세덱의 반차를 따르는 제사장이었다. 그분은 스스로 높여 대제사장의 부르심을 택한 것이 아니다. 오히려 하나님께서 그분을 제사장으로 세우셨다.[5:5] 그렇기 때문에 이는 하나님이 주신 영광이었다. 예수와 관련하여 제사장으로 세워지는 것에 대한 말들은 시편 110:4에서 비롯되었고, 이런 사실은 예수께서 멜기세덱과 같은 제사장임을 나타낸다.[5:6, 10, 6:20] 예수의 제사장직은 하나님이 그분을 택하고 세우신 것으로 설명되기 때문에 그분의 자의적인 욕망에 따른 이기적인 것으로 치부될 수 없다.

구약성경에서 멜기세덱은 창세기 14장과 시편 110:4에만 언급되는 신비로운 인물이다. 히브리서 기자만 이런 멜기세덱에게 흥미를 보인 것은 아니다. 쿰란 공동체의 문헌들에도 그가 등장한다. 멜기세덱 본문 [11QMelch]에 보면 멜기세덱은 최후의 심판에서 희년에 이스라엘에게 자유와 그들의 죄 사함을 선포하는 아주 중요한 역할을 한다. 실제로 그는 심지어 "하나님"이라 불렸고, 이는 최후의 심판에서 그가 하는 역할과도 맞는다. 멜기세덱이, 그가 실제로 하나님인 것처럼, 말 그대로 신적인 역할을 했는지에 대해서는 불분명하고, 심지어 그것은 쿰란 문서들에서도 마찬가지다. 쿰란 문서나 유대주의의 다른 문서들에서도 멜기세덱에 비견되는 "신들"에 대한 증거는 없다.[24] 그럼에도 불구하고 우리는 일부 유대주의 그룹들에서 멜기세덱이 중요한 종말론적 역할을

24 이 문제에 대한 보다 자세한 연구를 위해서는 유대주의 안에서 이 문제를 일반적으로 고찰하고 있는 우르타도Larry Hurtado를 참조하라. *One God, One Lord: Early Christian Devotion and Ancient Jewish Monotheism*(Philadelphia: Fortress, 1988); 같은 저자, *Lord Jesus Christ: Devotion to Jesus in Earliest Christianity*(Grand Rapids, MI: Eerdmans, 2003).

하는 것을 본다.[25]

구약성경에서 멜기세덱은 아브라함이 롯을 포로로 잡은 자들로부터 구해 준 후에 등장한다.[창 14:16] 이 승리를 축하하는 가운데 "지극히 높으신 하나님의 제사장"으로 소개된 멜기세덱이 "떡과 포도주"를 가지고 온다.[14:18] 계속해서 그는 아브라함을 축복하고 아브라함은 그에게 자신이 얻은 것에서 십분의 일을 주었다.[14:19-20] 창세기 14장의 이야기에서 그랬던 것처럼 시편 110:4에서 갑자기 등장할 때까지 구약성경에서 멜기세덱은 언급되지 않는다. 기자는 이미 다윗의 주가 될 이에 대해서 말함으로[시 110:1] 그가 왕적인 인물임을 보여주었다. 별안간 그는 바로 이 인물이 또한 멜기세덱과 같은 제사장이 될 것이라고 맹세와 더불어 선언한다.[시 110:4] 여기서는 이 계시가 갖는 역사적인 성격이 중요하다. 시편 기자의 약속은 창세기의 멜기세덱의 출현에서 비롯된 것이고, 이런 사실은 또 멜기세덱의 반차를 따르는 또 다른 제사장이 오고 있음을 나타낸다.

히브리서는 시편 110:4의 제사장을 하나님의 아들 예수 그리스도라고 말한다.[5:6, 10, 7:17, 21] 예수의 아들됨과 제사장직은 서로 충돌되지 않고 하나님의 아버지로서의 행위 안에서 자리하고 그런 행위로 말미암아 존재하는 호혜적인 정체성이다."[26] 아들이신 예수의 역할이 그분으로 제사장의 자격을 갖게 하고, 그렇기 때문에 아들로서의 그분의 신분이

25 쿰란 문서들을 넘어서는 다른 자료들에서 발견되는 멜기세덱의 역할을 포함한 그에 대한 보다 폭넓은 논의를 위해서는 다음을 참조하라. M. Delcor, "Melchizedek from Genesis to the Qumran Texts and the Epistle to the Hebrews", *JSJ* 2(1971); Eric F. Mason, *"You Are a Priest Forever": Second Temple Jewish Messianism and the Priestly Christology of the Epistle to the Hebrews*, STDJ 74(Leiden: Brill, 2008); and especially Fred L. Horton Jr., *The Melchizedek Tradition: A Critical Examination of the Sources to the Fifth Century A.D. and in the Epistle to the Hebrews*, SNTSMS 30(Cambridge: Cambridge University Press, 1976).

26 Peeler, *You Are My Son*, 108.

제사장직보다 우선이다.[27]

교회 역사를 보면 멜기세덱이 성육신하기 전의 그리스도였다고 말하는 사람들이 있었다. 이런 주장의 근거로 제시되는 증거가 흥미롭다. 멜기세덱은 아브라함의 승리를 축하하기 위해 떡과 포도주를 가지고 별안간 등장한다. 더욱이 히브리서 7:3은 멜기세덱을 어머니나 아버지를 갖지 않은 생명의 시작이나 날들의 끝도 없는 영원한 인물로 말하는 것 같다. 이런 이해를 뒷받침하기 위한 흥미로운 증거에도 불구하고 멜기세덱을 사람으로 보는 것이 더 설득력이 있다. 창세기 14장을 주의 깊게 읽어 보면, 멜기세덱은 신적인 존재가 아닌 것이 분명히 드러난다. 그는 "살렘의 왕"이고,[14:18] 따라서 왕으로서 역사상의 특정한 시기에 특정한 지역을 다스렸다. 7:3의 표현들 역시 멜기세덱이 성육하기 전의 그리스도라는 증거가 될 수 없는 것이, 본문은 멜기세덱이 하나님의 아들"이었다"고 말하는 것이 아니라 하나님의 아들과 닮았다고 말한다.[7:3] 하나님의 아들로 정의되는 것이 아니라 그에게 비교된다. 여기서 사용하는 표현들을 볼 때, 멜기세덱은 그리스도의 오심을 바라보는 모형이었다. 기자는 본문이 언급하지 않는 부분을 통해 예수 그리스도와 멜기세덱 간의 상응되는 부분을 그려내고 있다. 레위 계통의 제사장직과 달리 멜기세덱을 위해서는 어떤 계보도 제공되지 않고 있고, 이런 사실은 그가 전혀 다른 유형의 제사장임을 보여준다.

멜기세덱에 대한 자료들은 불가해하고 심지어 생소해 보이기까지 한다. 하지만 기자는 그가 다른 종류의 제사장이고 레위 계통의 제사장들보다 더 나은 제사장임을 보여주고 싶어 한다. 멜기세덱은 아브라함보다 더 위대하다. 아브라함이 멜기세덱에게 자신의 전리품 가운데 십분

27 같은 책, 124, 137.

의 일을 바치고 그에게 축복을 받았기 때문이다.[7:4-8] 실제로, 어떤 면에서는 아브라함의 자손으로서 레위가 멜기세덱에게 십분의 일을 바친 것이다.[7:9-10] 그렇기 때문에 멜기세덱은 또한 레위보다도 더 위대하다. 이런 모든 논리가 중요한 것이, 예수는 멜기세덱의 반차를 따르는 제사장이기 때문이다. 따라서 예수는 레위 계통의 제사장들보다 더 위대하다. 그렇다면 독자들은 죄 사함을 위해서 레위 계통의 제사장직을 신뢰해서는 안 된다. 그렇게 함으로 그들은 더 열등한 제사장직을 의지하고 있기 때문이다.

기자는 그리스도의 제사장직의 탁월성을 뒷받침하는 주장들을 더해 간다. 첫째, 만약 레위 계통의 제사장직을 통해 진실로 완전함을 얻을 수 있다면, 주께서 나중에 이르게 될 멜기세덱의 반차를 따르는 또 다른 제사장직을 예언하고 세울 필요가 없을 것이다.[7:11-12] 레위 계통의 제사장직이 진정으로 효력이 있다면, 주께서 새로운 제사장직을 시작하실 이유가 없을 것이다. 둘째, 제사장직은 변하지 않는다는 주장을 해서도 안 된다. 분명히 예수는 레위 계통의 제사장이 아니었기 때문이다.[7:13-14] 예수는 유다 지파에서 나셨기 때문에 그분은 레위 계통의 제사장으로는 자격이 없었다. 예수는 전혀 다른 반차를 따르는 제사장이었음이 틀림없다.

셋째, 기자는 멜기세덱의 반차를 따르는 제사장직에 대한 예언으로 다시 돌아간다.[7:15-17] 이런 예언은 레위 계통의 제사장직이 본질상 일시적인 것이었음을 나타낸다. 옛 제사장직이 효과적이고 그것으로 충분했다면, 새로운 제사장직에 대한 예언이 없었을 것이다. 멜기세덱의 반차를 따르는 제사장직은 레위 계통의 제사장직보다 본질적으로 우월하다. 예수께서 사망을 이기셨고 이 제사장직은 "불멸의 생명의 능력을 따라" 된 것이기 때문이다.[7:16] 넷째, 레위 계통의 제사장직은 그것이 가진 연약함으로 인해 온전하지 못하다.[7:18] 그에 반해, 예수의 제사장직은 질적으로 다르다. 신자들을 하나님과의 교제로 데리고 가기 때문이다.[7:19] 다섯째, 멜기세덱의 반차를 따르는 제사장직의 탁월성은 단순히 과거만의 문제가 아니다.[7:20-22] 하나님께서는 멜기세덱의 제사장직이 영영할 것임을 맹세로 약속하셨다. 반면에 레위 계통의 제사장직에는 어떤 맹세도 따르지 않고 그것이 영속될 것이라는 약속도 없다.

여섯째, 레위 계통의 제사장직이 가진 불충분성은 이 제사장직이 가진 성격을 생각해 볼 때 분명해진다. 이 제사장직은 끊임없이 다른 제사장으로 바뀐다. 제사장들이 계속해서 죽기 때문이다.[7:23] 반면에 예수의 제사장직은 결코 다함이 없다. 그분이 사망을 이겼기 때문이다.[7:24] 또한 예수께서 사망을 이기고 승리하셨기 때문에, 항상 살아 계셔서 중보하는 그분의 구원의 능력은 결코 끝나지 않는다.[7:25] 일곱째, 멜기세덱의 반차를 따르는 예수의 제사장직이 더 좋다. 레위 계통의 제사장들은 연약하고 죄가 있는 데 반해 예수는 죄가 없는 제사장이기 때문이다.[7:26-28]

기자가 예수가 가진 제사장직의 탁월성을 뒷받침하는 많은 주장을 한다. 기자가 그렇게 하는 것은 목회적 이유에서다. 독자들은 자신들의 대제사장이신 예수를 저버리지 말아야 한다. 예수는 이루신 역사를 힘입어 하나님 우편에 좌정하신 멜기세덱의 반차를 따르는 그들의 제사장-왕이다. 그렇기 때문에 독자들은 그들을 위해 예수께서 하신 일로 말미암아 전적으로 안심해야 한다.

§2.4 예수께서 바친 더 좋은 제사와 히브리서의 인간학

예수께서 바친 제물은 그분의 제사장직과 긴밀하게 연결된다. 그분이 가진 제사장직의 본질로 인해 그분이 바친 제물은 효력을 갖는다. 기자는 예수께서 바친 제물은 옛 언약 아래에서 바쳐진 제물들보다 더 좋은 것임을 강조한다.[9:23] 이 땅의 장막과 거기에 있는 기구들은 하늘에 있는 것의 모형이고, "하늘에 있는 것들"은 더 좋은 제물로 깨끗하게 되었다. 예수는 스스로가 더 좋은 "제단"이기 때문에 더 좋은 제물을 바친다.[13:10] 그분의 "뿌린 피"는 아벨의 피보다 "더 좋다."[12:24] 아벨의 피와 달리 예수의 피는 실제로 죄를 깨끗하게 하기 때문이다.

예수께서 바친 제물에 대해 계속해서 살펴보기에 앞서 기자가 말하는 인간학에 대해 말할 것이 있다. 이 서신을 시작하면서 기자가 인간들을 위한 인간학적 비전을 명시적으로 제시하지는 않는다. 그가 가진 인간학은 전체 서신을 통해 드러난다. 히브리서 기자가 가진 인간에 대한 개념을 이해하지 않으면 예수의 제사장직을 이해할 수 없다. 기자가 시편 8편을 인용하는 히브리서 2:5-8을 볼 때, 기자가 인간들을 존엄한 존재로 이해하는 것이 분명하다. 하나님께서 그들을 자신의 대리 통치자로 지으셨고, 그렇기 때문에 그들은 하나님을 위해 세상을 다스리도록 부르심을 받았다. 하지만 심지어 이런 상황에서조차 인간들이 그들을 향한 부르심을 실현하지 못하도록 하는 끔찍하고 비극적인 어떤 일이 일어난 것이 분명하다.

휘틀락Jason A. Whitlark은 히브리서에서 발견되는 인간학적 비관주의를 잘 요약하고 있다.[28] 기자는 인간이 죄로 말미암아 부패하게 되었다고

28 Jason A. Whitlark, *Enabling Fidelity to God: Perserverance in Hebrews in Light of Reciprocity Systems in the Ancient Mediterranean World*(Milton Keynes, UK: Paternoster, 2008), 163-66. 동시에 휘틀락은 히브리서에서 드러나는 상호 관계에 대한 드실바의 이해가 몇 가지 이유에서 오류가 있음을 보인다(138-46). 먼저, 히브리서에서 상호 관계성의 주제는 두드러진 주제가 아니다. 둘째, 신자들에게 근본적으로 동기를 부여하는 것은 하나님께서 과거에 베푸신 은택들에 대한 믿음이 아닌, 하나님께서 하신 장래에 대한 약속들에 대한 믿음

믿는다. 죄로 더럽혀진 우리의 양심은 깨끗하게 되어야 하고,[9:14, 10:2] 오직 피 흘림을 통해서만 죄 사함을 얻을 수 있다.[9:22] 예수의 희생은 이런 죄 사함을 가져다주고,[10:17-18] 이런 사실은 인간이 하나님께서 요구하시는 것을 하지 못했고 저지른 죄악들로부터 사면되어야 할 필요가 그들에게 있음을 가리킨다. 기자가 "죽은 행실"이라고 부르는 것 때문이다.[6:1, 9:14] 죽은 행실들이란 사망에 이르게 하는 일들을 가리키고, 이런 일들로 인해 인간은 그들이 저지른 죄악에 대한 속전이 필요하다. 인간은 또한 거룩하지 않기 때문에 거룩하게 되어야 하고, 거룩한 자들의 영역으로 인도함을 받아야 한다.[2:11, 10:10, 14, 29, 13:12] 예수 그리스도의 사역으로 말미암아 성화가 실재가 되었지만, 그리스도와 상관없이 인간은 이 거룩한 영역 밖에 있으며 죄로 부패하게 되었다는 사실을 우리는 주목해야 한다.

인간의 곤경은 또한 인간의 삶에 드리운 사망의 지배를 통해 드러난다.[2:14-15] 실제로 기자는 그들이 사탄의 권세 아래 있고 최후의 심판을 받는다고 말한다.[9:27] 인간이 사탄의 권세와 사망과 심판으로부터 해방되어야 할 필요가 있는 것이 분명하다. 마찬가지로 이 서신의 경고들은 예수를 의지하지 않고 스스로를 죄에 내어 준 자들에게 예비된 심판의 엄중함을 말한다.[참조. 2:1-4, 3:7-4:13, 6:4-8, 10:26-31, 12:25-29] 속함을 받음이 없이는 사망과 최후의 심판을 맞닥뜨려야 할 정도로 인간의 부패와 악은 심각하다.

예수의 희생을 고찰하는 기자는 언약을 따라 생각한다. 기자는 피 흘리는 제물을 통해 옛 언약이 세워졌음을 설명한다.[9:15-22] 출애굽기

이다. 셋째, 독자들은 믿음이 결여될 것에 대해서 경고를 받는다. 기자가 초점을 두는 것은 감사가 아니다. 넷째, 상호 관계성의 개념을 말함에 있어서 드실바는 낙관적 인간학을 가정하고 있기 때문에, 하나님의 은혜의 필요와 하나님이 능력을 주셔야 하는 인간의 필요에 대한 초점이 결여되어 있다.

24:5-8을 보면, 이 언약이 이스라엘과 체결된다. 이 의식에서 황소의 피가 제단과 백성들 모두에게 뿌려진다. 기자가 자신을 이 사건으로만 제한하지 않는 것이 분명하다. 그가 피를 "두루마리"에 뿌리는 것과 아울러 염소의 피와 "물과 붉은 양털과 우슬초"가 하는 역할을 포함하기 때문이다.[9:19] 아마도 이와 같은 다른 특징들이 전승으로부터 포함되었을 것이다. 우리는 이런 행위들이 이스라엘 백성들을 정결하게 하는 암송아지를 바치는 의식에서 반영되는 것을 본다.[민 19:1-22] 피 뿌림, 물, 피, 우슬초, 홍색실과 같은 모든 것은 정결 의식에서 사용되기 때문이다.[19:4, 6, 12-13, 17-21; 추가 참조. 레 14:4, 49] 우슬초와 피는 유월절 제사에서도 사용된다.[출 12:22] 아무튼 히브리서 기자는 옛 언약에서 사용된 거의 모든 것은 피로 깨끗하게 되었다는 것과 "피 흘림"이 없이는 죄 사함도 없음을 강조한다.[9:22]

옛 언약은 예표론적으로 새 언약을 바라보고,[9:23-24] 이런 사실은 정결하게 함과 죄 사함은 오직 피를 통해서, 다시 말해 희생 제물로 죽는 것을 통해서만 이루어진다는 사실을 나타낸다. 구약성경의 제사들은 하나님께서 정하셨기 때문에 악한 것으로 거부되지 않는다. 이런 제사들은 최종적이고 궁극적인 제사를 가리킨다. 여기서 우리는 구약의 제사들은 기독론적이고 그리스도의 희생에 대한 예전적 모형들이라고 하는 리벤스의 말에 동의할 수 있다.[29] 옛 언약 아래에서 구약의 제사들을 통해 죄들을 용서받았다. 예수 그리스도의 최종적이고 효력 있는 제사를 가리킨 제사들이었기 때문이다. 제사의 과정에서 드러나는 폭력과 피는 인간의 악에 대한 메시지를 보내고 있다. 다른 누군가의 죽음으로,

29 리벤스는 그의 논문에서 이런 주장을 한다(Benjamin J. Ribbens, "Levitical Sacrifice and Heavenly Cult in Hebrews"[Ph.D. diss., Wheaton College, 2013]). 그의 논문에서 말하는 모든 측면을 내가 지지하는 것은 아니지만, 구약의 제사들이 하는 역할에 대한 그의 기본적인 주장에는 동의한다.

인간이 받아 마땅한 죄책을 담당하는 대속 제물을 통해서라야 만족될 만큼 죄는 하나님께 큰 범죄라는 것이다. "백성의 죄"는 "속죄함"과 "속량함" ἱλάσκεσθαι, 2:17을 받아야 했다. 범해진 죄악들을 위한 속죄가 있어야 했고, 죄 사함이 있기 위해서는 죄악들이 깨끗하게 지워져야 했다.

여러 이유에서 예수께서 바친 제사는 옛 언약의 제사들보다 탁월하다. 율법과 율법이 정하는 제사들은 "장차 올 좋은 일의 그림자"이고,10:1 이런 사실은 하나님이 짐승 제물들을 죄들로부터 영속적인 깨끗함을 가져올 장래의 제사를 바라보는 모형과 기다림으로 의도하셨음을 보여준다. 옛 언약 아래에서는 끊임없이 제사들이 되풀이된다. 하지만 죄를 사하는 효력은 없다. 제사들을 반복한다는 사실은 그런 제사들로는 불충분하다는 것을 보여준다고 기자는 주장한다.10:2 만약 이런 제사들이 진실로 역사하고 죄를 깨끗하게 한다면, 그렇게 계속해서 제사를 드릴 필요가 없을 것이다. 이런 식으로 반복해서 드리는 제사들은 오히려 그 반대의 효과를 갖는다. 예배자들에게 그들의 죄가 진실로 제하여지지 않았음을 상기시키는 것이다.10:3 그리고 실제로 그들의 죄는 전혀 깨끗하게 되지 않았다. 짐승 제물로는 "죄를 없이하지" 못하기 때문이다.10:4 여기서 기자가 하는 말에 우리는 공감한다. 강제로 바쳐지는 짐승들을 제물로 하는 제사로는 인간의 죄를 속하지 못한다. 짐승들은 왜 자신들이 도살되는지 알지 못한다. 또한 자신들에게 무슨 일이 일어나고 있는지 의식이 없는 짐승 제물들이 흘린 피는 하나님 앞에서 인간들의 죄를 깨끗하게 할 수 없다.

예수의 제사는 짐승 제물로 드린 제사들과 전혀 다르다. 또한 짐승 제사와 달리 예수의 제사는 진실로 그리고 최종적으로 죄에서 깨끗하게 한다. 세상으로 들어오신 후 예수는 시편 40:6-8의 말씀에서 자신의 부르심을 깨달았다. 하나님은 궁극적으로 번제와 속죄제를 기뻐하지 않으셨다.[10:5-6, 8] 그런 제물로는 죄를 결정적으로 없이하지 못하기 때문이다. 하나님께서 예수로부터 원하신, 예수를 향한 하나님의 뜻은 자신을 내어 주는 것이었다.[10:5, 7, 9] 예수는 하나님의 뜻을 행하도록 부름을 받았고, 이는 그분이 자신을 죄를 위한 제물로 드리는 것이었다.[10:10] 여기서 우리는 왜 예수께서 드린 제사가 더 좋은 제사인지를 분명히 본다. 억지로 바쳐지는 짐승들을 제물로 하는 제사와 달리, 예수는 기꺼이 기쁨으로 자신을 하나님께 드렸고 인간들을 위해 자기 생명을 내어 주셨다.[30] 예수께서 드린 제사는 너무나 큰 의미를 갖는다. 온전한 신이요 온전한 인간인 이의 희생이 드려졌고, 단번에 드린 그분의 희생은 영원히 죄를 속한다.

그렇다면 예수의 희생이 더 좋은 것은 희생으로 드려진 그분이 누구인가 하는 것 때문이다. 그분은 자신이 이룬 것과 분리될 수 없다. 진실로, 그분이 누구인가 하는 것이 바로 그분이 성취한 것의 토대다. 그분이 단번에 드린 제사는 열정적이고 완전하기 때문에 더 이상 죄를 속하기 위해 또 다른 제사를 드릴 필요가 없다. 최종적인 죄 씻음이 이루어졌기 때문에, 예수는 "지극히 크신 이의 우편에 앉으셨다."[1:3] 예수께서 앉으신 것은 제사장으로서 그분의 사역을 다했기 때문이다.[1:13, 8:1, 10:12, 12:2] 예수의 희생은 반쪽 구원을 이루는 것이 아니다. 하나님께 속한 자들을 구원함에 있어서 그분의 희생은 완전한 효력을 갖는다.[7:25]

7:26-28은 존재론(예수의 정체)과 기능(그분이 이룬 것) 사이의 연결성을 말해 준다. 여기서는 예수께서 모든 오염과 부정함과 죄와 상관이 없으신 것을 말한다. 여느 대제사장들과 달리 그분은 죄로 더럽혀지지

30 참조. John Dunnill, *Covenant and Sacrifice in the Letter to the Hebrews*, SNTSMS 75(Cambridge: Cambridge University Press, 1992), 231.

않은 대제사장이다. 오히려 "온전하게" 되신 대제사장이다.[7:28] 그렇기 때문에 그분은 자신의 죄를 위해 제사를 드릴 필요가 없다. 반대로, 죄 없는 하나님의 아들과 멜기세덱의 반차를 따르는 대제사장으로서 그분은 단번에 자신을 드림으로 죄를 속하셨다. 율법에 따라, 대제사장들은 짐승의 피로 속죄를 이루기 위해 해마다 지성소로 들어갔다.[9:25] 그러나 예수의 방식은 전혀 달랐다. 한 번의 제사로 영영히 죄를 없이했기 때문에 계속해서 제사를 드릴 필요가 없다.[9:26, 28] 그분이 단번에 드린 제사는 영원토록 죄에서 깨끗하게 하기에 충분하다.

기자는 10:11-14에서 이 진리를 분명히 강조한다. 제사장들은 "매일" 서서 자주 같은 제사를 드린다. 하지만 그런 제사들은 죄를 없이하지 못한다. 반복된다는 것은 곧 그렇게 하는 모든 일이 무용하다는 말이다. 그러나 예수는 "죄를 위하여 한 영원한 제사를 드리시고 하나님 우편에" 앉으셨다.[10:12] 그분의 사역이 끝난 것이다. "거룩하게 된 자들을 한 번의 제사로 영원히 온전하게" 하셨기 때문이다.[10:14] 그리스도께서 하신 일의 완전성과 효력은 더 이상 제사를 드릴 필요가 없다는 사실에서 잘 드러난다. 단번의 제사로 그분의 사역이 끝난 것이다.

예수께서 단번에 드린 제사는 하나님께로 나아가는 길을 열었다. 하나님의 아들이자 대제사장으로서 그분이 "하늘을 통과하여 가셨기" 때문이다.[4:14, "승천하신", 개역개정] 그분이 하나님 앞으로 나아갔다는 말이다. 예수는 참된 "휘장 안"으로 들어가셨다.[6:19] 이 말 역시 하나님 앞을 뜻한다. 그분은 "선구자"[πρόδρομος]로서 하나님 앞으로 나아갔다. 그분은 자신이 드린 제사를 힘입은 선구자다. 예수께서 드린 제사로 인해 신자들은 "하나님께 가까이 나아가게" 된다.[7:19] 대속죄일의 의식은 하나님 앞으로 나아가는 길이 옛 언약을 통해 열린 것이 아님을 보여준다.[9:7-8] 예수는 자신의 피로 "영원한 구속"을 얻었고 이를 통해 "온전한 장막"으로 들어갔다.[9:11-12] 이 장막은 피조된 실체의 일부가 아니고, 이는 곧 그것이 하나님 앞을 나타낸다는 말이다. 기자가 지금 하늘에 실제 장막이 있다고 말하는 것이 아니다. 장막과 관련된 표현은 문자적인 것이 아니라 유비적인 것이다. 이 땅의 장막은 하늘의 장막을 가리키고, 하늘의 장막은 하나님 앞을 나타낸다. 그렇기 때문에 성소와 지성소로 구분된 문자적인 장막이 있다는 말이 아니다.

예수의 피와 제사들에서 피를 흘리는 것이 갖는 의미에 대한 논의가 자주 있어 왔다.[31] 예수께서 흘린 피는 마치 그분의 생명이 신비적으로 그분의 피에서 발견되기라도 하는 것처럼 피를 따라 그분의 생명을 내보낸다는 개념을 포함하지 않는다. 오히려 그분의 피는 그분의 생명을 사망에 내어 준 것을 가리킨다. 예수께서 피를 쏟은 것은 그분이 자기 생명을 내어 주었고 죽은 것을 가리킨다. 예수의 경우에 있어서 피를 흘린 것을 장막에서 그 피를 바르는 것에서 분리시켜서는 안 된다. 짐승 제물의 피를 장막/성전에 뿌린 것처럼, 예수께서 흘린 피는 하늘의 장막에 뿌렸다. 기자는 예수의 피가 문자적인 하늘 장막에 문자적으로 뿌려졌다고 말하는 것이 아니다. 그는 제사적인 표현을 사용해서 예수께서 이루신 것을 나타내고 있는 것이다. 여기서 문자적이거나 의미가 분명한 표현보다는 은유적인 표현을 사용하는 것도 이 때문이다. 기자는 예수의 죽음이 신자들을 하나님 앞으로 데리고 간다는 진리를 전달하기 위해 땅 위의 장막에서 일어나는 일을 상징적으로 사용하고 있다.

히브리서에서 예수의 피는 희생의 피이고, 그분의 피가 하나님께로

31 비록 여기에 대한 나의 이해는 모리스에 더 가깝지만, 가장 최근의 논의에 대해서는 쿠마Hermann V. A. Kuma를 참조하라. *The Centrality of Αἷμα (Blood) in the Theology of the Epistle to the Hebrews: An Exegetical and Philological Study* (Lewiston, NY: Edwin Mellen, 2012); Leon Morris, *The Apostolic Preaching of the Cross*, 3rd ed. (London: Tyndale, 1965), 112-29.

나아가도록 한 것을 나타낸다. 예수의 희생의 피로 말미암아 신자들은 예수께서 가졌던 것과 같은 "담대함"으로 하나님 앞으로[지성소, 10:19] 나아간다. 옛 언약 아래에서처럼 휘장은 일 년에 단 한 차례만 열리는[9:6-7] 것이 아니라, 모든 신자가 예수의 육체를 통해 나아가도록 휘장이 아예 열려 있다.[10:20] 하나님께로 나아가는 것이 제사의 목적이기 때문에 하나님께로 나아가는 것이 제사보다 중요하다고 말할 수도 있겠으나, 그런 판단 또한 잘못된 것일 수 있다. 하나님 앞으로 나아가게 된 자들은 어떻게 혹은 왜 자신들이 그렇게 할 수 있게 되었는지를 결코 잊지 못할 것이다.

하나님께로 나아간다는 것은 인간들의 죄가 용서받았음을 의미한다. 인간들은 하나님의 진노 아래서 고통을 당했고[2:17] 죄로 인해 죽음을 경험했다.[2:9, 14-15] 이제 예수의 죽음으로[2:17] 죄가 속량되고 속죄가 이루어졌다. 하나님은 예수의 형제들인 인간들에게 진노하지 않으시고 그들을 자녀로 여기신다.[2:12-14, 16] 십자가에서 이루신 예수의 희생의 역사로 그들의 죄가 용서받고 잊혀졌다.[8:13] 새 언약에 부합하게 하나님이 죄를 잊으신다는 것은 온전하고 최종적인 용서가 있다는 말이고, 따라서 더 이상 제사를 드릴 것이 없다.[10:17-18]

용서는 죄로부터의 자유와 그것으로부터 완전히 깨끗하게 되었다는 말이다. 기자는 특별히 신자들이 죄로 인한 수치와 부패를 두려워할 필요가 없다는 것을 강조하고자 하는 것처럼 보인다. 짐승 제물로 드린 제사들은 외적인 정결만을 제공한다.[9:13] 9:14에는 희생 제사의 본질이 분명히 드러난다. 기자가 예수의 피를 언급하고, 피는 옛 언약 아래에서 드리는 희생 제사에 있어서 중심 요소이기 때문이다.[32] 더욱이 예수는

32 참조. Jay Sklar, "Sin and Impurity: Atoned or Purified? Yes!", in *Perspective on Purity*

"흠 없이 자기를 드렸다." "드린다"[προσήνεγκεν]는 "흠 없는"과 마찬가지로[ἄμωμον; 참조. 출 29:1, 38, 레 1:3, 10; 3:1; 4:14 등] 구약성경 제사들에서 비롯된 말이다.[참조. 창 4:7, 출 32:6, 레 1:2-3; 3:6; 4:23; 16:9, 등; 추가 참조. 히 5:1, 3, 8:3-4, 9:7, 9, 25, 10:1-2, 8, 11, 11:4, 17] 죄들을 없이하기 위해 예수는 "단번에" 자신을 "드렸다."[9:28; 참조. 10:12] 그분이 흘리신 희생의 피는 효력이 있다. "우리의 양심을 깨끗하게 하여" 신자들이 하나님을 섬기지 못하게 하는 수치에서 벗어나도록 한다.[9:14] 그 결과 우리는 "살아 계신 하나님을 섬기는" 자유를 얻는다.[9:14] 하나님 앞에서 수치스럽고 부정하고 더럽혀진 것으로 느끼는 사람은 기쁨으로 하나님을 섬기지 못한다. 이제 신자들은 기쁨으로 "참 마음과 온전한 믿음으로 하나님께 나아간다."[10:22] 그리스도의 피로 우리의 "악한 양심"이 깨끗하게 되었기 때문에 우리가 그 같은 양심을 갖는다. 이 서신에서 경고가 더욱 엄중한 것은, 독자들이 그리스도를 저버릴 경우 그들이 상실하게 될 것들 때문이다. 기자가 말하는 바와 같이, 가능한 유일한 "속죄"를 그들이 거부하는 것이기 때문이다.[10:26] 만약 그들이 영원히 죄를 속하기 위해 자기 피를 단번에 바치는 제물로 드리신 이로부터 돌아선다면, 확신, 하나님 앞으로 나아가는 담대함, 장래의 소망을 잃게 될 것이다.

and Purification in the Bible, ed. Baruch J. Schwartz, David P. Wright, Jeffrey Stackert, and Naphtali S. Meshel, LHBOTS 474(New York: T&T Clark, 2002), 18-31. 스클라Jay Sklar는 죄가 부정하게 하기 때문에 정결하게 하는 것이 필요하고, 죄는 또한 개인의 생명을 위험에 빠뜨리고, 그렇기 때문에 속전이 필요하다고 주장한다. 같은 저자. *Sin, Impurity, Sacrifice, Atonement: The Priestly Conceptions*, HBM 2(Sheffield: Sheffield Phoenix, 2005). 제사들의 역할과 제의에 대한 충분한 논의를 위해서는 게인Roy E. Gane을 참조하라. *Cult Character: Purification Offerings, Day of Atonement, and Theodicy*(Winona Lake, IN: Eisenbrauns, 2005).

§2.5 완전과 확신[33]

히브리서에서 완전을 생각할 때 우리는 두 가지 측면을 고찰해야 한다. 예수의 완전과 인간의 완전. 기자가 예수의 완전을 말하는 것이 놀라운 것은, 예수께서 죄가 없으심을 강조하기 때문이다.[4:15, 7:26] 그분은 "흠 없이" 자신을 하나님께 제물로 드리셨다.[9:14] 예수에 대한 이런 주장을 통해 처음부터 우리는 완전하게 된다는 것이 이전에 예수께서 죄로 부정하게 되었음을 의미하는 것이 아님을 알 수 있다.

2:10은 예수께서 고난을 통하여 온전하게 되셨다고 말한다. 그분이 애초에 죄가 없었기 때문에 고난당함으로 기존의 죄가 깨끗하게 되었다는 것이 아니라, 그분의 고난으로 제사장으로 섬길 자격을 갖추게 되었다는 말이다. 단순히 죄가 없다는 사실만으로 예수께서 대제사장으로 섬기게 된 것이 아니다. 그분은 인간의 삶을 경험하고, 시험받고, 고난을 당해야 했다.[2:18] 그분은 인간이 경험하는 모든 것을 경험했다.[2:17] 시험받는 것[4:15]이 무엇인지 인간 삶의 고뇌와 번민을 갖는다는 것이 무엇인지 아시기 때문이다. 그분의 죄 없으심이 더더욱 놀라운 것은 그것이 인간 경험의 모루에서 연마된 것이라는 사실 때문이다. 그분은 고난을 통해 "순종을 배우셨고",[5:8] 그런 의미에서 온전하게 되신 것이다.[5:9; 참조. 7:28] 그리스도의 인격에 대한 이레니우스의 총괄갱신[recapitulation] 이론이 히브리서를 어느 정도 반영한다. 어린아이나 심지어 청소년기에도

33 피터슨의 탁월한 논문을 참조하라. *Hebrews and Perfection: An Examination of the Concept of Perfection in the "Epistle to the Hebrews"*, SNTSMS 47(Cambridge: Cambridge University Press, 1982). 또한 그의 이해하기 쉽고 보다 잘 알려진 에세이를 참조하라. David G. Peterson, "Perfection: Achieved and Experienced", in *The Perfect Savior: Key Themes in Hebrews*, ed. J. Griffiths(Nottingham: InterVarsity, 2012), 125-45.

예수는 죄를 속량할 수 없었을 것이기 때문이다. 그분의 순종의 삶이 어렸을 때는 가질 수 없는 깊이와 오묘함을 갖추도록, 나이가 들어 감에 따라 하나님께 순종하는 것이 무엇인지 경험해야 했다. 그렇게 예수께서 가졌던 온전함에는 경험적인 성격이 있었고, 많은 통곡과 눈물 가운데 그분이 온전히 하나님의 것임을 나타내었다.[5:7]

예수의 온전함은 십자가에서 그분이 당한 고난을 포함한다. 그분이 당한 고난은 사탄의 권세를 무장해제하고 사망의 종노릇하는 데서 인간을 해방시킨 십자가 죽음에서 정점에 이르렀기 때문이다.[2:10, 14-15] 그렇기 때문에 예수의 온전하게 되심에는 십자가 위에서 이룬 속량과 속죄 사역이 포함되는 것이다. 고난 중에서 이룬 그분의 순종과 십자가에서 성취한 속죄로 말미암아, 그분은 대제사장으로 섬길 자격을 갖추었다. 그분이 진실로 온전함에 이르렀다는 점에서 예수의 제사장으로서의 사역은 레위 계통의 제사장직과 대비되고,[7:11, 19, 10:1] 이는 곧 그분을 통해 신자들이 담대히 하나님께로 나아간다는 것을 의미한다.[34] 더욱이 예수의 온전하심은 또한 그분의 승귀를 포함한다. 고난당하고 존귀하게 되심으로[5:7-10] 그분은 "영원한 구원의 근원"이 되셨다.[5:9] 그렇기 때문에 고난과 죽음과 승귀를 통해 그분은 대제사장으로 섬길 수 있게 되었다. 피터슨이 말하는 바와 같이, "완전하게 되는 것은 그분의 생애에서 일어난 전체 사건들—고난을 통한 그분의 증거와 죄를 속량하기 위한 하나님의 요구를 충족시키는 구속의 죽음과 영광과 존귀로 높아지심—을 포함한다."[35] 그러므로 예수의 온전하게 되심을 제사장-왕으로 다스리

34 리벤스는 히브리서에서 완전은 항상 하나님께 나아가는 개념을 가지고 있다고 주장한다("Levitical Sacrifice and Heavenly Cult in Hebrews", 227-39, 328-36). 물론 그런 개념이 있기는 하지만, 어떤 본문에서는 자격의 개념이 더 부합해 보인다(참조. 2:9, 5:9).

35 Peterson, *Hebrews and Perfection*, 73.

는 것으로만 제한하는, 예수의 온전함을 종말론적인 것으로만 배타적으로 이해하기를 거부해야 한다.[36] 피터슨은 온전함을 이렇게 이해한다. "시험을 통한 그분의 증거, 속죄의 제물로서의 그분의 죽음, 하늘로의 승귀."[37]

히브리서는 또한 인간의 성숙과 온전함에 관심을 갖는다. 이 서신은 인간이 하나님 앞에 나아가도록 하는 것이 무엇인지를 살핀다. 독자들은 반드시 "완전한 데로"τελειότητα, 6:1 나아가야 한다. "완전"τελείων하지 않으면 그들은 종말론적인 상을 받지 못할 것이다. 다시 말해, 완전한 자들은 끝까지 믿음으로 그리스도를 붙잡고 믿음에서 떨어져 나가지 않는다.

히브리서는 구약의 제사장직과 율법으로는 완전을 얻을 수 없다고 주장한다. 레위 계통의 제사장직을 통해서는 "완전"τελείωσις에 이를 수 없다.7:11 율법은 아무것도 "온전하게"ἐτελείωσεν 못하기 때문이다.7:19 지금 기자는 인간이 율법을 통해서는 하나님 앞에서 교제할 수 없다고 말하는 것이다. 율법은 하나님께로 나아가게 하기보다는, 하나님께로 나아가기에는 인간이 너무나 부정하고 부패했음을 보여준다. 따라서 레위 계통의 제사장직은 진실로 양심을 깨끗하게 하고 죄를 없이하지 못한다. 율법은 "섬기는 자를 그 양심상 온전하게τελειῶσαι 할 수 없나니."9:9 반면에, 율법은 백성들에게 그들의 죄를 기억하게 한다.10:3 해마다 늘 드리는 같은 제사로는 "나아오는 자들을 언제나 온전하게τελειῶσαι 할 수 없기" 때문이다.10:1 반면에 예수는 "거룩하게 된 자들을 한 번의 제사로 영원히 온전하게τετελείωκεν" 하셨다.10:14 히브리서에서 "온전하게 하다"라는 말은 바울이 칭의라는 말을 사용하는 것과 유사하다. 예수의 희생

36 반대 참조. Scholer, *Proleptic Priests*, 84.

37 Peterson, *Hebrews and Perfection*, 118. 피터슨의 책에서 이 인용은 이탤릭체로 되어 있다.

으로 신자들이 도덕적인 완전에 이르는 것이 아니다. 다시 말해, 일상에서 죄가 없이 완전한 거룩을 나타낼 정도로 변화되는 것이 아니라는 것이다. 하지만 그들은 예수를 힘입어 하나님 앞에서 완전하다. 즉 죄를 용서받고 양심이 깨끗하게 되어 하나님 앞에 담대하게 나아가는 것이다.

우리는 완전이란 양심이 깨끗하게 되어 신자들이 하나님 앞으로 나아갈 수 있게 되고, 신자들이 날마다 하나님의 능력과 은혜를 덧입고 살아가는 것을 의미한다는 것을 보았다.[38] 양심이 온전하게 되는 것은 과거의 일로만 제한되지 않는다. 이로 인해 자유롭고 강건하게 된 신자들은 하나님의 은혜를 덧입고 현재 맞닥뜨리는 여러 시험 중에서 담대하게 하나님의 은혜와 긍휼로 나아간다. 다시 말해, 완전은 확신과 긴밀하게 연결된다. 휘틀락이 말하는 바와 같다. "그리스도께서 양심을 깨끗하게 하시는 것은 그리스도인으로 살아가기 시작하는 때에만 있는 것이 아니라, 하늘의 예루살렘을 향한 여정 내내 하나님께로 나아가도록 신자들을 강건하게 하는 토대다."[39]

몇몇 본문을 보면 히브리서에서 "거룩하게 하다"ἁγιάζω라는 말은 "완전"과 놀랍도록 가까운 의미로 사용되는 것처럼 보인다. 예수 그리스도께서 단번에 드린 제사로 말미암아 신자들은 이제 "거룩함을" 얻었다.10:10 앞 문단에서 인용된 10:14에서 우리는 "완전하게 되다"라는 말과 "거룩하게 되다"라는 말을 모두 볼 수 있다. 이 둘 모두 그리스도께서 드리신 단번의 희생으로 이루어진다. 또한 히브리서에 보면 성화가 그리스도의 피,10:29, 13:14 그분의 속죄의 죽음에 기인한 것으로 말하는 또 다른 두 가지 경우를 찾아볼 수 있다. "거룩하게 하다"라는 말은 그분에

38 참조. Whitlark, *Enabling Fidelity to God*, 156-57.

39 같은 책, 157.

게 속한 자들을 구별하는 그리스도의 사역을 가리킨다. 그들의 거룩은 그들 자신이 아닌 예수께서 단번에 드린 희생에서 비롯된다. 신자들은 자신들이 하나님 앞에서 거룩함을 확신한다. 그들이 하나님 앞에서 흠이 없이 서는 것을 확신한다.

최종적 완전은 종말론적 실체다. 신약 성도들이 없이는 구약의 성도들이 온전함을 이루지 못하기 때문이다.[11:40] 신약성경의 신자들은 지금 그들이 온전한 한에 있어서는 마지막 날 장차 온전히 그들의 소유가 될 것에 대한 종말론적 시연을 맛보고 있다. 한편으로 신자들은 그리스도의 최종적이고 결정적인 제사를 힘입어 지금 온전한 상태로 있다. 신분상으로 그들은 거룩하다. 동시에 그리스도께 속한 자들에게서 모든 남은 죄들이 온전히 사라지는 날이 오고 있다. 12:23의 기자의 언급은, 부활의 날이 이르기 전 지금 주와 함께 있는 신자들에게 그것이 사실임을 암시한다. 비록 최후의 부활의 날을 기다리고 있음에도 불구하고, 지금 그들의 영들은 온전하다.

히브리서에서 완전은 새 언약과 구원의 확신과 긴밀한 관련이 있다.[40] 예수께서 "거룩하게 된 자들을 한 번의 제사로 영원히 온전하게 하시기" 때문에 신자들은 최종적인 구원을 확신할 수 있다.[히 10:14] 신자들의 양심은 예수 그리스도의 희생으로 온전하게 되고 영원토록 깨끗하게 되었다.[9:9, 10:1] 죄 사함은 이미 성취된 실체다. 이미 이루어진 것을 다시 원래의 상태로 되돌리는 일은 없을 것이다. 새 언약을 특징짓는 것[8:8-12,

40 히브리서가 말하는 구원론에 대해 탁월한 요약한 마셜I. Howard Marshall을 참조하라. "Soteriology in Hebrews", in *The Epistle to the Hebrews and Christian Theology*, ed. R. Bauckham, D. R. Driver, T. A. Hart, and N. MacDonald(Grand Rapids, MI: Eerdmans, 2009), 253-77; Brenda B. Colijn, "'Let us Approach': Soteriology in the Epistle to the Hebrews", *JETS* 39(1996): 571-86.

[10:15-18]은 온전히 죄를 용서받고 마음에 율법이 새겨지는 것이다. 하나님은 마음에 율법을 새기는 분이시기 때문에, 그분이 마음에 새긴 것은 지워질 수도 없고 그렇게 하지도 않으실 것이다.

예수를 죽은 자 가운데서 다시 살리신 하나님은 그분의 뜻을 행하도록 신자들을 구비시키는 분이기 때문에, 신자들은 마지막까지 견딜 능력과 힘을 얻는다.[13:20-21][41] 기자는 그들이 하나님이 보시기에 기쁜 일을 하도록 하는 사망을 이긴 부활의 능력을 가졌음을 암시한다. 신자들은 죄 사함을 확신할 뿐 아니라, 일상에서 그분의 함께하심과 능력을 확신해야 한다.

끝까지 인내할 것에 대한 확신은 하나님의 역사로부터 온다. 구약성경은 일관되게 하나님에 대해서 이스라엘을 자신의 소유로 구별하고 거룩하게 하시는 분으로 이야기한다.[참조. 레 20:8, 21:8, 15, 23, 22:9, 16, 32] 히브리서 기자는 예수를 자기 백성을 거룩하게 하시는 분으로 말한다.[2:11] 휘틀락은 하나님이 자기 백성을 거룩하게 하시는 것과 레위기 22:31-33이 말하는 그분의 선택과 구속의 역사가 긴밀하게 연결되어 있다는 것을 주시한다.[42] 또한 예수께서 친히 이사야서를 언급하시는 2:13에서도 하나님이 자기 백성을 선택하시는 것을 말한다. "볼지어다. 나와 및 하나님께서 내게 주신 자녀라." 하나님께서 친히 예수께 그분의 형제자매들을 주셨고, 이런 사실은 그들이 하나님께 속한 것은 하나님의 역사이며 선택의 은혜의 결과라는 사실을 보여준다. 마찬가지로, "하늘에 기록된" 장자들의[12:23] 이름들에 대한 언급 역시 선택을 가리킬 것이다. 완료 수동태는 그들의 이름이 기록된 것은 "하나님이 주도하신" 것임을 암

41 여기서 살피는 본문에 대한 유익한 연구를 위해서는 나의 주해에 영향을 끼친 휘틀락을 참조하라. *Enabling Fidelity to God*, 146-63.

42 같은 책, 148.

시한다.[43]

자신의 독자들을 "아브라함의 자손"2:16이라고 정의하는 것 역시 구약성경과 자기 백성을 택하시는 하나님의 은혜와 맥을 같이한다. 기자는 아브라함을 하나님이 "택한"ἐξελεξάμην, 41:8-9 자요 하나님의 "사랑하는"ἠγάπησα, 41:8 자로 말하는 이사야 41:8-10을 빌려서 이야기한다. "사랑하는" 이라는 말은 종종 선택과 관련하여 사용된다.참조. 롬 9:13 이사야 41:8-10을 언급하고 수신자들을 아브라함의 후손으로 묘사함으로 기자는 하나님의 선택을 환기시킨다. 주께서 이스라엘을 선택하셨던 것처럼, 이제는 신자들이 그리스도 안에서 그분의 택함을 받은 자들이다.

기자는 히브리서 9:15에서 수신자들을 일컬어 "영원한 기업"을 받도록 "부르심을 입은" 자들로 말한다. 부르심이란 하나님을 의지하도록 사람들을 부르시는 하나님의 효과적인 역사다. 하나님에 대한 믿음을 창조하는 하나님의 초자연적 역사인 부르심을 초청과 혼동해서는 안 된다. 흥미롭게도 기자는 또한 넌지시 하나님의 부르심을 그분의 택하신 은혜와 긴밀하게 연결하는 이사야 41:9을 말한다.[44] 하나님의 택하신 은혜는 하나님이 신자들에게 마지막 날까지 견디도록 하는 은혜를 주셨고 또 주실 것을 신자들에게 확신시킨다. 한편으로 신자들은 끝까지 인내하도록 부름을 받았지만, 선택은 이 서신의 수신자들에게 그들의 인내가 궁극적으로 하나님으로부터 오는 것임을 상기시킨다. 이러한 사실은 하나님께서 그들로 하나님을 저버리지 않도록 하고, 맞닥뜨리는 모든 일을 능히 감당할 자원들을 그들에게 주실 것을 암시한다. 하나님께서 택하고 거룩하게 하고 온전하게 하신 자들은 하나님의 은혜를

43 같은 책, 150.

44 참조. 같은 책, 151.

힘입어 끝까지 믿음으로 이길 것이다. 예수의 대속의 죽음으로 거룩하게 되고 온전하게 된 자들은 영원토록 온전하게 된 것이기 때문이다.

§2.6 예수의 부활과 승귀

히브리서에서 예수의 부활은 주요한 주제가 아니라는 말을 종종 듣는다. 하지만 이 서신을 자세히 살펴보면 예수의 부활과 승귀가 이 서신에서 중요한 역할을 하고 있다는 것을 알 수 있다.[45] 예수께서 다스린다는 것이나 그분이 자신의 피로 하나님 앞으로 나아갔다는 것을 확증하는 본문들은 또한 적어도 암묵적으로는 부활 역시 확증하고 있다. 그렇기 때문에 히브리서에서 예수의 부활과 그분이 하늘의 장막으로 들어가신 것과 높아지신 것들은 서로 긴밀하게 엮여 있다.

기자가 명시적으로 부활을 자주 언급하는 것은 아니다. 하지만 부활이 전체 서신이 전하는 메시지의 핵심인 것은 분명하다. 부활에 대한 가장 분명한 언급은 하나님께서 예수를 "양들의 큰 목자"로 죽음에서 다시 살리신 것을 말하는 히브리서 13:20에서 볼 수 있다. 양들은 이 땅을 사는 동안 그들을 강건하게 하실 수 있고, 장차 그들도 역시 사망에 패하지 않을 것을 보증하시는 살아 계신 목자를 의지하고 순종한다.

예수는 죽음에서 건져 주시기를 심한 통곡으로 간구하셨고 그 기도가 응답되었다.[5:7] 기자가 예수께서 죽음을 면했다고 말하는 것이 아닌

45 참조. David M. Moffitt, *Atonement and the Logic of the Resurrection in the Epistle to the Hebrews*, SuppNovT 141(Leiden: Brill, 2011), 145-214. 모핏이 주장하는 모든 것에 동의하지는 않지만, 그가 예수의 육신적 부활의 중심성을 바르게 나타내고 있다고 생각한다. 부활의 중요성에 대해서는 커크릴을 참조하라. "The Better Resurrection(Heb. 11:35): A Key to the Structure and Rhetorical Purpose of Hebrews 11", *TynB* 51(2000): 215-34.

것은 분명하다. 이 서신에서 예수의 대속의 죽음만큼 분명히 드러나는 것도 없기 때문이다. 그렇기 때문에 죽음에서 구해 주실 것을 간구한 그분의 기도는 부활 시에 응답되었다. 게다가 예수는 자신의 죽음을 통해 사망의 권세 가진 자 곧 마귀를 멸하셨다.[2:14] 예수의 죽음만이 아니라 그분의 부활을 통해 마귀의 권세가 박탈되었다. 그렇기 때문에 신자들은 이제 사망의 두려움에서 해방되었다. 장래의 부활을 확신할 수 있기 때문이다. 이삭이 마지막 순간에 죽음에서 건짐을 받은 것은 부활에 대한 비유다.[11:19] 아마도 그리스도와 그분에게 속한 모든 자의 부활에 대한 비유일 것이다.

기자는 예수께서 가진 멜기세덱의 반차를 따르는 제사장직은 레위 계통의 제사장직보다 탁월함을 드러내기 위해 애를 쓴다.[7:1-28] 예수의 제사장직에 대한 주장은 그분의 족보나 율법에서 규정하는 요구에 기반을 두지 않는다.[7:16] 그분이 가진 "불멸의 생명"때문에 그분은 제사장으로 섬길 자격이 있었다.[7:16] 바꾸어 말해 예수의 부활은 그분의 제사장직이 레위 계통의 제사장직보다 질적으로 더 탁월하다는 것을 결정적으로 나타냈다. 실제로 기자는 시편 110:4에서 그리스도의 부활에 대한 예언을 발견한다. 멜기세덱의 반차를 따르는 제사장은 "영원한" 제사장으로 섬기기 때문이다.[7:17] 영원한 제사장직은 죽음을 이긴 사람에게나 가능하다. 그렇기 때문에 그리스도의 부활에 대한 언급이 있는 것이다. 예수의 제사장직이 더 나은 근본적인 이유들 가운데 하나는, 레위 계통의 제사장들은 죽기 때문에 계속해서 제사장으로 섬기지 못한다는 사실에 있다.[7:23] 하지만 예수는 사망을 이기셨고, 그렇기 때문에 "영원히 제사장으로 계신다."[7:24] 부활하신 주로서 그분의 제사장직은 끝이 없이 이어진다. 그렇기 때문에 그분의 구원하는 능력은 제한되지 않는다. 2:14-15에서 말하는 것처럼 죽기를 무서워하는 자들을 그분이 죽음에서 구원하기 때문이다. 죽은 자 가운데서 다시 살아나신 이로서 그분은 승리를 위해 자기를 의지하는 자들을 사망에서 구원하신다.[7:25] 실제로, 항상 사시는 분으로서 그분은 하나님께서 신자들의 구원에 필요한 것은 무엇이나 그들에게 주시기를 구하며 신자들을 위해 "간구"하신다.[7:25]

예수의 승귀를 말하는 본문들에는 예수의 부활이 함축되어 있다. 일례로, 1:2에서 예수는 "만유의 상속자"로 불린다. 하지만 그분은 오직 살아 있는 자로서만 이 기업을 받을 수 있다. 실제로 그분의 기업은 그분이 하나님 우편에 앉은 것과 긴밀히 이어져 있고, 시편 110:1을 의지한 이 주제는 서신에서 반복적으로 언급된다.[1:3, 13, 8:1, 10:12, 12:2] 예수의 부활은 단순히 그분이 여전히 살아 계신다는 것을 가리키지 않는다. 하나님이 인간을 창조하셨을 때 가지셨던 목적의 성취로서, 하나님 우편에 좌정하고 다스리는 것과 연결된다. 그분은 "하늘보다 높이 되신" 이다.[7:26] 예수의 통치는 우주의 모든 것이 바르게 있는(혹은 바르게 있게 될) 것을 의미한다.

예수의 부활로 말미암아 세상을 향해 하나님이 의도하신 바가 이루어질 것이다. 승귀와 더불어 예수는 "천사보다 훨씬 뛰어남"을 얻으셨다.[1:4] 천사가 인간을 다스리는 것은 전혀 하나님의 뜻한 바가 아니기 때문이다.[2:5] 부활하신 주로서 예수는 "영광과 존귀로 관을 쓰셨다."[2:9] 그분은 "하나님의 집을 맡은 아들"이다.[3:6] 자신의 순종으로 말미암아 그분은 자신의 동류보다 승하게 되셨다.[1:9] 시편 2:7이 말하는 바와 같이, 그분의 승귀는 그분이 부활할 때 이루어졌다. 시편 2편의 역사적 문맥에서 하나님이 아들을 "낳는 일"은 하나님께서 그를 통치자로 세우신 때인 왕의 대관식에서 일어났다. 히브리서 기자는 신약성경의 다른 기자들의 경우와 마찬가지로[참조. 행 13:33, 마 3:17과 병행구절] 시편을 예표론적이고 예언적으로 읽는다. 궁극적으로 여기서 언급되는 것은 다윗보다 더 위대한 왕에게 적용된다. 다윗의 왕조가 계속해서 이어질 것과[삼하 7장] 새로운 다윗이 오고 있음과[호 3:5, 미 5:2-4, 사 9:1-7; 11:1-10; 55:3, 렘 23:5-6; 30:9; 33:15-17, 겔 34:23-24; 37:24-25, 슥 9:9] 장차 다윗의 후사가 그보다 더 위대할 것이기 때문이다.[시 110:1] 그렇기 때문에 1:5과 5:5이 언급하는 예수를 낳는 것은 아버지의 아들로서 그분의 영원한 출생이나 동정녀 마리아의 태에 그분이 잉태되는 것을 가리키는 것이 아니다. 히브리서에서 이 언급은 예수의 부활과 승귀 그리고 하나님의 우편에 메시아적 왕으로 그분이 좌정하는 것을 가리킨다. 예수께서 승귀가 있기 전까지는 메시아가 아니었다거나 하나님의 아들이 아니었다고 말하는 것이 아니다. 요지는 하나님이 그분을 높이시기 전까지는 그분이 통치하고 다스리는 메시아와 하나님의 아들이 아니었다는 것이다.

예수의 부활과 승귀는 그분이 하나님께로 나아간 것을 의미한다. 그분이 "승천"하셔서[4:14] 하나님 앞으로 나아갔다. 자신의 죽음으로 휘장을 지나 나아갔기 때문에 그분은 지금 신자들의 "선구자"다.[6:19-20] 예수께서 하나님께로 나아가는 것은 역사적 관심의 문제가 아니다. 이는 신자들에게 "큰 안위"를 제공하기 위한 것이다. 예수께서 선구자로 하나님 앞으로 나아가셨기 때문에, 하나님 앞으로 나아가는 것은 지금 신자들이 누리는 것이기도 하다. 9:24이 말하는 바와 같이, 우리를 위하여 하나님 앞에 나타나기" 위해 그리스도가 하나님의 참된 성소로, "그 하늘"로 들어가셨다. 여기서 "우리를 위하여"라는 말을 주목해야 한다. 그리스도께서 하나님께로 나아간 것은 곧 신자들이 하나님께로 나아가도록 하기 위한 것이다. 그래서 신자들은 "예수의 피를 힘입어 성소에 들어갈 담력을" 얻는다.[10:19] 예수의 부활과 승귀가 중심적이다. 이는 죄가 참으로 용서받고, 죄가 폐하고, 그리스도를 의지하는 인간들이 영원토록 하나님 앞을 누리게 하기 위함이다.

§3 새 언약[46]

예수는 레위 계통의 제사장들보다 더 탁월하다. 그분이 옛 언약의 제사들보다 "더 좋은" 제사를 드림으로 말미암아 더 좋은 언약, 새로운 언약의 서막을 열었기 때문이다.[9:23] 제사장으로서의 그분의 사역을 힘입은 "더 좋은 소망" 이 있고,[7:19] 신자들에게는 "더 나은 소유"가 있다.[10:34; 참조. 11:16] 예수는 또한 "더 좋은 약속들"[8:6]을 주는 "더 좋은 언약"[7:22, 8:6]의 "보증"과 "중보"가 되신다. 기자는 "새" 언약,[8:8, 13, 12:24] "둘째" 것,[8:7] "영원한 언약"[13:20]을 언급한다. 새 언약은 "옛" 언약[8:13] 혹은 "첫" 언약[8:7, 9:1, 18]과 대비된다. 시내 산 언약은 첫 번째 언약과 옛 언약을 가리킨다.

46 참조. Susanne Lehne, *The New Covenant in Hebrews*, JSNTSup 44(Sheffield: Sheffield Academic, 1990); Peter Gräbe, "The New Covenant and Christian Identity in Hebrews", in *Cloud of Witnesses: The Theology of Hebrews in Its Ancient Contexts*, ed. R. Bauckham, D. Driver, T. Hart, and N. MacDonald, LNTS 387(London: T&T Clark, 2008), 119-27; David Peterson, "The Prophecy of the New Covenant in the Argument of Hebrews", *RTR* 38(1979): 74-81; Peter O'Brien, "The New Covenant and Its Perfect Mediator", in *The Perfect Savior: Key Themes in Hebrews*, ed. J. Griffiths(Nottingham: InterVarsity, 2012), 13-33. 헤이스Richard B. Hays는 오직 의식법만이 폐기되었다고 말하고 예수를 메시아로 믿지 않았던 유대인들이 구원받을 것으로 기자가 믿었을 것이라고 암시함으로 새 언약의 새로움을 평가절하한다. 반면에 그는 이 서신에서 유대주의에 대한 비판이 없는 많은 영역들을 바르게 지적한다. 스카숀너Oskar Skarsaune는 히브리서의 기자가 유대인들이 예수를 메시아로 믿지 않아도 구원을 받을 수 있었을 것으로 믿었을 것이라는 헤이스의 제안에 합당한 의문을 제기한다. 참조. Richard B. Hays, "'Here We Have No Lasting City': New Covenantalism in Hebrews", in *The Epistle to the Hebrews and Christian Theology*, ed. R. Bauckham, D. R. Driver, T. A. Hart, and N. MacDonald(Grand Rapids, MI: Eerdmans, 2009), 151-73; Oskar Skarsaune, "Does the Letter to the Hebrews Articulate a Supersessionist Theology? A Response to Richard Hays", in *The Epistle to the Hebrews and Christian Theology*, ed. R. Bauckham, D. R. Driver, T. A. Hart, and N. MacDonald(Grand Rapids, MI: Eerdmans, 2009), 174-82. 성경 전체를 포함하는 새 언약에 대한 유익한 연구를 위해서는 피터슨을 참조하라. *Transformed by God: New Covenant Life and Ministry*(Downers Grove, IL: InterVarsity, 2012).

대개 첫 번째나 오래된 것이 나중에 새롭게 선보인 것보다 좋다. 그러나 이 경우는 분명히 그렇지 않다. 시내 산 언약은 첫 번째 언약이요 옛 언약일 뿐 아니라 열등하고 폐기된 것이다. 기자는 특별히 첫 번째 언약이 무흠하지 않기 때문에 둘째 언약이 요구되었다고 말한다.[8:7] 새 언약이나 둘째 언약은 "더 좋은" 언약이요 "영원한" 언약이다. 기자는 분명히 옛 언약, 모세와 세운 언약[9:15-22]은 더 이상 효력이 없다고 가르친다. 옛 언약은 구원 역사에서 특정한 기간만 하나님의 백성을 다스리도록 의도된 것이다. 하지만 그런 날은 갔다. 이제 더 낫고 탁월한 언약이 도래했다. 그러므로 신자들은 옛 언약의 규례와 조항들에 매여서는 안 된다. 신자들은 더 이상 옛 언약이 요구하는 것처럼 짐승을 제물로 바치는 제사들을 바칠 필요가 없는 것이 분명하다. 그리스도가 오신 지금 이런 제사들은 지나갔기 때문이다.[10:1-18] 이런 제사들은 전혀 효력이 없을뿐더러 예수 그리스도가 드릴 더 좋은 제사를 바라본다.[9:1-28]

새 언약을 더 좋은 것으로 만드는 것은 무엇인가? 기자는 새 언약의 약속들이 더 좋다고 말하며 8:8-12에 인용된 예레미야 31:31-34을 통해 이런 더 나은 약속들의 본질을 설명한다. 물론 옛 언약에는 은혜가 있었다. 주께서 이스라엘을 애굽에서 건지신 것은 그분의 긍휼 때문이다. 이 언약이 불완전했던 것은 하나님이나 그분의 계획에 어떤 불완전함이 있어서가 아니다. 히브리서에서 새 언약은 시내 산 언약과 달리 무조건적이기 때문에 보다 탁월한 언약이라고 하기도 한다. 이런 해석이 매력적이기는 하지만 이 문제를 바로 본 것은 아니다.[47] 히브리서의

47 웰럼Stephen J. Wellum과 젠트리Peter J. Gentry에 따르면 이 두 언약들 사이의 가장 근본적인 차이는 그것들이 조건적인지 무조건적인지에 기초한다. Peter W. Gentry and Stephen J. Wellum, *Kingdom Through Covenant: A Biblical-Theological Understanding of the Covenants*(Wheaton, IL: Crossway, 2012), 608-11.

경고 메시지들은 언약에는 조건들이 있다는 것을 분명히 한다.[48]

이 두 언약 사이의 차이는 조건들이 있느냐의 여부에 있지 않다. 오히려 시내 산 아래서 이스라엘은 언약이 정하는 규례들을 지키지 않았다.[8:9] 그들은 언약이 경고하는 저주들을 경험했고, 특히 포로로 잡혀갔다. 그들이 언약을 맺은 왕의 계명에 순종하지 않았기 때문이다.[레 26:14-39, 신 28:15-68, 왕하 17, 25장] 그렇다면 첫 번째 언약은 인간의 본성으로 말미암아 효력을 상실하게 되었다. 이스라엘은 자신들이 참여한 것이 무엇인지 알았지만 그것이 정한 대로 준행하지 못했고, 이로 말미암아 통치와 승리의 약속들이 이스라엘 가운데 이루어지지 못했다.

새 언약이 더 좋다. 하나님의 은혜가 더 크게 부어지는 것을 나타내기 때문이다. 주께서 자기 백성들의 마음에 율법을 새기시고,[8:10, 10:16] 이를 통해 신자들은 하나님이 명하시는 것을 행하고자 하는 내면의 열망을 갖는다.[49] 율법은 더 이상 중심의 열망에 부합하지 않는 외적인 기준이 아니다. 하나님의 요구가 이제 그분의 백성들 안에 있기 때문에 신자들은 주께 순종하는 데서 자신들의 가장 큰 즐거움을 찾는다. 이런 약속은 여호와께서 자기 백성들에게 성령을 주시고 그들에게 있는 돌과 같은 마음을 제하고 살과 같은 마음을 주신다고 하시는 에스겔 36:26-27과 부합한다. 그 결과 신자들은 하나님이 정하신 것을 행하는 능력을 얻는다. 신자들은 죄가 없다는 말이 아니다. 새 언약이 시작된 것이지 완성된 것은 아니기 때문이다. 그래서 신자들은 그들의 마음에 율법이 심기어졌음에도 불구하고 계속해서 죄와 싸우는 일은 계속된다.

언약 공식이 새 언약에서 실현된다. 하나님이 그들의 하나님이고, 그

48 참조. *Allen, Deuteronomy and Exhortation in Hebrews*, 116-19; Dunnill, *Covenant and Sacrifice in Hebrews*, 133; Lehne, *The New Covenant in Hebrews*, 104-8.

49 참조. Peterson, "The Prophecy of the New Covenant", 78-79.

들은 하나님의 백성이다.8:10; 참조., 창 17:7-8, 출 29:45, 레 26:45, 렘 24:7; 32:38, 겔 11:20; 14:11; 37:23, 27, 슥 8:12; 10:6 하나님은 그들의 하나님이 되실 것이다. 언약에 참여한 각각의 지체들은 하나님을 알기 때문이다.8:11 옛 언약에서 사람은 언약의 일원으로 출생했고, 이 언약은 본질상 신정적이었다. 이스라엘은 국가적이고 정치적 실체였고(고유한 나라로서) 신앙적 실체(여호와를 예배하기 위해 형성된)였다. 옛 언약의 구성원이라고 해서 참되게 하나님을 안 것은 아니다. 이스라엘이라는 국가적 실체에 포함된 것이 곧 진정하고 참된 신자였다는 말은 아니었다. 그러나 새 언약은 본질상 그것과 다르다. 새 언약에 속한 각각의 지체들은 주를 안다. 기자는 특별히 이 점을 강조한다. "그들이 **작은 자**로부터 **큰 자**까지 **다** 나를 앎이라."8:11 하나님께서 마음에 율법을 새김으로 새 언약에 속한 모든 지체가 주를 안다는 사실이 놀랍다. 그러므로 새 언약의 지체들은 그들이 마치 옛 언약 아래에 있는 것처럼 언약에 속한 다른 지체들에게 여호와를 알라고 할 필요가 없다. 이런 촉구는 언약에 속한 많은 구성원들이 거듭나지 않았던 옛 언약 아래에서나 필요한 것이다. 하지만 새 언약의 독특함은 언약에 속한 모든 지체가 거듭난 자들이라는 데 있다.

새 언약은 또 다른 방식에서 효과적이다. 언약의 지체들은 진실로 그들의 죄를 용서받은 자들이다.[50] 하나님은 그들의 죄를 기억하지 않으신다. 그들의 죄가 완전히 사라졌기 때문이다.8:13, 10:17 그들은 죄를 용서받았기 때문에 더 이상 옛 언약의 희생과 제물을 바칠 필요가 없다.10:18 어쨌든 이런 제사는 장기적인 도움은 못된다. 죄를 없이하지 못하기 때문이다.10:1-4 그렇다면 새 언약은 "영원한 언약"이다.13:21 "영원하신 성령"

50 오브라이언은 우리가 가진 것은 단순히 갱신된 언약이 아니라 새 언약이라고 잘 지적한다. 새 언약에는 온전하게 되는 것이 있고(7:11, 19), 죄를 최종적으로 정결하게 하는 것이 있으며, 파기되지 않는 언약("The New Covenant", 21)이 있기 때문이다.

으로 말미암아 자신을 드리신 그리스도의 희생과 관계되기 때문이다.[9:14]

새 언약의 영속성과 효력은 자신의 대속의 죽음으로 "영원한 기업"을 얻는 "새 언약의 중보자" 되신 그리스도께로 거슬러 갈 수 있다.[9:15] 심지어 옛 언약 아래에서는 저질러진 죄를 속하기 위해서는 죽는 것이 필요했다.[9:15] 이스라엘을 그들의 죄로부터 정결하게 하기 위해 희생을 드려야 했던 것은 물론이다. 언약들에 따라 항상 그렇게 해야 했다.[9:15-22] 피를 흘려 언약을 세운 곳에서만 효력이 있었다. 또한 그렇기 때문에 시내 산 언약은 "피로 세워진" 것이다.[9:18, 출 24:3-8] 피는 장막, 그것에 딸린 기구들, 사람들을 정결하게 했다.[9:19-22] 9:22에서 분명히 드러나는 것처럼, 사람들은 그들이 지은 죄 때문에 정결함을 받아야 했다. 피 흘림이 없이는 죄 사함이 없다. 그렇기 때문에 새 언약의 효력을 위해서 예수께서 피를 흘려야 했다.[9:23-26] 하나님의 백성들은 그들의 죄가 용서되었을 때만 하나님께로 나아갈 수 있다. 예수의 피는 신자들을 죄에서 깨끗하게 하고[12:24] 신자들을 거룩한 영역으로 이끌어들인다.[10:29, 13:20] 새 언약이 옛 언약보다 더 좋은 것은 예수의 피를 통해 죄악들에 대한 참된 용서가 이루어지고 이를 통해 인간들이 하나님께로 나아가기 때문이다.

§4 히브리서가 말하는 성령[51]

히브리서에서 성령은 단지 일곱 차례 언급된다. 그렇기 때문에 이 서신

51 참조. Martin Emmrich, *Pneumatological Concepts in the Epistle to the Hebrews: Amtscharisma, Prophet, and Guide of the Eschatological Exodus*(Lanham, MD: University Press of America, 2003); Steve Motyer, "The Spirit in Hebrews: No Longer Forgotten?", in *The Spirit and Christ in the New Testament and Christian Theology: Essays Presented in Honor of Max Turner*, ed. I. H. Marshall, V. Rabens, and C. Bennema(Grand Rapids, MI: Eerdmans, 2012), 213-27. 단, 모티어는 성령의 예언적 역할을 지나치게 부각하는 측면이 있다(222-26).

에서 성령이 중심 역할을 하는 것은 아니다. 반면에 성령에 대한 언급이 흥미롭다. 제한적이기는 하지만 성령의 임재에 대한 역동적인 이해를 보인다. 물론 히브리서와 같이 특정 목적을 가지고 쓴 편지가 기자의 신학 전체를 대변하지는 않는다는 사실을 염두에 두어야 한다. 그렇기 때문에 여기서 성령에 대해 말하는 것은 기자의 신학에 있어서 빙산의 일각에 불과할 것이다.

먼저, 성령은 예수 그리스도 안에서 성취된 새로운 시대를 위한 선물이다. 성령에 대한 언급들은 기자의 종말론과 부합한다. 예수 그리스도와 그분의 대속의 죽음을 통해 "세상 끝"이 밝았다.[9:26] 기자는 율법으로 돌이키는 것을 묵인할 수 없다. 그렇게 되면 독자들이 구원 역사를 거슬러 가는 것이기 때문이다. 그들이 받은 위대한 구원을 소홀히 여기는 것은 있을 수 없는 일이다. 하나님께서 "표적들과 기사들과 여러 가지 능력"으로 그 참됨을 확증하셨기 때문이다.[2:3-4] 또한 하나님은 성령의 은사들을 통해 이런 구원을 증언하셨다.[2:4] 성령의 은사들은 새로운 시대를 위한 선물들로, 하나님께서 예수 그리스도 안에서 결정적이고 최종적인 말씀을 하셨음을 확증한다.[1:2]

그렇기 때문에 신자들을 "성령에 참여한 바가 된" 자들이라고 말한다.[6:4, ESV] 구약성경에서 볼 수 있는 중요한 종말론적 약속들 가운데 하나는 성령을 주시겠다는 것이다.[사 32:15; 44:3, 겔 36:26-27; 37:14; 39:29, 욜 2:28, 슥 12:10] 성령이 오시면, 이스라엘이 포로에서 돌이키고, 광야에 꽃이 피고, 그들이 하나님의 계명을 준행하고, 죄를 회개하고, 하나님의 말씀을 전파하고, 이스라엘에게 주신 하나님의 위대한 약속들이 이루어질 것이다. 이제 우리는 6:4에서 독자들을 성령에 참여한 자들로 말하는 것을 듣는다. 역사의 끝이 이른 것이 분명하다. 예수 그리스도를 믿는 신자들이 성령을 받았기 때문이다.[참조. 갈 3:2, 5, 행 15:7-11] 그럼에도 불구하고 성령의 새로운 시대가 오지 않기라도 한 것처럼 지금 독자들은 구원 역사를 뒷걸음질 칠 참이었다. 기자에 따르면 그것은 생각할 수도 없는 일이었다.

성령은 또한 예수 그리스도 안에서 이루어진 위대한 구속 사건들에서 중요한 역할을 한다. 예를 들어, 그리스도께서 자신을 하나님께 흠 없는 희생 제물로 바칠 때,[9:14] 그분은 "영원하신 성령으로 말미암아" 그렇게 했다. 이 언급을 그리스도의 인간 영혼을 가리키는 것으로 보는 주석가들도 있지만, 대부분은 성령을 가리켜 한 말이라는데 동의한다. 한 가지 경우를 제외하고 히브리서에서 영을 언급할 때는 항상 성령을 의미한다.[4:12] 그리고 예수의 인간 영혼이 영원했다고 말하는 것은 이치에 맞지 않는다. 더욱이 만약 기자가 예수의 인간 영혼을 말하고자 했다면, 소유대명사 "그의"를 덧붙여 뜻을 명확히 할 수 있었을 것이다. 그렇다면 그리스도께서 영원하신 영을 통해 자신을 바치셨다는 말을 통해 기자가 뜻하는 것은 무엇인가? 분명히 무어라고 하기가 어렵다. 적어도 그리스도께서 자신을 바치는 데 있어서 성령이 중요한 역할을 했다는 정도는 말할 수 있다. 기자는 아마도 그리스도께서 성령을 통해 사역에서 능력을 입는 것을 말하는 누가복음에서 볼 수 있는 것을 여기서 염두에 두고 있을 것이다.[눅 3:21-22, 4:1, 14, 18] 예수는 성령을 기름 붓듯 받은 메시아였고, 주의 영이 그분께 강림했다.[사 11:2, 6:1] 여기서 우리는 삼위일체적인 언급을 본다. 예수께서 성령의 역사로 말미암아 자신을 하나님께 제물로 바치셨기 때문이다. "영원한 기업"을 이룩한 구속은[9:15] 성부, 성자, 성령의 역사였다.

이와 비슷한 것이 바로 "은혜의 성령"에 대한 언급이다.[10:29] 이 표현은 은혜를 주시는 성령을 뜻하는 것이 거의 확실하다. 하지만 문맥에서 성령의 은혜는 신자들을 거룩하게 하는 "언약의 피"와 연결되어 있다.[10:29] 그렇다면 성령께서는 예수 그리스도가 흘리신 희생의 피를 통해 은혜를 주신다. 이 은혜는 일반적인 방식으로 널리 주어지는 은혜가 아니다. 성령이 주시는 이 은혜는 예수 그리스도와 그분의 속죄 사역으로 말미암아 주어진다. 독자들은 이 은혜를 멸시해서는 안 된다. 그것은 곧 배도를 뜻하기 때문이다.

히브리서가 하나님에 대해 가르치는 것을 살피는 가운데, 하나님은 말씀하시는 하나님이심을 보았다. 기자는 성령에 대해서도 같은 말을 한다.[52] 시편 95:7-11의 말씀은 성령의 말씀이다.[3:7][53] 셍크가 말하는 것과 같다. "기자는 하나님과 성령을 동일한 화자로 생각한다……말씀하시는 성령은 말씀하시는 하나님이다."[54] 성령은 성경을 통해 기자 당시의 교회에게 말씀하신다. 성경은 죽은 문자가 아니라 하나님의 성령의 살아 있는 음성을 담고 있다. 마찬가지로 성령은 또한 예레미야 31:33-34의 말씀에서 독자들에게 증거하고 확증한다.[10:15-17] 기자가 이런 말씀들을 하나님께 돌릴 것으로 기대할 수 있다. 하지만 그는 성령을 언급한다. 기자가 성령을 하나님과 동등하게 여기고 있음이 분명하다. 공식적으로 삼위일체 교리를 확립하거나 설명하는 것은 아니다. 하지만 이런 진술들을 통해 그런 교리들을 향해 나아간다. 마지막으로 기자는 구약성경의 사건들을 통해서 말씀하시는 성령을 발견한다. 대제사장은 일 년에 단 한 차례, 대속죄일에만 지성소로 나아갔다.[9:7; 참조. 레 16:1-34] 기자는 성령께서 이런 행위를 통해 말씀하고 계셨다고(들을 귀 있는 자들에

52 이런 사실을 통해 볼 때 린다스가 히브리서가 말하는 성령의 인격성이라는 개념을 거부하는 것은 잘못이다(*The Theology of Hebrews*, 57).

53 그러나 엠리히Martin Emmrich가 3:7-11에서 우리가 성령으로 말미암아 "새로운 계시"를 받았다고 말하는 것은 지나치다(*Pneumatological Concepts in Hebrews*, 29; 참조. p. 32, 원저자 강조).

54 Schenk, "God Has Spoken", 334-35.

게) 결론 내린다.9:8 옛 언약 아래에서는 하나님께로 나아가는 길이 열리지 않았던 것이 분명하다. 성령은 예수 그리스도의 대속의 희생을 통해 하나님께로 항상 나아가도록 하는 새로운 길과 새로운 날이 도래하고 있었음을 계시하고 계셨다.

§5 경고와 권면[55]

히브리서에 나오는 경고 구절들에 대한 논의는 대중적인 진영과 학문적인 진영 모두에서 수 세기 동안 계속되어 왔다.[56] 사실 어디서 경고가 시작하고 어디서 마무리가 되는지 결정하기가 쉽지 않다. 이 문제에 대한 답을 찾는 것은 우리의 논의의 목적이 아니다. 이 구절들의 범위를 정하더라도 이 경고들을 어떻게 이해하느냐 하는 부분에 있어서는 크게 차이가 나지 않기 때문이다. 본 연구의 목적상, 이 경고 구절들을 다음과 같이 제한할 것이다. 2:1-4, 3:12-4:13, 6:4-8, 10:26-31, 12:25-29.

학자들은 히브리서의 경고들에 대한 몇 가지 다른 견해를 제시하지만, 여기서 나는 다음 네 가지 해석으로만 제한할 것이다.[57]

55 추가 참조. Thomas R. Schreiner, "Warning and Assurance: Run the Race to the End", in *The Perfect Savior: Key Themes in Hebrews*, ed. J. Griffiths(Nottingham: InterVarsity, 2012), 89-106.

56 유익한 개관을 위해서는 오로페자B. J. Oropeza를 참조하라. "The Warning Passages in Hebrews: Revised Theologies and New Methods of Interpretation", *CBR* 10(2011): 81-101. 추가 참조. H. W. Bateman IV, ed., *Four Views on the Warning Passages in Hebrews*(Grand Rapids, MI: Kregel, 2007).

57 여기에 페더럴 비전Federal Vision의 견해를 추가할 수 있다. 이 이해에 따르면, 경고들은 언약의 지체들인 그리스도인들을 향한 것이고, 배도를 통해 신자들도 자신들이 가진 언약적 상태를 상실할 수 있다고 말한다. 이런 이해에는 근본적으로 두 가지 문제가 있다. 첫째, 이 견해는 새 언약을 충분히 해석하지 않는다. 옛 언약은 이스라엘의 배도와 불성실함 때문에 파

이해	경고를 받는 대상	경고하는 죄	경고하는 죄로 인한 결과
아르미니우스주의	그리스도인들	배도	구원의 상실
프리 그레이스 (Free Grace) 신학	그리스도인들	열매를 맺지 못함	상급의 상실
신앙의 참됨에 대한 시험	유사 그리스도인들/ 혼재된 수신자들	배도	전혀 구원받은 적이 없음
구원의 방편	그리스도인들	배도	구원의 상실

오늘날 주석가들 가운데 가장 흔히 발견할 수 있는 견해가 아르미니우스주의적 이해로 본문을 말 그대로 이해한다. 기자는 신자들인 독자들에게 그들이 믿음에서 떨어져 나가면 정죄를 받을 것이라 경고한다. 만약 신자들이기 때문에 믿음에서 떨어져 나갈 수 없다면, 경고를 한다는 것 자체가 의미가 없어 보인다. 따라서 아르미니우스주의적인 이해에

기되었다. 그에 반해 새 언약은 깨어질 수 없다. 하나님께서 자기 백성들의 마음에 율법을 기록하기 때문이다. 새 언약은 언약 지체들의 순종을 보증하는 더 좋은 약속들을 가진 더 좋은 언약이다. 둘째, 페더럴 비전의 견해는 선택을 언약에 포함되는 것covenant inclusion과 분리한다. 다시 말해, 언약 안에 있다고 해서 다 하나님이 최종적 구원으로 선택한 것은 아니라는 것이다. 이런 문제는 히브리서의 범주를 넘어서는 신학적 고찰을 필요로 한다. 여기서는 새 언약의 선물은 성령이고, 신약성경 어디서도 거듭나게 하는 성령을 받은 사람을 선택받지 않은 자라 하지 않는다는 사실을 말하는 것으로 충분하다. 성령은 종말의 기업을 인치는 보증이다(엡 1:13-14). 그렇기 때문에 언약의 지체는 누구나 또한 택함을 받은 자다. 이 문제에 대한 간략한 논의를 위해서는 슈라이너Thomas R. Schreiner를 참조하라. *Run to Win the Prize: Perseverance in the New Testament*(Wheaton, IL: Crossway, 2010), 90-94. 히브리서의 경고들은 새 언약에는 배도에 이르게 될 선택받지 못한 자들도 포함되어 있음을 암시한다고 믿는 언약 신학자들의 해석에 대한 대답은 코원Christopher W. Cowan을 참조하라. "The Warning Passages of Hebrews and the Nature of the New Covenant", in *Progressive Covenantalism*, ed. S. Wellum and B. Parker(Nashville: B&H Academic).

따르면, 참된 신자들이라도 이전에 가졌던 구원을 부인하고 저버릴 수 있다고 한다. 히브리서의 경고들은 독자들에게 그렇게 하지 말도록 독려하기 위한 것이다. 프리 그레이스Free Grace 신학이 취하는 견해 역시 이 경고들이 그리스도인들에게 주어진 것이라는 데는 동의한다. 하지만 다른 본문들로부터, 신자들이 구원을 잃어버리는 것은 불가능하다고 주장한다. 이런 이해에 따라서 본문을 자세히 읽어 보면, 이런 경고들은 전혀 구원에 대한 것이 아니다. 사실상 문제는 개인의 일상에서 풍성한 열매를 맺는 것에 관한 것으로 좁혀진다. 이런 경고들이 경고하는 죄는 이스라엘이 광야에서 범한 죄에 비교된다.참조. 2:2-3, 3:12-4:13, 10:28-29, 12:25-27 이스라엘의 죄는 구원 자체를 거부하는 것이 아니었다. 오히려 그들은 자신들의 범죄로 말미암아 이 땅에서 심판을 받았다. 동일한 종류의 이 땅에서의 심판이 이제 교회와 관련하여 묘사되고 있다.

세 번째 이해는 경고를 받는 수신자 가운데 그리스도인과 비그리스도인이 뒤섞여 있다고 말한다.[58] 이 경고에 귀를 기울이지 않는 자들은 애초에 그리스도인이 아니었다. 이 경고는 때로 참됨에 대한 시험으로 설명된다. 다시 말해, 이 경고는 독자들이 자신이 참 신자인지 스스로를 살피도록 하기 위해 의도되었다는 것이다. 이런 이해에 따르면, 참 신자들은 구원을 상실할 수 없기 때문에 이런 경고들은 개인이 진실로 구원받았는지의 여부를 판단하기 위한 시금석으로 기능한다고 주장한다. 반면에 타락하는 자들은 애초에 전혀 신자였던 적이 없었다고 말한다. 이런 해석에 따르면, 6:4-6이 묘사하는 자들은 유사almost 그리스도인들이다. 기자는 독자들을 실제로 구원받은 자들로 묘사하지 않는다. 그들

58 훌륭한 역사적 개관과 다양한 견해에 대한 비판과 함께 이 견해를 잘 설명하고 있는 토머스C. Adrian Thomas를 참조하라. *A Case for Mixed-Audience with Reference to the Warning Passages in the Book of Hebrews*(New York: Peter Lang, 2008).

은 거의 구원에 가까이 이르기는 했지만, 실제로 하나님의 백성의 일부가 된 것은 아니다. 그리스도인과 비그리스도인이 혼재된 수신자들을 경고의 대상으로 보는 견해에서는 6:4-6이 말하는 자들이 이처럼 혼재된 수신자들이 아닌 비그리스도인들이라는 것을 아는 것이 중요하다.

본 글에서는 이 경고들을 그리스도인들을 위한 것으로 보는 견해를 옹호한다.[59] 이 경고들은 단순히 상을 얻기 위한 것이 아니다. 종말론적 구원의 문제가 달린 경고다. 다시 말해, 믿음에서 타락한 자들은 악인들을 위해 예비된 심판을 맞게 될 것이다. 이런 모든 점을 고려해 볼 때, 나의 이해는 아르미니우스주의적 이해와 유사하다. 하지만 아르미니우스주의적 견해와 달리 나는 또한 이 경고들은 택정함을 받은 자들의 삶에서 항상 효력을 발휘하기 때문에, 이 경고들을 신자들을 믿음 안에서 보존하는 방편으로 주장한다.

이 본문을 살피는 가운데 다음 네 가지 질문에 대답할 것이다. (1)누구를 향한 경고인가? (2)여기서 경고하는 것은 무엇인가? (3)타락의 결과는 무엇인가? (4)일반적으로 이 경고들을 어떻게 다루어야 하는가?

우리는 누구를 향한 경고인지를 먼저 물었다. 앞에서 묘사된 네 가지 이해들 가운데 수신자들이 그리스도인과 비그리스도인으로 구성되어 있고 6:4-6이 비그리스도인들을 묘사한다고 주장하는 '신앙의 참됨에 대한 시험'의 견해 이외에 다른 세 가지 견해 모두 그리스도인들을 경고를 받는 대상으로 보고 있다.

신자들을 대상으로 경고를 발하고 있는 것이 분명하다. 독자들을 "형제들"이라고 말한다. 함께 믿는 그리스도인들이라는 말이다.[3:12] 경고

59 이 본문에 대한 간략하면서도 유익한 목회적 적용을 위해서는 해그너를 참조하라. *Hebrews*(New York: Harper & Row, 1983), 73.

의 말에서는 이인칭 복수가 자주 사용되는데, 독자들을 향해 말하는 것으로 이해하는 것이 가장 자연스럽다.3:12-13, 15, 4:1, 7, 5:11-12, 10:30, 12:25 기자는 자연스럽게 수신자들을 향해 "너희"와 "그리스도인들"이라고 부른다. 하지만 이렇게 부른다고 해서 수신자들 각 사람이 다 그리스도인을 의미한다고 볼 필요는 없다. 기자가 일반화해서 그렇게 부르고 있을 수 있기 때문에, 이인칭 복수 대명사를 사용한다는 사실이 반드시 신자들을 대상으로만 말하고 있다는 증거는 아니다. 반면에 이런 대명사들을 사용한다는 사실을 볼 때, 그리스도인들 역시 이 경고의 대상에 포함되는 것이 분명하다. 이인칭 대명사가 비그리스도인들을 가리키기 위해 사용된 것은 아니기 때문이다.

아마도 더욱 놀라운 것은 이 경고에서 일인칭 복수 대명사도 사용되고 있다는 사실일 것이다. 기자는 "우리가"와 "우리에게"를 사용함으로 자기 자신 역시 경고받아야 할 대상에 포함시킨다.2:1, 3, 3:14, 4:1-3, 11, 10:26, 12:25, 28; 참조. 3:6, 6:1 다시 말하지만, 이런 사실이 이 경고를 듣는 대상이 그리스도인과 비그리스도인이 혼재하는 수신자들이라는 가능성을 배제하는 것은 아니다. 이 경고에 그리스도인들을 포함시키는 것이 반드시 비신자들을 배제하는 것은 아니기 때문이다. 그러나 다시 한 번 우리는 자연스럽게 일인칭 대명사가 그리스도인들을 묘사한다는 결론에 이른다.

중요한 문제는 6:4-6이 어떤 자들을 묘사하는가 하는 것이고, 여기에 대해 더 논하기 위해서는 이 절들에 대한 주석 부분을 참조하기 바란다. 이 절들이 그리스도인들을 묘사하는 것으로 보는 것이 가장 자연스럽다고 나는 주장하고 싶다. 이들이 "유사 그리스도인들"이라는 이해는 성립될 수가 없다. 10:32에서 같은 단어를 사용하고 있다는 사실이 증거하는 것처럼, 기자가 그들이 "한 번 빛을 받았다"ἅπαξ φωτισθέντας, 6:4고 할 때는 그들의 회심을 가리킨다고 보는 것이 가장 자연스럽기 때문이다. 가장 결정적인 것은 독자들이 "성령에 참여한 바가 되었다"6:4, ESV는 표현이다. "참여하다"라는 말과 동족어들을 볼 때, 이 표현은 "거짓"μετόχους 참여를 의미하지 않는다. 예수는 진실로 혈과 육을 "함께 지니셨다."2:14 신자들은 "함께" 하늘의 부르심을 받고3:1 그리스도 안에서 "함께 참여한 자들" 혹은 "함께 나눈 자들"이다.3:14 기자가 젖을 "먹는다"고 할 때,5:13 이 말은 젖을 "찔끔찔끔 마시는" 것을 뜻하지 않는다. 징계는 모든 그리스도인이 "다 받는" 것이다.12:8

여기서 기자가 "유사 그리스도인들"을 말하는 것이 아님은 분명하다. 그리스도인이라는 **표지**는 성령을 받는 것이기 때문이다. 바울은 갈라디아 교인들이 성령을 받은 사실에 호소하여 구원을 위해 그들이 할례를 받을 필요가 없음을 보인다.갈 3:2, 5 사도행전 15장의 사도 회의에서 베드로는, 하나님이 할례와 상관없이 성령을 주셨기 때문에 구원을 위해 할례가 반드시 필요한 것은 아니라고 동일한 주장을 한다.15:7-11 로마서 8:9에 따르면, 그리스도인이라는 사실이 의미하는 것은 성령의 사람이라는 말이다. 성령이 없는 자들은 신자가 아니기 때문이다.

그렇다면 히브리서가 6:4-6에서 그들이 죄를 용서받은 것이나 거룩하게 혹은 의롭게 된 것을 말하지 않는다고 해서 독자들이 그리스도인이 아니라고 주장하는 것은 무의미하다.[60] 서신의 목적으로 삼은 것과 관계없는 기준을 기자에게 강제할 수는 없고, 또한 그는 실제로 독자들이 그리스도인임을 나타낼 수 있는 가장 분명한 증거를 사용하고 있다. 그들은 성령에 함께 참여한 자들이다. 우리가 본 것처럼, 여기서 "함께 참여한다"는 말은 부분적이거나 실체가 없는 참여를 의미하지 않는다.

60 반대 참조. Wayne Grudem, "Perseverance of the Saints: A Case Study from the Warning Passages in Hebrews", in *Still Sovereign*, ed. T. R. Schreiner and B. A. Ware(Grand Rapids, MI: Baker, 2000), 133-82.

기자는 또한 독자들이 세 가지를 맛보았다고 말한다. 구원을 말하는 것으로 보이는 "하늘의 은사"6:4와 복음인 "하나님의 선한 말씀"6:5과 "내세의 능력"6:5이 그것이다. 이중 어느 것도 결핍을 함의하지 않는다. 모두가 그리스도인이라는 사실이 뜻하는 바를 묘사하는 표준적이고 일반적인 방식이다. 참으로, "내세의 능력"은 구약성경의 약속들이 예수 그리스도 안에서 실체가 되었음을 나타낸다.

"맛보다"라는 말은 여기서 묘사되는 경험들이 부분적이고 불충분함을 의미한다고 말하면서 여기서 내가 주장하는 것을 반대하는 사람들도 있다. 하지만 히브리서에는 "맛보다"라는 말을 그런 방식으로 이해해야 한다는 증거가 없다. 더구나 기자는 동일한 동사를 사용하여 예수께서 죽음을 "맛보았다"고 말한다.2:8 또한 이런 사실은 물론 예수께서 단순히 죽음을 찔끔찔끔 간만 보았다는 의미가 아니다. 그분은 죽음을 온전히 경험하셨다.

이런 모든 것이 이 경고 구절들은 그리스도인들을 향한 것으로 해석할 때 가장 자연스럽게 해석됨을 말해 준다. 6:4-6은 기자가 유사 그리스도인들에게 말하기 위한 것도 아니고, 그리스도인과 비그리스도인이 혼재된 수신자들에게 말하고 있는 것처럼 말하지도 않는다. 기자는 **이 경고를 듣는 자들을 그리스도인들로 묘사한다**. 독자들에게 내면을 살필 것을 요청하지 않고, 신앙의 참됨에 대한 시험으로 보는 이해가 가르치는 것처럼 그들이 진정으로 구원받은 것이 맞는지 숙고할 것을 요구하지도 않는다. 히브리서 6장에 대한 이런 이해는 이 본문을 모든 다른 경고 구절들과 다른 것으로 만든다. 하지만 그럴 것 같지는 않다. 스캇 맥나이트Scot McKnight는 경고의 구절들은 공관적으로 이해해야 한다고 바르게 주장했다.[61] 바꾸어 말해, 이 구절들은 상호 간에 서로를 해석한다. 히브리서는 "예수를 저버리지 말라"는 하나의 논지를 가진 설교다.13:22

6장이 이 설교의 모든 다른 경고 구절들과 다른 기능을 할 것 같지는 않다. 그래서 기자는 자신이 참된 신자인지 자문해 보도록 촉구하지 않고 계속해서 예수를 따르라고 그들을 격려한다.

이 서신의 나머지 부분에 비추어 보면, 분사들로 이어지는 이 대목 6:4-6은 벌써 누군가가 그리스도에 대한 믿음을 저버렸음을 나타낸다. 기자는 또한 독자들과 연관이 없는 다른 그리스도인들에 대해 말하지도 않는다. 타락하는 것에 대해 이야기할 때, 기자는 다른 경고 구절들에서 한 것과 마찬가지로 독자들을 경고한다. 곧바로 이어서 나오는 절들은 기자가 독자들이 **타락했다고** 말하고 있지 않음을 지적한다. 그는 독자들에게 타락하지 말라고 경고한다. 또한 우리는 6:9-12로부터 그들이 타락하지 않을 것임을 확신한다. 기자는 자신이 발하는 경고들이 효과를 거두고, 독자들이 믿음에 분명히 서 있을 것을 믿는 것이 분명하다.

참된 신앙의 시험을 말하는 견해에 대해 한마디만 더 하고 지나가야겠다. 교회에 그리스도인과 비그리스도인이 뒤섞여 있었을 것이라는 사실을 부인하지 않는다. 각각의 모든 사람을 참된 그리스도인이라고 말하기란 어렵다! 그렇기 때문에 우리는 여기서 정확하고 신중해야 한다. 여기서 던져야 할 질문은 6:4-6에서 발견된 묘사에 초점을 맞춘 질문을 던져야 한다. 어떻게 독자들을 묘사하는가? 주석에서 나는 기자가 특별히 그리스도인들에게 초점을 맞추고 있고 이 구절들에서 그리스도인들을 말하고 있다고 주장했다. 유사 그리스도인들에게로 방향을 틀지 않는다. 그렇다고 이 사실이 신자들로 보였던 사람들이 교회들이나 이 서신을 받아보는 교회에서 믿음을 저버렸을 것임을 부정하는 것은

61 참조. Scot McKnight, "The Warning Passages of Hebrews: A Formal Analysis and Theological Conclusions", *TrinJ* 13(1992): 21-59.

아니다. 그것은 초대교회에서 흔히 볼 수 있는 모습이었다.[참조. 요일 2:19, 고전 11:19] 여기서 내가 말하고자 하는 요지는, 이 경고들이 실제로 유사 그리스도인들이 아닌 신자들에게 주어졌다는 것이다. 우리는 이 경고들이 갖는 문학적 기능에 주목해야 한다. 또한 이 경고 구절들은 특별히 신자들을 향해 발하여진다. 또한 나중에 주장하겠지만, 경고 구절들은 신자들을 배도로부터 보호하기 위한 방편으로 의도되었다. 그렇기 때문에 유사 그리스도인들이 경고의 대상이라는 이해와 그리스도인과 비그리스도인이 혼재된 수신자들이라는 이해는 거부되어야 한다는 것이 내가 내린 결론이다. 이런 이해로는 6:4-6이 언급하는 독자들에 대한 묘사를 만족하게 해석하지 못하기 때문이다.

이런 사실은 우리를 두 번째 문제로 나아가게 한다. 여기서 경고하는 것은 무엇인가? 경고의 말들 자체가 그것을 말해 주고 있음을 다시 한 번 주목해야 한다. 구절들 자체가 경고이자 권고다. 이미 일어난 일을 선포하는 것이 아니라, 타락할 때 초래될 결과를 독자들에게 경고하고 있는 것이다. 대부분의 해석가들과 더불어 나는 이 절들이 배도를 경고하고 있다고 주장하고 싶다. 구원을 포기하는 것이다. 2:1에서 독자들은 흘러 떠내려가지 말고[2:1] **구원**을 등한히 여기지 말 것[2:3]을 경고받고 있다.

3:12-4:11을 보면 여기서 배도가 중심 문제라는 것이 더 분명히 드러난다. 독자들에게 "살아 계신 하나님에게서 떨어질까[ἀποστῆναι]" 조심하라는 경고를 발한다.[ESV] 마음이 완고하게 되고,[3:13, 15, 4:7] 반역,[3:15-16] 불순종,[3:18, 4:6, 11] 불신앙[3:12, 19, 4:2-3]에 이르고, 약속에 이르지 못할까[4:1] 주의해야 한다. 6:6은 죄를 타락[παραπεσόντας]으로 묘사한다.[62] 타락은 예수를 다시 십자가에 못 박고 그분을 욕되게 하는 것을 포함한다.[6:6] 예수를 다시

62 이것이 배도를 가리킨다는 해석에 대해서는 6:6에 대한 주석을 참조하라.

십자가에 못 박는다는 것은 단순히 상을 잃어버리는 것을 가리키지 않는다. 그분을 부인하는 자들을 묘사하는 말이다. 예수를 다시 죽이는 것은 그분의 원수들이 하는 일이지 그분의 친구들이 하는 일은 아니다.

이런 경고들은 공관적으로 읽어야 한다는 사실을 기억해야 한다. 기자가 배도라는 동일한 실체를 여러 가지 용어를 써서 표현하고 있기 때문이다. 그래서 10:26-31의 죄에 대한 묘사를 통해 이런 모든 경고의 본문들이 배도를 염두에 두고 있다는 생각이 더욱 힘을 받는다. 첫째, 죄는 고의적이다.[Ἑκουσίως…ἁμαρτανόντων, 10:26] 다시 말해, 이 죄는 구약에서 용서받을 길이 없는 것으로 말하는 훼방하는 죄[민 15:30, 신 17:2]와 유사하다. 지금 기자가 단순히 열매를 맺지 못하는 것을 염두에 두고 있다고 보기는 어렵다. 성령을 욕되게 하고 예수께서 흘리신 언약의 피를 부정한 것으로 여기면서, 하나님의 아들인 예수를 짓밟는 것으로 묘사되는 죄이기 때문이다.[10:29] 배도 말고 이렇게 심각하게 묘사될 죄가 어디 있겠는가? 12:25에서 기자는 독자들에게 하늘에서 그들에게 경고하는 분을 거역하지 말 것을 촉구함으로 자신의 경고를 마무리 짓고 있다.

그렇다면 타락 혹은 배도가 초래하는 결과는 무엇인가? 최후의 심판과 그분의 은혜로운 임재에서 배제되는 것이라고 말할 수 있겠다. 2:1과 12:25에서 기자는 독자들에게 하늘로부터 경고하신 이를 배반하면 심판을 피하지 못할 것이라고 말한다. "피하다"[escape]라는 말은 경고 구절들을 아우르는 틀 혹은 봉투로 기능한다. 이 말이 첫 번째 경고와 마지막 경고에 공히 등장하기 때문이다. "피하다"라는 말은 보다 일반적이다. 따라서 왜 어떤 사람들은 본문을 단지 상급을 잃어버리는 것을 말하는 것으로 이해하는지 알 수 있을 것이다. 그럼에도 불구하고 이런 이해에 반하는 결정적인 두 가지가 있다. 첫째, 경고의 구절들에서 묘사하는 결과들은 공관적으로 이해되어야 하고, 그렇게 다른 본문과 함께 볼 때 기자가 단순히 상을 잃어버리는 것 이상의 어떤 것을 염두에 두고 있음이 분명해지기 때문이다. 둘째, 프리 그레이스 신학이 갖는 이해는 지금 기자가 말하고 있는 것을 사실상 뒤집어 버린다. 2:2-3과 12:25-26에서 기자는 이스라엘에게 일어난 심판과 아들을 거역한 자들이 맞닥뜨리게 될 심판을 나란히 놓는다. 두 심판을 이렇게 나란히 놓는 것에 주목하면서 프리 그레이스 신학은 옛 언약 아래에서와 마찬가지로 지금 여기서 위협하고 있는 심판을 이 땅에서 당하는 것으로 해석한다. 하지만 이런 해석은 사실상 기자가 말하는 것을 놓치는 꼴이다. 기자가 지금 예표론적이고 점층적인 주장을 하기 때문이다. 이스라엘과 예수 그리스도의 교회를 단순히 일대일로 대응하지 않는다. 신자들이 더 위대한 구원을 소홀히 여긴다면 더 엄중한 심판을 피하지 못할 것이라고 주장하고 있는 것이다. 다시 말해, 단순히 이 땅에서 그치는 심판만이 아니라 하늘의 심판 역시 맞닥뜨리게 될 것이라는 말이다.12:25 여기서 우리는 신약성경의 예표론에서 흔히 볼 수 있는 점층법적인 특징의 또 다른 예를 본다.[63]

또한 3:12-4:11을 봐도 배도의 결과는 단지 상을 받지 못하는 것만이 아니라 최종적 심판이 분명하다. 기자는 또다시 이 땅의 것으로부터 하늘의 것에 이르는 주장을 한다. 이스라엘은 불순종하고 마음을 굳게 함으로 가나안에서 누리는 땅의 안식에 들어가지 못했다.[64] 하지만 독

63 여기서 말하는 주장을 옹호하는 논의에 대해서는 해당 구절들에 대한 주석 부분을 참조하라.

64 히브리서가 말하는 안식의 주제에 대해서는 다음을 참조하라. Jon Laansma, *"I Will Give You Rest": The Rest Motif in the New Testament with Special Reference to Mt 11 and Heb 3-4*, WUNT 2/98(Tübingen: Mohr Siebeck, 1997); Judith Hoch Wray, *Rest as a Theological Metaphor in the Epistle to the Hebrews and the Gospel of Truth: Early Christian Homiletics of Rest*, SBLDS 166(Atlanta: Scholars, 1988). 랜즈마의 저작은 통찰력

자들을 위해 예비된 안식은 단지 땅에서 누리는 안식일 뿐 아니라 하늘의 안식이기도 하다. 창세 이래로 인간을 위해 예비된 하나님의 안식이다.[4:9] 여호수아를 통해 들어간 안식은 궁극적인 것이 아니라 장차 도래할 더 위대한 안식을 가리키고 대망하도록 하는 일시적인 안식이라는 것이 본문의 요지다. 그렇다면 프리 그레이스 신학의 견해는 히브리서가 말하는 예표론과 신학을 이해하지 못하고 있다. 이 땅에서의 안식은 하늘의 안식을 가리키고, 실제로 신자들을 위해 약속된 하늘 도성을 가리킨다.[11:10, 13-16, 12:22, 13:14] 신자들이 하나님의 안식에 들어가지 못한다면, 그들은 하나님 앞에 있지 못하고 고통을 당할 것이다.

6:4-8이 말하는 타락의 결과는 비를 흡수하기는 하지만 결실하지 못하는 땅에 대한 예증으로 이어진다. 궁극적으로 이런 땅은 "버림을 당하고", "불사름"이 될 것이고", "저주함에 가깝다."[6:8] 프리 그레이스 신학의 견해를 옹호하는 자들은 본문이 자신들의 이해를 뒷받침한다고 생각한다. 열매를 맺지 못하고 "가시와 엉겅퀴"[6:8]를 내는 자들이 심판에는 이르지 않는다고 그들이 주장하기 때문이다. 프리 그레이스 신학의 이해에 따르면, 이 땅에서 풍성한 삶을 누리지 못하는 것이 형벌이다. 하지만 이런 해석은 이 예증이 말하는 바를 제대로 이해하지 못하는 잘못된 것이다. 이 예증에서 "땅"[γῆ, "land", ESV]은 사람을 뜻한다. 8절은 소산들이 파괴되고 불사름이 되었다고 말하지 않는다는 사실을 주목해야 한다. 오히려 결실하지 못하면 "불사름이 되고", 저주함에 가깝고 버림을 당하는 것은 **땅**이다. 심판은 땅(사람)이 받는다. 열매(사람의 수고)가 아니다. 실제로 "버림을 당한다"[worthless]는 말은 신약성경에서 한결같

있고 신학적으로도 탁월하다. 레이Judith Hoch Wray는 안식의 주제가 어떻게 히브리서의 나머지 부분을 구성하는지 보지 못하고 있다.

이 최후의 심판에서 부적격하게 드러나는 자들, 비신자들을 가리켜 사용된다.롬 1:28, 고전 9:27, 고후 13:5-7, 딤후 3:8, 딛 1:16 이들이 "저주함에 가깝다"는 말은 저주를 가까스로 면하게 될 것이라는 뜻이 아니다. 가깝다는 말은 공간적이 아닌 시간적인 표현이다.

10:26-31에서 묘사된 심판은 또한 독자들이 배도한다면 단순히 상을 잃어버릴 것을 말하지 않는다. 그리스도로부터 돌아선다면, 그들의 죄를 위해 다시 속죄하는 제사는 없을 것이다.10:26 또한 속죄를 위한 제사가 없다면, 죄 사함도 없고 최후의 심판만이 있을 뿐이다. 이어지는 절들이 이런 이해를 확증한다. 그리스도로부터 돌이키는 자들은 그분의 원수들이고, "오직 무서운 마음으로 심판을 기다리는 것과……맹렬한 불만 있을" 것이다.10:27 이 주장은 다시 모세의 지도 아래 있던 자들에게 주어진 심판과 비교한다. 하지만 그리스도를 거역한 자들을 위해서는 "더 무거운 형벌"이 기다리고 있다.10:29 모세 율법을 거스른 자들은 이 땅에서 심판을 받았다. 하지만 그리스도를 거역하는 자들은 영원히 하나님과의 교제로 들어가지 못할 것이다. 하나님의 원수 갚은 것과 최후의 심판을 마주하게 될 것이고10:30 "살아 계신 하나님의 손에 빠져 들어 가는 것"이 얼마나 "무서운지" 깨닫게 될 것이다.10:31 그러므로 프리 그레이스 신학의 이해는 설득력이 없다는 것이 내 결론이다. 경고하는 본문들을 함께 살펴볼 때, 배도의 죄를 경고하고 최후의 심판에 대해 위협하고 있기 때문이다.

앞의 설명을 들으면 여기서 옹호하는 이해가 구원을 잃어버리는 것을 말하는 견해와 동일한 것처럼 보일 수 있다. 그러나 나는 이런 경고들은 하나님의 택함을 받은 선택된 자들의 삶에서 항상 효력 있게 역사한다고 주장한다. 권면과 경고는 장래를 위함이지 과거를 회고하기 위함이 아니다. 기자는 독자들이 타락했다고 단언하지 않는다. 타락하지 말 것을 경고한다. 한 번 빛을 받고 성령에 참여한 바 된 모든 자,6:4-6 다시 말해 모든 신자에게 이런 경고들은 마지막 날까지 신자들을 보전하는 방편들 가운데 하나라고 나는 주장한다. 성령이 내주하는 모든 자는 경고들에 주의를 기울이고, 이를 통해 최종적 구원에까지 이른다. 신자들이 경고에 주의를 기울임으로 구원을 얻는 것이 스스로 의로움을 이루는 것은 아니다. 경고에 주의하는 자들은 계속해서 하나님을 의지하기 때문이다.11:1-40 기자가 하는 경고의 말에 바르게 반응하는 자들은 하나님으로부터 돌아서는 것이 아니라 계속해서 하나님을 믿는다.[65]

히브리서의 경고 구절들에 대한 이런 견해가 신자들도 구원을 잃어버리거나 저버릴 수 있다고 믿는 사람들에게는 설득력 있게 다가가지는 않을 것이다. 하지만 여기는 성령을 받고 구원을 받은 자들은 결코 배도에 이르지 않는다는 개념을 변호하는 자리가 아니기 때문에 여기서는 이런 결론을 뒷받침하는 많은 증거들이 신약성경에는 있다는 사실을 말하는 것으로 충분할 것이다.참조. 요 6:37-44, 10:28-29, 롬 8:28-39, 고전 1:8-9, 엡 1:13-14, 빌 1:6, 살전 5:23-24, 벧전 1:5, 유 24-25

만약 신자들이 배도할 수 없다면 이런 경고들을 발할 필요도 없고 중요하지도 않다는 것이 가장 흔하게 제기되는 반론이다. 이런 반론은 처음에는 그럴듯하게 들리지만, 성경본문을 추상적인 것으로 읽고 하나님은 마지막은 물론 방편도 되시는 분이라는 사실을 고려하지 않은 결과다. 성경적으로 말하자면, 만약 결국이 확실하다면 방편은 무의미하다고 말하는 것 역시 옳지 않다. 예를 들어 하나님은 창세 전, 영원 전부터 누가 구원을 받을지 택하셨다.참조. 롬 9:11-13, 고전 1:26-28, 엡 1:4, 살후 2:13-14, 벧전

65 이 문제와 관련해서는 이어질 "믿음, 순종, 그리고 독자들의 상황" 부분에서 좀 더 다룰 것이다.

[1:1-2] 이런 진리는 방편을 사용하는 것을 배제하지 않는다. 택정함을 입은 자들이라 할지라도 구원받기 위해서는 여전히 회개하고 믿어야 하기 때문이고,[행 2:38, 16:31] 회개하지 않고 믿지 않는 자들은 최후의 심판에 직면할 것이기 때문이다. 더욱이 사람들이 그리스도를 믿을 수 있도록 반드시 복음이 선포되어야 한다.[롬 10:14-17] 목적한 바(선택)가 반드시 이루어질 것이라는 사실이 방편을 사용하는 것(복음을 설교하고 믿는 것)을 배제하지는 않는다. 사실 목적을 이루기 위해서는 방편이 반드시 있어야 한다.

방편과 목적이라는 동일한 패턴이 인내에도 적용된다. 하나님은 의롭게 되고 하나님의 택하심을 받은 자들을 결코 버리지 않을 것이며, 그들이 하나님을 완전하고 최종적으로 떠나는 일은 결코 없을 것이라고 약속하신다. 이런 약속은 방편을 사용하는 것을 배제하지 않는다. 또한 경고는 하나님께서 자기 백성이 타락하지 못하도록 사용하시는 주된 방편 가운데 하나다. 목적은 반드시 있어야 할 방편으로 인해 의심으로 내던져지는 것이 아니라, 오히려 그것을 통해 뒷받침되고 견고하게 된다. 예를 들어, 다니엘은 70년 후 이스라엘이 바벨론으로부터 돌이키는 약속—하나님께서 예레미야를 통해 주신 약속[렘 25:11-12, 29:10]—을 성취하시기를 간절히 기도한다.[단 9:1-23] 여호와께서 이스라엘이 포로에서 돌아올 것을 약속하셨기 때문에 이를 위해 다니엘이 기도하는 것은 무의미하다고 생각할 수도 있겠다. 하지만 다니엘은 자신의 기도를 하나님께서 주신 약속을 이루는 방편 가운데 하나로 믿었다. 마찬가지로 사도행전 27장을 보면, 바울은 바다의 풍랑 가운데 276명에 이르는 승선한 모든 자가 살 것이라는 약속을 받았다.[27:21-26] 하지만 그 직후 바울은 백부장과 병사들에게 선원들이 탈출하기 위해 구명보트를 타게 되면 그들은 살아남지 못할 것이라고 경고했다.[27:30-31] 승선한 모든 생명이 살

것이라는 약속을 받은 마당에 그런 경고가 다 무슨 소용이란 말인가? 바울이 그 경고를 자신이 받은 약속을 이루는 방편으로 믿었던 것이 분명하다. 마지막으로, 예수는 택정함을 받은 자들이 거짓 메시아와 거짓 선지자들을 믿는 것은 불가능하다고 가르치신다.[막 13:20, 22] 하나님이 그런 속임으로부터 그들을 보호하실 것이다. 그러나 동일한 본문에서 예수는 가장 엄중한 어조로 제자들에게 주의하고 깨어 있으라고 경고하신다.[막 13:21, 23, 33, 35, 37] 그들이 결코 속지 않을 것이라면 왜 그렇게 깨어 있어야 하는가? 이런 경고는 하나님의 약속들을 이루는 방편들 가운데 하나다.

또 다른 반론에 대해서는 보다 간략히 대답해야겠다. 지금 이 견해가 제안하는 것이 누구도 믿음에서 타락하지 않고, 히브리서를 받아보는 모든 수신자 개개인이 신자이고, 그렇기 때문에 수신자들 중 누구도 타락하지 않는다고 말하는 것인가? 이런 시나리오를 인정하기가 어려운 것이, 믿음에서 타락하는 것은 사람들에게 흔히 있는 일임을 우리가 알기 때문이다.[참조. 벧후 2:1-22, 요일 2:19] 히브리서를 받아보는 수신자들 가운데 비그리스도인도 있었을 것이라는 사실을 부정하는 것도 아니고, 수신자들 하나하나가 다 끝까지 인내함으로 구원에 이를 것이라고 말하는 것도 아니다. 수신자들이 과연 그런 상태에 있었는지에 대해서는 너무나 불분명하다. 여기서 말하는 것은 보다 구체적이다. 6:4-6을 볼 때 기자가 그리스도인들에게 말하고 있고, 그들이 타락하면 일어나게 될 일에 대해 경고하고 있는 것은 분명하다. 기자가 이런 경고를 하는 것은 말하다 말고 느닷없이 "내 편지를 받아보는 너희 가운데 어떤 이들은 참된 신자가 아니다"라고 말하고자 함이 아니다. 신자들이 경고를 듣고 있다. 따라서 내가 묻는 것은 이런 경고가 이 서신을 받아보는 자들(그리스도인들)의 삶에서 어떻게 구체적으로 기능했는가 하는 것이고, 지금

나는 이 경고들이 마지막까지 그들이 믿음으로 인내하도록 돕는 방편으로 사용되었다고 주장하는 것이다. 다르게 표현하면 이렇다. 기자는 지금 이따금씩 우리의 관심을 끄는 물음에 주목하는 것이 아니다. 수신자들 가운데 누가 진짜 신자가 아닌지를 고민하자는 것이 아니다. 그렇게 하다가는 정작 자신이 이 편지를 통해 말하고자 하는 의도와 달리 그저 그런 경고로 끝나고 말 것이다.

§6 나그네와 이방인

독자들이 받은 경고는 나그네와 이방인으로 살아가는 우리의 신분과도 잘 부합한다.[66] 이런 의미에서 독자들은 가나안 땅에서 안식을 얻기 전까지 광야를 지나던 이스라엘 백성과도 같다.[3:12-4:13] 독자들은 그들의 하늘 도성으로 들어가는 여정 가운데 있지만, 이스라엘이 약속의 땅을 향하던 길에 그랬던 것처럼 노중에 위험한 일들을 맞닥뜨리기 일쑤다. 독자들은 마음을 굳게 하여 하나님을 거역하지 말라는 경고를 듣는다. 이스라엘은 불신앙과 불순종에 굴복했다. 독자들은 그런 이들의 전철을 밟아서는 안 된다. 불신앙과 불순종은 위협적이다. 광야를 지난다

66 케제만이 이 주제를 특히 강조했다. *The Wandering People of God: An Investigation of the Letter to the Hebrews*, trans. R. A. Harrisville and I. L. Sundberg(Minneapolis, MN: Augsburg, 1984). 비록 지금은 따르는 사람이 거의 없지만, 케제만은 이 주제를 이 서신을 위한 영지주의적 구조에 결부시켰다. 그럼에도 불구하고 독자들이 이방인과 나그네라는 개념은 이 서신에서 아주 두드러진다. 참조. David M. Allen, *Deuteronomy and Exhortation in Hebrews: A Study in Narrative Representation*, WUNT 2/238(Tübingen: Mohr Siebeck, 2008), 191-98; Benjamin Dunning, "The Intersection of Alien Status and Cultic Discourse in the Epistle to the Hebrews", in *Hebrews: Contemporary Methods—New Insights*, ed. G. Gelardini(Leiden: Brill, 2005), 179-98; M. Thiessen, "Hebrews 12.5-13, the Wilderness Period, and Israel's Discipline", *NTS* 55(2009): 366-79.

는 것은 여간 성가시고, 지치고, 괴로운 일이 아니기 때문이다. 신자들은 하늘 도성에서 그들을 위해 예비된 하늘 안식을 누리기를 열망하지만, 오히려 세상에서 삶의 어려움과 반대에 직면한다.

"외국인과 나그네"로서[11:13] 이 땅을 살아가는 그들의 경험은 또한 족장들 곧 아브라함, 이삭, 야곱의 경험과 유사하다. 곧 이들 역시 약속을 받았지만 그들의 생애에서는 실현되지 않은 약속들이었다. 그럼에도 한 성이 그들을 기다리고 있음을 알고 인내했다.[11:10, 13-16, 12:22, 13:14] 하지만 광야에서의 삶, 나그네로 살아가는 삶은 힘겹고 낙심되기가 쉽다. 11장은 독자들이 계속해서 하나님을 의지하고 자신들이 받은 약속들이 실현되기까지 하나님께 소망을 두도록 하기 위해 기록되었다. 독자들은 나그네로서의 삶은 그들만 겪는 것이 아님을 깨달아야 했다. 그들보다 앞서간 성도들 역시 약속이 최종적으로 이루어지는 것을 보지 못하고 살았다. 나그네로서 그들은 하나님께서 약속하신 것들을 반드시 이루실 것을 믿는 가운데 복된 장래를 향한 하나님의 약속을 의지해야 한다.

10:32-34는 광야에서의 삶을 들여다볼 수 있는 특별한 창을 제공한다. 독자들은 온갖 종류의 고난 곧 비방과 차별, 소유의 상실과 경제적 궁핍함을 경험했다. 아마도 그들은 유대교의 그늘 안에서 한숨 돌리고자 하는 유혹을 받았을 것이다. 적어도 유대교는 로마 제국에서 합법적인 종교이기 때문이다. 그렇게 되면 끊임없는 공격에 시달리지 않아도 되었을 것이다. 그런 그들에게 기자는 믿음으로 인내할 것을 독려한다. 나그네로서의 삶, 광야에서의 삶은 가정에서 자녀들이 자라는 것과 같다.[12:4-13] 하나님께서는 광야에서의 시간을 통해 그들을 훈련하시고 가르치신다.

기자는 여기서 교육과 육체적 훈련의 이미지를 사용한다. 그들은 하나님의 학교에서 운동선수들처럼 훈련을 받고 있다. 하나님의 목적과 계획은 그들이 거룩하게 되어 장성한 그리스도인이 되는 것이다. 자녀들이 부요하고 풍성한 삶을 살도록 하기 위해 부모가 그들을 징계하는 것처럼, 하나님은 나그네로 살아가는 시간을 통해 자녀들의 성품을 형성해 가신다.

하나님은 그들이 광야를 지나가고 있음을 아신다. 예수도 친히 인간 삶의 비통함과 슬픔을 경험하셨다.[2:17-18, 4:14-16, 5:7-8] 이 서신에 기록된 경고와 격려는 그들을 위해 예비된 하늘의 안식으로, 도래하는 하늘 도성으로 그들을 이끌어들이기 위함이다. 나그네로 광야를 지나가는 날들은 이내 끝날 것이다. 그렇다면 독자들은 끝까지 하나님을 의지하고 순종한 예수와 그들에 앞서 같은 여정을 지나간 성도들의 모범을 따라야 한다. 더욱이 그들은 예수의 대속 사역을 힘입어 하나님 앞으로 나아간다. 날마다의 고난을 능히 감당할 은혜와 능력을 주실 것을 알기에 그들은 확신과 기쁨으로 하나님 앞으로 나아갈 수 있다.[4:14-16] 두려움에 뒤로 물러나서는 안 되고 오히려 담대함으로 나아가야 한다. 예수께서 그들의 죄를 깨끗하게 하신 대제사장으로 계시기 때문이다.[10:19-22]

§7 믿음, 순종, 수신자들의 상황

이 서신에서 믿음과 순종이 하는 역할을 살펴보기 전에 독자들이 처한 상황에 대해 한 가지 짚고 넘어가는 것이 도움이 될 것이다.[67] 회심한 이후 독자들은 다른 사람들을 섬김으로 동료 그리스도인들을 향한 사랑을 놀랍게 나타내었다.[6:10] 많은 조롱과 반대와 어려움을 겪었다.[10:32-

67 히브리서의 영성에 대한 유익한 연구를 위해서는 맥크루덴을 참조하라. *A Body You Have Prepared for Me: The Spirituality of the Letter to the Hebrews*(Collegeville, MN: Liturigical, 2013).

33 심지어 그들의 소유를 빼앗길 때조차 그들은 기쁨으로 응대했다. "더 낫고 영구한 소유"를 바라보았기 때문이다.[10:32-34]

그러나 그들이 지치고 나태해진 것이 분명하다.[5:11, 6:12] 그들을 둘러싼 적대적인 환경 역시 지치도록 하는 데 한몫했다. 반대에 맞닥뜨리는 것에 이력이 났을 것이고 이제 한숨 돌리고자 하는 마음도 있었을 것이다.[12:4-11] 당시 로마 제국의 합법적인 종교였던 유대교와 합쳤으면 하는 마음도 있었을 것이다. 기자는 그들에게 예수께서 자신의 피를 흘렸고[12:3-4] 당시 사회의 엘리트들에게 배척당하셨음을 상기시킨다.[13:12] 그들이 경험하고 있었던 고난과 차별이 실제로는 주의 징계의 일환이었고,[12:4-11] 하나님께서 그들의 거룩과 의로움을 위해 이런 압력들을 사용하고 계신다는 것을 깨달아야 했다. 아브라함, 이삭, 야곱과 같고 그들 주변 문화에 동화되지 않도록 격려를 받는 것도 이 때문이다.[11:8-16] 모세와 같이 로마인들의 인정을 통한 위로보다 그리스도가 당한 수치를 택해야 한다.[11:23-26] 예수의 자취를 따르고 성문 밖에서 고난받아야 한다.[13:12-13]

히브리서의 경고들은 엄중하고 긴장감을 준다. 그래서 해석자들이 기자가 요구하는 것을 오해하기 쉽다. 기자는 독자들에게 영웅주의나 자율적인 행위들을 요구하지 않는다. 하나님을 의지하고 깨끗한 양심을 얻기 위해 다른 곳을 바라보기보다 하나님 안에서 쉼을 얻어야 한다. 하나님을 믿고 하늘 도성으로 들어가는 자신들의 최종 상급을 위해 그분을 바라보아야 한다.

배도에 빠진다는 것은 하나님을 거슬러 마음을 완고하게 하는 것을 의미한다.[3:8, 15, 4:7] 광야 세대는 "마음이 미혹되었고"[3:10] "믿지 아니하므로" 하나님의 안식에 들어가지 못했다.[3:19] 독자들은 마음이 완고하게 되도록 내버려 두고 "믿지 아니하는 악한 마음"을 품고 살지 말라고 경고를 받는다.[3:12] 오직 끝까지 믿는 자들이라야 하나님의 종말론적 안식에 들어갈 것이다.[4:2-3, 6:12] 10:38-39에서 기자는 그들에게 분명한 선택을 제시한다. 계속해서 믿음에 거하든지 배도에 빠지든지 할 뿐이다. "영혼을 구원"하기 위해서는 믿음이 있어야 하기 때문이다.[10:39]

위대한 믿음 장[11장]은 최종적인 상을 얻는 믿음의 본질을 설명하는 기능을 한다. 믿음은 눈에 보이는 것을 바라보는 대신에 하나님이 하신 약속들과 그분의 역사를 의지한다. 예를 들어, 하나님이 우주를 지으신 것을 증명하지 못한다. 하지만 믿음은 세상이 하나님의 말씀으로 되어진 것을 믿는다.[11:3] 독자들은 로마 편에 선 자들이 보상을 받는 것을 보았다. 하지만 기자는 본질상 장래에 속하고 눈으로 볼 수 없는 하나님이 하신 약속들을 기억하라고 촉구한다. 믿음은 당장 지금 눈에는 보이지 않는 것들이 장차 실체로 드러날 것을 확신한다.[11:1] 믿음은 하나님을 의지하는 자들에게 장차 상이 주어질 것을 확신한다.[11:6]

믿음이 갖는 미래적 성격은 노아의 경우에서 분명히 드러난다. 노아는 방주를 지은 것으로 인해 상을 받을 것이라 믿었다. 심지어 홍수가 땅을 뒤덮을 것이라는 증거가 없었음에도 불구하고 그렇게 했다.[11:7] 마찬가지로, 아브라함은 땅을 주실 것이라는 하나님의 약속을 믿고 그의 본토를 떠났다. 이삭과 야곱 역시 동일한 패턴을 따랐다. 비록 이 땅에 살면서 가나안 땅을 전혀 소유하지 못했음에도 불구하고 그들은 모두 하나님께서 장차 본향을 주실 것을 믿었다.[11:8-16]

하나님이 약속한 것들은 비록 불가능한 것처럼 보일지라도 장차 이루어질 것이다. 그래서 아브라함은 필요하다면 하나님께서 이삭을 죽음에서 다시 일으키실 것을 믿었다.[11:17-19] 어쨌든 하나님께서는 이삭을 아브라함의 후손으로 약속하셨기 때문에 아브라함이 이삭을 제단에 바친다고 할지라도 여호와께서는 이삭에 대한 그분의 약속을 이루실 것인데, 이는 곧 그분이 이삭을 죽음에서 다시 일으키실 것을 의미했다. 기자는 하나님의 약속이 "믿을 수 없는" 것처럼 보일지라도 계속 하나님을 의지하도록, 독자들이 하나님은 항상 그 약속하신 것들을 지키시는 분이라는 것을 알기를 원했다.

기자는 특별히 이삭, 야곱, 요셉이 숨을 거두면서 남긴 말들을 언급한다.[11:20-22] 각각 장래를 기대함으로 이스라엘에게 복이 되는 날을 바라보았다. 이들은 낙담과 절망이 아닌 하나님께서 자기 백성에게 주신 약속들을 이루실 것을 확신하며 숨을 거두었다. 마찬가지로 모세는 애굽이 주는 쾌락을 거부하고 이스라엘과 함께 받는 고통을 택했다. 하나님께서 장차 그에게 상을 베푸실 것을 알았기 때문이다.[11:24-26] 심한 고통을 대면한 사람들도 있었다. 하지만 심지어 극심한 고통 가운데서도 그들은 부활의 약속에 소망을 두었다.[11:35] 기자는 그들의 구약 조상들이 약속된 것을 받지 못하는 가운데서도 계속해서 하나님을 의지한 것을 강조하고,[11:39-40] 독자들도 동일하게 하나님을 의지할 것을 격려한다. 물론 최고의 모범은 예수다. 그분은 "그 앞에 있는 기쁨을 위하여" 십자가의 고통을 참으셨다.[12:2] 십자가에 못 박혔을 때도 하나님을 의지했다. 하나님께서 자기를 죽음에서 다시 일으키셔서 하나님 우편에 앉게 하심으로 다함이 없는 기쁨으로 상 주실 것을 믿었기 때문이다.

우리가 이미 다룬 적이 있는 믿음의 또 다른 측면이 히브리서에 등장한다. 믿음은 기꺼이 고난받고, 위험을 감수한다. 상을 바라보기 때문이다. 다시 말해 믿음은 즉시 약속된 것을 받지 않는다. 믿음은 아브라함, 이삭, 야곱이 이 세상을 본향으로 삼지 않은 것을 의미한다.[11:9, 13] 믿음은 하나님이 원하셨기 때문에 아브라함이 기꺼이 독자 이삭을 바친 것을 통해서 드러났다.[11:7] 믿음은 모세가 애굽의 영화를 누리기보다 이스라엘과 함께 고통받기를 택했을 때 그 모습을 나타냈다.[11:25-26] 믿음은 심한 고문을 받고, 조롱과 간힘과 비방과 사회로부터 배척당하는 것을 의미했다.[11:35-38] 예수는 십자가를 향해 가심으로 자신의 믿음을 나타냈다.[12:2-3]

앞의 문단이 함축하는 것을 명시적으로 드러낼 필요가 있다. 고난받는 믿음은 순종하는 믿음이다. 앞서 우리는 광야 세대가 불신앙 때문에 약속된 안식에 들어가지 못한 것을 보았다. 하지만 기자는 그들이 불순종 때문에,[3:18, 4:6, 11] 죄 때문에[3:17] 들어가지 못했다는 점도 같은 정도로 강조하고 있다. 옛 언약은 이스라엘이 언약이 정하는 규례를 준행하지 않음으로[8:9] 온전하지 못하게 되었다. 예수는 자기를 순종하는 자들에게 "영원한 구원의 근원"이 되신다.[5:9] 히브리서에 산재한 경고들은[2:1-4, 3:12-4:13, 5:11-6:8, 10:26-31, 12:25-29] 영원한 상을 얻기 위해서는 순종이 필요하다는 것을 나타낸다. 우리는 또한 13장의 이 서신을 맺는 권면들에서도 순종의 중요성을 볼 수 있다. 신자들은 사랑하고, 환대를 나타내고, 갇힌 자들과 학대받는 자들을 돌아보고, 성적으로 순결하고, 돈 사랑함을 피하고, 지도자들에게 순종하고, 그릇된 교훈을 피하고, 예수와 함께 고난받고, 하나님을 찬양하고, 선을 행하고, 기도해야 한다.[13:1-8]

히브리서가 말하는 믿음과 순종 간의 관계는 무엇인가? 11:8이 그것을 잘 담아낸다. "믿음으로 아브라함은……순종하여." 믿음은 필연적으로 순종으로 그 모습을 표현하고 나타낸다. 아브라함이 하나님이 약속하신 땅으로 가기를 거부했다면, 그는 진실로 하나님의 약속을 믿지 않았을 것이다. 모세가 하나님의 백성과 고난받지 않고 애굽 사람들과 일생을 함께했다면, 그가 실제로는 주를 믿는 사람들을 위한 더 큰 기쁨이 있음을 믿지 않았음이 드러났을 것이다. 믿음은 순종과 분리될 수 없다. "믿음으로 아벨은……더 나은 제사를 드렸다."[11:4] "믿음으로 노아는……방주를 준비했다."[11:17] "믿음으로 아브라함은……이삭을 드렸다."[11:17] "믿음으로 [모세는] 애굽을 떠났다."[11:27] "믿음으로 그들은 홍해를……건넜다."[11:29] "믿음으로 기생 라합은 정탐꾼을……영접하였다."[11:31] 저 옛날 믿음의 영웅들은 "믿음으로 나라들을 이기기도 하며 의를 행하기도 하며 약속을 받기도 하며 사자들의 입을 막기도 하며 불의 세력을 멸하기도 하며 칼날을 피하기도 하며 연약한 가운데서 강하게 되기도 하며 전쟁에 용감하게 되어 이방 사람들의 진을 물리치기도 하였다."[11:33-34] 순종이 없다면 믿음은 속임에 불과하다. 믿음이 순종과 분리될 수 없다고 하는 것이 믿음과 순종이 같은 것이라는 말이 아니다. 믿음과 순종은 구분된다. 하지만 분리되지는 않는다. 믿음은 뿌리이고 순종은 열매다. 야고보가 가르치는 것처럼, 믿음은 항상 행위로 옷입고 그 모습을 나타낸다.

§8 확신

히브리서는 권면과 경고로 특징지어진다. 하지만 여기에는 확신의 주제 역시 빠지지 않는다.[68] 기자가 독자들에게 타락의 위험에 대해서 배타적으로 경고만 하지 않는다. 예수 그리스도를 따르는 자들로서 그들이 갖는 확신도 강조한다. 이 서신의 근본 주제 가운데 하나는 독자들의 죄가 실제로 사하여졌다는 것이다. 예수께서 십자가에서 그들의 죄를 속량하고 대속했다.[2:17] 이제 예수의 형제와 자매인 그들은 죽음의 두려움에서 해방되었다.[2:14-15] 죄가 영영히 깨끗하게 되었고, 시편 110:1의 성취로 그들의 죄가 사해진 증거인 예수께서 하나님 우편에 앉으셨다.[1:3; 참조. 1:13, 8:1, 10:12, 12:2] 독자들은 양심의 깨끗함과 죄 사함을 위해 레위

68 참조. Christopher W. Cowan, "'Confident of Better Things': Assurance of Salvation in the Letter to the Hebrews"(Ph.D. diss., The Southern Baptist Theological Seminary, 2012).

계통의 제사장직을 의지하려는 유혹을 받았다. 그러나 예수의 제사장직은 "더 좋은 소망"을 제공한다. 신자들은 실제로 예수를 통해 "하나님께 가까이 가기" 때문이다.[7:19] 예수는 친히 흘리신 피로 지성소로 나아가셨고, 양심에서 그 더러운 것을 깨끗하게 씻으신다.[9:11-12, 14, 24] 그 결과, 신자들은 대제사장이신 그리스도를 힘입어 담대히 하나님 보좌로 나아간다.[4:14-16] 확신으로 가득할 뿐 아니라, 그리스도의 피를 힘입어 하나님 앞으로 담대하게 나아가고[10:19] "온전한 믿음으로" 하나님께 "나아간다."[10:22] 그들은 예수의 제사장직은 결코 그치는 일이 없기 때문에 그분이 자신들을 온전히 구원하실 것을 알았다.[7:25] 그분이 "거룩하게 된 자들을 한 번의 제사로 영원히 온전하게" 하셨다.[10:14]

한편으로 확신에 대한 부르심으로 히브리서를 읽을 수 있다. 또한 히브리서는 독자들이 바른 길을 가고 있다는 것을 알고, 그리스도께서 하신 일로 말미암아 그들이 하나님 앞에 진실로 깨끗하게 되었다는 것을 확신하도록 경고와 권면 또한 주고 있다. 이 경고들은 독자들의 확신에 대해 의구심을 갖기 위함이 아니라 그것을 강하게 하고 확증하기 위함이다. 기자는 독자들이 자신이 그리스도인인지를 의심하기를 원치 않는다. 계속해서 그리스도인으로 살아가도록 격려하기를 원한다.

기자는 이 경고들이 유익한 결과를 가져올 것으로 확신하는 것 같아 보인다. 긴박한 경고들을 통해 독자들을 "더 좋은 것"[6:9] 곧 최종적인 구원을 구하도록 촉발시킬 것으로 믿는다. 어쨌든 독자들은 하나님의 약속을 받은 자들이다. 아브라함에게 그러셨던 것처럼, 하나님은 그들을 복 주기로 약속하신다.[6:13-20] 이 약속은 불확실하지 않다. 하나님이 아브라함을 복 주기로 맹세하셨기 때문이다.[6:13-14] 그렇다면 아브라함이 이 복을 받았는지에 대해서는 두말할 필요가 없다. 하나님은 "그 뜻이 변하지 아니함을" 맹세로 충분히 나타내셨고, 자기에게 속한 자들에게 그것을 보증하신다.[6:17] 이 약속은 신자들이 "앞에 있는 소망을 얻으려고" 하도록 격려로 주어진다.[6:18] 소망은 그들의 삶에서 흔들리지 않는 "닻"으로 기능한다. 예수께서 휘장을 통해 하나님 앞으로 나아가셨기 때문이다.[6:19] 린다스는 소망에 대해서 이렇게 말한다. "소망은 어려움에 직면한 자들에게는 피난처와 같다. 풍랑이 이는 바다에서 배를 붙들어 주는 닻과 같다. 하나님이 친히 계시는 자리인 성소의 휘장 너머로 들어가는 것과 같다.[69]

새 언약의 약속은 또한 확신을 제공한다.[8:6-12, 10:15-17] 새 언약은 자신의 율법을 자기 백성들의 마음에 새기는 하나님의 역사이기 때문이다. 새 언약은 하나님께서 자기 백성들에게 주시는 맹세와 같다. 이 언약은 일방적이요 하나님의 자비로부터만 흘러든다. 옛 언약과 달리 새 언약은 철회될 수 없고, 인간의 불순종으로 폐기될 수도 없다. 자기 백성들은 그분의 계명에 순종할 것이라고 하나님이 약속하기 때문이다. 순종의 약속에서 새 언약이 옛 언약과 갈린다. 새 언약이 확신을 준다고 한다. 하나님께서 그들의 마음에 율법을 지워지지 않도록 기록하고, 신자들은 그리스도의 희생을 통해 죄 사함을 누리기 때문이다. 하나님은 친히 그들 안에서 시작하신 일을 이루실 것이 분명하다. 새 언약이 약속이기 때문이다. 독자들은 이스라엘이 그랬던 것처럼 돌아서서는 안 된다.

§9 장차 받을 상

히브리서에서 볼 수 있는 장차 받을 상에 대한 논의는 확신의 약속과 긴밀하게 연결된다. 지금까지 우리는 확신이란 최종적인 상을 받을 것

69 Lindars, *The Theology of Hebrews*, 71.

에 대한 확실한 신뢰를 갖는 것임을 보았다. 여기서 나는 히브리서가 말하는 최종적 상을 약간 더 자세히 살펴보려고 한다. 히브리서는 또한 다양한 방식으로 이 상을 묘사한다.

구원의 개념으로 이 논의를 시작한다. 히브리서에서 구원은 종말론적인 개념이다. 구원은 궁극적으로 마지막 때에 부어지는 하나님의 진노로부터 건짐을 받는 것을 의미하기 때문이다. 그러나 히브리서를 보면 구원과 관련하여 이미와 아직의 측면이 자리한다. 이제 "영원한 구원"은 자신을 예수께 드린 자들에게 속한다.[5:9] 심지어 지금부터 신자들은 그들의 형제인 예수를 힘입어 구원을 누린다.[2:3, 10] 그분은 이제와 또 항상 그분으로 말미암아 하나님께 속한 자들을 구원한다.[7:25] 신자들은 구원을 받았지만, 기본적으로 구원은 장래에 일어날 일이다. 마지막 날에 그들은 궁극적으로 "구원을 상속할" 것이고,[1:14] 주어진 경고들에 주의를 기울이면 구원을 얻을 것이다.[6:9] 예수께서 다시 오실 때 자기에게 속한 자들에게 구원을 가져오실 것이고,[9:28] 이런 사실은 구원은 궁극적으로 장래에 받아 누리는 선물임을 분명히 보여준다.

또한 **약속**과 **유업**이라는 말이 종말로 수렴하는 것을 보는 것 또한 흥미롭다. 신자들은 단순히 구원을 유업으로 받는 것만이 아니다. 그들은 또한 약속과[6:12] 복[12:17]을 유업으로 받는다.[70] 6:13-20을 보면 이 약속이 아직 온전히 실현되지 않은 것이 분명하다. 신자들은 아브라함에게 주어진 "약속을 기업으로 받는 자들"이기 때문이다.[6:17] 이 약속은 그들의 소망,[6:18-19] 부활의 날에 최종적으로 실현될 소망이다.[6:11] 그리스도의 구속 역사로 말미암아 신자들은 "영원한 기업의 약속"을 누린다.[9:15]

70 히브리서에서 말하는 유업에 관한 탁월한 연구를 위해서는 해리스를 참조하라. Dana M. Harris, "The Eternal Inheritance in Hebrews: The Appropriation of the Old Testament Inheritance Motif by the Author of Hebrews"(Ph.D. diss., Trinity Evangelical Divinity School, 2009).

그리고 만약 그들이 끝까지 인내하면, 하나님이 약속하신 것을 받게 될 것이다.[10:35] 이 약속을 받는 것은 최종적 "상"과 서로 연관된다.[10:35; 참조. 11:26] 최종적으로 받는 상을 묘사하는 또 다른 방식은 부활의 약속이다.[11:35; 참조. 6:2]

때로 장래에 받을 상이 "안식"으로 묘사된다.[3:11, 18, 4:1, 3, 5, 8-11] 앞에서 나는 안식에는 이미와 아직의 측면이 있다고 말했지만, 예수께서 다시 오실 때[9:28]나 혹은 신자들이 죽을 때 신자들에게 속하게 될 최종적인 복을 가리키는 안식은 주로 종말론적이다. 이 땅에서의 여정이 끝나면 신자들은 수고로운 행위를 그칠 것이다.[4:10] 안식일의 쉼이 하나님의 백성들에게 규정되었다.[4:9] 하나님께서 창조의 역사를 마치고 쉬신 것처럼 신자들은 이 생의 수고를 그칠 것이다.

장래의 상은 또한 도성과 관련해서도 언급된다. 신자들은 도성을 고대한다. 그것은 완전한 도성이다. 하나님이 건축자이기 때문이다.[11:10] 인간의 도성과 같이 죄로 오염되거나 부패되지 않았다. 신자들은 이 땅을 나그네로 지나가고 하나님이 그들을 위해 예비하신 하늘 도성을 간절히 고대한다.[11:16] 인간의 도성은 영속되지 않는다. 하지만 하나님의 도성은 반드시 도래할 것이고,[13:14] 이는 모든 신자의 소망이다. 신자들이 이미 "하늘 예루살렘"에 도달했다는 의미가 있지만,[12:22] 이 도성이 온전히 드러나는 것은 장래에 이루어질 일이다.[계 21:1-22:5]

하늘 도성은 하나님의 주되심 아래 있는 온 우주를 나타낸다. 그분의 나라[12:28]가 아직 온전히 이른 것은 아니다. 또한 하나님이 만물과 만유를 다스릴 것이다. 뱀에 대한 승리의 약속[창 3:15]과, 마귀와 사망의 패배[2:14-15]가 온전히 실현될 것이다. 신자들은 그 어떤 방해나 죄의 오염된 것도 없이 하나님 앞을 누릴 것이다. 광야의 때가 다할 것이고, 안식의 날들이 시작될 것이다. 그리고 이 안식의 날들은 결코 다함이 없을 것이다.

참고 문헌

Adams, Edward. "The Cosmology of Hebrews." Pages 122-39 in *The Epistle to the Hebrews and Christian Theology*. Edited by R. Bauckham, D. R. Driver, T. A. Hart, and N. MacDonald. Grand Rapids, MI: Eerdmans, 2009.

Allen, David L. *Hebrews*. NAC 35. Nashville, TN: B&H, 2010.

———. *Lukan Authorship of Hebrews*. Nashville, TN: B&H, 2010.

Allen, David M. *Deuteronomy and Exhortation in Hebrews: A Study in Narrative Re-presentation*. WUNT 2/238. Tübingen: Mohr Siebeck, 2008.

Anderson, Charles P. "Who Are the Heirs of the New Age in the Epistle to the Hebrews?" Pages 255-77 in *Apocalyptic and the New Testament: Essays in Honor of J. Louis Martyn*. Edited by J. Marcus and M. L. Soards. JSNTSup 24. Sheffield: Sheffield Academic, 1989.

Attridge, Harold W. "God in Hebrews." Pages 95-110 in *The Epistle to the Hebrews and Christian Theology*. Edited by R. Bauckham, D. R. Driver, T. A. Hart, and N. MacDonald. Grand Rapids, MI: Eerdmans, 2009.

———. *The Epistle to the Hebrews*. Hermeneia. Philadelphia: Fortress, 1989.

———. "The Uses of Antithesis in Hebrews 8-10." *HTR* 79(1986): 1-9.

Backhaus, Knut. "How to Entertain Angels: Ethics in the Epistle to the Hebrews", Pages 149-75 in *Hebrews: Contemporary Methods*? New Insights. Edited by G. Gelardini. Leiden: Brill, 2005.

Barnard, Jody A. *The Mysticism of Hebrews: Exploring the Role of Jewish Apocalyptic Mysticism in the Epistle to the Hebrews*. WUNT 2/331. Tübingen: Mohr Siebeck, 2012.

Barrett, C. K. "The Eschatology of the Epistle to the Hebrews." Pages 363-93 in *The Background of the New Testament and Its Eschatology*. Edited by W. D. Davies and D. Daube. Cambridge: Cambridge University Press, 1956.

Bateman, Herbert W., IV. *Early Jewish Hermeneutics and Hebrews 1:5-13: The Impact of Early Jewish Exegesis on the Interpretation of a Significant New Testament Passage*. New York: Peter Lang, 1997.

Bauckham, Richard. "The Divinity of Jesus Christ in the Epistle to the Hebrews." Pages 15-36 in *The Epistle to the Hebrews and Christian Theology*. Edited by R. Bauckham, D. R. Driver, T. A. Hart, and N. MacDonald. Grand Rapids, MI: Eerdmans, 2009.

Bauer, Walter. *A Greek-English Lexicon of the New Testament and Other Early Christian Literature*. 3rd edition. Revised and edited by Frederick William Danker, William F. Arndt, and F. Wilbur Gingrich. Chicago: University of Chicago Press, 2000.

Behm, J. "αἷμα." *TDNT* 1:172-77.

Berger, K. "χαρακτήρ." *EDNT* 3:456.

Black, David Alan. *The Authorship of Hebrews: The Case for Paul*. Gonzalez, FL: Energion, 2013.

———. "The Problem of the Literary Structure of Hebrews: An Evaluation and Proposal." *GTJ* 7(1986): 163-77.

———. "Who Wrote Hebrews? The Internal and External Evidence Re-examined." *Faith and Mission* 18(2001): 3-26.

Blomberg, Craig L. "'But We See Jesus': The Relationship Between the Son of Man in Hebrews 2.6 and 2.9 and the Implications for English Translations." Pages 88-99 in *A Cloud of Witnesses: The Theology of Hebrews in Its Ancient Contexts*. Edited by R. Bauckham, D. Driver, T. Hart, and N. MacDonald. LNTS 387. London: T&T Clark, 2008.

Bock, Darrell. *Blasphemy and Exaltation in Judaism and the Final Examination of Jesus: A Philological-Historical Study of the Key Jewish Themes Impacting Mark 14:61-64*. Grand Rapids, MI: Baker, 2000.

Bockmuehl, Markus. "Abraham's Faith in Hebrews 11." Pages 364-73 in *The Epistle to the Hebrews and Christian Theology*. Edited by R. Bauckham, D. R. Driver, T. A. Hart, and N. MacDonald. Grand Rapids, MI: Eerdmans, 2009.

Brooks, Walter Edward. "The Perpetuity of Christ's Sacrifice in the Epistle to the Hebrews." *JBL* 89(1970): 205-14.

Bruce, F. F. *The Epistle to the Hebrews*. Rev. ed. NICNT. Grand Rapids: Eerdmans, 1990.

———. "'To the Hebrews' or 'To the Essenes'" *NTS* 9(1962-63): 217-32.

Büchsel, F. "ἔλεγχος." *TDNT* 2:476.

Caird, G. B. "Son by Appointment." Pages 73-81 in vol. 1 of *The New Testament Age: Essays in Honor of Bo Reicke*. Edited by W. C. Weinrich. Macon, GA: Mercer University Press, 1984.

———. "The Exegetical Method of the Epistle to the Hebrews." *Canadian Journal of*

Theology 5(1959): 44-51.

Caneday, Ardel B. "The Eschatological World Already Subjected to the Son: The Οἰκουμένη of Hebrews 1:6 and the Son's Enthronement." Pages 28-39 in *A Cloud of Witnesses: The Theology of Hebrews in Its Ancient Contexts*. Edited by R. Bauckham, D. Driver, T. Hart, and N. MacDonald. LNTS 387. London: T&T Clark, 2008.

Chester, A. N. "Hebrews: The Final Sacrifice." Pages 57-72 in *Sacrifice and Redemption: Durham Essays in Theology*. Edited by S. W. Sykes. Cambridge: Cambridge University Press, 1991.

Cockerill, Gareth L. "Structure and Interpretation in Hebrews 8:1-10:18: A Symphony in Three Movements." *BBR* 11(2001): 179-201.

———. "The Better Resurrection(Heb. 11:35): A Key to the Structure and Rhetorical Purpose of Hebrews 11." *TynB* 51(2000): 215-34.

———. *The Epistle to the Hebrews*. NICNT. Grand Rapids, MI: Eerdmans, 2012.

———. "The Melchizedek Christology in Hebrews 7:1-28." Ph.D. diss., Union Theological Seminary, 1976.

Cody, Aelred. *Heavenly Sanctuary and Liturgy in the Epistle to the Hebrews: The Achievement of Salvation in the Epistle's Perspectives*. St. Meinrad, IN: Grail, 1960.

Colijn, Brenda B. "'Let Us Approach': Soteriology in the Epistle to the Hebrews." *JETS* 39 (1996): 571-86.

Compton, Jared. "The Origin of σῶμα in Heb 10:5: Another Look at a Recent Proposal." *TrinJ* 32(2011): 19-29.

Cosby, Michael R. *The Rhetorical Composition and Function of Hebrews 11: In Light of Example Lists in Antiquity*. Macon, GA: Mercer University Press, 1988.

Cowan, Christopher W. "'Confident of Better Things': Assurance of Salvation in the Letter to the Hebrews." Ph.D. diss., The Southern Baptist Theological Seminary, 2012.

———. "The Warning Passages of Hebrews and the Nature of the New Covenant." In *Progressive Covenantalism*. Edited by S. Wellum and B. Parker. Nashville: B&H Academic(forthcoming).

Croy, N. Clayton. *Endurance in Suffering: Hebrews 12:1-3 in Its Rhetorical, Religious, and Philosophical Context*. SNTSMS 98. Cambridge: Cambridge University, 1998.

Cullmann, Oscar. *Christ and Time: The Primitive Christian Conception of Time and History*. Translated by F. V. Filson. Philadelphia: Westminster, 1950.

Davidson, Richard M. "Christ's Entry 'Within the Veil' in Hebrews 6:19-20: The Old Testament Background." *AUSS* 39(2001): 175-90.

Decker, Rodney J. "The Intentional Structure of Hebrews." *The Journal of Ministry & Theology* 4(2000): 80-105.

———. "The Warning of Hebrews 6." *The Journal of Ministry & Theology* 5(2001): 26-48.

Deenick, Karl. "Priest and King or Priest-King in 1 Samuel 2:35." WTJ 73(2011): 325-39.

DeSilva, David A. *Despising Shame: Honor Discourse and Community Maintenance in the Epistle to the Hebrews*. SBLDS 152. Atlanta: Scholars, 1995.

———. *Perseverance in Gratitude: A Socio-Rhetorical Commentary on the Epistle to the Hebrews*. Grand Rapids, MI: Eerdmans, 2000.

Dunnill, John. *Covenant and Sacrifice in the Letter to the Hebrews*. SNTSMS 75. Cambridge: Cambridge University Press, 1992.

Dunning, Benjamin. "The Intersection of Alien Status and Cultic Discourse in the Epistle to the Hebrews." Pages 179-98 in *Hebrews: Contemporary Methods—New Insights*. Edited by G. Gelardini. Leiden: Brill, 2005.

Eberhart, Christian A. "Characteristics of Sacrificial Metaphors." Pages 37-64 in *Hebrews: Contemporary Methods—New Insights*. Edited by G. Gelardini. Leiden: Brill, 2005.

Eisenbaum, Pamela M. "Locating Hebrews within the Literary Landscape of Christian Origins." Pages 213-37 in *Hebrews: Contemporary Methods—New Insights*. Edited by G. Gelardini. Leiden: Brill, 2005.

Ellingworth, Paul. "Jesus and the Universe in Hebrews." EvQ 58(1986): 337-50.

———. *The Epistle to the Hebrews: A Commentary on the Greek Text*. NIGTC. Grand Rapids: Eerdmans, 1993.

Elliott, J. K. "Is Post-Baptismal Sin Forgivable?" *Bible Translator* 28(1977): 330-32.

Emmrich, Martin. "Hebrews 6:4-6—Again!(A Pneumatological Inquiry)." *WTJ* 65 (2003): 83-95.

———. *Pneumatological Concepts in the Epistle to the Hebrews: Amtscharisma, Prophet, and Guide of the Eschatological Exodus*. Lanham, NY: University Press of America, 2003.

Fanning, Buist M. "A Classical Reformed View." Pages 172-219 in *Four Views on the Warning Passages in Hebrews*. Edited by Herbert W. Bateman IV. Grand Rapids, MI: Kregel, 2007.

Filson, Floyd V. *"Yesterday": A Study of Hebrews in the Light of Chapter 13*. SBT 2/4. Naperville, IL: Allenson, 1967.

Fitzgerald, John T. "Proverbs 3:11-12, Hebrews 12:5-6 and the Tradition of Corporal Punishment." Pages 291-317 in *Scripture and Traditions: Essays on Early Judaism and Christianity in Honor of Carl R. Holladay*. Edited by Patrick Gray and Gail R.

O'Day. NovTSup 129. Leiden: Brill, 2008.

France, R. T. "The Son of Man in Hebrews 2:6: A Dilemma for Bible Translators." Pages 81-96 in *New Testament Theology in Light of the Church's Mission: Essays in Honor of I. Howard Marshall*. Edited by Jon C. Laansma, Grant R. Osborne, and Ray Van Neste. Eugene, OR: Cascade, 2011.

———. "The Writer of Hebrews as a Biblical Expositor." *TynB* 47(1996): 245-76.

Gaffin, Richard B., Jr. "A Sabbath Rest Still Awaits the People of God." Pages 33-51 in *Pressing Toward the Mark: Essays Commemorating Fifty Years of the Orthodox Presbyterian Church*. Edited by C. G. Dennison and R. C. Gamble. Philadelphia: The Committee for the Historian of the Orthodox Presbyterian Church, 1986.

———. "The Priesthood of Christ: A Servant in the Sanctuary." Pages 49-68 in *The Perfect Saviour: Key Themes in Hebrews*. Edited by J. Griffiths. Nottingham: InterVarsity, 2012.

Gane, Roy E. *Cult Character: Purification Offerings, Day of Atonement, and Theodicy*. Winona Lake, IN: Eisenbrauns, 2005.

Gentry, Peter J., and Stephen J. Wellum, *Kingdom Through Covenant: A Biblical-Theological Understanding of the Covenants*. Wheaton, IL: Crossway, 2012.

Gleason, Randall C. "A Moderate Reformed View." Pages 336-77 in *Four Views on the Warning Passages in Hebrews*. Edited by Herbert W. Bateman IV. Grand Rapids, MI: Kregel, 2007.

———. "The Eschatology of the Warning in Hebrews 10:26-31." *TynB* 53(2002): 97-120.

Gräbe, Peter. "The New Covenant and Christian Identity in Hebrews." Pages 119-27 in *A Cloud of Witnesses: The Theology of Hebrews in Its Ancient Contexts*. Edited by R. Bauckham, D. Driver, T. Hart, and N. MacDonald. LNTS 387. London: T&T Clark, 2008.

Gray, Patrick. "The Early Reception of Hebrews 6:4-6." Pages 321-39 in *Scripture and Traditions: Essays on Early Judaism and Christianity in Honor of Carl R. Holladay*. Edited by Patrick Gray and Gail R. O'Day. NovTSup 129. Leiden: Brill, 2008.

Griffiths, Jonathan. "The Word of God: Perfectly Spoken in the Son." Pages 35-48 in *The Perfect Saviour: Key Themes in Hebrews*. Edited by J. Griffiths. Nottingham: InterVarsity, 2012.

Grudem, Wayne. "Perseverance of the Saints: A Case Study from the Warning Passages in Hebrews." Pages 133-82 in *Still Sovereign*. Edited by T. R. Schreiner and B. A. Ware. Grand Rapids, MI: Baker, 2000.

Guthrie, George H. *Hebrews*. NIVAC. Grand Rapids: Zondervan, 1998. (『NIV 적용주석 히브리서』 솔로몬)

———. "Hebrews." Pages 919-95 in *Commentary on the New Testament Use of the Old Testament*. Edited by G. K. Beale and D. A. Carson. Grand Rapids, MI: Baker, 2007. (『일반서신·요한계시록』 CLC)

———. "Hebrews' Use of the Old Testament: Recent Trends in Research." *CBR* 1(2003): 271-94.

———. "The Case for Apollos as the Author of Hebrews." *Faith and Mission* 18(2001): 41-56.

———. *The Structure of Hebrews: A Text-Linguistic Analysis*. NovTSup 73. Leiden: Brill, 1994.

Guthrie, George H., and Russell D. Quinn. "A Discourse Analysis of the Use of Psalm 8:4-6 in Hebrews 2:5-9." *JETS* 49(2006): 235-46.

Haber, Susan. "From Priestly Torah to Christ Cultus: The Re-vision of Covenant and Cult in Hebrews." *JSNT* 28(2005): 105-24.

Hagner, Donald A. *Hebrews*. New York: Harper & Row, 1983.

———. *The New Testament: A Historical and Theological Introduction*. Grand Rapids, MI: Baker, 2012.

Hahn, Scott W. "Covenant, Cult, and the Curse-of-Death: Διαθήκη in Hebrews 9:15-22." Pages 65-88 in *Hebrews: Contemporary Methods—New Insights*. Edited by G. Gelardini. Leiden: Brill, 2005.

———. "A Broken Covenant and the Curse of Death: A Study of Hebrews 9:15-22." *CBQ* 66(2004): 416-36.

Hamilton, James M., Jr. *God's Indwelling Presence: The Holy Spirit in the Old and New Testaments*. NACSBT. Nashville: B&H, 2006.

Harris, Dana M. "The Eternal Inheritance in Hebrews: The Appropriation of the Old Testament Inheritance Motif by the Author of Hebrews." Ph.D. diss., Trinity Evangelical Divinity School, 2009.

Hauck, F. "καταβολή." *TDNT* 3.620-21.

Hay, David M. *Glory at the Right Hand: Psalm 110 in Early Christianity*. SBLMS 18. Nashville: Abingdon, 1973.

Hays, Richard B. "'Here We Have No Lasting City': New Covenantalism in Hebrews." Pages 151-73 in *The Epistle to the Hebrews and Christian Theology*. Edited by R. Bauckham, D. R. Driver, T. A. Hart, and N. MacDonald. Grand Rapids, MI: Eerdmans, 2009.

Heen, E. M., and P. W. D. Krey, eds. *Hebrews: Ancient Christian Commentary on Scripture*. Downers Grove, IL: InterVarsity, 2005.

Heil, John Paul. *Worship in the Letter to the Hebrews*. Eugene, OR: Wipf and Stock, 2011.

Hengel, Martin. *Studies in Early Christology*. Edinburgh: T&T Clark, 1995.

Hewitt, Thomas. *The Epistle to the Hebrews*. TNTC. Grand Rapids: Eerdmans, 1960.

Hofius, O. "ἀπαύγασμα." *EDNT* 1:117-18.

———. *Der Vorhang vor dem Thron Gottes: Eine exegetisch-religionsgeschichtliche Untersuchung zu Hebräer 6,19f. und 10,19f.* WUNT 14. Tübingen: Mohr Siebeck, 1972.

———. *Katapausis: Die Vorstellung vom endzeitlichen Ruheort im Hebräerbrief*. WUNT 11. Tübingen: Mohr Siebeck, 1970.

Hooker, Morna. "Christ, the 'End' of the Cult." Pages 189-212 in *The Epistle to the Hebrews and Christian Theology*. Edited by R. Bauckham, D. R. Driver, T. A. Hart, and N. MacDonald. Grand Rapids, MI: Eerdmans, 2009.

Horbury, W. "The Aaronic Priesthood in the Epistle to the Hebrews." *JSNT* 19(1983): 52-59.

Horton, Fred L., Jr. *The Melchizedek Tradition: A Critical Examination of the Sources to the Fifth Century A.D. and in the Epistle to the Hebrews*. SNTSMS 30. Cambridge: Cambridge University Press, 1976.

Hughes, Graham. *Hebrews and Hermeneutics: The Epistle to the Hebrews as a New Testament Example of Biblical Interpretation*. SNTSMS 36. Cambridge: Cambridge University Press, 1979.

Hughes, J. J. "Hebrews IX 15ff. and Galatians III 15ff.: A Study in Covenant Practice and Procedure." *NovT* 21(1979): 27-96.

Hughes, Philip Edgcumbe. *A Commentary on the Epistle to the Hebrews*. Grand Rapids, MI: Eerdmans, 1977.

———. "Doctrine of Creation in Hebrews 11:3." *BTB* 2(1972): 164-77.

Hurst, L. D. "The Christology of Hebrews 1 and 2." Pages 151-64 in *The Glory of Christ in the New Testament: Studies in Christology in Memory of George Bradford Caird*. Edited by L. D. Hurst and N. T. Wright. Oxford: Clarendon, 1987.

———. *The Epistle to the Hebrews: Its Background of Thought*. SNTSMS 65. Cambridge: Cambridge University Press, 1990.

Hurtado, Larry. *Lord Jesus Christ: Devotion to Jesus in Earliest Christianity*. Grand Rapids, MI: Eerdmans, 2003.

———. *One God, One Lord: Early Christian Devotion and Ancient Jewish Monotheism*. Philadelphia: Fortress, 1988.

Isaacs, Marie E. "Hebrews 13:9-16 Revisited." *NTS* 43(1997): 268-84.

———. *Sacred Space: An Approach to the Theology of the Epistle to the Hebrews*. JSNTSup 73. Sheffield: Sheffield Academic, 1992.

Jennings, Mark A. "The Veil and the High Priestly Robes of the Incarnation: Understanding the Context of Heb 10:20." *PRSt* 37(2010): 85-97.

Jewett, Robert. *Letter to Pilgrims: A Commentary on the Epistle to the Hebrews*. New York: Pilgrim, 1981.

Jipp, Joshua W. "The Son's Entrance into the Heavenly World: The Soteriological Necessity of the Scriptural Catena in Hebrews 1:5-14." *NTS* 56(2010): 557-75.

Jobes, Karen H. "Rhetorical Achievement in the 'Misquote' of Psalm 40." *Bib* 72(1991): 387-96.

———. "The Function of Paronomasia in Hebrews 10:5-7." *TrinJ* 13(1992): 181-91.

Johnson, Luke Timothy. *Hebrews: A Commentary*. NTL. Louisville, KY: Westminster/John Knox, 2006.

Johnson, Richard W. *Going Outside the Camp: The Sociological Function of the Levitical Critique in the Epistle to the Hebrews*. JSNTSup 209. London: Sheffield Academic, 2001.

Johnston, George. "Christ as Archegos." *NTS* 27(1981): 381-85.

Joslin, Barry C. "Can Hebrews Be Structured? An Assessment of Eight Approaches." *CBR* 6(2007): 99-129.

———. "Christ Bore the Sins of Many: Substitution and Atonement in Hebrews." *SBJT* 11(2007): 74-103.

———. "Hebrews 7-10 and the Transformation of the Law." Pages 100-17 in *A Cloud of Witnesses: The Theology of Hebrews in Its Ancient Contexts*. Edited by R. Bauckham, D. Driver, T. Hart, and N. MacDonald. LNTS 387. London: T&T Clark, 2008.

———. *Hebrews, Christ, and the Law: The Theology of the Mosaic Law in Hebrews 7:1-10:18*. Paternoster Biblical Monograph. Carlisle, England: Paternoster, 2008.

———. "'Son of Man' or 'Human Beings'? Hebrews 2:5-9 and a Response to Craig Blomberg." *JBMW* 14(2009): 41-50.

———. "Whose Name? A Comparison of Hebrews 1 and Philippians 2 and Christ's Inheritance of the Name." Unpublished paper.

Kaiser, Walter C., Jr. "The Abolition of the Old Order and Establishment of the New: Psalm 40:6-8 and Hebrews 10:5-10." Pages 19-37 in *Tradition and Testament: Essays in Honor of Charles Lee Feinberg*. Edited by J. S. Feinberg and P. D.

Feinberg. Chicago: Moody, 1981.

Kang, Dae-I. "The Royal Components of Melchizedek in Hebrews 7." *Perichoresis* 10(2012): 95-124.

Käsemann, Ernst. *The Wandering People of God: An Investigation of the Letter to the Hebrews*. Translated by R. A. Harrisville and I. L. Sundberg. Minneapolis: Augsburg, 1984.

Kelber, G. "χαρακτήρ." *TDNT* 9:418-23.

Kibbe, Michael. "Is It Finished? When Did It Start? Hebrews, Priesthood, and Atonement in Biblical, Systematic, and Historical Perspective." *JTS* 65(2014): 25-61.

Kistemaker, Simon J. "Atonement in Hebrews." Pages 163-75 in *The Glory of the Atonement: Biblical, Theological, and Practical Perspectives. Essays in Honor of Roger Nicole*. Edited by C. E. Hill and F. A. James III. Downers Grove, IL: InterVarsity, 2004.

Kittel G. "ἀπαύγασμα." *TDNT* 1:508.

Koenig, J. "Hospitality." *ABD* 3:299-301.

Koester, Craig R. *Hebrews: A New Translation with Introduction and Commentary*. AB 36. New Haven, CT: Yale University Press, 2001.

———. *The Dwelling of God: The Tabernacle in the Old Testament, Intertestamental Jewish Literature, and the New Testament*. CBQMS 22. Washington, DC: Catholic Biblical Association of America, 1989.

Koester, H. "ὑπόστασις." *TDNT* 8:572-89.

———. "'Outside the Camp': Hebrews 13:9-14." *HTR* 55(1962): 299-315.

Köstenberger, Andreas J. "Jesus, the Mediator of a 'Better Covenant': Comparatives in the Book of Hebrews." *Faith and Mission* 21(2004): 30-49.

Kuma, Hermann V. A. *The Centrality of Aἷμα(Blood) in the Theology of the Epistle to the Hebrews: An Exegetical and Philological Study*. Lewiston, NY: Edwin Mellen, 2012.

Laansma, Jon C. "Hebrews and the Mission of the Earliest Church." Pages 327-46 in *New Testament Theology in Light of the Church's Mission: Essays in Honor of I. Howard Marshall*. Edited by Jon C. Laansma, Grant R. Osborne, and Ray Van Neste. Eugene, OR: Cascade, 2011.

———. "Hidden Stories in Hebrews: Cosmology and Theology." Pages 9-18 in *A Cloud of Witnesses: The Theology of Hebrews in Its Ancient Contexts*. Edited by R. Bauckham, D. Driver, T. Hart, and N. MacDonald. LNTS 387. London: T&T Clark, 2008.

———. *"I Will Give You Rest": The Rest Motif in the New Testament with Special*

Reference to Mt 11 and Heb 3-4. WUNT 2/98. Tübingen: Mohr Siebeck, 1997.

———. "The Cosmology of Hebrews." Pages 125-43 in *Cosmology and New Testament Theology*. Edited by Jonathan T. Pennington and Sean M. McDunough. LNTS 355. London: T&T Clark, 2008.

Laansma, Jon C., and Daniel J. Trier, eds. *Christology and Hermeneutics of Hebrews: Profiles from the History of Interpretation*. LNTS 423. London: T&T Clark, 2012.

Lane, William L. *Hebrews 1-8*. WBC. Dallas: Word, 1991. (『히브리서 1-8(WBC 성경주석시리즈 47상)』 솔로몬)

———. *Hebrews 9-13*. WBC. Dallas: Word, 1991. (『히브리서 9-13(WBC 성경주석시리즈 47하)』 솔로몬)

Lehne, Susanne. *The New Covenant in Hebrews*. JSNTSup 44. Sheffield: Sheffield Academic, 1990.

Leithart, Peter J. "Womb of the World: Baptism and the Priesthood of the New Covenant in Hebrews 10.19-22." *JSNT* 78(2000): 49-65.

Leschert, Dale F. *Hermeneutical Foundations of Hebrews: A Study in the Validity of the Epistle's Interpretation of Some Core Citations from the Psalms*. NABPRDS 10. Lewiston, NY: Edwin Mellen, 1994.

Lewis, C. S. *Mere Christianity*. Revised ed. San Francisco: HarperCollins, 2001. (『순전한 기독교』 홍성사)

Lincoln, A. T. "Sabbath, Rest, and Eschatology in the New Testament." Pages 197-220 in *From Sabbath to Lord's Day: A Biblical, Historical, and Theological Investigation*. Edited by D. A. Carson. Grand Rapids, MI: Zondervan, 1982.

Lindars, Barnabas. "The Rhetorical Structure of Hebrews." *NTS* 35(1989): 382-406.

———. *The Theology of the Letter to the Hebrews: New Testament Theology*. Cambridge: Cambridge University Press, 1991. (『히브리서 신학』 한들출판사)

Loader, W. R. G. "Christ at the Right Hand—Ps. cx.1 in the New Testament." *NTS* 24 (1977-78): 199-217.

Louw, Johannes P., and Eugene A. Nida, eds. *Greek-English Lexicon of the New Testament Based on Semantic Domains*. 2 vols. New York: United Bible Societies, 1988.

Mackie, Scott D. "Ancient Jewish Mystical Motifs in Hebrews' Theology of Access and Entry Exhortations." *NTS* 58(2011): 88-104.

———. "Early Christian Eschatological Experience in the Warnings and Exhortations of the Epistle to the Hebrews." *TynB* 63(2012): 93-114.

———. *Eschatology and Exhortation in the Epistle to the Hebrews*. WUNT 2/223. Tübingen: Mohr Siebeck, 2007.

———. "Heavenly Sanctuary Mysticism in the Epistle to the Hebrews." *JTS* 62(2011): 77-117.

MacLeod, David J. "The Cleansing of the True Tabernacle." *BSac* 152(1995): 60-71.

———. "The Literary Structure of the Book of Hebrews", *BSac* 146(1989): 185-97.

MacRae, George W. "Heavenly Temple and Eschatology in the Letter to the Hebrews." *Semeia* 12(1978): 179-99.

Manson, Thomas W. "The Problem of the Epistle to the Hebrews." *BJRL* 32(1949): 1-17.

Marshall, I. Howard. "Soteriology in Hebrews." Pages 253-77 in *The Epistle to the Hebrews and Christian Theology*. Edited by R. Bauckham, D. R. Driver, T. A. Hart, and N. MacDonald. Grand Rapids, MI: Eerdmans, 2009.

Martin, Michael W., and Jason A. Whitlark. "Choosing What Is Advantageous: The Relationship Between Epideictic and Deliberative Syncrisis in Hebrews." *NTS* 58 (2012): 379-400.

———. "The Encomiastic Topics of Syncrisis as the Key to the Structure and Argument of Hebrews." *NTS* 57(2011): 415-39.

Martin, Oren R. *Bound for the Promised Land*. NSBT. Downers Grove: InterVarsity, 2015.

Mason, Eric F. "Hebrews and the Dead Sea Scrolls: Some Points of Comparison." *PRSt* 37 (2010): 457-79.

———. "The Epistle (Not Necessarily) to the 'Hebrews': A Call to Renunciation of Judaism or Encouragement to Christian Commitment?" *PRSt* 37(2010): 7-20.

———. *'You Are a Priest Forever': Second Temple Jewish Messianism and the Priestly Christology of the Epistle to the Hebrews*. STDJ 74. Leiden: Brill, 2008.

Matheson, Dave. "Reading Heb 6:4-6 in Light of the Old Testament." *WTJ* 61(1999): 209-25.

McCruden, Kevin B. *A Body You Have Prepared for Me: The Spirituality of the Letter to the Hebrews*. Collegeville, MN: Liturgical, 2013.

———. *Solidarity Perfected: Beneficent Christology in the Epistle to the Hebrews*. BZNW 159. Berlin: Walter de Gruyter, 2008.

McKelvey, R. J. *Pioneer and Priest: Jesus Christ in the Epistle to the Hebrews*. Eugene, OR: Pickwick, 2013.

McKnight, Scot. "The Warning Passages of Hebrews: A Formal Analysis and Theological Conclusions." *TrinJ* 13(1992): 21-59.

Meeks, Wayne. *The First Urban Christians: The Social World of the Apostle Paul*. New Haven, CT: Yale University Press, 1983. (『바울의 목회와 도시사회』 한국장로교출판사)

Meier, John P. "Structure and Theology in Heb 1:1-4." *Bib* 66(1985): 168-89.

———. "Symmetry and Theology in the Old Testament Citations of Heb. 1:5-14." *Bib* 66(1985): 504-33.

Michaelis, W. "σκηνή." *TDNT* 7:368-94.

Michel, Otto. *Der Brief an die Hebräer*, 13th ed. KEK. Göttingen: Vandenhoeck & Ruprecht, 1975.

Mitchell, Alan C. *Hebrews*. SP. Collegeville, MN: Michael Glazier, 2007.

Moberly, Walter L. "Exemplars of Faith in Hebrews 11: Abel." Pages 353- 63 in *The Epistle to the Hebrews and Christian Theology*. Edited by R. Bauckham, D. R. Driver, T. A. Hart, and N. MacDonald. Grand Rapids, MI: Eerdmans, 2009.

Moffat, James A. *A Critical and Exegetical Commentary on the Epistle to the Hebrews*. ICC. New York: Scribner's, 1924.

Moffitt, David M. *Atonement and the Logic of the Resurrection in the Epistle to the Hebrews*. NovTSup 141. Leiden: Brill, 2011.

———. "'If Another Priest Arises': Jesus' Resurrection and the High Priestly Christology of Hebrews." Pages 68-79 in *A Cloud of Witnesses: The Theology of Hebrews in Its Ancient Contexts*. Edited by R. Bauckham, D. Driver, T. Hart, and N. McDonald. London: T&T Clark, 2008.

———. "Unveiling Jesus' Flesh: A Fresh Assessment of the Relationship Between the Veil and Jesus' Flesh in Hebrews 10:20." PRSt 37(2010): 71-84.

Moo, Douglas J. "Nature in the New Creation: New Testament Eschatology and the Environment", *JETS* 49(2006): 459-69.

Moore, Nicholas J. "Jesus as 'the One Who Entered His Rest': The Christological Reading of Hebrews 4.10." *JSNT* 36(2014): 1-18.

Morris, Leon. *The Apostolic Preaching of the Cross*. 3rd ed. London: Tyndale, 1965.

Morrison, Michael D. *Who Needs a New Covenant? Rhetorical Function of the Covenant Motif in the Argument of Hebrews*. Eugene, OR: Pickwick, 2008.

Mosser, Carl. "No Lasting City: Rome, Jerusalem and the Place of Hebrews in the History of Earliest 'Christianity.'" Ph.D. diss., St. Andrews University, 2004.

———. "Rahab Outside the Camp." Pages 384-404 in *The Epistle to the Hebrews and Christian Theology*. Edited by R. Bauckham, D. R. Driver, T. A. Hart, and N. MacDonald. Grand Rapids: Eerdmans, 2009.

Motyer, Steve. "The Spirit in Hebrews: No Longer Forgotten?" Pages 214-27 in *The Spirit and Christ in the New Testament and Christian Theology: Essays Presented in Honor of Max Turner*. Edited by I. Howard Marshall, Volker Rabens, and Cornelius Bennema. Grand Rapids, MI: Eerdmans, 2012.

Nash, Ronald H. "The Notion of Mediator in Alexandrian Judaism and the Epistle to the Hebrews." *WTJ* 40(1977): 89-115.

Nauck, Wolfgang. "Zum Aufbau des Hebräerbriefes." Pages 199-206 in *Judentum-Urchristentum-Kirche: Festschrift für Joachim Jeremias*. Edited by W. Eltester. Berlin: Alfred Töpelmann, 1960.

Neeley, Linda Lloyd. "A Discourse Analysis of Hebrews." *OPTAT* 3-4(1987): 1-146.

Neyrey, Jerome H. "'Without Beginning of Days or End of Life'(Hebrews 7:3): Topos for a True Deity." *CBQ* 53(1991): 439-55.

Nicole, Emile. "Atonement in the Pentateuch: 'It Is the Blood That Makes Atonement for One's Life.'" Pages 35-50 in *The Glory of the Atonement*. Edited by Charles E. Hill and Frank A. James III. Downers Grove, IL: InterVarsity, 2004.

O'Brien, Peter T. *The Letter to the Hebrews*. PNTC. Grand Rapids, MI: Eerdmans, 2010.

———. "The New Covenant and Its Perfect Mediator." Pages 13-33 in *The Perfect Saviour: Key Themes in Hebrews*. Edited by J. Griffiths. Nottingham: InterVarsity, 2012.

Olbricht, T. H. "Hebrews as Amplification." Pages 375-87 in *Rhetoric and the New Testament: Essays from the 1992 Heidelberg Conference*. Edited by S. E. Porter and T. H. Olbricht. JSNTSup 90. Sheffield: Sheffield Academic, 1993.

Oropeza, B. J. "The Warning Passages in Hebrews: Revised Theologies and New Methods of Interpretation." *CBR* 10(2011): 81-100.

Ounsworth, Richard. *Joshua Typology in the New Testament*. WUNT 2/328. Tübingen: Mohr Siebeck, 2012.

Owen, John. *Hebrews*. Crossway Classic Commentaries. Wheaton, IL: Crossway, 1998. (『히브리서 주석』 엠마오)

Peeler, Amy L. B. "The Ethos of God in Hebrews." *PRSt* 37(2010): 37-51.

———. *You Are My Son: The Family of God in the Epistle to the Hebrews*. LNTS 486. New York: Bloomsbury T&T Clark, 2014.

Peterson, David G. *Hebrews and Perfection: An Examination of the Concept of Perfection in the 'Epistle to the Hebrews.'* SNTSMS 47. Cambridge: Cambridge University Press, 1982.

———. "Perfection: Achieved and Experienced." Pages 125-45 in *The Perfect Saviour: Key Themes in Hebrews*. Edited by J. Griffiths. Nottingham: InterVarsity, 2012.

———. "The Prophecy of the New Covenant in the Argument of Hebrews." *RTR* 38 (1979): 74-81.

———. *Transformed by God: New Covenant Life and Ministry*. Downers Grove, IL: InterVarsity, 2012.

Pitts, Andrew W., and Joshua F. Walker. "The Authorship of Hebrews: A Further Development in the Luke-Paul Relationship." Pages 143-84 in *Paul and His Social Relations*. Edited by Stanley E. Porter and Christopher D. Land. Leiden: Brill, 2012.

Rapske, Brian M. *The Book of Acts and Paul in Roman Custody*. Vol. 3 of *The Book of Acts in Its First Century Setting*. Edited by B. W. Winter. Grand Rapids, MI: Eerdmans, 1994.

Rhee, Victor. "The Role of Chiasm for Understanding Christology in Hebrews 1:1-14." *JBL* 131(2012): 341-62.

Ribbens, Benjamin J. "A Typology of Types: Typology in Dialogue." *Journal of Theological Interpretation* 5(2011): 81-96.

———. "Levitical Sacrifice and Heavenly Cult in Hebrews." Ph.D. diss., Wheaton College, 2013.

Richardson, Christopher A. *Pioneer and Perfecter of Faith: Jesus' Faith as the Climax of Israel's History in the Epistle to the Hebrews*. WUNT 2/338. Tübingen: Mohr Siebeck, 2012.

Robertson, A. T. *A Grammar of the Greek New Testament in the Light of Historical Research*. 2nd ed. Nashville: Broadman, 1934.

Rooke, Deborah W. "Jesus as Royal Priest: Reflections on the Interpretation of the Melchizedek Tradition in Heb 7." *Bib* 81(2000): 81-94.

Schenk, Kenneth L. "A Celebration of the Enthroned Son: The Catena of Hebrews 1." *JBL* 120(2001): 469-86.

———. *Cosmology and Eschatology in Hebrews: The Settings of the Sacrifice*. SNTSMS 143. Cambridge: Cambridge University Press, 2007.

———. "God Has Spoken: Hebrews' Theology of the Scriptures." Pages 321-36 in *The Epistle to the Hebrews and Christian Theology*. Edited by R. Bauckham, D. R. Driver, T. A. Hart, and N. MacDonald. Grand Rapids: Eerdmans, 2009.

———. "Keeping His Appointment: Creation and Enthronement in Hebrews." *JSNT* 66 (1997): 91-117.

———. "Philo and the Epistles to the Hebrews: Ronald Williamson's Study after Thirty Years." *SPhilo* 14(2002): 112-35.

———. *Understanding the Book of Hebrews: The Story Behind the Sermon*. Louisville, KY: Westminster/John Knox, 2003.

Scholer, John M. *Proleptic Priests: Priesthood in the Epistle to the Hebrews*. JSNTSup 49. Sheffield: Sheffield Academic, 1991.

Schreiner, Thomas R. "Goodbye and Hello: The Sabbath Command for New Covenant Believers", in *Progressive Covenantalism*. Edited by S. Wellum and B. Parker. Nashville: B&H Academic(forthcoming).

———. *Run to Win the Prize: Perseverance in the New Testament*. Wheaton, IL: Crossway, 2010. (『구원의 확신과 경주』 CLC)

———. "Warning and Assurance: Run the Race to the End." Pages 89-106 in *The Perfect Saviour: Key Themes in Hebrews*. Edited by J. Griffiths. Nottingham: InterVarsity, 2012.

Seid, Timothy W. "Synkrisis in Hebrews 7: The Rhetorical Structure and Strategy." Pages 322-47 in *The Rhetorical Interpretation of Scripture: Essays from the 1996 Malibu Conference*. Edited by S. E. Porter and D. L. Stamps. JSNTSup 180. Sheffield: Sheffield Academic, 1999.

Selby, Gary S. "The Meaning and Function of συνείδησις in Hebrews 9 and 10." *ResQ* 28 (1985-86): 145-54.

Silva, Moises. "Perfection and Eschatology in Hebrews." *WTJ* 39(1976): 60-71.

Skarsaune, Oskar. "Does the Letter to the Hebrews Articulate a Supersessionist Theology? A Response to Richard Hays." Pages 174-82 in *The Epistle to the Hebrews and Christian Theology*. Edited by R. Bauckham, D. R. Driver, T. A. Hart, and N. MacDonald. Grand Rapids, MI: Eerdmans, 2009.

Skehan, Patrick W. "A Fragment of the 'Song of Moses'(Deut. 32) from Qumran." *BASOR* 136(1954): 12-15.

Sklar, Jay. "Sin and Impurity: Atoned or Purified? Yes!" Pages 18-31 in *Perspective on Purity and Purification in the Bible*. Edited by Baruch J. Schwartz, David P. Wright, Jeffrey Stackert, and Naphtali S. Meshel. LHBOTS 474. New York: T&T Clark, 2002.

———. *Sin, Impurity, Sacrifice, Atonement: The Priestly Conceptions*. Hebrew Bible Monographs 2. Sheffield: Sheffield Phoenix, 2005.

Small, Brian C. "The Use of Rhetorical Topoi in the Characterization of Jesus in the Book of Hebrews." *PRSt* 37(2010): 53-69.

Son, Kiwoong. *Zion Symbolism in Hebrews: Hebrews 12:18-24 as a Hermeneutical Key to the Epistle*. Paternoster Biblical Monographs. Waynesboro, GA: Paternoster, 2005.

Spicq, Ceslas. *L'Épître aux Hébreux*. 2nd ed. 2 vols. EB. Paris: Gabalda, 1953.

Stählin, G. "ξένος." *TDNT* 5:17-25.

Stanley, Steve. "Hebrews 9:6-10: The 'Parable' of the Tabernacle." *NovT* 37(1995): 385-99.

———. "The Structure of Hebrews from Three Perspectives." *TynB* 45(1994): 245-71.

Stegemann, Ekkehard W., and Stegemann, Wolfgang. "Does the Cultic Language in Hebrews Represent Sacrificial Metaphors? Reflections on Some Basic Problems." Pages 13-24 in *Hebrews: Contemporary Methods—New Insights*. Edited by G. Gelardini. Leiden: Brill, 2005.

Steyn, Gert J. "The Eschatology of Hebrews: As Understood Within a Cultic Setting." Pages 429-50 in *Eschatology of the New Testament and Some Related Documents*. Edited by J. G. van der Watt. WUNT 2/315. Tübingen: Mohr Siebeck, 2012.

Still, Todd D. "Christos as Pistos: The Faith(fullness) of Jesus in the Epistle to the Hebrews." Pages 40-50 in *A Cloud of Witnesses: The Theology of Hebrews in Its Ancient Contexts*. Edited by R. Bauckham, D. Driver, T. Hart, and N. MacDonald. LNTS 387. London: T&T Clark, 2008.

Stokl, Daniel. *The Impact of Yom Kippur on Early Christianity*. WUNT 163. Tübingen: Mohr Siebeck, 2003.

Stott, W. "Conception of 'Offering' in the Epistle to the Hebrews." *NTS* 9(1962-3): 62-67.

Svendsen, Stefan Nordgaard. *Allegory Transformed: The Appropriation of Philonic Hermeneutics in the Letter to the Hebrews*. WUNT 2/269. Tübingen: Mohr Siebeck, 2009.

Swetnam, James. "A Suggested Interpretation of Hebrews 9, 15-18." *CBQ* 27(1965): 373-90.

———. "Christology and the Eucharist in the Epistle to the Hebrews." *Bib* 70(1989): 74-95.

———. "Greater and More Perfect Tent: A Contribution to the Discussion of Hebrews 9:11." *Bib* 47(1966): 91-106.

———. *Jesus and Isaac: A Study of the Epistle to the Hebrews in the Light of the Aqedah*. AnBib 94. Rome: Pontifical Biblical Institute, 1981.

———. "Jesus as λόγος in Hebrews 4, 12-13." *Bib* 62(1981): 214-24.

———. "The Crux at Hebrews 5, 7-8." *Bib* 81(2000): 347-61.

Swinson, L. Timothy. "'Wind' and 'Fire' in Hebrews 1:7: A Reflection upon the Use of Psalm 104(103)." *TrinJ* 28(2007): 215-28.

Thiessen, M. "Hebrews 12.5-13, the Wilderness Period, and Israel's Discipline." *NTS* 55 (2009): 366-79.

Thomas, C. Adrian. *A Case for Mixed-Audience with Reference to the Warning Passages in the Book of Hebrews*. New York: Peter Lang, 2008.

Thompson, James W. "Outside the Camp: A Study of Heb 13:9-14." *CBQ* 40(1978): 53-63.

———. *The Beginnings of Christian Philosophy*. CBQMS 13. Washington, DC: The Catholic Biblical Association of America, 1982.

———. "The New Is Better: A Neglected Aspect of the Hermeneutics of Hebrews." *CBQ* 73(2011): 547-61.

Thornton, T. C. G. "The Meaning of αἱματεκχυσίας in Heb. ix.22." *ExpT*(1964): 63-65.

Vanhoye, Albert. *La Structure littéraire de l'épître aux Hébreux*. StudNeot 1. 2nd. ed. Paris: Desclée de Brouwer, 1976.

———. *Structure and Message of the Epistle to the Hebrews*. SubBi 12. Rome: Pontifical Biblical Institute, 1989.

Verbrugge, Verlyn D. "Towards a New Interpretation of Hebrews 6:4-6." *CTJ* 15(1980): 61-73.

von Harnack, Adolf. "Probabilia über die Addresse und den Verfasser des Hebräerbriefes." *ZNW* 1(1900): 16-41.

Vos, Geerhardus. "The Priesthood of Christ in Hebrews." Pages 126-60 in *Redemptive History and Biblical Interpretation: The Shorter Writings of Geerhardus Vos*. Edited by R. B. Gaffin Jr. Phillipsburg, NJ: Presbyterian & Reformed, 1980. (『구속사와 성경해석』 크리스천다이제스트)

Wallace, Daniel B. *Greek Grammar Beyond the Basics: An Exegetical Syntax of the New Testament*. Grand Rapids, MI: Zondervan, 1996.

Walser, Georg Q. *Old Testament Quotations in Hebrews*. WUNT 2/356. Tubingen: Mohr Siebeck, 2013.

Watson, Duane F. "Rhetorical Criticism of Hebrews and the Catholic Epistles since 1978." *CurBS* 5(1997): 175-207.

Webster, John. "One Who Is Son: Theological Reflections on the Exordium to the Epistle to the Hebrews." Pages 69-94 in *The Epistle to the Hebrews and Christian Theology*. Edited by R. Bauckham, D. R. Driver, T. A. Hart, and N. MacDonald. Grand Rapids, MI: Eerdmans, 2009.

Wedderburn, A. J. M. "The 'Letter' to the Hebrews and Its Thirteenth Chapter." *NTS* 50 (2004): 390-405.

Weiss, Harold. "Sabbatismos in the Epistle to the Hebrews." *CBQ* 58(1996): 674-89.

Westcott, B. F. *The Epistle to the Hebrews: The Greek Text with Notes and Essays*. Reprint. Grand Rapids, MI: Eerdmans, 1977.

Westfall, Cynthia Long. *A Discourse Analysis of the Letter to the Hebrews: The Relationship Between Form and Meaning*. LNTS 297. London: T&T Clark, 2005.

Whitfield, Bryan J. *Joshua Traditions and the Argument of Hebrews 3 and 4*. BZNW 194. Berlin: Walter de Gruyter, 2013.

Whitlark, Jason A. *Enabling Fidelity to God: Perseverance in Hebrews in Light of*

Reciprocity Systems in the Ancient Mediterranean World. Paternoster Biblical Monographs. Milton Keynes, UK: Paternoster, 2008.

———. "'Here We Do Not Have a City That Remains': A Figured Critique of Roman Imperial Propaganda in Hebrews 13:14." *JBL* 131(2012): 161-79.

Williamson, Ronald. "Eucharist and the Epistle to the Hebrews." *NTS* 21(1975): 300-12.

———. "Hebrews 4:15 and the Sinlessness of Jesus." *ExpT* 86(1974): 4-8.

———. *Philo and the Epistle to Hebrews*. ALGHJ. Leiden: Brill, 1970.

———. "The Incarnation of the Logos in Hebrews." *ExpT* 95(1983): 4-8.

Winter, Bruce W. "Suffering with the Saviour: The Reality, the Reasons and the Reward." Pages 147-67 in *The Perfect Saviour: Key Themes in Hebrews*. Edited by J. Griffiths. Nottingham: InterVarsity, 2012.

Wray, Judith Hoch. *Rest as a Theological Metaphor in the Epistle to the Hebrews and the Gospel of Truth: Early Christian Homiletics of Rest*. SBLDS 166. Atlanta: Scholars, 1988.

Young, Norman H. "'Tout Estin Sarkos Autou'(Heb. X.20): Apposition, Dependent, or Explicative?" *NTS* 20(1973): 100-104.

———. "The Day of Dedication or the Day of Atonement? The Old Testament Background to Hebrews 6:19-20 Revisited." *AUSS* 40(2002): 61-68.

———. "The Gospel According to Hebrews 9." *NTS* 27(1981): 198-210.

인명 색인

ㄱ

ㄴ

ㄷ

ㄹ

ㅁ

ㅂ

ㅅ

ㅇ

ㅌ

ㅍ

ㅎ

주제 색인

ㄷ

ㄹ

ㅁ

ㅂ

ㅅ

ㅇ

성구 색인

창세기

출애굽기

민수기

신명기

여호수아

사사기

사무엘상

사무엘하

열왕기상

잠언

전도서

이사야

누가복음

요한복음

사도행전

로마서

고린도전서

고린도후서

갈라디아서

에베소서

빌립보서

골로새서

데살로니가전서